U0463599

李太淼学术文集

李太淼 著

河南人民出版社
·郑州·

图书在版编目（CIP）数据

李太淼学术文集 / 李太淼著. --郑州：河南人民
出版社，2024.12
ISBN 978-7-215-13399-0

Ⅰ.①李… Ⅱ.①李… Ⅲ.①社会科学-文集 Ⅳ.
①C53

中国国家版本馆 CIP 数据核字（2024）第 011166 号

河南人民出版社 出版发行

（地址：郑州市郑东新区祥盛街 27 号 邮政编码：450016 电话：0371-65788060）
新华书店经销　　　　　　　　　郑州龙洋印务有限公司印刷
开本　787 mm×1092 mm　　　　1 / 16　　　　印张　40.25
字数　930 千
2024 年 12 月第 1 版　　　　　　2024 年 12 月第 1 次印刷

定价：168.00 元

　　李太淼，1961 年 11 月生，河南省博爱县人。1982 年 7 月毕业于北京大学国际政治系。河南省社会科学院二级研究员，曾长期担任中州学刊杂志社社长、主编，曾兼任河南省科学社会主义学会副会长、河南省国际共运与国际政治研究会副会长。获得的主要荣誉称号：河南省宣传文化系统"四个一批"人才，河南省优秀专家，享受国务院特殊津贴专家，河南省中原文化名家。独著或主编出版著作 10 多部，发表论文、研究报告百余篇。主持完成多项社科研究项目，其中，国家社科基金项目 4 项。有多项科研成果获奖，其中，河南省"五个一工程"优秀图书奖 1 项、河南省优秀社科成果一等奖 3 项、河南省实用社科成果一等奖 2 项、中共中央组织部优秀调研成果奖 1 项。

2003 年作者（左）在河南大学参加学术会议期间与知名专家程恩富合影

2004 年作者（右）在江西参加学术会议时与《中国社会科学》总编辑秦毅合影

2005年作者（右）在江西参加学术会议期间与《社会科学战线》主编邵汉明合影

2005年作者参加河南公民道德论坛时留影

2008 年作者（左）与中共中央党校教授刘德喜合影

2008 年作者（左）与北京大学教授叶自成合影

　　2008 年作者（左一）与著名作家李佩甫（中）、河南省社科院文学研究所所长何向阳（右）合影

　　2009 年作者（左二）参加第八届全国综合类人文社科期刊高层论坛时与部分期刊主编合影。从左至右：《江海学刊》主编韩璞庚、《中州学刊》主编李太淼、《广东社会科学》主编刘泽生、《江西社会科学》主编余悦、《人文杂志》主编杨明丽、《江汉论坛》主编陈金清、《宁夏社会科学》主编杨芳

2009 年作者（左）在濮阳调研时与西辛庄村党支部书记李连成合影

2010 年作者（左三）在信阳市有关领导陪同下调研农村土地流转情况

2010年作者在哈尔滨参加第九届全国综合类人文社科期刊高层论坛并作大会发言

2010年作者（右）在上海参加学术会议期间与北大校友、上海财经大学商红日教授合影

2010 年作者（中）在河南财经政法大学与应届硕士毕业生合影

2011 年作者在北京参加纪念中国共产党成立 90 周年理论研讨会

　　2014年作者（右）与研究中国明史的美国学者戴维斯（中）、河南省社科院历史与考古研究所所长张新斌（左）在一起

　　2014年作者在河南省科学社会主义学会年会暨换届会议上发言。从左至右：李太淼、杨清涛、蔡耘、许青云、黄亮宜、侯远长、李俊、田宪臣

2014 年作者在河南期刊业务培训班上作学术讲座

2014 年作者在浙江金华举办的全国社科期刊高层论坛上发言

　　2016 年作者在河南省有关单位联合举办的中国特色社会主义政治经济学研讨会上发言

　　2017 年作者（中）在河南省科学社会主义学会、河南省国际共运与国际政治研究会年会暨"新时代中国特色社会主义理论与实践"学术研讨会上发言

2017年作者在河南省社科院、河南省人民政府发展研究中心主办的第七届中原智库论坛上发言

2018年作者（左）在兰州参加中国科学社会主义学会年会时与全国知名专家包心鉴（中）、中共中央党史和文献研究院研究员许宝友（右）合影

2019 年作者（左）在北京与中国人民大学书报资料中心总编辑
高自龙合影

2019 年作者（右）在修武县调研

2021 年作者（右二）在博爱县孝敬镇调研时与镇领导等人合影

2023 年作者与自己所带的四位郑州大学研究生合影。从左至右：李卓阳、范晓晔、李太淼、张玉鑫、刘文康

自 序

整理出版自己的学术文集,借此回顾一下40年的学术研究历程,集中展示一下自己的学术成果,无疑是一件值得欣慰的事情。同时,我也希望读者朋友特别是从事哲学社会科学研究工作的同行朋友,能从阅读文集中有所获益,而不至于浪费大家宝贵的时间。

本学术文集收集的是自20世纪80年代一直到2022年年底自认为比较有代表性的学术文章,基本上都公开发表过,有一两篇文章虽未公开发表,但在重要的学术论坛上宣读过,觉得比较有意义,因此也收录了进来。由于所收录文章时间跨度比较大,又由于自己始终比较关注中国在改革开放进程中遇到的重大理论和现实问题,也由于工作经历的缘故,比如自1999年年底我开始负责《中州学刊》的编辑出版工作,因此,学术文集所涉及的学术话题、学术内容比较宽泛,有着明显的时代变迁印记和个人工作经历印记。

本学术文集依循适当进行内容分类、尊重学术研究历史的大原则进行编排。在内容分类上,依循从重大问题、宏观问题到一般问题、具体问题的原则,把文集分为六个部分:党的建设等政治问题研究、基本经济制度及相关问题研究、企业改革与管理问题研究、经济与社会建设问题研究、期刊发展问题研究、其他问题研究。在每一部分的编排中,严格按照学术文章发表的时间顺序进行排列。这不仅能反映我所关注问题的时代变迁,反映我的学术研究成长史,而且有助于读者从中感受40年来中国思想理论界的发展变化。

总体而言,40年来,我的学术研究主要关注的是马克思主义基本原理特别是历史唯物主义基本原理研究,并运用基本原理对中国特色社会主义基本理论问题和重大现实问题进行了研究,与此同时,我还对我国改革发展进程中遇到的一些重大现实问题予以关注和研究,比如国有企业改革、非公有制经济发展、农村土地制度改革、政府行政管理体制改革、党的建设特别是党的作风建设、乡村振兴、农村基层党组织建设和自治组织建设等。此外,出于职业的原因,我还对社会科学研究的价值问题、人文社会科学学术期刊的创新发展问题予以了一定关注和研究。

创新是一个民族和国家发展进步的灵魂。中国要发展要进步要立于世界民族之林,必须与时俱进地推进理论创新、制度创新、科技创新、各个领域的社会实践创新。从宏观角度讲,学术创新是民族和国家创新内容的重要组成部分,在推动整个民族和国家创新的过程中有着重要的功能作用;从微观角度看,学术创新也是学术研究事业的价值和生命力之所在,直接关涉学术的繁荣和发展,关涉国家软实力的构建。因此,推进学术创新、致力于学术创新,应该是社会赋予广大哲学社会科学工作者的一种"天职"。

推进学术创新,从群体的角度讲,需要广大哲学社会科学工作者充分而深入地探讨交流,需要大家的共同努力;从个人的角度讲,需要学者个人的刻苦钻研、殚精竭虑、博采众长,并在此基础上有所创新和建树。多年来,我秉持着一个哲学社会科学工作者的神圣"天职",在科研中努力吸收借鉴同侪学者的真知灼见,试图在某些学术问题的研究中有所创新、有所建树。我在学术创新和建树方面所做出的努力主要反映在以下几个方面。一是在马克思主义历史唯物主义基本原理及相关问题研究方面。比如,在关于生产力与生产关系之关系问题上,提出了生产力是人与自然矛盾的集中反映、人与自然的矛盾制约着人类社会的其他矛盾、生产关系中的物质技术关系制约着生产者的利益关系等观点;在关于所有制、产权、劳动、分配,特别是关于生产资料所有制的功能作用、市场经济与产权关系、劳动范畴和劳动价值、按劳分配与按要素分配的关系等基本理论问题方面,提出了自己的一些见解和观点;在关于社会历史发展规律问题上,提出了需要深化和正确认识的五个基本问题;等等。二是在中国特色社会主义基本经济制度及相关问题研究方面。比如,在关于科学社会主义与中国特色社会主义的关系问题上,分析论证了中国特色社会主义对科学社会主义基本原则的坚守和实践,特别是分析论证了中国共产党对马恩所有制理论的继承、发展和创新;在构建中国特色社会主义基本经济制度问题上,对如何实现公有制与市场经济的有效对接,如何构建以公有制为主体、多种所有制经济共同发展的所有制制度,如何构建以按劳分配为主体、多种分配方式并存的分配制度,如何构建与市场经济相适应的自然资源产权制度等问题,提出了自己的见解和观点。三是在破解我国改革发展中重大现实问题的对策研究方面。比如,对如何推进国有企业分类改革、如何推进农村土地流转、如何推进农村经营性建设用地制度改革、如何加强政府行政管理体制改革、如何加强党风廉政建设、如何推进基层党组织和村民自治组织建设创新等问题,提出了自己的思考和对策建议。

学术成果的学术反响,是众多学者实现自身研究价值的一种内在追求,同时也是学术成果创新价值的重要体现形式。学术反响通常的表现形式是发表文章的刊物(出版社或其他媒体)的影响、文章被学界权威媒体转载摘编的情况、学术观点被学界专家学者的认可和引用情况等,对于应用对策性比较强的学术成果,还要看其被党和政府决策部门采用的情况。如此看来,本学术文集中收集的一些论文还是产生了一定的学术影响的。比如,有多篇论文发表在《科学社会主义》《求是·内部文稿》《光明日报》《工人日报》《江汉论坛》《学术界》等比较重要的报纸杂志上;有20多篇论文被中国人民大学书报资料中心复印报刊资料全文转载,有1篇论文被《新华文摘》、2篇论文被《中国社会科学文摘》全文缩写转载,有多篇论文的论点被《新华文摘》《光明日报》《文摘报》等摘编;我依托论文所主编的专著《公有制与市场经济有效对接论》《新型城镇化进程中的土地制度创新》曾获得河南省优秀社科成果一等奖,所提出的一些学术观点获得了省内外一些知名专家学者如阎志民、贺雪峰、杨承训、滕世宗、喻新安、程传兴、田宪臣等的认可和赞同,个别学术观点还入选了《中国政治经济学发展年度报告(2011 年)》;我所著的论文《论中国共产党对马恩所有制理论的继承、发展与创新》曾入选 2011 年全国纪念建党 90 周年理论研讨会,2011 年 7 月 1 日,我应邀出席了全国纪念建党 90 周年理论研讨会和党中央在人民大会堂召开的庆祝大会;我所著的论文《关于历史观的五个基本问题辨析》荣获 2020 年度河南省优秀社科成果一等奖,曾被《中国社会科学文摘》缩写转载,文中观点被《新华文摘》摘编。

我深知,任何一个学者的学术观点创新都离不开对其他专家学者观点的吸收借鉴,学术观点创新实际上包含着许多人的思想智慧和贡献。如果说本学术文集中多少还有那么一些学术创新的话,那也是借助了不少专家学者的思想智慧。在此,我对所有在我学术研究过程中直接或间接提供了智力支持的专家学者们表示衷心的感谢!我深知,一个人的智慧和能力是有限的。由于水平所限,本学术文集中所提出的一些学术见解、学术观点以及对策建议,肯定会存在这样和那样的问题和不足,我诚恳欢迎各位读者特别是同行专家学者批评指正!我深知,实践创新无止境,理论创新无止境,学术创新无止境。假如本学术文集能给读者朋友特别是一些从事哲学社科研究工作的读者朋友带来些许裨益,假如本学术文集能对有关学术问题的深化研究和创新有所助益,那将是我最大的心愿,也是我莫大的荣幸!

是为序。

李太淼

2022 年 10 月

● 目 录

党的建设等政治问题研究

基本经济制度及相关问题研究

企业改革与管理问题研究

经济与社会建设问题研究

期刊发展问题研究

其他问题研究

党的建设等政治问题研究

新时期思想政治工作面临的挑战及对策

当今时代,国际政治格局正走向多极化,世界经济正趋于一体化,世界范围内各种思潮相互交错、相互激荡;我国的社会主义市场经济体制正逐步确立,利益格局不断变化重组,新旧观念不断碰撞冲突。在这特殊的历史新时期,我们党的思想政治工作既面临新的机遇,也面临严峻挑战。我们必须认清形势,迎接挑战,采取有效对策,把思想政治工作推向新的台阶。

一、新时期思想政治工作面临的主要挑战

(一)国际政治经济形势的急剧变化给思想政治工作带来许多重大理论难题

首先,从国际共产主义运动史角度看。从1848年《共产党宣言》发表到1945年第二次世界大战结束,共产主义运动从一个徘徊在欧洲上空的幽灵逐渐变成一股洪流,澎湃于世界各地,20世纪50年代达到高潮,许多国家走上社会主义道路,许多亚非拉的殖民地半殖民地国家获得了独立。然而,到20世纪80年代末90年代初,东欧剧变,苏联解体,国际共产主义运动进入了有史以来的最低谷。对此,西方一些敌对势力兴高采烈,认为马克思主义失灵了,社会主义制度破产了,共产主义失败了。面对国际共产主义运动的挫折以及西方一些理论宣传,国内一些人陷入理论迷误之中,对社会主义前途、共产主义理想等开始感到悲观、怀疑。

其次,从国际政治经济当前的形势发展看。随着各国间政治交往的日益增多、经济合作与交流的日益频繁,各种思想文化交流也不断增多。我国在扩大对外开放,引进国外先进的技术设备、管理经验,吸收国外优秀的思想文化成果的同时,西方一些敌对势力的反动政治思想以及国外一些腐朽的生活方式、价值观念,一些错误的思潮,也趁机向国内渗透,从而给人们的思想观念造成混乱。

面对国际形势的深刻变化,有许多重大而尖锐的理论难题摆在我们面前。诸如如何正确认识共产主义运动的挫折,如何正确认识资本主义的政治文明,如何认识社会主义和市场经济的有机结合,如何正确认识社会主义制度与资本主义制度的和平竞争,等等。这些重大理论问题解决不好,将给我们的思想政治工作带来极大障碍。

（二）在建立社会主义市场经济体制过程中，新旧观念的剧烈碰撞冲突，给思想政治工作带来许多新情况、新问题

经济体制的深刻变革，必然引发人们利益关系的裂变重组，引发新旧观念的碰撞冲突，引起人们的思想波动。随着改革的深化，我国社会已经出现了经济成分多元化、经济利益多样化、社会组织多样化、就业方式多样化，这些多样化又强烈冲击着、改变着人们原有的生活方式、工作方式和思想观念。不仅不同群体间会有思想观念的矛盾冲突，而且在一个人身上也会发生新旧思想观念的矛盾冲突。人们的思想观念正发生着深刻变化，不论是深层次上的世界观、价值观、人生观，还是外在层次上的事业观、权力观、金钱观、义利观、幸福观、美丑观、择业观、就业观乃至恋爱观、婚姻观、爱情观等，都在随着市场经济体制的不断确立而发生深刻变化。思想观念的矛盾、变化及多样化，使思想政治工作遇到了许多新问题。

（三）阶层结构的分化变化，导致不同阶层、群体间利益和观念的巨大差异，给思想政治工作带来了难度，增加了思想政治工作的复杂性

经济基础决定上层建筑，决定人们的思想意识。随着我国实行以公有制为主体、多种所有制并存发展，以按劳分配为主体、按要素分配和按资分配方式并存的经济制度，我国的阶层结构明显变化。随着多种所有制经济的发展和分配政策的巨大变化，从传统的工人阶级和农民阶级中，又分化出经理阶层、老板阶层、技术管理者阶层、在岗职工阶层、失业职工阶层、个体工商户阶层、公务员阶层等。这些不同的社会阶层和群体，由于其不同的经济地位、经济收入，不同的利益取向，不同的生活方式、行为习惯，在思想政治上也会有不同的反映，从而增加了思想政治工作的复杂性和难度。

（四）贫富差距拉大现象对思想政治工作的负面影响

随着市场经济的不断发展，我国居民的贫富差异也不断拉大，既产生了百万、千万、亿万富翁，也还有人连温饱问题都尚未解决。目前，部分贫困地区的农民、部分下岗职工生活非常困难，与率先致富人的生活水平反差强烈。由于贫富差距拉大并不全是劳动能力造成的，个别人的致富是靠关系、权力、投机、诈骗等歪门邪道致富的，从而使部分人心理失衡，对改革不满，对党的"允许一部分地区、一部分人先富起来，先富带后富，走共同富裕之路"的富民政策产生认识上的偏差，给思想政治工作带来负面影响。

（五）和市场经济联系密切的极端个人主义、拜金主义、享乐主义的蔓延，导致一些人思想道德观念扭曲，给思想政治工作带来巨大冲击

首先是极端个人主义。虽然市场经济倡导个人以自己的利益为基点，通过自己的才智能力谋求个人的正当利益，实现自身的价值，但往往有人超过这个度，走向极端个人主义，为谋取私利不择手段。其次是拜金主义。金钱在市场经济中有着特殊功能，作为通货，它可以交换财富;作为资本，它可以增值获利。正因此，一些人钻进了钱眼里，成为拜金狂。与极端个人主义、拜金主义密切联系的是个人享乐主义，个人享乐主义片面追求个人享受。个人主义、拜金主义、享乐主义的人生哲学和价值观，和我们所提倡的爱国主义、

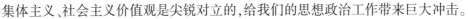

集体主义、社会主义价值观是尖锐对立的,给我们的思想政治工作带来巨大冲击。

（六）腐败现象的滋生蔓延和其他社会丑恶现象的存在,对思想政治工作的效果产生了极大的抵消作用和反作用

在改革开放和建设社会主义市场经济体制的新时期,我们的一些党政干部受一些腐朽思想的侵蚀影响,人生观、价值观发生扭曲,耐不住艰苦,顶不住诱惑,经不住考验,管不住小节,逐步走上腐败之路。在滋生个人腐败的同时,还产生了行业腐败、法人腐败现象。除腐败现象外,社会上还存在诸如嫖娼卖淫、制售假冒伪劣产品、封建迷信、车匪路霸等丑恶现象。这些现象的存在无疑降低了群众对思想政治工作的信任,冲淡了思想政治工作的作用。

（七）思想政治工作本身的内容、形式、队伍素质、组织机构、管理机制等存在一些问题,不适应社会主义市场经济体制的要求

从内容上讲,存在着内容老化、理论和实际脱节、思想政治教育同群众普遍关心的热点难点问题结合不紧等问题;从形式上讲,存在着形式单调、搞花架子、走过场、单向灌输多、双向交流少等问题;从队伍素质上讲,存在着知识结构老化等问题;从组织机构上讲,存在着对思想政治工作部门组织建设重视不够,甚至出现了对思想政治工作部门"关、停、并、转"的现象;从管理机制上讲,存在着开展思想政治工作的经费、场地难落实,缺乏对政工干部的利益激励机制,党、政、群、团各组织间缺乏协调配合,缺乏目标责任管理等问题。

二、遵循思想政治工作规律,大胆改进和创新思想政治工作办法

思想政治工作是我们党的优良传统,是我们党的政治优势,虽然面临严峻挑战,但这一方面更加说明了新时期思想政治工作的重要性、迫切性,许多社会丑恶现象的滋生蔓延,同思想政治工作的薄弱、滑坡,同"一手硬,二手软""只注重物质文明建设,不注重精神文明建设"不无关系;另一方面也警示我们,面对新形势新情况新问题新要求,必须努力探寻并依照思想政治工作的科学规律,大胆改进和创新思想政治工作方法。

（一）要认真探索并遵循思想政治工作的客观规律

思想政治工作既是一门艺术,更是一门科学。既然是一门科学,思想政治工作就有一定的客观规律可循,只有遵循其客观规律,思想政治工作才能取得事半功倍的实效,违背其客观规律,不仅会劳而无功,而且还会产生相反的作用。思想政治工作是我们党的传统政治优势,不论是在革命战争年代,还是在社会主义现代化建设新时期,我们党都通过发挥思想政治工作的优势,为各项工作的顺利开展提供了强大的动力与保证。总结我们党80年来思想政治工作的成功经验,思想政治工作至少有以下几个基本规律可循。

其一,理论要联系实际。思想政治工作只有把理论问题与实际问题结合起来,才有说服力,党的路线、方针、政策才能获得广大群众的理解、信任和支持。江泽民总书记在2000年中央思想政治工作会议上指出:"做好新时期思想政治工作,必须从国际和国内、

历史和现实的角度,深刻分析新形势下对广大干部群众的思想活动发生作用的客观环境及其基本特点,正确审视和解决那些影响干部群众思想活动的重大理论问题和实际问题,为我们进行新时期的思想政治工作提供一个根本的比较切合实际的基础。"当前,国际政治格局正走向多极化,世界经济正趋于一体化,世界范围内各种思潮相互交错相互激荡;我国的社会主义市场经济体制正逐步确立,改革处于攻坚阶段,新旧观念碰撞激烈,利益格局变化巨大。在这特殊历史时期,面对来自西方的理论挑战和国内一些群众的认识混乱,有许多十分尖锐、敏感的理论问题需要我们作出科学回答。我们必须直面现实,联系实际,采取实事求是的态度,在充分占有材料并进行深入研究的基础上,作出科学的、有说服力的、符合实际的解释和说明。只有这样,才能充分发挥理论在思想政治工作中的基础性作用。

其二,要密切联系群众。要走群众路线,从群众中来,到群众中去,决不能高高在上,脱离群众,搞"空头政治"。要把群众最为关心的实际问题作为思想政治工作的契机和切入点,只有这样,思想政治工作才有广泛的群众基础和广泛的受众性,才有持久旺盛的生命力。目前,国有企业改革、政府机构改革、经济结构调整、社会保障制度改革等,许多改革举措都牵涉群众的切身利益。思想政治工作必须从群众最为关心的实际问题入手,以便理顺群众的情绪和思路,赢得群众的理解和支持,为深化改革扫清思想障碍,奠定群众基础。

其三,教育要和管理相结合。思想政治教育是基础,它可以培养人们争做"四有"新人的自觉性、主观能动性,然而,教育不是万能的,仅靠教育是不够的。教育必须与管理相结合,以严格的管理来巩固和加强教育的效果。在新的历史时期,我们必须在加强思想政治教育的同时,加强法制建设,加强各项规章制度建设,强化各项管理,有效扼制不文明行为,坚决惩治和打击各种违法犯罪行为,抑恶扬善,弘扬正气,促进社会风气的根本好转。

其四,解决思想问题要与解决实际问题相结合。思想政治工作不能搞成空洞说教,只讲大道理,不解决实际问题。要把解决思想问题与解决实际问题有机结合,以客观事实增强思想政治工作的说服力、渗透力、感召力。思想政治教育必须坚持义利结合、以物质利益为基础的原则,必须与物质利益相结合,既要重视对革命精神的培养,对理想信念的教育,又要重视对人们利益关系的分析、引导,帮助人们树立正确的义利观、金钱观、幸福观,引导人们正确处理个人利益与他人利益、集体利益、国家利益、社会利益的关系,正确处理局部利益与整体利益、暂时利益与长远利益的关系。

其五,要实行差异施教。思想政治工作是一种凝聚人心、塑造人的灵魂的工作,而人是处在不同的阶层、群体,不同的种族,不同的职业,不同的区域,不同的经济、历史、文化背景之中的,即使一个单位的人也会有性别、年龄、性格、所受教育程度的不同。因此,要有效开展思想政治工作,必须采取差异施教,因人、因时、因地而制宜,要把思想政治教育的基本内容和特殊内容、普遍形式和特殊形式、先进性要求和广泛性要求等有机结合起来。

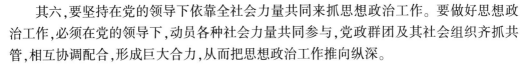

其六,要坚持在党的领导下依靠全社会力量共同来抓思想政治工作。要做好思想政治工作,必须在党的领导下,动员各种社会力量共同参与,党政群团及其社会组织齐抓共管,相互协调配合,形成巨大合力,从而把思想政治工作推向纵深。

(二)大胆改进和创新思想政治工作方法

改进方式方法,健全有效机制,是落实思想政治工作的重要保证。新时期的思想政治工作必须依循其客观规律,结合变化了的国际国内形势,结合广大人民群众思想文化素质不断提高的实际,结合不同阶段的工作任务和目标,大胆摸索和创新科学的新办法。只有根据思想政治工作的环境、条件、对象的变化,创新思想政治工作的方式方法和工作机制,才能适应思想政治工作面临的新情况,完成新任务。

面对新时期不断出现的新情况新问题,我们的思想政治工作必须在继承和发扬优良传统的基础上,在内容、形式、方法、手段、机制等方面大胆进行改进和创新,特别要在增强时代感,加强针对性、实效性、主动性上下功夫。要坚持继承与创新、先进性与广泛性、普遍要求与分类指导、理论灌输与实践活动、一般号召与典型宣传、精神激励与物质激励、正面宣传与反面教育、精神塑造与文化熏陶、营造环境与主观感化、传统方法与现代化手段、硬件建设与软件建设等相结合,区别不同情况,根据政治问题、思想问题、认识问题和实际问题等不同层次的问题,针对工人、农民、干部和知识分子的新变化,针对社会人口流动性大、价值取向多样化的新特征,精心设计新的活动方式,分层施教,分层指导,采取行之有效的科学方法,创造性地开展工作,争取把思想政治工作落到实处,抓出成效。

(原载《学习论坛》2000 年第 12 期)

党要切实做好先进生产力发展要求的代表

江泽民同志在世纪之交提出的"三个代表"重要思想,是对党的先进性的高度概括和科学表述,是新时期加强党的建设的伟大纲领和行动指南。"三个代表"是我们党的立党之本、执政之基、力量之源。"三个代表"是一个有机统一的理论整体,但同时它们又有各自特定的内涵和要求。"三个代表"中,首要的是做先进生产力发展要求的代表,这既反映出江泽民同志对发展社会生产力的高度重视,也反映出"三个代表"重要思想中蕴含的历史唯物主义原理。相对于其他两个"代表"而言,代表先进生产力的发展要求更具有根本性意义。代表人民的根本利益是核心,是推动其他各项事业发展的强大动力;代表先进文化的前进方向是保证,是促进其他各项工作的必要条件;而代表先进生产力的发展要求则是实现其他两个"代表"的前提和基础。

一、代表先进生产力的发展要求是党的先进性的根本体现

(一)只有代表先进生产力的发展要求,才能成为社会进步的领导力量和推动力量

历史唯物主义认为:生产力决定生产关系,进而决定社会的形态及其性质,生产力是人类社会发展进步中的决定性力量。首先,生产力决定生产关系,进而从根本上决定社会的形态及其性质。这有三层深刻含义:一是生产力是生产关系存在的基础,由矛盾的主要方面所决定,生产关系的合理存在必须符合生产力状况及其发展要求;二是生产力的发展变化是生产关系发展变化的根本依据,随着生产力的不断发展变化,生产关系也必然随之发生变化;三是生产力决定生产关系,经济基础决定上层建筑,生产力最终决定着整个社会的形态和性质,决定着人类社会由低级形态向高级形态的不断更替。正因为生产力是人类社会发展进步中最根本、最革命、最进步的决定性力量,所以生产力的发展总是无情地为自己开辟着道路,凡是阻碍其发展的旧的生产关系、上层建筑都或早或迟地必将被新的生产关系、新的上层建筑所代替。其次,生产力的发展是实现社会和人的全面发展的根本条件。从社会发展的角度看,物质财富的不断丰富、政治制度的文明进步、思想文化的科学繁荣、生活方式的健康合理等,这诸多发展目标的实现归根到底取决于生产力的发展。生产力的发展水平,制约着人们的物质生活和经济关系,进而又制约着人们的政治生活、精神生活等整个社会生活和社会关系。从人的全面发展角度看,生产力体现着人类改造、利用自然的意志和本质力量,只有在生产力不断进步的同时,人的本质力量才能获得

不断发展,人的全面自由发展才能获得更多的条件和机会。最后,生产力的发展是社会发展的集中体现,生产力的发展速度、发展水平是同社会的发展进步密切联系在一起的。

正因为生产力从根本上决定生产关系,进而决定社会的形态及其性质,正因为生产力的发展是实现社会和人全面发展的根本条件,正因为生产力的发展是社会发展的集中体现,所以历史唯物主义确认,生产力的发展是"整个社会发展的主要标准",是"社会进步的最高标准"。真正的马克思主义者正是以生产力发展为标准来判断历史上不同的社会形态、不同的阶级及其政党是进步的还是保守的,是革命的还是反动的。历史上的任何统治阶级、政治集团只有当它在一定程度上代表了先进生产力的发展要求,它才获得了某种先进性、某种存在和统治的合理性。只有代表和反映先进生产力发展要求的阶级及政党,才能成为社会进步的领导力量和推动力量。由此可见,代表先进生产力的发展要求,是我们党的先进性的根本体现,党只有始终代表先进生产力的发展要求,才能从根本上保持自己的先进性,保持自己的生命力和活力,才能始终走在时代的前列。

(二)代表先进生产力的发展要求,是实现其他两个"代表"的基础和前提

代表先进文化的前进方向,代表广大人民群众的根本利益,这固然是我们党不同于其他政党的先进性体现,但党必须首先具备代表先进生产力发展要求这一先进性,才能使其他先进性置于社会历史发展的客观规律之中,置于现实的社会基础之上。否则,失去客观规律的支持,失去现实的基础,要长久地、始终地坚持其他先进性是不可能的,甚至会与初衷背道而驰。首先,只有代表先进生产力的发展要求,党才能在领导人民进行革命和建设的事业中作出符合历史发展规律的正确选择,才能敏锐地把握先进文化的前进方向,才能从根本上维护好、实现好广大人民群众的根本利益。判断文化的先进与否,虽然有政治的、经济的、人文的、道德的等多种标准,但必须以是否有利于生产力发展为根本标准。先进生产力的发展要求与先进文化的前进方向有着内在联系。一种文化当它有利于生产力发展、体现了先进生产力发展要求时,它才有利于社会进步,有利于实现社会和人的全面发展,才是一种进步的文化。因此,当一个政党不能成为先进生产力发展要求的代表时,要代表好先进文化的前进方向是不可能的。同样,党要代表好人民的根本利益,也必须首先代表好先进生产力的发展要求,否则,就有可能违背生产力发展规律而不能很好地维护和实现人民的根本利益,这在中国共产党领导人民进行社会主义建设实践的历史上是有过深刻教训的。显然,代表先进生产力的发展要求虽然并不能代替代表人民的根本利益,不能代替代表先进文化的前进方向,但它却是党要当好后两个"代表"的必备条件。其次,在社会主义初级阶段,作为执政党的中国共产党,只有首先代表好先进生产力的发展要求,大力发展生产力,才能为实现其他两个"代表"创造更好的物质条件。代表先进生产力的发展要求,就是要领导人民创造高度发达的物质文明;代表先进文化的前进方向,就是要领导人民创造光辉灿烂的精神文明。而这二者的根本宗旨和目的都是使广大人民的物质文化生活更加丰富美好,这是人民的根本利益之所在。而要创造光辉灿烂的精神文明,要使人民的物质文化生活过得更加美好,都离不开高度发达的物质文明的支撑。因

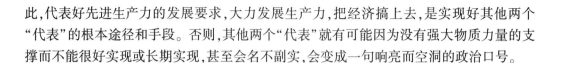

此,代表好先进生产力的发展要求,大力发展生产力,把经济搞上去,是实现好其他两个"代表"的根本途径和手段。否则,其他两个"代表"就有可能因为没有强大物质力量的支撑而不能很好实现或长期实现,甚至会名不副实,会变成一句响亮而空洞的政治口号。

二、党要正确把握和代表先进生产力的发展要求

(一)要正确认识和把握先进生产力的发展要求

要代表先进生产力的发展要求,必须首先认识和把握什么是先进生产力的发展要求。先进生产力与先进生产力的发展要求是两个不同的概念和范畴。先进生产力是指人与自然物质变换过程中人们改造、利用自然的更新、更进步、更强大的能力,其主要标志是先进的生产工具和生产手段,而先进生产力的发展要求最直接的表现则是指能有效适应并推进这种生产力发展的社会组织形式。历史唯物主义认为,社会生产力的发展总是在一定的社会组织形式中并借助于这种组织形式进行的。因此,先进生产力的发展要求并不是先进的生产工具、先进的生产手段本身,它在本质上是一种能够为先进生产力发展提供有效的社会组织形式、开辟广阔的社会空间的社会关系,其中最主要的是生产关系。生产力的发展要求首要地、主要地表现在生产关系方面,但它同时也表现在政治、法律、文化、道德观念等社会关系的诸多方面。众所周知,科学技术是第一生产力,但这"第一生产力"的发展要求并不是科学技术本身,而是能够适应并推进科学技术发展的多方面社会关系,牵涉政府部门、科研机构、学校、企业及个人间等多方面的行为关系和利益关系,牵涉教育体制、科研管理体制、企业科技进步体制、科技人才制度、收益分配制度、知识产权制度等一系列制度和政策安排。只有在这种社会关系中,科学技术的快速发展才能成为现实。同时,历史唯物主义还告诉我们,生产力决定生产关系是从"归根到底"的意义上而言的,而生产关系及社会关系的具体形成过程是在活生生的、具体的人类主体的能动的社会实践活动中创造的。这种创造的主要途径就是人们通过在社会中建立一定的体制,制定并实施一定的制度、政策,规范、制约、影响人们的生产行为和相互关系,影响人们的生产积极性、创造性,构成生产力发展所需借助的社会组织形式。这些体制、制度、政策越有利于形成促进生产力发展的社会关系,越有利于构成生产力发展所需要的社会组织形式,越有利于调动人的积极性、创造性,就越能代表先进生产力的发展要求,越具有合理性、进步性和可行性。相反,如果这些体制、制度、政策不利于甚至阻碍了生产力发展所需要的社会关系特别是生产关系的形成,不利于甚至严重阻碍了生产力发展所需要的社会组织形式的构成,不利于甚至严重压抑了人们生产积极性和创造性的发挥,那么,这些体制、制度、政策就是保守的、落后的、低效的,甚至是反动的。在生产力的作用下,也就是在人与自然这一社会根本矛盾作用下,这些体制、制度和政策必将被进步的体制、制度和政策所取代。因此,要代表好先进生产力的发展要求,作为能动的社会实践活动主体的人,必须首先建立进步的体制,制定和实施正确的制度和政策。

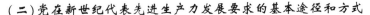

（二）党在新世纪代表先进生产力发展要求的基本途径和方式

在不同的历史时期,党代表先进生产力发展要求的途径和方式是有所不同的。在民主革命时期,我们党代表了中国社会先进生产力的发展要求,领导人民通过革命和战争的手段,推翻了帝国主义、封建主义、官僚资本主义"三座大山",建立了人民民主政权,并经过社会主义改造,初步建立起社会主义基本制度,为生产力的发展奠定了最基本的制度基础和条件,开辟了广阔的社会空间。在社会主义初级阶段,我们党是执政党,是社会主义建设事业的直接领导力量和组织者;社会的主要矛盾已转变为人民日益增长的物质文化需要同落后的社会生产之间的矛盾。在主客观条件都发生重大变化的条件下,我们党代表先进生产力发展要求的途径和方式也必将发生重大变化。从总的要求看,党必须把解放和发展生产力当作自己直接的、首要的任务,必须始终坚持以经济建设为中心,集中力量发展生产力。从基本的途径和方式看,党要代表先进生产力发展要求,必须在以下几个方面做出不懈的努力。

1. 要及时制定正确的路线、方针和政策,不断进行体制、制度的改革和创新

历史唯物主义认为,生产力是一个历史范畴,由人与自然这一社会的根本矛盾所决定,生产力具有不断向前发展的趋势,处于不断发展变化之中,永远不会停留在一个水平上,而且随着时间的推移,原来先进的生产力会变成落后的生产力,并为更先进的生产力所代替。因此,生产力的发展是一个动态的过程。既然生产力的发展是一个动态过程,因而代表先进生产力的发展要求也必然是一个动态过程。尽管我国初步建立了社会主义的基本生产关系,从总体上适应了生产力发展要求,但有许多具体环节还需要在实践中不断改革、完善。由于生产力总是处在不断发展变化的过程之中,这就需要我们党必须不断追踪生产力的发展趋势,根据生产力发展状况、发展规律和发展要求,及时制定正确的路线、方针、政策,不断改革和调整不适应生产力发展的生产关系的某些环节,不断进行体制、制度的改革和创新。先进生产力的发展要求表现在诸多方面诸多层次,因而需要多方面的配套改革并层层深入。改革开放以来,我们党从社会主义初级阶段中国的具体国情出发,制定了党在社会主义初级阶段的基本路线、基本纲领和一系列方针政策,致力于改革开放,致力于体制和制度创新。这些改革和创新,从不同方面不同层次反映了先进生产力的发展要求,推动了我国生产力快速发展,取得了举世瞩目的发展成就,集中反映了我们党代表先进生产力发展要求的智慧、能力和水平。但生产力发展不停步,改革创新无穷期,我们必须根据生产力发展状况和先进生产力发展要求,不断制定和调整有关政策,不断进行体制、制度改革和创新,从而始终走在时代前列。

2. 要不断制定正确的发展战略

由于我们党是执政党,是社会主义经济建设的直接领导者和组织者,因而,围绕经济建设制定正确的发展战略既是党的历史重任,又是党代表先进生产力发展要求的重要途径和方式。制定正确的发展战略是党能更好地代表先进生产力发展要求的重要标志。改革开放以来,我们党根据我国生产力的实际状况和先进生产力的发展要求,及时制定并实

施了一系列发展战略,如对外开放战略、科教兴国战略、可持续发展战略、"两个根本转变"战略、经济结构调整战略等,这些发展战略从不同角度在不同领域体现了先进生产力的发展要求。

3. 要着眼于充分调动广大人民群众的生产积极性、创造性

人在与自然界的物质变换过程中虽然要受自然界的制约、受物质变换的客观规律制约,但人是能动地改造、利用自然的主体,是生产力中最能动、最基本、最重要的因素,是生产力发展的最终动力源,生产力归根到底是通过人,通过有血有肉、有意志、有思想、有情感的,活生生的人去创造、去推动、去发展的。生产力发展赖以借助的社会组织形式中的人不是被动地适应生产方式的物,而是有生命、有意志、有创造力的人,他们的积极性、创造性发挥得如何,直接关系到生产力的发展速度,关系到落后生产力向先进生产力的递进以及先进生产力向更先进生产力的递进。因此,要代表先进生产力的发展要求,固然要制定政策、创新制度,以促进有效社会关系生成,但归根到底这些制度、政策及发展战略要落实到调动广大人民群众的积极性、创造性上。党所倡导的体制、制度及发展战略越能调动广大人民群众的生产热情和创造精神,就越能推进生产力发展,越能代表先进生产力的发展要求;反之亦然。从这个意义上也可以说,充分调动广大人民群众的积极性、创造性,是党代表先进生产力发展要求的根本途径。能否充分调动人民群众的积极性,能否推进生产力快速发展,是检验我们党在代表先进生产力发展要求方面作用大小、好坏的客观标准。因此,党所采取的一切方针政策、改革措施、发展方略都必须把调动人民群众积极性当作着眼点。改革开放20多年的实践充分证明,只有充分调动广大人民群众的生产积极性、创造性,才能推动生产力快速发展,才能把先进生产力的发展要求转化成先进生产力的发展现实。当今中国,经过20多年的改革开放,人们的劳动方式、就业方式、生产方式、生活方式、组织结构、利益格局、思想观念等都发生了巨大变化,如何根据这些已经变化而且还在继续变化的形势,根据人们在新时期的利益需求、情感需求,继续采取有效措施,充分调动好、引导好、保护好、发挥好各行各业、各地区、各阶层广大人民群众的积极性和创造性,始终是摆在我们党面前需要认真考虑和解决的问题。

三、党的各级组织和广大党员干部要为实践好"代表先进生产力的发展要求"而努力奋斗

"三个代表"既是对党的总体要求,又是对各级党组织、党的各级干部和每个党员的具体要求。党要切实做好先进生产力发展要求的代表,仅有正确的路线、方针、政策是不够的。从社会系统论的角度看,党要切实做好先进生产力发展要求的代表,必须经过两大层次的运作过程。首先,作为一个整体的党,必须体民情、察民意,集中群众智慧,根据生产力的发展规律、发展要求,科学决策,制定正确的路线、方针、政策及发展战略,并根据不断变化的情况不断作出调整,这是党代表先进生产力发展要求的集中体现。其次,党还要通过各级党组织,通过党的各级干部和广大党员的努力奋斗和创造性工作,把党的路线、

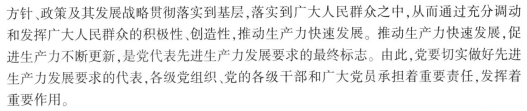

方针、政策及其发展战略贯彻落实到基层，落实到广大人民群众之中，从而通过充分调动和发挥广大人民群众的积极性、创造性，推动生产力快速发展。推动生产力快速发展，促进生产力不断更新，是党代表先进生产力发展要求的最终标志。由此，党要切实做好先进生产力发展要求的代表，各级党组织、党的各级干部和广大党员承担着重要责任，发挥着重要作用。

（一）地方党委和基层党组织要依据生产力的发展要求，创造性地搞好地方经济工作和经济建设

经济工作是党的中心工作。地方党委和基层党组织要实践好"代表先进生产力的发展要求"，首先，必须坚定不移地贯彻执行党所制定的在社会主义初级阶段的基本路线和一系列方针政策，坚持基本路线不动摇，坚持以经济建设为中心，一切工作围绕经济建设，一切工作服务于经济建设。其次，要根据中央的有关指示精神，结合本地区本单位的实际，针对不同的省情市情县情，因地制宜，制定更加具体的改革措施、政策措施及其发展规划和战略，创造性地搞好地方经济工作和经济建设，推进地区生产力快速发展。能否创造性地搞好当地经济工作和经济建设，是衡量地方党委能否更好地实践"代表先进生产力发展要求"的一个客观标准。最后，要根据先进生产力的发展要求，根据经济建设的需要，积极改进和加强党的领导特别是对经济工作的领导方式，提高决策水平和解决实际问题的能力，为生产力的发展提供思想、政治和组织保证。企业党组织要围绕经济建设这一中心工作，根据企业改革和发展的需要，改进和加强组织建设，把加强党的建设与建立现代化企业制度有机地结合起来；把党组织的工作内容、工作方法与搞好企业的生产经营有机地结合起来，充分发挥企业党组织在带领广大职工群众，充分调动职工群众的积极性、创造性，增强企业活力，加快企业发展方面的重要作用。农村基层党组织要坚决贯彻党在农村的基本政策，依据农业和农村经济发展已进入新阶段的实际，积极改进和加强农村基层党组织建设，改进领导方式和工作方式，大力提高党支部一班人的素质，积极带领农民群众深化改革，调整农业结构，帮助农民增收减负，维护农村社会稳定，加快农民致富奔小康步伐。

（二）广大党员特别是党员干部要以身作则，率先垂范，在实践"代表先进生产力发展要求"中充分发挥先锋模范带头作用

学习"三个代表"，贵在实践，贵在落实。领导干部和广大党员要实践好"代表先进生产力的发展要求"，必须从自身做起，从身边事做起，以身作则，率先垂范，尤其要在以下几个方面作出不懈的努力：其一，要以切身行动带头贯彻执行好党的路线、方针、政策，同党中央保持高度一致，不断提高执行政策的水平，决不搞上有政策、下有对策，在执行中不截留、歪曲、抵制党的方针政策。其二，要牢固树立以经济建设为中心的思想，牢记发展才是硬道理，坚持生产力标准，努力为当地经济建设和经济发展贡献聪明才智。其三，要以自己的实际行动，支持改革、投身改革。改革是发展的动力，是先进生产力发展的必然要求。党员干部和广大党员要解放思想、更新观念，树立敢闯敢试敢冒的精神，大胆改革，开拓进取,通过改革,为经济发展注入强大动力。其四,要真抓实干,求真务实,提高工作效率,以自己高效率的工作来推进当地乃至全国经济建设和经济发展的高效率。当前,有些基层干部官僚主义、形式主义作风严重,工作效率低下,这不符合先进生产力的发展要求。因此,党的基层干部必须狠抓思想作风和工作作风建设,端正工作态度,转变工作作风,改进工作方法,提高工作效率,求真务实,真抓实干。其五,要努力提高自身素质,提高决策水平和解决实际问题的能力。当前,个别干部和党员的素质很不适应新时期经济工作和经济建设的需要。因此,广大党员一定要按照"三个代表"的要求,加强自身建设,自觉提高自身的各方面素质,特别是思想、知识、业务方面的素质,只有这样,才有可能在推动当地生产力发展和经济发展过程中有所作为、大有作为,才能以自身的实际行动、有效行动,为我们党切实做好先进生产力发展要求的代表贡献出自己的一份力量。

（原载《学习论坛》2001 年第 7 期）

如何保持和发挥党的先进性的多维思考

依据历史唯物主义原理,判断一个政党先进与否的根本标准是看其在人类社会发展的历史进程中发挥的作用如何。由于人类社会的历史进程总是具体的、历史的、动态的,而且是具有实践性的,因而党的先进性总是具体的、历史的、动态的,而且是具有实践性的;保持和发挥党的先进性也是一个具体的、动态的社会系统工程和实践过程。在不同的历史时期,由于历史任务和社会现实不同、主观努力不同,党的先进性具有不同的内容、不同的表现形式,而且必须经过实践的途径予以展现、得以检验。如果从执政的中国共产党自身角度看,能否始终代表中国社会先进生产力的发展要求,始终代表中国先进文化的前进方向,始终代表中国最广大人民的根本利益,是党能否保持并充分发挥其先进性的集中体现和根本要求。要实践这一根本要求,从社会系统论和社会实践的角度观照,既需要党有先进的理论,制定正确的路线、纲领、方针、政策和发展战略,需要执政党推进实施进步的政治、经济、文化等各项社会制度,建立健全党内各项制度,也需要各级党组织认真贯彻落实党中央的路线、方针、政策,依据"三个代表"要求创造性地搞好本地区、本部门、本单位的各项工作,需要广大党员特别是党的干部和领导干部争做"三个代表"的忠实实践者,在工作、学习、生活中充分发挥先锋模范带头作用,体现党员的先进性,维护党的先进性。

一、不断进行理论创新,坚持党在理论上的先进性,这是保持和发挥党的先进性的理论基础

创新是一个民族进步的灵魂,是一个国家兴旺发达的不竭动力,也是一个政党永葆生机的源泉。实践基础上的理论创新是社会发展和变革的先导。执政的中国共产党只有坚持理论创新,才能不断用先进理论武装自己,并在先进理论指导下制定正确的路线、方针、政策,才能通过理论创新不断推进制度创新、科技创新、文化创新以及其他各方面的创新。回顾我们党80多年的奋斗历程,我们会更加清醒地看到理论创新对保持党的先进性、对党的事业的重要意义。毛泽东思想、邓小平理论、"三个代表"重要思想,都是我们党在不同历史时期和历史条件下把马克思主义原理与中国的具体国情、具体实践相结合,坚持理论创新的光辉结晶。正是在毛泽东思想的指导下,中国的民族民主革命才取得了最后胜利;正是在邓小平理论指导下,中国共产党才领导中国人民开创了中国特色社会主义事业,走上了中国特色社会主义之路;正是在"三个代表"重要思想指引下,党才领导人民昂首步入了全面建设小康社会,实现社会全面进步和人的全面发展的新纪元。如果说中国共产党在革命时期作为革命党尚未执掌政权,其理论创新更多地关系到党的生死存亡、发展壮大和革命事业能否成功的话,那么,在当代历史发展新时期,中国共产党作为执政党,由于其执掌着国家政权,在社会发展中起着主导作用,其理论创新则更直接地关系到社会进步的快慢,对社会进步的作用更强更大。

实践没有止境,理论创新就没有止境。当代世界在不断发展变化,我国的改革开放在不断深化,我国的现代化建设在不断前进,广大人民群众的伟大实践活动在不断进行,我们面临着许多新情况、新问题、新矛盾、新挑战,这都迫切要求我们坚持党的思想路线,解放思想,实事求是,与时俱进,本着尊重实践、尊重人民群众首创精神的原则,始终坚持理论创新,大胆进行理论创新。我们要以马克思主义的理论勇气,总结实践的新经验,借鉴当代人类文明的有益成果,在理论上不断扩展新视野,作出新概括。我们要坚持实践是检验真理的唯一标准,自觉地把思想认识从那些不合时宜的观念、做法和体制的束缚中解放出来,从对马克思主义的错误的教条式的理解中解放出来,从主观主义和形而上学的桎梏中解放出来。我们要坚持把马克思主义基本原理与当代中国实际相结合,不断谱写理论新篇章,不断开拓马克思主义理论发展新境界。

二、审时度势,科学决策,保证党所制定的路线、纲领、方针、政策以及发展战略能充分体现"三个代表"要求,这是保持和发挥党的先进性的关键所在

一个政党特别是执政党所制定的路线、纲领、方针、政策及其发展战略能否代表中国先进生产力的发展要求,代表中国先进文化的前进方向,代表中国最广大人民的根本利益,对社会的发展及其发展快慢有着重要作用,对自身的先进性及其先进性大小有着决定性作用。作为执政党的中国共产党,其所制定的路线、纲领、方针、政策及其发展战略,必须努力符合人类社会的发展规律和生产力发展规律,充分体现先进生产力的发展要求,不断推动生产力快速发展;必须努力体现中国先进文化的前进方向和发展要求,积极推进面向现代化、面向世界、面向未来的,民族的、科学的、大众的社会主义文化建设;必须坚持把人民的根本利益作为出发点和归宿,充分反映人民群众的意志、愿望和要求,充分发挥人民群众的积极性、主动性、创造性,在社会不断发展进步的基础上,使人民群众不断获得切实的经济、政治、文化利益。党制定正确的路线、纲领、方针、政策及其发展战略,充分体现"三个代表"要求,是我们党始终站在时代前列,保持先进性的根本体现和根本要求,是党保持和发挥先进性的关键所在。

改革开放以来,我们党从社会主义初级阶段中国的具体国情出发,制定了党在社会主义初级阶段的基本路线、基本纲领和一系列方针政策及其发展战略,坚持以经济建设为中心,把发展作为执政兴国的第一要务,致力于改革开放,致力于经济、政治、文化等社会各项事业的发展和建设,较好地体现了"三个代表"要求,保持和发挥了党的先进性。然而,人类社会的发展是一个永无止境的动态过程,党必须根据形势的变化和发展的要求,面对新情况、新矛盾、新问题、新要求,不断制定和调整有关方针政策及其发展战略,从而始终走在时代前列。

三、推进制度创新,加强党外党内各项制度建设,这是保持和发挥党的先进性的制度保证

(一)党要努力把握社会发展规律和发展趋势,不断推进社会制度的改革和创新

中国共产党作为执政党,对中国社会政治、经济、文化等各项制度的选择、改革、创新,对建设中国最先进的社会制度,有着更直接、更能动、更有效的作用,而先进的社会制度安排是一个国家和社会快速发展、全面进步的制度保障。

新中国成立后,党领导人民在中国建立起了社会主义制度。然而,社会主义制度是一个需要不断改革、完善和创新的开放的制度体系。党的十一届三中全会以来,我们党深刻认识到了社会主义制度建设的经验教训,更加深刻地认识了人类社会发展规律,正确把握了当代世界的发展变化趋势,结合中国的实际国情,大胆进行了社会制度变革和创新。如在经济制度方面,确立了我国在社会主义初级阶段的基本经济制度,不断深化所有制制度改革,在坚持以公有制为主体的同时大力发展非公有制经济;不断深化分配制度改革,在坚持以按劳分配为主体的同时实行按劳分配与按生产要素贡献分配的有机结合;不断深化经济体制改革,在坚持社会主义基本制度的同时,实行市场经济体制,实现社会主义制度同市场经济的有机结合;不断深化社会保障制度改革,逐步建立和完善与市场经济相适应的社会保障制度等。在政治制度方面,在不断改进和完善党的领导、政治协商、人民代表大会等基本政治制度的同时,不断推进干部人事制度、行政管理制度、基层民主制度,特别是村民自治制度等的改革和创新。各项社会制度的改革和创新,极大地促进了中国社会的经济发展和社会的全面进步。然而,社会发展无止境,实践无止境,因而社会制度的改革、创新和完善也无止境。执政的中国共产党必须顺乎社会发展规律和时代变化潮流,体民情、察民意、集民智,审时度势,科学决策。不断推进社会制度创新,这既是执政党肩负的历史责任,也是执政党保持和发挥先进性的基本途径。

(二)党要自觉推进和深化党政领导体制改革,创新党的领导方式和执政方式,不断提高党的领导水平和执政水平

先进的、正确的领导方式和执政方式,是执政党保持和发挥其先进性的必然的、重要的途径。党的领导制度和体制如何,直接关系着党和国家权力机构能否科学合理地整合社会各种资源,关系着党的领导能力和执政能力的高低强弱。执政以来,我们党由于受到执政前的领导体制特别是苏联高度集中的计划经济体制的影响,在党的领导体制上严重存在着党政不分、以党代政、权力过于集中、权力高度集中于党委和党委"一把手"、以权代法、以权压法等制度性及结构性弊端。1980 年,邓小平在《党和国家领导制度的改革》的讲话中对此曾做了深刻分析。这种权力高度集中的管理和领导体制严重地制约了地方、基层及广大人民群众积极性和创造性的发挥,严重阻碍了社会生产力的发展,事实上限制了党的领导水平和执政水平的提高,妨碍了党的先进性的发挥。

我们党历经革命、建设和改革,已经从领导人民为夺取全国政权而奋斗的党,成为领导人民掌握着全国政权并长期执政的党;已经从受到外部封锁和实行计划经济条件下领导国家建设的党,成为在对外开放和发展社会主义市场经济条件下领导国家建设的党。从革命党到执政党的角色转换,当代国际国内形势的发展变化以及社会发展的需求,都迫切要求我们党必须科学认识和把握党的执政规律、社会主义建设规律、人类社会发展规律,自觉地、坚决地、适时地进行领导体制改革和执政方式创新。

党的十六大报告明确指出了党在历史新时期实施领导的主要含义及其基本途径:"党的领导主要是政治、思想和组织领导,通过制定大政方针,提出立法建议,推荐重要干部,进行思想宣传,发挥党组织和党员的作用,坚持依法执政,实施党对国家和社会的领导。"依据党的十六大精神,我们必须深化决策制度改革,健全完善决策机制;深化行政管理制度改革,健全完善行政管理体制;深化司法制度改革,健全完善司法体制;深化干部人事制度改革,构建广纳群贤、人尽其才、能上能下、充满活力的用人机制;深化对权力配置制度的改革,强化对权力的制约和监督,建立结构合理、配置科学、程序严密、制约有效的权力运行机制。通过这些改革,真正实现党的领导方式和执政方式的转变。转变的重点是处理好以下几个方面的关系:一是要通过制度安排,正确处理党的领导与政府工作的关系。二是要通过制度安排,正确处理党的领导和人民当家作主的关系。三要通过制度安排,正确处理党的领导与依法治国的关系。四是通过制度安排,正确处理党的领导与各民主党派及群众团体参政议政的关系。

(三)以制度建设为主线、为保证,全面推进党的思想建设、组织建设和作风建设,始终保持党在思想上、组织上、作风上的先进性。这是保持和发挥党的先进性的基础条件

1. 要以制度建设为保证,加强党的思想建设

其一,要从制度安排上鼓励理论创新。理论创新在党的思想建设中有重要的基础作用。要遵循党的解放思想、实事求是、与时俱进的思想路线,鼓励人们在尊重实践、尊重实际、尊重知识、尊重群众的基础上大胆进行理论创新,用最先进的理论来武装我们的党。其二,要建立健全理论学习制度。要通过严格、灵活的学习制度,促使党员、干部特别是领导干部认真学习马克思主义基本原理,学习毛泽东思想、邓小平理论和"三个代表"重要思想,学习国内外最新的科学文化知识。通过学习,树立正确的世界观、价值观、人生观,并进一步树立正确的权力观、群众观、义利观、金钱观、荣誉观、政绩观。其三,要改进思想政治工作的制度和方法,增强针对性,增加灵活性,注重实效性。要根据市场经济条件下所有制结构多样化、就业方式多样化、分配形式多样化、社会组织形式多样化、各种思想观念激烈碰撞的实际,选择有效的活动载体,采取灵活多样的方式方法,把解决思想问题与解决实际问题有机地结合起来,深入持久地、科学有效地加强对党员的理想信念教育,提高全党的思想、政治、理论素养,保持党在思想上的先进性和纯洁性。

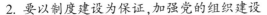

2. 要以制度建设为保证,加强党的组织建设

(1)要以坚持和健全民主集中制为核心,加强党的各项组织制度和工作制度建设。民主集中制是我们党的根本制度,是实现党的决策民主化、科学化的基本制度,要把坚持党的领导同发扬人民民主、严格依法办事、尊重客观规律有机地统一起来,从制度体系上保证民主集中制的正确执行,完善党的决策机制和程序。党内民主是党的生命,是党内生活的政治原则,加强以民主集中制为核心内容的党的制度建设,应该以发展党内民主为重点内容。发展党内民主,应当着力抓好两个方面的问题:一是必须保障党员的民主权利,这是党内民主的内在基础;二是必须保障决策的民主化,这既是发挥党内民主的重要内容,也是实现决策科学化的前提。(2)要切实加强基层组织建设。在加强农村、国有企业、街道社区、学校、科研院所等党的基层组织建设的同时,一定要高度重视在非公经济组织和其他新经济组织、社会组织、民间团体、流动人员中开展和加强党建工作。一定要适应新形势,尊重群众的首创精神,大胆探索、开拓进取、把握规律,不断改进组织设置形式、工作方法和活动方式。扩大党的工作覆盖面,增强党的工作的影响力和渗透力。做到有群众的地方就有党的工作,有党员的地方就有健全的党组织,有党组织的地方就有正常的组织生活和坚强的战斗力。(3)要不断增强党的阶级基础,扩大党的群众基础。党要通过有效的组织管理和教育工作,切实提高工人阶级队伍的科学文化、技术和业务素质,提高职工群众的思想政治觉悟,从而始终保持工人阶级在整体上的先进性。与此同时,要不断扩大党的群众基础。我们不仅要把工人、农民、知识分子、军人、干部中的优秀分子及时吸收入党,而且要注意在新的社会阶层和社会群体的优秀分子中发展党员。吸收新的社会阶层中的优秀分子入党,有利于保持和发挥我们党的先进性,有利于党在坚持工人阶级先锋队性质的同时,也能够更好地成为中国人民和中华民族的先锋队。(4)要努力建设一支高素质的干部队伍,加强各级领导班子建设。要加强领导班子和领导干部的思想政治建设,按照干部"四化"要求,培养一大批德才兼备、政治上坚定、具有抵御各种风险能力、善于驾驭复杂局面的优秀年轻干部。(5)要加强对党员的教育和管理。要建立健全保持党员先进性的长效教育管理机制,严把入口关,疏通出口关,要把符合入党标准和条件的优秀分子及时吸收入党,同时要把那些不合格党员及时清除出党,从而使党的肌体始终保持新鲜的血液,使党员队伍始终保持先进性和纯洁性。

3. 要以制度建设为保证,加强党的作风建设

作风建设,教育是基础,制度是保证。要在加强对党员特别是党员干部持续开展思想教育的同时,不断加强制度建设,以促进党风的根本好转。要建立健全深入基层、深入实际、深入群众的调查研究制度,建立健全体民情、察民意、集民智、合民心的密切联系群众的制度,建立健全公平竞争、择优录用的干部人事制度,从制度上推进党员特别是党员干部的思想作风、工作作风、生活作风、学风、领导作风的建设。要通过制度的不断健全、完善和改革,不断铲除腐败现象滋生蔓延的土壤,通过打防结合、治标与治本相结合、严厉惩治与制度防腐相结合,坚决扼制在党内滋生的腐败风气。

四、地方各级党委和基层党组织要按照"三个代表"重要思想的要求,创造性地搞好本地区、本部门、本单位的工作,广大党员特别是党员干部要充分发挥先锋模范作用,争做"三个代表"的践行者,这是保持和发挥党的先进性不可或缺的重要环节

党的先进性的保持和发挥,首先需要党有先进的理论、纲领、路线、方针、政策,需要党设计和实施先进的社会制度和党内制度,需要党在组织上、思想上、作风上保持先进性。但党的先进性必须在丰富多彩的社会实践中、在具体复杂的历史进程中得以实现、体现和验证,因此,作为党的先进性的集中体现的党的路线方针政策,必须具体落实到生动而具体的社会实践中,必须通过各级党组织的真抓实干,通过党员干部和广大党员的先锋模范作用,通过广大群众积极性、主动性、创造性的充分发挥,在推动经济快速发展、社会全面进步的历史进程中来实现并保持党的先进性。

(一)地方各级党组织要创造性地搞好工作

地方党委要在坚决贯彻落实党的方针政策和党中央的有关指示精神的同时,本着"三个代表"的要求,因地制宜、因时制宜地制定本地区的经济社会发展战略和政策措施,要把"发展"这个第一要务落实到本地的具体工作中。农村基层党组织、企业基层党组织以及其他部门基层党组织,都要结合本行业本单位的实际情况,创造性地开展工作,充分发挥战斗堡垒作用和桥梁纽带作用。

(二)党员干部特别是领导干部要成为"三个模范",提高"五种能力"

在新的历史时期,面对新的任务、新的挑战、新的考验以及保持和发挥党的先进性的新的要求,党员干部特别是领导干部要努力成为"三个模范":勤奋学习、善于思考的模范,解放思想、与时俱进的模范,勇于实践、锐意创新的模范;要不断提高"五种能力":科学判断形势的能力,驾驭市场经济的能力,应对复杂局面的能力,依法执政的能力,总揽全局的能力。要坚持讲学习、讲政治、讲正气,始终保持共产党人的蓬勃朝气、昂扬锐气、浩然正气,为人民掌好权、用好权,当好人民的公仆。

(三)广大党员要在不同的工作岗位上,在不同的生活、学习与社会实践活动中,积极发挥先锋模范带头作用

党的先进性离不开广大党员的先进性,党员的先进性是党的先进性的重要构成要素,是保持和发挥党的先进性的重要环节。没有广大党员先进性的保持和发挥,就不能更好地保持和发挥党的先进性。因此,在新的时期和新的形势下,广大党员一定要全面提高自身的各方面素质,自觉成为"三个代表"的忠实践行者。无论在工业、农业、第三产业,还是在工厂、农村、学校、医院、科研院所、街道社区,各行各业的共产党员都要始终以党员标准严格要求自己,充分发挥先锋模范带头作用,在尽心尽责搞好本职工作的同时,组织带领和教育带动群众搞好本单位工作。充分发挥党员的先锋模范带头作用,既是党员自身先进性的充分体现,也是保持和发挥党的先进性的必然要求。

(原载《学习论坛》2004年第6期)

保持党员的先进性是保持党的先进性的
重要基础性条件

党的先进性是党的生命之魂。作为执政党的中国共产党,能否始终代表中国社会先进生产力的发展要求,始终代表中国先进文化的前进方向,始终代表中国最广大人民的根本利益,是党能否保持并充分发挥其先进性的集中体现和根本要求。要实现这一根本要求,既需要党作为一个有机联系的整体有效发挥各种功能,同时也需要作为个体的广大党员在不同的工作、学习、生活中,在社会主义物质文明、政治文明和精神文明建设活动中,充分发挥先锋模范作用。党的先进性离不开广大党员的先进性。党员的先进性是党的先进性的重要构成要素,是保持和实现党的先进性的重要基础性条件。只有广大党员保持和发挥先进性,才能更好地保持和实现党的先进性。

一、从党的先进性发挥过程的角度看保持和发挥党员先进性对保持和发挥党的先进性的重要作用

依据历史唯物主义原理,判断一个政党先进与否的根本标准是看其在人类社会发展的历史进程中发挥的作用如何。由于人类社会的历史进程总是具体的、历史的、动态的,而且是具有实践性的,因而党的先进性也总是具体的、历史的、动态的,而且是具有实践性的;因而保持、发挥和实现党的先进性也是一个具体的、动态的社会系统工程和社会实践过程。

从中国共产党自身角度观照,始终做到"三个代表"是党的先进性的集中体现和根本要求。然而党要真正做到"三个代表"却是一个非常艰巨复杂的社会系统工程和实践过程。要保持和实现党的先进性,其一,需要党不断进行理论创新,坚持党在理论上的先进性,坚持用先进、正确的理论作指导,这是保持和发挥党的先进性的理论基础。其二,需要党审时度势,科学决策,保证党所制定的路线、纲领、方针、政策以及发展战略、发展措施能充分体现"三个代表"要求,这是保持和发挥党的先进性的关键所在。其三,需要党不断推进制度创新,不断推进实施进步的政治、经济、文化等社会各项制度,建立健全并适时创新党内各项制度,这是保持和发挥党的先进性的制度保证。其四,需要地方各级党委和基层党组织按照"三个代表"要求,认真贯彻落实党的路线、纲领、方针、政策,创造性地搞好本地区、本部门、本单位的各项工作,这是保持和发挥党的先进性不可或缺的重要环节。

其五,需要党的各级干部、广大党员保持先进性,在不同工作岗位、不同战线中充分发挥先锋模范作用,争做"三个代表"要求的忠实实践者,团结并带领群众共同致力于"三个文明"建设,这是保证党的路线、纲领、方针、政策得到彻底贯彻落实,保证党的各项工作有效开展的重要基础性条件,同时也是最终实现党的先进性的重要基础性条件。

保持、发挥和实现党的先进性是一个社会系统工程。在这一系统工程和一系列社会实践活动中,党的各项工作、党发挥其先进性的各个环节,都离不开党员先进性的发挥。党的理论创新,党的路线纲领方针政策的制定和贯彻,党进行各项制度创新,党对人民群众的团结、组织、领导,党对社会各项事业的领导,党的各级组织工作的有效开展,等等,党的各项工作各项事业归根到底都要通过不同战线、不同行业、不同岗位的广大党员的具体实践活动来进行。广大党员自身素质的高低,先进性发挥得如何,直接关系到党的各项工作各项事业开展的成效。因此,党的先进性最终必须通过广大党员的先进性来体现、来实现。

二、从党的自身能力的角度看保持和发挥党员先进性对保持和发挥党的先进性的重要性

党是全体党员组成的,党员是构成党的组织的细胞。只有各个细胞充满生机活力,党的整个组织肌体才会具有生机活力。党员的素质如何、先进性如何,直接关系到党组织的创造力、凝聚力、战斗力,关系到执政的中国共产党的执政能力和领导能力。

其一,只有保持和发挥党员的先进性,才能不断增强党组织的创造力、凝聚力、战斗力。

党的生机与活力,集中体现在党的创造力、凝聚力和战斗力三个方面。从党自身素质上看,各级党组织必须具有强大、旺盛的创造力、凝聚力、战斗力,这是党实现其先进性的内在基础和前提。而要增强党组织的创造力、凝聚力、战斗力,就必须不断提高党员的素质,始终保持并充分发挥党员的先进性。来自基层党组织的工作实践更加证实了这一点。在我国改革开放和建设中国特色社会主义的伟大实践中,全国各地涌现出了许许多多优秀的基层党组织。这些基层党组织都具有较强的创造力、凝聚力和战斗力,在宣传群众、教育群众、团结群众、组织群众、领导群众创造性地搞好本地区、本部门工作方面充分发挥了战斗堡垒作用。而所有这些基层党组织的一个共同特点就是都拥有一批具有先进性的共产党员。与此形成鲜明对比的是,凡是那些软弱涣散,缺乏创造力、凝聚力和战斗力的基层党组织,其组织中党员的先进性状况也不容乐观。

我们党现在拥有 6800 多万名党员、340 多万个基层党组织。党员队伍的素质状况、先进性状况,直接关系到各级党组织的创造力、凝聚力和战斗力,关系到党的先进性和生命力。邓小平同志曾告诫全党:一个人数少但有战斗力的党比一个人数多而缺乏战斗力的党要强得多。江泽民同志更明确指出:"党的组织工作,要重视党员的素质。发展党员要重视质量,千万不能单纯追求数量,不能搞滥竽充数。滥竽充数的党员放在党内比在党外更危险。如果党员队伍质量很低，数量再大也没有用。"[①]目前，我们党员队伍的主体是好的，绝大多数党员都能在改革开放和中国特色社会主义建设事业中发挥先锋模范作用，体现党的先锋队性质和先进性要求。然而我们也必须清醒地看到：一方面，由于我国实行改革开放和大力发展市场经济，我们党的历史任务发生了重大变化，新时代、新形势、新任务对党的先进性进而对广大党员的先进性提出了新要求，而个别党员还不能完全适应这种新要求。另一方面，来自经济成分多样化、分配方式多样化、组织形式多样化、就业方式多样化对基层党组织结构形式及工作方式、对一些党员工作方式和生活的影响，特别是来自与市场经济相伴生的极端个人主义、拜金主义、享乐主义的负面影响，导致个别党员组织纪律观念淡化，意志消沉，先进性退化，社会上出现了一些"三不"党员（无正当理由、连续6个月不参加党的组织生活，或不交党费，或不做党所分配的工作）；个别党员带领群众前进的能力不强，服务群众的本领不高，难以发挥先锋模范作用；个别党员丧失了先进性，世界观、人生观、价值观出现了扭曲，思想蜕变，作风败坏，腐化堕落。个别党员的落后和变质会腐蚀党的先进性，一旦相当数量的党员失去了先进性，就对党的先进性构成重大的威胁，甚至会使党丧失其应有的先进性。因此，我们必须根据时代变化和新的要求，持续不断地对党员开展先进性教育，建立健全保持共产党员先进性的长效教育管理机制，严把"入口"关，疏通"出口"关，使党员队伍始终保持纯洁性和先进性。

其二，只有保持和发挥党员的先进性，才能切实提高党的执政能力和领导水平。

我们党不仅是一个执政党，而且是中国唯一的执政党。党必须发挥好执政的功能，履行好执政的职责，用好人民赋予的权力，不断提高在执政条件下解决各种复杂问题的能力，这是巩固党的执政基础、保证党的先进性实现的重要前提。党的十六届四中全会提出了加强党的执政能力建设的总体目标：通过全党共同努力，使党始终成为立党为公、执政为民的执政党，成为科学执政、民主执政、依法执政的执政党，成为求真务实、开拓创新、勤政高效、清正廉洁的执政党，归根到底成为始终做到"三个代表"、永远保持先进性、经得住各种风浪考验的马克思主义执政党，带领全国各族人民实现国家富强、民族振兴、社会和谐、人民幸福。很显然，要达到这样的目标，我们必须不断改革和完善党的领导体制、执政体制，加强各项制度创新和建设，使党的执政体制更加健全、执政方式更加科学。与此同时，我们还必须充分保持并发挥广大党员尤其是党员干部的先进性。我们党的许多党员担任着从中央到地方各级党政机关的领导职务，国家公务员队伍中大多数都是共产党员。毛泽东同志曾说过：正确的路线确定之后，干部就是决定的因素。可见干部的重要作用。党政部门的广大党员干部代表着人民行使着领导权或其他公共权力，其素质如何、先进性如何，直接关系着党的执政能力和领导水平。

时下，我们党员干部队伍总体状况是好的，但也有两种情况值得引起我们的高度重

---

① 中共中央政策研究室、中共中央文献研究室编：《江泽民论加强和改进执政党建设》（专题摘编），中央文献出版社、研究出版社2004年版，第428页。

视。一种情况是:有一些党员干部面对新形势下的新任务、新要求显得不适应。有的党员干部思想僵化、观念落后、知识陈旧,在工作中因循守旧,缺乏科学决策的能力,缺乏开拓创新的胆识,缺乏依法执政和依法办事的能力,缺乏驾驭市场经济的能力,不能或不敢以新方法、新路子、新经验来创造性地开展工作,为人民群众服务的本领不强。另一种情况是:有极个别党员干部思想不端正、先进性不强,不能真正做到立党为公、执政为民。这部分党员干部有的信念动摇,宗旨意识淡化,缺乏政治敏锐性和政治鉴别力;有的急功近利,热衷于形式主义,大搞"形象工程""政绩工程",哗众取宠,弄虚作假,沽名钓誉;有的官僚主义作风严重,缺乏民主观念,脱离群众,脱离实际,盲目决策,搞家长制、一言堂;有的无视党的组织纪律,放弃党性原则,奉行好人主义和庸俗关系学;有的当官做老爷思想严重,贪图享受,缺乏群众观念和对群众的感情,不关心群众疾苦;有极个别党员干部经不住考验,抵不住诱惑,蜕化变质,为政不廉,腐化堕落,以权谋私,徇私枉法。党员干部队伍中存在的这些问题严重损害着党和政府同人民群众的关系,损害着党的形象,严重影响着党的执政能力和领导水平的提高,从根本上影响了党的先进性。有鉴于此,我们必须强化对党员干部的先进性教育,大力加强党员干部队伍建设。在新的历史时期,面对新的任务、新的挑战、新的考验以及党的先进性的新的要求,广大党员干部必须以"三个代表"重要思想为指导,按照党的十六届四中全会提出的当前和今后一段时期加强党的执政能力建设的五大主要任务,不断提高自己的思想政治素质、科学文化素质、工作业务素质,不断增强宗旨意识和党性修养,牢固树立立党为公、执政为民的理念,增强为人民服务的觉悟和本领。要努力成为勤奋学习、善于思考的模范,解放思想、与时俱进的模范,勇于实践、锐意创新的模范。要努力提高依法执政、科学执政、民主执政的能力,科学判断形势和分析解决问题的能力,拒腐防变和抵御风险的能力。要不断加强主观世界改造,树立正确的世界观、人生观、价值观,树立正确的权力观、地位观、利益观,树立和落实科学的发展观、正确的政绩观,始终做到自重、自省、自警、自励、慎言、慎行、慎友、慎独,常修为政之德,常思贪欲之害,常怀律己之心,带头执行依法从政的各项规定,自觉遵守从政行为准则和道德规范,自觉经受住改革开放和发展社会主义市场经济条件下长期执政的考验。坚持讲学习、讲政治、讲正气,始终保持共产党人的蓬勃朝气、昂扬锐气、浩然正气,真正做到"八个坚持、八个反对",牢记"两个务必",真正做到情为民所系、权为民所用、利为民所谋,为人民掌好权、用好权,做合格的党员干部,当好人民的公仆。

三、从最终推动社会发展进步的角度看保持和发挥党员先进性对保持和实现党的先进性的重要作用

党的十六大报告明确指出:"党的先进性是具体的、历史的,必须放到推动当代中国先进生产力和先进文化的发展中去考察,放到维护和实现最广大人民根本利益的奋斗中去考察,归根到底要看党在推动历史前进中的作用。"这也就是说,我们党的先进性最终必须体现在对中国社会发展和进步的巨大推动作用上。党的十一届三中全会以来,我们党制定了一系列正确的方针政策,实施了一系列正确的发展战略、措施,领导全国人民致力于中国特色社会主义建设事业,极大推进了中国经济、政治、文化等各项事业的发展,人民生活整体上达到小康水平,实现了中国社会的巨大进步,这充分体现并实现了党的先进性。时值新世纪,我国已进入全面建设小康社会、加快推进社会主义现代化的新的发展阶段。在新的历史时期,顺利实现全面建设小康社会的目标,在竞争激烈的国际环境中更快地推进中国社会的物质文明、政治文明、精神文明建设,在社会利益关系日趋复杂,资源、环境压力不断增大的情况下构建社会主义和谐社会,这既是全国广大人民群众根本愿望之所在、根本利益之所系,也是执政的共产党承担的历史责任,同时也是考察党的先进性的新的历史标准。党要完成这一历史重任,离不开广大党员先进性作用的有效发挥。

其一,人民群众广泛参与社会主义现代化建设,需要广大党员充分发挥先锋模范作用。历史唯物主义认为,人民群众是社会实践的主体,是创造物质财富和精神财富的主体,是历史的真正创造者。毛泽东指出:人民,只有人民,才是历史发展的根本动力。因此,执政的中国共产党要推动社会进步,完成历史重任,实现其先进性,仅靠自身的力量是不行的,必须紧紧依靠最广大人民群众,充分调动最广大人民群众的积极性和创造性,使其共同参与改造客观世界的实践。人民群众是我们党的胜利之本和力量之源,是党实现其先进性的根本依靠力量。要动员、团结和组织广大人民投身到建设社会主义现代化、实现中华民族伟大复兴的伟大事业中,既需要党制定并实施正确的路线、方针、政策、制度、措施,也需要广大党员充分发挥先锋模范带头作用。党员是党联系群众的纽带和桥梁。党员的先锋模范作用对群众有着极强的宣传作用、感召作用、教育作用、示范作用、引导作用和带动作用。在革命战争年代,成千上万的优秀共产党员为了革命事业不惜抛头颅、洒热血。他们的英雄事迹和大无畏的革命精神感召、鼓舞了无数群众,使无数群众投身到了革命事业之中。今天,在全面建设小康社会、实现社会全面进步和人的全面发展、构建和谐社会的伟大历史进程中,我们必须通过广大党员先锋模范作用的发挥,去充分调动广大人民群众的积极性、创造性,去关心群众、联系群众,去团结并带领群众投身到现代化建设大业之中。唯有此,才能推进社会的更快发展、更大进步,才能更好地实现党的先进性。

其二,全面建设小康社会,促进社会全面进步和人的全面发展,构建和谐社会,需要各行各业、各条战线的广大党员在本职工作中充分发挥先锋模范作用。我们的广大党员分布在经济、政治、文化、军事、国防等不同领域之中,分布在城市、农村、企业、机关、学校、医院、科研院所、街道社区等不同地区和工作单位之中,分布在工人、农民、干部、军人、知识分子、企业家、个体工商业者、自由职业者乃至下岗失业群体、社会流动群体等不同阶层、群体之中,分布在不同民族、不同性别、不同年龄结构的人群之中。无数共产党员特别是基层共产党员直接工作在经济政治、公安政法、科教文卫等社会各项事业的最前线。各行各业的共产党员都要以党员的标准严格要求自己,立足本职岗位,爱业敬业勤业创业,充分发挥骨干作用、标兵作用,充分发挥先锋模范带头作用。每个党员既要按照党员先进性的一般原则性标准严格要求自己,按照党章的规定,履行好"八项义务",行使好"八项权利"，又要根据自己的工作、学习、生活实际，提出更加具体的先进性要求。即便是下岗职工和流动群体中的党员，也应该给自己提出保持先进性的具体要求，做到困难面前不低头，在艰苦创业、发奋有为、维护社会稳定中做出应有贡献。广大党员都应该在日常的工作、学习、生活实践中，认真实践"三个代表"重要思想，真正发挥共产党员的先锋模范作用，在思想、政治、社会、道德等各个领域，真正成为社会的表率、群众的表率。只要我们各条战线、各行各业的广大党员都能保持先进性，充分发挥先进模范作用，我们社会的各项事业就会更快发展，我国的物质文明、政治文明、精神文明的建设进程就会大大加快，我国的社会就会更加和谐，我们党的执政地位就会更加巩固，党的先进性就会获得更好体现和实现。

（原载《中州学刊》2005 年第 3 期）

把党员干部作风建设贯穿于中原崛起的全过程

——就学习贯彻胡锦涛总书记考察河南重要讲话精神与李太淼对话

记者：4月30日至5月1日，胡锦涛总书记在河南考察工作时发表了重要讲话，其中专门就切实加强党员干部队伍作风建设问题发表了意见，提出了要求，要求河南省要通过正在全省党员领导干部中开展的"讲正气、树新风"活动，切实解决党员领导干部作风方面存在的突出问题；要求全省各级干部特别是领导干部要"脚踏实地促进科学发展，脚踏实地促进民生改善，脚踏实地促进社会和谐，不断开创各项工作新局面"。你认为，切实加强党员干部思想作风建设，对我省实现中原崛起、构建和谐中原有什么重要意义？

李太淼：党的作风体现党的宗旨，关系党的形象，关系人心向背，关系党和国家的生死存亡。党风建设是党的建设的重要内容，我们党历来重视党风建设，并在长期的革命和建设实践中形成了理论联系实际、密切联系群众、批评与自我批评、艰苦奋斗等许多优良传统和作风。然而，新时期新形势下，我们党面临着许多新情况、新考验。我们党是一个长期执政的大党，执政环境发生了深刻变化，党肩负的历史任务发生了深刻变化，党员干部队伍状况发生了深刻变化，在国际和国内、历史和现实、经济和社会、党内和党外各种因素综合作用下，党员干部身上滋生不正之风的现实危险性在增加，加强党员干部作风建设比以往任何时候都变得更加重要和紧迫。胡总书记在中纪委七次全会讲话中指出，加强领导干部作风建设是全面贯彻落实科学发展观的必然要求，是构建社会主义和谐社会的必然要求，是提高党的执政能力、保持和发展党的先进性的必然要求，是做好新形势下反腐倡廉工作的必然要求，并明确提出要全面加强领导干部五个方面的作风建设，大力倡导八个方面的良好风气。对河南而言，加强作风建设、解决作风问题是非常紧迫的任务。这些年来，全省广大党员干部作风的主流是好的，是健康向上的，正因为有好学、为民、求实、勤俭、遵纪、民主、廉洁、正派的工作作风作保证，我们才取得了改革开放和社会主义现代化建设的巨大成就。但也必须清醒地认识到，胡锦涛总书记指出的领导干部作风方面存在的问题，在我省干部队伍中也不同程度地存在着，有些问题还比较突出。如有的同志思想不够解放，因循守旧，故步自封；有的同志工作上不思进取，得过且过；有的作风不民主，独断专行、我行我素；有的热衷于讲形式、走过场、铺张浪费，甚至搞一些劳民伤财的"形象工程""政绩工程"；有的个人主义思想严重，利欲熏心，官欲膨胀，热衷于追名逐利，甚至以权谋私、搞钱权交易;有的生活情趣低下,生活作风不检点,沉溺于灯红酒绿,流连于声色犬马。这些问题虽然发生在少数人身上,但影响很坏,危害极大。这些问题如不尽快解决,将严重影响党员干部队伍的整体形象,影响党的执政能力和政府权威,严重阻碍我省经济社会发展和社会和谐稳定。就实现中原崛起、构建和谐中原的角度看,切实加强党员干部的作风建设,是增强河南经济发展的"软实力",是实现中原崛起、建设和谐中原的有力政治保障。

党中央、国务院作出了促进中部地区崛起的重大战略部署,对河南而言,就是要实现中原崛起。河南省第八次党代会在全面分析我省经济社会发展形势的基础上提出了以科学发展观为统领,加快"两大跨越"、推进"两大建设"的战略任务,勾画了中原崛起的宏伟蓝图。党员干部是中原崛起的领导者、组织者、推动者和实践者,在中原崛起中有着举足轻重的作用。加快中原崛起,构建和谐中原,关键在党,关键在于建设一支体现先进性、执政能力强、作风优良的党员干部特别是领导干部队伍。正如省委书记徐光春所说:"没有良好的作风保证,实现中原崛起将成为一句空话。"

记者:确实,全省广大党员干部是谋求河南更好更快发展、实现中原崛起、建设和谐中原的骨干力量,其作风如何,直接影响和制约着中原崛起的进程,影响着和谐社会的构建。那么作风建设对实现中原崛起、构建和谐中原有哪些具体作用?

李太淼:具体作用主要表现在四个方面。

其一,谋求河南经济社会又好又快发展需要良好的作风。实现中原崛起,是一项庞大而复杂的社会系统工程,一系列难题有待研究和破解。2006年10月,河南省第八次党代会明确提出了加快"两大跨越"、推进"两大建设"的历史任务。很显然,加快"两大跨越",推进"两大建设",需要全省各条战线、各个领域的广大党员干部以科学发展观为指导,迎难而上,真抓实干,不断开拓进取;需要广大党员干部特别是领导干部勤于学习,善于思考,敢于创新,善于发现问题和解决问题,善于创造性地开展工作;需要广大党员干部特别是领导干部树立正确的政绩观,实事求是,务真求实,脚踏实地地搞好本地区、本部门、本单位的工作。而要达到这些要求,就需要不断加强党员干部的作风建设。

其二,提高党的执政能力和政府的行政能力需要良好的作风。我们党是执政党,党的执政能力和先进性,不仅体现在党的理论和路线方针政策上,而且体现在广大党员干部尤其是领导干部良好的作风上。况且,我们的许多党员都是政府的公务员,并在政府部门担任重要职务。政府行政能力高低、行政效果如何,同广大党员干部尤其是领导干部的作风密切相关。在大力发展市场经济、构建和谐社会的新时期新形势下,我们的党和政府面临许多新情况新问题。就党而言,迫切需要进一步提高依法执政、科学执政、民主执政的能力,进一步提高驾驭市场经济的能力,进一步提高总揽全局、协调各方、处理各种社会矛盾和问题的能力。就政府而言,迫切需要转变政府职能,着力打造法治政府、责任政府、高效政府、阳光政府,切实履行好"经济调节、市场监管、公共服务、社会管理"的职能。全省广大党员干部只有大力加强作风建设,不断提高自身素质,才能为实现中原崛起提供坚强的组织保障和良好的政务环境。

其三,切实改善民生需要良好的作风。我们党是全心全意为人民服务的党,实现好、维护好、发展好人民群众的根本利益是我们一切工作的出发点和落脚点。实现中原崛起既有总目标,又有具体的经济指标、人文指标,而最根本的目标就是满足9800万中原人民日益增长的物质文化生活需要。解决民生问题是最大的政治,改善民生问题是最大的政绩。这就需要我们的党员干部牢固树立宗旨意识,树立正确的世界观、人生观、价值观,树立正确的权力观、利益观、地位观,树立正确的政绩观,不断增强忧患意识、公仆意识、节俭意识,端正对群众的态度,增进对群众的感情,自觉保持和发扬我们党密切联系群众的优良传统和作风,切实解决好与人民群众生活密切相关的住房、求学、就医看病、就业、交通、文体娱乐等问题,特别是要解决好特困群体的生活保障问题。

其四,构建和谐中原需要良好的作风。我省同全国一样,既处于经济发展的黄金期,又处于社会矛盾的凸显期。如何坚持以人为本,搞好"五个统筹",谋求河南全面、协调、可持续发展;如何协调好、解决好社会各阶层各群体间的利益关系,促进各阶层各群体和谐相处;如何深入开展反腐倡廉工作、加强党风廉政建设,进一步改进党群干群关系;如何搞好社会治安综合治理,搞好环境综合治理,为广大人民群众创造更加安全、更加优美舒适的居住、生活环境等,都是加速实现中原崛起、构建和谐中原进程中必须着力解决的问题。而要解决这些问题,同样有赖于广大党员干部不断加强作风建设,不断提高自身的思想道德素质,增加责任感和使命感,不断提高发现问题、思考问题、分析问题和解决问题的素质和本领。

记者:你能否谈谈加强五个方面作风建设的重点?

李太森:思想作风建设的关键是坚持解放思想、实事求是、与时俱进的思想路线,树立正确的世界观、人生观、价值观,树立正确的权力观、地位观、利益观,树立正确的政绩观,正确认识和对待个人与社会、个人与自然、个人与他人、个人与群众、个人与组织的关系,大力弘扬"实事求是""与时俱进""甘于清贫、乐于奉献""先天下之忧而忧、后天下之乐而乐""理论联系实际""密切联系群众"的思想作风,着重解决个别党员干部中存在的个人主义、拜金主义、享乐主义、安于现状、不思进取问题,用自己的模范行动影响带动广大群众。

加强学风建设的关键是大力弘扬理论联系实际,勤奋好学、学以致用的学风,着重解决一些干部中存在的不学习、怕学习、假学习、浅尝辄止、学不致用等不良现象。广大党员干部一定要深刻认识学习的重要性,少点无谓的交际应酬,多挤点时间学习,以充实、提高自己。

加强工作作风建设的关键是大力弘扬求真务实、真抓实干、务求实效、密切联系群众、一切为群众着想、一切从实际出发的优良作风,大力弘扬河南省委提出的"严、细、深、实"的工作作风,着力解决在一些党员干部中存在的形式主义、不讲实效、不关心群众切身利益等问题。

加强领导作风建设的关键是大力弘扬民主决策、依法用权、权为民用、贴近群众的良好风气,着力解决少数领导干部中存在的高高在上、脱离实际、脱离群众、搞"一言堂"、家长制的官僚主义作风。

加强生活作风建设的关键是大力弘扬勤俭节约、科学消费的生活作风,大力倡导艰苦奋斗、勤俭节约、生活正派、情趣健康的良好风气,着力解决目前在一些党员干部的生活作风中严重存在的物质生活享乐化、个人生活糜烂化、精神生活颓废化、社会生活庸俗化、家庭生活逐利化等问题。

总之,加强党员干部的作风建设,需要常抓不懈,贯穿于中原崛起的全过程。加强党员干部的作风建设是一个系统工程,需要教育、制度、监督并重,只有这样,方能取得实效。

(作者:李太淼、高金光,原载《党的生活》2007 年第 7 期)

解放思想:不竭的发展动力

党的十七大报告指出"解放思想是发展中国特色社会主义的一大法宝",明确提出了"继续解放思想"的要求。"继续解放思想",是在新的时期新的形势下,推动中国经济社会更好更快发展的必然要求。就河南省而言,"继续解放思想"也是河南谋求新发展、实现新跨越、再创新辉煌的精神动力。

改革开放的过程就是思想解放的过程。改革开放以来,我国的经济社会发展取得了举世瞩目、举世公认的辉煌成就,这是同我们党坚持解放思想、实事求是、与时俱进的思想路线,不断进行理论创新和实践创新分不开的。

就理论创新角度讲,正是由于我们不断解放思想,才突破了对马克思主义教条式的和错误的理解,突破了极左的思想禁锢,突破了西方一些经济政治学说的狭隘眼界,产生了邓小平理论、"三个代表"重要思想,提出了科学发展观,形成了一脉相承的、全面系统的中国特色社会主义理论体系,在一系列问题上实现了重大理论创新。正是在中国特色社会主义理论的指导下,我们党审时度势,制定了一系列既符合国际社会发展大趋势又符合中国国情实际的正确的路线、方针、政策。

从实践创新角度看,正是由于我们坚持解放思想,冲破了"左"的思想禁区,彻底否定了"以阶级斗争为纲"的错误理论和实践,才使党和国家的中心工作转移到经济建设上来,使中国步入了改革开放的新时期;正是由于坚持解放思想,我们才突破了"一大二公三纯"的所有制结构和高度集中的计划经济体制,在农村普遍实行了联产承包责任制,大力发展商品经济;正是由于坚持解放思想,我们才冲破了姓"社"、姓"资",姓"公"、姓"私"等传统观念的束缚,坚持以"三个有利于"为标准,确立了建立社会主义市场经济体制的经济体制改革目标,确立了以公有制为主体、多种所有制经济共同发展的基本经济制度和以按劳分配为主体、多种分配方式并存的分配制度,并在实践中不断深化经济体制和行政管理体制改革,不断深化国有企业改革,不断调整和优化国有经济布局,大力发展非公有制经济;正是由于坚持解放思想,我们党才适应世情、国情、党情的变化,根据新时期党的先进性的新内涵新要求,大胆创新党的领导体制和执政方式,不断增强和扩大党的阶级基础和群众基础;正是由于坚持解放思想,我们党才及时地客观分析当代世界发展变化的新态势和改革发展进程中出现的新情况、新矛盾、新问题,及时制定和实施了谋求科学发展、构建和谐社会的新战略、新举措。总而言之,没有思想大解放,就不会有改革开放的今天。

河南改革开放以来所取得的巨大成就,同样是与坚持解放思想分不开的。改革开放以来特别是党的十六大以来,河南的经济社会发展取得了骄人成就,创造了新的辉煌。这些成就的取得同样是与河南人民在中共河南省委、省政府的坚强有力领导下,不断解放思想、大胆改革创新、大胆开拓进取分不开的。

30年来,一次次的思想解放都极大地推进了河南改革开放的进程。在20世纪90年代末和21世纪初,河南人更加深刻地认识到:东南沿海一些地区之所以能在短时间内取得发展上的巨大成就,一个关键的原因就是思想解放,敢想敢干,敢为人先。相比沿海发达地区,思想还不够解放、改革滞后是影响河南快速发展的重要原因。为此,河南人民在省委、省政府的领导下,不断加快思想解放的步伐,不断加大改革开放的力度。比如,在推动非公有制经济发展方面,省委书记徐光春曾明确提出,要坚持政治上放心、政策上放开、发展上放手的"三放"政策。宽松的环境、良好的政策,使河南的非公有制经济有了大发展、大突破,在中原崛起进程中发挥了重要作用。再比如,近几年,省委、省政府利用河南文化资源的优势,转变发展观念,大力推动文化产业发展和文化体制改革,把文化产业作为发展的一个重要增长极,强力推动文化强省建设,给河南的发展又注入了新的活力。总之,经过不断解放思想,河南人不断产生新观念、新思想、新思路、新方法,河南的"软实力"获得了极大增强,推动了河南经济社会各项事业的快速发展。

新时期新形势下仍然需要继续解放思想。实践永无止境,创新永无止境,解放思想永无止境。就河南的经济社会发展而言,虽然我们已基本确立了工业大省的地位,经济结构不断优化,人民生活水平不断提高,但我们必须看到,我们面临着许多新情况、新矛盾、新问题,时代在变,形势在变,要求在变,任务在变。要适应新形势,完成新任务,继续解放思想异常必要而重要。面对经济全球化进程,我们只有继续解放思想,视野才能更开阔、思路才能更广阔,才能用更新的发展谋略和战略来应对全球化挑战,更好地利用两个市场两种资源;面对经济社会发展进程中一系列深层矛盾和问题,诸如环境资源约束问题、发展方式问题、城乡及区域协调发展问题、就业问题、分配问题等,我们只有继续解放思想,才能积极转变思维方式,创新发展观念,把握发展规律,破解发展难题。总而言之,只有继续坚持解放思想,在未来发展中大胆改革创新,大胆开拓进取,科学发展,河南才能实现更好的发展、更大的跨越。

(作者:李太淼、马欣,原载《河南日报》2008年7月9日)

构建和完善符合科学发展观要求的行政管理体制

改革开放以来,为适应发展市场经济、建立社会主义市场经济体制的要求,我国先后在 1982 年、1988 年、1993 年、1998 年、2003 年和 2008 年进行了 6 次政府机构改革,在政府职能转变、机构调整和人员精简、依法行政建设、反腐倡廉建设、提高行政效能和加强服务型政府建设等方面取得了显著成效,为改革开放和经济社会的发展提供了有力的保障。加快行政管理体制改革,建设服务型政府,这是党的十七大作出的重要战略部署。2009 年,党的十七届二中全会审议通过了《关于深化行政管理体制改革的意见》,确立了我国深化行政管理体制改革的指导思想、基本原则、总体目标、重点任务、具体要求。2010 年 10 月,《中共中央关于制定国民经济和社会发展第十二个五年规划的建议》又明确提出,要推进行政体制改革。以党的十六大明确提出科学发展观为标志,我国社会进入了谋求科学发展、构建和谐社会的新时期。目前,我国正处于全面建设小康社会的关键时期,处于深化改革开放、加快经济发展方式转变的攻坚时期。面对新形势、新要求、新任务,现行的行政管理体制还存在一些弊端,还有一些不适应的地方。要顺利完成"十二五"规划的目标任务,要全面推进我国经济社会又好又快发展,我们必须继续深化行政管理体制改革,加快建立和完善有利于科学发展的行政管理体制。

一、要充分认识深化行政管理体制改革的重要意义

(一)深化行政管理体制改革是深化改革的重要环节

作为行政主体的各级政府,拥有人民赋予的公共权力,掌握和控制着大量的公共资源,处于国家和社会生活决策者、管理者的特殊地位,在经济社会发展进程中承担着无可替代的重要职责。不论是发展社会主义市场经济、发展社会主义民主政治、建设社会主义先进文化,还是坚持以人为本,推动科学发展,促进社会和谐,维护社会公平正义,政府都具有至关重要的作用和影响。适应新要求、继续推进行政管理体制改革已成为全面深化改革的重要环节。首先,行政管理体制改革是政治体制改革的重要内容。行政管理体制是关于行政权力产生、运行的组织结构和制度安排,实施着对自然人及其各种社会组织的强制性管理,因此,行政权力是国家权力的重要组成部分,是政治权力中极为重要的一项权力。行政管理体制构建得如何,直接反映着公共行政权力的分配、运作是否公平正义,因而直接关系到政治体制的构建。其次,行政管理体制改革又是经济体制及其他社会体

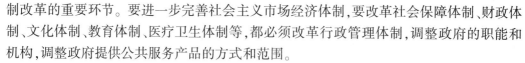

制改革的重要环节。要进一步完善社会主义市场经济体制,要改革社会保障体制、财政体制、文化体制、教育体制、医疗卫生体制等,都必须改革行政管理体制,调整政府的职能和机构,调整政府提供公共服务产品的方式和范围。

（二）进一步完善社会主义市场经济体制需要深化行政管理体制改革

2010 年 8 月,温家宝总理在深圳考察工作时强调指出:不仅要推进经济体制改革,还要推进政治体制改革;没有政治体制改革的保障,经济体制改革的成果就会得而复失,现代化建设的目标就不可能实现。目前,我国已基本建成社会主义市场经济体制,市场机制在资源配置中的基础作用已得到了有效发挥。然而,我国的市场经济体制并不完善。政府与市场、政府与企业、政府与资产、政府与社会中介组织等的关系尚未完全理顺,政府职能行使中依然存在着越位、错位、不到位现象,管了一些不该管、管不了也管不好的事,而有些该管的事却没有管或没有管好,制约了市场经济体制的有效运作、高效运作。进一步完善社会主义市场经济体制,要求必须继续深化行政管理体制改革,坚决破除制约市场经济体制运作的体制障碍,既要让市场机制充分发挥在资源配置中的基础作用,又要充分发挥政府在经济调节、市场监管、社会管理和公共服务方面的功能,以弥补市场经济的缺陷。

（三）转变经济发展方式、谋求科学发展需要深化行政管理体制改革

要贯彻落实科学发展观,必须彻底转变"三高一低"（高投入、高能耗、高污染、低效益）的传统发展方式,坚决走科技含量高、经济效益好、资源消耗低、环境污染少、人力资源优势得到充分发挥的新型工业化道路,走高效发展、节约发展、清洁发展、安全发展和可持续发展的新型经济发展道路;必须在谋求经济又好又快发展的同时,谋求文化、教育、卫生、生态文明建设等各项社会事业的全面协调发展。我国经济发展中目前依然存在的资源浪费、环境污染、诚信缺失、制售假冒伪劣产品等现象,都同政府的调控监管不到位等有一定关系。解决我国经济发展中长期存在的深层次矛盾和问题,有赖于转变政府职能、推进行政管理体制改革。只有深化行政管理体制改革,才能构建充满活力、富有效率、更加开放、有利于科学发展的体制机制,更好地贯彻落实科学发展观,促进经济社会全面协调可持续发展;才能形成权责一致、分工合理、决策科学、执行顺畅、监督有力的行政管理体制,更好地应对新时期、新阶段面临的各种新挑战,为深化改革、扩大开放、加快发展创造良好的环境。

（四）构建社会主义和谐社会、维护社会公平正义需要深化行政管理体制改革

目前,我国社会进入了经济发展的黄金期和社会矛盾的凸显期。经济发展方式转变问题,生态文明建设问题,与广大人民群众利益密切相关的劳动就业、社会保障、收入分配、公共教育、医疗卫生、文体生活、公共安全、居住环境、人口迁移等问题,直接考量着我国政府的公共行政能力,给行政管理体制改革提出了更高、更多、更迫切的要求。只有深化行政管理体制改革,不断强化和完善政府的市场监管、社会管理、公共服务职能,不断深化收入分配体制、政府财税体制、社会管理体制改革,才能更有效地解决与广大人民群众切身利益密切相关的求学、就业、就医、养老、住房、社会保障等问题,才能更有效地解决城

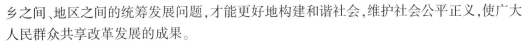

乡之间、地区之间的统筹发展问题,才能更好地构建和谐社会,维护社会公平正义,使广大人民群众共享改革发展的成果。

(五)推进社会主义政治文明建设需要深化行政管理体制改革

深化行政管理体制改革是深化政治体制改革的关键,对于构建和完善权力运行监督制约机制、发展社会主义民主政治、保障人民群众政治经济文化社会各方面权利和利益,具有重要意义。首先,深化行政管理体制改革有利于推进政治体制改革。行政管理体制改革既是政治体制改革的重要内容,也是深化政治领域各项改革的重要推动因素。要转变政府职能、规范政府行为、提高行政效能,就必须构建和完善行政权力的制约监督机制,就必须深化党政领导体制改革,理顺并改进党政关系,理顺并改进政府与人大、与政协的关系,就必须进一步改进和完善党的干部制度,从源头上治理钱权交易的腐败行为。其次,深化行政管理体制改革有利于推进社会主义民主和法治建设。行政管理体制改革的目标是要建设责任政府、法治政府、服务型政府和廉洁政府,这就必须不断改进政府的决策机制,推进政府决策的民主化、科学化;就必须大力推进政务公开和电子政务建设,大力推进公众参与制,让广大人民群众拥有更多更广泛的知情权、参与权、表达权和监督权;就必须大力加强依法行政建设。而这些,都将有力地推进社会主义民主法治建设。

二、构建和完善符合科学发展观要求的行政管理体制的主要着力点

构建和完善符合科学发展观要求的行政管理体制,是一个复杂的系统工程,牵涉诸多方面的改革和配套,不可能一蹴而就。我们必须统筹考虑、重点突破、循序而行、稳步推进。结合我们已经取得的成就,分析存在的主要问题,根据我国当前发展的阶段性特征和面临的主要矛盾,其主要着力点应在以下几个方面。

(一)要围绕科学发展和构建和谐社会要求,继续加快政府职能转变

界定并转变政府职能是行政管理体制改革的核心问题。"经济调节、市场监管、社会管理、公共服务"是政府职能的总体定位,要按照这一总体要求,进一步转变政府职能。

一要进一步总结经验,不断完善政府的经济调节职能。应对国际金融危机、保持我国经济持续快速发展的实践表明,我国政府已经拥有良好的经济调节能力。我们要在认真总结经验的基础上进一步完善我国政府的经济调节职能。作为中央政府,要适应经济全球化的要求,在搞好国家中长期发展规划和发展战略的同时,进一步增强运用货币、税收、汇率、土地等政策工具进行宏观调控以确保经济健康运行、确保国家经济安全的能力;要进一步增强国际职能,积极参与国际联合调控行动。地方政府要在不断提高经济发展规划能力的同时,不断提高对中央宏观调控政策的执行力,不断增强府际间的合作能力,创造性地搞好本地区的调控调节工作,保持本地区经济的平稳发展。

二要强化政府的市场监管职能。放松政策管制,充分发挥市场主体在资源配置中的基础作用,并不等于不要政府监管,相反,由于市场竞争主体的逐利本性,由于市场经济的负面效应,由于我国社会转型期制度变迁的特殊性,政府的市场监管不仅不能缺失,而且

必须强化。

——加强税收监管。曾长期严重存在的私营企业偷漏税现象,与税收管理体制不科学、制度不健全、税收监管乏力有密切关系。近些年来,由于收入来源特别是高收入者收入来源多样化、渠道多而隐蔽,税收部门对其进行监管的难度和征收成本很高,使富人逃税和漏税现象比较多。严格、高效的税收征管制度能有效防范偷税漏税行为,保证税收收入。要合理划分中央税权与地方税权,建立健全税务管理、税款征收、税务检查、税务稽查等各项制度,依法征税,依法打击偷税、抗税、骗税等违法行为,加大对偷税、抗税、骗税等行为的处罚力度,在保护纳税人合法权益的同时,保证税款的足额、按时征收。税收监管部门要做好三个方面的工作:一要严格依法征税。二要强化管理基础,提高征管质量和效率。三要加强队伍建设,提高整体素质和执法水平。

——加强资源和环境监管。要建立健全自然资源开发利用规划制度、许可制度、审批制度、登记制度、有偿使用制度、用途管制制度,对自然资源和环境实行最严格的保护。坚决查处土地批租、矿权审批等过程中的以权谋私行为,坚决扼制乱砍滥伐、乱开乱挖、乱圈乱占、乱拆乱建现象。应按照"环境有价"的理念,建立现代环境产权制度,来规范、约束不同利益主体的环境行为。严格控制并监管"三高一低"企业的生产经营活动,坚决淘汰落后的粗放式生产工艺。一方面,政府要通过制度设计,调动企业从事节约生产、清洁生产的积极性和能动性;另一方面,政府也要在企业能耗、排放方面设置相应的标准,对企业的经营活动和项目的审批进行限制。政府环保部门、资源监管部门必须加强监管,对不符合产业发展政策的企业投资项目,该限制的必须限制;对节能减排不达标的企业,该限期整顿的要限期整顿;对严重浪费资源、污染环境的企业,该取缔的必须坚决取缔。

——加强安全监管。高度重视安全生产,高度重视人民群众的生命财产安全,是贯彻落实科学发展观、构建社会主义和谐社会的内在要求。要加强对食品、药品、种子等产品安全生产的监管,加强对工矿企业、工程企业安全生产的监管,采取切实有效的管理机制、措施,防止重大安全事故发生。要建立健全安全生产监督管理长效机制。其一,要加强安全生产行政许可制度建设。要贯彻落实《中华人民共和国安全生产法》,严格市场准入标准。对达不到安全生产标准的有关企业和施工单位,不发放安全条件合格证和施工单位安全合格证,不允许其进行生产经营活动。其二,要创新和完善日常安全监管制度。要按照"政府统一领导、依法监管、企业全面负责、社会监督支持"的安全生产监管格局,细化政府部门、企业、行业组织等在日常安全监管中的职责,构筑政府部门监督、企业内部监督、群众监督、社会监督员监督、行业监督、协会监督等"横向到边""纵向到底""上下结合""内外结合"的立体交叉的监督体系,及时沟通安全信息,及时发现和排除安全隐患,防患于未然。其三,实行安全责任追究制。要细化并层层落实安全生产目标责任,形成"千斤重担大家挑,人人肩上有指标"的安全责任格局。对由于玩忽职守、违法经营、违规操作等引发安全事故的相关责任人要进行刑事或行政追究。

——加强劳动和社会保障监管。当前,个别私营企业劳资关系紧张。个别业主无视

《中华人民共和国劳动法》非法用工,欠交或拒交社会保险费用。这既不利于私营企业的和谐发展、可持续发展,也不利于社会稳定。如何加强这方面的监管力度是一个严峻的新课题。构建和谐劳资关系,政府责无旁贷。政府有责任严格监督私营企业的用工行为,有责任制止和打击私营企业主侵害劳动者权益的行为。政府调控有力是构建和谐劳资关系的核心,是实现劳资关系和谐发展的根本保证。① 市场经济条件下,劳资关系的处理主要是双方通过自行协商来解决,但政府必须对劳资关系加以宏观调控,如制定劳动标准、贯彻落实最低工资制度、搞好劳动仲裁等;同时,政府也必须积极组织和推动集体协商并监督、促进集体协商决议的有效执行。各级政府劳动管理部门要切实转变职能、加强监察力量、加大执法力度;要进一步完善劳动争议仲裁制度,提高仲裁的权威与效率;要联合有关部门,建立劳动争议预警制度,加强劳资冲突预防工作;要加强对社会保障的监管。一方面,要通过各种监管措施,加大社会保障费用的征缴力度,努力杜绝一些企业欠交、不交、少交社会保障费用的行为;另一方面,要加强对社会保障基金的监管,严防挤占挪用,保证基金的保值增值。

——加强价格监管。要深化价格改革,建立充分反映资源稀缺程度和市场供求关系的价格竞争机制。要积极调整价格结构,理顺价格关系。既要监督和防止个别垄断行业如公共服务行业、医疗行业控制价格、限制竞争、非法牟取高额利润,又要启用价格调控机制,限制浪费资源、污染环境的产品的生产和消费,鼓励和支持绿色环保产品的生产和消费,特别是要支持高新技术企业的发展。

——加强市场秩序监管。政府监管部门要通过经济、法律等多种手段,严厉打击制假售假、商业贿赂、虚假广告、欺诈销售、非法传销、欺行霸市、强买强卖等各种不法经营活动,尤其是对有些带有黑社会性质的生产经营者,一定要坚决铲除,决不手软,从而为广大生产经营者的守法经营、公平竞争,为广大消费者的健康消费、合理消费,提供良好的行政保障,创造一个良好的经济和社会环境。要以完善信贷、纳税、合同履约、产品质量的信用记录为重点,加快建设社会信用体系,健全失信惩戒制度。

——加强对中介组织的监管。目前,政府职能收缩后,一些中介组织承担着审计、评估、评比、职业介绍等职能,但由于监管不力,这类中介组织问题多多。要探索一条新形势下监管中介组织的新路子。

——加强产权保护。要着力构建"归属清晰、权责明确、保护严格、流转顺畅"的现代产权制度。要加强对公有产权的保护。严防在土地批租、土地流转、矿产开发、企业购并、国资运营等过程中侵害国有和集体产权的行为。要加强对私人产权的保护。私人产权不仅包括私人所拥有的所有权,同时也包括为私人所拥有的使用权、经营权、转让权等其他产权;不仅包括有形的物权,也包括专利、商标等无形的知识产权。国家只有对这些私人产权进行严格保护,才能在全社会形成尊重劳动、尊重知识、尊重人才、尊重创造的氛围,

---

① 姜作培、陈峰燕:《论构建和谐的私营企业劳资关系》,《中州学刊》2006 年第 1 期。

才能激发人们干事创业的活力。要强化知识产权保护。要严格执行国家法律以及国际法中有关保护知识产权的法律规定，建立健全知识产权保护体系，加大保护知识产权的执法力度，营造尊重和保护知识产权的法治环境。要改进发明专利审查方式，提高工作效率，缩短审查周期，积极发挥专利制度对自主创新的促进作用。

三要强化政府的社会管理职能。经济体制的深刻变革、社会结构的深刻变动、利益格局的深刻调整、思想观念的深刻变化，给政府的社会管理提出了许多新课题、新要求。强化政府的社会管理职能，是构建和谐社会的内在要求，是广大人民群众的迫切愿望。要按照健全党委领导、政府负责、社会协同、公众参与的社会管理格局的要求，加强社会管理法律、体制、能力建设。当前和今后一个时期，政府要更加注重社会公平和社会管理。诸如：要强化收入分配调节职能，整顿和规范收入分配秩序，建立科学合理的收入分配调节机制；要加强和改进对农民工就业、大学生就业的管理和服务，加强对失业群体的管理和服务；要加强和改进对流动人口的管理，改进户籍管理制度；要加快完善社会保障体系，加强和改进对文化、教育、医疗、卫生、体育、科研等各项社会事业的管理；要健全基层管理和服务体系，建立调处化解矛盾纠纷综合平台；要畅通和规范群众诉求表达、利益协调、权益保障渠道，正确处理人民内部矛盾，把矛盾化解在基层，化解在萌芽状态；要加强和改进对社会治安的管理，完善社会治安防控体系，严密防范、依法打击各种违法犯罪活动，切实保障人民生命财产安全；要根据社会的发展变化和科技的发展进步，不断加强和改进社会应急管理，更加注重突发事件应急管理体系建设，健全社会矛盾疏通调理和安全预警机制，构筑社会安全网，维护社会和谐稳定。

四要强化政府的公共服务职能。强化政府提供公共服务的职能，既关系到市场经济的安全运行，也关系到社会的和谐稳定，还关系到社会的基本公平正义，关系到广大人民群众能否共享改革发展的成果。从总体上看，目前政府的公共服务职能还比较薄弱。中央《关于深化行政管理体制改革的意见》明确提出，要"更加注重公共服务，着力促进教育、卫生、文化等社会事业健康发展，建立健全公平公正、惠及全民、水平适度、可持续发展的公共服务体系，推进基本公共服务均等化"。《中共中央关于制定国民经济和社会发展第十二个五年规划的建议》再次提出："着力保障和改善民生，必须逐步完善符合国情、比较完善、覆盖城乡、可持续的基本公共服务体系，提高政府保障能力，推进基本公共服务均等化。"要按照《关于深化行政管理体制改革的意见》和《中共中央关于制定国民经济和社会发展第十二个五年规划的建议》精神，以不断满足人民群众对公共产品、公共服务日益增长的需求为着眼点，着力解决公共产品供给短缺、公共服务能力不强等问题，着力推进城乡、区域基本公共服务均等化；加快完善公共财政制度，扩大公共产品和公共服务的覆盖范围，切实保障农村、基层、欠发达地区人民群众对基本公共服务的需要。政府要提供更多更好的公共产品，诸如提供好基础教育、公共卫生、公共文化、社会保障、科学技术、国防安全、体育休闲、基础设施、环境保护、公共信息等方面的服务，努力增加公共产品数量，不断提高公共服务水平，并形成全方位公共服务体系。要建立公共福利类产品供给的自

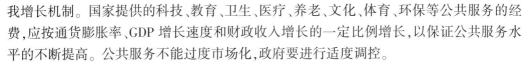

我增长机制。国家提供的科技、教育、卫生、医疗、养老、文化、体育、环保等公共服务的经费,应按通货膨胀率、GDP 增长速度和财政收入增长的一定比例增长,以保证公共服务水平的不断提高。公共服务不能过度市场化,政府要进行适度调控。

（二）要围绕政府职能转变搞好政府机构调整和权责划分

机构是职能的载体,职能配置需要科学的机构设置来履行。要围绕政府职能转变调整机构设置、界定部门职责,优化人员结构,切实解决政府管理中存在的缺位、错位、越位和权责脱节、职能交叉、推诿扯皮、效率低下等突出问题。

一要推进政府机构改革。推进机构改革,优化政府组织结构,提高政府效能,是当前我国行政管理体制改革的又一个重点。要按照精简、统一、效能的原则和决策权、执行权、监督权既相互制约又相互协调的要求,紧紧围绕职能转变和理顺职责关系,进一步优化政府组织结构,规范机构设置。

——科学设置政府职能机构。适应转变职能要求,进一步推进政企分开、政资分开、政事分开以及政府与中介组织分开,加快机构改革,撤销或合并一些已失去存在价值的机构,适应新形势下转变经济发展方式的需要,加强诸如税收、质检、安全管理、资源管理、科技管理、环境保护、劳动和社会保障管理等职能机构的建设。

——积极探索实行大部门体制。大部门体制是通过整合职能相同或相近的部门而形成的"宽职能、大部门"的机构设置形式。实行大部门体制的关键是在政府部门内部,规范决策权,减少决策机构,实行决策集中化;强化执行权,执行专门化,加强执行单位和服务队伍的力量;强化监督权,监督独立化,行使内部监督权的主要有纪检监察机构、审计机构,以及政府的绩效考评机构。国际经验表明,大部门体制能够使政府运转更为协调顺畅,从而提高政府的工作效能。在积极探索实行大部门体制的同时,还要健全部门间的协调配合机制,精简和规范各类议事协调机构及其办事机构,减少行政层次,降低行政成本。

二要科学界定各级政府及各部门的职权。权力就是责任。权责一致,有权必须尽责,权力与责任必须对等,是科学行政、民主行政和依法行政的基本要求。近年来,一些地方重特大安全生产事故频发,食品、药品和环保等安全隐患突出,一个重要原因,就是责任制不落实,权责脱节现象比较突出。一些政府部门权责不匹配,有权无责、有责无权,出了问题无人负责;还有一些政府部门及其工作人员责任意识淡漠,失职渎职比较严重。要按照政府总体职能的定位,遵循权责对称、权责一致的原则,科学、明确地界定各层级政府、各职能部门的职责权力,理顺部门间职责分工,健全部门间协调配合机制。要依法明确中央政府与地方政府的职责权限、垂直管理部门和地方政府在相关领域的管理权责、政府各职能部门的职责权限、政府职能部门和内设机构各个岗位的职责,做到责任清晰,事事有人负责。理顺各级政府的职责关系,关键是做到财权与事权相对应,权力与责任相统一。按照财权事权相匹配的原则,科学配置各级政府财力,科学界定中央政府与地方政府,省级政府与县、乡政府在提供公共服务方面的职责权限。

三要推进政府层级建制改革。在我国行政区划和治理结构中,县级行政区域是一个

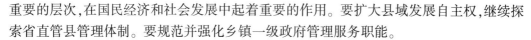

重要的层次,在国民经济和社会发展中起着重要的作用。要扩大县域发展自主权,继续探索省直管县管理体制。要规范并强化乡镇一级政府管理服务职能。

(三)要继续深化行政审批制度改革

一要精减并规范审批事项。各级政府及其部门要认真清理、减少并科学规范行政审批事项。该取消的应当坚决取消,能下放的要尽快下放;对能由一个政府部门审批的项目,尽量由一个政府部门审批,减少"多头审批"现象。当然,减少行政审批项目,绝不是政府撒手不管,而是要苦练内功,大力创新管理制度和方式,探索出一套适应发展、推进发展、保护发展的管理制度和行政管理方式,提升政府引领经济和社会协调发展的能力和水平。要在放手让民间经济依法自由竞争、自由发展,大力鼓励支持高新技术企业发展的同时,加大对生产经营投资项目中能耗标准、排放标准等的审批监管。特别是在土地使用、矿产开采等审批中,一定要严格、依法、规范。

二要搞好审批服务。要减少审批环节,完善审批程序,提高审批效率和审批质量。在这方面,不少城市政府创造了不少经验,要及时总结推广。要通过规范发展行政性服务机构,改进和完善政府各类审批制度和办事制度,简化程序,减少环节,为企业、群众和社会提供更加方便、快捷、有效的服务。一要加强行政服务中心建设,集中审批权,提升服务能级;二要创新工作机制,提升服务水平;三要全面推行行政效能电子监察系统建设。

(四)要构建和完善对行政权力的制约监督机制

不受制约的权力必然产生腐败。时下在我国的金融信贷、国有资产运营、土地批租、矿产资源开发、房地产经营、重点工程建设、干部人事安排等领域中不断滋生的腐败现象表明,我国的行政管理体制还存在一些缺陷,一些行政权力的行使、运行还缺乏有效的制约监督,以至于公权私用、以权谋私、权力寻租、滥用职权的行为时有发生。因此,加强对行政权力的制约监督,既是深化行政管理体制改革要着重解决的问题,也是我们党加强反腐倡廉建设,从源头上治理腐败必须解决的问题。要构建并完善行政权力制约监督机制,必须在以下几方面下功夫。

一要科学配置权力。行政权包括行政决策权、执行权、监督权等,要按照决策权、执行权、监督权适当分离、相互制约的原则,在各级政府及各部门内部科学配置决策权、执行权、监督权。

二要加强法制和行政制度建设。要通过健全法律法规,推进政府依法行政;要认真贯彻《中华人民共和国行政许可法》和《全面推进依法行政实施纲要》,健全行政执法体制和程序,不断完善行政复议、行政赔偿和行政补偿制度。要通过行政制度建设,坚持用制度管权、管事、管人。

三要实行并完善行政问责制。要按照权责一致、依法有序、民主公开、客观公正的原则,加快建立以行政首长为重点的行政问责制度。自 2003 年以来,我国开始大力推行行政问责制。各地纷纷出台问责办法,高举问责利剑,"铁腕问责"让一批行政不作为、乱作为者丢掉了乌纱帽。2009 年 5 月 22 日,中共中央政治局审议并通过了《关于实行党政领导干部问责的暂行规定》,掀开了我国行政问责制发展的崭新一页。目前我国行政问责中存在的主要问题是:问责立法相对滞后、异体问责几乎空白、问责对象不够全面、问责内容过于狭窄。针对此,应强化责任理念,加快问责立法。要加强异体问责,逐步建立以民意和舆论为基础,以权力机关为主导,民主党派、人民团体、大众传媒、社会公众等多方有序参与的异体问责体系。要拓宽问责对象,所有行使公共权力的组织与人员都应该成为问责对象,包括党委机关、人大机关、行政机关、政协机关、审判机关、检察机关、民主党派机关等七类机关的工作人员以及参照公务员法管理的单位的工作人员。① 要明确问责内容、规范问责程序、优化问责环境、公开问责结果。要把行政问责与行政监察、审计监督结合起来,做到有责必问、有错必究,努力建设责任政府,提高政府执行力和公信力。

四要加强监督制度建设。要在加强政府内部的专门监督如监察监督、审计监督的同时,加强人大监督、政协民主监督、司法监督,强化社会监督,高度重视舆论监督。要通过建立职责明确、结构合理、运行有序、运转高效的行政监督体系,将行政权力运行的每一个部位、每一个环节都置于有效的监督之下。

五要完善政务公开制度。阳光是最好的防腐剂。要认真贯彻《中华人民共和国政府信息公开条例》,完善政务公开的体制和程序,及时发布信息,提高政府工作透明度,切实保障人民群众的知情权、参与权、表达权、监督权。要建立健全信息发布制度,提高政府信息质量,及时、全面、客观地发布政务信息,畅通人民群众了解公共信息的渠道。

六要进一步改进和完善决策体制。要建立和完善政府与民众之间的信息沟通反馈机制,深入了解民情民意,广集民智。同时要改革和完善集体决策制度、专家咨询制度、社会公示和社会听证制度、决策评估制度、决策责任制度,完善决策的规则和程序,建立决策纠错机制。通过决策体制和决策机制的创新,促进决策的科学化、民主化、高效化。

(五)搞好公务员管理制度改革,加强公务员队伍建设

一要优化公务员队伍结构。一方面,要尽量裁减不能适应市场经济要求的微观经济管理部门和后勤部门的工作人员,对政府机关的政工干部实行兼职制度;另一方面,合理增加社会保障、公共服务方面的政府官员数量。②

二要加强公务员责任管理。要认真贯彻《中华人民共和国公务员法》,改进和完善不同类别公务员的选拔、任用、聘任、考试、录用、晋升、工资、福利、弹劾、罢免、处分、撤职、淘汰、辞退等各项管理制度。要通过管理制度创新,把那些思改革、谋改革、敢改革、善改革、能创造性开展工作的党政干部选拔到重要岗位,把那些不思进取、无所作为、一心想当"太平官"的干部淘汰出局。要大兴求真务实、真抓实干、敢于创新的工作作风,增强每个公务员的责任感、使命感、紧迫感。要造就一批思想作风正、业务能力强、工作效率高的优秀公务员队伍,为营造良好的政务环境奠定坚实的人才基础。

---

① 闫建:《行政问责制存在的问题与对策——基于六省市问责办法的比较分析》,《领导科学》2010 年第 8 期。
② 周望:《改革开放以来政府机构改革的回溯、反思与展望》,《行政论坛》2009 年第 5 期。

（六）要创新地方政府和党政领导干部的政绩考核制度

要切实加快转变经济发展方式、谋求科学发展，要切实搞好资源节约型和环境友好型社会建设，要切实搞好各项社会事业建设，建设人民满意的服务型政府，就必须建立健全符合科学发展观要求的政绩评价体系和政绩考核制度。地方政府和党政领导干部的政绩考核制度是行政管理体制的重要"软件"、重要组成部分，其状况如何直接关系到行政体制运作的方向、效能、结果。以往长期存在的粗放型增长方式，屡禁不止的"形象工程""胡子工程""裹脚布工程"，与地方政府及党政领导干部的政绩考核指标体系不科学很有关系。因此，我们必须建立健全有利于促进科学发展的地方政府和党政领导干部考核评价机制。2009年6月29日，中共中央政治局审议并通过了《关于建立促进科学发展的党政领导班子和领导干部考核评价机制的意见》。会议强调，要完善考核内容，既注重考核发展速度，更注重考核发展方式、发展质量；既注重考核经济建设情况，更注重考核经济社会协调发展、维护社会稳定、保障和改善民生的实际效果。我们一定要按照党中央的指示精神，加快创新地方政府和党政领导干部的政绩考核制度。我们要重视GDP、进一步做大GDP，但不能把GDP作为衡量社会发展状况和政绩的唯一标准。今后考核一个地方的经济发展，不仅要看GDP，还要看质量效率指标，看能耗指标和环境保护指标。新的政绩评价体系，应体现科学发展观要求，要把经济增长率、劳动生产率、商品消费率、第三产业比重、R&D投入比重、教育投入比重、每万人大学生数量、单位生产总值能耗、单位生产总值用水量、单位生产总值"三废"排放量、空气质量变化、饮水质量变化、森林覆盖增长率、公众对环境的满意度、环境诉求事件发生数量、人均受教育程度、中小学生入学率、安全生产状况、社会治安状况、社会保障状况、群众文化生活状况、人民群众健康状况等统统纳入政绩考核指标当中。

参考资料

[1]上海社会科学院当代中国政治研究中心：《中国政治发展进程（2010年）》，时事出版社2010年版。

[2]周天勇、王长江、王安岭：《攻坚·中国政治体制改革研究报告》，新疆生产建设兵团出版社2008年版。

[3]齐桂珍：《"十二五"期间我国行政管理体制改革的模式选择与制度设计》，《经济研究参考》2009年第59期。

[4]沈荣华：《纵向行政体制改革：重点领域和思路选择》，《行政管理改革》2010年第5期。

[5]魏礼群：《建立和完善中国特色社会主义行政管理体制——行政管理体制改革30年回顾与前瞻》，《国家行政学院学报》2009年第1期。

（原载《中州学刊》2010年第6期）

构建有利于科学发展的体制机制

目前,我国正处于全面建设小康社会的关键时期,正处于深化改革开放、加快转变经济发展方式的攻坚时期,科学发展是主题,加快转变经济发展方式是主线。要切实转变经济发展方式、谋求科学发展,我们就必须继续深化改革开放,推进各方面体制改革创新,加快重要领域和关键环节改革步伐,着力构建充满活力、富有效率、更加开放、有利于科学发展的体制机制,从而为实现科学发展提供强大动力和体制保障。

一、构建有利于科学发展的生产经营消费制度

生产经营活动是整个社会生产和再生产的重要环节,是直接创造社会财富的最关键环节。坚持以科学发展观为指导,建立健全合理高效的生产经营消费制度,对充分调动和发挥广大生产经营者的积极性、能动性、创造性,对正确引导和规制广大生产经营者的生产经营行为,进而对保持国民经济的快速、健康、可持续发展,对建设资源节约型、环境友好型社会,都具有非常重要的现实意义。

(一)建立健全有利于科学发展的市场竞争制度

市场竞争制度,是被近现代市场经济发展史所证明了的行之有效的推动生产和经济快速发展的最基本的制度。公平、合理、自由、有序、健全、高效的市场竞争制度,能在利益的驱动下和风险的压力下,最大限度地调动生产经营者的积极性,能通过灵活自由和优胜劣汰的市场交易和市场竞争,促进人力、物力等各种资源的优化配置、高效利用。我们要实行市场经济体制,就必须遵循市场经济的一般规律,让市场机制充分发挥有效的作用。

要着力构建"归属清晰、权责明确、保护严格、流转顺畅"的现代产权制度。现代产权制度是市场机制有效运作的基本前提和基础,是保证生产、投资、交换、分配各个环节正常运行的重要条件。其重点是:(1)对产权进行细分细化、明确界定。其中,特别需要对国有企业的所有权、经营权,对企业的法人财产权,对农村土地的所有权、承包经营权、转让权等进行明确界定,进一步理顺政府与企业、股东与企业、经营者与所有者之间的产权关系,进一步理顺农民个体产权与农村集体产权之间的产权关系。(2)深化公有产权制度改革,建立健全公有产权权益实现和保护机制。(3)构建保护私人产权的制度体系。在全社会形成尊重劳动、尊重知识、尊重人才、尊重创造的氛围,激发人们干事创业的积极性。(4)正确处理政府权力与产权的关系。严格规范政府行政权力运作的程序、行使的范围,进一步规范国家公权行使的范围和原则,尤其是要规范国家征用土地权的行使。

要建立健全市场体系。进一步发展和规范土地、技术、劳动力、金融、产权等市场。要加强市场信用制度建设。以完善信贷、纳税、合同履约、产品质量等的信用记录为重点,加快建设社会信用体系,同时要建立健全失信惩戒制度,形成法律和市场对失信行为的双重惩罚机制。

(二)建立健全有利于科学发展的科技创新制度

科学技术是第一生产力。我国要创新发展模式,加快发展步伐,提高发展质量,实现国民经济又好又快发展,科学技术创新是根本途径和根本手段。加快经济结构调整、彻底转变经济发展方式,关键是要靠科技进步;大力发展现代农业,提高农业综合生产能力,关键是要靠科技进步;破解人与环境、人与资源的矛盾,建设资源节约型、环境友好型社会,关键是要靠科技进步。企业是市场主体,是生产经营活动主体。因此,我们必须本着"自主创新、重点跨越、支持发展、引领未来"的科技发展方针,着力构建以自主创新为战略基点、以企业为主体的科技创新制度体系。

一要建立以企业为主体、市场为导向、产学研相结合的技术创新体系。(1)强化企业的主体地位。要采取更加有力的措施,营造更加良好的环境,使企业真正成为研究开发投入的主体、技术创新活动的主体和创新成果应用的主体。(2)坚持市场导向。把企业推向自主创新的前台,使自主创新成为决定企业生死存亡的关键环节。通过限制进入、提升技术标准、加强监督管理等产业政策,坚决淘汰一批技术性能落后、资源浪费严重、对环境有较大危害的落后产品与企业,促使企业走自主创新之路。(3)建立"产、学、研"相结合的自主创新机制。积极探索建立以产权为纽带,以企业投入为主,以提高企业自主创新能力为主要任务的新型产、学、研联合体。(4)加快科技中介机构建设,完善科技服务体系。加快为创新主体提供咨询服务的科技评估中心、科技情报信息中心、科技招投标机构、科技信用评估中心、知识产权事务中心和各类科技咨询机构的发展。

二要制定支持科技创新特别是自主创新的配套政策。(1)实行支持自主创新的财税政策。要创新投入机制,整合政府资金,加大支持力度,激励企业开展技术创新和对引进技术的消化吸收再创新;要制定优惠的税收政策,鼓励企业自主创新和对引进技术进行再创新。在重点产业领域,要制定限制重复引进技术和设备的政策。(2)实行支持自主创新的金融政策。金融是自主创新的命脉。要把自主创新作为中心任务,建立一个功能完备的、高效的金融支持系统,拓宽中小企业融资渠道。(3)实行支持自主创新的政府采购政策。要建立和完善鼓励自主创新的政府订购制度;要建立购买外国产品审核制度。(4)强化知识产权保护。要严格执行国家法律以及国际法中有关保护知识产权的法律规定,建立健全知识产权保护体系,加大保护知识产权的执法力度,营造尊重和保护知识产权的法治环境。

(三)建立健全有利于科学发展的绿色生产制度

所谓绿色生产,指的是有利于保护资源和环境、有利于经济社会可持续发展、有利于生产者自身身心健康的生产,主要包括节约生产、清洁生产、安全生产。以往的历史教训以及现实的条件,都要求我们必须摒弃"先发展、后治理"的黑色发展理念,决不能再走资本主义国家工业化发展的老路,必须树立"边发展、边治理"的绿色发展理念,走科技含量高、经济效益好、资源消耗低、环境污染少、人力资源优势得到充分发挥的新型工业化道路,走高效发展、节约发展、清洁发展、安全发展和可持续发展的新型经济发展道路。

一要构建大力发展循环经济的制度支撑体系。循环经济是以资源的循环利用为核心,以保护环境、节约利用资源为前提,以自然资源、经济、社会协调发展为目的的新型经济发展模式。循环经济是对传统的"三高一低"粗放型经济发展方式的根本变革,是符合可持续发展理念的新型经济发展模式,是贯彻落实科学发展观的一个重要途径。(1)建立健全有利于循环经济发展的产权制度。应明晰资源产权,优化产权结构,形成相应的制度安排,使环境资源的外部成本内部化,通对产权的约束和激励,推动循环经济发展,尽可能减少环境污染和对自然资源的无节制使用,尽可能减少一些由"经济人"内部的经济行为导致的外部不经济行为。(2)完善资源价格体系。(3)积极利用财政政策发展循环经济。通过完善购买性支出政策、财政补贴政策、许可证制度、税收制度、政府绿色采购制度等引导整个社会资源向循环经济的方向发展。金融系统要大力实施"绿色信贷""绿色保险""绿色证券"政策,构筑有利于环保的市场准入标准体系,助推循环经济发展。(4)建立健全垃圾回收利用制度。应加紧实施生活垃圾的分类收集处理。各级政府应增加相关方面的投入,保证垃圾分类的物质设施建设。与此同时,垃圾回收要有相应的技术支持。要通过征收垃圾填埋税、焚烧税、污染物排放税等,迫使企业选择回收利用的方式处理垃圾。

二要建立健全中国特色的安全生产制度。坚持以人为本,关注人的生命,关注人的健康,关注人的全面发展,是中国特色社会主义的本质要求,是科学发展观的核心理念所在。安全是人的基本需要,是人的一种幸福所在,是企业健康发展的保障,是社会文明进步的标志。随着人民群众物质文化生活水平的提高,人们对安全的需要更加迫切。高度重视安全生产,高度重视人民群众的生命财产安全,是贯彻落实科学发展观、构建社会主义和谐社会的内在要求。因此,在我国的生产经营制度构建中,必须高度关注安全生产制度。(1)要加强安全生产行政许可制度建设。要贯彻落实《中华人民共和国安全生产法》,严格市场准入标准。对达不到安全生产标准的有关企业和施工单位,不发放安全条件合格证和施工单位安全合格证,不允许其进行生产经营活动。(2)要创新和完善日常安全监管制度。要按照"政府统一领导、依法监管、企业全面负责、社会监督支持"的安全生产监管格局,细化政府部门、企业、行业组织等在日常安全监管中的职责,构筑政府部门监督、企业内部监督、群众监督、社会监督员监督、行业监督、协会监督等"横向到边""纵向到底""上下结合""内外结合"的立体交叉的监督体系,及时沟通安全信息,及时发现和排除安全隐患,防患于未然。(3)实行安全责任追究制。要细化并层层落实安全生产目标责任,形成"千斤重担大家挑,人人肩上有指标"的安全责任格局。对由于玩忽职守、违法经营、违规操作等引发安全事故的相关责任人要进行刑事或行政追究。

（四）构建和完善有利于科学发展的绿色消费制度

消费是社会生产和再生产的重要环节，消费制度同样是重要的经济制度。特别是在当今时代资源日益短缺、环境问题日益严重的情况下，构建和完善科学的消费制度，对促进经济的可持续发展，对建设资源节约型、环境友好型社会，意义重大。在广泛开展宣传教育，引导公众更新消费观念、树立绿色消费意识的同时，必须加强各项有关消费的法制建设，加强产业政策、资源开发利用政策与环境保护政策的制定和执行，从制度上激励绿色消费行为。（1）建立绿色价格制度，使产品价格反映环境和资源成本。（2）建立绿色押金制度。绿色押金制度是指按照规定向购买具有潜在污染性产品的人收取一定的附加费用，当他们把潜在污染物送回回收系统时即退还所收附加费的制度。（3）培育绿色市场，规范市场秩序。政府应尽快出台绿色食品管理法规，建立一套完整的市场进入、退出制度，为规范绿色市场秩序提供法律依据。应该制定统一的认证标准，设立专门的管理部门，简化手续，提高效率，扩大范围，提高透明度。（4）强化消费者协会职能，维护消费者绿色消费权益。（5）政府部门要全面实行绿色采购制度。政府在采购中要有意选择那些符合国家绿色认证标准的产品和服务。

二、构建有利于实现社会公正和共同富裕的分配制度

分配是社会生产和再生产的重要环节，是国民经济运行的重要环节。党的十七大报告针对我国分配领域出现的新情况、新问题明确指出，合理的收入分配制度是社会公平的重要体现。要坚持和完善按劳分配为主体、多种分配方式并存的分配制度，健全劳动、资本、技术、管理等生产要素按贡献参与分配的制度，初次分配和再分配都要处理好效率和公平的关系，再分配更加注重公平。党的十七大报告的这些论述，为我国构建中国特色的公平、合理、有效的分配制度指明了方向。

（一）健全和完善初次分配制度

初次分配和再分配是国民收入分配的两个环节。初次分配和再分配都要注意处理好效率与公平的关系，再分配更加注重公平。完善初次分配制度，应着重在以下两个方面做出努力。

一要构建和完善企业内部分配制度。在企业内部分配中，存在的突出问题是，资本等要素收入偏高，劳动收入比重偏低。构建和完善企业内部分配制度的关键是有效解决劳动者工资福利待遇问题，确保劳动者的合法权益。其一，确立工资集体协商制度，完善企业工资形成和工资增长机制。由中国人口众多、就业压力大、劳动力供需不平衡、资本短缺等基本国情所决定，在劳资关系博弈中资本处于强势地位，劳动处于从属地位。较之于资本所有者，单个劳动者在劳动力市场上处于绝对弱势地位，从而导致其只是价格的被动接受者，没有讨价还价的能力。要改变这种状况，需要形成劳动者收入和福利待遇的集体谈判机制。要完善工会制度，形成雇员、工会、雇主和政府"四位一体"的劳动报酬集体谈

判制度,保证劳动者的工资待遇能随着经济发展和企业利润的增多而不断增长。各级劳动保障部门要会同工会组织,进一步推进区域性、行业性工资集体协商,科学制定劳动定额标准以及产品的计件单价,使职工工资合理提高。其二,建立健全劳动保护制度,严格保护劳动者权益。这主要包括实行最低工资标准制度、企业为职工办理"三金""三险"制度、劳动保护制度、依法惩治拖欠职工工资行为的制度等。其三,确立劳动者可依劳动产权参与企业剩余分配的制度,建立企业内部的利益分享机制。应该积极引导企业通过设置劳动产权,实行企业剩余分享的企业内部分配机制。

二要确保初次分配中劳动收入的合适比例。确保初次分配中劳动收入在国民收入分配中的合适比重,是坚持按劳分配为主体的必然要求。近年,我国初次分配中劳动收入比例过低,不仅拉大了收入差距,影响到了广大普通劳动者的切身利益,而且影响到了消费需求的增长和经济的协调发展。党的十七大报告明确指出,要逐步提高居民收入在国民收入分配中的比重,提高劳动报酬在初次分配中的比重。提高劳动报酬在初次分配中的比重,从政府角度看,要做好以下几个方面的工作:(1)督促企业建立企业职工工资正常增长机制和支付保障机制;(2)随经济增长适时调整最低工资标准;(3)加强国家对企业工资的调控和指导,发挥工资指导线、劳动力市场价位、行业人工成本信息对工资水平的引导作用;(4)通过完善法律法规、深化改革和宏观调节,规范初次分配秩序,使劳动报酬增长与经济增长和企业效益增长相适应;(5)全面实行劳动合同制度和工资集体协商制度,确保工资按时足额发放;(6)合理调节国家、企业和居民之间的所得比例结构。

(二)健全和完善再分配制度

党的十七大报告明确提出,再分配要更加注重社会公平。如果说初次分配是以市场为主导,那么再分配则是以政府为主导,政府是再分配的主体。政府是保证社会公正分配的最终责任承担者。再分配是在全社会贯彻社会公平原则、贯彻按劳分配为主体原则、贯彻人道主义原则的重要制度路径。在初次分配基础上对收入进行再调节,其总的原则是社会公平,具体原则包括按劳分配为主体原则和人道主义原则。其基本政策思路是:着力提高低收入者收入水平,扩大中等收入者比重,有效调节过高收入。相应的政策手段包括:税收政策(调节过高收入)、公共财政政策(扩大中等收入阶层、救助低收入阶层)、社会保障政策(扩大中等收入阶层、保障低收入阶层)。公共财政支出和社会保障制度的最大受益人群无疑是低收入阶层,同时教育支出等公共服务支出还为中低收入阶层提高收入水平创造公平的机会;社会保障制度是市场经济运行的"安全阀",完善社会保障制度有助于和谐社会的构建。

一要构建合理、高效的税收体制,充分发挥税收对收入分配的调节功能。(1)要保持税收的合理比重。政府的充足财政是实施宏观调控、转移支付、社会保障以及义务教育的强有力的经济保障。(2)要不断改进和优化税源、税种、税率结构。应大力完善个人所得税税法和具体制度,保证对高收入阶层的有效调节。要逐步开征遗产税、赠与税、物业税、证券交易税、燃油税、社会保障税等新税种。(3)要建立严格、高效的税收征管制度。严格、高效的税收征管制度是防范偷税漏税行为,确保税收收入的制度保证。要合理划分中央税权与地方税权,建立健全税务管理、税款征收、税务检查、税务稽查等各项制度,依法征税,依法打击偷税、抗税、骗税等违法行为,在保护纳税人合法权益的同时,保证税款的足额、按时征收。必须严加征管,加大对偷税、漏税、逃税、抗税行为的处罚力度。

二要健全和完善社会保障制度。社会保障是实施国民收入再分配的一种手段和方式。社会保障的保障功能有利于实现收入公平分配。社会保障体系由社会保险、社会救助、社会福利和社会优抚等方面组成。其中,社会保险是社会保障体系的核心部分,包括养老保险、失业保险、医疗保险、工伤保险和生育保险。社会保障制度通过对没有生活来源者、贫困者、遭遇不幸者和一切工薪劳动者在失去劳动能力或工作岗位后提供保障,矫正收入分配中的市场失灵,从而缩小初次分配的差距。富裕的家庭或社会成员因其生活水平高而享受社会保障的机会少,而收入低的贫困家庭或社会成员享受社会保障的机会多,这在一定程度上可缩小社会成员之间的贫富差距,起到收入调节的作用。建立健全社会保障制度,既是市场经济有效运行的"安全阀""减震器",又是实行再分配、保障社会公平的重要途径。20世纪80年代中期以来,伴随着社会主义市场经济体制的建立和完善,中国对计划经济时期的社会保障制度进行了一系列改革,逐步建立起与市场经济体制相适应,与中国国情相符合,由中央政府和地方政府分级负责的社会保障体系基本框架。目前,我国社会保障制度建设中面临的主要问题是社会保障体系不健全、农村社会保障制度建设严重滞后。因此,要加快建立覆盖城乡居民的社会保障体系,完善惠及城市和乡村的低保、养老、医疗、失业、住房、工伤、生育等各项社会保险制度。要健全社会救助体系,做好优抚安置工作。根据目前我国的现实情况,要特别加快农村的社会保障体系建设,以农村最低生活保障、农村医疗保险、农村养老保险为重点,完善社会保障制度。

三要建立健全社会公共服务体系。公共服务是提供公共产品的组织行为,主要包括教育、卫生、文化、就业再就业、社会保障、生态环境保护、公共基础设施、社会治安等领域。通过提供教育、医疗等重要的公共服务,能突破低收入群体由于较少的初始财富导致的人力资本投资、职业选择、工资、技术水平等方面不良状态的制约,并最终改变收入分配格局。要建立和完善公共财政制度,努力实现教育、就业、医疗等公共服务的均等化。教育、就业、医疗等公共服务主要通过提升弱势群体的人力资本达到提高其收入水平的目的,虽然对缩小收入差距是一个间接的过程,却是扩大中等收入阶层、从根本上改善收入分配格局的有效途径。当前和今后一个很长时期,要特别注意加强农村社会公共服务体系建设,加大农村公共服务设施建设的力度,力争在若干年后实现城乡公共服务一体化、均等化。要建立健全政府财政对贫困落后地区的转移支付制度,统筹区域发展,促进地区经济的协调发展,缩小地区之间的收入差距。

三、构建有利于科学发展的行政管理体制

"经济调节、市场监管、公共服务、社会管理"是社会主义市场经济条件下政府职能的总体定位。要按照这一要求,进一步转变政府职能,调整机构设置,改进审批制度,完善管理服务,着力打造有限型、高效型、责任型、服务型、廉洁型、廉价型、阳光型政府,为经济发展提供良好的政务环境。

一要深化行政管理体制和管理制度改革,强化政府服务功能。(1)要切实转变政府职能。按照政府总体职能的定位,细化各职能部门的职能定位,明确界定各职能部门的职责权力,在把一些职能转交给市场经营主体、社会中介组织的同时,要强化对市场主体生产经营的监管服务功能,强化宏观调节和社会管理功能,强化公共服务功能。(2)要科学设置政府职能机构。适应转变职能要求,进一步推进政企分开、政资分开、政事分开以及政府与中介组织分开,加快机构改革,撤销或合并一些已失去存在价值的机构,适应新形势下以新的发展方式发展经济的需要,加强诸如税收、质检、安全管理、资源管理、科技管理、环境保护、劳动和社会保障管理等职能机构的建设。(3)要进一步推进行政审批制度改革。各级政府及其部门要全面推行依法行政,认真贯彻实施《中华人民共和国行政许可法》和《全面推进依法行政实施纲要》。要认真清理、减少并科学规范行政审批事项,减少审批环节,完善审批程序,提高审批效率和审批质量。(4)要进一步改进和完善决策体制。改革和创新政务信息公开制度,建立和完善政府与民众之间的信息沟通反馈机制。改革和完善集体决策制度、专家咨询制度、社会公示和社会听证制度、决策评估制度、决策责任制度,完善决策的规则和程序,建立决策纠错机制。通过决策体制和决策机制的创新,促进决策的科学化、民主化、高效化。(5)搞好公务员管理制度改革,加强公务员队伍建设。对公务员实行责任管理,改进和完善不同类别公务员的选拔、聘任、考试、录用、晋升、工资、福利、弹劾、罢免、处分、撤职、淘汰、辞退等各项管理制度。要大兴求真务实、真抓实干、敢于创新的工作作风,造就一批思想作风正、业务能力强、工作效率高的优秀公务员队伍。

二要创新地方政府和党政领导干部的政绩考核制度。以往长期存在的粗放型增长方式,屡禁不止的"形象工程""胡子工程""裹脚布工程",与地方政府及党政干部的政绩考核指标体系不科学有很大关系。要转变经济发展方式,要真正搞好环境和生态保护,要真正实现经济社会与人的全面协调发展,就必须建立健全符合科学发展观要求的政绩评价体系。我们要重视 GDP、进一步做大 GDP,但不能把 GDP 作为衡量社会发展状况和政绩的唯一标准。今后考核一个地方的经济发展状况,不仅要看 GDP,还要看质量效率指标,看能耗指标和环境保护指标。新的政绩评价体系,应体现科学发展观要求,要把经济增长率、劳动生产率、商品消费率、第三产业比重、研发投入比重、教育投入比重、每万人大学生数量、单位生产总值能耗、单位生产总值用水量、单位生产总值"三废"排放量、空气质量变化、饮水质量变化、森林覆盖率、公众对环境的满意度、环境诉求事件发生数量、人均受教育程度、中小学生入学率、安全生产状况、社会治安状况、社会保障状况、群众文化生活状况、人民群众健康状况等统统纳入政绩考核指标当中。

三要改进和完善政府对市场主体的管理和监督制度。市场主体间的公平、自由竞争离不开合理的游戏规则和良好的市场秩序,转变经济发展方式也需要用制度对市场主体进行约束和激励,因此,我们必须下大力气改革创新规范和引导市场主体经营行为的管理和监督制度。依据我国实际,应着力加强以下几方面制度建设:其一,要改革和创新市场准入制度。在放宽非公有制经济准入条件的同时,要对那些资源浪费严重、污染严重的项目进行严格的准入限制。其二,要加强各项监管制度建设。这主要包括:(1)加强税收监管。目前,私营企业偷漏税现象严重,这与税收管理体制不科学、制度不健全、税收监管乏力有密切关系,要加强这方面的对策研究,采取有效措施,遏制税源大量流失。(2)加强环保监管。要坚决取缔那些高耗能、污染严重的"五小企业"。(3)加强资源监管。要坚决遏制乱砍滥伐、乱开乱挖的现象,坚决查处土地批租、采矿权审批等过程中的以权谋私行为。(4)加强安全监管。采取切实有效的管理措施,防止重大安全事故发生。(5)加强价格监管。要积极调整价格结构,理顺价格关系。既要监督和防止垄断行业抬高价格、限制竞争、牟取非法高额利润,又要启用价格调控机制,限制资源浪费严重、环境污染严重的产品的生产和消费。(6)加强市场秩序监管。对那些发布虚假广告、制假售假、坑蒙诈骗、欺行霸市行为一定要从重打击,尤其是对有些带有黑社会性质的生产经营者一定要坚决铲除,决不手软。(7)加强对产权的保护。对合法的私有财产要依法予以保护,要加强对知识产权的保护。(8)加强劳动和社会保障监管。当前,个别私营企业劳资关系紧张,个别业主无视劳动法非法用工,欠交或拒交社会保险费用。这既不利于私营企业的和谐发展、可持续发展,也不利于社会稳定。如何加强这方面的监管力度是一个新课题。(9)要加强对中介组织的监管。目前,政府职能收缩后,一些中介组织承担着审计、评估、评比、职业介绍等职能,但由于监管不力,这类中介组织问题多多,需探索一条新形势下监管中介组织的新路子。

(原载《学习论坛》2011 年第 1 期)

行政管理体制改革谈

一、行政管理体制改革背景

行政管理体制是指国家机关和事业单位在机构设置、隶属关系、权力划分等方面的具体体系和组织制度的总称。

改革开放以来，我国进行了六次比较集中的行政管理体制改革，政府经济管理职能逐步从微观管理向宏观管理转变，经济调节和市场监管不断完善；政府社会管理职能逐步加强，社会管理和公共服务能力不断提高，逐步形成和完善了服务科学发展的体制机制。

2008 年 2 月，党的十七届二中全会通过的《关于深化行政管理体制改革的意见》明确了深化行政管理体制改革的指导思想和基本原则，提出了到 2020 年的改革总体目标，要求加快政府职能转变、推进政府机构改革、加强依法行政和制度建设。

改革开放以来，我国已初步建立起了与社会主义市场经济体制相适应的行政管理体制。目前，我国正处于全面建设小康社会的关键时期，处于深化改革开放、加快经济发展方式转变的攻坚时期。我们必须围绕科学发展这一主题，围绕加快转变经济发展方式这一主线，围绕构建和谐社会的新要求新任务，继续深化行政管理体制改革，加快构建和完善有利于科学发展的行政管理体制。

二、深化行政管理体制改革的意义

深化行政管理体制改革是深化经济体制及其他社会体制改革的重要环节，对解决我国经济社会发展中遇到的深层次矛盾和问题，推进我国经济社会又好又快发展，有着重要的现实意义。

第一，进一步完善社会主义市场经济体制需要深化行政管理体制改革。目前，我国已基本建成社会主义市场经济体制，但并不完善。政府与市场、政府与企业、政府与资产、政府与社会中介组织等的关系尚未完全理顺，政府职能行使中依然存在着越位、错位、不到位现象。进一步完善社会主义市场经济体制，要求必须继续深化行政管理体制改革，坚决破除制约市场经济体制运作的体制障碍，既要让市场机制充分发挥在资源配置中的基础作用，又要充分发挥政府在战略规划、宏观调控、经济调节、市场监管、社会管理和公共服务方面的功能，以弥补市场经济的缺陷。

第二，加快转变经济发展方式、谋求科学发展需要深化行政管理体制改革。只有深化行政管理体制改革,才能构建充满活力、富有效率、更加开放、有利于科学发展的体制机制;才能形成权责一致、分工合理、决策科学、执行顺畅、监督有力的行政管理体制,为深化改革、扩大开放、加快发展创造良好的环境。

第三,构建社会主义和谐社会、维护社会公平正义需要深化行政管理体制改革。目前,我国社会进入了经济发展的战略机遇期和社会矛盾的凸显期,诸多问题直接考量着我国政府的公共行政能力,给行政管理体制改革提出了更高、更多、更迫切的要求。只有深化行政管理体制改革,不断强化和完善政府的市场监管、社会管理、公共服务职能,才能更有效地解决与广大人民群众切身利益密切相关的求学、就业、就医、养老、住房、社会保障等问题,才能更有效地解决城乡之间、地区之间的统筹发展问题,才能更好地构建和谐社会,维护社会公平正义,使广大人民群众共享改革发展的成果。

第四,推进社会主义政治文明建设需要深化行政管理体制改革。行政管理体制改革既是政治体制改革的重要内容,也是深化政治领域各项改革的重要推动因素。要转变政府职能、规范政府行为、提高行政效能,就必须构建和完善行政权力的监督制约机制。行政管理体制改革的目标是要建设责任政府、法治政府、服务型政府和廉洁政府,这就必须不断改进政府的决策机制,推进政府决策的民主化、科学化。这都将有力地推进社会主义民主法治建设。

三、深化行政管理体制改革的着力点

第一,要围绕科学发展和构建和谐社会要求,加快政府职能转变。界定并转变政府职能是行政管理体制改革的核心问题。要按照"经济调节、市场监管、社会管理、公共服务"这一政府职能的总体定位,进一步转变政府职能。一是不断提高政府的战略规划、宏观调控能力。二是强化市场监管职能,要加强税收监管、资源和环境监管、安全监管、劳动和社会保障监管、价格监管、市场秩序监管、中介组织监管,加强产权保护。三是强化社会管理职能,加强社会管理法律、体制、能力建设。四是强化公共服务职能,着力解决公共产品供给短缺、公共服务能力不强等问题,推进城乡、区域基本公共服务均等化,切实保障农村、基层、欠发达地区人民群众基本公共服务的需要。

第二,要围绕政府职能转变,搞好政府机构调整和权责划分。要围绕政府职能转变,调整机构设置、界定部门职责,切实解决政府管理中存在的缺位、错位、越位和权责脱节、职能交叉、推诿扯皮、效率低下等突出问题。一是按照精简、统一、效能的原则,进一步优化政府组织结构,规范机构设置。二是遵循权责对称、权责一致的原则,理顺部门间职责分工,健全部门间协调配合机制。三是继续推进政府层级建制改革,规范并强化乡镇一级政府管理服务职能。

第三,要继续深化行政审批制度改革。一是精减并规范审批事项。各级政府及其部门要认真清理、减少并科学规范行政审批事项。二是搞好审批服务,减少审批环节,完善审批程序,提高审批效率和审批质量。

第四，要构建和完善对行政权力的制约监督机制。一是科学配置权力，在各级政府及各部门内部科学配置决策权、执行权、监督权。二是加强法制和行政制度建设，坚持用制度管权、管事、管人。三是实行并完善行政问责制，强化责任理念，加快问责立法，明确问责内容，规范问责程序，优化问责环境，公开问责结果，做到有责必问、有错必究，努力建设责任政府，提高政府执行力和公信力。四是加强监督制度建设，建立职责明确、结构合理、运行有序、运转高效的行政监督体系。五是完善政务公开制度，切实保障人民群众的知情权、参与权、表达权、监督权。六是进一步改进和完善决策体制，促进决策的科学化、民主化、高效化。

第五，要创新地方政府和党政领导干部的政绩考核制度。要完善考核内容，既注重考核发展速度，更注重考核发展方式、发展质量；既注重考核经济建设情况，更注重考核经济社会协调发展、维护社会稳定、保障和改善民生的实际效果。

（原载《光明日报》2011 年 2 月 5 日）

践行群众路线要做到五个正确对待

　　焦裕禄同志是党的群众路线的模范践行者。在深化改革开放、加快现代化建设、谋求中原崛起、实现河南振兴的新时期，广大党员干部特别是领导干部要大力学习弘扬焦裕禄精神，以焦裕禄同志为榜样，牢记全心全意为人民服务的根本宗旨，始终不渝地为最广大人民群众谋利益。学习弘扬焦裕禄精神，广大党员干部必须树立正确的世界观、人生观、价值观，做好以下五个"正确对待"。

　　一要正确对待群众。从政治道理上讲，人民是我们的衣食父母，人民是推动历史进步的真正英雄，人民是我们战胜各种困难险阻的力量之源，也是我们各级党政干部搞好本职工作的根本动力。因此，我们党始终坚持走密切联系群众的群众路线。在革命战争年代，我们正是依靠广大人民群众，才推翻了帝国主义、官僚资本主义、封建主义"三座大山"，建立了新中国。今天，我们党要肩负起实现中华民族的伟大复兴，完成祖国统一大业的历史使命，同样需要依靠广大人民群众。从人生哲理上讲，人活一世到底为了啥？当官做事到底为了啥？这是许多人包括许多威风八面的高官、腰缠万贯的富翁都百思不得其解的问题。许多人吃穿不愁、权势显赫，但他们依然感到生之空虚、生之痛苦。这到底是为什么？其实道理很简单，人是类的动物，是各种动物中拥有思想、意志、情感的高级动物，人需要真诚的爱和被爱，需要一种精神支持。"仁者爱人"，这是中国古代圣哲的名言，其实也反映了一种高尚美好的人生境界。自私的爱、狭隘的爱，不仅不能给自己带来精神享受，反而会成为使自己痛不欲生的精神枷锁。只有把自己的爱升华到爱人民、爱祖国、爱人类的无私境界，人生才能达到一种超凡脱俗、宁静致远的至高境界。有了这种爱，你才不会为钱财多寡所累，为功名沉浮所累，为世俗的人情世故所累。

　　不论是从政治意义还是从人生意义上讲，我们的党员干部，特别是领导干部都要始终把自己看作人民的公仆，为把人民群众的利益维护好、实现好、发展好而不懈努力。各级领导干部都要坚定地相信和依靠群众，始终把自己置身于群众之中，要坚持深入基层、深入群众，倾听群众呼声，关心群众疾苦，时刻把人民群众的安危冷暖挂在心上，始终保持同人民群众同呼吸、共命运、心连心，始终保持同人民群众的血肉联系，做到权为民所用，情为民所系，利为民所谋。尤其是要关心那些生产和生活遇到困难的群众，深入贫困地区、困难企业中去，深入下岗职工、农村贫困人口、城市贫困居民等困难群众中去，千方百计地帮助他们解决实际困难。要实实在在地为群众办好事、办实事、谋福利。

二要正确对待权力。从法理学上讲,任何公共权力都是属于人民大众的。因此,我们的各级党政干部必须树立正确的权力观,时刻意识到我们手中的权力是人民的,是人民赋予的,是人民委托我们行使的。"官"是为人民服务的岗位,"权"是为人民服务的工具,权力意味着责任,权力越大,责任越大。要增强公仆意识,摆正自己同人民群众的关系,摆正个人利益与公共权力的关系,真正在思想上、行动上、作风上做到立党为公、执政为民,为人民掌好权、用好权。

三要正确对待个人利益。焦裕禄的先进事迹之所以感人肺腑,他的形象之所以光彩照人,正是因为他身上具有爱民如父母的无私奉献精神。在个人利益还将长期存在,而且对个人利益的合法追求还构成市场经济发展原动力的条件下,对绝大多数党员干部而言,完全排除对个人利益的合法追求是不现实的,然而广大党员干部必须做到的是要正确处理个人利益与人民群众的利益的关系。要大力倡导大公无私、公而忘私、先公后私的奉献精神,同时要坚决杜绝为谋取个人利益而损害人民利益、国家利益的行为。作为一个党员干部,在对待个人利益问题上,一定要以人民利益和国家利益为重,做到先公后私。如果在某一时刻或某个关键问题上,当个人利益同人民利益、国家利益发生矛盾甚至出现两难选择时,我们应该义无反顾地放弃个人利益乃至牺牲个人的宝贵生命,去维护人民和国家利益。在革命战争年代,我们党许多干部、战士为了国家独立、人民解放献出了宝贵生命。在我们当代的现实生活中同样存在着生死抉择:在应对自然灾害的斗争中,在应对突发性公共事件的斗争中,在反对腐败、同社会邪恶势力作斗争中,在维护社会治安、打击各种犯罪活动的斗争中,我们有可能面临生命危险……面对生命危险,怎么办? 真正的党员干部、真正的共产党人别无选择,只有挺身而出,为了人民、为了国家而牺牲自己。

四要正确对待政绩。这是与正确对待个人利益密切相关的话题。作为一名有为的党政干部追求政绩是理所当然的,但关键的问题是我们必须树立正确的政绩观。我们所追求的政绩是真正让老百姓拥护、让老百姓高兴、真正为老百姓谋利益的政绩,其出发点和落脚点是为民爱民利民,其评价标准是人民拥护不拥护、人民高兴不高兴、人民赞成不赞成、人民答应不答应。时下,有个别地方个别干部在创政绩过程中,存在一些不良现象。这些不良现象从性质上可以分为两类:一类是出发点是好的,但结果却与愿望相反。有的干部为了尽快改变当地的落后面貌,不从当地的实际情况出发,不遵循市场经济基本规律,急功近利,盲目决策,盲目铺摊子、上项目。诸如在农村种植结构调整中盲目搞"万亩经济林""万亩经济田"等,结果劳民伤财,事与愿违。另一类是动机不纯,个人主义严重,创政绩不是为群众办实事,而是做给上级领导看,为个人捞取政治资本。如搞"形象工程",只图形式不求实效;玩数字游戏,弄虚作假、虚报浮夸、报喜藏忧、欺上瞒下;贪他人之功,自吹自擂、自我标榜……一切围绕头上的"乌纱帽"做文章。说到底,这是个人利益在作祟。鉴于上述现象,我们的党政干部必须树立正确的政绩观。在创政绩过程中,首先要端正思想认识,要始终围绕人民群众的切身利益而创建政绩;其次要尊重客观规律,从实际出发,脚踏实地地开展工作。

五要正确对待荣誉。俗话说，人过留名，雁过留声。然而，我们必须树立正确的荣辱观，正确对待荣誉。

1965年的春天，兰考县几十个农民代表和干部专程来到焦裕禄坟前。这些人一个个含着泪站在他的坟前，一位老贫农泣不成声地说出了36万兰考人的心声："我们的好书记，你是活活地为俺兰考人民，硬把你给累死的呀！困难的时候你为俺贫农操心，跟着俺们受罪，现在，俺们好过了，全兰考翻身了，你却一个人在这里……"这是兰考人民对自己亲人的痛悼，也是兰考人民对一个为他们的利益献出生命的党的干部的最高嘉奖。

太行山区的人民为了表达他们对吴金印同志的感激、敬佩之情，用中国最古老、最传统的纪念方式，一而再、再而三地为他刻石勒碑。为了防止吴金印再次凿掉碑文，村民们索性把宋平同志为吴金印题写的"太行公仆"的碑文镌刻在太行山的悬崖峭壁上。一位老新闻工作者感慨地说："这是老百姓为共产党立的碑啊！"

听听兰考人民的心声，看看"太行公仆"的碑文，我们应该领悟到"荣誉"的真正含义。时下，有个别党政干部不是把自己真正扎根于群众之中，脚踏实地地为群众干事创业，而是热衷于电台有声、报上有名、电视有影，热衷于对个人形象的自我包装、自我宣传，自我吹嘘，自我标榜。而这些自我标榜的荣誉，有如墙上芦苇、水中浮萍、过眼烟云，比起广大人民群众对焦裕禄、吴金印等发自内心的赞誉，相差何止万里？更有甚者，极个别干部昨天头上还罩着诸多荣誉的光环，第二天就变成了阶下囚，变成了人民的罪人，戏剧性的变化令人觉得滑稽，诸多荣誉化作人们茶余饭后的谈资笑柄。此现象值得沽名钓誉者三思。

（原载《河南日报》2013年9月5日）

当代中国官本位意识表现分析

所谓官本位意识，简而言之，就是把是否为官、官职大小、官阶高低作为衡量个人社会地位高低、个人社会价值大小的首要标准的一种价值观念。官本位意识同中国共产党立党为公、执政为民的执政理念，同党所主张的全心全意为人民服务的宗旨意识、公仆意识、以人为本意识，同当代社会所倡导的民主意识、法治意识、公平竞争意识、开拓创新意识等，存在着深刻矛盾。官本位意识不仅同目前党政干部队伍中存在的官僚主义作风有直接关系，而且同目前党政干部队伍中存在的形式主义、享乐主义和奢靡之风也有一定内在关系。认真分析官本位意识在当代中国社会中的诸种表现，对深刻认识官本位意识的社会危害，破除官本位观念，有重要意义。

一、从人的视角看官本位意识表现

官本位意识在中国可谓历史悠久、根深蒂固。尽管封建专制的官僚体制早已被破除，但官本位意识作为历史沉淀在国民血脉中的一种思想意识，经过代际传递，其影响依然存在。从人的视角看，官本位意识不仅在党政干部队伍中存在，而且在普通民众身上也广为存在。

（一）党政干部中存在的官本位意识

毫无疑问，在我国的党政干部队伍中，绝大多数干部都具有宗旨意识、公仆意识，具有现代民主法治意识，能够正确对待手中的权力，秉公用权。但也确有一些干部官本位思想严重，不能正确对待和使用手中的权力。党政干部中的官本位意识主要表现在以下几个方面。

一是官僚主义作风。官僚主义作风是官本位意识在当代干部队伍中的一种典型表现。2013年7月，习近平总书记在河北省调研指导党的群众路线教育实践活动时曾发表重要讲话，其中专门谈到官僚主义问题。他指出，官僚主义实质是封建残余思想作祟，根源是官本位思想严重、权力观扭曲，做官当老爷，高高在上，脱离群众，脱离实际。当前，个别党政干部特别是领导干部，不是把自己看作人民的公仆，视人民为父母，而是把自己当作人民的父母官，"官气"十足，颐指气使，作威作福。个别领导干部，家长制作风严重，决策上霸气十足，唯我独尊，唯我为大，唯我正确，唯我高明，习惯于一言堂，听不进不同意见，缺乏民主意识，习惯于拍脑袋决策，习惯于以权以势压人。个别干部缺乏群众观念，不是把为群众办事当作自己应尽的职责,而是当作对群众的恩赐;不是把群众当亲人,而是居高临下,态度生硬,装腔作势,办事推诿扯皮。

二是把当官升官当作人生主要目的。这是官本位意识在干部队伍中的又一重要表现。应该说,追求当官升官并不是什么错事,当官升官是为了更好地为党、为国家、为人民工作,更好地为社会做贡献。问题在于,个别干部本末倒置,把当官升官本身作为人生主要目的,价值观、人生观扭曲,为当官而当官,为升官而升官。一些干部以仕途为个人事业的选择导向,一切服从于官级地位,一切为了做官和升官,把做官升官看作人生最高价值追求,把升官作为出人头地的唯一途径。在一些干部看来,"从政才是本事,做官才有出息",有了官位就能光宗耀祖,就有了一切。有的干部为了个人升迁,急功近利,大搞形式主义,制造虚假政绩,欺上瞒下,投机钻营,哗众取宠,沽名钓誉;有的干部为了保官升官,把大量精力智力用于找靠山、拉关系、拉选票、请客送礼;有个别干部为了争官,不惜诬告诽谤他人、设计陷害他人,明争暗斗,不择手段;有个别干部为了跑官要官,甚至走上了行贿的犯罪道路。在官场竞争中,一些保住官、升了官的人,往往感到身价百倍,春风得意;一些没有达到升迁目的的人,则往往牢骚满腹,怨天尤人,或者心灰意冷,一蹶不振;一些降了职或失了职的人,则往往感到羞愧耻辱,无脸见人,甚至感到六神无主,痛不欲生。当官升官对个别干部如此重要,因此在我国的干部队伍中,能上不能下、能进不能出的心理在许多干部身上严重存在。也正因如此,党的十八届三中全会《决定》在阐述干部制度改革时才特别强调,要破除官本位观念,推进干部能上能下、能进能出。

三是"唯上是从"和"曲意逢迎"心理。"唯上是从"和"曲意逢迎"心理主要反映在下级领导干部和普通干部身上,但同样是官本位意识一种重要的且极为普遍的表现。"唯上是从",就是只认官阶、认等级、认权力,其工作的出发点不是对人民负责,对党和国家负责,而只是对上级领导甚至只是对个别领导负责,对上级领导唯唯诺诺、唯命是从。与"唯上是从"心理密切联系的是"曲意逢迎"心理。对上级领导干部、对比自己官职高的干部溜须拍马、阿谀奉承、抬轿子、吹喇叭、"曲意逢迎",甚至大搞"非礼逢迎"。个别上级领导干部就是在下级干部的"曲意逢迎"中,习惯了前呼后拥、美言盈耳,习惯了发号施令,开始逐渐脱离群众的。也就是说,个别上级领导干部的官僚主义作风的形成与一些下级干部的"唯上是从""曲意逢迎"是相辅相成的,二者都是官本位意识的重要表现。

四是特权意识。不同职级的干部享受不同的工资报酬等待遇是应该的、无可厚非的。我们这里所说的特权意识是指有些干部从官本位思想出发,利用官职权力追求特殊利益的一种思想意识。虽然我国在干部制度改革和建设中,十分注意反对特权现象,不允许干部特权存在,但特权意识作为官本位意识的延伸和表现,在个别干部身上还是或多或少存在着。有的干部不是利用手中的职权更好地为人民工作,而是把手中的职权当作谋取个人特殊利益的工具,想方设法捞取特殊利益。有的干部刚刚提拔,就急于要车子、房子、待遇;一些干部把占用大面积办公室、公车私用、用公款请客送礼、用公款变相出国游览、游山玩水,看作一种应有的特权和荣耀;个别干部把违规多占住房,利用职权违规为配偶、子

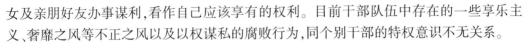

女及亲朋好友办事谋利,看作自己应该享有的权利。目前干部队伍中存在的一些享乐主义、奢靡之风等不正之风以及以权谋私的腐败行为,同个别干部的特权意识不无关系。

(二)民众中存在的官本位意识

这里所说的民众是相对于党政干部而言的。在当代中国,官本位意识不仅存在于党政干部队伍中,而且存在于民众之中,只不过表现形式不同罢了。民众中的官本位意识主要表现在以下几个方面。

一是臣民意识和盲从心理。臣民意识、盲从心理是官本位意识的延伸,是官本位意识在普通民众身上的重要反映和变相反映,本质上也属于官本位意识。当今时代,我国民众的公民意识、民主意识、法治意识明显增强。然而,受封建落后的传统思想意识影响,臣民意识和盲从心理在一些民众中仍然存在着。当代一些民众中存在的臣民意识和盲从心理主要表现在:总觉得低人一等,人微言轻,不愿、不能、不敢正确对待和行使自己手中的民主权利,害怕得罪官员,不敢对官员的公共权利行使进行大胆监督,不敢大胆发表自己的意见,总盼望有人替自己做主而不愿承担民主责任义务;在对官员表现出敬畏心理的同时,还对官员的决策表现出盲从心理。正是因为臣民意识和盲从心理的存在,个别干部的官僚主义作风、独断专行的行为才更加肆无忌惮;正是因为臣民意识和盲从心理的存在,个别领导的一些错误决定才在所谓群众"一致同意""一致拥护"的情形中得以通过并实行。

二是慕官、敬官、畏官心理。这是官本位意识在普通民众身上的又一重要表现。在当代中国,对"官为百业之首""万般皆下品,唯有做官高"依然有着广泛的社会心理认同。人们以官为贵,以官为尊,以官为荣,由此造成人们对权力、官位、官员的崇拜和敬畏。慕官、敬官、畏官心理既存在于农民阶层、工人阶层中,也存在于个体工商户、知识分子、企业经营者、私营企业主等阶层中。比如在当代中国知识分子中,虽然绝大多数知识分子都能把立足岗位、做好本职工作、为社会多做贡献作为自己的人生价值取向,但依然有一些知识分子存在浓厚的"学而优则仕"情结,把追求当官当作人生的首要追求;或者对本职工作自我否定,总想有朝一日跻身真正的官场;或者把专业知识当资本,对本单位本部门的行政管理职务刻意追求,即便是对一些学术团体的虚职、名誉职务,也看得很重。有些知识分子在与官员交往中往往自轻自贱、自我贬低,对官员曲意奉承。个别知识分子在学术研究中缺乏科学精神,缺乏探讨真理的勇气,往往以个别官员的意志、爱好为转移。官本位意识的存在,某种程度上消解了知识分子的创新能力。

三是望子成"官"心理。这是与慕官、敬官、畏官心理密切联系的心理,是官本位意识在民众中的又一重要反映。尽管时下社会的发展进步使得人才观念、就业观念发生了极大变化,"当官"已经被看作一种职业,"官员"与教师、医生、专家、企业家等都被看作社会优秀"人才",但民众中还是有不少人把"当官"当作理想职业的首选。由于种种原因自己已时过境迁,未能了却"当官"心愿,于是就把希望寄托在子女后代身上,望子成龙,而"成龙"的主要标志就是成"官"。由此,我们看到有些家长从孩子上幼儿园、小学开始就培养孩子"当干部"的意识,教育并鼓励孩子将来一定要当官,最好是当大官;由此,我们可以看到中国连年出现的"考公务员热"现象,尽管"考公务员热"更多反映的是报考者对现实利益的诉求,但也不能排除家长们望子成"官"心理的作用和影响,不能排除官本位意识在一些青年学子身上的代际传递。

二、从社会现象的视角看官本位意识表现

从社会现象的角度看官本位意识表现,主要是从事物发展的客体的角度看问题,注重行为的结果和社会表征,这有助于更深入、更全面地分析问题。从社会现象角度看,官本位意识较突出的表现有以下几方面。

(一)地方、单位等的政策规定中存在的官本位意识

官本位意识渗透到我国社会的方方面面,以致在我国一些地方、单位、部门的具体政策和具体规定中有时也会打上"官本位"的烙印。

一是企事业单位的行政套级现象。行政级别是体现"官本位"的最基本方式,在很多领域,除了行政职位有级别,很多与级别不相干的空间也逐渐打上了级别的烙印。比如,一些企事业单位特别是高等院校,被定为省部级、副部级、正厅级、副厅级等不同级单位,与此同时,这些企事业单位的领导也被分为行政级别不同的干部。与此相应,这些企事业单位内部也出现了与政府部门同样的管理规则,把管理党政干部的方法简单套用到企事业单位管理中,如工资级别、用房分配、奖金福利发放等主要以行政级别作为标准体系。

二是干部级别泛化现象。在干部管理中,干部有级别区分是必然的,也是应该的。不同级别的干部拥有不同的权力,承担不同的职责,享受不同的待遇。然而,在官本位意识作用下,干部级别有所泛化。没有职权、职责的行政级别很多,超出职位行政级别的官员越来越多,超编制配备副职领导职务的现象时有发生。

三是干部选拔和人才使用中的官本位意识。比如,在有些地方和单位的干部选拔中,规定竞选正处级领导岗位,必须在实职副处岗位上工作一定年限。这种前置条件,事实上使一些没有当过"官"的优秀人才失去了竞选正处级领导职务的机会,不利于公民选举权和被选举权的正常行使。再比如,有些企事业单位,在人才激励政策方面存在"官本位"的人才激励方式,不是从事业发展、工资福利待遇等方面强化人才激励,而是把"封官"作为重用人才的主要举措,由此导致一些专业型业务人才纷纷奔赴"官场",由此导致一些企事业单位组织架构出现"三多一少",即管理层次多、管理机构多、管理干部多、干实事的人少。

(二)科教文化等事业领域中存在的官本位意识

当前,科教文化事业单位的过度行政化现象已引起社会广泛关注并广遭诟病。这种过度行政化,既反映了我国科教文化管理体制存在问题,需要深化改革,同时,也反映了官本位意识已严重渗透到了科教文化领域。科教文化领域中的官本位意识,突出表现在两个方面。

一是科教文化事业单位的过度行政化现象。过度行政化趋向就是把政府部门的行政管理方式、干部管理方式过多地运用到科教文化事业单位的管理中，造成行政权力对科研、教学、文艺创作活动的过度干预，造成行政权力对学术资源、利益分配的垄断性控制。正如俞可平教授在《什么造成社会的官本位文化》一文中所指出的，这些年来官本位不但没有淡化，反而正向社会各领域蔓延，最不应该有官本位思想的学术领域，也开始官本位化。① 而今，行政权力之手已伸到职称评审、成果评定、课题立项、学术争论、作品创作等多个方面，一种新的"政学不分"现象有所显现，亟待扼制和破除。过度行政化现象，导致了学术资源和利益的不合理、不公平分配，损害了真正在一线工作的科教文化工作者的切身利益，不利于充分调动广大科教文化工作者的积极性、主动性、创造性。不仅如此，过度行政化还进一步强化了个别科教文化工作者的官本位意识，一些高校出现众多教授争当"处长"的不正常现象就是例证。过度行政化，不符合科教文化事业的发展规律，妨碍科教文化事业的健康发展。

二是学术活动中的官本位现象。开展学术活动是推动科教文化事业发展的重要环节和过程。但当下的一些学术活动却受到官本位意识的严重影响。比如，在有的学会的领导职务安排中，官本位意识浓厚，有的学会的副会长、副秘书长名单列了长长一大串；有的学术会议动辄邀请地方党政领导参加开幕式，以此显示会议档次规格，形式主义严重；有的调研、教学活动的开展，不是取决于社会的实际需要，而是为了迎合个别领导的喜好。名不副实的署名问题也严重存在，其背后是权力对学术成果的绑架。官本位意识的渗透，严重制约了科学精神的弘扬，使一些学术活动严重变形变味。有学者明确指出：如果学术评价和学术团体的行政化、官僚化使官学一体，那么必然导致权力绑架学术，产生诸多学术不公和学术腐败，影响学术发展和繁荣，影响国家自主创新能力提高。②

（三）日常人际交往中存在的官本位意识

注重人际交往和人情关系是中国社会的一大特色。官本位意识在人们的日常交往中也有着重要表现，而且构成一种我国特有的但却是落后的社会政治文化。人际交往中的官本位意识表现多种多样，我们只能择其要者而梳理分析。

一是亲友聚会中的官本位意识。逢年过节亲戚朋友在一起聚会是一种沟通感情、享受感情、增进感情的形式。然而，近些年来，亲戚朋友的聚会中官本位意识越来越浓，以致有些聚会的目的发生严重变异。在一些同学、老乡、战友的聚会中，常常演绎着官场潜规则，比如聚会中的座位排序、致辞顺序、敬酒顺序等都要充分考虑与会者有无官职、官职大小、任职部门重要程度等因素，从而使整个聚会弥漫着一种媚俗的味道，友情互动涂上了浓重的世俗功利色彩。更有个别官迷心窍的人，往往把这些聚会当作接近有关领导、寻找靠山、拉关系、攀权附贵的"载体"，苦心筹划，精心运作，苦求有所收获。时下，即便是在

---

① 俞可平：《什么造成社会的官本位文化》，《社会科学报》2013 年 9 月 26 日。
② 张清俐、裴昱：《让学术诚信成为研究中不可触碰的红线》，《中国社会科学报》2014 年 1 月 27 日。

一些有血缘关系的亲友聚会中,也会经常感受到官本位意识以及金钱意识对传统亲情观念的挑战和侵蚀。

二是迎来送往及言语称谓中的官本位意识。在迎来送往中,一些人对具有官员身份的人格外热情和尊重,而对普通群众则比较冷淡;有的人常以能与官员结亲攀友、与官员交往为荣耀;有的人动辄以"老家"能产生"大官"而倍感自豪。在当今的一些言语称谓中,人们慕官、敬官、畏官的心理也表现得比较明显。比如,人们在称呼一些副职领导的时候往往会把"副"字去掉;人们对亲朋好友中的官员也往往称呼其官称,而不直呼其名;人们对一些非领导职务的虚职干部,也往往称其为某部长、某处长。语言称谓与官本位意识相结合,构成了中国一种特殊的语言文化现象。

参考资料

[1]于洪生:《现阶段我国"官本位"现象的调查与分析》,《领导科学》2013 年第 5 期。
[2]聂大富:《呼唤学术会议回归学术本身》,《社会科学报》2011 年 5 月 26 日。

(原载《中州学刊》2014 年第 2 期)

深入学习和领会习近平关于中国特色
社会主义的重要讲话精神

——访河南省社科院李太淼研究员

记者:李老师,你好。现在全国广大党员干部都在学习习近平总书记的重要讲话和党的十八届三中全会精神。习近平总书记的讲话内容很多,涉及改革开放、内政外交等很多方面。我们今天主要想请你围绕学习和领会习近平关于中国特色社会主义的重要讲话精神,谈谈你的高见。

李太淼:谢谢,谈不上什么高见,也算是学习体会吧,与大家交流交流。

记者:你先说说,我们现在学习习近平关于中国特色社会主义的重要讲话精神的重要意义吧。

李太淼:好的。改革开放以来,我国的经济社会发展取得了举世瞩目的成就,中国特色社会主义道路被实践证明是一条正确的道路、光明的道路、宽广的道路。然而,在国内外的思想理论界,有些人对中国的改革开放、对中国特色社会主义、对中国以后的改革发展方向还存在一些或模糊或糊涂或错误的认识。习近平关于中国特色社会主义的重要讲话提出了许多重要观点、重大论断。学习这些讲话,对澄清一些理论是非,端正人们的思想认识,对坚定中国特色社会主义道路自信、理论自信、制度自信,增强坚持和发展中国特色社会主义的自觉性和坚定性,对高举中国特色社会主义伟大旗帜,奋力实现中华民族伟大复兴的中国梦,有着重要意义。

记者:你刚才提到,习近平关于中国特色社会主义的重要讲话提出了许多重要观点、重大论断。这些重要观点、重大论断体现在哪里?我们学习时应把握哪些要点?

李太淼:就重要观点、重大论断而言,比如,习近平明确指出:"中国特色社会主义是社会主义而不是其他什么主义";"中国特色社会主义,是科学社会主义理论逻辑和中国社会发展历史逻辑的辩证统一,是根植于中国大地、反映中国人民意愿、适应中国和时代发展进步要求的科学社会主义"。比如,他指出:"我们党领导人民进行社会主义建设,有改革开放前和改革开放后两个历史时期,这是两个相互联系又有重大区别的时期,但本质上都是我们党领导人民进行社会主义建设的实践探索。""不能用改革开放后的历史时期否定改革开放前的历史时期,也不能用改革开放前的历史时期否定改革开放后的历史时期。"习近平重要讲话中的重要观点、重大论断还有很多,我不再一一列举。我觉得,学习习近平总书记重要讲话,一定要把握讲话的精神实质。

记者:你说的很对,应把握讲话的精神实质。

李太淼:要把握习近平关于中国特色社会主义讲话的精神实质,我个人认为,必须认识和把握四个要点。

记者:哪四个要点?

李太淼:第一个要点是:中国特色社会主义是科学社会主义在当代中国实践的成果;第二个要点是:中国特色社会主义具有深厚的历史渊源和现实基础;第三个要点是:要坚定"三个自信",坚持正确的改革方向;第四个要点是:要在实践中坚持和发展中国特色社会主义。

记者:那请你谈谈如何认识和把握第一个要点?

李太淼:时下,国内外有些人对中国特色社会主义究竟是不是社会主义有所质疑。有人把中国特色社会主义说成"中国资本社会主义""中国特色资本主义""中国国家资本主义"等。习近平的讲话明确告诉人们,中国特色社会主义是社会主义。要理解中国特色社会主义是社会主义,必须正确认识中国特色社会主义与科学社会主义的关系。中国特色社会主义与科学社会主义的关系主要表现在:中国特色社会主义坚持着科学社会主义的基本原则;中国特色社会主义是科学社会主义在当代中国实践的结果。中国特色社会主义不是什么资本主义、新自由主义,也不是民主社会主义、市场社会主义,其根本性质属于社会主义。中国特色社会主义之所以是社会主义,是因为它始终坚持着科学社会主义的基本原则。

记者:科学社会主义基本原则很重要,但许多人不了解或存在误读误解。你认为到底什么是科学社会主义基本原则?

李太淼:据本人的学习理解,科学社会主义的基本原则主要表现在:坚持生产力标准,把解放和发展生产力当作自己的根本任务;坚持以人为本,把促进人的自由全面发展作为自己的根本目的;坚持主张生产资料公有制和按劳分配,主张共同富裕,反对经济剥削,反对贫富两极分化;坚持人民主体地位,主张实行人民民主,主张充分发挥人民群众的主动性、创造性;坚持公平正义,主张权利平等、机会平等、规则平等,主张社会发展进步的成果由人民共享。中国特色社会主义的实践和理论,尽管具有鲜明的中国特色,但集中体现了科学社会主义的基本原则,没有丢掉老祖宗,并在实践中极大丰富和发展了科学社会主义理论。

记者:有道理。请你谈谈需要认识和把握的第二个要点。

李太淼:第二个要点就是,中国特色社会主义不是仅凭着中国共产党人的主观意愿、美好理想而建立的,它来源于历史的抉择、人民的选择。正如习近平在谈到中国特色社会主义道路时强调的那样:"这条道路来之不易,它是在改革开放30多年的伟大实践中走出来的,是在中华人民共和国成立60多年的持续探索中走出来的,是在对近代以来170多年中华民族发展历程的深刻总结中走出来的,是在对中华民族5000多年悠久文明的传承中走出来的,具有深厚的历史渊源和广泛的现实基础。"时下,社会上存在一些历史虚无主义言论。有个别人以当代中国正在进行的中国特色社会主义建设,否定党领导人民进行的新民主主义革命和社会主义革命,否定新中国成立后党领导人民进行的社会主义建设实践。这完全是一种割裂历史、不尊重客观实际的历史虚无主义态度。中国特色社会主义具有深厚的历史渊源。可以说,中国特色社会主义,承载着几代中国共产党人的理想和探索,寄托着无数仁人志士的夙愿和期盼,凝聚着亿万人民的奋斗和牺牲。习近平的重要论述,对我们正确认识党的历史特别是新中国历史、正确评价党的历史作用和贡献具有指导意义。

记者: 习近平总书记讲话中特别提到要正确认识改革开放前与改革开放后两个历史时期的区别与联系。对此,你是怎么看的?

李太淼: 毫无疑问,改革开放后30年与改革开放前30年是有着重大区别的。然而,改革开放前后两个历史时期绝不是彼此割裂的,更不是根本对立的,两者归根到底是一脉相承的,统一于探索中国特色社会主义的伟大实践。从中国特色社会主义形成的角度看,前30年的探索及建设成就,为新时期开创中国特色社会主义提供了宝贵经验、理论准备、物质基础,当然,也包括沉痛教训。因此,我们必须用实事求是的态度看待二者的关系。决不能用改革开放后30年否定改革开放前30年。否定改革开放前30年,就是把我国探索和实践社会主义进程中的挫折和错误无限放大,否定了社会主义革命和建设的成就,这不符合历史,是对前人的苛求,而且在政治上是十分有害的。当然,也不能用改革开放前30年否定改革开放后30年。改革开放是新时期中国发展进步的必然选择,正如习近平所说,改革开放是决定当代中国命运的关键一招。没有改革开放,就没有中国的今天。

记者: 那请你再谈谈第三个要点。

李太淼: 习近平指出:"无论搞革命、搞建设、搞改革,道路问题都是最根本的问题。30多年来,我们能够创造出人类历史上前无古人的发展成就,走出了正确道路是根本原因。现在,最关键的是坚定不移走这条路、与时俱进拓展这条路,推动中国特色社会主义道路越走越宽广。"习近平还指出:"中国特色社会主义是当代中国发展进步的根本方向,是实现中国梦的必由之路。"习近平的讲话明确告诉我们,面对国际风云变幻,面对新形势新挑战,我们必须坚定"三个自信",始终坚持正确的改革方向。

记者: 近些年来,在对待改革发展方向问题上,思想理论界存在两种错误倾向:一是言必称西方,认为西方国家的理论、制度等一切都比中国好,进而主张新自由主义,主张全盘西化,主张走资本主义道路,主张照抄照搬西方国家模式;二是否定深化改革的必要性,否定改革的成就,主张回到传统社会主义模式的老路上去。对此,我们必须保持高度警惕。

李太淼: 是的。我们必须辨明是非,认清并坚持正确的改革发展方向,既不走封闭僵化的老路,也不走改旗易帜的邪路。历史和现实都告诉我们,只有社会主义才能救中国,只有中国特色社会主义才能发展中国,这是历史的结论、人民的选择。改革开放以来,我国取得了令世人瞩目的成就。实践充分证明,中国特色社会主义道路是一条正确的道路,中国特色社会主义道路是发展中国、稳定中国的必由之路。正如习近平所说：中国特色社会主义实践深刻彰显了它的人民性、科学性、真理性，我们的道路自信、理论自信、制度自信，来源于实践、来源于人民、来源于真理。因此，我们没有理由妄自菲薄，我们有理由充满自信。我们要增强走中国特色社会主义道路的信心、决心、自觉性和坚定性，高举中国特色社会主义伟大旗帜，坚定不移地走中国特色社会主义道路，不为任何杂音所迷惑，不因任何艰难而动摇，真正做到"千磨万击还坚劲，任尔东西南北风"。

记者：认识和把握了前三个要点，这第四个要点就容易理解和把握了。

李太淼：是的。习近平指出，中国特色社会主义由道路、理论、制度"三位一体"构成，三者统一于中国特色社会主义的伟大实践，必将随着实践的不断发展而发展。习近平还指出：坚持马克思主义，坚持社会主义，一定要有发展的观点。我们的事业越前进、越发展，新情况、新问题就会越多，面临的风险和挑战就会越多，面对的不可预料的事情就会越多。我们必须增强忧患意识，做到居安思危。这些论述可谓高屋建瓴、深谋远虑，为坚持和发展中国特色社会主义指明了方向。确实，实践无止境，解放思想无止境，理论创新无止境，改革开放无止境，坚持和发展中国特色社会主义无止境。我们必须在实践中始终坚持和不断发展中国特色社会主义。我们要做好坚持和发展中国特色社会主义这篇大文章，不断交出合格答卷。

[原载《党的生活》（河南）2014 年第 2 期（上）]

充分认识学习和弘扬红旗渠精神的时代价值

"劈开太行山,引来漳河水。"20世纪60年代,林县人民为了解决严重的人畜饮水困难,出动十万大军战太行,在生活极度困难、环境极其恶劣的条件下,劈山开岭、凿岩穿洞,修建了"人间天河"红旗渠,创造了人间奇迹。红旗渠工程历时14年,总耗资达7241万元,而林县自筹资金多达5424万元,占74.9%。林县人凭着自己的双手,闯过50余处悬崖绝壁,劈开264座山岭,跨过274道河道、山沟,修建69个隧洞,架起57座渡槽,完成了总长1500公里的红旗渠工程。红旗渠的总干渠99.57%是从山腰上一镐一钎开凿出来的,其中咽喉工程"青年洞"是由300名男女青年奋战一年零五个月凿成的。红旗渠不仅给林县人民带来了福音,也给世人留下了宝贵的精神财富:红旗渠精神。红旗渠精神,最本质的特征就是"自力更生、艰苦创业、团结协作、无私奉献",用林县当地人的语言概括则是"勤劳、无畏、顽强"。20世纪80年代,十万大军出太行,大力发展建筑劳务,解决了林县人民的温饱问题。20世纪90年代,建筑大军用挣回来的钱扶持家乡企业发展,实现了"富太行"的梦想。21世纪,林州市人民又拉开了全市人民"美太行"的第四部曲。中共河南省委有关部门不失时机地将新时期"红旗渠精神"概括为"解放思想、实事求是、自力更生、艰苦创业、自强不息、开拓创新、团结实干、无私奉献"。

当前,我们正处在全面建设小康社会的新时代,正处在加快推进工业现代化、农业现代化、城镇化、信息化建设,全面协调推进小康社会建设、全面推进深化改革、全面加强法治中国建设、全面推进从严治党,奋力实现中华民族伟大复兴中国梦的新的历史时期。新时代新时期,党情民情国情都发生了巨大变化,我们面临许多新情况新问题。时代变了形势变了任务变了,但学习和弘扬红旗渠精神依然有着重要的时代价值。这主要体现在以下几个方面。

一、学习和弘扬红旗渠精神有利于培育和践行社会主义核心价值观

可以毫不夸张地说,红旗渠精神所蕴含的大无畏精神、大爱精神、自强不息精神、敢于创新精神、敢于担当精神、团结协作精神、无私奉献精神、不怕牺牲精神,所蕴含的中华民族的传统美德,对人们树立正确的世界观、人生观、价值观,具有永恒的价值。

时下,随着市场经济的发展和经济全球化进程的加快,我国的就业方式、社会阶层、利益结构、思想意识开始多元化。在与市场经济相伴随的一些思想意识如极端个人主义、拜

金主义、享乐主义思想意识以及西方社会一些社会思潮的影响下,有些人的思想出现了迷误,有些人的价值观发生了扭曲。如何促使人们树立正确的人生观价值观,如何培育和践行社会主义核心价值观,是我们在新时期新形势下面临的一个重要课题。

学习和弘扬红旗渠精神有利于促使人们特别是青少年树立正确的世界观、人生观、价值观。当代青少年都生长在比较富裕的物质生活环境里,由于缺乏艰苦生活的磨炼,有的青少年往往容易养成习惯享受、怕吃苦、胆子小、自私等不良习性,有的意志不够坚强,有的理想不够高远。而修建红旗渠过程中发生的许多故事都展现了人性中的真善美,展现了中华民族的传统美德和优秀精神,这里有天不怕地不怕、敢在悬崖峭壁上开山放炮的放炮手;这里有舍己救人的妇女队长;这里有能吃苦耐劳的普通民工;这里有无私奉献的劳动模范;这里有日夜操劳、殚精竭虑的科技人员和领导干部。他们的事迹感人肺腑、催人泪下、净人灵魂。许多参观过红旗渠的人情感和心灵都受到了极大震动,精神境界得到了提升;特别是一些青少年参观过红旗渠后,胆量变大了,吃苦精神增强了,对人生的认识提升了,对党、对社会主义、对国家的认同度提高了。很显然,学习和弘扬红旗渠精神是培育和践行社会主义核心价值观的好教材、好载体。

二、学习和弘扬红旗渠精神有利于践行党的群众路线

红旗渠精神蕴含着我们党对群众路线的依循,是我们党想人民群众之所想,急人民群众之所急,一切从人民群众利益出发,一切依靠人民群众,一切相信人民群众,放手组织发动人民群众,群策群力,共同奋斗的精神华章。

新时期新形势下,我们党面临着"四大危险"和"四大考验",而最大的危险是脱离人民群众。学习和弘扬红旗渠精神有利于践行党的群众路线。我们要时刻记住人民群众是真正的英雄,是历史的创造者,坚持尊重人民群众的主体地位。要把切实维护好解决好实现好人民群众的根本利益当作我们一切工作的出发点和落脚点。要心中永远装着人民群众。要广集民意、广集民智、广集民力,依靠广大人民群众的力量推进社会各项事业建设和发展。

三、学习和弘扬红旗渠精神有利于坚定制度自信,坚持和发展中国特色社会主义

红旗渠精神蕴含着对党的领导、对社会主义制度、对集体主义精神的充分肯定。早在新中国成立前,林县人为解决吃水难的问题就开始修建了一些水渠,但由于多种原因,其中也包括重要的制度原因,这一问题始终未能完全解决。正是由于社会主义制度的建立,正是由于中国共产党的正确领导,正是由于翻身得解放的林县人民满怀建设社会主义的巨大热情,才使得"人间天河"红旗渠终于建成。很显然,学习和弘扬红旗渠精神,有利于人们深化对党的领导重要性的认识、对坚持和发展中国特色社会主义重要性的认识。

四、学习和弘扬红旗渠精神有利于加强党风廉政建设,保持党的纯洁性和先进性

红旗渠精神蕴含着对党的优良传统、共产党人精神的继承和弘扬。在修渠过程中,有一批忠诚于党的事业、敢想敢干、无私奉献的党员干部,他们是带领群众修渠的中坚分子。许多党员干部以身作则、身先士卒,与人民群众同吃同住同劳动,与群众打成一片;许多党员干部舍小家为大家,吃苦在前,享受在后,无私奉献。

时下,我们的一些党员干部意志衰退了、党性不强了,在党的干部队伍中严重存在着"四风"问题,有个别党员干部经不起考验,腐化变质。很显然,学习和弘扬红旗渠精神有利于加强党风廉政建设,有利于加强党员干部的党性修养,有利于党员干部树立正确的人生观、价值观,进而树立正确的群众观、权力观、地位观、利益观、荣誉观、政绩观,有利于提高党员干部拒腐防变、廉洁自律的能力,有利于保持党的先进性和纯洁性。

五、学习和弘扬红旗渠精神有利于提高各级领导干部创造性开展工作的能力

红旗渠精神蕴含着对党的解放思想、实事求是、与时俱进这一思想路线的依循,蕴含着敢想敢干、敢于担当、敢于创新、善于创新、苦干实干、自力更生、艰苦创业、不畏艰难、自强不息等精神,这对我们各级领导干部创造性开展工作极有启迪作用。在我们的工作实践中,会遇到许多新情况、新问题、新矛盾,这迫切需要我们迎难而上,大胆解放思想,大胆开拓进取,创造性地开展工作,力求发展不断有新思路、改革不断有新举措、建设不断有新成果。要破除"等靠要"思想,没有机遇要创造机遇,没有条件要创造条件,自力更生,奋发图强;要排除畏难心理,敢于碰硬,敢于直面矛盾、直面问题;要根除教条主义、形式主义、官僚主义作风,以抓铁留痕、踏石留印的勇气投身工作,真抓实干,想干事、敢干事、会干事、干成事。

六、学习和弘扬红旗渠精神有利于传播好塑造好河南形象、中国形象

红旗渠工程,是中国水利工程史上的一个伟大创举,也是整个世界水利工程史上的一个创举,本质上反映了人类改造自然利用自然的文明进步;红旗渠精神是在特定时空中华民族精神的集中展现。红旗渠精神,既是林县人民的精神、河南人民的精神,也是中国人的精神、中华民族的精神,也是全人类的一种精神瑰宝。红旗渠精神,与大禹治水精神、愚公移山精神等一脉相承,与井冈山精神、长征精神、延安精神、抗日精神、大庆精神、"两弹一星"精神、铁人精神、雷锋精神等一起,共同构成了当代中国精神亮丽的风景线。红旗渠精神是一张亮丽的充满魅力的精神名片。在当今全球化时代,国际之间的经济交往、文化交往、精神沟通日益频繁和深入。学习和弘扬红旗渠精神,对增强国人的民族自信心、自豪感、凝聚力有重要作用。同时,我们还必须让红旗渠精神走向世界,这对传播和塑造河南形象,对讲好中国故事,传播好塑造好中国形象,让更多的外国人了解中国、了解河南,对促进中外文化交流、共同推进人类文明发展进步有着重要作用。

(原载《红旗渠报》2015 年 1 月 30 日)

充分发挥马克思主义对中国哲学
社会科学的指导作用

习近平总书记在哲学社会科学工作座谈会上的讲话中深刻阐述了在中国哲学社会科学发展中坚持以马克思主义为指导的重要性、必要性，以及如何坚持以马克思主义为指导等问题，对我们进一步搞好哲学社会科学工作具有重要指导意义。认真学习和领会习近平总书记讲话精神，结合中国哲学社会科学的发展状况，笔者认为，要在中国的哲学社会科学领域更好地坚持以马克思主义为指导，充分发挥马克思主义的指导作用，必须正确认识和把握以下几个方面的问题。

一、正确认识马克思主义的科学性、真理性、道义性

习近平指出，坚持以马克思主义为指导，首先要解决真懂真信问题。可以说，正确认识马克思主义的科学性、真理性、道义性，是坚持以马克思主义为指导的思想理论前提，是增强广大哲学社会科学工作者坚持以马克思主义为指导的坚定性、自觉性的思想认识的前提。

马克思主义不是宗教，不是说教，而是科学的理论体系。马克思主义是人类社会思想发展史上的优秀成果，闪耀着人类智慧的光辉。马克思主义是由哲学、政治经济学、科学社会主义等部分组成的严密的、完整的理论体系。"马克思主义哲学是马克思主义整个学科体系的灵魂、基础和根据，揭示了自然界、人类社会和人类思维发展变化的一般规律，既是世界观也是方法论。"①马克思主义经典作家运用马克思主义的立场、观点、方法分析客观世界，形成了一系列基本原理，如关于世界本质上是物质的、物质决定意识的原理，事物是普遍联系的、不断发展变化的原理，关于生产力决定生产关系、经济基础决定上层建筑的社会矛盾运动规律的原理，关于社会形态和社会形态演变规律的原理，关于阶级和国家的原理，关于劳动价值和剩余价值的原理，关于社会主义的原理，等等。正如习近平所论述的："马克思主义深刻揭示了自然界、人类社会、人类思维发展的普遍规律，为人类社会发展进步指明了方向；马克思主义坚持实现人民解放、维护人民利益的立场，以实现人

---

① 王伟光：《不断巩固马克思主义的指导地位——学习习近平总书记关于加强党的意识形态工作的重要论述》，《求是》2015 年第 15 期。

的自由而全面发展和全人类解放为己任，反映了人类对理想社会的美好憧憬；马克思主义揭示了事物的本质、内在联系及发展规律，是伟大的认识工具，是人们观察世界、分析问题的有力思想武器；马克思主义具有鲜明的实践品格，不仅致力于科学'解释世界'，而且致力于'改变世界'。在人类历史上还没有一种理论像马克思主义那样对人类文明进步产生了如此广泛而巨大的影响。"①正如习近平所说，实践证明，无论时代如何变迁，科学如何进步，马克思主义依然显示出科学思想的伟力，依然占据着真理和道义的制高点。

正是由于马克思主义本身所具有的真理性、科学性、道义性，它才在推动人类社会发展进步中显示了巨大精神力量。它推动了国际共产主义运动的发展和世界社会主义民族民主革命浪潮。苏联社会主义革命的胜利，中国新民主主义革命的胜利，中国社会主义改造和建设所取得的巨大成就，中国特色社会主义的成功实践，可以说，都是在马克思主义的指导下取得的。

要正确认识马克思主义的科学性、真理性、道义性，必须继续加强对马克思主义基本理论的学习、研究、教育、宣传。马克思主义的理论体系和知识体系博大精深，涉及自然界、人类社会、人类思维的各个领域，涉及历史、经济、政治、文化、社会、生态、科技、军事、党建等各个方面，我们必须深学、真学，才能把握其精髓，领悟其真谛，掌握其灵魂，也才能有效解决真懂真信问题。时下，在对待坚持以马克思主义为指导的问题上，虽然绝大部分同志都有清醒的认识，但也有一些同志存在糊涂认识甚至是错误认识；在现实的哲学社会科学研究和教学工作中，也还存在把马克思主义边缘化、空泛化、标签化现象，从而使马克思主义在一些学科中"失语"、在一些教材中"失踪"、在一些论坛上"失声"。这种认识问题和现实中存在的问题从另一个侧面反映出，我们的一些同志对马克思主义研究还不够、理解还不深，理解还不够透，反映出我们在建设以马克思主义为指导的学科体系、学术体系、话语体系上功力不足，高水平成果不多。我们必须继续推进马克思主义理论研究和建设工程，加强对马克思主义基本原理和基本观点的研究，不断提高马克思主义理论研究和教学水平。要通过切实搞好马克思主义的研究、教育和宣传工作，使马克思主义的立场、观点、方法真正为广大哲学社会科学工作者所认识所掌握，从而转化为清醒的理论自觉、坚定的政治自信、科学的思维方法。

二、充分认识坚持以马克思主义为指导的重要性

在当代中国的哲学社会科学发展中坚持以马克思主义为指导，有着特殊的重要意义。习近平指出：我国哲学社会科学坚持以马克思主义为指导，是近代以来我国发展历程赋予的规定性和必然性。此论透彻深刻。在我国，不坚持以马克思主义为指导，哲学社会科学就会失去灵魂，迷失方向，最终也不能发挥应有作用。笔者认为，我国哲学社会科学坚持以马克思主义为指导至少有两方面突出的意义。

---

① 习近平：《在哲学社会科学工作座谈会上的讲话》，《河南日报》2016 年 5 月 19 日。

一是坚定中国文化自信的需要。习近平说,我们坚定中国特色社会主义道路自信、理论自信、制度自信,说到底是要坚定文化自信,此话发人深思。近代中国逐渐沦为半殖民地半封建社会,外遭列强侵略、蹂躏,内部政治腐败、经济落后、民不聊生,无数仁人志士都在探求救国救民的道路。俄国十月革命的一声炮响,给中国送来了马克思列宁主义,从此诞生了以马克思主义为指导的中国共产党,中国共产党担负起救亡图存、民族复兴的伟大历史使命。在中国革命、建设和改革的各个历史时期,中国共产党坚持把马克思主义基本原理与中国具体实际相结合,坚持用马克思主义的立场、观点、方法研究解决中国的重大理论问题和实践问题,相继产生了毛泽东思想、邓小平理论等中国化、时代化、民族化的马克思主义。正是在马克思主义指导下,特别是在中国化的马克思主义指导下,中国革命取得了成功,中国的社会主义建设和改革取得了巨大成就。中国的革命、建设和改革之路,是特定历史条件下中国人民的选择。从更深层次上讲,中国道路的选择,也反映了中国人的文化特征、生存和发展智慧。坚持以马克思主义为指导,从深层次的历史角度和精神角度讲,正是坚定中国文化自信的需要;从现实政治角度看,是肯定中国革命和建设历史合理性、进步性的需要,是坚定"三个自信"的需要。

二是繁荣发展中国哲学社会科学的需要。哲学社会科学的发展状况与其研究者坚持什么样的世界观、方法论密切相关。人们必须有了正确的世界观、方法论,才能更加科学地观察、认识、解释自然界、人类社会、人类思维的各种现象并揭示现象背后所蕴含的规律,才能更好地分析问题并提出解决问题的正确方法、途径。如果没有正确的世界观、方法论,研究者就可能陷入神秘主义、不可知论、虚无主义、神学、迷信的泥沼。历史上有不少很有建树的学者、思想家由于缺乏科学的世界观、方法论而导致自己的观点、学说最终走入唯心主义。马克思主义的唯物辩证法和唯物史观,是科学的世界观、方法论,是人们认识世界、改造世界的强大思想武器,是哲学社会科学工作者研究问题、分析问题、寻找解决问题的答案的"伟大的认识工具"。只有坚持以马克思主义为指导,我们才能更好地在揭示共产党执政规律、社会主义建设规律、人类社会发展规律方面,有所发现、有所创造,才能更好地进行理论创新、学术创新,才能更好地识别各种唯心主义观点、抵御各种历史虚无主义谬论,才能更好地研究分析中国特色社会主义建设中遇到的诸多理论问题和实际问题。很显然,理论的需要最终都来自实践的需要,坚持以马克思主义为指导,最终来自建设中国特色社会主义实践的需要。

三、正确发挥马克思主义的指导作用

如何发挥马克思主义的指导作用是问题的关键。要更好地发挥马克思主义对哲学社会科学的指导作用,必须注意认识和把握以下几个问题。

一要坚持以人民为中心的研究导向。这是坚持以马克思主义为指导的核心问题。坚持以人民为中心的研究导向,主要解决的是一个态度问题、立场问题,同时也有世界观、方法论问题。坚持为广大人民群众谋利益,是马克思主义的鲜明立场;认为人民群众是历史

的推动者、创造者,是马克思主义世界观方法论的重要内容、重要观点。为什么人的问题是哲学社会科学研究的根本性、原则性问题。我国的哲学社会科学要有所作为,就必须坚持以人民为中心的研究导向。

要坚持以人民为中心的研究导向,就要求我们的哲学社会科学工作者拥有人民情怀。要坚持人民是历史创造者的观点,树立为人民做学问的理想,自觉地把个人学术追求同国家和民族发展紧密联系在一起,心中装着人民、想着人民,要有为人民著书立说、为人民代言献策的使命担当意识。要坚持以人民为中心的研究导向,就要求我们的哲学社会科学工作者经常深入基层,深入人民群众之中,察民情,体民意,听民声,集民智,尊重人民的主体地位,聚焦人民的实践创造,多出一些经得起实践、人民、历史检验的成果,多为祖国的富强、人民的幸福、人类的进步做出自己力所能及的独特贡献。

要坚持以人民为中心的研究导向,还必须在实际研究工作中注意防止三种不良倾向性问题。第一种是为少数人利益代言的问题。要谨防个别专家学者的研究为个别利益集团所绑架,不是为绝大多数人服务而是为极少数人服务,从而这些专家成为个别利益集团的代言人。第二种是闭门造车、"独善其身"的研究倾向问题。指的是两耳不闻窗外事,不关注社会现实问题,不关心人民疾苦,不考虑社会需要,躲在自己的"象牙塔"里自得于"六经注我,我注六经"的研究。第三种是极端个人主义思想作用下的研究倾向问题。指的是不能正确对待研究工作,把著书立说、出成果仅仅看作"稻粱谋",看作为自己谋利的"工具",在研究中存在投机取巧、营私舞弊、沽名钓誉等问题。这些问题,必须引起我们高度重视。

二要坚持问题导向。坚持问题导向是马克思主义的鲜明特点。马克思曾指出,过去的哲学都在解释世界,而问题在于改变世界。立足解决现实中存在的问题是哲学社会科学研究者的天职。强化问题意识,坚持问题导向,就是要把研究的重点集中到我国经济社会发展和我们党执政面临的重大理论和实践问题上来。要注意研究战略性问题、前瞻性问题。要运用马克思主义的立场、观点、方法,对问题进行深入研究,进行客观判断,提出有效地解决问题的思路和办法。要切实搞好智库建设,提高智库为党委政府决策提供咨询服务的能力和水平。

坚持问题导向,就要注意克服目前哲学社会科学研究中存在的两种不良现象。一种是"坐而论道""纸上谈兵"的脱离实际研究现象。不联系实际,不深入实际,不调查研究,从书本到书本,"喊口号"式研究,说起来头头是道,写起来洋洋万言,但对解决实际问题提不出任何良策。另一种是盲目崇外,照抄照搬他国经验和理论现象。不研究、不结合中国的国情、民情,盲目把其他国家的一些理论学说、政策主张奉为圭臬,当作解决中国问题的灵丹妙药。这两种倾向都偏离了问题导向意识,都无助于中国实际问题的解决。

三要坚持马克思主义活的灵魂。习近平指出:"新形势下,坚持马克思主义,最重要的是坚持马克思主义基本原理和贯穿其中的立场、观点、方法。这是马克思主义的精髓和活的灵魂。"①马克思主义具有与时俱进的理论品质,是开放的理论体系,它并没有结束真理,而是开辟了通向真理的道路。

坚持马克思主义活的灵魂,必须正确处理对马克思主义的坚持与发展、继承与创新这一辩证统一关系。没有对马克思主义的坚持、继承,我们就不能更好地创新和发展马克思主义;同样,如果不能与时俱进地创新、发展马克思主义,也谈不上对马克思主义的坚持和继承,马克思主义就会失去活力,失去生命力。马克思主义是随着时代变迁、实践变化、社会发展而不断发展的理论体系。我们必须与时俱进地创新和发展马克思主义,用发展着的马克思主义更好地指导中国新时期的社会实践,指导中国的哲学社会科学工作。

四要注意防止三种错误的思想倾向。要正确发挥马克思主义的指导作用,在当前的哲学社科界必须注意防止三种错误的思想倾向。第一种是认为马克思主义已过时的、完全否定马克思主义的思想倾向。毫无疑问,马克思主义经典作家所提出的个别论断、个别观点、个别行动纲领,不可避免地会存在历史局限性,如关于社会主义的多国胜利论,关于社会主义社会不存在商品经济的论断等,但马克思主义的基本立场、基本观点、基本方法却对我们正确认识世界改造世界具有永恒的价值。我们"不能把马克思主义和马克思、恩格斯的观点简单地等同起来,认为只有坚持马克思、恩格斯的所有观点才是马克思主义"②。第二种是教条主义地对待马克思主义的思想倾向。主要表现是:僵化地、教条地对待马克思主义,不能领会马克思主义的精神实质,囿于马克思、恩格斯的个别具体观点、论断;总想在马恩著作中找到解决现实问题的答案,不能与时俱进、开拓创新。恩格斯曾指出:"我们的理论是发展着的理论,而不是必须背得烂熟并机械地加以重复的教条。"③正如有学者所论述的,"教条主义将马克思主义理论照抄照搬,照葫芦画瓢,不动脑子不下功夫,看起来是全盘接受,实则是阉割马克思主义精神"④。第三种是实用主义地对待马克思主义的思想倾向。主要表现是:把马克思主义标签化、虚空化、庸俗化,当作"装饰品""挡箭牌","随意裁剪""为我所取"。有人对马克思、恩格斯的个别观点、表述穿凿附会,生硬"裁剪"活生生的实践发展和创新,比如,有学者认为100多年前的马克思、恩格斯就主张社会主义实行个人所有制、实行市场经济等。有人把自己的一些思想观点甚至是不正确的思想观点都贴上马克思主义标签。根本否定马克思主义的思想倾向显然是错误的,而教条主义地、实用主义地对待马克思主义同样是非常有害的。要正确发挥马克思主义的指导作用,我们必须坚决反对和防止否定马克思主义的思想倾向,坚决反对和防止教条主义地、形式主义地对待马克思主义的思想倾向;必须以科学的态度对待马克思主义,坚持马克思主义活的灵魂,在坚持、继承的基础上不断创新、丰富、发展马克思主义。

---

① 习近平:《在哲学社会科学工作座谈会上的讲话》,《河南日报》2016年5月19日。
② 杨耕:《以马克思主义的态度对待马克思主义》,《光明日报》2016年6月23日。
③ 中共中央组织部、中共中央宣传部、中共中央编译局编:《马列主义经典著作选编(党员干部读本)》,党建出版社2011年版,第245页。
④ 曹建文:《坚持以马克思主义为指导的五个核心问题》,《光明日报》2016年5月27日。

只有这样,才能永葆马克思主义的生机活力,才能正确发挥、充分发挥马克思主义的指导作用。

(原载《中州学刊》2016 年第 7 期)

中国特色社会主义迈进新时代的
重要标志及其伟大意义

习近平总书记在党的十九大报告中明确指出:"经过长期努力,中国特色社会主义进入了新时代,这是我国发展新的历史方位。"中国特色社会主义进入了新时代,这是以习近平同志为核心的党中央运用马克思主义历史唯物主义和辩证唯物主义基本原理、基本观点和方法,通过对当代中国社会发展变化进行历史的、全面的、辩证的分析,对中国发展的历史方位和中国特色社会主义发展阶段作出的重大判断。深入研究分析中国特色社会主义迈进新时代的重要标志及其伟大意义,对在新时代继续坚持和发展中国特色社会主义、奋力实现中华民族伟大复兴的中国梦,有着重要的理论意义和现实意义。

一、中国特色社会主义迈进新时代的重要标志

判断当代中国发展所处的历史方位应该从中华民族发展史、中华人民共和国发展史、社会主义发展史、中国特色社会主义发展史、人类社会发展史、中国对外关系发展史等多个历史视角,应该从生产力和经济社会发展水平、社会制度深刻变革、人民生活水平状况以及社会主要矛盾运动变化等多个现实维度来观察来分析,只有这样,我们才能更深刻、更全面、更准确地认识和理解中国特色社会主义迈进新时代的重要特征及其伟大意义。作为表述特定社会历史范畴的"时代",尽管其必然包含着而且首先包含着时间的意义,但其划分主要是以社会发生的重大变化为依据和重要标志的。不同社会形态、不同历史时期、不同发展阶段,形成了具有不同内涵的时代。我们党判断中国特色社会主义迈进新时代,是有其重要的历史依据和现实依据的。做出这一重大而科学的判断,反映了中国共产党人对社会主义发展规律、共产党执政规律、人类社会发展规律认识的深化。笔者认为,中国特色社会主义迈进新时代有以下几个重要标志,这些重要标志同时也是我们对"时代"进行判断的重要依据。

(一)生产力和经济发展水平发生了重大变化

这是中国特色社会主义迈入新时代的重要表象特征。生产力发展快慢、经济社会发展水平高低,是马克思主义衡量一个社会进步与否、先进与否的一个基本标准。经过近40年的改革开放,特别是经过党的十八大以来的改革进取,中国的生产力发展状况和经济发展水平已经发生了巨大变化。当代中国的生产力和经济发展水平已经达到了一个新

的历史高度。

科技是第一生产力。当代中国的科技发展水平获得极大提高,在航空航天、大型基础设施建设、生物工程等不少领域,已处世界领先地位。天宫、蛟龙、天眼、悟空、墨子、大飞机等重大科技成果相继问世。科技对经济发展的贡献率不断提高。与此同时,我国的新型工业化、城镇化、信息化和农业现代化,都获得了快速发展,我国的经济发展水平获得极大提高。我国的经济发展速度在世界主要国家中名列前茅,国内生产总值稳居世界第二,对世界经济增长贡献率超过30%。目前,我国的经济总量达到11.2万亿美元,国内生产总值稳居世界第二,人均国内生产总值达到8261美元。我国让6亿多人口摆脱贫困,对全球减贫贡献率逾70%,实现了从温饱不足到总体小康再向全面小康迈进的历史性跨越。在外经外贸方面,我国的对外贸易、对外投资、外汇储备稳居世界前列。与改革开放初期相比,我国的生产力发展水平、经济实力、综合国力发生了质的飞跃。

（二）中国社会发生了深层次的历史性变革

在已有的改革开放基础上,自党的十八大以来的五年,以习近平同志为核心的党中央推出了一系列治国理政的新理念、新思想、新战略,统筹推进"五位一体"总体布局,协调推进"四个全面"战略布局,全面深化改革取得重大突破,民主法治建设迈出重大步伐,思想文化建设取得重大进展,人民生活不断改善,生态文明建设成效显著,强军兴军开创新局面,全方位外交布局深入展开,全面从严治党成效卓著。正如党的十九大报告所指出的:"五年来的成就是全方位的、开创性的,五年来的改革是深层次的、根本性的","这些历史性变革,对党和国家事业发展具有重大而深远的影响"。这些历史性变革,构成中国特色社会主义迈进新时代的重要标志。

（三）中国特色社会主义制度更加完善

经过近40年的改革创新,特别是通过近五年来的全面深化改革,中国特色社会主义制度更加完善,国家治理体系和治理能力现代化水平明显提高。独具中国特色的人民代表大会这一根本政治制度,中国共产党领导的多党合作制度和政治协商制度、民族区域自治制度、基层群众自治制度等基本政治制度,中国特色社会主义法律体系,中国特色社会主义的基本经济制度,以及建立在这些制度之上的经济、政治、社会、文化、生态等各个领域的一些具体制度等,趋于规范、完善、成熟。这些制度的完善,极大地彰显了中国特色社会主义制度优势,极大地提升了中国的国家治理能力和水平。从中国特色社会主义发展史的角度看,与改革开放初期相比,当代中国的制度化法治化水平已达到了质的跃升。这是中国特色社会主义迈进新时代的又一个重要表征。

（四）人民群众的生活水平正在发生质的飞跃

从总体上看,我国广大人民群众的生活水平,正从总体小康水平向全面小康迈进,总体上不仅完全解决了温饱问题,而且进入了小康富裕时代。全国的贫困人口已大大减少,贫困发生率下降到4%以下。广大人民群众已由过去的温饱型生活追求,转向追求更加美好的生活,如追求健康的生活方式、丰富多彩的精神文化生活等,习近平在"7·26"重要讲话中曾明确指出:新时期现阶段,人民群众的需要呈现出多样化、多层次、多方面的特点,期盼有更好的教育、更稳定的工作、更满意的收入、更可靠的社会保障、更高水平的医疗卫生服务、更舒适的居住条件、更优美的环境、更丰富的精神文化生活。广大人民群众生活追求的这种转变是一种具有划时代意义的历史性转变。从改革开放之初一路走过来的人都可以切身感受到这种转变。这种转变反映了人民群众生活水平有了质的飞跃。这种质的飞跃,是中国特色社会主义迈进新时代的又一个重要标志。

(五)中国社会的主要矛盾发生了重要转化

运用矛盾运动原理分析事物的发展变化及特征,特别是分析社会的发展变化及特征,是马克思主义分析和解决社会问题的一个基本方法。马克思主义历史唯物主义和辩证唯物主义原理告诉我们,人类社会有两大基本矛盾,即生产力与生产关系、经济基础与上层建筑的矛盾。这两大基本矛盾的运动贯穿人类社会历史发展变化整个过程。在社会发展的不同阶段,由于基本矛盾的运动和其他社会因素的交互作用,会产生社会主要矛盾。主要矛盾又分矛盾的主要方面和次要方面,而且其在不同的条件下会发生转化。社会主要矛盾的运动、转化、变化,反映着不同时期社会发展的态势、趋势、特征,从而构成社会阶段或"时代"划分的重要标志。在新民主主义时期,人们正是根据社会主要矛盾的运动、变化,而划分出土地革命时期、抗日战争时期、解放战争时期等不同阶段的。

新中国成立后,随着剥削阶级被消灭,阶级矛盾和阶级斗争不再是我国社会的主要矛盾,社会的主要矛盾转化为人民日益增长的物质文化生活需求同落后的社会生产力之间的矛盾。改革开放之初,我国也把社会主义初级阶段的主要矛盾判定为人民群众日益增长的物质文化需要同落后的社会生产力之间的矛盾,应该说,这是符合中国社会实际的。正是基于这种正确的判断,我们党把解放和发展生产力作为首要任务,把发展作为第一要务,坚持以经济建设为中心,不断改革和调整生产关系,不断进行上层建筑改革,不断破除束缚生产力发展的体制和机制障碍,推动了我国生产力和经济的快速发展。

生产力的落后与先进,是相较于世界先进水平、相较于群众的需求而言的。经过近40年的改革开放发展,我国的生产力和经济发展水平已居世界前列,某些领域已居世界领先地位。随着生产力和经济发展,人民的物质文化生活特别是物质生活获得了巨大满足,但同时又出现了多样化、多层次、多方面的新的对美好生活的需求。特别要指出的,人民群众对美好生活的需求包括经济、政治、社会、文化、生态、环境、健康等诸多方面。很显然,社会主要矛盾发生了转化。党的十九大报告明确指出:"我国社会主要矛盾已经转化为人民日益增长的美好生活需要和不平衡不充分的发展之间的矛盾。"这是报告中的又一个重大判断。这一重大判断,既符合社会发展规律,又符合中国的客观实际。从人民群众对发展的需求角度讲,"人民美好生活需要日益广泛,不仅对物质文化生活提出了更高要求,而且在民主、法治、公平、正义、安全、环境等方面的要求日益增长"。从发展供给的角度看,"我国社会生产力水平总体上显著提高,社会生产能力在很多方面进入世界前列,更加突出的问题是发展不平衡不充分,这已成为满足人民日益增长的美好生活需要的

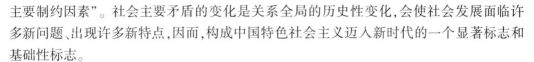

主要制约因素"。社会主要矛盾的变化是关系全局的历史性变化,会使社会发展面临许多新问题、出现许多新特点,因而,构成中国特色社会主义迈入新时代的一个显著标志和基础性标志。

(六)中国在国际社会中的地位和作用发生了重大变化

这也是中国迈进新时代的一个重要标志。当代中国在国际社会中的地位和作用发生了重大变化。在世界经济的发展中,中国的贡献越来越大,中国对世界经济增长的贡献率超过30%,中国倡导的"一带一路"建设,获得了世界上很多国家的赞同和积极参与。在对外关系方面,中国积极倡导构建人类命运共同体,这一理念获得了国际社会的广泛认可和积极响应。中国坚持奉行独立自主的和平外交政策,全面推进中国特色大国外交,致力于构建相互尊重、公平正义、合作共赢的新型国际关系。中国本着"不冲突、不对抗、相互尊重、合作共赢"的原则构建新型大国关系;本着"亲、诚、惠、容"周边外交理念,发展周边关系;本着"真、实、亲、诚"理念发展同非洲国家关系。中国在构建新型国际关系中发挥了重要作用,取得了巨大成就。本着共商共建共享的理念,中国积极参与和引领全球治理和区域治理,"中国成为全球生态文明建设的重要参与者、贡献者、引领者"。中国的国际影响力、话语权得到了历史性提升。中国逐渐步入国际政治舞台的中央和国际经济舞台的前沿。中国在国际社会中的地位和作用,从一个侧面反映了中国由弱到强的重大历史变化,从中外关系史的角度显示着一个新时代的到来。

二、充分认识中国特色社会主义迈进新时代的伟大意义

习近平在党的十九大报告中指出:"中国特色社会主义进入新时代,意味着近代以来久经磨难的中华民族迎来了从站起来、富起来到强起来的伟大飞跃,迎来了实现中华民族伟大复兴的光明前景;意味着科学社会主义在二十一世纪的中国焕发出强大生机活力,在世界上高高举起了中国特色社会主义伟大旗帜;意味着中国特色社会主义道路、理论、制度、文化不断发展,拓展了发展中国家走向现代化的途径,给世界上那些既希望加快发展又希望保持自身独立性的国家和民族提供了全新选择,为解决人类问题贡献了中国智慧和中国方案。"习近平的论述为我们充分认识中国迈进新时代的伟大意义提供了深刻启示。我们必须从更广的视野,从中华民族复兴史、社会主义运动发展史、人类社会文明进步史、未来中国发展等多个视角来认识中国特色社会主义迈进新时代的伟大意义。

(一)对中华民族伟大复兴有着重大意义

中国特色社会主义迈进新时代,表明中国特色社会主义道路是富国之路、强国之路,是中华民族实现伟大复兴的必由之路。近代以来,中国沦为半殖民地半封建社会,政治腐败,经济落后,积贫积弱,民不聊生。为走上民族复兴之路,中国人民进行了艰辛探索。历经洋务运动、戊戌维新、辛亥革命等多次变革或革命,际会各种学说和政治主张,但都没有找到民族复兴的正确道路。只有信奉马克思主义、主张建立社会主义和共产主义社会的中国共产党,最终找到了救国强国的正确道路。中国共产党领导中国人民经过28年的革

命斗争,建立了新中国,中华民族获得了独立和解放,实现了中国人民从此站起来了的伟大历史转折。新中国成立后,中国社会主义制度的确立和社会主义建设实践,为开创中国特色社会主义提供了宝贵经验、理论准备和物质基础,实现中华民族伟大复兴迈出了坚实步伐。随着中国特色社会主义道路的开创和中国特色社会主义的发展,中华民族迅速实现了从站起来到富起来、强起来的历史性飞跃。这充分表明,中国特色社会主义道路是实现中华民族伟大复兴的必由之路、正确之路,是建设富强、民主、文明、和谐、美丽的现代化强国的必由之路、正确之路。我们有充分的理由坚持"四个自信"。

(二)对科学社会主义理论的继承和发展有着重大意义

这可以从两个层面来分析。首先,从理论层面分析。中国特色社会主义与马克思主义的科学社会主义学说存在理论渊源关系,中国特色社会主义理论同科学社会主义理论一脉相承,中国特色社会主义实践是科学社会主义理论基本原则在中国的实践运用。中国特色社会主义进入新时代,意味着科学社会主义理论在中国焕发了生机,意味着马克思主义在中国的胜利,意味着马克思主义作为一种科学的理论体系具有巨大的生命力,意味着马克思主义在当代中国得到了很好的继承、发展和创新。其次,从实践层面讲,社会主义实践依然前景广阔。中国特色社会主义进入新时代,表明社会主义、共产主义的"幽灵"依然在世界上空徘徊,表明社会主义、共产主义运动的历史并没有"终结",虽然随着东欧剧变、苏联解体,国际共产主义运动进入低潮,但社会主义实践在中国取得了胜利,并产生了广泛的国际影响。

(三)对推进人类社会文明进步有重大意义

考察中国特色社会主义进入新时代的意义,一定要把中国特色社会主义建设放到整个人类社会文明发展进程中去考察,放到经济全球化过程中去考察。人类社会的文明进步是全世界各国人民共同推动的。人类社会作为一个类的共同体,面临着如何从落后走向现代化等共同问题,拥有着经济发展、生活幸福、生命安全、生态和谐等共同追求。世界各国人民都在探索着适应本民族和本国家自身特色的发展道路。中国特色社会主义迈进新时代,首先表明,通往现代化的道路,不是一条,不是只有西方的模式,而是可以有也应该有不同的道路。其次表明,中国为解决人类问题贡献了中国方案和中国智慧。中国是一个东方大国,是人类世界的重要组成部分,人口占全世界的很大一部分。中国通过走中国特色社会主义道路,解决了中国人的温饱问题、小康问题及其他社会问题、环境问题等,这本身就是对世界和平稳定、对世界文明进步的一大贡献。最后表明,落后国家、发展中国家走向现代化的途径有了全新选择。中国的成功对落后国家、发展中国家走向现代化有重要的参考借鉴意义。

(四)昭示中国有着更加美好光明的发展前景

中国特色社会主义进入新时代,为未来一个时期中国的发展奠定了坚实的、良好的基础。正因此,习近平才在党的十九大报告中非常乐观地、自信地研判道:"这个新时代,是承前启后、继往开来、在新的历史条件下继续夺取中国特色社会主义伟大胜利的时代,是决胜全面建成小康社会、进而全面建设社会主义现代化强国的时代,是全国各族人民团结奋斗、不断创造美好生活、逐步实现全体人民共同富裕的时代,是全体中华儿女勠力同心、奋力实现中华民族伟大复兴中国梦的时代,是我国日益走近世界舞台中央、不断为人类作出更大贡献的时代。"很显然,沿着中国特色社会主义道路继续前进,经过中国人民的努力奋斗,中国必将建成富强民主文明和谐美丽的中国,必将实现中华民族伟大复兴的中国梦,必将以更加昂扬的姿态屹立于世界民族之林,活跃在世界舞台的中央。

当然,进入新时代,我们不能完全沉浸在对已有成就的喜悦、自豪之中,不能完全沉浸在对未来中国的美好憧憬之中,我们必须居安思危、知危图进。我们必须看到,尽管我国进入了中国特色社会主义新时代,但我国仍处于并将长期处于社会主义初级阶段的基本国情没有变,我国是世界最大发展中国家的国际地位没有变。我们必须看到,我国进入新时代,我们必然面临一系列新矛盾、新问题、新挑战,我们必须有新理论、新目标、新实践、新担当。为实现伟大梦想,我们必须进行许多具有新的历史特点的伟大斗争,必须深入推进新时代党的建设新的伟大工程,必须继续推进中国特色社会主义伟大事业。我们一定要不忘初心、牢记使命,以习近平新时代中国特色社会主义思想为指导,不断进行理论创新和实践创新,不断攻坚克难,不断开拓进取,不断开辟中国特色社会主义发展新境界。

(原载《河南日报》2017 年 11 月 2 日、《党的生活》2017 年第 21 期)

愚公移山精神的实质与当代传承和弘扬

　　愚公移山的寓言故事蕴含着深刻的人生哲理,表达着宏大的价值精神。经过与中华民族伟大奋斗历史的结合,特别是经过与中国共产党领导的新民主主义革命和新中国建设实践的结合,愚公移山的寓言故事逐渐演变成一种强大的民族精神。正是这种精神力量,一直鼓舞着中华儿女同各种困难作斗争的勇气和决心。在抗日战争、解放战争时期,中国人民发扬愚公移山精神,浴血奋战,搬掉了压在中国人民头上的封建主义、帝国主义、官僚资本主义三座大山;在新中国成立后,中国人民继续发扬愚公移山精神,大干快上,迅速改变了一穷二白的面貌;在改革开放新时期,中国人民继续发扬愚公移山精神,迎难而上,取得了一系列举世瞩目的建设成就。在当今中国特色社会主义新时代,我们依然面临重重困难,依然需要大力发扬愚公移山精神。习近平总书记曾多次提到要发扬愚公移山精神。那么,到底什么是愚公移山精神的精神实质?我们为什么要传承和弘扬以及如何传承和弘扬愚公移山精神?这些问题是值得研究和弄清的思想认识问题。

一、愚公移山精神的实质

　　近些年来,为推进建设中国特色社会主义伟大事业,我们传承和弘扬着许多伟大的民族精神和革命精神,诸如红旗渠精神、焦裕禄精神、愚公移山精神、红船精神、长征精神、井冈山精神、延安精神、"两弹一星"精神、工匠精神、劳模精神等。这些精神既有一些共同的特征,如都是伟大的中华民族精神在具体时空中的具体反映和拓展,都是伟大民族精神的重要构成部分和传承延续,都通过相应载体反映和拓展了中华民族的勤劳、勇敢、善良、创新等精神,同时也都具有不同的特色和特性,极大地丰富了民族精神。那么,愚公移山精神的实质到底是什么呢?不同的人可能会有不尽相同的认识和解释,不同的时代也会赋予其不同的内涵,但总体而言,笔者认为,愚公移山精神的实质主要表现在以下几个方面。

　　一是敢于梦想精神。愚公移山这则寓言故事首先要表达的一种人生哲理和思想是:人生应该有伟大的梦想、远大的理想、远大的志向和远大的奋斗目标。"移山"对许多人而言是不可想象、不可能干的事,但愚公想了,而且干了。愚公的志向因而成了宏大志向的表征。正如唐朝丘鸿渐在《愚公移山赋》中所言,"是知山之大,人之心亦大""世人始知愚公之远大,未可测矣"。愚公移山的故事首先告诉我们,人要有远大的志向、远大的理想、坚定的信念、坚定的意志。远大的志向、坚定的意志都是干事创业的强大精神动力。

二是不怕困难精神。愚公移山寓言故事表达的又一个重要的人生哲理是:要敢于面对困难,迎难而上。面对挡住出路的两座大山,愚公没有选择"绕路出行",没有选择"不出去",而是选择了"移山"。"移山"是何等困难?"移山"是何等壮举?寓言告诉我们,在我们的人生道路上会遇到许多困难,有些困难就像"大山挡住出路一样",是特别重大的困难,但我们不能回避困难,不能被困难所吓倒,我们必须直面困难,迎难而上,知难而进。智叟表面聪明,实则愚蠢,因为按照智叟的想法什么问题也解决不了。而愚公看似愚笨,但他的做法是解决问题的最有效方法。

三是苦干实干精神。愚公移山寓言故事含蕴的再一个精神实质就是苦干实干精神。为了移山,愚公率领子孙及邻里,不怕艰苦,肩扛手提,搬运石土。这是一种什么精神?这是一种艰苦奋斗的精神,是苦干实干精神。寓言向世人表达了又一个重要的人生哲理:克服困难,需要艰苦奋斗,需要苦干实干,需要脚踏实地地从一件事做起。人既要有"敢于搬山"的远大志向,又要有"搬石头"的苦干实干行动。千里之行始于足下,万丈高楼起于垒土,不积细流不能成江河,不积跬步无以至千里,实现理想和梦想需要从小事和具体事做起。只有梦想而不能艰苦奋斗,那梦想就永远不能变为现实。

四是锲而不舍精神。锲而不舍、久久为功是愚公移山寓言故事表达的又一个重要的人生哲理。"移山"靠愚公一个人干一辈子是肯定不行的,因而愚公言,我死了之后有儿子,儿子之后有孙子,子子孙孙无穷尽也,而山不增高,何愁山不能移?这反映出的精神价值的实质是,为了实现奋斗目标,要坚忍不拔、连续奋斗、持之以恒、锲而不舍、久久为功;为了实现奋斗目标,永不言弃,不达目的、永不罢休。这一精神实质同前几个精神实质是相互关联的:人要有远大志向;要不怕困难,敢于同困难做斗争;在同困难做斗争中,要艰苦奋斗、苦干实干;但仅有苦干实干精神还不行,因为困难太多太大,有可能在苦干实干后出现不想继续干、中途变卦、打退堂鼓的想法,因而需要锲而不舍、持之以恒的精神,只有这样,才有望实现宏大的目标。

愚公移山寓言故事中还包含着为公奉献的精神、协同奋斗的精神,但相比较而言,上述的敢于梦想精神、不怕困难精神、苦干实干精神、锲而不舍精神更能体现愚公移山的精神特质,更具有跨越时空的历史传承性。

二、新时代需要大力传承和弘扬愚公移山精神

愚公移山精神经过同近现代中国革命和建设的有机结合,已经升华为一种中华民族的伟大精神。精神变物质,物质变精神。在艰苦的抗日战争、解放战争时期,在新中国成立后的社会主义建设时期,愚公移山精神都发挥了巨大的功能作用。而今,在中国特色社会主义步入新时代,中国正在进行伟大斗争、建设伟大工程、推进伟大事业、实现伟大梦想的新时期,我们依然需要大力传承和弘扬愚公移山精神。

（一）传承和弘扬愚公移山精神是宝贵的历史经验

精神是可以变为物质的。在中国革命建设和改革开放历史上，愚公移山精神的传承弘扬发挥了巨大的功能作用。在抗日战争时期，敌强我弱，要打败日本帝国主义，在中国共产党和中国人民面前摆放着如同"两座大山"一样的困难。面对困难怎么办？毛泽东号召全国人民要发扬愚公移山精神，下定决心，不怕牺牲，排除万难，去争取胜利。解放战争时期，毛泽东继续号召中国人民发扬愚公移山精神，将革命进行到底。正是在愚公移山精神的鼓舞下，中国人民浴血奋斗，不怕牺牲，终于推翻了压在中国人民头上的帝国主义、封建主义和官僚资本主义"三座大山"。在建设社会主义新中国的过程中，毛泽东继续号召中国人民发扬"愚公移山"精神。1962年3月28日，周恩来在党的第二届全国人民代表大会第三次会议上的讲话中也提出，"现在，在我国人民面前，还摆着经济贫困和文化落后这两座大山。我们要发扬'愚公移山'的精神，再用几十年的时间，把这两座大山搬掉"。在改革开放新时期，我们党和国家领导人也多次提到要发扬愚公移山精神。正是在愚公移山精神的作用下，中国人民在伟大的社会主义建设中取得了一系列成就。正是在愚公移山精神的作用下，中国人民又孕育出了大庆精神、红旗渠精神等新的民族精神。这些精神，转化为强大的物质力量，极大地推动了中国的社会主义建设和改革开放的发展。

（二）新时代新征程我们面临许多新困难

毫无疑问，改革开放近40年来，我们取得了举世瞩目的成就，中国特色社会主义步入了新时代。正如习近平所言，每一个时代，有每一个时代的使命。新时代我们踏上了新征程，面临新使命、新要求，也面临许多新矛盾、新问题、新困难。这些困难涉及方方面面，但主要困难围绕主要矛盾的转变而展开，主要表现在以下几个方面。

一是实现中华民族伟大复兴的中国梦必然要面对诸多困难。按照发展蓝图和计划，我们在2020年，要全面建成小康社会，在此期间，我们要打好防范化解重大社会风险、脱贫攻坚、大气污染治理三大攻坚战。到2050年，我们要实现建设富强、民主、文明、和谐、美丽的强国梦。实现从富起来到强起来，我们必然要面对诸多困难。

二是实现高质量的发展必将面临诸多困难。要解决人民日益增长的美好生活需要同生产发展的不充分不平衡这一主要矛盾，我们必须切实转变经济增长方式，实现经济发展的高质量高效益。而要实现高质量发展，就必须建立现代化经济体系，就必须使我们的企业、我们的产业转型升级，走依靠科技创新、创新驱动的内涵式发展道路，就需要搞好"三去一补"、深化供给侧结构性改革，就必须着力实施乡村振兴战略。经济转型、创新驱动、"三去一补"、乡村振兴，有许多难题需要破解。困难之多，难度之大可想而知。

三是要全面深化改革，全面从严治党，全面依法治国，要全面推进经济、政治、文化、社会、生态文明"五位一体"建设，我们必然面临重重困难。深化改革是推进各项事业发展的驱动力，但要全面深化改革，我们面临重重困难。改革已到了深水区、攻坚期，面对有重大变化的社会结构、利益结构，改革的难度越来越大。

（三）要大力传承和弘扬愚公移山精神

面对重重困难怎么办？必须大力传承和弘扬愚公移山精神。要立下愚公移山志，敢破万重困难关。习近平早在担任浙江省委书记时，在谈到以敬业乐业为美德时就曾说过，"对待事业要有愚公移山的意志，有老黄牛吃苦耐劳的精神，着眼于大局，立足于小事，真抓实干，务求实效，努力在平凡的岗位上做出不平凡的业绩"①。2011 年，习近平在不同场合指出，愚公移山精神，历久弥新，能够体现中华民族刚强坚毅、自强不息的优秀传统和积极进取的人生态度，永远不会过时。2013 年 11 月，习近平在济南军区调研时，要求全党弘扬愚公移山精神，推动教育实践活动，"善始善终，善作善成"。2015 年 3 月 6 日，习近平在参加全国两会代表团审议时，要求全党要"立下愚公志"，打好攻坚战；2015 年 11 月 28 日，习近平在中央扶贫开发工作会议上提出"要立下愚公移山志，坚决打赢脱贫攻坚战"。习近平总书记一再强调要弘扬愚公移山精神，更加反映了新时代新征程，要有新气象新作为，特别需要弘扬愚公移山这种精神。愚公移山精神是中国人民在新征程中正视困难、排除万难、争取胜利的精神需求、精神支撑和强大精神动力。

三、传承和弘扬愚公移山精神需要注重的几个问题

传承和弘扬愚公移山精神，就是要结合时代发展和社会实践的需要，把其精神实质再具体化、实践化，深植于心而广见于行。在进行伟大斗争、建设伟大工程、推进中国特色社会主义伟大事业、实现伟大梦想的奋斗过程中，我们特别要大力倡导以下几种精神。

（一）要大力弘扬愚公移山所体现的敢于梦想精神，防止和克服缺乏信念或信念不坚定问题

敢于梦想、勇于梦想是中国人民和中华民族优秀的精神品质。相对于今天的中华民族而言，弘扬敢于梦想精神，就是要奋力实现强国梦。相对于个人而言，弘扬敢于梦想精神，就是要树立远大理想、远大志向，要有坚定的信念。人无志不立。只有树立远大的奋斗目标，才会激发强大的奋斗动力。中国梦是国家梦，民族梦，也是每个中国人的梦。当前，我们的党员干部，必须坚定对中国特色社会主义的信念，必须坚定为实现中国梦而奋斗的决心和信心。

时下，有个别党员干部对为共产主义奋斗、对中国特色社会主义事业、对实现中国梦缺乏信念和信心，理想和信念或缺失或不够坚定。个别党员干部胸无大志，缺乏使命意识、担当意识、责任意识，在工作中不敢担当，拈轻怕重，安于现状，不思进取，有的甚至抱着一种得过且过的心理敷衍应付。这些认识和行为表现都是和愚公移山精神完全相背离的。

有梦想才会有理想，有思想才会有行动。"想"是"干"的前提。因此，必须弘扬敢于梦想精神，进而要强化理想信念教育，强化使命意识、担当意识、责任意识。这是当前弘扬

---

① 习近平：《之江新语》，浙江人民出版社 2007 年版，第 177 页。

愚公移山精神特别需要解决的问题之一。

（二）要弘扬愚公移山所体现的不怕困难精神，克服畏难情绪和逃避心理

知难而进，迎难而上，是中华民族的优秀精神品质。新时代新征程，无论是在国家、民族层面，还是在各级党委政府组织层面，以及在党员干部个体层面，我们肯定会遇到许多新问题新困难。在困难面前，我们别无选择，只有迎难而上，笑迎挑战，坚决不能被困难所吓倒和压倒。

时下，有个别组织和党员干部面对困难存在畏难情绪、回避心理。有的组织和党员干部回避矛盾、躲避矛盾、绕着问题走；有的组织和党员干部拈轻怕重，不愿不敢承担重任；有的组织和党员干部在困难面前畏首畏尾，瞻前顾后，顾虑重重。所有这些都是缺乏直面困难的勇气。俗话说，人活一口气，树活一层皮。邓小平同志也说，人是需要有点精神的。我们一定要大力弘扬愚公移山所体现的不怕困难的大无畏精神，克服畏难情绪，树立必胜信念。

（三）要弘扬愚公移山所体现的苦干实干精神，克服空谈现象和懒惰现象

苦干实干精神是中华民族和中国人民勤劳精神的集中体现。在新时代新征程中，我们要实现伟大梦想，必须进行伟大斗争，必须建设新的伟大工程，必须从一件一件的实事做起。因此，无论就国家、民族而言，还是就基层组织和党员干部个人而言，我们既要有仰望星空的梦想、理想，更要有脚踏实地的实际行动。因此，必须大力弘扬苦干实干精神。

弘扬苦干实干精神，要特别注意防止和克服基层组织和党员干部队伍中存在的一些崇尚空谈现象、投机取巧心理以及懒惰现象。时下，有个别基层组织和党员干部，习惯于以会议落实会议，以报告落实报告，缺乏解决实际问题的方略谋划；有个别党员干部习惯于喊口号、作表态，缺乏解决问题的实际行动；有个别党员干部和基层组织习惯于简单地下达指示和指标，简单化地把压力传导给下级和其他组织，而缺乏主动承担相关责任的意识和行动；有个别党员干部沉溺于纸上谈兵、坐而论道，而缺乏行动的勇气和速度。凡此种种，都有悖于苦干实干精神，必须尽力克服之。

（四）要弘扬愚公移山所体现的锲而不舍精神，克服急于求成心理和短期行为

愚公移山所体现的锲而不舍精神，是中华民族和中国人民坚忍不拔、持之以恒、自强不息、久久为功等优秀精神的具体表征。在新时代新征程的奋斗过程中，我们既要有战胜一切困难的勇气，又要有持之以恒的思想准备。克服重大困难，实现宏大梦想，不可能毕其功于一役，其间必然要经过一段很艰苦、很漫长的奋斗过程。因此，我们必须弘扬锲而不舍的精神，为了实现伟大梦想，我们必须持之以恒地艰苦奋斗。锲而不舍，金石可镂；锲而不舍，终有所成。

弘扬锲而不舍精神，就要注意克服急于求成心理和短期化行为。时下，有个别党员干部对面临的困难缺乏足够的估计和认知，期望毕其功于一役，缺乏做长期艰苦奋斗的思想准备；有的党员干部在谋划本地区本部门的发展规划时，缺乏长远谋划，急于出政绩，因而喜欢做一些表面文章，规划谋略不可持续，工作不深入不细致；有的党员干部在干事创业

中稍遇挫折,便前志顿消,心灰意冷,偃旗息鼓。凡此种种,都是缺乏锲而不舍、久久为功精神的具体表现。

四、传承和弘扬愚公移山精神的具体路径

传承和弘扬愚公移山精神,除了在精神内涵层面大力倡导与愚公移山精神相关的精神外,还应该有具体的、可行的路径。笔者以为主要路径有以下几个方面。

(一)思想上要进一步高度重视

传承和弘扬愚公移山精神,事关伟大中华民族精神的传承,事关奋力实现中华民族伟大复兴中国梦的精神动力,事关新时代中国特色社会主义伟大事业的建设,因此,全党上下都应高度重视。以习近平同志为核心的党中央高度重视新时期大力发扬愚公移山精神问题,这为我们传承和弘扬愚公移山精神提供了很好的政治保障。全党上下,一定要认真学习领会习近平总书记关于发扬愚公移山精神的有关讲话精神,深刻认识在新时代弘扬愚公移山精神的重要性、必要性,进而在思想上高度重视这一问题。要把传承和弘扬愚公移山精神,作为培育和践行社会主义核心价值观的一个重要内容,作为广大党员干部和青少年思想政治教育的一个重要内容。

(二)要搞好教育和宣传阵地建设

济源是愚公移山精神的发源地,愚公移山干部培训学院是传播和弘扬愚公移山精神的专门阵地。要在济源全域内加强教育和宣传阵地建设,要让济源的教育宣传基地,成为全国党员干部、学校学生、企业职工接受愚公移山精神教育的主阵地,成为传播愚公移山精神的有形载体。

(三)要通过多种载体、多种形式进行宣传教育

推进经济社会发展,帮助人们树立正确的世界观、人生观、价值观,助推组织有效开展工作,应该是精神传播的内在推动力。因此,传播愚公移山精神必须紧跟时代的步伐,适应社会的需求。要根据社会的需要采取多种载体、多种形式。应通过党和政府指示号召、领导干部倡导、课堂教育、主题雕塑、主题绘画、主题公园、体验教学、拓展锻炼、节日文化、活动载体、电影戏剧、文艺作品等多种载体、多种形式营造出传承和弘扬愚公移山精神的良好氛围,从而使愚公移山精神"润物细无声"地走进党员干部心中,走进广大人民群众心中,走进青年学生心中,从而转化为人们干事创业、开拓进取的强大精神动力。

(《河南日报》2018年6月11日摘要发表,《中原智库论坛(2019)》全文收录)

以更有效的方式防治形式主义

党的十八大以来,我们党深入开展了反"四风"工作,取得了明显成效。但"四风"问题尚未得到根治,其中,形式主义、官僚主义问题在一些地方、一些部门、一些单位还依然严重地存在着。形式主义、官僚主义作风,贻误工作、劳民伤财,严重背离党的宗旨,严重影响党群干群关系,严重影响党和政府的形象和公信力,是党的大敌、人民的公敌,必须坚决予以斗争和防治。为此,近一时期,我们党全面启动了集中整治形式主义、官僚主义工作。要使集中整治工作取得实效,要想根治形式主义和官僚主义,我们必须深入分析形式主义和官僚主义产生的根源,并积极寻找根治对策。

一、形式主义产生的根源

当前,在我们的政治生活中之所以产生和存在形式主义是有着多种原因的,既有主观方面、个人方面的原因,也有客观方面、社会方面的原因,既有思想原因,也有体制制度原因。结合当前形形色色的形式主义的实际表现,其主要根源可以从以下两个方面分析。

首先是形式主义产生的思想根源。思想支配行为。形式主义产生的思想根源总体上讲是个人主义和主观主义。个人主义就是一切以个人利益为重,以自己为中心;主观主义就是脱离客观实际,不能按客观规律办事,教条地、形而上学地看待事物、对待事物。具体讲,主要有这样几种思想根源:一是个人名利思想。个别党员干部没有树立以人民为中心的正确的政绩观,片面追求个人名利,搞些假大空的面子工程、形象工程。二是官僚主义思想。官僚主义与形式主义形影相随,官僚主义是形式主义的主要思想根源,形式主义是官僚主义的重要表现形式。官僚主义既导致一些领导干部家长制作风严重,凭主观意志办事,做出一些脱离实际脱离群众的决策决定,也导致一些下级干部、基层干部唯长官意志是从,脱离群众,不能根据实际情况创造性地开展工作。三是明哲保身思想。很多党员干部都对形式主义、官僚主义不满,有的甚至深受其害,但不少人都出于明哲保身的考虑,不能也不敢同形式主义做斗争,甚至主动或被动地也搞些形式主义的东西。四是懒政怠政思想、机会主义思想。一些党员干部由于能力水平有限或思想懒惰,机会主义思想严重,不愿、不能或不会做深入细致艰苦的工作,不愿、不能或不会脚踏实地创造性开展工作,因此搞些形式主义的东西以敷衍塞责,蒙混过关。

其次是形式主义的体制根源。从客观的、社会的原因看,形式主义的存在必然同我们社会体制的不完善不健全有关系。其中主要原因有两方面：一是干部管理制度方面。一些领导干部之所以或主动或被动地搞形式主义，是因为这些东西能给自己带来好处。这说明在我们的干部评价、考核、晋升、监督等管理环节，在我们的领导决策体制机制方面，还存在不足。一些形式主义的决策决定能够推行，就说明我们民主化、科学化、法治化决策的体制机制还不够健全。二是工作管理体制机制方面。在一些地方、部门、单位的实际工作中，存在重形式、轻内容，重程序、轻结果，重虚功、轻实效，重数量、轻质量，重表态、轻行动等形式主义倾向性问题，工作管理体制机制方面存在问题也是一个重要的体制原因。在一些地方、部门、单位的工作评价考核中，没有把工作目标、工作目的与工作任务、工作流程、工作监督有机结合起来，过多注重了形式上的东西。

二、防治形式主义的对策思考

形式主义是一个历史顽疾，在不同的历史时期会有不同的表现。我们一定要充分认识形式主义的多样性、复杂性、反复性、变异性、顽固性，充分认识形式主义的危害性，充分认识反对形式主义斗争的紧迫性、长期性、艰巨性，以更有效的方式防治形式主义。

继续强化思想政治教育，使广大党员干部牢固树立正确的世界观、人生观、价值观。教育广大党员干部正确认识和处理个人利益与社会利益、与人民利益、与党和国家利益的关系，牢固树立以人民为中心的价值导向，树立正确的群众观、利益观、荣辱观、权力观、地位观、政绩观，坚持权为民所赋、情为民所系、利为民所谋的从政办事理念。在新时代的建设中，强化使命意识、责任意识、担当意识、为民意识、奉献意识，自觉戒除形式主义作风，自觉抵制各种形式主义行为。

改进和完善干部管理体制，为反对形式主义提供干部制度保障。把重实效、重群众评价作为深化干部管理制度改革的一个重要价值取向，并把它贯彻到干部绩效考核评比、职位晋升、问责追究等各个环节，真正让那些真抓实干、务求实效、敢于担当、群众满意的干部能得到重用，有用武之地。一个地方、一个部门、一个单位的作风建设如何，往往同"关键少数"有莫大关系。要建立健全对"关键少数"的管理监督，促使领导干部在反对形式主义方面高度重视、以身作则、率先垂范、严加防范，以此督促和带动广大党员干部共同反对形式主义，促进党的作风建设。

建立和完善重实效的工作管理评价机制，推动各项工作取得实效。在各地区、各部门、各单位的工作开展中，充分理解和反映民情民意，听取群众意见，汲取群众智慧；充分尊重自然规律、社会规律、经济规律，充分尊重行业发展规律和工作规律，实事求是地制定本地区、本部门、本单位的发展规划，部署本地区、本部门、本单位的工作任务；强化问题意识、目标意识，把目标管理与过程管理、结果考核与程序监督有机结合起来。

加强监督问责，加大对形式主义行为的整治力度。整治形式主义、官僚主义是一项重要的政治任务，是正风肃纪、反对"四风"的首要任务、长期任务。要落实好各级纪委监委的监督责任，畅通监督渠道，健全监督制度，加强巡视巡察制度建设。监督要与问责相结合,对造成严重不良后果的形式主义行为要坚决予以问责处理。通过强化监督和问责,促使反对形式主义取得实效。

（原载《河南日报》2019 年 2 月 21 日 ）

关于历史观的五个基本问题辨析

历史观,通俗而言,就是人们对人类社会历史发展的根本观点和总的看法。历史观是世界观的重要组成部分,而且对人生观、价值观产生重要影响。近些年来,历史虚无主义现象之所以产生,其深层的思想原因在于一些人的历史观存在问题,不能历史地、客观地、辩证地看待历史规律、历史进程、历史事件和历史人物等历史问题。时下,树立正确的历史观不论是对个人还是对社会、对国家而言,都显得极为重要。只有树立正确的历史观,我们才能更好地批驳和抵制历史虚无主义,消除历史虚无主义的影响,才能更加正确地看待党史、国史、社会主义建设史和改革开放史,才会更加理性地坚定道路自信、理论自信、制度自信、文化自信,才会更加科学地总结历史经验,汲取历史教训,把握历史趋势,开创社会未来。如何树立正确的历史观?笔者结合对马克思主义的世界观、辩证法和唯物主义历史观的学习和体会,结合对有关历史问题的研究和思考,谈一些自己的看法,以期深化人们对历史观的正确认识。笔者认为,要树立正确的历史观,至少要正确认识、深化认识以下五个方面的基本问题。

一、正确认识历史发展的规律性

是否承认历史发展的规律性,是马克思主义唯物史观与各种唯心史观的一个重大分野,也是树立正确历史观必须解决的一个关键问题、核心问题。历史上的诸种唯心史观,以及当前的一些历史虚无主义观点,都是以否定历史发展的规律性为思想前提的。相比较而言,人们对自然界发展变化存在规律性能够获得比较一致的认识,比如人们普遍认同天体运行、自然界物质相互作用、人与动物生老病死存在规律性。人类正是基于对自然规律的认识和把握,才不断推进科技进步,创造了巨大的物质财富,比如各种生产工具的发明创造,火药、指南针、电灯的发明,火箭、轮船、飞机、高铁、人造卫星、宇宙飞船的制造和使用等都离不开对自然规律的掌握和运用。然而,对人类自身社会历史的发展是否存在规律问题,古往今来就存在不同认识。在唯心史观看来,是神的意志或者是人的主观意志主导着历史演变,历史是无序的、杂乱的、无目的的,是一系列偶然现象的接续连接,充满了偶然性、随机性、或然性、不确定性、不可预期性,根本不存在什么"不以人的意志为转移的客观规律"。而马克思主义的唯物史观则认为,人类社会历史本质上也是物质的,是人的实践活动,人类历史的发展如同外在于人的自然界一样,是不以人的意志为转移的,人类社会的诞生、发展是有基本规律的,是可以被认识的。要深化对历史发展规律性问题的认识,应该深化认识以下几个问题。

其一,正确认识人类社会历史发展基本规律的内涵。在马克思主义唯物史观看来,人类社会的发展变化是有基本规律的,就是生产力与生产关系、经济基础与上层建筑的矛盾运动规律。生产力与生产关系的矛盾、经济基础与上层建筑的矛盾是社会基本矛盾,社会基本矛盾的运动变化是推动社会发展当然也是推动历史发展的根本动力。马克思主义对人类社会发展基本规律的揭示是人类思想史上的一次巨大飞跃,也是对正确历史观的一种深刻揭示。笔者认为,大千世界,万事万物,矛盾无所不在,规律无处不有。何谓规律?规律是事物之间本质的、内在的、必然的联系及变化发展趋势。用辩证法的观点来看,就是事物之间都存在着因果关系、否定之否定关系、量变质变关系。历史显然是人的有目的的实践活动,但"人"本身就是自然界的产物,本质上依然是物质世界的组成部分,不仅人本身的吃穿住行、生老病死要受自然规律的支配,而且由人组成的社会,其发展变化也要受人与外在于人的自然界进行物质变换的规律的支配,进而要受物质变换规律作用下相对独立的社会发展规律的支配。马克思揭示的社会基本矛盾运动规律,正是对人与自然界物质变换规律支配下,相对独立的人类社会历史发展规律的认识和总结。正是在这一规律的作用下,人类社会历史才经历了由原始社会向奴隶社会、封建社会、资本主义社会和社会主义社会的不断演进。

其二,正确认识社会规律与自然规律的联系与区别。人类社会本质上是物质世界的一部分,人类不可能脱离自然界而独行,因此,从根本的意义上讲,社会规律只不过是自然规律在人类社会这一特殊领域的一种特殊反映,本质上也是自然规律的一种。人类社会的诞生是自然界演进变化的结果,人类社会的发展首先要受到外在于人的自然规律的支配。比如,人的生老病死,人们的生产和生活方式,都要受到自然规律的制约。所谓的社会发展规律首先都是建立在自然规律基础之上的。当然,社会规律具有特殊性、相对独立性。马克思主义唯物史观认为,人是具有主观能动性的社会实践活动主体,作为高级动物的人类,具有巨大的主观能动性、创造性,因而人类社会的发展变化规律不可能完全像我们所能感知的自然界发展规律一样,完全是一种外在于人的规律,人类社会的发展规律是通过人的主观能动性创造实践活动得以展现的,这也是相对于自然规律而言人类社会发展规律的一种特殊性。"自然运动和社会活动属于两种不同的发展形式:自然运动是以一种自发的、无目的的方式存在着,社会活动则是以一种自觉的、有目的的方式存在着。社会活动的主体是人,人们总是按照自己设定的目标从事社会活动的。"①社会规律的独立性、特殊性集中表现为社会发展规律是内在于"人"的社会实践活动之中的,而"人"是有着巨大的主观能动性的,因而社会发展规律是始终伴随着人的社会实践活动而丰富发展的。"从规律起作用的方式看,自然规律发生作用的条件是在自然界诸因素自发的、盲

---

① 杨耕:《论社会科学的独立化和特殊性》,《广西大学学报(哲学社会科学版)》2019年第4期。

目的相互作用的过程中形成的,自然规律也是通过这种自发的、盲目的相互作用实现的;历史规律得以存在并发生作用的条件则是在人们自觉的、有目的的活动中形成的,并且只有通过人们自觉的、有目的的活动才能实现。离开了人们的目的性设定活动以及个体之间的相互作用,历史规律就失去了赖以存在的载体和发挥作用的场所。"①

其三,正确认识历史发展的规律性与人的主观能动性之辩证关系。承认历史发展的规律性并不是要否认人的主观能动性。历史"规律并不否认个人意志在历史发展中的作用,每一个人都是历史的创造者,历史通过无数单个人有意识的活动得到实现,越是伟大的人物,对历史的影响就越大,但个人不可能改变历史,无数个人意识相互作用,产生出一个历史的合力,这个合力为经济必然性所决定,体现出历史的规律性"②。承认历史的规律性,与承认人的主观能动性、选择性、实践性是一致的。规律是客观存在的,但历史是人创造的,规律是在人们的实践活动中得以展现的。比如,近现代以来的中国历史表明,无数仁人志士为了救亡图存,为了民族振兴、国家富强,一直在寻找着中国的发展道路,其间充满了选择性、实践性、多样性,最后,中国人民在中国共产党的领导下,终于找到了具有中国特色的革命道路和建设道路。中国革命、建设和改革开放的历史,既是历史规律充分发挥作用的过程,同时也是中国人民艰难选择、拼搏奋斗、不断进行实践创新的历史过程。

二、正确认识历史发展中存在的普遍性与特殊性、必然性与偶然性之关系

历史虚无主义者及历史上的唯心主义者,往往用历史发展过程中存在的特殊性、偶然性来否定历史发展过程中存在的普遍性、必然性。也有一些机械的历史唯物主义者,往往用历史发展的普遍性、必然性否定历史发展过程中存在的特殊性和偶然性,看不到现实的历史过程是普遍性与特殊性、必然性与偶然性的统一。比如,有人依据中国历史上发生的许多宫廷政变、军事战争、自然灾难等例子,认为历史发展充满了或然性、偶然性,毫无必然性可言。比如,有人依据唯心史观或依据机械唯物主义的生产力决定论,认为从半殖民半封建社会走来的中国不能跨越"卡夫丁峡谷",否定中国共产党领导中国人民进行新民主主义革命、建立社会主义制度的必然性、必要性,否定中国继续走中国特色社会主义道路的必要性、正确性。凡此种种,都反映出这些人在历史观问题上存在认识迷误。为此,我们必须辩证地认识历史发展进程中普遍性与特殊性、必然性与偶然性之关系。

其一,要充分认识历史发展中存在的普遍性、必然性。历史发展中存在的普遍性、必然性,是由人类作为"类"存在所具有的"共性""一般性"以及人类社会发展所具有的"一般规律""普通规律""根本规律""基本规律"等所决定的。比如,不管东方和西方,中国和外国,不管各国的历史如何风云变幻、扑朔迷离,其社会历史的发展进程始终受到生产力发展的刚性制约,受到生产力与生产关系、经济基础与上层建筑矛盾运动的制约。一切

① 杨耕:《论社会科学的独立化和特殊性》,《广西大学学报(哲学社会科学版)》2019年第4期。
② 陈名财:《重读恩格斯晚年关于历史唯物主义的书信》,《学习时报》2020年1月1日。

阻碍生产力发展和社会文明进步的制度,终将被更进步的社会制度所取代。这就是历史发展所展现的普遍性、必然性。有史以来,人类历史就是在这种"普遍性""必然性"中发展的。再比如,中国近代发生的民族民主革命,是大势所趋,是历史必然,尽管其间充满了激烈斗争,甚至出现了袁世凯称帝、张勋复辟的逆流,但革命的大趋势势不可挡。

其二,要正确认识历史发展过程中存在的特殊性、偶然性。特殊性、偶然性本身就是人类历史发展规律的一种表现。历史发展的特殊性、偶然性,是与历史发展中人的选择性、能动性紧密联系在一起的。"否认人的选择性,就无法合理地解释社会历史的现实过程。对于人在社会历史中的能动性也是不能否认的,否则人就成为完全被动的存在物,人类历史也就完全等同于自然历史。"①

先说特殊性。特殊性主要是从历史发展的普遍规律与特殊规律的角度看的。作为事物之间的内在联系和发展趋势的历史发展规律是在社会发展运动中发挥作用的,本身就包含着历史发展的多样性。"任何社会历史规律都不是以纯粹的或可以用自然科学的精确性确定的形式出现的,而是以一种发展趋势、'平均数'和'可能性空间'得以体现的。"②就历史的地域空间范围看,人类历史是由分布在不同地域、拥有不尽相同的自然条件的不同种族的历史构成的,基于诸多因素的影响和条件的制约,不同的民族、国家、地区其历史发展具有特殊性。"人类社会的发展固然有一些共同的基本趋势,不同的民族、国家和地区之间由于自然环境的制约、生产力和生产关系变迁以及历史发展进程和文化选择的差异,也会在不同的历史阶段表现出不同的特征。其发展演变的具体途径和方式也不可能完全一样。"③比如,不同民族拥有不同的语言发展史;比如,中国的封建社会与西方的封建社会不完全相同。"正是古代中国和欧洲希腊、罗马社会构成的差别,导致了两者之间文明发展路径的差异。"④从具体规律的角度看,历史发展有根本规律、普遍规律制约下的一些具体规律,如经济发展规律、政治发展规律、文化艺术发展规律、科学技术发展规律、革命和战争规律、人与自然关系演变规律等。特殊规律与根本规律、普遍规律就是特殊性和普遍性的关系。比如,中国的近现代民族民主革命既体现着社会根本规律的作用、一般革命规律的作用,又体现着中国革命特殊规律的作用,是普遍性和特殊性的统一。从人类历史发展的时间角度看,不同的历史时代也会有不同时代的特殊性、不同时代的规律性,如封建社会、资本主义社会的发展规律都具有其自身的特殊性。

再说偶然性。偶然性主要是从历史发展的总趋势与重大历史事件发展变化存在的不确定性和多种可能性角度看的。历史不同于自然史,历史是在人的能动的实践活动中向前发展的。历史规律的客观性、必然性并不排除历史主体选择的能动性、多样性、复杂性。"不同历史时期的不同国家与民族所面临的客观环境千差万别,在历史行进的道路上,特

---

① 赵东海:《唯物史观视野中的中国道路》,《内蒙古师范大学学报(哲学社会科学版)》2019 年第 5 期。
② 丰子义:《唯物史观视域中的中国道路》,《光明日报》2019 年 9 月 23 日。
③ 曹大为:《通史编辑对历史发展路径的把握——以新编〈中国大通史〉为例》,《光明日报》2019 年 7 月 20 日。
④ 曹大为:《通史编辑对历史发展路径的把握——以新编〈中国大通史〉为例》,《光明日报》2019 年 7 月 20 日。

别是在中短时段大量存在着的不确定系统、随机系统面前,可供选择的道路、方式是多样的;即使一些主要条件大致相同,主体实践作为最为活跃的变量仍有广阔选择空间。而经历了无数历史关头的无数次选择之后,尽管不能改变历史发展的总趋势,但确实导致不同国家、不同民族之间在具体发展道路和发达程度上表现出很大差异。"①历史的发展是同人的思想、意志、理想、追求、奋斗、斗争紧密结合在一起的。人们为了生存和生活,为了满足自己的欲望和要求,不仅要同自然界进行物质变换,要发展生产力,而且存在人与人之间的社会矛盾和斗争。因此,呈现在我们眼前的历史画卷多姿多彩、波澜壮阔。比如,中国历史上有许多重要战争诸如牧野之战、长平之战、巨鹿之战、官渡之战、赤壁之战等,有许多重要的历史事件诸如春秋争霸、楚汉相争、三国鼎立、玄武门之变以及历史上不断爆发的农民起义等,这些重大的战争和历史事件充满了智慧谋略、充满了刀光剑影,给后人留下无数悬念和设问。很显然,历史发展中的诸多事件是存在偶然性的。

其三,要充分认识普遍性与特殊性、必然性与偶然性统一于历史发展的过程中。人类社会的发展规律是通过人的能动的创造性的实践活动得以展现的,因而人类社会的历史所呈现的事实景象就是普遍性与特殊性、必然性与偶然性的统一。普遍性和必然性必须通过特殊性和偶然性来体现,而特殊性和偶然性又蕴含着普遍性和必然性,它们的统一和一致反映了历史发展的规律性。看不到这一点,就不可能树立辩证的唯物史观。"历史规律的作用既是线性决定的,又是或然随机的。对于实践唯物主义者来说,历史发展的方向、趋势和规律是不可改变的,它或早或迟一定要实现。但是通过什么方式实现,历史通过什么途径为自己开辟道路,这就带有概率的、或然的和随机的性质了。正因为这样,实践唯物主义和历史唯物主义给人参与和创造历史提供了更广阔的余地。"②偶然性(包括或然性、随机性)彰显着人们在历史发展中的主动性、能动性、创造性,偶然现象是体现必然性的重要外在形式。偶然性中蕴含着必然性,必然性必须借助偶然性来表现自己。历史事件的发生大多具有随机性。但正是在大量的偶然现象、随机现象中才能表现出规律性。历史的现实景象正是必然性与偶然性的统一。恩格斯在论述经济因素对社会发展的最终决定性作用以及经济因素与政治上层建筑、观念上层建筑等因素相互作用的唯物史观时,用这些众多因素的相互作用来说明历史发展的必然性和偶然性。历史发展中的诸多因素相互作用,使得历史事件只能以偶然的形式发生,但这些偶然性背后又隐藏着必然性,经济运动是这众多因素中"归根到底"的决定性因素,生产力又是经济因素中"归根到底"的决定性因素。③ 一些历史事件的发展,看似偶然实属必然,仔细考察事件背后的原因,都是社会矛盾运动变化的结果。因此,在评价历史事件历史人物时,必须坚持必然性与偶然性相统一的历史观,既不能以必然性代替偶然性,看不到历史是人的能动的社会实

---

① 曹大为:《通史编辑对历史发展路径的把握——以新编〈中国大通史〉为例》,《光明日报》2019年7月20日。
② 张奎良:《马克思的十大理论创新》,人民出版社2018年版,第39页。
③ 陈名财:《重读恩格斯晚年关于历史唯物主义的书信》,《学习时报》2020年1月1日。

践活动,看不到历史进程的复杂性、曲折性、多样性,否定那些仁人志士、英雄豪杰为历史进步所做出的巨大努力、巨大贡献,也不能用偶然性代替必然性,看不到历史事件背景所隐含的历史趋势,完全把历史的变化归结为个人意志的作用,过度夸大个人在历史中的功劳作用。

三、正确认识人民在历史发展中的作用

最早使用"人民"一词的是古罗马人。古罗马人把贵族、平民看作人民,人民是正义的化身,"人民"的概念是对应外邦敌人的。法国大革命爆发后,"人民"的概念被当时的学者和政治人物捡拾起来,一下红遍全球。卢梭曾对人民与公民、居民进行区分,认为全体个人集体地就称为人民。随着西方学说的传播,"人民"逐渐成为现代政治学的核心概念。马克思、列宁都给"人民"增加了阶级性。[①] "人民"是一个政治范畴、社会历史范畴,在不同历史时期,"人民"的内涵与外延可能有所不同,但一般而言,"人民"是指一个社会除被列为"敌人"之外的全体大众。"如何认识人民群众在历史上的作用,是社会历史观的重大问题。"[②]历史上唯心主义的英雄史观、神学史观一直广有影响,乃至今天,英雄史观、神学史观也不同程度存在着并影响着人们的思想认识。英雄史观把历史看作帝王将相、英雄豪杰的历史,而神学史观则把历史的发展变化看作万能"上帝"或"老天爷"的意志,是神秘力量的作用。这两种历史观都忽视了人民群众的力量和重要作用。而马克思主义的唯物史观坚信人民的力量,主张"人民是历史的创造者""人民,只有人民,才是创造世界历史的动力""历史是由人民书写的"。从历史发展的过程角度看,"历史从来不是独角戏,是多种因素的合力"[③]。对一个国家、民族的历史发展如革命道路、发展道路选择等起作用的因素很多,有内部因素和外部因素,有主要因素、次要因素,有主观因素和客观因素。因此我们常说,历史发展是多种因素合力作用的结果。但从人的角度看,我们不难发现,人民在历史发展中起着根本性的决定作用。树立正确的历史观,必须充分认识人民在历史发展中的创造作用、决定作用。

其一,要充分认识人民群众在社会发展中的创造作用。人民是社会实践的主体,是同自然界进行物质变换的主体,因而是物质财富和精神财富创造的主体。古往今来,社会生产力的发展进步、科学技术的发展进步、大型工程的建设、大江大河的治理、文化艺术的繁荣发展都是由勤劳、勇敢、智慧的人民推动的。许多伟大的科学家、文学家、政治家、军事家、思想家,都是人民群众的优秀代表。

其二,要充分认识人民在社会变革中的决定性作用。马克思主义唯物史观高度重视人民群众在历史变革中的决定性作用,认为"民心是最大的政治",民心所向决定政权兴

① 祝灵君:《"人民"的概念从哪里来?》,《学习时报》2019 年 10 月 21 日。
② 习近平:《坚持历史唯物主义不断开辟当代中国马克思主义发展新境界》,《求是》2020 年第 2 期。
③ 陈先达:《历史合力与中国的道路选择》,《光明日报》2019 年 11 月 25 日。

亡。古代的一些封建帝王也能认识到民众如水,"水能载舟,亦能覆舟",这都反映了人们对人民在历史中的作用的客观认识。尽管我们不能用"当代人民"的理念去苛求"古代人民"的作为,但我们从历史上王朝更替、政权兴亡的背后依然能看到人民群众的决定性作用。不仅历史上爆发的一次次人民起义、武装斗争或直接导致了改朝换代,或间接地倒逼统治者实行更加有利于社会进步的制度、政策,而且,任何统治者想获得长期统治都必须借助民众的力量。人类历史表明,一切真正的社会革命,实质上都是人民群众团结起来摧毁衰朽的社会制度的斗争。1640年的英国革命、1789年的法国革命,都因为有了人民群众的参与才取得了最终胜利。中国近现代史的发展演变,更加证明了这一规律的作用。辛亥革命的最终成功离不开广大人民群众的政治觉醒和参与支持。中国共产党领导的新民主主义革命之所以能取得成功,最根本的原因在于中国共产党能顺乎历史大势,代表广大人民利益,获得了广大人民群众的拥护和支持,因此我们常说,中国共产党的领导,中国建立社会主义制度,是历史的选择、人民的选择。

其三,要正确认识人民的作用和英雄、伟人的作用的关系。承认人民在历史上的决定性作用是从根本的哲学意义上讲的,并不是从历史事件的表象和具体过程意义上讲的,这并不否认英雄豪杰、历史伟人在历史中的重大作用和在个别历史事件中的决定性作用,相反,英雄、伟人的作用还往往成为人民发挥决定作用的表现环节、形式和载体。这是由人民在不同历史时期所受到的多种因素、条件制约而决定的。比如中外历史上出现了许多伟大的政治家、军事家、思想家、哲学家、科学家、文学艺术家,出现了许多民族英雄,他们都为历史的发展进步做出了巨大贡献,发挥了巨大作用,有些政治伟人在历史的巨变关头还发挥了决定性作用。但从哲学意义上讲,他们所发挥的作用既是个人的作用,也是人民的作用,尤其是当他们代表人民的愿望和利益获得人民拥护和支持的时候。当然,历史上也有一些重要人物虽然对历史演变发挥了重要作用,但有的可能是拉历史倒车、违背人民意愿和利益的作用,这并不奇怪,而且符合社会矛盾运动规律,因为社会是在人们的利益矛盾斗争中发展的,历史是波浪式前进的。但任何得不到民众支持的倒行逆施行为注定是要失败的,而且是要"遗臭万年"的。

四、正确认识历史发展的方向是向着文明社会不断迈进的

提出这一观念,似乎不需要论证,其实不然。不少人由于对此缺乏深入思考和认识,因此不能正确地看待过去、看待古人,不能正确地对待今天、看待未来。强调这一历史观点是为了深化认识以下两个问题。

其一,正确认识历史的传承性。历史是人类的持续实践活动,每一代人都是在既有的历史条件下继续创造历史的,因此历史具有传承性,因而现实中的人既是自然人、生物人,又是社会人、历史人。生活在当今时代的人,既是自然界进化的产物,也是历史发展的产物,因而当今时代的人既要敬畏自然、感恩自然,也要感恩历史、感恩古人。当代人所取得的成就、所拥有的生活,都是同我们祖先的努力奋斗、探索实践紧密联系在一起的。所有当今时代伟大的发明创造都承继着古人的智慧。因此敬重祖先、感恩古人是人类应该具有的美德。

其二，要正确认识历史发展的进步性。历史是人类持续不断的实践活动，而人又是拥有美好追求和巨大主观能动性的实践主体，因此历史必然是不断发展进步的。已有的历史发展已经证明了这一规律。人类诞生至今已历经了原始社会、奴隶社会、封建社会、资本主义社会和社会主义社会等多种社会形态。尽管在有史以来的阶级社会中存在着阶级矛盾和阶级斗争，存在着压迫与反压迫、剥削与反剥削的矛盾冲突，有时甚至存在着充满血雨腥风的战乱、厮杀、侵略、掠夺等非常激烈的矛盾冲突，但从总体过程看，人类历史是向着更加文明和美好的方向迈进的。从社会生产方式的角度看，人类历经了原始狩猎、农牧经济、工业化生产、信息化社会等不同时代；从生活方式角度看，人类从野穴群居、茹毛饮血发展到了今天的住讲宽敞、吃讲营养、穿讲漂亮、用讲便利的物质文化生活都极大丰裕的时代；从政治制度变迁的角度看，人类社会告别了中世纪的黑暗统治，走出了封建专制统治，民主、法制、公平、正义成为人类社会政治制度建构的价值遵循；从人的社会权益角度看，当代人获得了比古代人更多的生存、发展、自由、平等等方面的权利和权益。因此，我们不能因为当今社会存在一些问题而去怀疑和否定历史发展的进步意义，去无限臆想和怀念过去社会的"美好"，我们有理由肯定和感恩我们所处的时代，有理由相信人类有更加美好的未来。

其三，要正确认识社会历史也是"人"的解放史。依据马克思主义哲学，人类历史不仅是生产史、经济史和制度史，同时也是人类自身发展的历史，是"人"的发展史。人类历史的发展史同时也是"人"的解放史。已有资本主义社会以及以前社会的"人"都没能实现人的彻底解放，而且在资本主义社会，人的异化现象还十分严重。正因为以往的阶级社会是充斥着剥削、压迫等不公平不公正的社会，马克思才在分析了资本主义的种种矛盾、种种弊端后，提出了旨在实现人的彻底解放的共产主义学说。"人"的解放在当代社会获得了极大进展。比如，"人"在同自然界进行物质变换过程中，拥有了越来越多的主动性和自由空间；人的生产能力、生活质量、预期寿命都获得了极大提高；历史上的"奴隶""农奴"，演变成了今天的"公民"。特别是最能反映"人"的解放尺度的"妇女"解放，更是取得了明显的进步。妇女由"男人的附属物"演变为自强自主的"人"。当然，实现人的彻底解放是一个长期的、漫长的历史过程。但可以预测，历史发展的趋势必然是人类在未来的社会实践中创造更美好的社会制度，"人"会享受更美好的物质和精神生活，享受更加公平的社会权益。

五、正确认识历史发展的空间范围是不断拓展的

截至目前的人类历史已经表明，人类历史的空间范围是不断扩大的，原来狭小的、地域的、民族的历史正在演变为世界历史。马克思在考察和分析资本主义的发生、发展时已敏锐感觉到了这一历史趋势，明确提出了"世界历史"思想。马克思主义指出，资本主义促进了生产力的巨大发展,促进了航海业的发展和对外经济扩张,从而使各地区、各民族的发展紧密联系在一起,历史变成了世界历史,尽管这个过程充满了血与火。历史的空间范围不断扩大可以视作一种历史规律。它之所以是一种历史规律,可以从三方面来深化理解。

其一,正确认识历史空间扩大的动力之源。历史空间范围扩大的根本动因来自人类社会生产力发展的需要,来自生产力与生产关系、经济基础与上层建筑的社会基本矛盾运动。而生产力发展的根本动因来自人与自然界进行物质变换的矛盾运动,来自人类对更加美好生活的无限追求。生产力的快速发展,经济和科技的快速发展,推动了经济全球化进程,人流、物流、资金流、信息流在全球范围内流动,人才、技术、资本、劳动力等生产要素在全球范围内配置,全球范围内不同民族、不同国家、不同地区之间的经济合作、政治交往、文化交流越来越密切,历史越来越呈现为世界的历史。

其二,正确认识殖民地半殖民地人民反对帝国主义侵略的正义性、合理性。有些历史虚无主义者,往往从机械的历史唯物主义出发,认为近现代资本主义列强代表着先进的生产力、先进的社会文明,因而资本主义列强对殖民地的统治,对其他国家的侵略促进了近代文明向全世界的传播,因而侵略"有功"。很显然,这是混淆了文明传播与民族利益矛盾斗争的区别。"西方列强将宗主国先进的资本主义生产方式和生活方式引入中国,主观上并不是要促进中国的现代化,更不是为了推动中国的发展和进步,而是为了更好地满足其在中国的殖民统治、基本需求和根本利益,更好地满足其优裕舒适的生活需要。"①世界卷入资本主义体系的过程,是以资本和廉价商品征服落后国家的过程,也是血与火的殖民过程。"在自己国内貌似文明的资本主义,在海外表现得极其野蛮。西方资本主义社会的建立和向世界的扩张与殖民,使其他国家逐步变为殖民地或半殖民地国家。中国也没有逃脱这个命运。资本主义向外殖民和入侵往往以传播文明与开展贸易为先导,或以传播上帝福音为掩护,其发家史并不光彩,伴随的是军事入侵的炮舰政策,以及敲骨吸髓的不平等条约。"②这必将引发宗主国与被殖民国之间的尖锐矛盾,必将引发被殖民国家和地区人民的强烈反抗和斗争。西方列强的入侵尽管在客观上导致了近代文明在落后国家的传播,但是这种"入侵"是建立在牺牲被"入侵"国家和民族的利益基础之上的,是建立在对被"入侵"国家的资源进行掠夺、殖民统治的基础之上的。被"入侵"国面临着资源被掠夺、国民被剥削和压迫甚至面临着"亡国灭种"的民族危机。因此,被殖民国家和地区被迫进行的反对侵略、主张民族独立和主权完整的斗争具有正义性、合理性,这种反侵略的斗争并不意味着反对西方社会文明这个"天使",而只是反对侵略这个"魔鬼",反对外国的政治压迫和经济剥削。近现代以来,中国进行的反帝反封建民族民主革命,世界上许多殖民地半殖民地国家进行的民族独立和解放运动,都具有历史的必然性、正当性与进

① 左玉河:《"魔鬼"还是"天使":帝国主义侵华"有功"论辨析》,《史学理论研究》2019年第3期。
② 陈先达:《历史合力与中国的道路选择》,《光明日报》2019年11月25日。

步性。

其三,正确认识民族历史与世界历史的关系。世界历史的发展是一个必然的、不可逆转的过程。在全球化时代,任何一个国家、民族的发展都会自觉或不自觉地融入全球化进程之中,民族历史会融入世界历史之中,这是不以人的意志为转移的一种客观规律。任何民族、国家想要发展,就必须积极主动适应这一历史进程。世界历史的形成和发展,将各民族各国家的命运更加紧密地联系在一起。加强人类命运共同体建设,共同面对和解决全人类面临的重大问题,既是人类谋求更好发展前景的共同愿望,也是人类社会向前发展的必然要求。

（原载《学术界》2020 年第 7 期）

始终保持党同人民群众的血肉联系

近读《习近平谈治国理政》第三卷,对习近平新时代中国特色社会主义思想中的人民情怀、人民立场、以人民为中心的发展思想有了更深刻的认识和体会。习近平在多篇讲话和文章中都强调,我们党来自人民、植根人民、服务人民,人民群众是我们党的力量之源,是我们共和国的坚实根基,是我们强党兴国的根本所在,是我们党执政的最大底气;新时代我们党要践行初心使命,必须始终保持党同人民群众的血肉联系。新时代保持党同人民群众的血肉联系,需要在以下几个方面着力。

牢固树立马克思主义群众观,增强宗旨意识。马克思主义唯物史观告诉我们,人民群众是历史的创造者,是真正的英雄,是推动历史发展进步的根本力量。要牢固树立马克思主义群众观和全心全意为人民服务的思想,校正党员干部的世界观、人生观、价值观,引导他们进一步树立正确的权力观、利益观、政绩观、地位观。进一步增强党员干部的宗旨意识、公仆意识、使命意识、担当意识、责任意识、奉献意识,始终把人民放在心中最高的位置,自觉做到权为民所用、利为民所谋、情为民所系。

顺应社会主要矛盾变化,解决发展不充分不平衡问题。要保持党同人民群众的血肉联系,就必须实现好、维护好、发展好最广大人民的根本利益。新时代,中国社会的主要矛盾发生了重大变化,人民日益增长的美好生活需要和不平衡不充分的发展之间的矛盾成为当代中国社会的主要矛盾。人民群众的利益需求出现了深层次的结构性变化,他们不仅对物质文化生活提出了更高要求,而且对民主、法治、公平、正义、安全、环境等方面的需求日益增长。与此同时,发展不平衡不充分的问题凸显,着力解决发展不平衡不充分问题是新时代人民群众的根本利益所在。要保持党同人民群众的血肉联系,就要着力破解发展不平衡不充分问题,更好地促进人的全面发展、社会全面进步,更好地满足人民群众在经济、政治、文化、社会、生态等方面日益增长的需要,使他们的获得感、幸福感、安全感不断增加,与他们共享改革发展成果。

保障和改善民生,解决人民群众最关心、最直接、最现实的利益问题。民生是人民幸福之基、社会和谐之本,要着力解决群众的操心事、烦心事、揪心事,以为民谋利、为民尽责的实际成效取信于民。要深入关注和研究新时代人民群众在阶级、阶层、群体结构方面的新变化和在利益需求方面的新期待,及时制定政策和采取措施,回应人民群众的需求关切。在抓好脱贫攻坚的同时,统筹做好就业、收入分配、教育、社会保障、医疗卫生、住房、食品安全、生产安全、公共治安等各项民生保障和改善工作。特别要做好普惠性、基础性、兜底性民生建设，全面提高公共服务共建能力和共享水平，满足老百姓多样化的民生需求。

全面从严治党，持续加强党风廉政建设。全面从严治党永远在路上。党的十八大以来，以习近平同志为核心的党中央采取切实措施高压反腐、厉治"四风"，取得了显著成果。但是，我们必须清醒地看到，在新时代新环境新条件下，整治"四风"和反腐败斗争具有长期性、复杂性、艰巨性。就"四风"问题而言，虽然享乐主义、奢靡之风得到了遏制，但并未根除，官僚主义、形式主义问题依然突出。就腐败问题而言，虽然我们取得了压倒性胜利，但产生腐败的土壤、条件还在，反腐败斗争将是长期的。要保持党同人民群众的血肉联系，必须坚持全面从严治党的基本方略，持之以恒推进党风廉政建设。要以自我革命的勇气和实际行动，不断自我净化、自我革新、自我提高、自我完善，不断增强党的政治领导力、思想引领力、群众组织力、社会号召力，着力打造干部清正、政府清廉、政治清明的政治生态，以党风廉政建设的实际成果，赢得人民群众的拥护、信任和支持。

践行群众路线，与时俱进地改进和创新群众工作。群众路线是我们党的生命线和根本工作路线。密切联系群众，做好群众工作，是我们党的优良传统和根本工作方法。新时代人民群众的阶层结构、群体结构、就业结构、收入结构、居住结构、需求结构等都发生了重大变化，必须坚持党的群众路线，与时俱进地改进和创新群众工作体制机制和方式方法。要把实现好、维护好、发展好最广大人民的根本利益作为开展各项工作的出发点和落脚点，把人民群众满意不满意、高兴不高兴、答应不答应作为衡量工作得失的根本标准，把群众观点、群众路线深深植根于全党同志思想上、真正落实到每个党员行动上、贯彻到治国理政全部活动中。建立健全党员干部密切联系群众制度，保证人民群众广泛参与国家和社会治理的民主权利，切实保障人民群众的知情权、表达权、监督权。基层党组织要在团结群众、组织群众、宣传群众、凝聚群众、服务群众方面更好地发挥作用，工会、共青团、妇联等群团组织要增强政治性、先进性、群众性，充分发挥联系群众的桥梁纽带作用。总之，要通过改进群众工作的体制机制、方式方法，增强工作的针对性、实效性、创新性，进一步密切党群干群关系，促进广大人民群众同心同德、团结一致。

（原载《河南日报》2020 年 10 月 15 日）

经济社会结构变迁与乡村政治组织建设创新论纲

历史唯物主义基本原理告诉我们,经济与政治之间存在着相互作用的辩证关系。经济基础决定上层建筑。经济从根本意义上决定着政治、制约着政治,而政治本身具有相对独立性,政治作为上层建筑反作用于经济。政治建设自有其规律性,而其中一个重要规律就是政治组织建设必须适应经济社会发展变化。经济社会结构变迁实际上是经济社会发展规律的一种外在表现形式,它反映了经济社会发展的规律性。认识到这一点,就要求我们在乡村政治组织建设中,按照经济社会发展规律办事,积极适应并有效助推经济社会结构变迁。只有如此,乡村政治组织建设才能更加科学并取得实质性的效果,从而真正实现高质量的党建,并以高质量党建推动经济高质量发展以及社会各项事业的发展进步。本文所讲的乡村政治组织建设主要包括乡村基层党组织建设、村民或居民自治组织建设、乡镇政府组织建设。本文着重从宏观视角概况性地分析经济社会结构几个方面的重要变迁对乡村政治组织建设带来的影响,以及对乡村政治组织建设的创新与发展提出的新课题新要求。

一、所有制结构和经济组织结构变迁与乡村政治组织建设创新

(一)乡村所有制结构和经济组织结构的重大变迁

改革开放以来,尤其是随着社会主义市场经济的发展,我国乡村所有制结构和经济组织结构均发生了重大而深刻的变迁,而且这种变迁仍在继续。从这种变迁及其趋势来看,在坚持农村土地集体所有制的前提下,各种非公有制经济获得巨大发展,农村集体经济组织形式发生了重大变化,各种经济组织的产权结构发生了重大变化。经济组织结构变迁主要表现在以下四个方面:一是非公有制企业即私营企业在农村获得一定程度的发展。在我国农村地区特别是沿海发达农村地区存在不少工商服务企业,其中有不少是涉农的,也有不涉农的。二是各种农村合作经济组织得到较大发展。如生产种植合作社、养殖合作社、土地合作社等。三是各种个体工商服务组织和家庭农场组织得到发展。如农村超市、农家乐旅馆、家庭农场等。四是新型集体经济组织也获得了一定程度的发展。如农村土地集体股份合作社、农村集体物业租赁公司等。这些经济组织虽然是公有制性质,但都建立了适应市场经济要求的产权结构、经营机制和利益分配机制,与传统的农村集体经济组织已有很大不同。上述经济组织作为市场主体而存在,是适应市场经济要求的、利益相

对独立的市场竞争主体。

（二）所有制结构和经济组织结构变迁对乡村政治组织建设提出的新课题新要求

就农村基层党组织建设来说，一是如何实现党的组织、党的工作对各种经济组织特别是非公经济组织的全覆盖问题。这是从"面"上看的问题。在市场经济发展中，面对各种经济组织，如何把对党员队伍的建设与管理有效延伸到各种非公有制经济组织和农民合作经济组织中，是党组织建设首先面临的一个"范围"问题。二是党组织如何有效嵌入非公经济组织的问题。这是一个实质性问题。党组织如何嵌入非公企业组织并有效发挥作用，是当前基层党建面临的一个极其重要、极其关键但尚未完全破解的问题。要适应所有制结构和经济组织结构变迁，必须创新基层党组织建设。一方面，要创新基层党组织的设置方式，实现基层党组织的广覆盖。要注意适时在农民合作社、农场、农村非公企业、股份合作制企业中设立党组织，为实现党对农村经济社会的领导提供广泛的基础。另一方面，要创新党组织的功能。在经济组织中特别是在非公经济组织中设置的党组织，不可能像在行政村设置的党支部那样，具有领导村民自治、监督农村公权力运行等职能。经济组织有自己特定的利益需求、目标任务和运行机制。因此，在经济组织中设置党组织，一定要找好党组织、经济组织负责人、私营企业主、企业职工等的利益结合点，把为企业经营发展提供有效服务与贯彻落实党的方针政策有机结合起来。

就村民自治组织建设来说，一是村民自治的内容范围问题。原来村民自治的内容主要是土地的分配管理、粮食的生产统筹、村内的一些公共事务。随着家庭农场、农民合作社、非公企业、行政村集体企业的增多，一些不同的利益主体出现，村民自治的内容、范围有所变化。在乡村所有制结构和经济组织结构变迁的背景下，村民自治组织建设面临如何创新自己的管理功能问题。村民自治面对的是经济组织，其管理对象和范围发生重大变化，管理内容乃至村民自治组织的人员结构也将发生相应的变化。二是村民自治的单元问题。村民自治的规模、自治单元的大小要与经济组织结构变迁趋势相适应。目前，许多农村地区的股份合作社都是在村民小组中成立的，村民小组成为农村特别重要的生产经营组织和利益共同体。这对村民自治的规模、自治单元提出了新的要求。我们必须积极应对所有制结构和经济组织结构的变迁状况，实现村民自治组织建设的创新。要正确处理村民自治组织与经济组织的关系问题，不断创新管理功能，实现村民自治下沉，村民自治单元下沉。近年来，我国各地农村基层为了更方便农民行使自治权利，积极探索实现村民自治的有效办法，较为典型的做法就是将自治重心下移，如广东清远的"小组自治"、湖北秭归的"村落自治"等。较小的自治单元、较高的文化认同、较为紧密的利益联结等均有利于村民自治的有效运转。

就乡镇政府组织建设来说，一是如何为各种所有制经济发展，特别是为个体农户、农村合作社、非公企业的发展创造条件和提供良好的公共服务问题。在管理和服务对象发生重大变化的情况下，在乡镇政府组织建设中，如何履行好政府的公共服务与管理职能，如何为非公有制组织创造良好的营商环境，这些都是摆在乡镇政府面前的紧迫任务。二是如何强化对各种经济组织的监管问题。乡镇政府面对的乡村各种经济组织是具有逐利本能的"经济人"。为保护公平竞争,加强对经济组织的监管成为乡镇政府组织建设中的一项重要任务。三是如何强化对土地和环境的监管问题。资本具有逐利本性。经济组织为追求利润最大化,经常会产生违法违规用地、破坏环境、浪费资源的行为,从而严重影响土地的科学规划利用和生态环境保护。乡镇政府对于土地和环境的监管显得十分重要且迫切。我们必须积极适应所有制结构和经济组织结构变迁,不断创新乡镇政府组织建设。现在各种市场经济组织不断涌现,乡镇政府需要按照市场化、法治化的原则来对新的经济组织进行管理和服务。此外,乡镇政府的管理和服务职能要进一步强化,为招商引资来的市场经济组织搞好公共服务,通过基础设施的提供等,让非公有制经济组织放心大胆地去经营和竞争。从对经济组织的监管来看,乡镇政府须加强对各种市场经济组织的监管职能,通过严格管控市场经济组织的行为,保护市场的公平竞争。从对土地和环境的监管来看,乡镇政府搞好乡村土地规划和环境保护是新时代一项重要的工作,乡镇政府对土地和环境的监管职能要加强。

二、产业结构和就业结构变迁与乡村政治组织建设创新

(一)我国乡村产业结构和就业结构变迁的基本趋势

改革开放以来,我国经济高速发展,产业结构不断优化调整,乡村产业结构也发生了重大变迁。1978年以前,我国乡村产业结构的基本特点是单一的种植业结构,第二、第三产业在乡村经济中所占的比重很低,只是农业的必要补充。随着改革开放的逐步深入,农村工商业得到一定程度的发展。我国乡村产业结构已经逐渐摆脱改革以前的单一种植业结构形态,向以乡村工业为龙头、三大产业共同发展的产业结构新格局转变。随着城镇化、工业化的发展,农村产业结构还将发生重大变迁,除原有的特色种植业、特色养殖业以及各种产业如工业、商业、交通运输业、现代服务业、乡村旅游业等外,农村还将呈现多业融合的新业态,呈现产业结构多元化的发展趋势。

随着改革的深入和乡村产业结构的变迁,我国农村的就业结构也发生了重大变化,这主要表现在以下三个方面:一是农村非农就业者越来越多。许多农民由从事粮食生产转向其他行业,如做小买卖、经商办企业、到乡村企业就业等。非农就业是农村就业结构变迁的一个很明显的特征。二是农村流动性就业者越来越多。一些农民外出打工,呈现季节性就业的特点。三是在经济或旅游业比较发达的农村地区,外来人口在当地就业的越来越多。一些外来人口在本地打工、经商、办工厂、做生意。就业结构变迁是经济发展特别是产业发展的必然结果。

(二)产业结构和就业结构变迁对乡村政治组织建设提出的新课题新要求

就基层党组织建设来说,第一,产业结构变迁的影响主要体现在党组织功能结构的适应性方面。产业结构调整升级、农村多业融合发展是经济发展的必然要求。基层党组织如何发挥积极的作用助推产业发展,是其面临的一个崭新且突出的问题。第二,如何加强

对乡村流动党员的管理,充分发挥不同行业党员的先锋模范作用,是其面临的又一个问题。新时期的基层党组织建设必须适应乡村产业和就业结构变迁的趋势。首先,要把基层党组织有效地建立在产业链中,使基层党组织建设有利于推动产业结构的调整和升级,在产业结构变迁中发挥重要作用。其次,要搞好乡村流动党员的管理工作,以适应乡村就业结构的变迁趋势。基层党组织包括乡村基层党组织,也包括城镇基层党组织,只有搞好对乡村流动党员的管理工作,才能与乡村就业结构的变迁相适应。在乡村就业结构发生重大变化的情况下,农村基层党组织的设置和对党员的发展、教育、管理,不仅要面向本村村民,而且要面向其他就业人群、外来人口。对流动性就业、季节性就业的农村党员,流出地党组织和流入地党组织都要加强管理。

就村民自治组织建设来说,其一,村民自治的内容发生重大变化,在多元化产业结构下,围绕土地经营管理、工商业发展等方面的问题会大量增多,农村村庄内部的公共事务也会出现新的变化,这给村民自治组织建设提出了新的要求。随着就业结构的变化,村民自治的内容更加复杂。村民自治面对的事务大多是过去没有遇到的问题,比如,土地和宅基地的合理转租问题、集体土地增值收益的分配问题、外来流动就业人员的政治权益及管理问题等,有些内容已经超出了村民自治的范围。其二,一些村民和村干部的身份发生了转换。一些村民和村干部选择非农就业、经商办企业或外出打工,原来比较单一的身份有所转换。比如,有的村民既是村集体成员,又是小业主或企业职工,有的村干部既是村庄公共权力行使者,又是集体企业负责人或私营企业老板,这给村民自治工作带来许多新课题。因应产业结构和就业结构变迁,村民自治组织建设创新必须注意以下几方面的问题:一是村民自治的内容问题,要及时扩展村民自治的内容。二是充分保障流动就业村民的民主权益问题。尤其需要注意在民主选举、民主管理的程序和形式方面保障流动就业村民的合法权益。三是要加强对外来就业人员的管理,合理照顾外来就业人员的利益诉求。四是要合理解决村干部以及村民的角色冲突问题。

就乡镇政府组织建设来说,要求乡镇政府搞好乡村产业发展规划,为产业结构调整和发展提供更好的管理和服务,还要求乡镇政府搞好外来就业人口和流动人口管理。为此,必须进行乡镇政府组织建设创新。其一,乡镇政府的组织设置、功能匹配等方面要适应产业结构变迁的要求。过去乡镇政府的主要工作就是抓好农业。随着乡村工业的发展,乡镇政府要按照工业经济的运行规律办事,必须配备专业化、知识化的干部队伍,实现管理的精细化。其二,乡镇政府组织建设要适应农村就业结构的变化,同时做好发展规划,推动和规范就业结构的发展。随着农村人口流动的加快和外来人口的增多,乡镇政府要加强对流动人口的管理和服务。一是要对在本地就业的外来人员提供均等化的公共服务。二是要加强对外来人口和流动人口的管理。三是要推进农村均等化的公共基础服务建设,为本地农民和外来就业人员在教育、医疗、安全、住房、社会保障等方面提供基础性的公共服务。

三、城乡空间结构和农村居住结构变迁与乡村政治组织建设创新

(一)我国城乡空间结构和农村居住结构的变迁趋势

截至 2019 年年底,我国的城镇化率已经达到 60.60%。[①] 城镇化的发展意味着城镇人口的增多、农村人口的减少,意味着农业人口转化为城市人口的过程,即农村人口向城镇的流动。改革开放以来,我国流动人口规模快速增长。20 世纪 80 年代以来,我国流动人口总量经历了从 1982 年的 657 万人到 1990 年的 2135 万人,再到 2010 年的 22143 万人以及 2015 年的 2.47 亿人。[②] 虽然 2015 年以后全国流动人口规模缓慢下降,但仍处于高位流动的状态。可以说,在今后较长的一段时期内,大规模的人口流动仍将是我国人口发展及经济社会发展中的重要现象,我国城镇化也将进入一个经济、社会、文化、空间结构等共同发展的全新阶段。面对大量的人口流动和城镇化发展,城乡的空间布局必然发生重大变化。如随着城镇化的发展和人员的流动,一些农村地区需要纳入城市的规划和管理。有关数据表明:中国每年有 7000 多个农村在消失,平均每天都有 20 多个农村在消失。农村社区正在大力发展,"社区制"成为"自然村落制""社队制""村组制"之后农村治理体制创新的一项尝试。农村社区建设需要公共管理和公共服务的同时创新。[③]

随着农村工业化、农村城镇化、农业现代化的发展,农村的生产方式也发生了巨大变迁,从而带来农民生活方式的深刻变化,这必然给其居住方式带来巨大变化。这种变化主要体现在农民"集中居住"的趋势越来越明显,亦即越来越多的乡村地区采取农民"集中居住"的模式。农民"集中居住"趋势是符合经济社会发展规律的。"集中居住"最大的益处是集约节约土地资源,不仅如此,农民"集中居住"还有利于政府更方便地提供公共服务、进行公共管理。在农村实现"集中居住"的社区,往往是上万人乃至几万人居于一个中心村,政府通过交通、教育、医疗等方面公共资源的高效配置,给群众生活提供了很大的便利,促进了人民生活水平的提高。此外,科技的发展、农村多种产业的发展以及非农经济的发展,也为当前农村社区由分散的一家一户一院落的居住方式向"集中居住"方式转变提供了可能性。目前,随着人口非农化、产业非农化和土地非农化进程的逐渐加快,一些农村地区尤其是城郊接合部等实行农民"集中居住"已成大势所趋。

(二)城乡空间结构和农村居住结构变迁对乡村政治组织建设提出的新课题新要求

就基层党组织建设来说,一是在实现"村改居"进行城市化管理的农村地区,如何实现党组织建设与城市管理的对接。二是在实行"集中居住"的农村社区,如何创新党组织设置。与过去的一家一户一座院相比,现在农村的"集中居住"形式往往是几家几户共用

---

① 国家统计局:《中华人民共和国 2019 年国民经济和社会发展统计公报》,国家统计局网,http://www.stats.gov.cn/tjsj/zxfb/202002/t20200228_1728913.html。

② 国家卫生健康委员会:《中国流动人口发展报告 2018》,中国人口出版社 2018 年版,第 3—4 页。

③ 文军、吴晓凯:《乡村振兴过程中农村社区公共服务的错位及其反思:基于重庆市 5 村的调查》,《上海大学学报(社会科学版)》2018 年第 6 期,第 1—12 页。

一个楼道。人员的大量集中,意味着区域内党员人数的大量增加。适应城乡空间结构和农村居住结构的变化,需要从基层党组织设置等方面及时跟进。其一,实现"村改居"进行城市化管理的农村地区,应将乡村基层党组织建设纳入城市基层党组织的建设与管理。其二,对"集中居住"的新型农村社区应及时创新党组织设置形式。符合成立党总支条件的要成立党总支,该成立党支部的应成立党支部,党支部下面需要设置多个党小组的要设置党小组。从组织设置上保证党员的管理和服务是党的基层堡垒作用得到充分发挥的关键。

就村民自治组织建设来说,城乡空间结构和居住结构变迁对其提出的新课题主要反映在村民或居民自治组织的形式和内容如何与这种结构变迁相适应上。农民"集中居住"或"村改居",亦即一些农村地区变成农村社区,或一些农村社区成为城市社区,这种变化给村民自治组织带来了巨大的挑战。原来的管理村内事务的村民委员会,并不具备管理新的农村社区或城市社区的功能,对于新生的农村社区或城市社区的管理与自治力不从心。因此,城乡空间结构和农村居住结构的变迁给村民自治组织建设带来的冲击需要引起高度重视。如何实行新型农村社区的村民或居民自治,如何实现"村改居"社区由"村民自治"到"居民自治"的有效衔接,是一个全新课题,需要探索实践并从探索实践中寻找解决问题的答案。

就乡镇政府组织建设来说,其面临的最突出问题是如何适时地把公共服务和管理的"手"伸到社区、加强社区管理并提供社区公共服务。农民"集中居住"或者"村改居"意味着人员的大量聚集。人们生活在一个相对狭小的空间内,在给政府服务和管理带来便利的同时,也大大增加了基层政府工作的难度和烦琐性。在城乡空间结构和农村居住结构变迁的背景下,乡镇政府在组织建设中如何有效提供相应的公共服务,是一个值得思考的重要问题。乡镇政府要适应城乡空间结构和农村居住结构的变迁,不断加强基础设施建设,提高公共服务水平。对于"村改居"过程中的城镇化进程不均衡发展所造成一些兼具"乡"和"城"混合样态的过渡型社区的情况,乡镇政府组织要在提供公共服务方面与城市接轨,实现有效衔接。

四、农村群体结构变迁与乡村政治组织建设创新

(一)农村群体结构的变迁趋势

随着改革的深入,我国社会群体结构呈现不断变迁的趋势,农村群体结构的变迁也不可避免。从总体上看,农村群体结构变迁呈现以下三大趋势:一是经济发达地区的外来人口日益增多。经济发达地区的有些村庄的外来人口已经超过了本村人口。在农村群体结构变迁中,城郊接合部、旅游风景区、经济比较发达的地区等人群结构变迁的趋势相对于其他地区更加明显。比如,在旅游风景区或一些特色村落,由于一些旅游公司与当地农村联合搞商业开发,与当地农民共同兴办民宿,为当地提供了很多就业岗位,吸引许多外地人来此就业生活。这就使这些地方的人群结构发生了很大的变化,除了本村的村民,还有

来自外地的从事各种职业的人员。相比过去清一色的本村村民来说,人群结构比较复杂。同样,城郊接合部的人群职业结构也比较复杂,从事农业者少,从事工商业者多。二是个别贫困地区外出打工人口增多。在这些地区,青壮年劳动力外出打工,留守村庄的主要是老弱病残,农村群体结构发生重大变化,老龄化问题比较严重。三是从总体上看,农村的群体结构更加多样化。有乡村管理者阶层、企业主阶层、职业农民阶层、各种自由职业者阶层、企业职工阶层等。

(二)农村群体结构变迁对乡村政治组织建设提出的新课题新要求

就基层党组织建设来说,群体结构的改变,要求乡村党组织建设尽快适应农村人群结构的变化,及时在各种人群中做好党组织的设置和管理工作,做好党员发展工作。适应这种人群结构的变化,是一个关系基层党组织在人民群众中发挥引领凝聚作用的重要问题。其一,在经济比较发达的农村地区,要通过与企业联建党组织、在重要群体中建立临时党组织等方式,使基层党组织有效嵌入各种群体。其二,在比较贫困的农村地区,可通过上级党组织下派支部书记、两村联建党支部等方式解决基层党组织建设问题;同时,要注意解决好留守老人、留守妇女、留守儿童的利益诉求问题。要拓宽选人用人视野,突破地域、行业、身份等界限,坚持内选与外引相结合,积极探索村际、村镇、村企间优秀人员跨村跨行交流任职的村党组织带头人选任模式。要建立薪酬激励机制,提高农村基层党组织带头人基础工资和绩效工资标准并建立待遇稳定增长机制。[①] 其三,要发挥好基层党组织在农村社会治理中的引领作用。群体结构复杂化、多样化必然带来利益诉求的复杂化、多样化,给社会治理带来一系列新课题。基层党组织必须通过组织创新和功能创新,有效加强同各种组织、各种群体的沟通与联系,有效整合各种群体的利益需求,努力实现农村基层社会的善治。

就村民自治组织建设来说,群体结构变化给村民自治带来的重大影响就是村庄公共事务增多、利益协调和人员管理难度加大。适应群体结构变迁,在村民自治组织建设中必须注意以下三个问题:其一,村委会要适当增加管理内容。村民自治的内部管理事务需要发生相应的改变,加强对不同群体的管理,协调不同群体的利益需求。其二,村委会在管好自己本村内部事务的同时,有责任协助乡镇政府做好当地人群的管理工作。对非本村居民的有些管理有可能超出村委会的管理权限,这时就需要村委会积极配合乡政府搞好管理工作,同时还要正确处理村民"自治权"与政府"行政权"的关系。其三,村民自治的组织结构创新要有所跟进。比如,可适当吸收从事非农业生产的其他群体人员代表进入村委会,村民代表的构成要充分考虑不同群体的结构,村民代表议事可让非本村村民的利益相关群体代表参加,充分听取他们的意见和建议。

就乡镇政府组织建设来说,由于人群结构发生变化,农村社会情况尤其是城郊接合部、旅游风景区等农村地区的社会情况变得更加复杂。其一,乡镇政府处理各种矛盾纠纷

---

① 杨根乔:《充分发挥农村基层党组织带头人在乡村振兴中的作用》,《中州学刊》2019 年第 3 期,第 8—12 页。

的事务会大量增加。各种矛盾纠纷会因人群结构的复杂性不断增加,乡镇政府需要用更多的人力精力来处理这些矛盾纠纷。其二,乡镇政府的公共管理和服务职能需要加强。矛盾纠纷增多会使案件发生的概率大大提高,这给乡镇政府的社会治安工作提出了新的更高要求。乡镇政府不仅承担着推动经济社会发展的重任,而且在社会治安、反恐、环境治理等方面的任务进一步加重。乡镇政府组织建设需要及时把握农村群体结构的变迁规律,在机构设置、人员配备等方面实现有效管理,为农村不同群体提供公共服务。首先,要强化乡镇政府的社会治安管理职能。强化乡镇政府的社会治安管理职能是应对农村群体结构变迁、利益矛盾增多、案件发生概率增高的必然要求。其次,要加强管理和服务机构建设,为不同群体提供更加精细的管理服务。要深化"放管服"改革,搞好乡镇、行政村行政服务中心建设。政府的重要职能部门如民政、工商、税务、公安等要根据具体情况及时把管理机构下设下沉到农村,以方便对不同群体的管理和服务。最后,要实现政府行政管理与村民或居民自治的有机结合。乡镇政府既要充分尊重村民或居民的自治权,又要对超出村民或居民自治范围的事务承担管理责任,从整体上提升乡村社会的治理水平。

五、乡村居民需求结构变迁与乡村政治组织建设创新

(一)我国乡村居民需求结构的变迁趋势

随着经济社会的发展,中国农民日益富裕,乡村的群体结构发生重大变化。与此同时,乡村居民的需求结构也在悄然发生变化。党的十八大以来,以习近平同志为核心的党中央把脱贫攻坚摆到了治国理政的重要位置,提出"确保到二〇二〇年我国现行标准下农村贫困人口实现脱贫,贫困县全部摘帽,解决区域性整体贫困"[1],这意味着2020年后我国的绝对贫困问题将得到解决。党的十九大报告指出:"中国特色社会主义进入新时代,我国社会主要矛盾已经转化为人民日益增长的美好生活需要和不平衡不充分的发展之间的矛盾。"目前,我国已从全面建成小康社会向全面建设社会主义现代化国家迈进。人民群众对美好生活的需要更加迫切而广泛,不仅对物质文化生活提出了更高要求,而且在民主、法治、公平、正义、安全、环境、健康等方面的需求日益增长。

(二)乡村居民需求结构变迁对乡村政治组织建设提出的新课题新要求

就基层党组织建设来说,基层党组织在具体工作中,要与时俱进,其活动内容和活动形式要更加适合新时代乡村居民的精神需求。面对乡村居民需求结构的变迁,基层党组织建设应在关注群众的物质需求的同时,更加关注群众的精神需求,通过丰富的内容和多样的形式,在带领农民群众发展经济、走共同富裕道路的同时,积极领导村级治理,建设和谐美丽乡村,把党的好政策落实到户,把工作做到乡村居民的心坎儿上。各级乡村党组织要建成更加接地气的服务型党组织,强化服务功能。

---

① 习近平:《决胜全面建成小康社会夺取新时代中国特色社会主义伟大胜利:在中国共产党第十九次全国代表大会上的报告》,人民出版社2017年版,第48页。

就村民自治组织建设来说,乡村居民对公平正义有了更多追求,对行政村村民自治或新型农村社区居民自治都提出了更高的要求。村民自治的核心内容是民主选举、民主决策、民主管理、民主监督,其中内含着对民主、法治、公平、正义的价值追求。村民或居民自治组织要更加注重民主化、法治化、规范化建设,要在切实保护乡村居民合法权益的同时,不断促进乡村居民权益的增长、发展。

就乡镇政府组织建设来看,乡村居民需求结构的变迁要求乡镇政府把如何满足乡村居民对新的美好生活的需求作为重要的工作目标。在乡镇政府组织的功能设置上,保障乡村居民的物质生活需要,满足乡村居民的精神生活需求,应成为乡镇政府组织建设的先决条件。乡镇政府要努力搞好交通通信、文化娱乐、医疗卫生、环境保护等方面的公共基础设施建设,提供更多更好的公共服务产品。要着力把乡镇政府建设成服务型政府、法治型政府、效率型政府。

(作者:李太淼、王玉芬,原载《学习论坛》2020 年第 12 期)

中国特色社会主义对马克思恩格斯
科学社会主义理论的坚守和践行

当代中国经济社会所取得的巨大成就,既彰显了中国特色社会主义制度的合理性、优越性,又彰显了科学社会主义的鲜活生命力,科学社会主义在 21 世纪的中国焕发出强大的生机活力。然而,在国内外的思想意识领域,在关于中国特色社会主义的社会性质问题上,还存在着一些错误的认识。有人囿于对科学社会主义理论僵化的、教条式的理解,对中国特色社会主义究竟是不是社会主义存在质疑。有人依据当代中国大力发展市场经济和非公有制经济的现实,认为中国特色社会主义实际上是"国家资本主义""中国特色资本主义""中国资本社会主义""新官僚资本主义"。还有人从其他视角将中国特色社会主义视为"中国特色新威权主义""中国特色实用主义""中国特色精英主义"等,对中国特色社会主义存在严重误解。如何看待中国特色社会主义的社会性质,是当前理论学术界必须深入研究并作出正确回答的问题。

习近平指出:"中国特色社会主义,是科学社会主义理论逻辑和中国社会发展历史逻辑的辩证统一,是根植于中国大地、反映中国人民意愿、适应中国和时代发展进步要求的科学社会主义"[1];"中国特色社会主义,既坚持了科学社会主义基本原则,又根据时代条件赋予其鲜明的中国特色。这就是说,中国特色社会主义是社会主义,不是别的什么主义"[2]。中国特色社会主义之所以是社会主义,一个很重要的原因在于,中国特色社会主义一直坚守和践行着马克思恩格斯的科学社会主义理论。中国共产党成立 100 年来,在领导中国人民进行革命、建设和改革开放的伟大实践中,始终坚持以马克思主义为指导,坚持将马克思主义基本原理同中国实际问题相结合,走出一条独具中国特色的革命之路、一条具有鲜明中国特色的社会主义建设和发展之路。中国特色社会主义尽管根据时代需要与时俱进地丰富创新了马克思主义,特别是丰富创新了科学社会主义理论,但这是在坚守马克思恩格斯科学社会主义理论前提下、在践行马克思恩格斯科学社会主义理论过程中的丰富创新。

---

[1] 中共中央文献研究室编:《十八大以来重要文献选编》(上),中央文献出版社 2014 年版,第 118 页。
[2] 中共中央宣传部编:《习近平总书记系列重要讲话读本》,人民出版社、学习出版社 2014 年版。

一、坚持把历史唯物主义基本原理作为理论基石和实践指南

生产力决定生产关系,经济基础决定上层建筑,正是生产力与生产关系的矛盾运动推动着人类社会不断发展进步。这是马克思主义历史唯物主义基本原理的核心要义,是对人类社会发展基本规律的深刻揭示。历史唯物主义基本原理是科学社会主义的理论基石,也是中国特色社会主义的理论基石与实践指南。

(一)坚持把"基本原理"作为立论之基

马克思恩格斯创立的科学社会主义理论,是建立在历史唯物主义理论基石之上的关于无产阶级解放运动的性质、条件和使命的学说。正是历史唯物主义和剩余价值学说的创立,使社会主义学说从空想变成了科学。马克思主义唯物史观认为,人类社会的发展变化是有基本规律的,就是生产力与生产关系、经济基础与上层建筑的矛盾运动规律。生产力与生产关系、经济基础与上层建筑的矛盾是社会基本矛盾,社会基本矛盾的运动变化是推动社会和历史发展的根本动力。"马克思主义对人类社会发展基本规律的揭示是人类思想史上的一次巨大飞跃,也是对正确历史观的一种深刻揭示。"[1]科学社会主义学说之所以"科学",根本原因就在于马克思主义发现并揭示了人类社会发展的基本规律,并运用这一规律分析了人类社会从原始社会发展到奴隶社会、封建社会、资本主义社会,直至共产主义社会的历史演变趋势,并分析了资本主义社会的矛盾运动、发展趋势以及社会主义代替资本主义的历史必然性,"科学地制定了社会主义社会的基本规定"[2]。科学社会主义学说之所以有别于以往的空想社会主义学说,且能够在人类社会发展史上产生巨大的影响,就在于它是从人类社会发展演变的基本规律出发分析问题,而不仅从道义上批判资本主义诸种不道德、不平等的现象。

中国特色社会主义同样把历史唯物主义基本原理作为自己的理论基石和实践指南。作为中国特色社会主义理论体系有机组成部分的邓小平理论、"三个代表"重要思想、科学发展观、习近平新时代中国特色社会主义思想,都把基本原理作为根本依循,都运用基本原理来分析当代中国所面临的矛盾问题并提出相应的思想理论。邓小平理论在深入分析中国社会生产力和生产关系、经济基础与上层建筑基本矛盾状况的基础上,明确提出了社会主义初级阶段理论,并依据中国处于"初级阶段"这一最大国情、最大实际,提出了中国共产党在初级阶段的基本纲领、基本路线、基本制度、基本政策。"三个代表"重要思想,同样是在分析中国社会基本矛盾基础上对共产党执政规律、社会主义建设规律、人类社会发展规律的深化认识,明确提出中国共产党要代表中国先进生产力的发展要求,代表中国先进文化的前进方向,代表中国最广大人民的根本利益。科学发展观是在分析中国社会的生产力和经济获得一定程度发展的情况下中国社会面临的可持续发展、绿色发展、全面发展问题,明确提出要在谋求高速发展的同时,实现经济的可持续发展,实现人与自

---

① 李太森:《关于历史观的五个基本问题辨析》,《学术界》2020 年第 7 期。
② 杨耕:《关于马克思主义理论主题、理论基础和理论结构的再思考》,《学习与探索》2020 年第 7 期。

然、经济与社会的协调发展。习近平新时代中国特色社会主义思想更是运用历史唯物主义基本原理分析了当代中国社会主要矛盾的发展变化,明确提出中国特色社会主义进入新时代,中国社会主要矛盾已经转化为人民日益增长的美好生活需要和不平衡不充分的发展之间的矛盾,并根据时代发展的需要,明确提出了创新、协调、绿色、开放、共享的新发展理念。很显然,中国特色社会主义理论的创立、发展都是以历史唯物主义作为理论基石的,这与马克思恩格斯的科学社会主义理论一脉相承。

(二)坚持把"解放和发展生产力"作为根本要求与根本任务

在马克思主义历史唯物主义基本原理中,生产力是一个极重要的范畴。生产力是引起生产关系、进而引起社会上层建筑变革的最能动、最刚性、最革命的因素。正是由于生产力的发展,生产力与生产关系、经济基础与上层建筑的矛盾运动,才导致了人类社会从原始社会到奴隶社会、到封建社会再到资本主义社会的历史更替。能否促进社会生产力的发展、进步,是判断一个社会形态、一种社会制度进步与否的根本标准。从这一根本标准出发,马克思恩格斯的科学社会主义理论充分肯定了资本主义社会代替封建社会的必然性、合理性、进步性。也正是从这一标准出发,马克思恩格斯将解放和发展生产力看作科学社会主义的根本要求和根本任务。社会主义之所以要代替资本主义,就是因为资本主义的内在矛盾严重束缚了社会生产力的发展,资本主义制度已无法容纳它所创造的生产力,已变成了束缚生产力发展的桎梏,资本主义的外壳就要被炸毁了,而社会主义却能为生产力的发展提供广阔的制度空间。社会主义建立在生产力高度发达、社会财富极大丰富的基础之上,解放和发展生产力,创造比资本主义更发达更先进的生产力,始终是社会主义运动的根本要求和根本任务。

马克思恩格斯在《共产党宣言》中明确提出:"无产阶级将利用自己的政治统治……尽可能快地增加生产力的总量。"①始终将"解放和发展生产力"作为一项基础性的根本要求和根本任务,是中国特色社会主义理论与实践中明确的标志。从理论角度看,不论是邓小平理论、"三个代表"重要思想、科学发展观,还是习近平新时代中国特色社会主义思想,都一再强调要调整和改革生产关系与上层建筑,大力发展生产力。邓小平明确提出,"发展是硬道理""贫穷不是社会主义",实行改革开放就是要解放和发展生产力。"三个代表"重要思想中的第一个代表,就是要代表先进生产力的发展要求。科学发展观的核心要义是谋求更好更可持续更健康的发展。习近平新时代中国特色社会主义思想一再强调,发展是解决我国一切问题的基础和关键,以经济建设为中心是兴国之要。同时,习近平新时代中国特色社会主义思想还根据时代的发展特点与发展要求,明确提出创新、协调、绿色、开放、共享五大新发展理念;通过对当代中国社会基本矛盾运动状况的分析,对新时代的社会主要矛盾作出新判断,并明确提出我国经济发展已由高速增长阶段转向高质量发展阶段,在新的发展阶段,要践行新发展理念,构建新发展格局。从实践角度看,正

---

① 《马克思恩格斯文集》第2卷,人民出版社2009年版,第52页。

是为了解放和发展生产力,中国适时走上改革开放之路。40 多年来,我们党和国家始终坚持以经济建设为中心,坚持把发展作为第一要务,不断破除影响和制约生产力发展、影响经济发展的体制机制障碍,初步建立了能够更好适应和促进生产力发展的社会主义市场经济体制,中国社会的生产力获得了快速发展,创造了世界经济发展史上的奇迹。

(三)坚持以人民为中心的思想

群众史观是唯物史观的重要组成部分。历史唯物主义认为:人是能动的社会实践主体;人民群众是社会历史的主体,是历史的创造者;人民群众在社会历史发展过程中起决定性作用。在马克思主义诞生之前的世界,英雄史观、唯心史观曾长期在思想界居统治地位,无论在中国还是西方,古代统治者们都信奉世俗政权的存在是神、天意或自然法在世间作用的结果,认为历史由上帝、圣人、英雄人物创造,而民众只能被动地接受统治。马克思主义群众史观与之截然对立;在《神圣家族》中,马克思强烈批判了英雄史观,指出"作为积极的精神的少数杰出个人与作为精神空虚的群众、作为物质的人类其余部分相对立……其实,正是人,现实的、活生生的人在创造这一切"①。在分析总结德国工人运动的经验后,马克思进一步发现了人民群众的力量,在《德意志意识形态》中强调:"社会结构和国家总是从一定的个人的生活过程中产生的。……这些个人是从事活动的,进行物质生产的,因而是在一定的物质的、不受他们任意支配的界限、前提和条件下活动着的。"②人民群众是社会物质财富的创造者,在社会历史中具有主体地位,"历史的活动和思想就是'群众'的思想和活动"③。同时,人民群众还是精神财富的创造者和社会变革的决定性力量。人类历史上一切伟大的发明创造,都离不开人民群众的智慧,而优秀的知识分子或精英,也是从人民群众中产生的。社会制度的变革、生产关系的质变,无一不须借助人民群众的力量。正是基于对群众史观的信奉和依循,马克思恩格斯的科学社会主义理论始终贯穿着以人民为中心的思想。在科学社会主义理论的价值诉求上,它始终关注以无产阶级为主体的劳苦大众的疾苦,代表广大人民群众的根本利益,主张消灭少数人剥削和压迫多数人的不合理的社会制度,实现广大人民群众的彻底解放;在科学社会主义理论关于革命道路问题上,始终坚信人民的力量,主张把无产阶级由自在阶级转变为自为阶级,通过宣传动员和组织广大人民群众,最终依靠人民群众去夺取革命胜利;在向未来共产主义社会过渡的国家管理中,以及未来社会的制度设计中,科学社会主义理论都强调人民占有、人民作主、人民享用。例如,科学社会主义理论主张,在无产阶级夺取政权建立的国家中,人民是国家的主人,国家管理人员是人民的公仆,真正为人民做事。又如,在关于未来社会的制度设计中,科学社会主义理论主张建立广大人民群众共同占有生产资料、共同参加劳动、共同分享劳动成果的所有制和分配制度。

---

① 《马克思恩格斯文集》第 1 卷,人民出版社 2009 年版,第 291—295 页。
② 《马克思恩格斯文集》第 1 卷,人民出版社 2009 年版,第 524 页。
③ 《马克思恩格斯文集》第 1 卷,人民出版社 2009 年版,第 286 页。

中国特色社会主义理论和实践依循和践行着历史唯物主义的群众史观。从邓小平理论到习近平新时代中国特色社会主义思想，贯穿中国特色社会主义理论形成、发展、创新、成熟整个过程的一条思想主线就是坚持以人民为中心。中国特色社会主义理论坚信人民是历史的创造者，人民是真正的英雄，因而充分肯定中国人民在中国历史和中华文明发展中的伟大作用，深刻认识到人民群众是历史发展和社会进步的主体力量，必须紧紧依靠人民创造历史伟业。中国特色社会主义理论一贯主张：中国特色社会主义事业是全体人民的事业，要坚持人民主体地位，要相信人民、团结人民、依靠人民、为了人民。在习近平新时代中国特色社会主义思想中，坚持人民至上，坚持人民主体地位，坚持发展为了人民、发展依靠人民、发展成果由人民共享的以人民为中心的思想。习近平新时代中国特色社会主义思想的核心内容是"八个明确""十四个坚持"。在"八个明确"中，其中一个"明确"就是明确了新时代我国的主要矛盾，以及必须坚持以人民为中心的发展思想，不断促进人的全面发展、全体人民的共同富裕。在"十四个坚持"中，其中一个"坚持"就是坚持以人民为中心。在中国特色社会主义实践中，中国共产党作为执政党更是牢记为人民谋幸福、为民族谋复兴、为世界谋大同的初心使命，坚持立党为公、执政为民的执政理念，坚持权为民所用、情为民所系、利为民所谋，坚持群众路线，坚持将人民拥护不拥护、赞成不赞成、高兴不高兴、答应不答应作为制定各项政策的出发点和落脚点，作为衡量各项工作得失的根本标准。改革开放40多年来，中国共产党直面"四大考验"和"四大风险"，团结和带领全国人民不断建立和完善反映广大人民根本利益和愿望要求的中国特色社会主义制度体系，充分调动广大人民群众的积极性、能动性、创造性，持续推进经济、政治、文化、社会、生态等各项事业建设，中国的经济社会发展取得了辉煌成就，广大人民群众的获得感、幸福感、安全感明显增强，以人民为中心的思想得到了切实体现。

二、坚守和践行马克思恩格斯科学社会主义理论的核心价值理念

马克思恩格斯的科学社会主义理论作为一种为无产阶级和劳苦大众谋求解放的理论学说，作为一种批判和否定旧社会制度特别是批判和否定资本主义社会制度、谋求建立美好的新社会制度的理论学说，其理论品质必然有强烈的人民性、斗争性、实践性，因而也必然有明确的价值指向和制度指向。从价值指向角度看，马克思恩格斯科学社会主义理论的核心价值理念和价值诉求主要表现在追求人的自由全面发展、追求共同富裕、追求公平正义三大方面，这三大核心价值理念都在中国特色社会主义中得到坚守和践行。

（一）对"人的自由全面发展"理念的坚守和践行

实现人的彻底解放，使人获得自由全面发展，是马克思恩格斯科学社会主义最核心的价值理念，是马克思主义的根本价值指向。"从《德意志意识形态》提出'确立有个性的个人'，到《共产党宣言》提出'个人的自由发展'，从《资本论》重申'自由个性'到《哥达纲领批判》重申'个人的全面发展'，再到《社会主义从空想到科学的发展》强调人将'成为自己的社会结合的主人''成为自然界的主人''成为自己自身的主人——自由的人'，贯穿科学社会主义中的一条永恒的金带就是人的自由而全面发展。"①马克思恩格斯科学社会主义理论所主张的进行无产阶级革命、建立社会主义和共产主义制度，其根本价值目标正是为了实现人的自由全面发展。在整个马克思主义理论体系中，实现人的自由全面发展既是科学社会主义的基本原则，又是共产主义社会中人的终极目标。马克思恩格斯以实现人的自由全面发展为核心，展开对资本主义生产方式的批判，并在此基础上建构出科学社会主义的理论基石。在科学社会主义的诞生之作——《共产党宣言》中，马克思恩格斯明确提出："代替那存在着阶级和阶级对立的资产阶级旧社会的，将是这样一个联合体，在那里，每个人的自由发展是一切人的自由发展的条件。"②

中国特色社会主义同样将追求人的解放、实现人的自由全面发展作为自身核心价值理念。从理论层面看，中国特色社会主义理论明确提出以人为本，明确把自由作为社会主义核心价值观的重要内容。2003年，中共十六届三中全会明确提出以人为本，指出"坚持以人为本，树立全面、协调、可持续的发展观，促进经济社会和人的全面发展"。以人为本是科学发展观的核心要义，在党的十七大报告中，以人为本再次成为大会所强调的重点，"必须坚持以人为本。全心全意为人民服务是党的根本宗旨，党的一切奋斗和工作都是为了造福人民。要始终把实现好、维护好、发展好最广大人民的根本利益作为党和国家一切工作的出发点和落脚点，尊重人民主体地位，发挥人民首创精神，保障人民各项权益，走共同富裕道路，促进人的全面发展，做到发展为了人民、发展依靠人民、发展成果由人民共享"。党的十八大报告对以人为本做了更加深刻的总结，指出："坚持以人为本、执政为民，始终保持党同人民群众的血肉联系。为人民服务是党的根本宗旨，以人为本、执政为民是检验党一切执政活动的最高标准。任何时候都要把人民利益放在第一位，始终与人民心连心、同呼吸、共命运，始终依靠人民推动历史前进。"大会将以人为本、执政为民同执政党的最高标准结合起来，更加突出了以人为本的价值引领。党的十九大报告在论述了我国社会主要矛盾变化后指出："我们要在继续推动发展的基础上，着力解决好发展不平衡不充分问题，大力提升发展质量和效益，更好满足人民在经济、政治、文化、社会、生态等方面日益增长的需要，更好推动人的全面发展、社会全面进步。"从实践层面看，中国特色社会主义在实践中不断创造实现人的自由全面发展的各种社会条件，充分保障、实现并不断扩大广大人民群众的自由权利。

（二）对"共同富裕"价值理念的坚守和践行

追求共同富裕是马克思恩格斯科学社会主义理论的另一核心价值理念，也是科学社会主义理论的一个突出标志。科学社会主义理论之所以能够获得广大人民群众的赞成与支持，一个很重要的原因是它反映了最广大人民群众的根本利益、愿望和要求，即实现共同富裕。科学社会主义反对人剥削人、人压迫人的社会制度，主张剥夺剥夺者，追求共同

---

① 杨耕：《关于马克思主义理论主题、理论基础和理论结构的再思考》，《学习与探索》2020年第7期。
② 《马克思恩格斯文集》第2卷，人民出版社2009年版，第53页。

富裕。

中国特色社会主义同样把共同富裕作为核心价值观念并积极践行。从理论层面看，改革开放以来，历次党的代表大会报告都一再强调要逐步实现共同富裕。从邓小平理论到习近平新时代中国特色社会主义思想，都特别强调共同富裕。建设中国特色社会主义必须避免两极分化。邓小平指出："社会主义不是少数人富起来、大多数人穷，不是那个样子。社会主义最大的优越性就是共同富裕，这是体现社会主义本质的一个东西。"①江泽民强调："实现共同富裕是社会主义的根本原则和本质特征，绝不能动摇。"②胡锦涛也要求："使全体人民共享改革发展成果，使全体人民朝着共同富裕的方向稳步前进。"③习近平指出："共同富裕是中国特色社会主义的根本原则，实现共同富裕是我们党的重要使命。"④习近平还强调，"我们追求的发展是造福人民的发展，我们追求的富裕是全体人民共同富裕"⑤，要"让发展成果更多更公平惠及全体人民，不断促进人的全面发展，朝着实现全体人民共同富裕不断迈进"⑥。从实践层面看，改革开放以来，我国首先通过大力发展生产力和经济，创造了巨大的国民财富，把蛋糕做大，为实现共同富裕提供了巨大的物质基础；同时，又通过所有制制度、分配制度、社会公共服务制度、社会保障制度这样的顶层设计，通过全面建设小康社会和打赢脱贫攻坚战，在先富带后富的过程中，为实现共同富裕提供了制度保障和社会条件。2021年，我国已经由全面建成小康社会转入全面建设社会主义现代化强国新的发展阶段，广大人民群众的生活水平获得显著提高，逐步实现共同富裕又取得了新的进展。

（三）对"公平正义"价值理念的坚守和践行

公平正义同样是马克思恩格斯科学社会主义理论的核心价值理念。科学社会主义学说追求的公平正义，不是资产阶级标榜的形式上的公平正义，而是形式和内容相统一的、更加真实的、更高层次的公平正义。公平正义是人类社会古往今来所追求的价值目标，亦是西方政治思想史上最为经久不衰的话题。公平正义同样为马克思恩格斯科学社会主义理论所关注，是科学社会主义所追求的最重要、最基本的价值目标之一。正是出于对实质性公平正义的追求，马克思恩格斯科学社会主义理论深刻地揭示和批判了资本主义在自由竞争形式掩盖下存在的实质上的不公正。马克思恩格斯认为：只有推翻资本主义制度，消灭雇佣劳动制度，消灭私有制，消灭剥削，消除两极分化，才能真正实现公平正义；只有在共产主义社会中，形式公正才能转变为实质公正，实现财产共有、各尽所能、按需分配。

---

① 《邓小平文选》第3卷，人民出版社1993年版，第364页。

② 《中国共产党第十四届中央委员会第五次全体会议文件》，人民出版社1995年版，第16页。

③ 《胡锦涛文选》第2卷，人民出版社2016年版，第291页。

④ 《中共中央关于制定国民经济和社会发展第十四个五年规划和二〇三五年远景目标的建议》辅导读本，人民出版社2020年版，第20页。

⑤ 中共中央党校（国家行政学院）：《习近平新时代中国特色社会主义思想基本问题》，人民出版社、中共中央党校出版社2020年版，第115页。

⑥ 习近平：《在纪念马克思诞辰200周年大会上的讲话》，人民出版社2018年版，第21页。

公平正义既是人类社会长久追求的价值目标,又是中国特色社会主义的本质要求。从理论层面看,从邓小平理论到习近平新时代中国特色社会主义思想,中国特色社会主义理论坚守公平正义这一核心价值理念,公平正义是社会主义核心价值观的重要内容。从实践层面看,其一,我国建立了中国特色社会主义基本经济政治制度,实行以公有制为主体、多种所有制经济共同发展的所有制制度,实行以按劳分配为主体、多种分配方式并存的分配制度,实行人民代表大会制度,坚持党的领导、人民当家作主、依法治国有机统一,这为实现实质公平正义提供了根本制度保障;其二,我国不断加强和完善社会主义法治建设,将公平正义的价值追求贯穿到立法、执法、司法、守法的全过程和各方面,努力伸张和维护社会公平正义;其三,我国着力构建和完善以权利公平、机会公平、规则公平、分配公平这"四个公平"为主要内容的具体制度体系,让公平和正义具体体现在人们从事各项活动的起点、机会、过程和结果之中。

三、坚持和践行马克思恩格斯科学社会主义理论中关于社会主义制度设计方面的基本原则

在马克思恩格斯创立的科学社会主义理论中,对未来社会进行了设计和描绘,同时也根据历史唯物主义基本原理对社会主义的基本原则和基本经济政治制度进行了论述。从哲学上讲,任何事物都有自己独有的、区别于其他事物的质的规定性,作为一种新社会形态的社会主义也有着区别于其他社会形态特别是资本主义社会形态的质的规定性,而马克思恩格斯科学社会主义学说关于社会主义制度设计方面的基本原则,以及依据基本原则而设立的基本经济政治制度,正是社会主义社会的质的规定性。正如习近平所说:"科学社会主义基本原则不能丢,丢了就不是社会主义。"①有学者指出:坚持科学社会主义基本原则,才能叫作社会主义;抛弃、否定科学社会主义基本原则,就不能叫作社会主义。科学社会主义基本原则,就是社会主义制度必不可少的本质特征。虽然关于科学社会主义到底有哪些基本原则,学术界意见不一。但如果从价值目标层面看,坚持以人民为中心、主张解放和发展生产力、追求人的自由全面发展、追求共同富裕、追求公平正义等都可以被看作科学社会主义的基本原则,如果从革命运动过程层面看,主张进行社会主义革命、主张消灭私有制、主张坚持无产阶级政党领导等,也可看作科学社会主义的基本原则。从建构社会主义社会形态和社会制度层面看,公认的基本原则有:实行生产资料公有制,实行按劳分配,实行无产阶级政党领导的人民民主政治。中国特色社会主义之所以是社会主义而不是别的什么主义,正是因为它坚持了科学社会主义基本原则,特别是坚持了马克思恩格斯科学社会主义理论中关于社会主义制度设计方面的基本原则,并根据基本原则建立了中国特色社会主义基本经济制度和基本政治制度。

---

① 《习近平谈治国理政》第1卷,外文出版社2014年版,第22页。

（一）坚持生产资料公有制原则，实行公有制为主体、多种所有制经济共同发展的所有制制度

主张在社会化生产力发展基础上实行生产资料公有制，既是马克思恩格斯科学社会主义理论为社会主义制度确立的一个重要基本原则，也是社会主义社会区别于资本主义社会及其他社会形态的最基本的经济制度，是社会主义质的规定性。生产资料所有制是社会的经济基础，是最重要的社会制度。以生产资料所有制为标准区分不同社会形态和社会制度，是历史唯物主义的一个基本观点和分析社会的基本方法；主张进行社会革命，同传统所有制关系彻底决裂，消灭私有制，消灭剥削和压迫，建立生产资料公有制的社会主义和共产主义社会，是马克思主义的根本主张。科学社会主义理论运用历史唯物主义基本原理，在充分肯定资本主义私有制在历史上的进步作用的同时，还分析了资本主义私有制与社会化大生产的矛盾，论述了全部生产资料归社会直接占有的历史必然性与合理性，明确提出消灭私有制、在社会主义和共产主义社会建立公有制的根本制度主张。

中国特色社会主义坚持以公有制为主体、多种所有制经济共同发展的基本经济制度，既坚持了马克思恩格斯科学社会主义理论关于建立社会主义制度所依循的基本原则，同时又根据中国的实际国情，创新了基本经济制度。改革开放前的中国，实行"一大二公三纯"的单一公有制和高度集权的计划经济体制。随着实践发展，这种经济体制中存在的弊端日益凸显，严重制约了社会生产力发展。改革所有制结构，改革经济体制，成为 20 世纪 70 年代末 80 年代初诸多社会主义国家的必然选择。中国共产党在新时期的改革开放实践中，坚持将马克思主义基本原理同中国具体实际相结合，坚持解放思想、实事求是，坚持实践标准，坚持生产力标准，坚持"三个有利于"标准，坚持一切从中国的实际出发，坚持同国际发展大趋势相结合，对所有制改革进行了大胆探索实践，并在实践的基础上创立了中国特色社会主义所有制理论，确立了中国特色社会主义基本经济制度。党的十五大报告明确指出，公有制为主体、多种所有制经济共同发展，是我国社会主义初级阶段的一项基本经济制度。当代中国特色社会主义公有制无疑建立在社会化生产发展的基础之上，但它同时又与多种所有制经济、市场经济结合在一起。这种伟大的制度创新，既坚持了社会主义经济制度质的规定性，同时又让公有制拥有非常现实的社会土壤；既能使公有制获得更好的发展和实现，同时也能在特定历史阶段比如社会主义初级阶段，使以公有制为主体、多种所有制经济共同发展这一重要生产关系更好地适应和推动生产力发展。

（二）坚持按劳分配原则，实行按劳分配为主体、多种分配方式并存的分配制度

在马克思恩格斯的科学社会主义理论中，分配制度是重要的社会经济制度，按劳分配是科学社会主义在制度设计方面所依循的又一重要原则，也是社会主义社会制度区别于资本主义社会制度及其他社会制度的一个质的规定性。而且科学社会主义理论所主张的按劳分配制度是实行生产资料公有制必然的逻辑结果，二者紧密结合在一起。在科学社会主义理论体系中，分配是社会生产的重要环节，是重要的社会制度。剥削和掠夺只能导致既定社会剩余产品在不同社会群体间的划分，却不能使社会财富增值，不能扩大社会剩余产品,而只有按劳分配才能在不断推动生产力发展、不断创造更多社会财富的前提下实现社会剩余产品相对公平合理的分配占有。在社会主义社会,之所以要将按劳分配作为分配原则和价值目标,最根本的原因就是:其一,它最能推动生产力发展,能为社会提供尽可能多的、可供分配的劳动成果。其二,它的分配结果较为公平合理。按照马克思恩格斯的设想,在未来社会里,既然生产资料由社会直接占有,那么按劳分配就可以成为共产主义初级阶段社会成员获得消费资料的唯一原则。马克思恩格斯明确提出了在共产主义初级阶段个人消费品要实行按劳分配的思想。在《哥达纲领批判》中,马克思指出:"每一个生产者,在作了各项扣除以后,从社会领回的,正好是他给予社会的。他给予社会的,就是他个人的劳动量。……他以一种形式给予社会的劳动量,又以另一种形式领回来。"①这是一种理想的设计,按劳分配是社会主义个人消费品分配关系的基本原则,这种原则来源于社会主义生产的手段和目的,"用在高度技术基础上使社会主义生产不断增长和不断完善的办法,来保证最大限度地满足整个社会经常增长的物质和文化的需要"②,来自劳动是社会财富的根本源泉这一历史唯物主义的真理。按劳分配是社会主义生产过程本身的客观要求,也是生产力发展的根本要求。

中国特色社会主义实行以按劳分配为主体、多种分配方式并存的分配制度,既是对马克思恩格斯科学社会主义理论关于按劳分配基本原则的坚持,又是在坚持基本原则的前提下对分配制度的大胆创新。党的十九大报告指出:"坚持按劳分配原则,完善按要素分配的体制机制,促进收入分配更合理、更有序。"中国特色社会主义的分配制度,是与中国所处社会主义初级阶段这一最大国情相结合相适应的分配制度,是与社会主义市场经济相结合相适应的分配制度。中国特色社会主义分配制度对按劳分配原则的坚持和对具体分配制度的创新,使分配作为生产的重要环节能更好地发挥作用,使作为生产关系的分配制度能更好地调动广大生产经营组织和广大劳动者的积极性、能动性、创造性,充分释放土地、人才、资本、科技、信息等各种生产要素的活力,推动生产力和经济社会快速发展,从而能在更高层次上满足广大人民群众的物质文化生活需求。

(三)坚持党的领导和人民民主原则,实行社会主义民主政治制度

人民民主是社会主义的生命。实行人民民主是科学社会主义的基本政治原则。实行人民民主离不开无产阶级政党的领导,因而党领导下的人民民主政治就成为社会主义制度的本质特征。坚持共产党的领导,是马克思恩格斯科学社会主义理论的题中之义,是其理论逻辑和实践运动必然推导出的一个重要原则。马克思恩格斯在《共产党宣言》中专门论述道:共产党人"没有任何同整个无产阶级的利益不同的利益……在实践方面,共产党人是各国工人政党中最坚决的、始终起推动作用的部分;在理论方面,他们胜过其余无产阶级群众的地方在于他们了解无产阶级运动的条件、进程和一般结果"。很显然,共产

---

① 《马克思恩格斯文集》第3卷,人民出版社2009年版,第434页。
② 《马克思恩格斯文集》第2卷,人民出版社2009年版,第685页。

党人是无产阶级群众中的先进分子,共产党是由先进分子组成的、有着历史使命的组织,在整个社会主义运动过程中,共产党必然要、必须要而且有能力发挥领导和推动作用。《共产党宣言》诞生的本身就是共产党发挥领导和推动作用的一种实践。根据马克思恩格斯的设想,无产阶级在推翻资本主义生产方式和资产阶级统治后,新型民主与新型专政便成为新的上层建筑,人类社会第一次实现大多数人对少数人的专政,即政治民主,到了共产主义社会,政治民主将转化为社会民主。在马克思恩格斯创建的科学社会主义理论中,无产阶级掌握政权后,由人民对国家、社会进行治理和统治。恩格斯在《共产主义原理》中指出:"首先无产阶级革命将建立民主的国家制度,从而直接或间接地建立无产阶级的政治统治。"在民主制度建立后,无产阶级将上升为统治阶级,实现人民当家作主。巴黎公社是法国的工人阶级建立无产阶级革命政权的一次尝试,马克思恩格斯对此有高度评价,并明确提出了对政权和政府实行民主管理的思想。在《法兰西内战》中,马克思在谈到巴黎公社的经验时,指出公社的市政委员、警察等一切社会公职人员,都应当是"公社的勤务员",这些公职人员应处于公社成员的监督之下,没有个人私利,能够做到全心全意为集体和民众服务。"公社的勤务员"实际上就是对社会和民众负责的公仆。

坚持和完善党的领导是中国特色社会主义始终坚持的重大政治原则。习近平曾明确指出:"中国共产党的领导是中国特色社会主义最本质的特征。"从社会主体能动的社会实践角度看,中国共产党是以马克思主义为指导思想的党,正是在中国共产党的领导下,中国才走上了社会主义道路,也正是在中国共产党的领导下,中国才开创了中国特色社会主义伟大事业,党的领导关系着中国特色社会主义的性质、方向和命运,党的领导是中国特色社会主义各项事业建设发展的根本保证,党的领导是中国特色社会主义制度的最大优势。正是在中国共产党领导下,中国特色社会主义积极践行着人民民主原则,着力构建和不断完善社会主义民主政治制度。中国特色社会主义实行的根本政治制度是人民代表大会制度。《中华人民共和国宪法》明确规定:"中华人民共和国的一切权力属于人民。人民行使国家权力的机关是全国人民代表大会和地方各级人民代表大会。人民依照法律规定,通过各种途径和形式,管理国家事务,管理经济和文化事业,管理社会事务……全国人民代表大会和地方各级人民代表大会都由民主选举产生,对人民负责,受人民监督。"人民代表大会制度是坚持党的领导、人民当家作主、依法治国有机统一的根本政治制度安排,为实现人民当家作主提供了根本制度保障。在此基础上,我国还实行了中国共产党领导的多党合作和政治协商制度、民族区域自治制度、基层群众自治制度等基本政治制度。中国特色社会主义的根本政治制度和基本政治制度,既坚持了科学社会主义关于未来社会政治制度设计方面所依循的人民民主这一基本原则,同时,又通过现实的具体的政治制度安排使人民民主的基本原则获得真正践行和体现。我国的社会主义民主政治制度安排,能够有效保证人民享有更加广泛、更加充实的权利和自由,保证人民广泛参与国家治理和社会治理。我国的社会主义民主是维护人民根本利益的最广泛、最真实、最有效的民主。

四、结语

中国特色社会主义不是别的什么主义,而是科学社会主义在当代中国的具体实践。中国特色社会主义理论依循着马克思主义历史唯物主义基本原理,结合中国实际而创立,坚守并践行着马克思恩格斯科学社会主义理论所主张的实现人的彻底解放、实现人的自由全面发展、追求共同富裕、实现公平正义等核心价值理念,坚持并践行着马克思恩格斯科学社会主义理论所主张的生产资料公有制、按劳分配、人民民主等基本制度原则,因而无论是从理论层面还是从实践层面看,无论是从社会主义发展史层面看还是从中西方制度比较层面看,中国特色社会主义毫无疑问就是真正的社会主义,而且是、当然是具有鲜明中国特色、时代特色的社会主义。

(作者:李太淼、肖遥,原载《科学社会主义》2021 年第 2 期)

经济社会结构变迁对乡村政治组织建设的影响

目前,全国上下正在推进实施乡村振兴战略。组织振兴既是乡村全面振兴的重要内容和重要标志,又是乡村全面振兴的重要环节和重要条件。自党的十九大提出实施乡村振兴战略以来,如何搞好乡村组织振兴就成为实践界和学术界非常关注并不断深入探讨的一个问题。习近平总书记对乡村组织振兴问题多有论述,党和国家出台的一些重要法规、文件也对乡村组织建设多有论及。2021年的中央一号文件再次聚焦组织振兴,把"加强党的农村基层组织建设和乡村治理"作为推进乡村全面振兴、加快农业农村现代化的重要内容。2021年4月出台的《中华人民共和国乡村振兴促进法》就建立健全党委领导的现代乡村治理体制和治理体系、农村基层党组织建设、自治组织建设、集体经济组织建设、农村干部队伍建设、乡镇政府建设和各级人民政府职能改进等问题作了原则性规定。2021年4月28日,中共中央、国务院又出台了《加强基层治理体系和治理能力现代化建设的意见》,对如何加强党的基层组织建设、健全基层治理领导体制、提高乡镇政府治理能力建设、规范村(居)民自治组织建设等提出了指导性意见。

乡村组织振兴的关键是搞好乡村政治组织建设,这是实施乡村振兴的政治保障和组织保证。本文所论及的乡村政治组织主要是指乡村党组织、村(居)民自治组织、乡村地区的政府组织。这三种组织是乡村社会治理的主体,其组织建设状况如何,直接关系到党在农村的领导地位和领导作用的发挥,关系到基层党组织战斗堡垒作用的发挥,关系到村(居)民民主政治权利的实现,关系到行政管理权的有效行使,关系到乡村现代化社会治理体系的构建。

一、中国乡村经济结构变迁的主要特征及趋势

改革开放40多年来,随着中国经济体制改革、所有制改革、产权改革的不断深化和市场经济的不断发展,随着中国工业化、城镇化、信息化以及农业现代化的持续推进以及科学技术的巨大进步,中国农村的生产力获得快速发展,生产关系发生了重大变革,乡村的经济结构发生了巨大变化。2006年中国全部取消了农业税,并且提出"新农村建设",标志着中国的工业化已经不再依赖农业剩余,中国经济社会已进入工业反哺农业、财政补贴农民的新时期。随着城镇化的不断推进,从2011年开始,城镇人口已经超过农民,以城市人口为主的人口分布格局基本形成。"乡土中国"演变为"城乡中国",并正在演变为"城

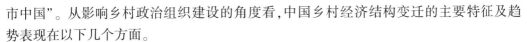

市中国"。从影响乡村政治组织建设的角度看,中国乡村经济结构变迁的主要特征及趋势表现在以下几个方面。

(一)所有制结构呈现"一主多元",土地产权结构日益复杂、细化

一是土地所有制结构和实现形式发生重大变化。在生产力和市场经济发展作用下,农村地区的土地所有制结构和公有制实现形式发生了重大变化。从所有制结构上看,伴随着工业化、城镇化进程,部分农村土地由集体所有转为国家所有。从所有制实现形式上看,虽然目前广大农村地区依然实行土地农民集体所有,但集体所有的实现形式发生重大变化。通过对土地所有权、承包权、占有权、转让权、经营权、收益权的界定、细化,农民拥有了更多的生产经营自主权,集体所有的土地得到了更合理、更有效的利用。

二是多种所有制经济获得巨大发展。乡村所有制结构呈现"一主多元"特征。其中,"一主"就是以土地公有制为主,并伴有一定的集体经济;"多元"就是多种所有制经济共同发展。家庭承包经营责任制的推行赋予农民生产经营自主权,解放了农民,也使中国乡村个体、私营、股份合作等多种所有制经济获得巨大发展。

三是农村集体所有制经济不断改革创新。2015年我国开展集体产权制度改革试点,如今正在全面推开。截至2021年8月,已有18个省份完成试点任务,全国经营性资产股份合作制改革有序推进,确认集体成员约9亿人,53万个村完成改革,其中超过50万个村领到集体经济组织登记证。① 借助集体产权改革,各地积极探索资源开发型、乡村旅游型、农业产业型等集体经济发展模式,不断创新集体经济运营新机制。

四是土地产权结构日益复杂、细化。农村土地产权制度改革由原来的"两权分离"(所有权与使用权分离)演进到后来的"三权分置"(所有权、承包权、经营权分置),这是家庭联产承包责任制后农村改革的又一大制度创新。当前,我国农村正在推进承包地"三权分置"改革和宅基地"三权分置"(所有权、资格权、使用权分置)改革。承包地"三权分置"改革的主要取向是明确所有权、稳定和细化承包权、放活和物化经营权,推动适度规模经营。宅基地"三权分置"改革的主要取向是明确所有权、界定资格权、放活使用权,盘活用好农村建设用地。土地产权细化,促进了农村土地的流转和优化利用。截至2020年年底,全国承包耕地土地经营权流转面积超过5.32亿亩,1400多个县(市、区)、2.2万多个乡镇建立起农村土地经营权流转市场或服务中心。② 可以预计,农村土地产权制度的深化改革,必将给城乡生产要素优化整合、农村多业融合发展、农村人口流动等带来深刻影响。

(二)市场主体和经济组织结构日益增多,多元共存

一是从市场主体角度看。改革开放后,一个最深刻的变化就是家庭承包经营责任制的推行和市场经济的发展使广大农民成为相对独立的市场主体。大量农民从土地上解放

---

① 朱隽、郁静娴、范昊天:《深化改革,乡村焕发新活力》,《人民日报》2021年8月8日。
② 朱隽、郁静娴、范昊天:《深化改革,乡村焕发新活力》,《人民日报》2021年8月8日。

出来,专门从事养殖、工商服务、交通运输服务、旅游服务等经营活动。农民在生产经营活动中又促进了大量新型市场主体的形成,如家庭农场、种养大户、农民专业合作社等。除农村内生的多种市场主体外,在工业化城镇化进程中,还有不少投资人到农村开办工厂,经商创业,形成新的市场主体。

二是从经济组织角度看。改革开放以来,乡村经济组织不断增多,产权性质和经营种类多种多样。首先是集体经济组织广泛存在。一种情形是村委会直接作为经济组织存在,这在改革开放初期的农村较为普遍。村委会不仅管理本村经济事务如土地发包、宅基地分配,而且直接对外签订合同并开展生产经营活动,兼具集体经济组织性质。另一种情形是由村委会主导成立专门的经济组织如股份经济合作联合社、股份经济合作社、集体控股公司等,由集体经济组织专门负责生产经营活动。其次是各种农民专业合作社大量涌现。截至 2017 年 7 月,在工商部门登记的农民专业合作社达到 193.3 万家,实有入社农户超过 1 亿户,约占全国农户总数的 46.8%。[①] 最后是各种涉农工商企业在农村有一定发展,这种情况在经济发达的农村地区表现得非常明显。

(三)与整个国民经济的产业结构变化相适应,中国乡村的产业结构也发生了重大变化,而且还在持续变化之中

中国乡村产业结构变化的主要特征和趋势表现在以下几个方面。

一是农业在一、二、三产业结构中的比重不断下降,但农业现代化在工业化、信息化和科技发展的推动下获得长足发展。2020 年,中国三次产业增加值之比是 7.7∶37.8∶54.5。农业占比越低,越说明现代化发展成就巨大。中国产业发展持续向中高端迈进,已从传统农业大国成为工业大国、服务业大国,中国经济从依赖单一产业为主转向依靠三次产业共同带动。农业占比低,并不代表农业发展水平低,相反,中国的农业现代化成效显著,农业综合生产能力稳步提升,农业科技进步贡献率超过 60%,农作物耕种综合机械化率达到 71%。[②] 农业占比低,也并不代表农业不重要,相反,农业在国民经济中的基础性地位依然十分重要,大力发展高科技农业、高质量农业,推进农业现代化,是未来农业发展的必由之路。

二是农业农村多种市场经济价值不断显现,多业融合发展趋势明显。随着经济社会的发展和城乡人民群众对更加美好的生活的追求,农业农村在提供传统农产品的同时,也具有了多种多样的市场价值和功能,诸如旅游观光功能、休闲康养功能、文体娱乐功能、劳动体验功能、传统文化和红色文化教育功能等。多种多样显现的或潜在的市场价值必将引发农业农村多业融合的大发展。近年来,特色生态产业、农村电商、乡村旅游、休闲农业、文化体验、健康养老等农村新产业、新业态、新模式蓬勃发展、快速增长,多业融合发展的态势非常明显。

---

① 党钦:《全国农民专业合作社达 193.3 万家》,《人民日报》2017 年 9 月 24 日。
② 中华人民共和国国务院新闻办公室:《中国的全面小康》,《光明日报》2021 年 9 月 29 日。

（四）非农就业和流动就业特征明显，农民收入来源多样化

经济落后的农村地区，青壮年农民外出打工、流动就业已是非常普遍的现象。而经济发达地区的乡村，农民的非农就业就更加明显。在许多农村地区，种粮收入不再是农民主要经济收入，他们的家庭经济收入主要是依靠外出打工或外出经商。总体来看，当前农民收入结构的多元化主要表现在：既有农业劳动收入，也有非农业劳动收入；既有经营性收入，又有工资性收入；既有劳动经营性收入，也有土地、房产等财产性收入。当然，需要特别指出的是，农村地区发展不平衡问题以及农民收入不平衡问题仍然严重存在，中西部地区与东部沿海地区农村之间的发展差距、人均收入差距显著，而区域内部城中村、旅游景区农村、城市郊区农村等与偏僻农村之间的发展差距也十分显著。

（五）城乡经济关系更加广泛而紧密

改革开放以来，中国不断破解城乡二元结构，大力推进城乡一体化发展、融合发展，工农互促、城乡互补、协调发展、共同繁荣的新型工农城乡关系正在加快形成。现今的城乡经济关系发生了历史性巨变，其主要表现在以下几个方面。

一是城乡之间的生产力联系非常紧密，科学技术作为第一推动力对农村农业发展的作用异常明显。农业农村的发展越来越依赖于科学技术的进步、先进的生产工具以及产、学、研的有机结合，因而与工业、科研、城市的联系越来越密切。

二是城乡市场联系更加广泛而紧密。现在的农村越来越被融入社会化大生产体系和城乡一体化的大市场体系之中。农业农村产品的商品化非常明显，农村的土地市场正在发育，城乡一体化的建设用地市场正在形成，农产品向城市供应的渠道更畅通，品种更丰富。与此同时，农村成为城市产品重要销售地，乡村居民成为城市产品的重要消费群体。

三是城乡产业一体化态势显现。改革开放前，"以工业为代表的城市产业与以农业为代表的乡村产业分割运行，市场联系不顺畅、产业关联度不高"[①]。进入 21 世纪以来，城乡产业的联系得到加强，特别是在科技进步和信息化的推动下，城市产业迅速向乡村扩散和辐射。但从总体上看，城乡产业融合发展仍处于初级阶段。城乡产业结构合理布局、优势互补、合理分工、密切协作，是未来城乡融合发展的大势所趋。

四是城乡间生产要素流动和资源优化组合态势明显。大量农村剩余劳动力向城镇转移。大量农村优秀青年通过高考、参军、招聘流入城市并最后在城市就业、生活。城市资本、技术、人才向农村流动的态势日益增强，城乡劳动力、资本、技术、数据等要素流动更加畅通。可以预计，在实施乡村振兴战略的大背景下，在城乡融合发展的规律作用下，城市资本、技术、人才向农村流动是一种必然趋势。

五是城乡基础设施建设成效显著、结构不断优化。改革开放以来，中国城乡基础设施建设向着联通化、一体化方向快速迈进。城乡之间基本实现了路、水、气、环保、电网、物流、信息、广播电视等基础设施的互联互通，拉近了城乡距离，为农业农村发展奠定了坚实

---

① 陈文胜：《论中国乡村变迁》，社会科学文献出版社 2021 年版，第 165 页。

基础。

二、乡村社会结构变迁的主要特征及趋势

生产方式影响和制约着生活方式,经济发展制约和影响着社会发展。科学技术的进步,生产方式和经济结构的变化,助推着社会结构的变迁。从影响和制约乡村政治组织建设的角度看,当前中国乡村社会结构变迁的主要特征及趋势表现在以下几个方面。

(一)城乡空间布局结构发生了重大变化,而且还将发生重大变化

一是城市规模不断扩大。改革开放以来,中国城镇化布局和形态不断优化,城市规模不断扩大,在诸多地区形成了城市圈城市群。2017 年年底,京津冀、珠三角、长三角、成渝、长江中游五大城市群以占全国 10%的面积集聚了 40%的人口和 55%的地区生产总值,以城市群为主体的城镇化空间形态基本形成。

二是城镇数量增多,县城、小城镇获得发展。城市数量由改革开放初期的 193 个增加到 2020 年的 687 个,建制镇数量由改革开放初期的 2173 个增加到现在的 2.1 万多个。

三是行政村数量减少。"在 1990 年到 2010 年的 20 年时间里,我国的行政村数量,由于城镇化和村庄兼并等原因,从 100 多万个村锐减到 64 万多个,每年减少 1.8 万个村落,每天减少约 50 个。"①2016 年第三次全国农业普查共调查到 31925 个乡镇、596450 个村,与 10 年前的第二次全国农业普查数据相比,乡镇减少 8731 个,村减少 59576 个。目前中国的城镇化率为 63.89%,应该说,中国已由"乡土社会"演进到"城乡社会"。然而,按照现代化的发展趋势和要求,未来的城镇化率有可能达到 80%,因而中国必将向"城市社会"演进,未来的城乡空间布局结构还将发生重大变化。

(二)乡村居民集中居住态势明显,高层居住有所发展

居住方式是生活方式的重要内容。随着经济发展,科技进步,农村生产方式变化,中国农民的居住结构也发生了重大变化,其主要特征和趋势表现在三个方面。

一是砖混结构的住房非常普遍。经济富裕起来的农民对居住条件有了更高的要求,原来破旧简陋的房子已很难见到。现在大多数农村建的房子都是砖混结构的二层或三层小楼。即便是过着游牧生活的一些地区,其居住条件和居住方式也发生了重大变化,许多游牧民采取了定居方式。

二是集中居住态势明显。过去的农村,农民居住比较分散,特别是在山区丘陵地区,一个行政村有好几个自然村,一个自然村也就十几户人家,不仅居住比较分散,且往往是一户一宅一院,占地较多。伴随着城镇化、工业化和农业现代化发展,依托科学技术进步,同时受土地资源硬约束,集中居住成为一些农村地区的必然选择。集中居住主要有三种类型:首先是城镇化建设需要的集中居住。在城镇化过程中,一些农村土地被征用,农民变市民,进而采取集中居住。其次是为建设新型农村社区采取集中居住。为更好地开发

---

① 宋亚平主编:《三农中国(第 18 辑)》,湖北人民出版社 2012 年版,第 29 页。

利用农村土地,更好地为居民提供公共服务,一些地方政府推行了产业、土地、人口"三集中"政策(产业向园区集中,土地向经营大户集中,人口向城镇或新型社区集中),采取了合村并镇、合村并居建社区等措施,推进新型农村社区建设,引导农民集中居住。最后是用易地搬迁采取集中居住。为了扶贫、保护生态和大型水利水电工程建设等,需要对一些山区居民、滩区居民、受大型建设工程影响的居民进行易地搬迁,易地搬迁的居民基本上都采取集中居住并建立新型农村社区。

三是高层居住相伴而生。与集中居住相伴而生的是高层居住,也即通俗而言的"农民上楼"。这主要有两种情形:一种是一些农村被城市化,农民变市民,农民住进了城市高楼。另一种是部分新型农村社区实行了高层居住。这种情形主要发生在城郊接合部或经济高度发达的农村地区。

(三)人口和群体结构变化巨大,区域不平衡现象突出

产业结构、就业结构、收入结构的变化,必然导致乡村人口和群体结构变化。总体而言,乡村流动人口增多,利益群体多样化,社会组织增多,社会治理主体多元化。但由于经济发展不平衡,经济发达地区的农村与经济欠发达地区的农村人口和群体结构变化存在很大差异。

一是人口结构变化,主要表现在两个方面:首先是城乡人口结构变化,农业人口减少。随着我国城镇化水平的不断提高,城镇人口越来越多,农村人口不断减少。2020 年城镇常住人口为 90199 万人,人口城镇化率达到 63.89%,与 2010 年第六次全国人口普查相比,城镇人口增加 2.36 亿人,农村人口减少 1.64 亿人,城镇人口比重上升 14.21 个百分点。未来中国城镇化率还会提高到 80% 左右,城市与农村人口结构还会继续发生变化。其次是流动人口增多。流动人口增多、异质性增强,是当前农村人口结构变化最突出的表现。"农民工"是当代中国流动人口的主体。农民工的总人数 2012 年有 26261 万人,2016年有 28171 万人,2019 年有 29077 万人。经济发达地区农村与欠发达地区农村人口流动存在显著差异。经济欠发达地区的农村虽然也有外来人口流入,但流入较少,更多的情形是本地人口流向外地,而且这些流动的人口多是青壮年。在我们调查的中部的一些农村,青壮年人口向外流动很普遍,有的已占到村庄青壮年的绝大部分。由于外流人口多且是青壮年,导致当地农村的人口中老龄人口多、留守儿童多。与经济欠发达地区农村明显不同的情形是,在经济发达的农村地区,尽管也有人口流出,去外地谋生创业,但更多的情形是外来人口的大量流入,特别是在发达地区的城乡接合部的一些乡镇,外来人口已超过本地人口。外来人口在当地置业创业,打工谋生,使人口结构变得非常复杂。

二是群体结构变化,主要表现是利益群体多样化,这在经济发达的乡村更为明显。比如,有自己耕种自家承包地的种地农民群体,有通过土地流转经营大面积农地的种粮大户和家庭农场主群体,有个体工商户和自由职业者群体,有企业家和经商群体,有就近就业的职工群体,有外出务工人员群体,有外来务工人员群体,有老年人群体,有村干部群体。还有一个表现是社会组织增多。社会组织中有正式的,如一些行业协会、农村一些理事会。也有非正式的组织力量,如宗族组织、个别未经政府部门批准而自行成立的宗教组织,这类组织受到国家的限制,不能以公开的形式出现并参与政治生活,但对农村社会有一定影响。

(四)乡村居民生活需求层次提高,城乡趋同

随着中国特色社会主义进入新时代,随着全面建成小康社会,中国社会主要矛盾发生变化,乡村居民的生活需求结构正在发生新的重大变化,主要表现在三个方面。

一是物质生活需求更加丰富多彩。当今时代,乡村居民的物质生活水平进一步提高,比如,电视、空调、洗衣机等家用电器品种不断增多,品质不断提高,不少农民家庭购置了小汽车,个别农民还在城镇购置了商品房。不少农民购置有电脑,绝大多数农民都拥有手机。然而,人们对美好生活的追求不会停止,随着经济的富裕,乡村居民对物质生活会有更高层次、更加多样的需求。

二是精神生活需求和健康需求提高。农民的消费结构发生巨大变化,食品消费占比持续降低,居住、交通、通信、文教娱乐、医疗保健等消费迅速增长,整体上突破了生存型结构,向发展型、享受型消费结构转变。乡村居民对精神生活的需求大幅度增长。比如,对健康长寿、环境保护、公平正义、民主法治、产权保护、社会治安、文体娱乐、休闲旅游、自由恋爱、人格尊严、公民权利等的需求日趋增多。

三是城乡居民生活需求趋同态势明显。随着城镇化和市场经济的发展,"城里人"与"农村人"的身份界限越来越模糊,城乡居民生活需求趋同态势明显。比如,乡村居民对健康、环保的需求基本与城市居民同步。

(五)城乡社会交往频繁,关系密切

改革开放以来,城乡二元结构体制逐步被打破,城乡之间的社会关系变化巨大,处在一体化发展、融合发展的新阶段。城乡社会关系变化的特征和趋势主要有以下几个方面。

一是农村人口持续向城市流动,城乡之间人口流动成为常态。其一,农村人口转入城市。随着城镇化的推进,中国已有大量农村人口转移到城市。随着城镇化的进一步推进和户籍管理、就业政策、社会保障制度进一步改革,还会有更多的农村人口进入城市创业就业和生活。其二,农民工短期和季节性向城市流动的现象还将长期存在。由于城市还不具备完全解决农民工稳定就业、获得稳定收入、住房保障、子女教育等基本社会保障和基本公共服务问题,作为短期或季节性在城市打工谋生的农民工阶层还将持续存在很长时间。农民工在城市和乡村之间来回流动的"两栖人"现象会持续很长时间。其三,城市人到农村创业就业或到乡村旅游观光、休闲度假的现象会越来越多,农业农村所具有的多种潜在市场价值使农村成为重要的投资创业热土。城里企业到农村投资创业,或农村外出成功人士返乡创业,都会促使城里人向农村流动,从而使这些人变为城乡"两栖人",而且将成为未来社会的一种常态。

二是城乡在基本公共服务均等化方面有长足发展,乡村的社会生活与城市联系越来越紧密。改革开放以来,特别是推进城乡一体化发展以来,中国大力推进城乡公共基础设

施连通、社会保障贯通、公共服务互通、城乡国土规划和发展规制贯通,且进程不断加快。农村在公路交通、供水供电、污水处理、学校教育、医疗卫生等基础设施建设方面有实质性进展,为农村社会事业发展提供了便利。同时得益于国家持续推进的城乡基本公共服务均等化政策,各项公共服务不断向农村延伸,农村在义务教育、基本养老保障、基本医疗保障、环境卫生、社会治安等方面获得极大发展,城乡之间的差距日趋缩小,城乡社会生活联系变得异常密切。

三是乡村文化受城市文化影响明显,城乡文化差异性越来越小。在保留乡村原有文化传统特色的同时,城市文化快速进入农村,对乡村文化产生巨大影响,推动着乡村文化快速变迁。传统的家族文化、关系文化、熟人文化等受到冲击,竞争文化、法治文化、娱乐文化等在农村得到较大发展。总体而言,城乡文化的差异性越来越小,趋同性增大,城市与乡村的文化边界日趋模糊。

三、乡村经济社会结构变迁给乡村政治组织建设带来的深刻影响

乡村经济社会结构变迁,改变了乡村政治组织存在和发挥作用的社会空间场域,改变了乡村政治组织发挥作用的对象,对乡村政治组织建设提出了一些新的目标任务。

(一)对乡村党组织建设的影响

一是部分农村基层党组织软弱涣散问题。近些年来,部分经济欠发达地区的农村党组织出现"软、瘫、散"现象以及"反转、空转与停转"异化形态。不少农村地区存在村党组织带头人年龄结构老化、后备力量青黄不接,选人难、选优秀的人更难的现象。

二是基层党组织设置和领导体系架构问题。经济社会结构变迁给基层党组织设置和党组织的领导体系建设提出许多新课题。例如,如何在新型农村社区、一定规模经济组织中设置党组织,如何通过基层党组织设置、整合来健全和完善乡镇党委对域内村党组织、社区党组织及其他各种党组织的领导体系,如何通过基层党组织体系建设充分发挥基层党组织对自治组织及其他各种组织、各种社会治理主体、各种群体的领导作用。

三是党组织的功能创新问题。在经济社会结构变迁的大背景下,基层党组织的功能作用发挥面临许多新课题新要求。诸如,乡镇党委如何加强对域内所有党组织以及村委会、农村社区居委会、各种经济组织和社会组织的领导,行政村党组织如何有效领导村委会以及村内集体经济组织党组织、非公经济组织党组织,如何有效领导农村社会治理,如何更好地服务群众,规模较小的经济组织和社会组织是否需要建立党组织,如何实现党建工作对这些组织的全覆盖等。

(二)对村民自治组织建设的影响

村民自治与传统的农业经济结构密切相关。乡村经济社会结构变迁对村民自治组织建设的影响是直接、重大、深远的。村民自治组织是由村民、村民小组、村民代表会议、村民监督委员会、村民委员会等构成的组织体系。"城镇实行居民自治,农村实行村民自治

的格局建立在地域性基础上,具有一定的封闭性。"①经济社会结构的巨大变迁使村民自治遭遇了前所未有之变局。

一是农村自治主体缺失导致自治组织行权困境,这一问题主要发生在经济欠发达的农村地区。村民自治组织的架构体系,其核心组织是村民委员会,权力机构是村民会议、村民代表会议,成员主体是村民。然而,经济社会结构的变迁给村民组织的成员结构带来巨大冲击。在经济欠发达的农村地区,大量青壮年农民外出打工、季节性流动,农村空心化、农户空巢化、农民老龄化不断加剧,这导致主体成员缺位,给农村组织建设带来困境。村民流出和流动,导致村民对村务的关心度、参与度大大降低,使村民小组的管理、村民代表的产生和代表会议的召开、村委会成员的人选和自主权的规范行使都受到严重影响,村民民主选举、民主决策、民主管理、民主监督的权利难以付诸实施。许多基层组织软弱无力,又导致长期在本村居住的人政治权利得不到保障。

二是农村自治主体变化导致自治组织行权困难,这一问题在经济发达的农村地区表现得更为突出。从构成村民自治组织的最基础的成员——村民来看,"村民"具有很大的不确定性。传统意义上称为"村民"的,是指固定在一个村落聚居从事农业劳动的群体,"谁是村民"不是问题,而现在"谁是村民"已成为乡村很难确认的问题。现在的村民已然不是改革开放初期的以农业生产经营为主业、长期生产生活在村庄的村民了,"村民"发生了重大变化,有的变成了城市就业者,有的变成了季节性农民工,有的变成了当地的工商业者。在一些经济发达的农村地区,外来常住人口和流动人口成为当地人口的重要构成部分,甚至超过当地人口,从而导致人口成分非常复杂,村务与社区公共事务、政府行政管理事务交织在一起。当地村民的身份职业也变得异常复杂,这对村民自治组织的架构、设置、运行带来严重影响。就村民组织成员资格而言,是否吸纳外地人口、吸纳多少是全新问题。就村民小组和村民代表会议而言,要不要吸纳外来人口代表和有关利益群体代表参加,村委会成员如何通过民主选举产生也是问题。就村委会主要干部的职责而言,村委会成员面对日益繁重的公共事务是否还能以非公职人员的"农民"身份把务工经商或办企业作为自己的主要职业兼而得之;农村社区居委会成员需不需要专职化,村民委员会或村民小组既履行公共服务职能,又作为集体经济经营管理的权力行使者,这种情形在经济发达地区产生诸多问题。

三是自治组织设置单元问题。经济社会结构变迁特别是居民集中居住的发展,重塑着乡村社会的生产生活共同体单元。新型农村社区和中心村镇成为乡村重要的生产生活中心,原有的以行政村为单元的自治组织单元被突破。再造自治组织单元是经济社会发展提出的重大理论和实践课题。

四是村民自治权与基层政府行政管理权的矛盾问题。长期以来,村委会承接了大量乡镇基层政府下派的各项职能,行政化趋向严重。村委会承担一定的行政职能在经济社

---

① 徐勇:《中国农村村民自治》(增订本),生活书店出版有限公司2018年版,第199页。

会结构比较简单的农村地区是有其必然性与合理性的,但随着乡村经济社会结构的巨大变迁,公共设施建设、公共管理和服务事务的大量增长,再由村委会全权代理行使行政职能已不合时宜。因为,其一,由村委会全权代理行使行政职能严重超出了村委会的职责范围,使村委会不断丧失自治功能。其二,村委会本身在权力行使中也力不从心。受村委会财力、物力和法定权力的限制以及村委会成员的素质、能力、精力、资格等各种因素的制约,村委会在为村庄特别是集中居住社区提供公共管理和服务方面显得力不从心,甚至无能为力。其三,严重扭曲了基层政府与村委会的关系,扭曲了行政权与自治权的关系。村委会的主要职责是搞好村民自治,过多行使行政权必然导致自治权异化。因此,厘清自治权与行政权的边界和关系,剥离村委会的行政职能,实现村民自治向居民自治的转化,保障和实现乡村社区各类群体特别是外来人口群体的社区居民自治权益和作为国家公民的各项政治权利,是经济社会结构变迁带来的必然要求。

五是自治内容创新问题。在经济社会结构比较简单的农村,村民自治的内容主要是村委会组织村民直接管理与村民利益密切相关的村级公共事务,包括本村土地的承包、流转管理,村内公共基础设施的建设,村内治安,政府转移支付款项的发放,本村集体经济的经营和收益分配等。但在集中居住的农村社区,许多所谓的村务已被分解并由不同的主体行使。如公共基础设施建设、社区治安、社区居民的公共服务和管理更多情况下需要地方和基层政府负责。社区居民的生产经营活动、就业收入更多是由其所供职的单位负责管理。很显然,村民自治向社区居民自治的转变势所必然。而社区居民的自治内容更多的是协助党组织和政府搞好社区治理,诸如搞好社区的集体资产管理、物业管理、妇女儿童工作、环境卫生、社会治安、民事调解、矛盾化解、风险排查等。

(三)对政府组织建设的影响

一是对政府组织功能的影响。经济社会结构变迁,乡村居民结构变化,城乡居民对美好生活的追求,导致当代中国乡村的公共事务大量增加。农村许多公共事务远远超出了"村务"的范围,例如一些公共基础设施的提供、社区居民基本社会保障和基本公共服务的提供、社区的社会治安、对外来人口和流动人员的管理、企业与村庄的矛盾处理、村民以外一些利益群体的矛盾处理、政府行政事务的落实等,已超出了村民自治组织行权的范围。由于村民自治组织受到行权资格和能力的限制,特别需要政府解决好政府行政权与村民自治权、政府治理与农村社区治理的有效衔接与协同合作,及时转变和创新政府职能特别是乡镇政府职能,为乡村社会提供更好的公共管理和服务,及时把公共管理和服务有效延伸到农村社区和行政村,为乡村经济社会发展营造良好的生产环境、生活环境、营商环境。

二是政府组织体系有效向乡村延伸问题。其一,政府组织的行政区划问题。行政区划设置既是一种重要的行政资源,同时也意味着政府组织的调整改造。乡村经济社会结构变迁和发展要求一定的行政区划设置与其相适应,如改乡设镇、改镇设市、改县设市设区等工作。其二,政府机构设置和人员编制问题。经济社会结构变迁,导致政府的政务工

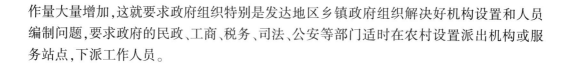

作量大量增加,这就要求政府组织特别是发达地区乡镇政府组织解决好机构设置和人员编制问题,要求政府的民政、工商、税务、司法、公安等部门适时在农村设置派出机构或服务站点,下派工作人员。

四、创新和加强乡村政治组织建设的宏观思路

如何因应经济社会结构变迁创新乡村政治组织建设是需要深入研究的问题。本文着重从适应和推动经济社会结构变迁的视角,从宏观上对乡村政治组织建设创新提出一些观点和思路。

(一)创新乡村政治组织建设要遵循五个基本原则

基于政治与经济社会互动发展的基本规律,基于推进基层社会治理体系和治理能力现代化的现实要求,基于不断满足乡村居民日益增长的美好生活需求的根本目标,乡村政治组织建设应该遵循以下五个基本原则:一是必须符合经济社会发展变迁的规律。唯有此,乡村政治组织建设才具有科学性、可行性、实效性。二是必须坚持党的领导。解决中国所有的问题关键在党。坚持和完善党对乡村社会的领导是实现农村社会良善治理的必然选择。三是必须有利于推进基层社会治理体系和治理能力现代化。必须按照精简、高效、廉洁、便利等理念打造政治组织,充分发挥党组织、政府组织、自治组织在社会治理中的功能作用。四是有利于保障和增进人民群众的政治权利。乡村政治组织建设必须把巩固、扩大、增进乡村居民政治参与权利特别是在基层自治中的民主权利作为重要价值遵循。五是要实事求是,因地制宜,因时制宜。中国地域辽阔,人口众多,东中西部乡村经济社会发展不平衡状况明显。在进行乡村政治组织建设时,要因地制宜,结合当地实际,不搞一刀切,不搞整齐划一,要因时制宜,根据发展的不同阶段适时推进、循序推进。要在认识和把握规律性、普遍性的同时,注意差异性、特殊性,尊重群众的首创精神。

(二)加强党组织体系建设,创新党组织功能

严密的组织体系是马克思主义政党的优势所在、力量所在。要确保党对乡村社会的有效领导,充分发挥基层党组织的作用,必须在乡村党组织体系建设和党组织功能创新上下功夫。首先要搞好党组织设置和自身建设工作。创新乡村党组织设置和活动方式,加强组织建设,不断扩大党的组织覆盖和工作覆盖。其次要创新乡村党组织领导体系。健全基层治理党的领导体制,加强乡镇(街道)、村(社区)党组织对基层各类组织和各项工作的统一领导。再次要创新基层党组织的功能。众多的基层党组织由于在党组织结构体系中所处位置不同、所依托的组织性质不同,其具体功能要求会有很大差别。乡镇党委、行政村党组织、社区党组织、经济组织中的党组织,要根据实际需要创新功能,充分发挥作用。

(三)推进自治组织建设创新,实现自治权与行政管理权的无缝对接

基层群众自治作为中国特色社会主义民主政治建设在基层的伟大探索实践,必须根据经济社会发展的需要在实践中不断创新发展。首先要适时推进村民自治向居民自治的

转变。要在保持现有行政村自治单元设置的同时,针对纳入城市管理的农村地区、新型农村社区、较大的行政村等不同情况,探索创新基层自治单元设置,适时推进村民自治向城市社区居民自治和农村社区居民自治转变。其次要合理界定村(居)民自治权与行政管理权,保障村(居)民委员会规范行使职能。要探索推进村居社区"政社分离"改革,将村(居)委会的自治职能与政府的行政、社会服务职能切分,使村(居)委会规范行使自治职能。最后要加强村(居)委会的规范化建设,推进自治组织功能创新。要在明确界定自治权与行政权的同时,进一步规范、创新并充分发挥自治组织的功能作用。要完善村(居)民自治组织民主决策、民主选举、民主协商、民主管理、民主监督制度,加强村(社区)务公开制度化建设,加强对村(居)委会干部的监督管理。要处理好自治组织与集体经济组织的关系。

(四)创新政府组织建设,强化政府行政管理和公共服务功能

加强基层政权建设是推进基层治理体系和治理能力现代化的重点工作。首先要搞好政府职能特别是乡镇政府职能转变和机构设置创新。要增强政府在土地管理、环境保护、政务服务、公共安全、营商环境等方面的功能。要创新乡镇政府特别是经济发达地区乡镇政府的机构设置,优化行政人员编制。要不断优化行政区划特别是乡镇(街道)行政区划设置,确保管理服务有效覆盖常住人口。其次要及时下派政府机构和人员,向农村延伸政府组织体系,强化政府应履行和承担的行政职能。当前一个非常重要的工作就是要在乡镇党委领导下,通过提供财力、技术、人员等方面的支持,积极推进村(社区)党群服务中心建设,推进政府行政管理和公共服务向村居延伸,保障村(社区)党群服务中心规范并有效开展党务、政务和社区公共服务工作。最后要着力提升乡镇政府的公共管理和服务能力。切实提高乡镇政府的行政执行能力、为民服务能力、议事协商能力、应急管理能力、平安建设能力等。

[作者:李太淼、郑琼,原载《郑州大学学报(哲学社会科学版)》2021年第6期]

中国共产党百年革命精神的主要本质特征及当代弘扬

精神对人类的社会实践活动有着重要的功能作用。精神是伴随着人们的社会实践活动而产生、发展、传承并在社会实践中发挥作用的。中国共产党成立100年来,在领导中国人民进行新民主主义革命、社会主义革命和建设、改革开放的伟大历史进程中,形成了一系列内容极其丰富的伟大革命精神(也可称为红色精神),构筑起中国共产党的精神谱系。革命精神是对伟大中华民族精神的传承、弘扬和升华,是当代中国民族精神的集中体现,是党和国家的宝贵精神财富,也是人类精神中的瑰宝。伟大的革命精神跨越时空、历久弥新,是新时期社会实践的动力之源。新时代新征程,我们必须大力弘扬和传承革命精神。近些年来,人们对不同时代、不同地域形成的一些各具特色的革命精神的内涵特征研究甚多。"中国共产党精神谱系具有深厚的精髓要义,是统一性和多样性的结合,有相适相融的共性,有一以贯之的价值内核,是理论与实践、个体与整体、历史性与现实性的有机统一。"[①]本文着重从宏观的、整体的视角,从学理层面研究分析精神对社会实践的功能作用,归纳中国共产党百年革命精神谱系的主要本质特征,阐释新时代传承和弘扬革命精神时应该把握的主要着力点。

一、充分认识精神的社会功能作用

精神是指人的意识、思维活动和一般心理状态。精神主要包括人的思想、理想、理念、信仰、信念、信心、决心、意志、道德、情操、情怀、情感、胆魄、勇气、毅力、谋略、智慧等精神要素。人们的社会实践活动必然伴随着人的精神活动。革命精神在中国共产党领导中国人民进行的百年奋斗历程中发挥了巨大功能作用。

(一)精神内嵌于社会实践并在实践中发挥重要作用

马克思主义的辩证唯物主义和历史唯物主义原理告诉我们,人是有目的的、能动的社会实践主体。人是不同于一般动物的具有思想、意识的高级动物,因而,人的精神在社会实践中发挥着重要功能作用,对作为个体的人而言是如此,对作为由人组成的社会而言也是如此。在人们改造自然、改造社会、追求美好生活的社会实践中,需要理想追求,需要目

[①] 栾淳钰:《专家学者研讨中国共产党精神谱系》,《光明日报》2021年4月28日。

标设定,需要斗争和奋斗。因而,自古以来,人类就形成并传承着追求理想、努力奋斗等各种各样的精神。伟大的中华民族也在历史的长河中形成并传承着以爱国主义为核心,以团结统一、爱好和平、勤劳勇敢、自强不息等为主要特征的伟大民族精神。毛泽东曾从认识论的角度提出"从物质到精神、从精神到物质"的论断,辩证地说明了精神的形成及其对实践的作用,而且特别强调,人是应该有点精神的。邓小平也十分重视精神的作用。他曾指出:"在长期革命斗争中,我们在正确的政治方向指导下,从分析实际情况出发,发扬革命和拼命精神,严守纪律和自我牺牲精神,大公无私和先人后己精神,压倒一切敌人、压倒一切困难的精神,坚持革命乐观主义、排除万难去争取胜利的精神,取得了伟大的胜利。搞社会主义建设,实现四个现代化,同样要在党的正确领导下,大力发扬这些精神。"①习近平对精神的作用更是多有论述,而且特别强调在新时代建设社会主义现代化强国的新征程中,要高度重视和发挥精神的作用。精神是一个民族赖以长久生存的灵魂。"人无精神则不立,国无精神则不强。唯有精神上站得住、站得稳,一个民族才能在历史洪流中屹立不倒,挺立潮头。"②

(二)革命精神在中国共产党百年奋斗历程中发挥了重要作用

某种具体形态革命精神形成的过程,也是诸种革命精神要素同特定的时间、特定的空间、特定的人物、特定的社会实践活动内容相结合并发挥作用的过程,而且在形成之后还将持续发挥作用。俄国十月革命的胜利,给中国送来了马克思列宁主义。新文化运动和五四运动的洗礼,给中国共产党的成立提供了思想和组织上的准备。1921年7月,一些信奉马克思主义的革命志士,怀着对马克思主义的信仰,怀着对共产主义和社会主义的理想信念,怀着救国救民、改造中国的雄心壮志,以无所畏惧的革命精神,推选出自己的代表,在上海发起成立了中国共产党。中国共产党的诞生,是开天辟地的大事件。"中国共产党的建立,充分展现了开天辟地、敢为人先的首创精神,坚定理想、百折不挠的奋斗精神,立党为公、忠诚为民的奉献精神。这是中国革命精神之源、精神之基、精神之本。"③中国共产党的成立,确立了对马克思主义的信仰,确立了为人民谋幸福,为民族谋复兴,为国家谋独立、谋富强的初心使命,确立了建立共产主义社会和社会主义社会的理想信念和奋斗目标。中国共产党的成立是马克思主义同中国社会革命实践结合的产物,也是民族精神与中国革命实践结合的产物,是中华民族精神在一定时空节点上的集中反映和传承升华。党的成立对中国社会产生了巨大影响,给无数追求进步的社会青年和人民群众投身革命事业提供了方向指引和强大精神动力。正是在马克思主义和革命精神的指引下、感召下、影响下,无数热血青年参加党组织,无数革命群众参加工会农会,投身到轰轰烈烈的第一次大革命之中。即使在蒋介石发动"四一二"反革命政变、宁汉合流、国民党反动派

---

① 《邓小平文选》第2卷,人民出版社1994年版,第367—368页。
② 习近平:《论中国共产党历史》,中央文献出版社2021年版,第41页。
③ 《中国共产党简史》编写组:《中国共产党简史》,人民出版社、中共党史出版社2021年版,第15页。

大肆屠杀共产党人和革命群众的白色恐怖之际,面对敌人的枪口、屠刀、绞刑架,无数怀抱理想信念的共产党人也大义凛然、宁死不屈,充分展现了大无畏的英雄主义气概和革命意志。夏明翰烈士留下的"砍头不要紧,只要主义真"的铮铮誓言,就是这种革命精神的典型写照。

在土地革命时期,中国共产党领导人民继续发扬伟大的革命精神,并在革命实践中又形成一些各具特色的革命精神形态。党领导的井冈山根据地军民凭着对建设新社会的理想、对革命必胜的信心,团结一致、艰苦奋斗、实事求是、敢闯新路,铸就了井冈山精神。在中央苏区根据地建设中,党领导根据地军民坚定信念、求真务实、艰苦奋斗、致力于建设新社会,铸就了苏区精神。在红军被迫进行长征的历程中,共产党人和广大红军指战员抱着救国救民的崇高革命理想,发扬不怕苦、不怕牺牲的大无畏革命精神,血战湘江、四渡赤水、巧渡金沙江、飞夺泸定桥,爬雪山、过草地、吃草根、啃树皮,终于走完了长征路,取得了长征的胜利,铸就了长征精神的历史丰碑。长征是一次理想信念的远征,是一次革命精神、革命意志的远征。长征精神形成的过程,正是理想信念、不怕牺牲、艰苦奋斗等革命精神要素同特定时空条件下的红军长征相结合并发挥作用的过程。

在抗日战争时期,中国共产党人以民族大义为重,高举抗日大旗,第二次与国民党合作,积极建立抗日民族统一战线,积极领导和推动全民抗战,积极投身到抗战前线。中华民族伟大的抗战精神就是在中国共产党的领导、推动下形成并发挥强大作用的。在抗战时期,革命精神结合着具体的时空条件和革命实践活动内容继续发挥作用,并最终形成了诸多各具特色、形态多样的革命精神,诸如延安精神、太行精神、吕梁精神、白求恩精神、东北抗联精神、杨靖宇精神等。在解放战争时期,中国共产党带领中国人民继续发扬将革命进行到底的革命精神,革命精神继续在各种具体的革命实践活动中发挥作用,并在具体的实践过程中形成了各具特色、形态多样的革命精神,诸如大别山精神、愚公移山精神、红岩精神、西柏坡精神、沂蒙精神等。

在社会主义革命和建设时期,中国共产党带领中国人民继续发扬革命精神。革命精神要素继续作用于这一时期的具体的社会实践活动,如抗美援朝、垦荒造田、建设国家工业体系、建设大型基础设施工程、加强国防建设等,从而铸就了一些具有时空特点、历史特点的革命精神。比如,在抗美援朝战争中,"英雄的中国人民志愿军始终发扬祖国和人民的利益高于一切,为了祖国和民族的尊严而奋不顾身的爱国主义精神,英勇顽强、舍生忘死的革命英雄主义精神,不畏艰难困苦、始终保持高昂士气的革命乐观主义精神,为了完成祖国和人民赋予的使命,慷慨奉献自己一切的革命忠诚精神,为了人类和平与正义事业而奋斗的国际主义精神,锻造了伟大抗美援朝精神"[①]。比如,在一穷二白的基础上大力推进社会主义建设的过程中,广大工农群众、解放军战士、知识分子、党员干部大力发扬自力更生、艰苦奋斗、团结互助、无私奉献等革命精神,产生了大量动人事迹,涌现出大庆精

---

① 《中国共产党简史》编写组:《中国共产党简史》,人民出版社、中共党史出版社2021年版,第155页。

神、红旗渠精神、北大荒精神、"两弹一星"精神以及铁人精神、雷锋精神、王杰精神、焦裕禄精神、谷文昌精神等等。

改革开放以来,中国共产党带领全国各族人民继续发扬革命精神,发扬我们党的优良传统和作风,解放思想、实事求是,不断开拓创新,在新时期的新社会实践活动中,铸就了一系列具有时代特征的革命精神形态,诸如特区精神、抗洪精神、抗击非典精神、抗震救灾精神、载人航天精神等。特别是近几年来,我们在脱贫攻坚战中,在抗击新冠肺炎疫情的战役中,继续发扬革命精神,举国行动、上下同心、攻坚克难、共克时艰,铸就了伟大的脱贫攻坚精神、伟大的抗疫精神。

二、百年革命精神的主要本质特征

中国共产党的百年革命精神,具体形态多种多样,涵盖内容方方面面。从时间的角度看,革命精神历经百年,包括各个历史时期,与各个历史时期的时代主题、历史事件、历史人物、社会实践活动内容密切相关。从空间的角度看,革命精神遍及长城内外、大江南北,包括在不同地方形成的革命精神,不少革命精神具有明显的地域特征和空间标识。从实践主体发挥作用的角度看,有以党和国家为实践主体的精神,有以地方组织、基层组织和部分群体为实践主体的精神,有以个人为实践主体的精神。从精神作用所涉及的社会领域看,革命精神涉及政治、经济、文化、社会、生态、外交、国防、党的建设等各个领域、各条战线、各个方面。革命精神的"具体形态随着革命—建设—改革的时间延续和地域、人物、事件的空间延续,体现着时代转换和个性特征,拓展了革命精神的整体谱系与每个时段或每个个体的具体内涵"①。然而,百年革命精神尽管表现形态多种多样、丰富多彩,但其中有着一些共同的、相通的、具有普遍意义的本质特征,这些本质特征可以说是百年革命精神的精髓要义,也可看作主要红色基因和主要精神血脉。这些本质特征主要表现在以下几个方面。

(一)崇高的理想和坚定的信仰、信念、信心

心有所信,方能远行。理想信念是革命精神之"魂",是贯穿革命精神谱系的一条主线,是"中国共产党人的精神谱系的核心内容和根本优势"②,是各个历史时期无数共产党人和广大人民群众焕发革命精神、革命意志的精神之源。在革命精神谱系中,理想信念发挥着"底色""基础"性的作用。诸多具体形态的革命精神都彰显着共产党人和革命群众对马克思主义的信仰、对建立共产主义和社会主义社会的美好理想和坚定信念信心。无数共产党人和革命群众就是在这种理想信念的作用下走上革命道路的,无数革命先烈就是抱着这种理想信念而宁死不屈、英勇就义的。"革命理想高于天",正是在理想信念的作用下,红军才克服重重艰难险阻,完成了惊天地、泣鬼神的二万五千里长征。即使在社

---

① 张平、孙倩倩:《改革开放40年来中国共产党革命精神的演进与发展》,《中州学刊》2018年第9期。

② 林建华:《学史崇德　赓续中国共产党人的精神谱系》,《光明日报》2021年5月7日。

会主义建设时期和改革开放新时期所形成的一系列革命精神,也无不内含着理想信念的精神作用。特别需要指出的是,中国共产党的百年革命精神正是在中国共产党的领导下、影响下、推动下形成的,是在中国共产党领导人民百年奋斗的历程中形成的,因此,热爱党、拥护党,对党忠诚、听党话、跟党走,对党的信仰、信念、信心和情感,对党的领导的认同、支持、拥护,也构成了革命精神的重要元素,成为革命精神的主要本质特征及当代弘扬革命精神的重要本质特征。无数共产党人自入党的那天起就把自己交给了党的事业,坚定理想信念,发誓要为党的事业奋斗终身,永不叛党。革命战士、广大人民群众之所以追随共产党闹革命、搞建设,是因为他们对党无限信任。

(二)与时代特点相合的爱国主义精神

爱国主义是中华民族精神的重要内容和核心,是中华文化的优秀传统。爱国主义是中华民族自强不息、发奋图强、生生不息的强大精神动力。历史上无数仁人志士都是怀着"天下兴亡、匹夫有责"的家国情怀,为国家为社会作出了巨大贡献。中国共产党的革命精神承继了这种基因并与时代特点相结合,使爱国主义精神得到了极大彰显。爱国主义精神是伟大革命精神的又一个重要本质特征。中国共产党的成立本身就是爱国主义精神的一次集中体现。中国共产党主张国家独立、民族团结,谋求国家富强,反对帝国主义侵略,主张推翻旧制度、建立新中国,其中包含着爱国救国建国的博大情怀,是对爱国主义的极大弘扬。爱国主义精神作为文化基因也深深根植于广大民众的精神和情感之中。革命精神正是结合时代需要继承和弘扬了爱国主义精神,才获得了广大人民群众的广泛认同并产生巨大影响。在爱国主义精神激励下,无数共产党人、革命战士、人民群众为民族独立、国家富强所付出的流血牺牲、所做出的无私奉献感天动地。毫无疑问,百年奋斗历程形成的诸多革命精神中,都内含着爱国主义的精神元素,特别是在反抗侵略、保家卫国、建设国家大型工程、开展重大科技攻关、应对重大自然灾害、维护国家安全等实践活动中,爱国主义更是得到了极大弘扬。

(三)热爱人民、为了人民、依靠人民的精神情怀

热爱人民、为了人民、依靠人民的精神情怀是革命精神的内核、本质,是各种具体形态的革命精神形成并发挥作用的动力之源。为人民谋幸福、为民族谋复兴是中国共产党人的初心使命。全心全意为人民服务是共产党人的根本宗旨。党领导人民在革命、建设和改革的过程中形成的各种革命精神,都包含着热爱人民、为了人民、依靠人民的高尚精神情怀。无数共产党人怀着爱民、为民的"大爱"之心,舍小家为大家,无私奉献,甚至牺牲自己宝贵的生命,那些革命伟人、民族英雄、模范人物的精神中都包含着这种"大爱"情怀。为了取得革命的胜利,为了推进国家建设,中国共产党紧紧依靠人民、团结人民、密切联系群众,从而迸发出众志成城、攻坚克难、改天换地的强大精神力量。抗战精神、抗美援朝精神、愚公移山精神、"两弹一星"精神、焦裕禄精神、红旗渠精神、南水北调精神、各种各样的抗灾抢险精神等,无不彰显着为了人民、依靠人民的精神实质。

（四）自强不息、艰苦奋斗精神

中国共产党在百年奋斗历程中对自强不息、艰苦奋斗的伟大民族精神进行了传承和升华。自强不息、艰苦奋斗精神构成了革命精神的又一个本质特征。正是在这种精神的作用下，红色政权的星星之火得以燎原，红军取得了长征的胜利，革命根据地得以不断建立并不断巩固扩大；正是在这种精神的作用下，中国人民自力更生、土法上马，在社会主义建设时期初步建立起国家的工业体系，并成功研制了氢弹、原子弹，发射了人造卫星；正是在这种精神的作用下，党领导人民在改革开放新时期继续拼搏奋斗、攻坚克难，取得了举世瞩目的发展成就。中国共产党的百年史，正是中国共产党领导中国人民自强不息、艰苦奋斗的历史。在百年奋斗历史中所形成的多种多样、各具特色的革命精神中，都内含着自强不息、艰苦奋斗的精神。

（五）不怕牺牲、甘于奉献精神

要实现理想就需要奋斗，要奋斗就需要牺牲和奉献精神，这是社会实践活动的内在要求。在腥风血雨的革命战争年代，牺牲和奉献精神的作用占有更加重要的位置。毛泽东、朱德、周恩来、刘少奇等许多老一辈无产阶级革命家从入党的那天起，就把自己交给了党和革命事业，他们身上所彰显的牺牲和奉献精神令世人景仰。在革命战争时期，党领导人民军队和革命群众浴血奋战，付出了极大牺牲，无数革命志士向死而生，无数革命先烈献出了自己宝贵的生命。据不完全统计，从1927年3月到1928年上半年，被国民党反动派杀害的共产党员和革命群众达31万多人。① 从1921年到1949年，全国牺牲的有名可查的革命烈士就达370多万人。② 在号称"将军县"的河南新县，新中国成立之初有10万人，而革命时期被敌人杀害的干部群众就有5.5万人。③ 整个抗日战争期间，据不完全统计，中国军民伤亡3500多万人。④ 在社会主义建设时期和改革开放时期，牺牲和奉献精神也发挥着重要作用。在抗美援朝、对越自卫反击战等保家卫国战争中，在参加国际维和和反恐活动中，在维护社会治安、打击各种违法犯罪活动过程中，在抗灾抢险、脱贫攻坚过程中，依然有不少人献出了自己的生命。此外，各行各业也涌现出众多甘于奉献的英雄劳模。从1950年至2021年5月，党中央、国务院先后召开16次全国劳模表彰大会，共表彰全国劳动模范和先进工作者34008人次。这些劳动模范和先进工作者是"民族的精英""人民的楷模""共和国的功臣"⑤。中华民族是崇尚英雄、成就英雄、英雄辈出的民族。牺牲和奉献精神正是英雄主义精神、劳模精神、劳动精神、工匠精神的精神底色。正是在这种精神的作用下，在共产党领导人民进行的百年奋斗历程中，英雄辈出，劳模辈出。正是这种不怕牺牲、敢于牺牲、甘于奉献的精神，使中华民族挺起了精神的脊梁。

---

① 《中国共产党简史》编写组：《中国共产党简史》，人民出版社、中共党史出版社2021年版，第33页。
② 刘军汉：《追忆，为了更好地向前》，《河南日报》2021年4月2日。
③ 辛世俊：《传承红色精神　赓续百年征程》，《河南日报》2021年4月2日。
④ 《中国共产党简史》编写组：《中国共产党简史》，人民出版社、中共党史出版社2021年版，第108页。
⑤ 《礼赞劳动　褒扬模范》，《人民日报》2021年5月1日。

（六）团结协作精神

中国共产党的百年奋斗历程中，始终贯穿着团结协作精神。在土地革命时期，我们党坚持党内团结、军队团结、军民团结，使我们党以及党领导的红军团结一致、众志成城、共克时艰，渡过了一个又一个难关，取得了一个又一个胜利。在抗日战争时期，在民族生死存亡之际，我们党以民族大义为重，再次与国民党合作，团结各民主党派，团结各民族人民，团结一切可以团结的力量，组成广泛的抗日民族统一战线。在社会主义建设和改革开放时期，党团结和带领人民，大力弘扬团结协作精神，兴建了各种大型水利水电工程、各种大型基础设施工程，应对了各种自然灾害。还需要特别指出的是，中国共产党在处理国际关系方面一直传承着中华民族热爱和平的优良传统，始终弘扬着团结协作精神。新中国成立以来，中国始终奉行和平外交方针，注意加强同各友好国家的团结合作，反对霸权主义。近些年来，为适应经济全球化的发展大势，我们党又提出了构建人类命运共同体的理念和主张，不断加强同其他国家的团结合作，为应对和解决国际社会共同面临的气候、环境、安全等问题，积极贡献中国智慧和中国力量。

（七）实事求是、开拓创新精神

创新是一个国家和民族发展进步的不竭动力，是中华民族精神的灵魂。一个不能创新的民族是没有希望的民族。几千年来，中华民族正是在不断追求创新的过程中创造了辉煌灿烂、彪炳于世的中华文明。中国共产党承继了中华民族的这一光荣传统并在百年奋斗历程中把这种精神用之于实践，不断发扬光大。中国共产党的成立就是民族创新精神的一次集中升华。中国共产党的成立本身就集中彰显着中国共产党人领导人民创新社会制度、改天换地的伟大创新精神。百年奋斗历程中，中国共产党不断把马克思主义基本原理同中国具体实际相结合，把实事求是、开拓创新精神与具体的革命、建设实践活动相结合，大力弘扬敢为天下先精神、从实际出发精神、改革精神、开放精神、科学精神、自我革命精神。正是因为有实事求是、开拓创新精神，我们党能在面临挫折时及时总结经验教训，能在面对错误时及时修正错误，能在面对重大风险挑战时审时度势，作出正确的决策和选择，迎来了百年辉煌。百年奋斗实践中形成的诸多形态的革命精神都包含有实事求是、开拓创新的精神本质。

以上七种精神之间存在着内在的逻辑联系。其中，崇高的理想和坚定的信仰、信念、信心，与时代特点相结合的爱国主义精神，热爱人民、为了人民、依靠人民的精神情怀主要反映社会实践主体的价值追求、奋斗目标，是革命精神之源；自强不息、艰苦奋斗精神，不怕牺牲、甘于奉献精神主要反映着社会实践主体为实现价值追求、奋斗目标而必须具有的意志、胆魄、勇气、毅力等方面的精神素质；团结协作精神和实事求是、开拓创新精神主要反映着社会实践主体为实现价值追求、奋斗目标而必须具有的方法、智慧、谋略等方面的精神素质。

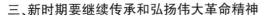

三、新时期要继续传承和弘扬伟大革命精神

革命精神的主要本质特征,也可以说是革命精神的主要红色基因和精神血脉。当前,我国社会已进入全面建设社会主义现代化国家的新阶段,处于实现伟大民族复兴梦的关键时期。在这一新征程中,我们面临许多新矛盾、新问题、新风险、新挑战,需要我们继续传承和弘扬伟大革命精神,在前进道路上攻坚克难、不懈奋斗。弘扬革命精神,传承红色基因,赓续精神血脉,应在以下几方面着力。

(一)坚定理想信念,坚持正确的政治方向

理念信念是共产党人的精神之"钙"。增强信仰信念信心,是我们战胜一切强敌、克服一切困难、夺取一切胜利的强大精神力量。"心中有信仰,脚下有力量。"理想信念动摇是最危险的动摇,理想信念滑坡是最危险的滑坡。针对时下个别党员干部中存在的理想信念动摇和丧失等问题,必须强化理想信念教育。要通过学习教育,使党员干部树立正确的世界观、人生观、价值观,树立正确的国家观、历史观、民族观、文化观、宗教观,坚定对马克思主义的信仰,坚定对共产主义的远大理想和信念,坚定对中国特色社会主义的理想信念,坚定对实现中华民族伟大复兴中国梦的信心和决心。要坚定政治立场,坚定政治方向,坚决反对形形色色的否定党的历史贡献、否定社会主义建设成就的历史虚无主义,坚决反对形形色色的反对马克思主义、否定党的领导、否定中国特色社会主义制度、主张全盘西化的社会思潮,坚决抵制和打破西方敌对势力在中国进行"和平演变""颜色革命"的图谋。

(二)大力传承和弘扬爱国主义精神,坚决维护国家主权和利益

时值百年未有之大变局,国际社会的经济结构、政治结构等发生了巨大变化,国家利益、国家安全问题也面临诸多新挑战。在经济全球化、政治多极化的新的国际社会格局下,为实现中华民族的强国之梦,为捍卫国家的主权和领土完整,为维护我国的国家利益和国家安全,我们必须大力弘扬"天下兴亡、匹夫有责"的家国情怀,大力弘扬与时代要求相结合、具有时代特征的爱国主义精神。要同"台独""港独""疆独""藏独"势力作坚决斗争;坚决反对国际政治中的霸权主义行为;坚决反对一切外来势力对我国内政的干涉和挑衅。要通过爱国主义教育,使广大青少年、广大党员干部成为爱国主义精神的自觉践行者。

(三)进一步强化宗旨意识,坚持贯彻以人民为中心的发展思想

在新时期,国际国内形势发生了重大变化,我国的经济社会结构发生了重大变化,世情国情党情民情都发生了重大变化,我们党面临的"四大风险""四大考验"更加突出。越是在这种情况下,越需要我们党继续发扬走群众路线、密切联系群众的优良传统和作风,越需要我们广大党员干部强化宗旨意识,牢记初心使命。我们必须坚持贯彻以人民为中心的发展思想,在制定各项路线方针政策时,要把为了人民、依靠人民、造福人民作为推动各项事业建设的根本价值遵循。要把实现好、维护好、发展好广大人民群众的根本利益作为开展各项工作的出发点和落脚点,把人民群众满意不满意、高兴不高兴、答应不答应作

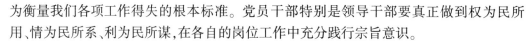

为衡量我们各项工作得失的根本标准。党员干部特别是领导干部要真正做到权为民所用、情为民所系、利为民所谋,在各自的岗位工作中充分践行宗旨意识。

(四)大力弘扬艰苦奋斗精神,脚踏实地干事创业

事业是干出来的,幸福是奋斗出来的。我们要清醒地看到,我们党长期执政,党员干部中容易出现承平日久、精神懈怠的心态。时下,有的党员干部享受思想严重,不想吃苦干事,贪图名利享受;有的不思进取,为官不为,庸政懒政;有的回避矛盾、躲避困难,缺乏攻坚克难的锐气和斗志。这更加说明在新时期大力弘扬艰苦奋斗精神的必要性、重要性。艰苦奋斗,玉汝于成。新时期新征程,我们面临新的历史使命、新的形势任务、新的矛盾困难,这都要求我们必须继续发扬艰苦奋斗精神,脚踏实地,苦干实干,"撸起袖子加油干",以实际行动实际业绩奋力推进强国之梦早日实现。

(五)大力弘扬牺牲和奉献精神,进一步强化担当意识、奉献意识

在新时期,面对市场经济发展和西方文化渗透所带来的极端个人主义、享乐主义思想的冲击影响,面对利益结构多样化、社会结构多样化、价值观念多样化的冲击影响,面对个别党员干部中存在的不担当不作为问题,我们更加需要大力弘扬牺牲和奉献精神,进一步强化广大党员干部的责任意识、使命意识、担当意识、奉献意识。党员干部要树立正确的权力观、利益观、得失观、奉献观。在权力面前,要秉公用权,恪尽职守,敢于担当,敢于负责,主动作为;在利益面前,要公而忘私,先公后私,公私分明,不斤斤计较个人利益得失;在急难险重任务面前,要勇挑重担,迎难而上,关键时刻敢于为国家和人民利益而牺牲自己。要大力弘扬革命英雄主义精神,在全社会形成崇尚英雄、学习英雄、关爱英雄的风尚;要大力弘扬劳模精神、劳动精神、工匠精神,在全社会形成热爱劳动、尊重劳动、爱岗敬业、勤业精业的风尚。

(六)大力弘扬团结协作精神,增进共同奋进的合力

团结就是力量。要实现中华民族伟大复兴的梦想,要全面推进新时代中国特色社会主义建设事业,全党全国各族人民必须加强团结,同心同德,共同努力奋斗。要加强党内团结,统一思想、统一认识,不断提升党的领导能力和执政能力,不断提升各级地方党组织的领导力、号召力、影响力,不断提升基层党支部的战斗力,不断提升党员干部团结带领群众干事创业的能力。要加强各民族、各地区、各党派、各团体、各阶层、各群体之间的团结协作,团结一切可以团结的力量,调动一切可以调动的因素,形成建设社会主义现代化强国的强大合力。要高举和平、发展、合作、共赢的旗帜,坚持奉行独立自主的和平外交政策,积极发展同各国的友好合作,推动建设新型国际关系,推动建设开放型世界经济,推动建设全球治理体系,推动建设人类命运共同体。

(七)大力弘扬开拓创新精神,不断开创新局面

要在新时期推进社会主义现代化建设,开创中国特色社会主义建设新局面,必须大力弘扬开拓创新精神,在实践中大胆探索,大胆创新,不断开拓进取。从宏观层面讲,党要继续以"敢为天下先"的勇气,不断深化经济、政治、文化、社会、生态文明建设各领域的改革,着力推进创新驱动国家战略。与此同时,党还要不断深化自身的改革。勇于自我革命,是我们党最鲜明的品格,也是我们党最大的优势。要继续发扬彻底的革命精神,坚持全面从严治党,保持"赶考"的清醒,以新时代党的自我革命引领新的伟大社会革命。从微观层面讲,广大党员干部要增强创新思维、科学思维,创新工作思路和方式方法,创新性地开展工作。对广大人民群众而言,要通过弘扬开拓创新精神,在全社会形成大众创业、万众创新的良好氛围。总之,要通过改革、开放、创新,为中国进行社会主义现代化建设注入强大动力。

(原载《中州学刊》2021年第6期)

乡村经济社会结构变迁与全域党建模式创新

马克思主义历史唯物主义关于政治与经济关系的基本原理告诉我们,在政治与经济之间存在着丰富复杂的辩证关系:政治归根结底要受经济的制约,经济从根本意义上决定着政治;但政治对经济有着巨大的反作用,并在一定条件下一定形式上可以对经济起决定作用。应该将这看作社会发展的一个基本规律。研究基层党组织建设,必须从政治与经济相互作用关系的视角,加强对经济社会发展基本规律和新时代党的建设规律问题的研究,唯有此,才更有利于增强党的建设的科学性、实效性。基于这一理念,本文着重结合当代中国乡村经济社会发生重大变迁的实际和发展要求,分析探讨一下在当代中国乡村社会开展全域党建的合规律性、合目的性以及在开展全域党建实践探索中需要正确认识和处理的若干问题,以期就教于学界同仁,共同把全域党建问题的理论研究和实践探索引向深入。

一、何为全域党建

要论证全域党建与乡村经济社会结构变迁之间的关系,正确判断和认识全域党建的价值与意义,必须首先简论一下全域党建问题提出的时代背景及其主要内涵、特征和特点。

(一)全域党建提出的时代背景

从时代背景上看,全域党建问题是在新时期我们党对基层党组织设置形式和活动方式进行一系列创新性探索的实践过程中提出的。如何搞好基层党组织设置、创新基层党组织活动方式,如何推进党的组织和工作两个全覆盖,是新时代党建工作面临的全新课题。近年来,按照党中央的指示精神和决策部署,我们党采取多种举措,大胆探索创新基层党组织设置形式和活动方式。如在新经济组织、新社会组织中开展党组织建设,在商务楼宇中开展党组织建设,在产业集聚区和专业市场中开展党组织建设,在行业协会中开展党组织建设,在城市社区中开展区域化党建等,取得了显著成效,但依然面临不少问题和挑战,依然需要继续探索创新基层党组织的设置形式和活动方式。正是来自社会实践的需要,正是因应基层党建创新的需要,正是在"两新组织"党建、行业协会党建、楼宇党建、区域化党建等创新实践的基础上,全域党建的理念被引入党的建设工作并进一步助推基层党组织的设置形式和活动方式创新。2018年5月底,中共中央组织部在中央党校举办全国城市基层党建工作专题培训班并召开贯彻全国城市基层党建工作座谈会,首次提出全域党建概念。这不仅是概念的创新,而且是对党建工作内涵的丰富和外延的拓展。近几年来,河南南阳等地方党委按照中组部的有关部署,开展了全域党建的创新探索实践并取得了初步成效。

(二)全域党建的内涵

就概念上看,全域党建的"域"首先是指地理空间和行政区域,"全域"应该是指一个地方地理空间的全部区域范围,比如一个县、一个市、一个省和全国。强调"全域"党建,就是要突破地理空间和行政区划的限制来谋划党建。其次"域"可以指社会领域,"全域"就是指社会各行各业各个领域。强调"全域"党建,就是要在各行各业特别是一些新兴领域使党的组织和工作全覆盖。从理论层面看,全域党建是一种新的理念和理论观点,主张从整体性、系统性、动态性视角来谋划党的基层组织建设和活动方式,推进党的组织建设和工作在各个地方各个领域的全覆盖。从实践层面讲,全域党建的提法可能是受"全域旅游"的理念影响,由"区域化党建"演变而来,是"区域化党建"的升级版。"区域化党建"主张在城市社区这一区域范围突破单位、层级等的限制,通过建立联合党组织和协作开展活动,实现党的组织资源的整合利用,更好地发挥基层党组织的功能作用。全域党建正是在此基础上要求进一步突破社区区域的限制,在全地域和全社会领域范围突破单位、层级、体制等限制来整合利用党的组织资源,更好地发挥基层党组织的功能作用。综合理论和实践两个层面情况看,全域党建的内涵主要是:运用整体性、系统性、动态性思维,根据经济社会发展和社会实践的需要,突破区域、领域、层级、单位、体制等限制,从全地域全领域来谋划党的基层组织设置和活动,更好地发挥基层党组织的战斗堡垒作用和党员的先锋模范作用。

(三)实践中全域党建的主要特征和表现形式

关于全域党建的主要特征和表现形式,实践界和学术界都有所探讨。如河南省南阳市制定的《联合党组织建设工作标准体系规定(试行)》第一章第一条指出:"全域党建是在需要多方合作协作的实践一线推进'两个覆盖',其根本遵循是创新党组织设置和活动方式,价值取向是助力中心工作和重点任务,表现形式是突破部门、行业、区域、体制界限建立非建制性、功能性的联合党组织,是对传统党建工作的补充和完善。"有人认为,全域党建说来复杂,但核心就是一个"跨"字,跨领域、跨行业、跨地域、跨层级、跨部门,打破原有的条块分割和各种界限,根据工作需要来设置党组织,把党的领导延伸到社会生产生活的方方面面。也有人认为,所谓全域党建,是指在不改变传统党组织隶属关系的基础上,跨越单位、层级、体制、地域的界限,整合各类资源,从问题出发,在各种新兴领域和实践工作一线推进党的组织覆盖和工作覆盖,从而实现整体性、系统性治理的基层党建创新实践模式。实践中的主要做法有:突破部门体制壁垒,推动跨部门联建共建;突破层级隶属关系,推动跨层级领域联建共建;突破地理因素限制,推行跨地域联建共建;突破空间结构限制,推行党组织在现实空间和虚拟空间的全覆盖。① 笔者认为,尽管目前学术界和实践界对全域党建概念和范畴的认识、理解还不尽一致,但就其在地方实践操作中的主要特征和表现形式而言,是指在一个地方的全空间领域和全社会领域,按照全域党建组织和活动整体联动的理念,突破地域、部门、编制、行业、原有组织建制等的限制,进行党组织设置和活动方式创新,本质上是基层党组织建设的一种创新模式。现阶段河南省南阳市等地开展全域党建活动的最突出特征和表现形式就是突破地域、部门、行业、层级、建制等限制,建立非建制性、功能性的联合党组织,围绕特定事项开展活动。特别需要说明的是,根据全域党建的概念和内涵,虽然突破地域、层级、建制等限制成立非建制性、功能性的联合党组织是当前全域党建实践中的突出特征和表现形式,但突破地域、层级、行业等限制建立建制性联合党组织也应该属于全域党建的范畴。

(四)全域党建的突出特点

全域党建至少有三个突出的特点:一是组织体系的开放性。与以往的以单位、系统、社区、协会为主体设置党组织相比,全域党建可以实现跨区域、跨部门、跨层级、跨单位、跨建制设置联合党组织并开展活动,具有更加全面更高层次的开放性,可以更好地适应经济社会变迁和发展需要,更好地实现两个全覆盖。其最突出的表现形式就是建立非建制性的党组织联合体。建制性党组织一般是按照工作区域、工作领域、工作单位来设置的,因此具有鲜明的地域性、固定性、封闭性特征,这是保证党的思想统一、组织统一、政令统一的必然要求,是维护党中央权威和集中统一领导的制度保证。而全域党建是在不改变建制性党组织的基本功能、充分发挥建制性党组织优势的前提下,以中心工作涉及范围内的建制性党组织为依托,不分地域、不分层级、不分单位地构建开放性的党建联合体,使各建制性党组织及其党员依据其各自的功能,全方位、全时空地发挥战斗堡垒作用和先锋模范作用。二是组织设置的灵活性。围绕地方党委政府的中心工作、重大任务,围绕地方经济发展中的重要产业项目,根据需要及时设置党组织并发挥其作用,是全域党建的突出特点和优势。如果说传统的建制性党组织的设置要重点考虑人们的生产单位、生活区域、工作单位等因素因而具有长期性和较强的稳定性的话,那么,全域党建的党组织设置主要是因"事"而设,因而具有便捷性、及时性,但同时也会因此具有一定的时效性。比如因开展一个重大项目而设置了联合党组织,随着重大项目的完成,联合党组织功能消失,联合党组织即可解散。由于是因"事"而设,因此,新设置的联合党组织,不需要改变原来党组织的隶属关系,不需要发展党员,不需要占用编制。三是组织功能的特殊性。从宏观上和一般意义讲,基层党组织都有宣传群众、组织群众、动员群众、团结群众、服务群众等发挥战斗堡垒作用的基本功能,但具体到不同系统、不同组织中的党组织,如乡镇党委、行政村党组织、非公企业党组织、社会组织中的党组织等,其功能作用是大不相同的。与基层建制性党组织相比,全域党建中的非建制性联合党组织,是具有特殊功能的党组织,因而也有学

---

① 梁新芳:《全域党建:新时代基层党建创新的实践模式》,《中州学刊》2021 年第 12 期,第 13—19 页。

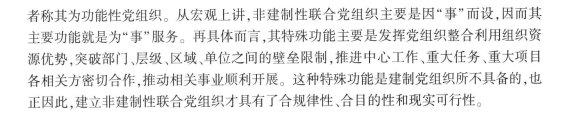

者称其为功能性党组织。从宏观上讲,非建制性联合党组织主要是因"事"而设,因而其主要功能就是为"事"服务。再具体而言,其特殊功能主要是发挥党组织整合利用组织资源优势,突破部门、层级、区域、单位之间的壁垒限制,推进中心工作、重大任务、重大项目各相关方密切合作,推动相关事业顺利开展。这种特殊功能是建制党组织所不具备的,也正因此,建立非建制性联合党组织才具有了合规律性、合目的性和现实可行性。

二、全域党建因应着乡村经济社会的变迁状况,体现着适应性和合规律性

毫无疑问,经济社会发展规律决定着、制约着党的建设规律。改革开放以来,随着工业化、城镇化、信息化、农业现代化发展,特别是随着近年来我国乡村振兴战略的推进、实施,我国城乡的经济社会结构发生了重大变化。就乡村角度看,我国乡村的土地所有制结构和产权结构、经济组织和社会组织结构、产业结构和就业结构、收入结构和利益群体结构、文化结构和消费需求结构、城乡空间结构和居住结构、城乡经济社会关系等都发生了重大变化。比如,在当代中国乡村,经济组织和社会组织越来越复杂多元,农业与其他产业融合发展的态势非常明显,农民就业方式多样化、收入来源多样化,城乡之间的人口和要素流动加快,城乡之间的生产联系、市场联系以及社会联系非常密切。经济社会的结构变化和发展趋势是刚性的,是经济社会发展规律所使然,因此,作为政治建设重要内容的乡村基层党组织建设特别是党组织设置形式和活动方式,必须适应这种变迁趋势,作出相应的改革创新。全域党建的模式创新,正是适应这种要求的必然产物,其适应性和合规律性主要体现在以下几个方面。

(一)全域党建更加适应产业多业融合的产业结构变迁趋势

在所有的经济社会结构中,产业结构是最重要、最关键的结构,它影响、制约、直接或间接决定着其他结构,比如,它制约和影响着就业结构、收入结构、群体结构和乡村的居住结构。当今的乡村社会尽管依然以农业生产经营为主,但工业、商业服务业、旅游业、信息产业等已深深引入乡村社会,农业农村与其他产业融合发展的态势非常明显。多业融合的发展态势要求突破传统的村域、乡域限制,突破所有制限制,突破行业限制,以产业融合发展、多业共同发展为龙头来整合各种经济资源、组织资源、人力资源。基层党组织设置和活动方式要因应经济结构特别是产业结构的变迁和发展要求,必然要突破传统的村域限制、行业限制、建制限制,实行更加灵活、开放的组织形式和活动方式。

(二)全域党建更加适应农村就业形式多样化和乡村人口流动的要求

就业是民生之本。与乡村产业多样化、多业融合发展相联系,乡村居民特别是农民的就业形式呈现多样化特征。乡村社会的就业群体中,不仅有以农业生产经营为主的农民,还有大量农民到外地、到城市务工经商;不仅有在本地工商企业就近就业的职工群体,还有大量外来务工经商的群体。乡村的人口流动非常明显,成为当代中国社会的一大景观。毫无疑问,基层党组织是因人因事而设置并开展活动的。城乡人口的流动性,乡村居民就业的多样性、灵活性,都要求基层党组织的设置和活动方式突破原有的建制模式。而全域

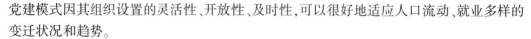

党建模式因其组织设置的灵活性、开放性、及时性,可以很好地适应人口流动、就业多样的变迁状况和趋势。

(三)全域党建更加适应城乡经济社会关系变迁状况和趋势

当今的中国社会已进入以工补农、以城带乡、城乡一体、城乡融合发展的新时期,而且,随着城镇化的推进,还会有更多的农村、农民融入城市的生产生活。城乡分割的二元经济体制和社会管理体制已被打破。不仅在空间布局和基础设施建设上城乡已更加紧密地结合在一起,而且在产业发展、市场交易、社会生活、社会管理和治理上也更加紧密地联结在一起。城乡融合发展的变迁态势,必然要求在党组织设置、党组织活动、党员教育管理方面进行城乡统筹。而全域党建模式无疑更加适应城乡融合发展的要求。

三、全域党建更加有利于发挥党组织在乡村经济社会发展中的引领作用,体现着能动性和合目的性

人是能动的社会实践主体。中国共产党作为能动的政治行为主体,其政治行为在积极适应经济社会发展变迁规律的同时,还必然按照自身的初心使命、价值追求,通过积极的、创新的社会实践活动,对经济社会发展发挥巨大的推动作用。这正是我们提出以高质量党建促进高质量发展的哲理依据。全域党建正是中国共产党在新时期新形势下,对党的建设的创新性实践。结合个别地方近两年的实践看,全域党建对乡村经济社会的重要作用主要表现在以下几个方面。

(一)全域党建有利于加强党对乡村社会的全面领导

中国共产党是中国特色社会主义事业的领导核心,搞好中国的事情关键在中国共产党。坚持和完善党对乡村社会的领导,不仅是中国共产党作为执政党自身建设的需要,同时也是中国乡村经济社会发展的现实需要。全域党建实现了党组织和党建工作更广、更大范围的覆盖,进一步完善了党的组织结构体系,更有利于党的方针政策和党的各项工作的贯彻落实,更有利于发挥党在领导乡村经济发展和社会治理中的组织优势、政治优势。

(二)全域党建有利于进一步推进乡村产业发展

全域党建强调的是因"事"而及时建立党组织联合体,这更有利于党组织在推进跨村域产业发展中发挥作用。新时代乡村域内的许多重大产业项目往往是跨村域甚至是跨乡镇跨县域的,需要多家单位、多个村庄、多个部门、多种组织的密切配合,需要整合土地、资本、行政、人才等各种资源,而全域党建正可以围绕产业发展而首先进行党的组织资源、人才资源整合,进而助推经济资源整合,推动当地产业发展。来自实践界的一些案例可以更好地为我们提供理论支撑。例如:2020年以来,河南省南阳市南召县在特色产业发展上深化开展全域党建活动,以龙头企业、合作社、产业强村党组织为纽带,按照产业相近、优势互补、资源共享、功能带动的原则,采取联合组建、挂靠组建、村企联建、村社共建、村村联建等多种形式,组建了一批联合党组织,把分散的产业、组织和群众联结起来,领导和帮助群众开展各类生产经营活动,形成产业发展优势,实现党建链与产业链同步延伸、组织

活动与经济活动同步开展、党的建设与经济发展深度融合。河南省南阳市淅川县围绕特色产业联建共建党组织,结合本县"短中长"三线产业发展实际,成立食用菌、中药材等特色种植业联合党组织和大闸蟹、小龙虾水产养殖业联合党组织,整合县内龙头企业、专业合作社和优秀技术人才等社会力量,为做大做强特色产业提供资金、人才、技术和管理等要素支撑,实现党建链与产业链同步延伸。2020 年以来,山东省德州市陵城区综合考虑农村产业相关、地缘相近、人文相亲等因素,通过组织联建、资源整合,打造了一批富有生机活力的党建联合体,助力乡村振兴。截至 2021 年 10 月,陵城区共打造农村区域党建联合体 81 个,累计实现收入 1.25 亿元,276 个集体经济薄弱村收入突破 5 万元。[①]

(三)全域党建有利于党组织在乡村社会治理中更好发挥作用

随着经济社会的变迁,乡村公共服务和社会治理的任务也越来越繁重。实现良善的、高效的乡村社会治理,需要相关利益群体、多方治理主体的积极参与、协作配合,需要党组织在其中更好地发挥引领、协调作用。基层社会治理,更多强调的是社会力量的参与,这正好与全域党建所要求的"多方合作协作"相契合。全域党建因其组织设置的灵活性、开放性、及时性以及活动目标的聚焦性、一致性,能更有效地发挥党组织在基层社会治理中的引领、协调作用。在农村基层治理中,为解决社会治安、疫情防控、污水治理、环境治理、民事调解、信访、宗教治理等面临的突出问题,通过及时组建联合党组织,吸纳县乡相关职能部门以及农村不同群体中优秀党员共同参与社会治理,更有利于齐心协力破解工作难题。例如,上海金山区与浙江嘉兴平湖市、嘉善县开展党组织结对共建,签订"毗邻党建"引领区域联动发展合作框架等协议,建立跨省联合党支部,建立起两地区(市、县)委、相关职能部门以及毗邻地区镇党委、村居党组织多层次的合作体系,有效推进基础设施建设、产业发展、社会稳定等事务的共同管理。再如,近年来,河南邓州市在打响环境污染防治攻坚战中,着眼于纵横联动,狠抓组织设置。纵向上,所有乡村均设立了联合总支、支部和党小组,把包乡联村的县、乡党员干部有机纳入,把村组干部、党员特别是相关企业及个体户中的党员全部纳入,动员全民参与环境治理。横向上,紧扣水、气、土污染防治的重点任务,组建了 17 个专项联合党总支,压实环保、住建、公安 20 多个职能部门党组织的职责任务。联合党组织与建制党组织互动联结,形成纵横联动的党建助力攻坚体系。

(四)全域党建有利于推进城乡融合发展

城乡融合发展是大势所趋。在未来 30 年,我国的城镇化率还将提升到 70%左右,也就是说还有大量的农村要并入城市,大量农民变为市民,即使在剩余的 30%的乡村,城乡经济社会关系也会进一步融合。推进城乡融合发展,既是推进城镇化的必然要求,也是推进乡村振兴的必然要求。全域党建有利于打破城乡之间分割的经济社会管理体制,有利于推动城乡基础设施建设方面的互联互通,有利于推进城乡之间产业联合、市场联通、资源优化组合利用,有利于开展城乡一体的社会治理,有利于对城乡流动党员进行教育管理

---

① 张洋:《党建联合体——以组织联建促乡村振兴》,《人民日报》2021 年 11 月 2 日。

并充分发挥流动党员的先锋模范作用。

四、推进全域党建需要正确认识和处理的若干问题

总体而言，推进全域党建有其客观必然性、现实必要性。但要科学推进全域党建，有效发挥全域党建的积极作用，必须正确认识和处理以下几个方面的重要问题。

（一）正确认识和处理非建制性联合党组织与建制性党组织之间的关系

相比较而言，建制性党组织是党的常设组织，是构成党的组织体系、形成党的组织力量必须具有的组织形式，对党的组织形态建设而言具有基础性、稳定性、长期性意义，对党的组织功能而言具有不可或缺、不能替代的重要功能作用。而非建制性联合党组织是以建制性党组织为基本组织基础的，是在建制性党组织基础上成立的以完成特殊事务为主要目标的功能性党组织，对党的组织体系建构有一定补充和完善作用。全域党建下的非建制性联合党组织是在建制性党组织的基础上而"联"，又紧紧依靠建制性党组织而"合"。非建制性联合党组织的设置，在具有灵活性、开放性、及时性的同时，也具有一定的时效性（临时性），因而其在组织管理和活动内容上也会具有一定特殊性。如非建制性联合党组织不占用行政编制，不直接负责党员发展工作，不直接负责联合体成员党组织的组织管理工作；如联合党组织与其成员党组织之间不存在隶属关系，不存在领导与被领导的关系，而是围绕某一共同事项而形成的指导与被指导、协商与合作的关系。非建制性联合党组织与建制性党组织之间的关系本质上是功能互补和联系合作关系，是组织资源整合利用关系。处理好二者之间的关系，就要在地方党委的统一领导下，使建制性党组织与非建制性联合党组织相互协作合作，为完成特定的目标任务形成组织合力。建制性党组织应在搞好自己原有本职工作的同时，积极支持、参与、配合联合党组织的工作；而非建制性联合党组织要充分利用建制性党组织的优势积极开展工作。全域党建是依据中心工作和重点任务设置的非建制性党组织开展活动，是对建制性党组织的补充和完善。两者是各有特色、相得益彰且整体联动的，这就要着力破除两类党组织因衔接不畅而使党建工作相互抵牾问题。

（二）要以共同利益为基础组建联合党组织

建立联合党组织和联合开展党建活动最深刻的原因是为了实现和增进人民群众的共同利益，共同利益是建立联合党组织最深厚的社会基础。建立党组织联合体必须依托共同利益作基础。在找准多方主体共同利益结合点的基础上，对于确实需要各层级、各部门、各方面联动协作的中心工作和重点任务，才应建立联合党组织。这种共同利益同不同利益群体的利益既有联系、又有差别，特别需要党组织进行利益协调、整合，从而推动共同利益的实现和增进。比如，兴修大型水利水电工程、环境治理、社会治安治理，某种产业的发展，这些重点工程、重点项目、重点产业牵涉地方人民群众的共同利益，特别需要成立联合党组织来协调群体之间、村庄之间、村庄与企业之间、银行与企业之间的利益矛盾和利益需求，来协调政府各部门之间的工作职责。联合党组织要善于从经济利益联结的视角

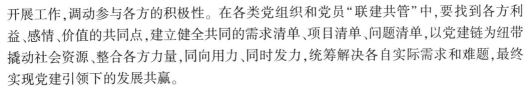

开展工作,调动参与各方的积极性。在各类党组织和党员"联建共管"中,要找到各方利益、感情、价值的共同点,建立健全共同的需求清单、项目清单、问题清单,以党建链为纽带撬动社会资源、整合各方力量,同向用力、同时发力,统筹解决各自实际需求和难题,最终实现党建引领下的发展共赢。

(三)要合理设定并有效发挥联合党组织的功能作用

党组织因其在党的组织体系中所处的地位不同,所依托的单位、部门和组织不同,所承担的具体任务不同,因而其具体功能作用是有所不同的。比如,乡镇党委是依托乡镇行政区划和政府组织系统而成立的,在整个党组织领导系统中是一个重要层级,因此,乡镇党委具有领导乡镇政权、统筹领导乡镇经济社会发展、领导乡镇域内下属各级党组织的重要功能作用。行政村党组织依托行政村而建立,因此,具有领导本村村民自治组织开展村民自治,领导本村村民搞好经济发展、社会治理,领导本村域下属党组织开展党建工作的功能作用。而联合党组织,特别是非建制性联合党组织,往往是因某项重大项目、重要工作的需要而建立的,具有很具体的目的性,也具有一定的时效性,因而其主要功能就是服务于重大项目建设和重要工作开展。正确认识并有效发挥联合党组织的功能作用,特别要处理好两种关系:一是联合党组织与参与成员党组织的关系。要围绕共同事项,加强与成员党组织之间的沟通、协作,充分调动成员党组织的积极性,形成工作合力,充分发挥其在动员群众、组织群众、宣传群众方面的功能作用,获得成员党组织对联合党组织工作的理解、支持,充分发挥各级党组织党员干部的先锋模范作用。二是联合党组织与有关联的政府部门、企业、行政村的关系。联合党组织本质上是因事而设的,实践中往往是依托项目或工作指挥部而设的,因此,在项目实施和工作推进中要处理好联合党组织与政府部门、企业、行政村的关系,充分发挥好沟通、协调的功能作用。政府职能部门、企业、行政村等各有法定的功能职责,因而联合党组织在围绕事务开展工作时必须充分尊重关联政府部门的行政职能、关联企业的生产经营自主权、关联行政村村民自治组织的法定职权,特别是要注意维护企业、行政村和村民的合法权益,坚决防止出现越权干预政府职能部门履行行政职责、侵犯企业合法权益、侵犯村民合法权益的现象。

(四)要处理好非建制性联合党组织建设中"组织推动"与"实践需要"相结合的问题

建立非建制性联合党组织作为党的一种创新行为,必然需要组织推动,但组织推动必须以实际需要为基础、为前提。要坚持因需而建原则,突出问题导向、目标导向和效果导向,着眼实际工作需要,紧紧围绕推动经济社会发展实际,对那些仅靠一个单位、部门或地方、单一层级不能独立完成,确实需要各层级、多部门、各方面党员干部参与的中心工作和重点任务,可通过建立非建制性联合党组织的形式,集聚各方力量、整合各方资源,更好地发挥党建的引领、助力作用。一般情况下,依然要以建制性党组织为组织依托开展各项工作。在推进全域党建过程中,要坚决防止搞"一刀切"、"为建而建"、"形"建而"神"不建、"联建泛化"等现象。

五、结语

总而言之,全域党建是一种新生事物,是党的基层组织建设与时俱进的重大创新,其方向性、有效性应该予以充分肯定。按照生产单位、工作单位和生活居住点建立党的基层组织,是中国共产党的重要组织原则。在现行体制下,党的组织和工作主要通过单位制、垂直式、矩阵型严密的纵向管理得以覆盖。但是,对于单位体制之外的党组织和党员而言,其作用发挥就会受到限制。而全域党建通过灵活设置党组织的方式,打破体制内外的边界壁垒,将不同领域的党组织和党员从各自为战转为整体联动,把分散在体制之外的党员重新组织起来发挥作用。显然,这种党建模式为进一步强化"两个覆盖"提供了创新路径。全域党建模式的创新,符合经济社会发展规律和党的自身建设规律。政党作为一种特殊的政治组织,其本身就具有可以跨地区、跨行业、跨层级而设立和开展活动的组织优势。乡村经济社会结构的变迁以及党在新时代所承担的历史使命,都对创新基层组织设置和活动方式提出了要求。就乡村经济社会发展的视角来看,全域党建的组织建设创新,适应了经济社会变迁的规律和发展趋势,可以更好地引领乡村经济社会发展,这既体现了党建的适应性和合规律性,又体现了党建的能动性和合目的性。当然,全域党建依然在探索实践之中。为更加扎实有效地开展全域党建,在实践中一定要正确界定非建制性联合党组织独特的功能作用,处理好非建制性党组织与建制性党组织的关系问题,处理好联合党组织与政府部门、企业、行政村的关系问题,处理好"组织推动"与"实践需要"相结合的关系问题。

(作者:李太淼、刘文康,原载《中共郑州市委党校学报》2022 年第 4 期)

经济社会结构变迁背景下乡村自治组织建设创新之理路

党的二十大报告高度重视基层民主问题,明确提出要积极发展基层民主。报告指出,"基层民主是全过程人民民主的重要体现",明确要求要"健全基层党组织领导的基层群众自治机制,加强基层组织建设,完善基层直接民主制度体系和工作体系,增强城乡社区群众自我管理、自我服务、自我教育、自我监督的实效"。搞好村(居)民自治组织建设,既是实现乡村组织振兴的一项重要内容,是推进乡村治理现代化的一项重要基础工程,也是推进我国基层民主制度建设、发展基层民主的重要内容。根据我国乡村经济社会结构变迁状况与发展需要创新乡村自治组织建设,是当前发展基层民主、推进乡村治理现代化迫切需要破解的重大理论和实践问题。

一、经济社会结构变迁给村民自治组织建设带来的深刻影响

改革开放以来,随着我国工业化、城镇化、信息化、农业现代化的快速推进,随着我国经济社会体制不断改革和市场经济发展,我国乡村的经济社会结构诸如所有制和产权结构、市场主体和经济组织结构、产业结构、就业结构和收入结构、人口和群体结构、居住结构、城乡空间结构和城乡经济社会关系等都发生了重大变迁。[1] "乡土中国"已演变为"城乡中国",并正在向"城市中国"演进。实行村民自治是改革开放后中国特色社会主义民主政治建设在基层社会的重大创新实践,是中国特色政治制度的重要构成部分,在推进基层民主建设、保障和发展农民政治权利、促进农村改革发展、搞好农村社会治理等方面发挥了重要作用。然而,村民自治与传统的农业经济结构密切相关。"城镇实行居民自治、农村实行村民自治的格局建立在地域性基础上,具有一定的封闭性。"[2]经济社会结构的巨大变迁使村民自治遭遇了前所未有之变局,给村民自治组织建设带来了直接、重大而深远的影响。

---

① 李太森、郑琼:《经济社会结构变迁对乡村政治组织建设的影响》,《郑州大学学报(哲学社会科学版)》2021年第6期,第20—26页。
② 徐勇:《中国农村村民自治》(增订本),生活书店出版有限公司2018年版,第199页。

(一)部分农村存在村党组织和村委会软弱涣散问题

部分农村党组织和村委会存在软弱涣散问题可能有多种原因,但经济社会结构变迁的影响无疑是一个重要的客观原因。村民委员会是经村民选举、受村民委托、依法行使村务管理职权的机构,是村民自治组织结构体系中的核心组织。由于经济社会结构变迁,近些年来,部分经济欠发达地区一些农村村党组织和村委会存在"软、瘫、散"以及村"两委"不能很好"运转"的现象。在不少农村地区,由于农民就业和收入结构多样化,导致人口结构发生较大变化:外出经商务工的青壮年人口多、农村的优秀人才流出多、农村留守老人和儿童多,部分农村"空心化""老龄化"现象突出。这种人口结构变化必然会伴生村级组织带头人年龄结构老化,后备力量青黄不接,后继乏人,选人难、选优秀的人更难的现象,必然会伴生村干部队伍整体上年龄结构老化、文化程度不高、来源结构不合理等结构不优的问题。

(二)自治主体缺失导致的自治组织行权困境问题

这一问题主要发生在经济欠发达农村地区。村民自治组织的架构体系,其核心组织是村民委员会,其权力机构是村民会议、村民代表会议,其成员主体是村民,18岁以上村民都有选举权和被选举权。然而,经济社会结构的变迁给村民自治组织的成员结构带来巨大冲击。村庄空心化、人口老龄化以及精英阶层流失等导致的乡村治理主体缺失,成为当前组织再造过程中面临的首要难题。[①] 在经济欠发达农村地区,大量青壮年农民外出打工、季节性流动,农村空心化、农户空巢化、农民老龄化不断加剧,这导致主体成员缺位,给农村组织建设带来困境。村民流出和流动,导致村民对村务的关心度参与度大大降低,导致村民小组的管理、村民代表的产生和代表会议的召开、村委会成员的人选和自治权的规范行使都受到严重影响,以至于有些农村村民民主选举、民主决策、民主管理、民主协商、民主监督难以正常运作。一些农村基层组织软弱无力,又导致长期在本村居住的人的政治权利得不到保障。

(三)自治主体变化导致的自治组织行权困难问题

这一问题在经济发达的农村地区有更为突出的表现。从构成村民自治组织的最基础的成员——村民来看,村民具有很大的不确定性。"传统意义上称为'村民'的,是指固定在一个村落聚居从事农业劳动的群体,'谁是村民'不是问题,而现在'谁是村民'已成为乡村很难确认的问题。"[②]现在的"村民"已然不是改革开放初期的以农业生产经营为主业、长期生产生活在村庄的农民了,村民已经发生而且还在发生重大变化。当村民不再以本村籍务农的农民为主体时,村民的变化就是一种质变。在经济高度发达的农村地区,有的农村已经转入城市,农民已变为市民。没有转入城市的农村,村也不再具有传统意义上村的特征,村民也不再是过去以从事农业为主的村民。有的变成了城市就业者,有的变成

① 唐兴军、郝宇青:《乡村社会治理中的组织再造:价值、困境与进路》,《中州学刊》2021年第9期,第15—21页。
② 陈文胜:《论中国乡村变迁》,社会科学文献出版社2021年版,第98页。

了季节性农民工,有的变成了当地的工商业者。许多务工经商的外来人口成为新的村民。居民和就业结构的巨大变化给村民自治组织建设带来全新课题。根据《村组法》规定,村民会议由本村18周岁以上的村民组成。"这一规定没有预见农村人口大流动的状况,以致事实上将外来人口排斥在工作地的公共政治生活之外,使其不能参与工作地村委会选举,亦难以通过村民自治正常表达意愿和要求。一些外来人员为保护和获得其利益,往往采取非规范的方式进行利益表达。"①人口和就业结构的重大变化,导致公共事务大量增加,对村民自治组织的架构、设置、行权产生严重影响。这种影响主要体现在:就村民组织成员资格而言,是否吸纳外地人口、吸纳多少是全新问题;就村民小组和村民代表会议而言,要不要吸纳外来人口代表和有关利益群体代表参加;就村委会主要干部的职责而言,村委会成员面对日益繁重的公共事务是否还能以非公职人员的农民身份,把务工经商或办企业作为自己的主要职业兼而得之,农村社区居委会成员的工作需不需要专职化;就自治组织与集体经济组织的关系而言,村民委员会或村民小组仍然既担当公共管理和服务职能,又行使集体经济的经营管理权能,这种情形在经济发达地区很容易产生集体经济管理不规范、经营效率不高、集体收益分配矛盾多发、集体经济组织"绑架"自治组织等诸多问题。

(四)乡村的自治单元设置问题

经济社会结构的变迁直接影响着自治单元的设置,而自治单元的设置又直接影响着自治组织的架构。经济社会结构变迁特别是城乡空间布局变化,乡村居民居住结构变化特别是集中居住发展,不仅推进了人口流动和迁移,使城市圈不断扩大,小城镇不断增多,而且重塑着乡村社会的生产生活共同体单元。自治单元的设置必须以居民为主体、为本位,以居民的生产生活共同体为社会基础。近些年来,基于工业化、城镇化等经济社会发展需要,特别是基于社会公共管理和服务下沉的需要,部分农村的农民转入城镇化管理,部分农村地区探索开展了新型农村社区建设。随着部分农村并入城市,随着新型农村社区和中心村镇成为乡镇区域内的重要生产生活中心,原有的以行政村为单元的村民自治组织设置必然被突破而且已经被突破。再造自治组织单元是经济社会发展提出的重大理论和实践课题,也是近年来学术界探讨争鸣的热点问题。

(五)村民自治权与政府行政管理权的关系问题

这个问题是乡村经济社会结构发生重大变迁背景下乡村治理中面临的一个突出问题。

第一,乡村公共管理和服务事务的大量增加超出了村委会的职责范围。"作为行政村的村民委员会不仅自己管理自己的事务,同时还要承担协助政府工作的职能,具有一定的行政职能。"②村委会承担一定的行政职能在经济社会结构比较简单的农村地区有其必

---

① 徐勇:《中国农村村民自治》(增订本),生活书店出版有限公司2018年版,第151页。
② 徐勇:《中国农村村民自治》(增订本),生活书店出版有限公司2018年版,第251页。

然性与合理性。但随着乡村经济社会结构的巨大变迁,乡村对公共设施建设、公共管理和服务事务的需求大量增长,例如,污水处理、医疗卫生、道路交通等基础设施建设,社会治安、市场秩序、道路交通的管理,教育、医疗、养老等基本社会保障服务的提供,这些公共管理和服务的提供已远远超出了村委会的履职范围。

第二,靠村委会提供农村社会公共管理和服务已力不从心。在早期的村民自治制度设计中,农村的许多公共管理和服务是由农民自己协商、自主解决的。但随着农村经济社会发展、农民需求结构变化,乡村的公共管理和服务事务大量增加。鉴于村委会受财力、物力以及法定权力的限制,受村委会成员的素质、能力、精力、资质等各种因素限制,村委会在为村庄特别是集中居住社区提供公共管理和服务方面显得力不从心甚至无能为力。

第三,行政权与自治权的界限模糊不清,既影响基层政府行政管理职权的规范、高效行使,也影响村委会自治权的规范、有效行使。长期以来,村委会承接了大量乡镇政府下派的各项职能,行政化趋向严重。村委会的主要职责是搞好村民自治,过多行使行政权必然导致自治权异化,于法无据。当前在不少农村地区特别是经济发达农村地区,行政事务与村务、村民事务与社区居民公共事务严重交织在一起,行政权与自治权缺乏界定、模糊不清,村民自治组织越权行事、政府组织行政管理缺失现象同时存在。村(居)委会被行政化,不但丧失了自身的自治功能,也扭曲了基层政府和村(社区)的关系。这表明,厘清自治权与行政权的关系和边界,剥离村委会的行政职能,实现村民自治向居民自治的转化,保障和实现乡村社区各类群体特别是外来人口群体的社区居民自治权益和作为国家公民的各项政治权利,是经济社会结构变迁带来的必然要求。

(六)自治内容和功能面临的问题

在村内公共事务以及治理对象都发生巨大变化的情况下,村民自治组织自治的内容和功能作用也亟须做出相应的调整。就制度设计角度讲,村民自治组织是自我管理、自我教育、自我服务、自我监督的群众性组织,村民自治的主要功能和内容是广大村民通过民主选举、民主决策、民主管理、民主协商、民主监督的民主运作机制,管理本村域内的与村民利益密切相关的村级公共事务。但从社会发展角度看,"村域""村民""村级公共事务"是随着经济社会结构变迁和社会发展需要在不断发展变化的,因而自治组织的自治功能和内容也会发生相应改变。

第一,从"村域"的角度看。随着新型城镇化建设的不断推进,特别是随着一些地方开展并村入城、并村入镇、并村建社区、村庄扩建,不少地区的村庄规模和结构发生了重大变化。"村域"的变化不仅仅是地理空间的变化,还包括产业结构、人口结构、就业结构等的变化。显然,自治的范围发生了变化。

第二,从"村民"的角度看。现在居住在农村的居民,有个体农户、种养大户、流动就业的农民工、合作社社员、公司(企业)员工、各种各样本村的或外来的务工经商人员等。"村民"的变化反映了自治主体、治理主体、作用对象的变化。

第三,从"村级公共事务"的角度看。在原来经济社会结构比较简单的农村,村级公共事务的内容主要包括农地的承包、流转管理,宅基地管理,村内简易公共基础设施的建设,村民矛盾纠纷的调解,村内治安管理,政府转移支付款项的发放,体量较小的集体经济的经营和收益分配管理等。但由于经济社会结构变迁和经济社会发展需要,特别是由于城乡经济社会管理一体化和城乡基本公共服务均等化的推进,村级公共事务的内容和承担主体正在发生重大变化。就公共服务方面看,当代中国社会已经发展到了以工补农、以城带乡、城乡融合发展的阶段,农村的公共基础设施建设,乡村居民的医疗、教育、养老等基本公共服务的提供,已超出了村级公共事务的范围,上升为社会事务和政府政务,政府成为为农村居民提供基本公共服务的主要承担者,而村委会则成为协助配合者。从公共管理和社会治理的角度看,农村社区的土地管理、社会治安、环境保护、污染治理、防疫抗灾等事务,大大超出了村级公共事务的范围,上升到社区和社会公共事务的层面,更多情况下需要以基层政府为主导进行管理,需要农村多元治理主体共同参与治理,农村自治组织需要承担的职责是协助配合政府并发挥自身在农村治理中的组织、协调、沟通等应有功能。

此外,在经济事务方面,传统的经济管理模式遇到挑战,自治组织的经济事务正在发生变化。例如,所在农村社区各市场经济组织的日常生产经营活动由各经济组织自行负责,政府负责监督管理,自治组织仅负责对集体经济组织的监督管理;农村社区居民的就业、收入及日常管理,更多情况下是由其所供职的单位负责。可见,村民自治组织的经济管理和治理功能、社会管理和治理功能必然发生而且已经发生变化。原有的某些功能会由政府和经济组织代替行使,同时也会因应社会发展需要被赋予一些新的功能,如做好社区的集体资产管理、物业管理,协助党组织和政府做好妇女儿童权益保护、环境卫生、安全生产、社会治安、风险排查、民事调解、矛盾化解、文体活动等方面的工作。

二、乡村自治组织建设创新应遵循的基本原则

基于政治与经济社会互动发展的基本规律、我国实行中国共产党的领导和人民民主政治的具体国情、推进基层社会治理体系和治理能力现代化的现实要求、不断满足乡村居民日益增长的美好生活需求的根本目标,乡村自治组织建设创新应遵循以下五个基本原则。

第一,必须符合经济社会发展变迁的规律。生产力的发展要求是刚性的,因而经济社会的发展变迁也是刚性的,乡村自治组织建设创新必须主动适应并有利于推动经济社会的发展变迁。唯有如此,乡村自治组织建设创新才具有科学性、可行性、实效性,才能充分发挥对经济社会的反作用。再进一步而言,乡村自治组织建设必须有利于工业化、城镇化、信息化和农业现代化的推进和发展,必须有利于乡村产业的融合发展,必须适应城乡土地、资本、技术、人才等资源要素的自由流动和优化组合,必须因应乡村居民不断增长的对美好生活的追求。

第二,必须坚持党的领导。解决中国所有问题的关键在党。政党政治是当代社会发

展的一种必然要求。在当代中国,党对国家、对社会的领导,是实现国家和社会有效治理的必然选择。坚持和完善党对乡村社会的领导也是实现乡村社会良善治理的必然选择。党的领导既是近代政党制度在中国演变发展的结果,也是当代中国社会发展和社会治理所必须。在利益结构复杂多元、组织结构复杂多元、群体结构复杂多元、治理主体复杂多元、思想意识复杂多元的当代乡村社会,特别需要以为人民谋幸福、为民族谋复兴作为初心使命的中国共产党的领导,来整合社会利益需求,来领导社会治理,来保障和增进人民的权利和福利。很显然,在乡村自治组织建设创新中,我们必须把党的领导贯彻其中,其中特别要注意解决好村(社区)党组织书记通过法定程序担任村(居)民委员会主任、村(社区)"两委"班子成员交叉任职问题。

第三,必须有利于推进基层社会治理体系和治理能力现代化。基层党组织、政府组织、自治组织是乡村治理的基本主体,在乡村社会治理中有着各自独特的重要功能作用。必须搞好党的领导权、政府行政权、居民自治权的协调配置,充分发挥党组织、政府组织、自治组织在社会治理中的合力作用;必须按照民主、效能、便利原则,科学设置自治组织的组织架构和自治权能,保障自治组织规范行权、高效行权,确保基层民主制度的有效运行,充分发挥自治组织在乡村社会治理中的特殊功能作用。

第四,必须有利于保障和增进人民群众的政治权利。人民民主是社会主义的生命。人民民主既是推进国家治理现代化的重要路径,也是中国特色社会主义政治建设的一种价值目标,是全面建设社会主义现代化国家的应有之义。乡村自治组织建设必须把巩固、扩大、增进乡村居民政治参与权利特别是在基层自治中的民主权利作为重要价值遵循。在自治组织建设过程中,要正确认识和对待村民、居民与公民的联系与区别,着力保障和发展村民和居民作为公民所应享有的诸多权利。

第五,必须坚持实事求是、因地制宜、因时制宜原则。中国地域辽阔,地形结构复杂多样,人口众多,民族众多,东中西部乡村经济社会发展不平衡状况明显,其经济社会结构变迁存在一定差异性。如东部发达乡村产业集中、人口集中、居住集中、土地集中的程度明显高于中西部乡村;落后地区人口流出多,而发达乡村外来人口流入多。因此,在进行乡村自治组织建设中,要因地制宜,结合当地实际,不搞一刀切,不搞整齐划一;要因时制宜,根据发展的不同阶段适时推进、循序推进,不可盲目冒进。要在认识和把握规律性、普遍性的同时,注意差异性、特殊性,尊重群众的首创精神。

三、推进乡村自治组织建设创新的主要思路

乡村经济社会结构变迁,对乡村社会治理的目标、任务、形式提出了新的要求,进而对自治组织建设创新提出了新的要求。总体而言,自治的权能建构要实现村民权益、居民权益与公民权益的有效对接,实现产权与治权、自治权与行政管理权的合理界定和有机结合;自治的区域范围要突破村的范围向社区拓展;自治的主体要由村民向居民转变,自治的方式要实现由村民自治向居民自治、多元共治转变。

（一）适时推进村民自治向居民自治的转变

实现村民自治向居民自治转型，既是村民自治组织建设创新的一个基本方向，也是乡村自治组织创新发展的一个基本路径。

第一，充分认识转变的必然性。由村民自治向居民自治转变是因应经济社会结构变迁的必然要求。随着城镇化进程中农业人口向城镇的转移、城镇的增多、新型农村社区的增多，自然村、行政村的数量必然减少。与此相应，村民自治向城市社区居民自治转变和向农村社区居民自治转变就是一个自然演进的历史过程。"任何政治形式总是与一定的经济形式相适应，并随着经济形势的变化而变化的。村民自治也是如此。伴随农村经济的发展和变迁，村民自治必将或正在发生变化，从而在多样化的格局中完成向新的自治形式的转换。"[①]"随着农村工业化、城镇化的发展，愈来愈多的农村社区将由村民自治过渡到居民自治，从而实现自治形式的创造性转换。"[②]有专家明确指出，随着农村集体产权改革的深化以及农村社会的日益开放，从封闭性的村民自治走向开放性的社区自治是必然的趋势，也是农村经济、政治和社会发展的客观要求。[③] 村民自治与居民自治虽一字之差，却有着不同的内涵和功能。居民自治强调的是居民身份，以居民为本位配置社会成员的自治权利和其他社会权益。居民自治可以包含村民自治，因为村民可以是村中居民。村民自治本质上也属于居民自治，但村民自治不能等同于更不能替代居民自治。居民自治有利于克服村民自治的封闭性、保守性，更好地适应并促进城乡融合发展、城乡人口流动、乡村多业融合发展。

第二，充分认识转变对基层民主政治建设的重要性。由村民自治向居民自治转变有利于保障和发展基层民主。不论是农民还是市民，都应该享有平等的民主政治权利和其他基本社会权益。居民自治以居民为本位，有利于保障流动到城市的"村民"的民主权利和社会权益。村民自治向居民自治转型，并不意味着村民民主权利的消减，而是意味着公民社会权利包括民主权利的增长，他们将在更广阔的社会空间行使和享受更多的政治权利。

第三，适地适时、稳慎推进村民自治向居民自治过渡。村民自治向居民自治转型是一个渐进的、动态的过程，必须与我国乡村经济社会结构变迁过程、与我国城镇化进程相适应。推进村民自治向居民自治转变的基本逻辑理路是：对在城镇化过程中纳入城镇规划管理的农村，应该适时进行"村改居"改造，变村民为市民，变村委会为居委会，实现村民自治向城市社区居民自治的转变；在推进新型农村社区建设的同时，应同步探索推进行政村自治组织改组和农村社区居民自治组织建构，实现由以村民为本位的村民自治向以社区居民为本位的居民自治转变，搞好"村民自治"与"社区居民自治"的衔接；在目前普遍

---

① 徐勇：《中国农村村民自治》（增订本），生活书店出版有限公司2018年版，第197页。
② 徐勇：《中国农村村民自治》（增订本），生活书店出版有限公司2018年版，第199页。
③ 项继权、王明为：《村民小组自治的实践及其限度——对广东清远村民自治下沉的调查与思考》，《江汉论坛》2019年第3期，第40—48页。

存在的行政村,也要首先在理念上实现由以"村民"为本位的自治向以"居民"为本位的自治转变,把保障和发展长期在村庄生产生活的居民的权益作为自治的一种价值追求,进一步夯实自治的群众基础,增强自治的公平性、公正性,增强村民自治组织的开放性、适应性。

(二)适时创新乡村自治单元设置

人口和空间是构成一个治理单元的基本要素,也是居民自治组织建构的基础。自治单元的设置必须适应经济社会结构变迁状况、变迁趋势和经济社会发展要求,必须便于居民生产生活、便于社会治理。因此,除纳入城市规划管理的农村其自治单元应该按照城市社区建制进行相应设置外,未来乡村的自治单元应该以农村社区建制为取向进行建构,以便在农村社区实现乡村居民生产生活共同体、社会治理共同体与居民自治共同体的有机组合,以便在城乡融合发展中构建城乡一体的社区制度。创新自治单元设置既需要与时俱进,又需要循序渐进、稳中求进,因地因情而宜。

第一,立足并保持现有的行政村自治单元设置。对目前大多数农村地区而言,行政村依然是最重要的生产生活单元和社会治理单元,有深厚的历史渊源和现实社会土壤,因而也是最重要的自治单元。因此要立足现有的行政村建制,保持行政村自治单元设置,即便是开展新型农村社区建设,也要以现有行政村自治单元为基础,通过"一村一社区""并村建社区""联村建社区"等多种形式的社区建设,搞好"村民"自治与"社区居民"自治的对接和融合,搞好村民自治组织架构向居民自治组织架构的过渡。

第二,探索推进农村社区居民自治单元设置。依托农村社区建设,设置农村社区自治单元,是自治单元设置创新的一个基本方向。有专家明确提出:城乡一体的社区制度是我国农村基层组织与管理体制的第三次重大变革。[①] 建设农村社区,是因应我国乡村经济社会结构特别是城乡关系的重大变迁而对农村居民居住结构、居民(村民)生活单元、社会公共管理和服务单元、社会治理单元进行的适应性创新,其中,也包括对居民(村民)自治单元适应性创新的探索。搞农村社区建设既内含着适应规律的必然性,也体现着满足农民群众利益需求的必要性。从必然性的角度看,无论是在城郊接合部人口比较密集、经济比较发达的乡村,还是在"空心村"问题严重、人口流出较多、经济相对落后的乡村,通过调整和优化村庄结构开展新型农村社区建设,无疑是优化利用土地资源的必由之路,是农村生产要素集聚和产业融合发展的必然要求,也是农民生活方式变迁和农民提高生活水平的必然要求。在具备条件的地方,在尊重农民意愿的前提下,适时适势建设新型农村社区,有利于承接政府下沉的公共服务,有利于集中建设基础设施,有利于城乡公共管理的一体化和公共服务的均等化,有利于解决当前村落"空心化"和"过疏化"问题,有利于提高农村公共服务的水平和效率。因此,搞农村社区建设的大方向值得肯定。农村社区是一个承载着多种功能作用的复合体单元,它首先是居民生产生活共同体单元,同时,它

---

① 项继权:《农村基层治理再次走到变革关口》,《人民论坛》2009 年第 5 期。

还是国家和政府管理单元、社会治理单元、居民自治单元。因此,要注意实现以行政村为单元的传统管理向以社区为单元的现代社会管理转变。①

第三,稳慎对待自治单元下沉。对于自治单元和自治权下沉问题,学术界产生了较大争议,其中,以反对者居多。有学者从体制、党建、财政、人才等多方面深度分析了广东清远自治单元下沉面临的困难和存在的局限。笔者认为,中国地域辽阔,农村地区发展不平衡,自治单元下沉在个别地方、在一定发展阶段可能有其特殊性、合理性,比如在交通不便、居住非常分散、经济比较落后、自然村(村民小组)长期实际拥有并行使集体土地所有权的农村地区,在一定时段内实行单元下沉可能有一定可行性。但从长远来看、从规律的角度看,单元下沉和缩小,会增加小集体与大社会的矛盾,不利于城乡土地的统筹规划和集约化规模化利用,不利于农村人口的转移就业,不利于农村基础设施的集中建设、高效利用,不利于政府公共管理和服务下沉。可以想象,随着时间推移和经济社会发展,这些自然村和村民小组的结构形态还将发生变化,其自治单元的范围、规模也必将发生变化。因此,对当前一些地方开展的单元下沉试验,可以探索实践,但不宜大面积推行。

(三)合理界定村(居)民自治权与行政管理权,大力推进村(社区)党群服务中心建设

在基层党组织的领导下,合理界定村(居)民自治权与行政管理权,是因应乡村经济社会结构变迁和发展需要、推进公共管理和服务下沉、实现城乡基本公共服务均等化、提升乡村社会治理水平的必然要求,也是新时期保障村(居)民委员会规范行使职能的一个重要外部条件。

第一,对行政事务与村务(社务)进行明确界分,有条件的地方可适时推行行政事务与村务(社务)分离改革。明确界分行政事务和村务社务并明确承担主体,是合理界定并规范行使自治权、行政权的具体实践路径。在经济发达、人口集中、公共事务繁重的行政村和农村社区,可适时推进行政事务与村务(社务)分离改革。行政事务与村务(社务)分离的主要取向和突出特征就是将基层的行政事务和自治事务区分开来,并划归不同的主体负责处理。行政事务主要由政府负责,村(居)委会则根据相关法律法规,履行村(居)民自治范围内的事项,不再直接承担行政管理工作。近些年来,广东省陆续推进了村居社区行政事务与村务(社务)分离改革,通过逐步减少村(居)民委员会协管、协办的行政性事务,发挥村(居)委会自治组织功能,给我们带来了有益借鉴。在经济欠发达、地方政府财政能力有限、公共事务相对简单的农村,完全实行行政事务与村务(社务)分离可能有困难,村委会依然要代行诸多行政职能,但同样需要明确界定行政事务和自治事务,明确政府提供公共管理和服务的责任,对村(居)委会代行行政管理权要提出规范要求并在经济上给予合理补偿。

---

① 李增元:《当代中国农村社区建设的本土逻辑》,《华中师范大学学报(人文社会科学版)》2020 年第 5 期,第 12—24 页。

第二,大力推进村(社区)党群服务中心建设。在行政村和农村社区建立党群服务中心,是强化党组织领导和服务功能、承接政府公共管理和服务下沉、提升乡村社会治理能力的重要载体和平台,也是推进分离改革、实现行政权与自治权在明确界分前提下有机结合、保障政府行政管理权和村(居)民自治权规范行使的有效抓手。村(社区)党群服务中心承载着原来基层乡镇政府委派给村(居)委会的各类行政和公共服务职能,提供政务信息和便民服务,是政府公共管理和服务在村(居)委会的延伸,是党和政府在村(社区)基层的执政阵地。要在党组织领导和地方政府指导支持下,大力加强集公共服务平台、办公场所、活动场所、服务群众场所于一体,涵盖党员服务、政务服务、法律服务、网格化服务、外来人口服务、群团服务、文体服务等多项服务的村(社区)党群服务中心(站)建设,着力提升对乡村社会实行精准化标准化智能化管理的能力和水平,着力提升为乡村居民提供优质综合服务的能力和水平。

(四)加强村(居)委会的规范化建设

针对经济社会结构变化给村民自治组织规范行权带来的困境和挑战,要在明确界定自治权与行政权的同时,进一步加强自治组织的规范化建设,进一步创新并规范自治组织的功能。

第一,加强农村基层干部队伍建设,强化基层党组织的领导功能。在我国实行党组织领导村(居)民自治组织,农村普遍推行村居"两委"负责人"一肩挑"、"两委"委员交叉任职的大背景下,加强党组织和党员干部队伍建设与加强村(居)委会和村干部队伍建设具有很大的同向性、一致性,对加强村(居)委会建设意义重大。一是要加强农村基层组织带头人队伍建设。要注意从本村经营致富能手、外出务工经商返乡人员、本乡本土大学毕业生、退役军人的党员中培养选拔村党组织书记和村(居)委主任。对一些落后村、问题村或重点发展村,可继续实行上级党组织向村党组织下派第一书记政策。要加强党组织对社会精英自上而下的政治吸纳,拓宽选人视野,突破地域、行业、身份等界限,坚持内选与外引相结合,积极探索村际、村镇、村企间优秀人员跨村跨行交流任职的村党组织带头人选任模式。二是要搞好村居"两委"干部的教育培养和使用管理。要搞好对农村干部的培训教育考核监督,不断提高其政治素质和工作能力。要建立农村干部薪酬激励机制和待遇稳定增长机制。要注重从优秀村党组织书记、大学生村官中选拔乡镇领导干部,从优秀村党组织书记中考录乡镇公务员、招聘乡镇事业编制人员。三是可探索试行村社干部专职化。行政村和农村社区公共管理和服务事务大量增加,越来越要求乡村社会管理和治理的专业化、高效化、精细化,对村社干部的专业素质、管理才能提出了越来越高的要求。原来的村干部兼职化的管理方式已经越来越不适应社会发展的要求,村社干部的专职化成为适应新时期乡村社会治理需要的一种可行性选择。在经济发达的行政村和农村社区,为推进村社高效化精细化管理和治理,同时也为了解决村社干部的职业角色冲突,可尝试推行村社干部的专职化。但村社干部专职化如何与村(居)民自治有机结合是值得探讨的又一个课题。

第二，健全完善自治组织内部的组织架构。要加强村委会、村民代表大会、村民小组等组织体系建设，理顺村委会与村民小组的管理关系。要健全村（居）民委员会下设的人民调解、治安保卫、公共卫生等委员会并充分发挥其作用。要根据农村社区治理需要适时增设环境保护、物业管理等委员会。要加强村民监督组织——村务监督委员会建设，并充分发挥其监督功能。

第三，完善村级基层组织运转的经费保障。农村党组织、村民自治组织的运转经费，不能靠农民来提供，也不能全靠农村集体经济组织来解决，理应以政府财政投入为主。要建立以财政投入为主、多渠道筹措、多元化投入、多方位监督、正常增长的村级组织运转经费保障监督机制。

第四，加强村（居）民自治组织的制度建设。要健全基层民主制度，完善村规民约，推进村民自治制度化、规范化、程序化。要进一步健全和完善村（居）民自治组织的民主选举、民主决策、民主管理、民主协商、民主监督制度，加强村务公开、财务公开制度化建设，加强对村委会干部的监督管理。

第五，适时推进自治内容更新和自治功能创新。自治内容和权能会因经济社会结构变迁和发展需要发生相应变化。在生产经营越来越社会化、市场化，社会分工越来越细化、专业化，公共管理和服务大量下沉的背景下，村民自治组织直接组织农民开展生产经营活动的功能已经丧失，直接负责集体经济的管理和经营职能也正在发生分解。自治组织要顺应这种变化，合理更新自治内容和创新自治功能，在基层党组织的领导下，协同配合政府，搞好农村基本公共服务的提供、政府财政转移款项的发放使用及农村的土地监管、环保监管、治安防控等。

（五）正确处理基层自治组织与集体经济组织的关系

处理好自治组织与集体经济组织的关系，是新时期自治组织建设面临的一个非常重要、非常复杂的问题，既关系到集体经济组织能否规范运作、集体经济能否健康发展，也关系到村（居）民自治内容和功能的调整、自治权能的规范行使。集体经济组织是具有市场竞争主体属性的经济组织，其主要目标是实现集体资产的保值增值，其主要运作机制是依循经济规律特别是市场竞争机制开展生产经营活动；村民自治组织是具有一定公权力属性的政治和社会组织，其主要目标是实现本村（社区）域内社会的良善治理，其主要运作机制是在基层党组织的领导下，通过民主政治机制管理农村公共事务。二者具有不同的组织目标和运作机制。

第一，明确集体经济运营与农村社会公共管理和服务分开的大方向。一是从社会管理和治理的角度看，社会事务的大量增加，要求更加专业化、更加细化、更加精准化的社会管理和治理，因此要求改变过去村（居）委会既是自治组织又是集体经济组织、既有自治职能又有集体经济经营职能的混合型管理模式，把原有的直接运营集体经济的职能剥离出来交由集体经济组织自主行使，以便村（居）委会集中精力致力于农村社会公共管理和服务工作，更好地发挥自治功能。二是从经济规律角度看，尽管农村集体经济组织有其特殊性,但它依然是具有市场主体特征的经济组织,有其不同于自治组织的目标功能和运作机制。在集体经济体量较小、运作简单的情况下,由自治组织代行集体经济组织的生产经营管理功能有其现实可行性,但当经济体量较大、产权结构和组织结构复杂、运作难度较大时,由更加专业的人才来负责集体经济的经营管理,才更加适应经济发展要求。因此,实行集体经济运营与农村社会公共管理和服务分开也是经济发展规律使然。

第二,适时推进集体经济运营与农村社会公共管理和服务改革分开。为破解乡村社会中公共权力与集体产权纠缠难解的复杂局面,中央对集体经济运营与农村社会公共管理和服务分开改革进行了专门部署。2015年中办、国办印发的《深化农村改革综合性实施方案》首倡集体经济运营与农村社会公共管理和服务分开;2016年《中共中央 国务院关于稳步推进农村集体产权制度改革的意见》再提此事,要求有条件的地方实行村民委员会事务和集体经济事务分离。这一改革的逻辑实质是"公私分开",将土地等集体资产量化到人、确权到户,将产权问题交由专门的集体经济组织管理,社会治理聚集到真正的公共领域。① 要推进政经分离,就要把产权与治权,把产权制度与治理制度,把集体经济组织职能与自治组织职能,把经济组织成员权和社区成员权有效区分开来、分离开来。此外,还要正确处理村(居)委负责人兼任集体经济组织负责人以及村居干部在集体经济组织中的兼职问题。近些年来,广东省某些地方根据实际情况,分类分阶段推行集体经济运营与农村社会公共管理和服务改革分开、行政事务与村务(社务)分离,将基层自治组织、集体经济组织、村(社区)服务中心(站),从"混合"转变为"分离",实现了基层治理主体职能分离和细化。② 广东的改革创新之举对我们正确处理自治组织与集体经济组织的关系很有启示意义。

第三,加强新型集体经济组织建设。在以土地为主要生产资料、实行土地集体所有制的广大农村,发展壮大集体经济对提升农村基层党组织领导能力、发展农村公益事业、提升村民自治组织治理能力意义重大。发展壮大集体经济,必须深化集体产权改革,加强新型集体经济组织建设。新型集体经济组织的典型特征是产权体系更加清晰、经济职能独立、组织治理结构更加完善、发展模式多元多样。很显然,新型集体经济组织在制度设计层面就要求厘清产权与治权的关系,实现自治组织自治职能与经济组织经营职能的合理分离。要继续深化集体产权改革,加强新型集体经济组织建设,推进农村集体经济组织与村(居)委分账管理、事务分离,促进农村集体经济组织独立经营。要在发展壮大集体经济、提高集体经济组织成员收入的同时,促进村民自治组织的规范化、制度化建设,提升村(居)"两委"的治理能力。

第四,加强对集体经济组织的监督和对集体资产的管理。推行"政经分离"并不是对集体经济组织放任不管。相反,由于农村集体经济组织与土地这一重要的自然资源密切

---

① 陈明:《分工深化、去依附与乡村政经分开改革》,《人文杂志》2021年第2期,第113—121页。

② 郭丽兰:《基层治理结构和动力机制创新——广东的实践和探索》,人民出版社2020年版,第14—15页。

相关,与广大村民切身利益密切相关,因而必须对集体经济组织和集体资产进行更加严格的监管。监管应在两个层面进行:一是要强化村(居)"两委"的监督和管理。从监督角度看,要加强对集体经济组织负责人的监督,加强对集体经济组织财务的监督;从管理的角度看,要特别注意完善集体经济组织的收益分配制度,因地制宜确立公积金、公益金的提取比例,要加强对集体经济的风险管理,要加强对集体所有的土地及其他资产的管理。二是要强化政府的监督和管理。由于集体经济组织的特殊性,特别是由于在当前不少农村地区依然实行村委负责人与集体经济组织负责人"一肩挑"、村委成员在集体经济组织中有兼职的情况下,仅靠村"两委"的监督和管理是远远不够的。问题很明显,村"两委"负责人与集体经济组织负责人"一肩挑"、"两委"成员在集体经济组织中兼职,很容易使"两委"监督失效,增加合谋腐败风险。因此,必须加强政府层面的管理和监督。其中,特别是要加快建设农村集体资产监督管理平台,实现农村集体资产管理制度化、规范化、信息化,为盘活利用集体资产、保障集体经济健康发展提供有利条件。

(原载《中州学刊》2022 年第 11 期)

基本经济制度及相关问题研究

按劳分配及其社会主义的个人消费品分配机制

在当今世界上,苏联、中国、南斯拉夫、匈牙利、波兰等各社会主义国家纷纷进行经济政治体制改革,不仅单一的社会主义模式被打破,而且社会主义的公有制模式也被突破并获得新发展。随着多种所有制格局的出现和发展,传统的分配方式受到了致命冲击。面对"按经营效益分配""按资分配""级差收入""风险收入"等新分配形式的纷纷出现,理论界扬章宏论,莫衷一是。有学者认为,商品经济与按劳分配存在着内在矛盾,在商品经济条件下不可能实行按劳分配;[①]有人却认为社会主义的商品经济更有利于按劳分配的贯彻执行;还有人认为社会主义商品经济条件下的按劳分配是不完全的按劳分配。本文就"按劳分配"及其社会主义的个人消费品分配机制作一初步探讨。

一、生产关系两分法及其分配关系的一般规律

生产关系的具体形态可以从质上抽象划分为两个方面:(1)生产者之间的物质技术关系。指在一定的社会生产过程中,在最大限度发挥生产力的前提下,完全由劳动对象、劳动资料的性能、用途、使用方法,一句话即由生产资料的性质和社会生产的连续性、和谐性、效率性等技术规定性所决定的生产者之间一种必然的联系和关系。它包括直接劳动过程中的具体组织,互相配合等分工协作关系,也包括整个社会范围内的生产和再生产过程中所要求的生产者(广义而言)之间各种必然的技术性的合作和联系。(2)生产者之间的物质利益关系。主要表现在对生产资料、交换资料、消费资料等物质资料的占有、支配、使用、享受等方面。其中,最核心的是消费品分配关系,生产资料所有制因它作为人们取得消费资料的一定条件和调节人们物质利益关系的杠杆也具有颇为重要的意义。

"劳动首先是人与自然之间的过程,是人们自身的活动引起来的,调节和统制人与自然之间的物质变换过程。"[②]然而正如马克思所说:"人们在生产中不仅仅同自然界发生关系。他们如果不以一定的方式结合起来,共同活动和交换其活动,便不能进行生产。为了进行生产,人们便发生一定的联系和关系;只有在这些社会联系和社会关系范围内才会有

---

① 韩志国:《对"劳动力非商品论"的质疑》,《中青年经济论坛》1987年第4期;钟朋荣:《论按劳分配与商品经济的矛盾》,《江汉论坛》1987年第7期。

② 《资本论》第1卷,人民出版社1975年版,第201—202页。

他们对自然界的关系,才会有生产。"①这种联系和关系正是在生产过程中所结成的生产关系。生产关系是人与自然的变换矛盾所决定的生产者之间的物质技术关系和人与人的利益矛盾所决定的生产者之间的物质利益关系的矛盾统一。其中生产者的物质技术关系,是人类从事具体的、有用的劳动创造使用价值的必然条件,它作为生产资料的性质,特别是生产工具的性质,和生产劳动对其他方面的技术要求,是不以任何人、任何集团的意志为转移的。它是人们的物质利益关系——生产资料所有制形式、生活资料的分配方式和内容等赖以确立和发展的物质基础。如分工协作的技术关系发展到一定程度,资本主义私有制才得以确立;如现代社会生产中,科学技术越来越成为直接的生产力,高知识高技能的知识阶层在生产中的地位和作用越来越突出,因而他们的物质利益要求也越来越受关注。但是,生产者的物质利益关系并不是完全被动的东西,它对生产者的物质技术关系对生产力的发展有着巨大的反作用。这可从两方面看:一方面,人们的物质利益关系从对生产者的物质技术关系的适应程度上起到反作用。一种生产资料所有制形式、一种消费品的分配关系,越是适应生产者的物质技术关系的要求,就越是促进它的发展;反之,就会对其起极大的阻碍和破坏作用。我国在"文革"时期及其之前,在广大农村还是以农业手工工具为主的生产力水平下,就实行向大集体所有制甚至全民所有制的"穷过渡",生产要求一定的个体劳动,被强迫变成了无机协作的集体劳动,生产要求个体经营的项目,变成了大队、公社的经营,因而严重阻碍了当时生产力水平下生产者物质技术关系的实现和发展。在各国有工厂,全国实行统一的分配,严重抑制了作为生产单位的工厂的积极性和创造性,企业内部没有动力,外部缺乏压力,破坏了整个社会的生产者物质技术关系的协调发展。另一方面,物质利益关系通过劳动者对生产的积极性或消极性等态度情绪对生产者的物质技术关系发生作用。一种所有制关系越能调动劳动者的生产积极性,就越能发展生产力,越能促进生产者物质技术关系的发展。奴隶社会末期所有制关系造成的奴隶阶级对生产的厌恶,封建社会初期所有制关系产生的农民的生产积极性,都阻碍或促进了生产者物质技术关系的发展。人类社会生产正是在生产关系内部两种关系不断矛盾统一的过程中得到实现、得到发展。

由此我们看到,任何社会的物质利益关系,特别是人们的消费品分配关系,并不是可以任意抉择的。任何社会的消费分配关系都是通过与该社会的生产发展要求相适应的分配机制来实现的。这种分配机制存在变化的原则是:保证广大生产者的生产积极性、能动性、创造性,促使广大生产者最充分地运用自己的智力和体力从事生产,推进生产力的发展。之所以如此,是因为人的一切活动都是为了人的生存、发展和享受,而这又必须以生产的发展、财富的增值为前提。当一种分配机制不能调动劳动者的积极性,不能推进生产的正常发展,它就会失去继续存在的价值,新的分配机制就会取而代之。分配机制构成生产的因素,它反映着生产方式本身的性质。因此,抽象地谈论一种分配制度的合理与否

---

① 《马克思恩格斯选集》第1卷,人民出版社1972年版,第362页。

是伦理学的天职,而社会生产在公平与效率面前总是作出这样的选择:追求效率不能毁灭生产者的正常发展,追求公平不能超过效率所能提供的幅度。

二、商品经济下的按劳分配

各国社会主义实践证明了社会主义经济只能是商品经济。有人说,商品经济和按劳分配是根本矛盾的,要发展商品经济就必须舍弃按劳分配,要实行按劳分配就必须放弃商品经济,我们的改革只能从中选择其一。我觉得这种观点囿于传统按劳分配的理论教条,未免显得形而上学。

诚然,社会主义商品经济条件下不可能实现纯而又纯的按劳分配。然而,按劳分配仍然是社会主义个人消费品分配关系的根本原则。这种原则来自社会主义生产的手段和目的,"用在高度技术基础上使社会主义生产不断增长和不断完善的办法,来保证最大限度地满足整个社会经常增长的物质和文化的需要"[1],来自劳动是财富的根本源泉这一历史唯物主义的真理。社会主义国家不可能靠掠夺、靠剥削、靠血腥的原始积累来增值自己的财富,也不允许少数剥削阶级不劳而获地占有别人的财富,社会主义国家的人民要想提高自己的物质文化生活水平,最根本的途径就是靠劳动。因此,按劳分配乃是社会主义生产过程本身的客观要求。

然而,商品经济下的按劳分配与马克思所设想的"个人消费品的社会直接分配"有着完全不同的内容和形式,等量劳动相交换,不仅"通行的是商品等价物的交换中也通行的同一原则,即一种形式的一定量的劳动可以和另一种形式的同量劳动相交换"[2],而且在内容上也同其他等价物的交换一样,这个劳动量只存在于平均数中,而并不存在于每个个别场合。

劳动有三种基本的形式:潜在的劳动、流动的劳动、物化的劳动。潜在的劳动,由于具有一定生产经验和劳动技能的劳动者只具有劳动的可能性,劳动还未成为现实,因此它无法作为按劳分配的依据。流动的劳动,使潜在的劳动转化为现实的劳动,但这种劳动尚处于流动状态,还没有产生结果。在劳动过程中,个别人的劳动可能没有或没有完全凝结在生产中,形成废品或次品。由于它的"度"的不确定性,它也不能成为按劳分配的依据。物化的劳动,这是凝结或物化在产品中的劳动,它以一定数量的产品为标志。但是,它虽然可以作为衡量劳动者在自己工作岗位上的劳动成绩,它却无法表明劳动者的劳动到底应该在多大比例上成为社会所必要的劳动。也就是说,他所生产的一定数量的产品,对整个社会来说是非常需要还是不甚需要甚至根本不需要,尚无定论。因而,他的劳动是有效、是无效、是多大比例上的有效从而他的劳动构成了他对整个社会的贡献尚无定论,所以,这种劳动也不能直接作为按劳分配的依据。

---

[1] 《斯大林选集》下卷,人民出版社 1979 年版,第 569 页。

[2] 《马克思恩格斯选集》第 3 卷,人民出版社 1972 年版,第 11 页。

那么,按劳分配的"劳"是以什么为标准、以什么来计算呢? 它必须以社会平均的必要劳动为标准,以社会平均必要劳动时间来计量。社会必要劳动时间受两种因素制约:(1)在平均劳动强度、熟练程度和劳动生产率情况下,生产单位产品所需要的劳动量。(2)社会劳动的按比例分配。这就是说,不论每一个生产者实际耗费的劳动多少,社会只承认平均必要的量。这一平均必要的量,一方面说明他在多大程度上耗费了自己的劳动,另一方面又说明他的劳动在多大程度上符合社会的需要。在商品经济中,只有社会的必要劳动才真正具有衡量财富的意义,任何劳动者的个人劳动都必须转化为社会劳动才能被确认。而要使个人劳动转化为社会劳动,就必须通过市场机制所形成的"社会必要劳动的时间"进行签订和计算。然而,等量劳动交换一旦通过市场,就变成了等价交换。而等量劳动交换和等价交换有着质的不同。正如林子力同志所阐明的"等量劳动交换就是不同种、不同质的劳动的交换,这里只涉及劳动本身,而不加入生产物质条件的因素,或者说把这种因素排除在外了。因此,生产者通过交换所能取得的,只能是同他们付出的劳动量(包括质折合为量)对等的东西。一般等价交换就不是这样,它不仅是不同种、不同质的劳动的交换,而且涉及不同物质条件对劳动效率从而对劳动交换关系的影响"①。

社会主义实行以生产资料公有制为主体、多种经济形式并存的结构性所有制关系,各个体生产者、各劳动者集体、各企业都成了拥有相对独立的经济利益的商品生产者经营者和经济实体。由于生产物质条件分配的不同,如个体菜商离市场远近、土地肥瘠差别、生产工具的先进落后、工厂技术构成的高低,以及由于各商品生产者经营管理水平的优劣,都会影响生产者的劳动生产率,从而影响生产单位产品所需要的劳动量,因而生产条件优越的或者经营管理合理的商品生产者会经常在其他条件相同的情况下把自己的单位劳动时间降低在社会必要劳动时间之下,从而使自己在等价交换中获得平均利润和超额利润,获得比别的商品生产者更多的消费品分配权。目前在我国,这种收入差别在联产承包的农民之间、在个体户之间、在城乡集体企业和实行承包、租赁、股份经营的国经企业之间都不同程度地存在着。

怎样看待等价交换中所造成的这种收入差别呢?

劳动总是在和自然界的物质变换过程中实现的,总是在劳动者和劳动对象、劳动手段的结合过程中实现的。生产的物质条件有些是天然的,如地理位置、气候条件,有些却是经过劳动者的努力而创造出来的,如发明先进生产手段从而扩大了劳动对象。一个企业能想方设法地引进先进机器设备、改进生产工艺、提高技术构成、利用自然资源,从而使自己的产品价值低于该产品的一般社会价值,它就会在等价交换中获取高额利润。由此而来的高额利润并不全是生产物质条件自身的"功劳",它包含着企业劳动者创造性劳动的因素。因此,某些企业高额利润的一部分仍然属于按劳分配范畴,企业的创造性劳动同个人的复杂劳动性质一样,是倍加的简单劳动。

---

① 林子力:《社会主义商品经济及其初级发展阶段》,《文汇报》1987 年 10 月 22 日。

独立的个体劳动需要呕心经营,既作为生产单位又作为经济实体的企业更需要灵活多样的经营方式。社会主义社会化大生产是以企业为基本生产单位进行的,劳动者个人不是也不可能单独生产产品。一个企业的产品是由直接生产劳动者、技术人员和管理人员共同活动的结果。正如马克思所指出的:"随着大工业的这种发展,直接劳动本身不再是生产的基础。一方面因为直接劳动主要变成看管和调节的活动,其次也是因为,产品不再是单个直接劳动的产品,相反地,作为生产者出现的,是社会活动的结合。"①社会化大生产是以联合劳动为特征的。这种结合的社会活动或联合劳动,不是个别劳动的简单相加。马克思在分析资本主义生产的三个时期——"简单协作""工场手工业""机器工业"的生产时,就充分肯定了简单协作时期和以后分工协作时期所产生的集体生产力(或称联合生产力):"通过协作提高了个人生产力,而且是创造了一种生产力,这种生产力本身必然是集体力。"②又如,由于分工,"劳动工具的专门化,局部工人的形成以及局部工人在一个总机构中的分组与组合,造成了社会生产过程的质的划分和量的比例,从而创立了社会劳动的一定组织,这样就同时发展了新的、社会的生产力"③。显然,在一定的生产技术条件下,能够合理地组织生产和劳动,采取先进的生产工艺,各个劳动者在统一指挥下分工协作,协调地生产,就能够取得更大的劳动成果。因此,在实行按劳分配时,企业的集体劳动同样是构成社会必要劳动的基础,企业通过等价交换所取得的经营效益,由高经营效益所引起的该企业劳动者个人消费品收入的增多,同样属于按劳分配的范畴。

但是,必须看到,由于各企业、劳动集体、个人所占用的生产资料性质不同,由于特殊原因所造成的生产物质条件的差别,特别是像我国双轨体制转换期间由于不合理的价格系及价格政策所形成的特定社会条件,由于国家投资造成的生产条件的差别,或者由于意外的自然灾害、事件事故等所造成的企业间的级差收入,从而造成的不同企业间个人消费品分配上的差别,并不属于按劳分配的范畴。我们还必须看到,一些资金拥有者靠投资所取得的收入,一些生产资料所有者靠出租生产资料所取得的收入,个别企业家的风险收入,尽管他们为整个社会的劳动、为整个社会的劳动者和生产资料更紧密地结合提供了条件,但他们的收入毕竟属于"非按劳分配"范畴。正因为如此,我们才认为,市场机制、等价交换并不能保证社会主义按劳分配原则的贯彻执行,社会还必须利用计划机制,利用国家调控的手段来控制"非按劳分配"的范围和程度,来调节人们之间的个人消费品分配关系。因此,社会主义的个人消费品分配关系遵循着按劳分配的根本原则,但它并不能完全实行按劳分配。像其他任何社会个人的消费品分配关系实现在社会生产所决定的社会分配机制中一样,社会主义的个人消费品分配关系也实现在社会主义商品生产所决定的社会的分配机制中。这种分配机制主要包括几个互相制约和影响的因素:(1)个人劳动;

---

① 《马克思恩格斯全集》第46卷(下),人民出版社1980年版,第222页。
② 《资本论》第1卷,人民出版社1975年版,第209页。
③ 《资本论》第1卷,人民出版社1975年版,第403页。

(2)物质生产条件的分配和运用;(3)劳动力市场;(4)国家的宏观调控。

三、社会主义商品经济下个人消费品的分配机制

社会主义的生产和目的,决定了社会主义的根本分配原则是"按劳分配"。劳动是人类社会存在和发展的最基本的条件,劳动是一切物质财富的根本源泉。只有劳动,才能创造财富;只有劳动生产率不断提高、物质财富不断增加才能不断满足日益增长的人民群众的物质文化生活需要。然而,社会生产发展的一般规律告诉我们:生产、分配、交换、消费不能相互割裂而单独存在,它们密切联系在一起,形成一个统一的有机体。任何一种分配关系的分配形式和内容总是和社会生产相联系并实现在生产过程中。马克思指出:"消费资料的任何一种分配,都不过是生产条件本身分配的结果。"①生产决定消费资料的分配,不仅分配的对象是生产的产物,而且分配关系的性质和分配方式也是由生产的社会形式决定的。分配关系不过是生产关系的一个方面。整个社会生产系统同时也就是消费品的分配系统,也就是生产者物质利益关系的结构系统。在这一系统中存在着制约个人消费品的分配机制,这种机制的一般特征是:人们凭借生产资料所有制关系,凭借每个人在社会生产中所处的特定地位和所起的特定作用,采取不同的方式,参与社会消费品的分配,随着生产的发展、利益的矛盾、生产资料所有制关系的变化,人们将采取新的方式参与消费品的分配。这种分配对个别人或在某一方面有可能是不公平的,但这种分配机制的天职只是:以最有效的利益结构刺激生产者的劳动热情和创造能力,去发展生产、推动生产。这是由人类必须在能动的生产中才能获得财富,才能生存、发展、享受的条件决定的。因此,尽管"按劳分配"是社会主义的根本分配原则,但社会主义的个人消费品分配关系却是通过由社会生产决定的分配机制实现的。因此,按劳分配不仅对单个人来说不可能完全实现,而且就社会范围来说,它实现的程度也受到了限制。在商品经济条件下,社会主义个人消费品的分配机制的主要制约因素有以下几点。

(一)个人劳动

一旦劳动者的劳动置于商品生产中,价值规律的作用就置按劳分配的"劳"于劳动价值的范围。然而,任何价值量都包含一定的劳动量,任何社会必要劳动都是以劳动者的具体的直接劳动为基础,由个人的直接劳动转化而来的。因此,任何劳动者所创造的价值量,他在按劳分配中所应取得的收入比例,都必须以劳动为前提。在劳动已被社会承认的前提下,只有巨大的劳动量才能带来巨大的价值量。不论是亏损企业还是盈利企业,在个人消费基金已确定的前提下,尽管改变不了该企业职工劳动收入同外企业职工的级差,但职工在该企业的劳动贡献大小仍然是影响个人收入的主要因素。非企业单位的劳动者如医生、职员等,当他们的劳动已被社会承认的前提下,他们劳动得越多,取得的收入就越多。因此,任何生产单位加强对劳动者劳动的计算和监督,包括实行计件工资、计时工资、

---

① 《马克思恩格斯选集》第3卷,人民出版社1972年版,第11页。

发明奖等,都是实行按劳分配的一个重要途径。但是,个人劳动毕竟不是社会劳动,它必须经过价值规律才能完成这种转化过程。因此,个人消费品的分配还取决于其他因素。

(二)物质生产条件的分配和运用

社会化生产要求社会形成各自相对独立的生产单位,而社会主义的物质利益原则又驱使各自独立的生产单位成为相对独立的经济实体,各自有着不同的物质利益。个体生产者、集体企业、国有企业在商品经济中都成了相对独立的商品生产者和经营者。社会的生产条件如劳动力、生产资料、技术、资金等,被掌握在不同的商品生产者手里,于是,有效地利用这些生产条件成为社会生产迅速发展的前提。而要充分运用这些物质生产条件,就必须在消费品分配上允许个别商品生产者拥有一定的优越权,从而形成了影响个人消费品分配的又一个重要因素。

经营收入:企业经营收入的差别是企业作为相对独立的商品生产者经营者在价值规律的作用下保证社会生产迅猛发展和宏观平衡的必然分配形式。马克思指出:社会必要劳动有两个方面的含义:"不仅在每个商品上只使用必要的劳动时间,而且在社会的总劳动时间中,也只把必要的比例量使用在不同类的商品上。"[①] 为使每个商品只使用必要的劳动时间或低于必要的劳动时间,企业就必须完善和加强内部机制,在充分调动劳动者积极性的同时,及时采用先进的科学技术,更新设备,加强科学的组织管理,充分调动生产过程中的一切因素,以尽量少的物质消耗和劳动消耗生产出更多的符合社会需要的劳动产品;为使企业生产某种商品的劳动量符合社会总劳动时间中的比例量,企业就必须时刻掌握市场信息,及时调节自己的生产对象。如果企业生产的商品不符合社会需要,积压滞销,甚至烂掉,商品的价值就没有得到实现,企业的劳动就成为无效劳动,企业的效益就无从说起。由于企业经营管理的好坏必将导致经营收入的差别,而这一差别又必将影响劳动者的个人消费品分配,只有肯定企业的经营收入,才能使各企业获得强大无比的内驱力,互相竞争,互相激励,共同发展,从而加速社会生产的发展,创造更多的物质财富满足人民日益增长的生活需要。因而,从整个社会角度看,企业经营收入的差别更能促进劳动者个人收入的增多。

级差收入:由资源环境、设备等优越的物质条件所带来的级差收入,尽管它属于非等量劳动交换、非按劳分配收入,因而要按一定比例上缴社会,但为鼓励先进生产手段的采用和满足生产条件占用者的一定利益,级差收益不会全部收归社会。经过社会调节,物质条件优越的生产者仍会获得一定的额外收入,这一额外收入也影响着劳动者个人消费品的分配关系。

按资收入:随着所有权和经营权的分离,便产生了所有权和经营权之间的利益关系,生产资料所有者让渡自己的生产资料为经营者使用,它便要求参与经营者收入的分配。随着商品经济的发展,商品生产者或经营者会有资金的积累,个人收入中也会有所积蓄。

---

① 《马克思恩格斯全集》第 25 卷,人民出版社 1974 年版,第 716 页。

这些资金的集聚和融通是商品经济发展的必要条件。因而,必须向资金提供者(如存款者、债券、股票持有者)支付利息(或股息)和按合同向资金提供者分红。这就构成了资金收入。这种收入体现资金所有者要求在占用资金的经营者那里按其提供的资金量和作用参与收入的分配,得到经济利益的补偿。这种补偿体现了商品经济等价交换的原则。这种补偿在资本主义社会表现为资本所有者参与对剩余价值的分割,在社会主义社会则是资金所有者参与对资金经营者收入的分配。造成按资金分配的原因来自:(1)社会生产必须进行,因而生产资料、资金等必须投入生产;(2)生产资料、资金等所有权构成了必要的生产条件。因此,按资收入势所必然。尽管它属于非劳动收入,但它对收集社会闲散资金、利用闲置设备、促成生产资料和劳动者的总结合、扩大劳动就业、加速社会生产发展、创造物质财富有着非常重要的作用。因此,应予以肯定。然而,一旦允许按资收入的存在,劳动者的实际收入就会受到某种程度的分割。

级差收入、按资收入等非劳动收入尽管从伦理的角度讲属于不公平的分配,但从生产角度讲它却具有一定的合理性。正如马克思指出的:"分配的结构完全取决于生产的结构。……参与生产的一定形式决定分配的特定形成,决定参与分配的形式。"[①]级差收入、按资收入乃是商品经济中生产条件分配和运用的必然结果。

(三)劳动力市场

确定劳动力市场乃是商品经济条件下实现劳动力供需平衡、在时间上和空间上实现社会生产要素的合理有效配置的客观要求。在社会主义经济中,劳动仍然是个人谋生手段,劳动力仍然归个人所有,劳动能力的差别仍然是一种"天赋特权"。这样,社会必须从机会上承认这种特权,又要在结果上默认这种特权,这就要求社会必须提供一个劳动者能公平竞争、能根据自己的劳动能力选择职业、发挥技能的场所,这就是劳动力市场。一旦确立了劳动力市场,劳动者的收入就要受到劳动力供求关系的影响。从社会整体上看,由于劳动力市场的开放,促使劳动者在竞争中不断提高自身素质,从而提高劳动者的劳动能力;促使企业获得选择劳动就业者的自主权,从而促进企业的劳动生产率。由于劳动力市场开放,使劳动力合理流动,提高了整个社会劳动效率。社会生产率的提高,必将使财富增长,财富的增长必然会使人们消费品收入获得提高。从劳动者个人看,由于大多数人能从市场上找到充分发挥自己技能的职业,因此,就会由于他劳动的自主性、能动性、创造性获得相应的收入。但是,市场毕竟是市场,劳动力的价格要受市场供求关系的影响,劳动力的供求关系决定着劳动力价格与价值的向背,因此,劳动者的个人收入要受到劳动力价格波动的影响,从而出现某一时期内个别劳动者的劳动价值(他劳动的数量和质量)和他们劳动收入相背离的现象。

(四)国家的宏观调控

宏观调控的目的在于把不同的经济形式纳入一个体系,即社会主义经济体系之中,以

---

① 《马克思恩格斯选集》第2卷,人民出版社1972年版,第98页。

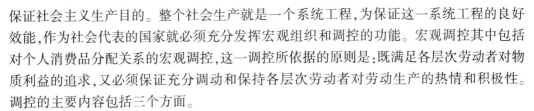

保证社会主义生产目的。整个社会生产就是一个系统工程,为保证这一系统工程的良好效能,作为社会代表的国家就必须充分发挥宏观组织和调控的功能。宏观调控其中包括对个人消费品分配关系的宏观调控,这一调控所依据的原则是:既满足各层次劳动者对物质利益的追求,又必须保证充分调动和保持各层次劳动者对劳动生产的热情和积极性。调控的主要内容包括三个方面。

1.调控生产过程中人们的收入比例

首先,要调控由于客观原因造成的企业间的"苦乐不均"状况。企业由于外部条件变化,如由于资源的优越和价格、税收变动而得到的超额利润,原则上应归国家;反之,由此带来的经济损失,除一部分应由企业改善经营、挖掘内部潜力、自己消化外,一部分由国家合理补贴。国家可以采取征税的形式对级差收入、按资收入等非劳动收入加以调节,以保证劳动者在劳动等量交换的原则下进行平等的竞争。级差收益税、利得税都是抑制非劳动收入,使劳动等量交换原则获得基本实现的形式。非劳动收入尽管是社会主义商品经济运行的必然结果,并对商品生产有重要作用,但非劳动收入的无限增长必将扩大穷富差别甚至导致两极分化,这就会影响广大劳动者的劳动积极性,从而对社会生产的效益起反作用,因而调节和限制非劳动收入同样是保证社会主义商品经济正常运行的要求。在社会主义个人消费品分配中,必须经过调节使级差收入、利息收入等所引起的个人消费品的分配差别处于次要地位。调节的原则是:既保证资源、设备、环境、资金的充分利用,以提高社会生产劳动率,又不能超过非劳动收入对发展社会生产的边际效用。其次,国家还要通过征税的形式按比例提取企业、个体的经营收入,用于宏观需要,进行宏观分配。再次,对高收入的个人征收累进制的所得税,不使某些人收入过高。最后,国家为实现社会经济发展战略,为保证社会总需求量和供给量的平衡,为实现社会主义经济协调、迅速、稳定的发展,必然通过税收、价格、财政、信贷、金融等经济职能调节市场机制,而对市场机制的调节,必然影响着各商品生产者经营者的经济效益,从而影响着劳动者的实际收入。

2.调控社会消费中的各种比例关系

为保证社会主义扩大再生产和满足人民物质文化生活需要,首先,必须处理好社会积累基金和消费基金的比例关系,而这一比例关系无疑构成制约劳动者个人消费品收入的因素。其次,在社会消费中,还必须处理好社会消费基金和个人消费基金的比例关系。一方面必须保证科学教育、文化艺术、卫生保健、行政管理、国防、社会救济、劳动保险等费用,另一方面又必须充分体现社会主义按劳分配原则,保证劳动者的劳动报酬,以满足他们及其家庭成员的生活需要。在个人消费基金中,还必须处理好脑力劳动者消费基金、职工消费基金、农民消费基金和其他居民消费基金的比例关系。在社会消费中,我们还必须处理好集中使用的消费基金和分散使用的消费基金、按劳分配基金和非按劳分配基金,生存基金、发展基金和享受基金的比例关系,而所有这些都直接或间接地制约着劳动者个人消费品的分配关系。

3.打击一切非法牟取暴利的活动

依靠法律、经济、行政手段打击一切非法牟取暴利的活动,以维护广大劳动者的物质利益。对那些行贿索贿、贪污盗窃、倒空卖空、投机诈骗、囤积居奇,以强抢豪劫等各种方式非法牟取暴利的行为,国家应严惩不贷,从而保证社会主义个人消费的分配关系的正常实现。

(原载《兰州学刊》1987 年第 6 期)

生产关系浅议三题

一、生产者的物质技术关系

所谓生产者的物质技术关系,是指在一定的社会生产过程中,在最大限度发挥生产力的前提下,完全由劳动对象、劳动资料的性能、用途、使用方法,一句话即由生产资料的性质和社会生产的连续性、和谐性、效率性的技术规定所决定的生产者之间的一种必然联系和关系。它包括人们在直接劳动过程中的具体组织、互相配合等分工协作关系,也包括整个社会范围内的生产和再生产过程中所要求的生产者之间的分工协作关系。定义中所以要强调"最大限度发挥生产力",是因为,生产者的物质技术关系是以最少的劳动消耗达到最多、最高劳动成果为原则的,同样一种生产资料性质下的生产劳动,可以有不止一种的分工协作方式,然而最有效的却只能有一种。

生产者的物质技术关系,是人类从事具体的、有用的劳动创造使用价值的必要条件,它作为生产资料的性质,特别是生产工具的性质和生产劳动其他方面的技术要求,是不以任何个人、集团的意志为转移的。

劳动首先是人和自然之间的物质变换过程,人们要进行生产,首先要同周围的自然界发生关系。人们要征服自然、改造自然,改变物质的自然形态以适合自己的需要。为了发生对自然的关系,人们就必须结成一定关系,而这一关系首先就是由劳动资料、劳动对象以及生产过程的各种技术规定性所决定的。使用的是机器,劳动者就难能从事独立的个体劳动;使用的是耕牛、铁犁,劳动者就难能从事类似资本主义时代大工厂那样的细致分工、密切协作的集体劳动。在人们使用简陋的木棒、石器等原始生产力水平下,只有人们之间的互相合作,才能与野兽搏斗,与自然灾害搏斗,才能生存。广义上讲,生产资料应包括作用于生产过程的自然条件、地理位置、阳光、空气、气候、各种各样的自然因素。因为,即使同样的劳动者使用同样的工具,作用于同样的劳动对象,但由于自然因素的不同影响,就会使生产的技术要求发生改变,从而使生产者的物质技术关系发生相应的改变。正是由于使用的生产工具不同,所对付的劳动对象不同,以及生产其他方面技术要求的不同,因此,人们按照怎样的劳动方式结合,是独立劳动为主,还是协作劳动为主,是低程度的社会化劳动,还是高程度的社会化劳动,整个社会的生产构成怎样一种全面的生产体系,都是不能自由选择的。因此,生产资料的性质决定着人们的物质技术关系,马克思说:"劳动的组成和划分视其所拥有的工具而各有不同。手推磨决定的分工不同于蒸汽磨决定的分工。"①

众所周知,资本主义社会的劳动具有两重性。作为有用的具体劳动,它创造使用价值,作为抽象的人类劳动,它创造价值和剩余价值。只要我们从人们进行具体劳动创造使用价值的角度去考察资本主义制度下的生产过程,我们就会发现生产者——工人,已不是资本的奴隶,而是生产资料的操纵者;不是死劳动统治着活劳动,而是活劳动统治着死劳动。生产资料已不是资本,而是生产者有目的生产活动的手段和材料。这时,资本主义生产中工人和资本的结合就还原为劳动者和生产资料的结合。这样,人们之间为生产所结成的关系就首先是由生产的技术状况决定的生产者的物质技术关系。因此马克思说:"劳动过程的一般性质并不因为工人是为资本家劳动而不是为自己劳动就发生变化。制鞋或纺纱的特定方式和方法起初也不会因为资本家的插手就发生变化。"②

所谓生产力决定生产关系,首先就是决定生产者的物质技术关系。由于生产资料特别是生产工具的技术状况不同,由于生产过程的连续性、全面性,就要求生产者之间有一定的技术关系与之相适应。正是由于生产力的发展变化,生产资料的性质不同,生产的连续性、和谐性、效率性的技术规定的要求,人们之间的物质技术关系就发生相应的变化。

有人反对把生产者的物质技术关系或分工协作关系纳入生产关系范围,而主张纳入生产力因素中,而且通常以马克思论述的分工协作产生出集体生产力为论据。事实上,马克思强调的是分工协作可以创造生产力,并非说它本身就是生产力,正如一种新的所有制关系同样会使生产力得到提高一样,生产力作为一种反映人们改造自然的能力,并不是生产者的物质技术关系本身,而只是由这种关系所产生的"力"本身。而人们之间的分工协作,却是人们在社会生产中发生的一种关系,它理应被纳入生产关系范围。

二、生产者的物质利益关系

生产关系的另一方面就是人们在社会生产中所结成的物质利益关系,主要表现在对生产资料、交换资料、消费资料的占有、支配、使用、享受等方面。其中,生活资料的所有制关系是物质利益关系的核心。

人们为谋得生活资料而参与社会生产,而参与社会生产的人们就必然发生经济上的联系和关系。这种经济上的联系和关系的中枢是人们对生活资料的占用。

传统的物质利益观念总是把生产资料的所有制看作社会生产、交换、流通、消费关系的基础,总是把生产资料所有制当作经济利益的根本表现,这一观念不仅在理论上阻碍着人们探索真理的视线,而且在实践中阻碍着我国目前对不合理生产资料所有制结构的改革。

生产资料和生产者的结合有两个最基本的前提:(1)必须依据一定的物质技术关系;

---

① 《马克思恩格斯全集》第4卷,人民出版社1958年版,第163页。
② 《资本论》第1卷,人民出版社1975年版,第209页。

（2）必须结成一定的物质和利益关系。在原始社会，生产资料无所谓归谁所有，因为大家共同劳动，共同消费。自从私有观念产生，生活资料归私人所有，生产者之间的物质技术关系才被投入光怪陆离的经济关系之中。于是，生产资料这一生产基本要素的归属成了人们实现自己物质利益的重要手段，成了人们物质利益矛盾的集中体现。任何社会、任何时代的生产都是在一定形式的所有制前提下进行的。马克思在论述生产和分配关系时对生产资料所有制的意义作了分析。"照最浅薄的理解，分配表现为产品的分配，因此它仿佛离开生产很远，对生产是独立的。但是，在分配是产品的分配之前，它不但是生产工具的分配，还是社会成员在各类生产之间的分配（个人从属于一定的生产关系）——这是上述同一关系的进一步规定。这种分配包含在生产过程本身中并且决定生产的结构，产品的分配显然只是这种分配的结果。""如果有人说，既然生产必须从生产工具的一定的分配出发，至少在这个意义上分配先于生产，成为生产的前提，那么就应该答复他说，生产实际上有它的条件和前提，这些条件和前提构成生产的要素。"①由此，我们可以得出两点结论：其一，生产工具的分配实即生产资料所有制，是生产的前提，作用于整个生产过程；其二，产品的分配也即生活资料所有制关系，受制于生产资料所有制。正是从生产资料所有制构成人们消费品分配条件这一角度，我们才承认生产资料所有制所具有的物质利益关系的重要意义。

然而，我们必须看到：（1）生产资料所有权并不是绝对的、永恒的。其一，所有制只能通过生产本身来实现，不进入生产过程，它就是废物，仅仅是一种经济前提。生产资料必须投入生产领域，必须使它和劳动者相结合，它才会创造使用价值，才会增值财富，否则，拥有再多的生产资料也是毫无意义的。资本家若不让工人劳动，地主如果不让农民种地，生产资料就将变成一堆废物，这种所有权也将失去意义。而为了让劳动者和生产资料相结合，生产资料所有者就必须把劳动者的物质利益置于劳动者能够容忍的地步。如果全体劳动者都不堪忍受他们的盘剥，他们的生产资料所有权就势将被摧毁。历史上的农民起义对地主大私有制的打击、限制，就是例证。其二，凌驾在社会之上的国家对任何形式的生产资料所有制都有一定程度的遥控权，它可以通过税收、查封、没收在一定程度上削弱、限制某种生产资料所有权的真正作用，甚至可以剥夺个别生产资料所有者，但这要以整个社会生产的正常运行为前提。其三，生产资料的所有制受制于生产发展所要求的技术规定性。（2）生产资料所有权并不是人们谋取生活资料的唯一手段。封建社会的统治阶级可以通过税收、贡赋、征调、剥夺等各种形式来获得自己对生活资料一部分的占有；资本主义的政府要员可以通过特权、高薪获得丰厚的生活资料，名歌星、名演员、艺术家、科学家也可以通过自己的创作、发明获得高薪收入。（3）生产资料所有制是调节人们消费品分配关系、调动人们生产积极性的一个重要杠杆。历史上的均田制，资产阶级革命时期把地主私有制变为小生产者私有制，以及当代世界社会主义国家所有制改革和西方国家

---

① 《马克思恩格斯选集》第 2 卷，人民出版社 1972 年版，第 99 页。

掀起的私有化浪潮,都利用生产资料所有制这一杠杆确立着最适合生产发展的消费品分配关系。

消费品的分配关系才是生产者最本质的物质利益关系。若从系统论控制论的角度看,整个社会生产系统同时也就是消费品的分配系统,也就是生产者物质利益关系的结构系统,只有在这种特定的消费品分配系统中,社会生产才能正常运行。这种物质利益结构的图景基本上可以这样描述:人们凭借每个人在社会生产过程中处的特定地位、所起的特定作用,如凭借生产资料所有权、凭借对社会生产的管理权、凭借特有的生产技术等,获得不同的对生活资料的分配权,只有在这种分配体系中,人们之间的物质利益关系才得到某种程度相对的平衡,才不至于阻碍或毁灭社会生产的正常运行,才能以最佳的利益结构刺激劳动者经营者发展生产的能动性、创造性。这种分配权很可能是不公平的,但对推动社会生产发展的总要求来说却是必然的、最合适的、不可自由抉择的。当然,随着生产的发展,随着生产者物质技术关系变化的要求,旧的分配结构就会被打破,新型的利益结构就会确立。由此,我们看到:当亚细亚生产方式中的地主凭借对土地的所有权盘剥农民时,封建王朝的贪官污吏却凭借对社会生产的宏观管理和控制,如对水利灌溉工程的管理,从中渔利。在资本主义社会生产中,有资本家,有企业内部的管理人员,有工人——熟练工人和非熟练工人,有整个社会生产的组织者、调节者、管理者,他们各有自己的物质利益,但又必须在社会生产中结成相对稳定的物质利益关系。在现代化生产中,随着科学技术越来越成为直接的生产力,成为现代生产的必要条件,科技人员在社会生产中所处的地位和所起的作用也越来越重要。因而,社会也必须最大限度地满足创造使用科学技术者的利益要求。

三、两种关系的关系

在社会生产中,两种关系都不能独立存在,不能独立地实现自己,而必须通过对方相互实现。首先,生产者的物质技术关系是所有制关系赖以建立、发展、变更的基础。一定的所有制形式和关系,首先是生产资料所有制是依靠一定的生产力水平所规定的生产者的物质技术关系而建立的。恩格斯曾说:"分工发展的不同阶段,同时就是所有制的各种不同形式。"[①]需要指明的是,不是生产者的物质技术关系直接决定生产资料所有制,而是其依据一定的技术关系为基础而建立,生产者的物质技术关系不仅因为决定了生产资料所有制从而决定了人们之间的物质利益关系,而且它本身的发展变化也会直接影响人们在生产中的地位、作用,从而影响人们的物质利益关系。

其次,物质利益关系对生产者的物质技术关系有极大的反作用。(1)所有制关系从对生产者物质技术关系的适应程度上起反作用。一种生产资料所有制形式,越是能适应生产者的物质技术关系的要求,就越是促进它的发展。反之,就会对其起极大的阻碍和破

---

① 《马克思恩格斯选集》第1卷,人民出版社1972年版,第26页。

坏作用。我国的社会主义实践曾有过这方面的沉痛教训。在广大农村还是以农业手工工具为主的生产力水平下,就实行向大集体所有制甚至全民所有制的"穷过渡",严重阻碍了当时生产力所要求的生产者物质技术关系的实现。生产要求一定的个体劳动,被强迫变成了无机协作的集体劳动,生产要求个体经营的项目变成了大队、公社的经营,不仅不能发挥生产者的主观能动性,而且阻碍了生产力发展。(2)所有制关系通过劳动者对生产的积极性或消极性等态度情绪对生产者的物质技术关系发生作用。一种所有制关系越能调动劳动者的生产积极性,就越能发展生产力,越能促进生产者物质技术关系的实现。奴隶社会末期所有制关系造成的奴隶对生产的厌恶,封建社会初期所有制关系产生的农民生产积极性,都阻碍或促进了生产者物质技术关系的发展。我国深入进行经济体制改革,改革所有制结构,允许个体经济、私营经济、外资经济、混合所有制经济的存在和发展,改革分配制度,以按劳分配为主,多种分配形式并存,这种物质利益关系的再调整从所有制关系上充分调动了人们生产的热情和活力,改革十年,成就卓然。然而,我们还必须清醒地看到,合理地拉开人们的收入差距一定要"合理",差距拉得过大,超过了广大社会成员的心理负荷能力,也会对发展社会生产起反作用。另外,"官商"、"官倒"、以权养商、以权谋私、巧取豪夺等所造成的人们之间不合理的收入差距,更会窒息人们生产的动力,甚至会引起经济动乱,从而极大阻碍社会生产发展,阻碍新的生产者物质技术关系的形成和发展。

总之,生产关系的两个方面在相互结合过程中相互作用、相互实现,没有离开人们物质利益而独立存在的生产者之间的物质技术关系,也没有脱离后者而自行演变的物质利益关系。

(原载《中州学刊》1988 年第 6 期)

当代资本主义所有制评析

随着资本主义生产的发展,当代资本主义所有制发生了重大变化。

其一,第二次世界大战后,国有经济有了新的发展,并已成为国家垄断资本主义的基础。一是国家所有制在重要经济部门已占优势。战后,国有化在主要资本主义国家(主要在西欧)出现过两次高潮,一次在战后初期,一次在1974—1975年经济危机期间。总的来说,从战后40多年国家垄断资本主义发展的趋势看,各国的国家所有制比重虽时有增减,但大致都在稳定上升。在大多数发达资本主义国家的邮政、通讯、动力和交通运输部门,国有化成分已占优势。西欧有些国家的钢铁、造船、汽车工业的国有化已相当发展。在国有成分占优势的部门,都具有以下共同点:(1)关系国计民生、为维持资本主义扩大再生产所必需;(2)大部分是赔钱的,或极少盈利的;(3)需要进行部门经济结构改革或地区经济结构改革而耗资较高的。二是国家和私人垄断混合的所有制得到较大发展,是战后国有经济发展的新特点。在20世纪30年代至40年代,国家垄断资本主义更多的是采用国家所有制或市政所有制形式,国家加入部分股份的企业很少。第二次世界大战后,国家参与制得到发展,国家资本少于30%的企业明显地增加。三是建立了以国家货币当局和国家中央银行为中心的货币信贷体系,从而把作为资本主义国民经济神经中枢的银行体系直接掌握在国家手中,这是国家垄断资本主义在整个经济生活中占支配地位的重要特征。

其二,股份制经济成为当代资本主义经济组织的普遍形式。资本主义社会生产力的猛烈增长和工业化进程的迅速推进要求生产规模和企业规模大大地扩展,迫使资本家尽其所能地把一切生产要素大量地集中使用,从而形成了股份资本,而且股份制已由原有的合股经营的初级形式发展为以发行股票为主和股票自由买卖的高级形式。在有些国家如日本的股份经济中,还出现了私人垄断资本向法人垄断资本转化的趋势。在当代资本主义国家的股份制中,持股者不仅是资本家,而且有很多劳动者。

其三,跨国垄断组织迅速发展,资本越来越国际化。资本主义国家以往以间接投资为主的资本输出在战后发生变化,直接投资的比重迅速上升,20世纪60年代末至70年代初达到75%,1978年虽有下降,但仍占60%。随着经济生活国际化、全球经济一体化趋势,跨国公司迅速发展,据联合国贸发会议1993年7月发表的《1993年世界投资报告——跨国公司与一体化国际生产》公布,当时全球已有3.7万家跨国公司,17万家子公司。这些跨国公司控制了世界国民生产总值的 1/3、世界贸易出口额的 2/3、世界生产的 40%、国际直接投资的 90%。不仅跨国,还跨集团经营。在直接投资大规模增加的基础上,形成了跨国垄断资本组织,资本活动范围突破本国界线向国际化方向发展,它利用自己遍布世界各地的子公司网,以各种形式扩大投资、巩固老市场、开辟新市场,力图独占世界利益,生产集中和资本的集中、集聚达到了惊人的高度。国际垄断组织的出现表明一种新的所有制形式——国际资本联合所有制正在形成。如在汽车工业方面,意大利的菲亚特公司和法国的雪铁龙公司实行了资本联合和企业合并;在飞机制造业方面,前西德的联合飞机制造公司同荷兰的福克飞机公司合并;等等。

其四,资本主义国家在第二次世界大战后通过国民收入再分配体系来调节整个国民经济,也表明了当代资本主义所有制关系在内容上的一些变化:(1)通过国家预算对国民收入进行有利于垄断资产阶级的再分配。各资本主义国家通过财政和货币政策,普遍采取加速折旧、降低未分配赢利税、实行公司投资税优惠等措施来刺激私人投资。在预算支出方面,有很大部分以津贴、补助金和优惠信贷形式分配给垄断资本企业和国有企业。国家凭借手中所控制的经济实力成为最大的所有者、投资者和债权人。(2)通过逐年增加社会福利开支来调节社会各阶层的经济生活。它使高收入者的一部分收入转移给低收入者,使低收入者的基本生活得到保障,从而缓和生产与消费、资产者与劳动者之间的矛盾。(3)通过通货膨胀的渠道,对国民收入进行有利于垄断资产阶级的再分配。在这方面,国家垄断资本主义通过价格和工资改革,又成为交换和分配过程的调节者。(4)通过国家预算支出为私人垄断资本的商品和资本输出提供物质保证。如给生产出口商品的部门以补助;提供直接和间接的出口补贴、出口信贷以及私人出口信贷和保险等。总之,当代资本主义通过国家预算、社会福利基金和通货膨胀形式形成的国民收入再分配体系,同样构成了当代资本主义所有制关系的一个重要内容。

我们应当如何分析当代资本主义所有制的种种变化呢?

其一,关于资本主义必然灭亡。首先应该肯定的是,由于资本主义的自我调整和对所有制的改革,在一定程度上缓和了生产力和生产关系的矛盾,适应了社会化生产力发展的要求,从而延长了资本主义的寿命,马克思恩格斯所预计的资本主义的灭亡并没能如期到来。但这并不足以说明马克思恩格斯的所有制理论过时了或不灵了。马克思恩格斯所揭示的资本主义私有制的种种不平等现象并没有因为资本主义生产的发展而消失。

但是,马克思和恩格斯是历史唯物主义者,他们经常根据实践的发展而补充、完善、修正自己的某些结论和观点。尤其是恩格斯,既经历了自由资本主义的危机时期,又经历了自由资本主义向垄断资本主义过渡的繁荣发展时期,他以尊重实践、尊重科学的态度,根据资本主义制度的新变化,不断修改着自己早期的某些观点并提出新观点。例如,他在《〈英国工人阶级状况〉1892 年英国版序言》中说:"本书在哲学、经济和政治方面的总的理论观点,和我现在的观点并不是完全一致的。"①恩格斯在所有制理论中主要有两个方面的修正:第一,资本主义新发展尤其是科技革命的发展,使资本家剥削的方式"文明化",劳资矛盾有所缓和;第二,改变了原来关于资本主义制度会迅速崩溃的观点。科学技术的新发展,使资本主义的发展比革命的反抗显得更有力量。资本主义发展初期阶段所造成的工人极端贫困、小生产者大批破产、社会动荡等问题已成为过去,甚至连资本主义周期性的危机也被人们看成自然的事情,整个资本主义的社会发展进入相对稳定、和平发展的新时期,工业革命时期产生的革命动力已不足以发动革命了,新的革命需要新的推动力,因此,恩格斯提出了资本主义大厦即使腐朽但至少还可以支撑下去的观点。

其二,关于资本主义的国有化经济和垄断资本。马克思恩格斯对资本主义所有制这种变化形式早有预测和论述。如恩格斯在《反杜林论》里论述道:"猛烈增长着的生产力对它的资本属性的这种作用力,要求承认生产力的社会本性的这种日益增长的压力,迫使资本家阶级本身在资本关系内部可能的限度内,越来越把生产力当作社会生产力看待,无论是信用无限膨胀的工业高涨时期,还是由大资本主义企业的破产造成的崩溃本身,都使大量生产资料不得不采取像我们在各种股份公司中所遇见的那种社会化形式。某些生产资料和交通手段一开始规模就很大,它们,例如铁路,排斥任何其他的资本主义经营形式。在一定的发展阶段上,这种形式也嫌不够了:资本主义社会的正式代表——国家不得不承担起对生产的领导。这种转化为国家财产的必然性首先表现在大规模的交通机构,即邮政、电报和铁路方面。"②在资本主义社会,生产资料所有制形式由小私有制到大私有制的确立,反映了生产资料的高度集中更有利于生产的发展,更适合社会化生产的技术性要求。在资本主义世界,工矿业、农牧业、建筑业、运输业、商业、金融业等,都普遍地存在着按股份公司形式组成的大企业。股份公司是伴随着资本主义生产发展的需要建立起来的。由于资本主义大工业的发展和资本有机构成的不断提高,开办一个企业所需要的最低限度的资本也随之增多。企业的规模愈大,就愈是需要巨额资本。这显然是大多数单个资本家难以承担的。通过股份公司的形式,就能够在短期内把分散的单个资本结合成一个巨额的股份资本。可见,股份公司是加速资本集中、促进资本主义生产发展的有力杠杆。正如马克思所说:股份公司的成立,使"生产规模惊人地扩大了,个别资本不可能建立的企业出现了"③,"假如必须等待积累去使某些单个资本增长到能够修建铁路的程度,那末恐怕直到今天世界上还没有铁路。但是,集中通过股份公司转瞬之间就把这件事完成了"④。

那么,是不是因此生产力就失去了资本的属性呢?因此就不存在生产的社会化和资本主义的私人占有之间的矛盾呢?因此资本和劳动的对立就消失了呢?恩格斯一针见血

---

① 《马克思恩格斯全集》第22卷,人民出版社1965年版,第315—316页。
② 《马克思恩格斯选集》第3卷,人民出版社1972年版,第628页。
③ 《马克思恩格斯选集》第25卷,人民出版社1972年版,第493页。
④ 《马克思恩格斯选集》第23卷,人民出版社1972年版,第688页。

地指出:"无论转化为股份公司还是转化为国家财产,都没有消除生产力的资本属性。在股份公司的场合,这一点是十分明显的。而现代国家也只是资产阶级社会为了维护资本主义生产方式的一般外部条件使之不受工人和个别资本家的侵犯而建立的组织。现代国家不管它的形式如何,本质上都是资本主义的机器,资本家的国家,理想的总资本家。"①事实正是如此。生产资料所有制的具体形式完全是在资本主义利益范围内作出的有利于自己的选择,国有化并不是资产阶级为发展生产所始终选择的所有制形式,在需要的时候他们也可以对国有企业实行私有化。例如,20 世纪 80 年代西方国家就出现了大量国有企业私有化的浪潮。英国通过出售国有公司的办法将 1/3 的国家职工转移到私营部门,巴西政府 1986 年出售了十几家公司,墨西哥 1985 年出售了 85 家国营公司,1986—1988年,日本卖掉了国有铁路和电话专利公司。"私有化"浪潮并不能说明生产的社会化要求没有了或降低了,而只说明资本主义经济发展的要求迫使资本主义对自己的所有制形式不断作出调整。这种调整本身既没有消除资本在更大范围的集中(如资本的国际化),也没有消除生产力的社会化同资本主义私有制的根本矛盾。

其三,关于当代资本主义的宏观调控。政府对经济的组织管理和计划不论是在奴隶社会、封建社会,还是在资本主义早期,都在一定程度上存在着。区别仅在于社会化生产的复杂性、联系性、整体性,以及资本竞争的残酷性、盲目性、破坏性,使当代资本主义对经济的计划管理显得更为重要。国家从某种意义上说就是一个最大的生产资料所有者。为了协调发展整个国家的生产,为了维护资本主义的稳定和生存,国家就必须行使经济职能,进行经济预算、经济管理、经济建设,调节社会分配,它必将采取经济的、法律的、行政的手段对社会生产进行引导、管理、调节,对具体的生产资料所有制形式进行宏观控制,以保障资本主义大生产的正常运行。在资本主义社会,政府可以通过财政、金融、利率政策限制企业的发展规模和投资方向,可以通过法律迫使资本家使用本不想使用的黑人、妇女等,规定资本家付给工人的最低工资,可以通过所得税、累进税、遗产税等削弱所有权的收入,调节人们之间的物质利益关系,从而使整个社会形成相对稳定的利益结构。政府还可以根据社会发展的需要随时查封、没收、剥夺个别人的生产资料。凡此种种,都说明资产阶级的统治手段越来越高明,资产阶级国家越来越成为理想的总资本家,同时,也为社会主义革命力量接管社会提供着越来越充分的社会物质条件。

其四,关于股份社会化。显然,股份的社会化趋势并不等于财产的社会化,并不等于消除了劳动和资本的对立,并不像有人认为的这是资本主义社会里生长的社会主义生产方式。

股份制是生产社会化和资本私有制矛盾运动的结果。一方面,股份制适应了生产社会化的要求。另一方面,股份制是在资本主义私人所有的前提下发挥其职能的。因此股份制的这种社会化性质同社会主义公有制有着本质区别。作为资本的形式,马克思强调

---

① 《马克思恩格斯选集》第 3 卷,人民出版社 1972 年版,第 629 页。

指出股份制是"资本作为私人所有的资本在资本主义生产方式本身界限以内的扬弃"。资本股份化、股份社会化的形式没有也不可能否定资本的性质。

股份制产生于资本主义所有制和社会化大生产的矛盾运动中,是在私有权的前提下发挥其社会职能的。正因为财产关系是明确的,正因为各个所有者之间存在着彼此独立的经济利益,才只能以股份的形式来筹集资产,组织生产经营,满足社会化大生产的要求。

股份是由生息资本派生出来的。以一定量的货币入股,然后凭股分红,这意味着货币除了货币具有的使用价值外,又取得了一种追加的使用价值。就这种属性而言,它变成了一种商品、一种特殊的资本商品。股票持有者把货币的使用权(非货币价值本身)让渡出去,从而取得了货币资本增值价值的分配权。入股分红(不论股票持有者是国家、集体,抑或个人)体现的是什么关系? 它当然不是什么"自然正义",更非社会主义公有制。"生产当事人之间进行的交易的正义性在于:这种交易是从生产关系中作为自然结果产生出来的。"①

生产经营的职能虽然同资本所有权分离,但并不意味着已经脱离了资本所有权而独立存在,资本所有者通过股票的买卖、股东的选举权和股份公司的组织形式等方式,处处对生产经营形成有效的制约,以确保其资本利益。

股份制使得资本在社会化生产基础上直接取得了社会资本的形式,"而与私人资本相对立,并且它的企业也表现为社会企业,而与私人企业相对立"②。就股份制的社会形式而言,不能不说它使资本主义生产关系发生了某些质的变化。"但是,这种向股份制形式的转化本身,还是局限在资本主义界限之内;因此,这种转化并没有克服财富作为社会财富的性质和作为私人财富的性质之间的对立,而只是在新的形态上发展了这种对立。"③

股份的社会化,劳动者握有股票,并没有说明劳动者和生产资料所有权的直接结合,并未消除资本与劳动的对立,反而使劳资对立在股份形式中达到顶点。这是因为:其一,"在股份公司内,职能已经同资本所有权相分离"④,劳动者作为股东已不是劳动者,而是"单纯的货币资本家",他的股息收入是作为资本所有权的报酬获得的,表现为对别人剩余劳动的单纯占有关系;他在生产过程中是雇佣劳动者,其工资收入是他本人劳动力的价值和价格,表现为对自己劳动力的出卖。这种"一身二任"的现象仍包含着资本与劳动的对立。其二,股息收入其实只是劳动者自己创造的劳动价值的一部分,只不过以新的方式回到劳动者手里,可谓"羊毛出在羊身上"。其三,在当代资本主义国家的股份制中,持股的大多数是不劳动的资本家,而劳动者持股其少甚至没有持股。这样,股份资本整个运转过程就掌握在资本家手里。所谓股份社会化也就成了资本家攫取剩余价值、欺骗劳动者,

---

① 《马克思恩格斯选集》第 25 卷,人民出版社 1972 年版,第 379 页。
② 《马克思恩格斯选集》第 25 卷,人民出版社 1972 年版,第 497 页。
③ 《马克思恩格斯选集》第 25 卷,人民出版社 1972 年版,第 497 页。
④ 《马克思恩格斯选集》第 25 卷,人民出版社 1972 年版,第 494 页。

在新形式下剥削劳动者的形式。

其五,关于社会福利。"福利社会"绝非充满了"仁慈""友爱"的社会,绝非社会主义社会。生产资料必须进入生产领域,必须和劳动者相结合,它才会创造使用价值,才会增值财富。否则,拥有再多的生产资料也是毫无意义的。为了让劳动者和生产资料相结合,生产资料所有者必须考虑劳动者的生存和生活,必须把劳动者的物质利益置于劳动者能够忍受的地步,必须相对满足生产过程中不同层次的劳动者不同的物质利益要求。如果全体劳动者都不堪忍受所有者的剥削,他们的生产资料所有权就势将被摧毁,资本家为了欺骗劳动者,为了不至于失去剥削对象和消灭自身,他们在扩大资本、追逐利润、聚敛财富的同时,就不得不考虑经理、经济师、高级技术人员、技术工人到一般工人的利益要求,就不得不装出一副伪善的面孔,办一些社会福利和慈善事业。资产阶级国家作为理想的总资本家,为保证资本主义制度不至于全线崩溃,为了整个资本主义社会的利益,就不得不对个别资本家进行某些方面的制约,不得不对劳动者实行一些缓和阶级矛盾和冲突的福利政策。资本主义社会的福利措施,确实改善了劳动者的生存和生活条件,从而缓和了阶级矛盾,这正迎合了资产阶级想使他们整个社会的剥削体系"永恒"存在下去的心愿,也正是统治阶级的高明之处。

事实上,揭开福利社会朦胧的面纱,资产阶级对广大劳动者的剥削从来就没有停止过,而且程度越来越高。在当今发达资本主义国家,贫富差距正在进一步扩大。20 世纪70 年代,在美国 20%的最富阶层在工资总收入中占 42.7%,在其资产总收入中却占 76%;20%的最穷阶层在工资总收入中占 4.7%,而在资产总收入中只占 0.2%。据世界银行统计,在过去 50 年内,全球财富增长了 6 倍,占全球人口 20%的富人却拥有世界财富的75%。这说明,在当今资本主义社会,虽然工人的工作和生活条件、劳动方式发生了很大变化,资本家的剥削方式发生了很大变化,但资产阶级凭借资本所有权剥削广大劳动者剩余价值的实质丝毫没有改变。

通过对马克思恩格斯所有制理论的阐述和当代资本主义所有制变化的分析,有几点结论是清楚的:第一,马克思恩格斯的所有制理论包含丰富的辩证唯物主义和历史唯物主义内容,我们不能因为某些具体观点、设想的误差,就全盘否定马克思恩格斯的所有制理论。马克思恩格斯的所有制理论依然是我们分析当代资本主义所有制及其变化的理论依据。第二,当代资本主义所有制的发展变化并没有改变资本主义私有制的实质,资本主义自身并没有也不可能生长出社会主义公有制,资本社会化功能同生产资料公有制有着本质区别。第三,学习马克思、恩格斯尊重实践、尊重科学的态度,既不能囿于教条而无视资本主义变化的现实,也不能盲目美化资本主义。当今时代社会主义国家和资本主义国家既和平共处,又充满竞争,尤其是在我国处于构建公有制为主体、多种经济成分共存发展的所有制结构的特殊时期,我们既要大胆吸收、借鉴、利用当代资本主义的文明成果,又要把握社会主义同资本主义的本质界线。

(原载《当代世界与社会主义》1997 年第 2 期)

论社会主义公有制的微观实现形式

当代中国的社会主义现代化建设是在这样特殊的国际国内环境中进行的:在国内,生产力发展多层次不平衡,各种劳动方式并存;在根本利益一致的前提下客观存在着人们的利益矛盾和差别;中国不可能逾越商品经济发展阶段,而必须大力发展商品经济,并建立社会主义市场经济体制,让市场机制在优化资源配置中起基础作用。在国际上,中国正处于和发达资本主义国家和平竞争之中,全球经济的一体化趋势使中国的发展不可能游离于国际经济体系之外。在这样的客观条件下,如何实现社会主义公有制,是理论和实践给我们提出的紧迫课题。我们必须依据中国的现实国情,重新构建有中国特色的社会主义公有制的实现形式。

社会主义公有制的实现形式可在理论上抽象划分为宏观实现形式和微观实现形式。所谓社会主义公有制的宏观实现形式,是指在整个社会生产过程中和宏观经济运行中的实现形式。所谓社会主义公有制的微观实现形式,是指在直接生产过程和微观经济活动中的实现形式。限于篇幅,本文仅讨论社会主义公有制的微观实现形式。社会主义公有制的微观实现形式又可抽象划分为外延和内涵两方面,下面逐一进行论述。

一、公有制外延实现形式的局部性、交叉性和主体性

第一,公有制是在以公有制为主体、多种经济成分并存的所有制结构中实现的。一个社会采取什么样的生产资料所有制结构形式,最终是由生产力发展水平和社会生产发展过程的需要决定的。实践证明,在"一大二公"的传统公有制模式中,公有制本质(劳动者同生产资料的直接结合、按劳分配、促进生产力的迅速发展、共同富裕等)未能得到理想的体现,甚至在某种程度上发生了形式同本质的背离。如果说中国当年建立"一大二公"模式的公有制,是中国特殊历史条件下生产力与生产关系矛盾运动的结果(半封建半殖民地的中国,私有制对生产力的严重阻碍,无产阶级力量的强大和资产阶级力量的相对软弱,导致无产阶级及其政党掌握了中国革命领导权,并在革命胜利后上升为统治阶级,生产力发展的不平衡为公有制的建立提供了一定物质基础,广大劳动者对公有制的渴望等),那么今天,改革传统公有制模式,重新构建以公有制为主体、多种经济成分并存的所有制结构,同样是生产力与生产关系矛盾运动的结果,同样具有其历史的必然性。

任何生产资料所有制形式的合理选择归根结底都来自生产力发展的内在要求。就我

国公有制实践的客观情况而言,传统的公有制模式不能更有效地配置资源,不能更有效地调动劳动者生产经营的积极性、能动性,不能更有效地保证经济快速增长和人民生活的共同富裕。就国际环境看,要尽快发展我国经济,就必须积极吸收和利用发达资本主义国家的资金、先进技术、设备及管理经验,就必须与资本主义国家进行贸易往来和经济合作,并在一定范围内允许外资经济的存在。就国内实际看,生产力发展多层次不平衡;多种劳动方式并存;客观存在着不同层次劳动者、经营者利益要求的差别。要促进生产力更快发展,就必须允许个体经济(包括个体股份经济)、私营经济、外资经济以及各种混合所有制经济在一定范围内存在,发挥其对公有制经济的补充作用。所以,我国的所有制应该是以公有制为主体的、多层次多元性的结构体系。只有在这种所有制结构中,才能形成制度优势,从而更好地适应和推动生产力发展,只有在这种发展中,公有制才能获得合理的实现形式。

中共十一届三中全会以来,以公有制为主体发展多种经济成分,构成了十几年来经济改革的主线之一。党的十四大又明确规定:以公有制为主体,多种经济成分长期并存共同发展;以按劳分配为主体,多种分配形式并存是我国社会主义初级阶段的基本经济制度。十几年来,非公有经济从无到有,比重不断上升。就国民生产总值的构成看:1978 年,国有经济为 56.0%,集体经济为 43.0%,非公有经济为 1.0%;1993 年,国有经济为 42.9%,集体经济为 44.8%,非公有经济为 12.3%。改革开放以来,我国的经济获得了持续快速发展,这是同以公有制为主体、多种经济成分的共同作用分不开的。各种非公有经济在开辟生产门路、安排劳动就业、提高社会生产力、增强国民经济实力、提高人民生活水平等方面发挥了不可或缺的作用。

第二,公有制是在同非公有经济的交互作用过程中实现的。在社会主义市场经济条件下,公有制和其他所有制并不是在互相孤立、完全分离的状态下存在的。由于生产社会化的需要,它们往往相互渗透、交叉融合,从而为充分利用人力、物力、信息技术等资源,为充分发挥不同所有制互补的"杂交"优势,为生产力的发展提供了广阔的制度空间。

公有制同非公有制的交互作用主要表现在以下两个方面:一是就生产经营活动看,双方必然发生产品买卖、产权交易、租赁借贷等多种经济交往关系。如个体工商户、私营业主要租用公有的土地、房子,借贷公有的资金,使用公有经济提供的水电、交通、通讯等基础服务设施。二是指双方在经济组织结构中所有制的混合。我国农村普遍推行的统分结合、双层经营的联产承包责任制,实质便是集体所有制和新生的农民个体所有制的有机结合和交互作用。在这一承包制下,农民通过承包权获得了对土地的长期占用权和经济自主权,与此同时,农民个体获得了对部分生产资料如耕牛、小型农具、扩大再生产基金的所有权,这就充分调动了农民的生产经营积极性。通过承包权和农民个体所有制,土地作为集体生产资料获得充分开发利用,集体所有制获得较合理的实现形式。在集体所有制与农民个体所有制的交互作用下,一方面广大农民迅速致富,并出现一大批养殖、种植、运输专业户,另一方面集体经济不断发展壮大,集体基础设施建设(如修路、搭桥、农田水利建设等)、集体福利事业(如兴办医院、养老院、学校等)、集体经济项目(如村办、队办集体企业等)获得了迅速发展。当前农村普遍存在的、以集体为主导的"公司+农户"的松散型经济联合,以集体为龙头的股份合作制等,都反映了公有制和非公有制的交叉融合。就全国而言,公有经济在市场经济运行过程中实行的公私合营、中外合资经营、国有民营、风险承包、租赁、出售、股份改造等,都反映了公有制和其他所有制的相互渗透和交互作用。

第三,保持公有制的主体地位和国有经济的主导作用,既是社会主义制度的要求,更是生产力发展的内在要求。

马克思主义告诉我们,任何一种社会制度的建立,只有当它符合生产力发展要求时才具有存在的合理性。否则,它或早或迟必将被摧毁。经济发展总是无情地为自己开辟道路。无疑,公有制是社会主义制度的本质特征,能否坚持公有制的主体地位是关系到国家政权、社会制度会不会改变颜色的大问题。但是,我们不能单从制度的角度或仅从伦理感情的角度论述公有制主体地位的重要性,也不能单从局部经验出发无限夸大非公有经济对生产力的促进作用。我们必须从整个社会生产力发展的角度,从社会再生产的角度来论证公有制主体地位的合理性和必要性。

公有制主体地位对生产力的促进作用主要表现在以下三个方面:其一,公有制的主体地位是保持按劳分配的主体地位、保持必要的社会公平的前提。公有制的主体地位保证更多的生产资料为劳动人民所掌握,是有效限制剥削、限制剥削阶级产生、贯彻按劳分配原则的经济基础,正如邓小平同志所说:"只要我国经济中公有制占主体地位,就可以避免两极分化。"①而只有保持按劳分配的主体地位,限制两极分化,才更有利于调动广大人民群众的生产积极性,才能形成合理的利益机制和利益结构,推进社会稳定、健康、协调地向前发展。其二,公有制的主体地位是反对私人垄断、促进资源在整个社会范围优化配置的物质保证。有关国计民生的、重要的生产资料由国家和集体掌握,防止私人垄断经营,牟取暴利,这更有利于优化资源配置。许多私人企业、私营企业无力或不愿经营的,但又对社会生产的整体发展和长远发展极具战略意义的项目,由国家和集体经营,将更有利于生产力发展。其三,公有制的主体地位是保证宏观调控有效进行的微观基础。一方面,建立在不同所有制基础上的国家的宏观调控其性质是不同的。建立在以公有制为主体这一经济基础上的社会主义国家的宏观调控,由于摆脱了私人资本的控制,其调控目的更符合社会生产发展的客观要求。另一方面,公有经济作为调控的工具,宏观调控将通过国有经济在国民经济中的主导作用和广泛存在的公有经济组织,更好地发挥调节经济功能,因而更有利于生产力发展。

公有制主体地位的相对独立性是在经济发展中,通过各种所有制经济交互作用的动态过程,也即是在生产力的不断推进过程中实现的。离开生产力观点而孤立地、静止地规定公有经济的数量比例是不科学也不现实的。在社会主义市场经济中,随着公有企业的

---

① 《邓小平文选》第2卷,人民出版社1994年版,第149页。

资本化经营,不同经济成分的资本将在企业内部建立联系并组合在一起,一企二制或多制的局面将出现。就国有企业而言,其存在形态将随着资本经营的加剧和现代企业制度的建立而发生极大变化:以往那种全资的国有企业数量将减少,大量的中小型企业将会变成国有资产的控股公司、参股公司或联营公司,有些中小企业甚至会被整体出售,而与此同时,国家还会投资兴建新的独资公司、合资公司等。总之,除少数国有企业保持垄断经营的地位外,大多数公有企业将作为独立的商品生产者在市场竞争中经受优胜劣汰的洗礼,并在资产经营中实现公有经济的发展壮大。

笔者认为要从以下三个方面保持公有制的主体地位:其一,保持公有财产的绝对优势。公有财产不仅包括从事资本经营的公有资产,而且包括领土、海域、空间、土地、山川湖泊、森林矿藏等自然资源,包括未直接进入经营领域的党政事业单位的公有财产。其二,保持公有资产数量的相对优势。在市场经济运行中,各种成分的经济组织,个体、私营、国有、集体以及各种混合所有制经济组织的比例是随着社会化生产发展的需要而不断变化的,公有制经济组织也处在不断分化组合的动态结构中。然而,保持公有资产(包括国有资产和集体资产)的数量优势却是必需的,这是保证公有经济主体作用发挥的基础。之所以说保持公有资产数量的相对优势,是因为资产经营的动态性不可能将公有资产的比例优势固定在一个百分点上,有时会高有时会低。其三,保持公有资产的重要地位,尤其是保持国有资产的重要地位,充分发挥国有经济的主导作用。在农村,土地、大型水利设施等重要生产资料必须归集体所有。在全国,国有资产必须在能源、交通、通讯等基础产业,在高新技术产业、支柱产业和金融领域占绝对优势,通过独资、控股、垄断、领导等不同方式,限制私人资本操纵市场、操纵经济,充分发挥国有经济的主导作用,以促进经济均衡、稳定、持续增长。

二、公有制内涵实现形式的变化性、动态性、多样性

第一,公有制内涵实现形式是在实践中不断深化的。公有制的内涵实现形式就是公有经济内部的结构组织及运作形式。怎样在市场经济条件下、在多种经济成分并存的格局里寻找公有制内部合理的实现形式是目前改革的难题。

中国的改革是从农村开始的,从人民公社解体到联产承包责任制的广泛推行,农村集体所有制发生了一场深刻变革。其一,承包权的介入促进了所有权和经营权的分离。在土地、大型水利设施等重要生产资料仍归集体所有的前提下,农民通过承包权可以更加自主地支配、使用土地,并据此获得相应经济利益,从而调动了农民的生产积极性。其二,承包权的介入促进了农民个体所有制的生成。农户拥有了耕牛、农具等部分生产资料所有权,农户不再只是以血缘为纽带的劳动者组织单位,而同时变成生产资料所有制单位,变成相对独立的利益主体。农民一身二任,既是集体成员,又是独立的商品生产经营者。其三,集体所有制和农民个体所有制在以联产承包责任制为主的新型责权利关系下获得有机统一,既促进了个体经济发展,也促进了集体经济发展,从而使集体所有制找到了有效

的实现途径。

随着城乡市场的发育、经济结构的变化、农业的产业化规模化经营,农村的集体所有制实现形式进一步深化变迁。如土地等承包权的流通转让、土地的集中经营、各种专业户专业组织的形成、以集体为龙头的"公司+农户"的经济联合、以集体经济为主的股份合作经济等。集体所有制内涵的变化主要表现在两个方面:其一,集体所有制在经济运行中和农民个体所有制不同程度的结合;其二,新型的责权利关系下形成了较强的利益激励和约束机制。

农村改革的成功给改革僵化的计划管理体制以及搞活国有企业以极大的启示。十几年来,国有企业的改革经过了扩权让利、承包制、租赁制、股份制等不同改革阶段,自党的十四届三中全会以后,国有企业改革从以实行两权分离为主要内容的行政性分权阶段进入机制、体制、所有制"三制"创新阶段。国有企业改革的不断深化反映了公有制内涵实现形式的不断深化。

曾广泛推行的承包制、一定范围实行的租赁制、资产经营责任制,都在很大程度上改变了计划体制下国有制的实现形式,增强了企业活力,促进经济发展。然而,由于受合同内容、合同期限等的影响,所有者、经营者与劳动者之间只能形成暂时的制约机制,并未从根本上解决企业的活力问题,其缺陷也是明显的:(1)不符合市场经济条件下企业的行为准则。承包指标、租金数额并不能客观反映市场竞争动态的经济变量对企业行为的要求,这就导致政企分开的客观效果是十分有限的,政府及主管部门作为发包人依然控制着企业行为,从而使市场经济条件下所要求的企业经营自主权受到挟制,企业难以形成"四自"的市场经济主体和具有真正独立民事能力的法人实体,这同整个社会生产发展要求的资产不断流动、重组,产业结构、经济结构的优化,规模化、集约化经营等存在着深刻矛盾。(2)责权利不规范。所有者的利益既体现在承包期、租赁期经营者所提供的利润上,也体现在其资产的增值上,而经营者的利益则仅体现在合同期的经营成果上,同时这种经营成果还必须通过所有者所提供的资产去获取。在一定时期内,经营者对所有者提供的生产要素使用得越充分,自身所获取的实惠也就越大,这就不可避免地产生了对国有资产的掠夺式经营,这也是近年来企业行为短期化、分配向职工个人倾斜、国有资产隐性流失、企业虚盈实亏等问题的根源所在。

出于国有企业深化改革的需要,股份制被当作一种较理想的公有制实现形式,在我国国有企业改革中也进行了积极探索。股份制作为国有企业改革的一种选择,具有两方面明显的积极意义:其一,促进资产合理组合。股份制较能适应社会化大生产需要,能够有效集中资本,实现跨地区、跨行业、跨所有制的横向经济联合,扩大经营规模,促进生产要素的合理组合和流动。其二,促进较规范的产权关系的形成。股份制便于克服承包租赁经营中政企难以真正分开、责权利不对称的弊端,促进在产权关系明朗化的基础上,形成国家、企业和职工之间较规范的责权利关系。但是,由于我国的股份制是在以公有制为基础、以国有资产的大量存在为前提的条件下进行的,因而,在股份制改造中,如何实现明确的产权界定,从而既能有效保护国家作为所有者的权利,又能充分落实企业的法人财产权,在国家、企业、职工三者之间形成强有力的风险约束机制和利益激励机制是改革面临的难点。一方面,国家作为社会生产调节者的行政管理职能和作为所有者的经济职能能否合理划分;作为国家所有者代表的国有资产管理机构,能否本着市场经济要求,合理操作资产而摆脱行政干预,用什么样切实有效的监督机制保证对国有资产管理、经营机构及成员的监督,通过什么样的风险、利益机制促进国有资产管理、经营机构及其成员能像经营自己的资产那样负责认真。另一方面,在股份制企业中,在大量的国家控股的局面下,如何保证企业法人财产权与经营权的独立,在保证法人财产权和经营权独立的情况下,如何保证企业经营人员行为的合理性,从而保证国有股权的合理收益,如何正确处理新三会(董事会、股东会、监事会)与老三会(党委会、工会、职代会)的关系,如何建立科学的公司治理结构和风险利益机制以有效监督和制约经营者行为等。以上种种问题是我们在公有产权基础上建立股份制面临的特殊难题,需要我们在实践中不断加以解决。因此,推行股份制必须慎重。

第二,公有制内涵实现形式的变化性、多样性和动态性。市场经济条件下公有制的合理实现形式有两个基本前提:其一,公有制是在现代产权制度作用下实现的;其二,公有制是在和现代产权制度相适应的、规范的责权利关系下实现的。显然,现代市场经济是以明确的产权制度和相互独立的产权主体为其运行基础的。因而,如何在现行国有制基础上,构建现代产权制度和相互独立的产权主体就成为我们能否克服传统公有制模式中所有权虚置、产权不清、市场主体缺位等弊端,能否找到公有制和市场经济结合点的关键。所谓产权,是指在社会经济运行中通过一定方式界定并加以维护的各经济行为主体对财产的权利关系,是各经济行为主体围绕财产而建立的责权利关系,其实质是通过人与物的关系反映出人与人的利益关系,其根本功能是所有制在社会生产中有效运作和实现的工具。所有权是产权的基础,产权是由所有权派生出来的。任何所有制下的财产只有投入经济运行才能发挥现实的经济作用,而财产的运行必须遵循产权规则,一定的产权结构是一定的所有制形式得以实现、所有者的财产得以有效使用和所有者获取利益的重要保证。产权的基本功能在于:明确界定对财物支配的范围、空间和方式,提供财产运行的权力基础;为人们界定相互之间的利益关系特别是分配剩余产品价值,提供基本的权利规范。从历史上看,产权关系经历了从简单到复杂的演变,在自给自足的小生产经济中,产权关系简单明确,财产主体既是财产所有者,又是财产的实际占用者和使用者,也是财产的收益者和处分者。随着商品经济的发展,生产行为和经济关系越来越复杂,产权关系也越来越复杂,财产的所有权、占有权、支配权、使用权和收益权在不同的经济行为主体间进行不同程度的切割划分,从而保证了经济的有序运行和所有制在新形势下的合理实现。我国是在大力发展市场经济条件下进行公有制再实践的。公有资产必须进入生产经营领域才能实现保值增值,才能实现其所有制本质,而在市场经济条件下,公有资产要进入经营领域就必然要发生财产所有者、占有者、支配者和使用者之间围绕收益分配权而形成的一系列复杂的经济关系。而要合理地处理这些经济关系,就必须建立现代产权制度,通过产权制度,为国家与企业之间、企业与企业之间、股东与经营者之间等在产权的界定、使用、转让和产权的收益中提供制度性规则,通过产权制度,规范所有者、经营者、劳动者的经济行为,在利益激励和约束机制的基础上形成新型的责权利关系,通过产权制度和新型的责权利关系,为公有经济在市场经济中的发展壮大提供强有力的动力源,从而使公有制本质获得高层次实现。

通过国有企业改革实践和公有制合理实现前提的理论分析,我们完全可以得出这样的结论:在市场经济条件下,公有制的内涵实现形式将呈现动态性、变化性和多样性。所谓动态性,是指公有资产是在市场竞争不断分化组合、流动转让的动态过程中实现其保值增值的。所谓变化性,是指公有产权的实现形式是随着社会生产发展的进程而不断变革深化的,国家、企业和职工之间的责权利关系是一个不断演变深化的过程。所谓多样性,是指公有制的具体经济组织形式、经营形式是有主有次、多种多样的。就经济组织形式讲,有的企业可采取国家独资垄断,有的企业可采取股份合作。就经营形式讲,有的企业可采取承包制,有的企业可采取租赁制,有的企业可采取国有国营形式,有的企业可采取国有民营形式,还有的企业可以通过破产拍卖等形式实现产权的有偿转让。总之,公有制在内涵上的实现形式不能一刀切,也不存在一个固定不变的模式。

(原载《中州学刊》1997 年第 3 期)

以公有制为主体、多种经济成分共同发展同私有化的本质区别

党的十一届三中全会以来,以公有制为主体、发展多种经济成分,构成了我国经济改革的主线之一。然而,面对个体、私营、外资以及各种混合所有制的迅速发展,面对当前国有企业的转机建制,人们的思想认识并不一致,其中有两种值得注意的思想倾向:一是囿于对传统公有制模式的认同,把发展多种成分经济,把国有企业的产权改革,看成搞私有化,否定我国所有制改革的社会主义方向,对发展多种经济成分持否定态度。另一种倾向是打着拥护改革、主张发展多种所有制经济的旗号,主张搞私有化,认为只有实行私有化才是根本出路,试图否定公有制的主体地位。这两种思想倾向都混淆了以公有制为主体、多种经济成分共同发展同私有化的本质区别。理论认识上的糊涂和错误,必然导致改革实践中的困惑犹疑和失误,严重影响改革的进程。为此,必须首先在理论上彻底弄清以公有制为主体、多种经济成分共同发展同私有化的根本界线和本质区别,确保我国的所有制改革尤其是国有企业的深化改革沿着正确的轨道顺利推进。

一、根本分界线

我国多种经济成分的发展是在以公有制为主体这一前提下进行的。正是这一前提构成了我国多种经济成分发展同私有化的根本分界线。私有化是以生产资料私有制作为整个社会的经济基础,私有制在整个社会的经济运行、经济关系中起主导作用。而在以公有制为主体这一前提下,公有经济起主导作用,各种非公有经济始终处于重要的补充地位。虽然多种经济成分的发展不可避免地要发展私有经济,但远没有也绝不可能达到"化"的程度。改革开放以来,多种成分经济获得了迅速发展,在国民经济结构中的比重不断上升。在当前国有企业改革中,把国有企业转变成独立的市场经营主体和利益主体已成改革的必然选择,继放权让利、承包制之后,我国又在实行建立现代企业制度、明晰企业产权、落实企业法人所有权等方面的改革、改造、改组,允许一些中小国有企业进行股份改造、国有民营、租赁、拍卖等。这就意味着,我国所有制结构还会发生变化,非公有经济还会进一步增长。据预测,如果各种经济成分发展的条件和国家有关政策措施基本保持"八五"时期的格局不变,2000 年国内生产总值的构成是:国有经济约为 38.5%,集体经济约为 41.3%,非公有经济约为 20.2%。因而有人担心或怀疑:一定的量反映一定的质,各

种非公有经济的迅速发展,公有经济的比重不断缩小,会不会动摇公有制的主体地位,会不会演变成私有化,这种担心和怀疑是可以理解的。然而,非公有制经济的迅速发展并没有取代公有制的主体地位,更没有改变我国的社会主义性质。其一,非公有经济因为是从无到有,所以发展迅速,比重上升是必然的;其二,公有制比重的降低并不意味着公有经济的萎缩,公有经济尤其是集体经济在新形势下不断发展壮大,总量比过去大得多,国有经济比重的减少,相当部分为集体经济所填补;其三,有关国计民生的重要生产资料和产业掌握在公有制经济手里,这是保证公有制主体地位的关键。只要公有经济掌握着国家经济命脉,就不会导致私有化,就能影响、引导、限制、监督多种非公有经济的生产方向和经营行为,促其更好地为社会主义经济建设服务。至于各种经济成分到底应该构成什么样的比例结构为宜,正如江泽民指出的,应该在实践中加以解决。

二、本质区别

正是坚持以公有制为主体这一根本界限,才构成了以公有制为主体、多种经济成分共同发展同私有化的一系列本质区别。

区别之一:能否构成社会主义的经济基础

生产资料归谁所有和归谁处理,决定生产资料和劳动者相结合的方式,决定生产过程的性质和方式,也决定交换、分配和消费方式,从而使社会结构具有不同特征。生产资料公有制是社会主义的本质特征,是消灭剥削制度和剥削阶级、实现劳动人民当家作主的经济基础,没有公有制便没有社会主义。虽然我们不能实现马克思、恩格斯设想的那种全社会直接占有生产资料的公有制,虽然我国公有制的发展不能以排斥多种经济成分发展为前提,但在我国的生产资料所有制结构中必须始终坚持公有制的主体地位和主导作用,一如邓小平多次强调的,“一个公有制占主体,一个共同富裕,这是我们所必须坚持的社会主义的根本原则”。我国之所以称作社会主义社会,最根本的依据就是生产资料公有制在国民经济中占主体地位、起主导作用,以公有制为主体、多种经济成分共同发展的所有制结构构成了我国社会主义经济的微观基础。而私有化否定了公有制的主体地位,因而也否定了社会主义的经济基础。

区别之二:能否实行按劳分配原则

按劳分配是社会主义的分配原则。在市场经济条件下,在多种经济成分并存发展的情况下,实现纯粹的按劳分配显然是不现实的,必然存在多种分配方式,但只有在以公有制为主体这一前提下,才能实现按劳分配为主体、多种分配方式并存的分配制度,才能保证整个社会的分配体系遵循和贯彻按劳分配原则。一方面,公有制使生产资料不再是少数人借以剥削他人剩余劳动的手段,劳动者可以实现按劳取酬;另一方面,公有经济的主导作用以及建立在这一经济基础上代表广大人民利益的国家的宏观调控,都将限制和调节各种非公有经济的非劳动所得,从而使按劳分配原则在整个社会范围和更高程度上得以贯彻实行。而私有化通行的则是按资分配原则,从根本上否定按劳分配,大量财富集聚

在少数人手里,成为剥削、奴役他人的手段。

区别之三:能否保证人民政权的性质

经济基础决定上层建筑,公有制的主体地位是我国人民民主政权的坚强基石,没有以公有制为主体这一经济基础,就无法保证我国政权的社会主义性质。私有化否定公有制的主体地位因而必然动摇人民政权的基石,社会生产资料一旦为少数人所占有垄断,政权就会被少数人所操纵,政治就将沦为服务少数人的婢女。

区别之四:能否实现共同富裕,消除两极分化

经济上以公有制为主体,政治上以共产党为领导,这是避免两极分化、实现共同富裕的根本保证。其一,公有制的主体地位,使生产资料不再为少数人所占有,而成为全社会和一定范围劳动者所有的从事生产活动和增进自己福利的物质条件,一方面保证按劳分配在分配方式中的主体地位,另一方面可以消除阶级剥削以及在贫富差距基础上可能产生的阶级分化。其二,建立在以公有制为主体这一经济基础上的国家的宏观调控是实现共同富裕的基本条件和可靠保障。社会生产都需要宏观调控,但国家性质不同,调控的方向和目的并不一样。资本主义也有宏观调控,但资本主义国家是理想的总资本家,它调控的目的归根结底是为资本家、为私有制、为资产阶级服务的。我国是建立在以公有制为主体这一基础上的社会主义国家,国家利益和人民的根本利益是一致的,国家的宏观调节是为解放生产力、发展生产力、消灭剥削、实现共同富裕,是为社会主义本质服务的,它不仅是社会主义市场经济的重要内容,而且对实现共同富裕有着极其重大的作用和意义。社会主义国家完全可以根据社会主义本质要求,通过政策措施、法律手段、经济杠杆对生产过程和剩余产品占有关系进行宏观调节,限制剥削和各种非劳动收入,把非公有经济的部分非劳动收入通过宏观调控重新归还给社会和劳动者,在保证效率的前提下保证按劳分配在全社会范围获得更加近似值的实现,保证既不能出现剥削阶级,也不能导致两极分化,而是社会各民族、各地区、各阶层的劳动者在以劳动为基础的先富后富过程中实现共同富裕。所以邓小平说:"只要我国经济中公有制占主体地位,就可以避免两极分化。"

私有化是以社会生产资料的广泛私人所有为特征的,不存在公有制经济的主导作用,不存在社会主义性质的宏观调控,因而无法控制私人资本的无限扩张和恶性膨胀,无法避免大量生产资料集聚到少数人手里变成奴役剥削广大劳动者的手段,其结果必然导致贫富悬殊、两极分化,导致剥削和剥削阶级的形成。

区别之五:非公有经济能否构成社会主义经济的有益补充

在公有经济的主导作用和社会主义国家的宏观调节下,我国城乡多种经济成分的总体结构、生产经营方向和范围、剩余产品占有关系、私营经济的剥削程度都要受到各种限制和干预,从而使多种经济成分的存在发展有利于促进生产力发展和满足人民需要,成为公有制经济有益的和必要的补充,成为社会主义经济体系的有机组成部分,成为增加社会财富总量、实现共同富裕的经济力量。而私有化因否定公有制的主体地位,因而不能扼制

非公有经济自发的资本主义倾向,不能有效扼制私人资本对整个社会生产资料的瓜分垄断,不能合理调控私人资本的经营范围和行为,因而多种经济成分不再是社会主义经济的有益补充,而变成吞噬公有制、主宰社会经济运行和经济生活的力量。

区别之六:能否促进生产力更快发展

极少数主张私有化的人似乎有一个很有力的理由,就是私有化更能促进生产力发展,而且过去我们搞的"一大二公三纯"的公有制模式造成的对生产力的束缚、当前国有企业的大面积亏损、非公有经济成为新的生产力增长点等,也为主张私有化提供了种种口实。事实远非如此。传统的单一公有制模式以及在此基础上建立的高度集中的计划管理体制固然不适合生产力发展要求,但并不意味着只有私有化才最能促进生产力发展。苏联、东欧社会主义国家的改革误入歧途,导致历史巨变,私有化并没有给这些国家带来生产力的迅速发展,反而引发民族矛盾、社会动乱,给生产力造成极大破坏。而坚持以公有制为主体、多种经济成分共同发展的中国,国民经济却快速、稳步地向前发展,发展速度为世人瞩目。实践证明,就我国国情而言,只有坚持以公有制为主体、多种经济成分共同发展的改革之路,才是解放和发展我国生产力的根本途径,才更适合生产力发展要求。

如果在我们这样一个人口众多、地域辽阔的国家完全推行私有化,其一,必将导致重要的生产资料集中在少数人手里,少数人为获取高额利润,实行垄断经营,限制平等竞争,从而妨碍生产要素的优化组合,阻碍生产力发展;其二,私人资本为获取利润不择手段,置社会长远利益于不顾,竭泽而渔,进行破坏性经营,破坏生态平衡,破坏经济结构,破坏自然资源,从而必然引起社会生产秩序混乱、资源浪费,影响生产力的总体发展和长远发展;其三,通行的按资分配原则将严重压抑广大劳动者的生产积极性和创造性,财富分配上的贫富悬殊、两极分化,政治权利上的不平等,必然引发地区间、民族间、阶层间一系列严重的社会矛盾,势将导致社会动乱、生产失控,给社会生产力造成更大的破坏。

三、所有制改革的总体取向

弄清了以公有制为主体、多种经济成分共同发展同私有化的根本界线和本质区别,也就弄清了我国所有制改革的总体取向。在当前深化所有制改革、深化国有企业改革中,我们必须始终把握以下几个基本原则:其一,中国绝不能走私有化道路,不论是从坚持社会主义本质的角度讲还是单纯从发展社会生产力的角度讲,私有化都没有理由成为我国经济改革的必然选择。其二,积极发展公有制经济,但不能以排斥其他经济成分的发展为前提。不能说只有公有制经济有优越性,其他经济成分就没有优越性,不同经济成分的交互作用、共同发展,业已成为我国新时期的经济增长点,对加快我国经济发展、增加财富总量、提高城乡人民的生活水平有着不可忽视的作用。其三,放手发展多种所有制经济,但必须坚持以公有制为主体这一前提,这是实现社会主义本质的最基础的保证。其四,积极探索公有制在市场经济下实现的新形式,深化国有企业改革,使公有经济在同其他经济成分的交互作用、合作竞争中不断发展壮大,并充分发挥其主导作用。

(原载《学习论坛》1997 年第 4 期)

如何实现以公有制为主体与市场经济
体制的有效对接？

一

在科学社会主义经典作家那里,公有制和市场经济是无法相容的。在他们看来,公有制、非商品计划经济、按劳分配三位一体,构成无产阶级夺取政权后社会主义经济制度的基本点。而市场经济是与私有制相联系的。以计划取代市场,正是生产资料公有制的优越性。基于此,他们不可能论证市场经济体制下公有制与市场经济的兼容问题。西方一些资产阶级经济学家对市场经济与公有制能否对接是持否定态度的,"科斯定理"曾断言,私有产权是市场存在的先决条件,公有制和市场经济无法兼容。许多西方学者把中国改革的根本出路寄希望于全盘私有化道路上。长期以来,许多社会主义国家和非社会主义国家的学者纷纷探讨社会主义经济与市场、与市场机制的关系问题,提出了种种理论构想或改革设计,虽程度不同地涉及公有制和市场经济兼容对接问题,但都没有很好地解决这一问题。

在中国,自改革开放后,理论界对公有制和市场经济的兼容对接展开了深入探讨,提出了许多理论见解和改革设计。1992年年初,邓小平明确指出:计划经济不等于社会主义,资本主义也有计划;市场经济不等于资本主义,社会主义也有市场。从而为深入探讨市场经济与公有制的对接问题指明了方向。

在公有制与市场经济的对接过程中,遇到了公有制与市场经济的深层矛盾,出现了不少难题,理论上也出现了较大的争议和分歧。其难点表现在:就公有制的外延看,以公有制为主体适合不适合市场经济体制的要求,在市场经济体制下如何保持和实现公有制的主体地位(公有制的范围、比例、结构、资产性质等如何确定)？就公有制内涵而言,在市场经济体制下,在不改变公有制本质的前提下,公有经济组织能否真正转变成独立的商品生产经营者,参与市场运作并实现公有资产的保值增值？在当前以建立现代企业制度为核心的新一轮企业改革中,依然存在着这样的难题:其一,在国家控股、参股的股份企业中,政企难以真正分开,企业自主权落实不到位;其二,企业财产关系中的所有者身份及其代理主体缺位,形不成企业内外有效的监督机制,导致企业经营人员获得对企业的实际控制,为追求自身利益损害国家利益和集体利益;其三,企业自主权的下放,使企业经营者获得对资产更多的支配权,但国家依然是企业经营风险的最大承担者,企业经营者拥有的职权与其承担的责任不对称,没有强有力的利益约束机制制约经营者的市场行为。面对改革实践中的难点,理论界也存在诸多观点。如制度论,认为公有制是社会主义的本质特征、根本制度,主张从制度标准出发,保持公有制的主体地位;比例论,主张在国民经济中限定公有经济必须保持的产值比例和非公有经济不得超过的产值比例;竞争论,主张谁应该在国民经济中占主体地位应通过市场竞争来决定;主导论,主张只要国有经济掌握有关国计民生的产业和行业,在国民经济中起主导作用,就可以保持公有制的主体地位;取消论,认为公有制和市场经济无法兼容,在市场经济体制和以公有制为主体之间存在两难选择,要建立市场经济体制就必须实行私有化,放弃以公有制为主体。总之,在以公有制为主体与市场经济体制有效对接的问题上,理论和实践都面临着一些需要研究的重大问题。

二

以公有制为主体与市场经济体制的对接问题,可从公有制的外延和内涵两方面来探讨。就外延而论,主要探讨与市场经济体制相适应的公有制主体地位的范围、规模、比例、结构、存在及实现形式;就内涵而论,主要探讨与市场经济体制相适应的公有经济组织及运作形式。目的是要找到既能保证公有经济性质、发挥公有经济优越性、保持公有制主体地位,又能充分满足市场经济体制要求、发挥市场机制作用、把公有经济转变成市场主体、把公有经济的发展壮大融于市场运作之中的对接点。

对接点之一:保持公有制主体地位是保证社会主义市场经济体制有效运作的基础

单纯的市场经济并不能保证资源的最优配置和生产力的快速发展,其本身存在固有的缺陷。马克思主义以及西方经济学对此都有剖析。其主要缺陷:(1)导致分配不公,压抑广大劳动者的生产积极性、创造性,甚至给生产力造成阻碍和破坏。(2)导致自然的或人为的垄断,造成资源配置扭曲。无序竞争必然产生各种自然的垄断,大大降低市场机制的调节效率,使资源配置产生扭曲。除自然垄断外,还可能发生某种人为的垄断,即主要不是凭借技术和经济优势,而是依靠政治权力、行贿受贿等手段所实现的垄断,这将更严重地降低资源配置的效益。(3)导致外部不经济。有许多从企业角度看有利的生产和投资,从社会角度看则未必有利,甚至有害,如某些企业的经济活动直接地不可避免地产生了不利于社会的某种后果(污染环境、破坏生态平衡、危及劳动者健康和生存等)。(4)导致市场失灵,带来对社会整体利益和长远利益的不利影响,如企业的短期行为。

由此可见,多种经济成分和市场经济对生产力的作用是双向的,存在着边际效益。因此,第二次世界大战后资本主义国家都采取加强宏观调控、扩大国有经济范围来完善市场经济体制,抑制市场经济的负效应。一方面,资本主义国家政府通过财政、金融、信贷、收入分配等经济的手段,通过必要的法律手段和行政手段对市场经济进行宏观调控;另一方面,通过不同程度的国有经济来优化资源配置,加强宏观调控能力。可见,宏观调控和国有经济是现代市场机制运行不可或缺的条件,有着不可替代的体制功能。战后资本主义国家根据各自不同的国情,建立起不尽相同的资本主义市场经济体制模式(如美国的分散型市场经济、日本的政府主导型市场经济、德国的社会市场经济等）。这说明,市场经济不存在固定的不可改变的模式,市场经济模式完全可以根据不同国情而进行不同选择。资本主义通过加强宏观调控和国有经济来完善资本主义市场经济体制取得了一定成效,但由于私有制的广泛存在和私人资本对国家政权的控制,使宏观调控的力度和国有经济的功能受到极大限制,这反映出资本主义市场经济体制的局限性。我国是社会主义国家,根据我国的特殊历史和具体国情,我国将在以公有制为主体的所有制结构中建立市场经济体制,这将更有利于适应现代市场经济体制要求,克服市场经济的固有负效应以及资本主义市场经济体制的种种局限。

以公有制为主体在市场经济体制中的经济效率功能主要表现在:(1)形成较合理的利益分配机制,调动劳动者的生产积极性。以公有制为主体可以限制两极分化,保证按劳分配的主体地位,这有利于社会稳定,促进经济持续、健康发展。(2)有关国计民生的重要生产资料由国家和集体掌握,防止私人垄断经营,牟取暴利,有利于资源优化配置。(3)在我国这样一个底子薄、生产力发展多层次、区域经济不平衡、地大物博的国度,采取以公有制为主体,有利于产业结构、经济结构、区域经济结构调整,优化资源配置。(4)不少对社会经济的整体和长远发展极具战略意义的项目,私营企业无力或不愿经营,由国家和集体经营,有利于经济发展。(5)让国有经济在基础产业、支柱产业、高新技术产业以及金融领域占支配地位,在国民经济中起主导作用,有利于发挥市场机制的正面效应。(6)以公有制为主体基础上的宏观调控由于摆脱了私人资本的控制,其调控的目的、措施将能更主动地适应经济发展规律要求,另一方面,通过国有经济的主导作用和广泛存在的公有经济组织,将使宏观调控更有效率。

列宁指出:"劳动生产率,归根到底是保证新社会制度胜利的最重要最主要的东西。"上述分析表明,在我国的市场经济体制运行中,以公有制为主体有着不可替代的基础地位和体制功能。坚持以公有制为主体这一社会主义基本经济制度,其本身有着内在的必然性、必要性和科学性。

对接点之二:在动态的所有制结构中、在动态的资产经营中,保持和实现公有制的主体地位

在市场经济体制下,以往的公有制存在及实现形式将发生巨大变化。根据市场经济体制要求,其一,绝大多数公有经济组织要转变成相互独立的商品生产经营者,构成市场主体;其二,作为市场主体的公有经济组织与非公有经济组织是平等的商品生产者;其三,市场经济规律使然,公有经济必然转入资本化经营状态。这些因素决定了:

1. 以公有制为主体应在动态的所有制结构中保持

在市场经济运行中,公有制和其他所有制并不是板块结构,不是在相互孤立、完全分离的状态下存在的。相反,由于社会生产需要,它们往往相互渗透、交叉融合、交互作用,以充分利用社会闲置资金、技术、设备、剩余劳动力,充分利用各种资源,发挥优势互补的效应。公有制同非公有制的交互作用主要表现在两方面:其一,双方在生产经营活动中必

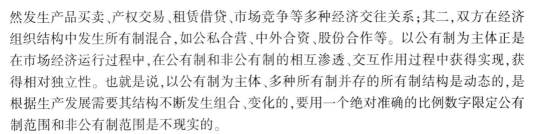

然发生产品买卖、产权交易、租赁借贷、市场竞争等多种经济交往关系;其二,双方在经济组织结构中发生所有制混合,如公私合营、中外合资、股份合作等。以公有制为主体正是在市场经济运行过程中,在公有制和非公有制的相互渗透、交互作用过程中获得实现,获得相对独立性。也就是说,以公有制为主体、多种所有制并存的所有制结构是动态的,是根据生产发展需要其结构不断发生组合、变化的,要用一个绝对准确的比例数字限定公有制范围和非公有制范围是不现实的。

2. 以公有制为主体应在公有资产的资本化经营中实现

市场经济体制要求公有企业的独立性和资本化经营,这将引起公有经济组织结构的重大变化。如随着资本化经营加剧和现代企业制度建立,以往那种全资的国有企业数量将减少,而且大量的中小型企业将会变成国有资产的控股公司、参股公司或联营公司。总之,除少数国有企业保持垄断经营外,大多数公有企业将作为独立的商品生产经营者在市场竞争中经受优胜劣汰的洗礼,以公有制为主体就是在这种市场竞争、产权交易、资产经营过程中获得实现。其质量上的主要标志,就是公有经济掌握有关国计民生的重要资产和国有经济的主导作用;其数量上的主要标志,就是公有资产在国民资产结构中的比例优势和在资产经营中的不断发展壮大。

对接点之三:通过建立和完善现代产权制度,真正把公有企业转变成市场主体,这是以公有制为主体与市场经济体制对接的关键

把公有企业转变成拥有"四自"能力的市场主体,就必须改变传统体制下企业的组织结构及运作形式。纵观改革历程,搞活国有企业一直是我国经济体制改革的主要着力点,开始是扩权让利来搞企业承包经营责任制,这些在特定历史时期推出的不同改革措施,都取得了一定成效。然而,这种改革还远远不能适应市场经济体制要求。如承包制由于本质上仍然属于计划经济框架没有大动条件下的行政性分权,规范的企业自主权并没有落实和无法落实,因而与市场经济体制依然存在深刻矛盾。20世纪90年代,特别是建立社会主义市场经济体制的目标确定后,国有企业改革进入"三制"(机制、体制、所有制)创新阶段,国有企业改革已从注重既有利益格局表层缓解的政策调整转入带有质变性根本意义的制度创新阶段,即朝着转换企业经营机制、理顺产权关系、建立现代企业制度的方向迈进。

把公有企业转变成市场主体的关键是建立现代产权制度,理顺产权关系,这也是实现公有经济和市场经济有效对接的关键点。现代市场经济是以相互独立的产权主体存在和明确的产权制度为其运行基础的,因而如何在现行的国有制和集体所有制基础上构建相互独立的产权主体和现代产权制度,就成为我们能否改变传统公有制模式中所有权虚置、产权不清、市场主体缺位等弊端,实现公有经济和市场经济对接的关键。

在我国市场经济体制下,公有资产要进入市场运行,就必然要发生公有资产所有者、占有者、使用者之间围绕收益分配权而形成一系列复杂的经济关系,就必然要发生公有资产占有者与使用者之间(企业之间)一系列复杂的经济关系,而要合理处理这些经济关系,就必须建立现代产权制度。通过建立产权制度,落实企业的法人财产权,落实企业的产权主体和市场主体地位,规范所有者、经营者、劳动者的经济行为;合理界定国家与企业、企业与企业、所有者与经营者、经营者与劳动者在公有资产的所有、占用、转让及收益分配中的相应权益;为市场经济中各产权主体间的产权交易、资产重组、企业兼并扩张或破产拍卖提供制度性规则。总之,通过构建现代产权制度,在国家、企业、职工之间营造一种规范的利益激励和约束机制,为公有经济在市场经济中的发展壮大提供强有力的动力源泉,在公有资产的保值增值中,使公有制本质获得高层次实现。

对接点之四:建立与公有产权制度相适应的企业治理结构,建立和完善对公有资产管理者、运营者的有效监督机制是中国社会主义市场经济体制的一大特色

现代西方产权制度是在广泛存在的私有产权基础上建立的,而我国的产权制度是以公有产权的大量存在为前提的,这无疑决定了在公有产权制度下企业的组织结构及运作方式会与私有产权制度下有很大不同,也决定了我们必须根据实际国情制定有中国特色的企业治理结构,其特色主要表现在:(1)建立和完善与公有产权制度相适应的企业组织体系,合理设置组织机构,配置人员,划分权责;(2)建立和完善与公有产权制度相适应的企业领导决策体制,理顺"新三会"与"老三会"的关系,理顺经营者与党组织、职代会、工会与职工的关系;(3)建立和完善对公有资产管理运营的有效监督机制。从监督的对象讲,既包括对公有资产管理机构、企业的监督,也包括对管理经营人员的监督;从监督的主体上讲,要充分发挥政府职能部门、所有者、人大、企业组织、党组织、职代会等不同机构及人员不同的监督作用;从监督的方式上讲,要充分发挥产权监督、法律监督、制度监督、舆论监督等功能。总之,要形成有效的监督机制,来制约公有资产管理机构及其人员,制约企业经营者的经济行为。

当前,我国国有企业改革中出现的两种现象值得重视。其一,"换汤不换药"现象。国有资产的管理运营不能摆脱行政干预,国家作为所有者的经济职能与国家作为行政者的经济职能没有合理划分,所有权和行政权没有合理界定,致使企业自主权难以落实或落实不到位,企业在市场经营中必要的投资经营权、产权交易权、资产重组权、收益分配权等无法规范行使。其二,"内部人控制"现象。由于公有资产的所有者身份及其代理主体不明确,在企业外部没有形成强有力的监督机制;而在企业内部,由于产权关系模糊、企业组织体系不健全、责权利不规范等,也没有形成企业内部强有力的约束机制。在这种前提下,一方面国家放松了对国有资产的控制权,另一方面企业自主权增大,经营人员对资产处置权加强,其结果必然导致企业经营者对企业公有资产不规则控制现象产生,导致厂长经理经营权的恶性膨胀。由于企业经营风险最终依然由国家和职工承担,这种风险约束的不力更会促发经营人员盲目经营、贪污腐败行为,这也是造成国有资产流失、"穷庙富方丈"现象的重要原因。

针对改革中出现的这些现象,一方面,我们要继续深化产权制度改革,理顺国家与国有资产所有者代理人、国家与国有资产经营者、代理人与经营者之间的产权关系和责权利关系;另一方面,必须建立和强化与公有产权制度相适应的企业治理结构,尤其是必须建立和强化对公有资产管理运营的监督机制。在通过利益激励和约束机制促使公有资产的管理经营者自觉努力实现公有资产的保值增值的同时,还必须通过强有力的内部和外部监督机制,对国有资产管理机构及其人员、对企业及经营人员进行有效的监督。如何构建这种监督机制,构建企业的治理结构,正是摆在我们面前亟须深入探讨的课题。

(原载《内部文稿》1997 年第 14 期)

公有制实现形式应该而且必须多样化

改革开放近20年来,我们在改革传统的公有制模式、探索新型的公有制实现形式方面取得了很大突破。江泽民在党的十五大报告中明确指出,公有制实现形式可以而且应当多样化,一切反映社会化生产规律的经营方式和组织形式都可以大胆利用,要努力寻找能够极大促进生产力发展的公有制实现形式。这些论断为我们进一步探索和创新多种多样的公有制实现形式指明了方向。

一、理想和现实的反差——值得反思的传统公有制模式

无可否认,传统的"一大二公"公有制模式以及建立在此基础上的高度集中的计划管理体制,曾经对我国集中力量进行重点建设、奠定工业化基础、恢复和发展国民经济起过非常积极的作用,然而也同样不可否认,几十年各国社会主义的实践都表明,传统的单一的公有制模式并没有像传统公有制理论所设想的那样表现出无比的优越性,并没能更好地促进生产力发展和实现公有制本质。公有制的本质在于,它可以促进生产力更快发展,可以实现劳动者和生产资料的直接结合,消除剥削和阶级分化,可以实现按劳分配和共同富裕。然而在传统的公有制模式下,由于单一的所有制结构以及高度集中的计划管理体制未能形成高效的资源配置机制以充分利用各种生产要素,未能形成有效的利益激励和约束机制去充分调动广大生产者的积极性,未能更好地适应我国生产力发展多层次、不平衡、客观上存在着不同生产者利益要求差别等国情,反而导致某种程度上公有制实现形式同本质的背离:虽然在劳动者和生产资料之间不再站立一个剥削阶级,但由于否定多种经济成分存在、否定市场机制对资源的基础配置作用,由于缺少有效的利益激励和约束机制,由于高度集中的计划管理造成的"有计划混乱"等,劳动者同生产资料的直接结合变成了一种无效结合;虽然没有出现贫富悬殊、两极分化,但由于没能更好地促进生产力发展,因而也无法更好地实现共同富裕,从某种角度看,共同富裕变成了共同贫穷;虽然宪法规定了实行按劳分配原则,但在实际操作过程中,一方面往往以牺牲效率为代价,另一方面,企业吃国家、职工吃企业等违背按劳分配原则的平均主义现象盛行。很显然,这样的公有制模式并不是我国最理想、最合适的选择。

经验和教训告诉我们:我国是从半封建半殖民地的落后状态走上社会主义道路的,没有经过发达的资本主义阶段,我国仍处在社会主义初级阶段。由生产力发展的内在要求所决定,我们不仅无法实现马克思所设想的那种不存在商品和货币、完全实行计划管理、全社会直接占有生产资料的未来社会的公有制,而且必须改革我国曾在实践中建立的"一大二公"的公有制模式。要大力发展生产力,不仅不能消灭商品经济,还必须大力发展商品经济,建立市场经济体制,让市场机制在资源配置中起基础作用;不仅不能消灭非公有经济,还必须放手发展多种经济成分,以形成最合理的所有制结构。所有这些都决定了我国的公有制实现形式必须是和多种经济成分结合的、和市场经济相融合的全新而独特的实现形式。这种实现形式在导师经典中找不到现成答案,在世界其他国家没有现成经验,只有靠我们自己去探索、去实践、去创造。

二、更新公有制实现形式是实现公有制和市场经济有效对接的必然要求

邓小平曾指出,社会主义也可以搞市场经济。党的十四大又明确把建立社会主义市场经济体制作为我国经济体制改革的目标。这就是说,社会主义公有制要和市场经济发生前所未有的历史性结合。同时,马克思主义的所有制原理又告诉我们,所有制是生产关系的基础,是实现在社会生产和再生产过程之中的。公有制同样如此。在市场经济条件下,公有制必须进入市场经济运行并在社会生产和再生产过程中才能找到自己现实的、合理的实现形式。市场经济是有其基本规律的,如供需规律、价值规律、竞争规律。公有制要在市场经济条件下获得合理的实现,就必须和这些基本规律、基本要求发生有机的结合,就必须更新传统的公有制形式。

市场经济是以相互独立的商品生产经营者存在为前提的,没有相互独立的商品生产经营者的广泛存在,也就没有市场经济。这就决定了我们必须把原来大量存在的国有企业、集体企业乃至国营职工、集体农民等各种经济行为主体转化为相互独立的商品生产经营者。

现代市场经济是以相互独立的产权主体存在和明确的产权制度为运行基础的。现代产权制度是所有制在市场经济中有效运作和实现的工具。公有制必须和现代产权制度相结合才能在市场经济中有效运作,必须通过现代产权制度,合理界定公有资产所有者、占有者、使用者之间的责权利关系,落实企业的产权主体、法人实体和市场主体地位,为市场经济中各产权主体间的产权交易、资产重组、企业兼并扩张和破产拍卖提供制度性规则。

市场经济规律要求企业的资本化经营。公有企业一旦转入资本化经营状态,其资本所固有的扩张、流动、增值等特性,必将引起公有经济的整体结构、企业内部的财产组织结构和经营方式的巨大变化。

市场经济要求多元产权主体存在,要求有多种经济成分共同发展的所有制结构,这种结构是有比例而且是根据经济发展需要不断变化的。在资本主义市场经济中,既存在大私有制也存在小私有制,还存在国有制。第二次世界大战后,资本主义为宏观调控和发展经济需要,不得不扩大国有经济比例。而到20世纪80年代,许多资本主义国家又掀起私有化浪潮,收缩国有制比例。尽管我国坚持以公有制为主体、多种所有制经济共同发展,尽管我国国有经济的主导作用决定了国有资产在整个资产结构中的重要地位,但公有制必须在有比例而且变化着的所有制结构中实现,这无疑在外延上制约着公有制的实现形式。

市场经济下,多种经济成分构成其经济体系的重要组成部分。公有制要和私有制同在一个经济体系中运作,必然要产生各种各样的竞争合作关系,从而更新着公有制的实现形式。

显然,在市场经济条件下,由于产权制度、资本化经营、所有制结构比例、公有制和私有制的矛盾统一等多种条件的作用和制约,公有制必须采取多种多样的实现形式,只有这样,才能实现公有制和市场经济的有机结合。

三、积极探索和创新多种多样的公有制实现形式

自党的十一届三中全会以来,以农村实行联产承包责任制为开端的经济体制改革过程,实质上也是所有制调整和改革的过程,是公有制与市场经济有效对接的过程,是公有制实现形式不断创新、不断演变深化的过程。

农村改革的成功给改革僵化的计划管理体制以及搞活国有企业以极大的启示。十几年来,国有企业的改革经过了扩权让利、承包制、租赁制、股份制等不同改革阶段。自党的十四届三中全会以后,国有企业改革从以实行两权分离为主要内容的行政性分权阶段进入机制、体制、所有制"三制"创新阶段,并积极推行以建立现代企业制度为核心的公司制改革。国有企业改革的不断演化也反映着公有制实现形式的不断变化。

改革的进一步深化使股份制被当作一种较理想的公有制实现形式在我国国有企业改革中进行了积极探索。股份制是适应社会化大生产要求的有效的企业组织形式,虽然为资本主义所发明但并不是资本主义的专利。股份制一旦和公有制相结合,就会变成公有制的一种实现形式。其一,股份制符合市场经济条件下现代产权制度要求,有利于把公有制内部的产权关系进行明确而规范的切割划分,实现所有权和经营权比较规范的分离,确立企业的产权主体和法人实体地位,真正把企业转变成符合现代企业制度要求的拥有"四自"能力的市场主体。其二,符合市场经济条件下社会生产的集约化、规模化经营要求,可以有效集中资本、优化资产结构,实现跨地区跨行业跨所有制甚至跨国界的横向经济联合,促进生产要素的合理组合和流动。其三,可以更好地发挥所有制结构优势,发展壮大公有经济。一方面,股份制中公有制内部各经济行为主体(如所有者代表与经营者,经营者与职工)之间的责权利关系会更加规范,从而调动他们的积极性去充分发展生产力;另一方面,可以通过公有制与其他所有制(如私营经济、个体股份经济、外资经济等)的相互作用、相互渗透、相互补充,形成所有制结构优势,更好地发挥公有制的主导作用,驱动、带动、调动更多的社会资本为社会主义经济建设服务,更好地实现公有资产的保值增值、发展壮大。

当然,资本主义的股份制是在私有制基础上产权界定非常明确、资本人格化的前提下

进行的,而我国的股份制改造是以公有产权的大量存在为前提的。因而在我国股份制改造中,如何实现明确的产权界定,国家作为社会管理者的行政职能和作为资产所有者的经济职能如何明确划分,采取什么样的利益激励和约束机制、什么样的监督制约机制、什么样的企业治理结构等去充分调动公有资产的管理者、经营者的积极性,同时又有效约束其不规则经济行为等,依然是改革的难点,也是股份制能否和公有制更好结合、更好地成为公有制实现形式而必须深入解决的问题。

除股份制外,国有企业改革发展中还涌现出基金组织投资和控股的所有制形式、个别国有企业改组成股份合作制、组建大型企业集团,去国外投资办企业或参与国际资本合作等多种多样的公有制具体实现形式。对此,我们要予以肯定并进一步深化、完善。正如江泽民在党的十五大报告中所说,一切反映社会化生产规律的经营方式和组织形式都可以大胆利用,我们要努力寻找能够极大促进生产力发展的公有制实现形式。

四、要从整体上把握公有制实现形式

公有制是在市场经济运行中、在社会生产和再生产过程中实现的,因此我们必须从整体上把握公有制实现形式。

其一,因地位不同、作用不同,不同的行业和企业应该采取不同的公有制实现形式。为更好地发挥公有制的主体地位功能和国有经济的主导作用,国有经济必须控制国民经济命脉,在关系国民经济命脉的重要行业和关键领域,国有经济必须占支配地位。表现在公有制形式上,就是少数有关国防、国家安全、政治、社会公益福利事业、紧缺资源、基础设施等比较特殊的行业和企业,需要国家独资垄断的,依然要采取纯国家所有制形式。同时,在有关国民经济命脉类的一些基础性、支柱性和先导性产业,公有制可采取国家控股的股份制形式。而在某些产业或行业,国家可以采取掺股形式寻找更为有利的投资场所。对大多数国有中小企业而言,可以根据自己的实际情况采取多种多样的公有制实现形式。

其二,抓大放小是保证公有制在市场经济下合理实现的正确措施。抓大放小,进一步调整和完善所有制结构,适当收缩国有阵线,更有利于生产力发展,更有利于集中精力搞好搞活国有经济,因而更有利于公有制在新时期的实现。有些以劳务为主而又分散经营的行业,原本就不适合由国家资本去经营甚至去垄断。按照市场经济的效益原则,在这些行业中的国有资本实行"有序退出",把那些分散经营的行业和企业或转为股份合作制等其他公有制形式,或出售给私人,这并非倒退,也非私有化,而正是为了从整体上搞活公有经济。

其三,加强对公有制宏观实现形式的重视和探索。任何社会的所有制都是在社会生产和再生产过程中实现的,因而任何社会的所有制实现形式都是微观实现形式和宏观实现形式的统一。其宏观实现形式主要体现在:作为整个社会生产管理组织者的国家政府,运用经济的、法律的、行政的手段对社会生产进行宏观调节和调控。市场经济条件下公有制的宏观实现形式显得格外重要。由于直接生产过程中非公有经济增长,公有企业成为市场主体,进入资本化经营,不可避免地会出现企业破产、职工下岗待业、收入差距拉大等现象,代表全民利益的国家政府更应该通过宏观调节和调控来保证公有制本质的更好实现。就当前来看,首先要建立和完善有效的国有资产管理、监督和营运机制,确保国有资产保值增值,防止国有资产流失。其次要完善税制,加强征管,调整国民收入再分配体系,使一部分非劳动收入重新回归社会,最终回归到劳动者身上。最后要加快建立社会保障体系,完善社会福利、救济制度,搞好再就业工程。只有这样,才能保证公有制的微观实现形式顺利实行,也才能使公有制在整个社会范围、整体上获得更好实现。

(作者:李太淼、李建华,原载《学习论坛》1998 年第 1 期)

论社会主义市场经济条件下
公有制的宏观实现形式

历史唯物主义告诉我们:所有制是通过人对物的关系表现出的人与人的利益关系,其实质是对剩余产品的占有关系。所有制作为生产的社会形式,是实现在社会生产和再生产全过程之中的。因此,我们在探讨市场经济条件下公有制实现形式时就必须考察社会生产和再生产全过程。公有制的实现形式可以在理论上划分为微观实现形式和宏观实现形式,现实中的公有制实现形式是微观实现形式和宏观实现形式的有机统一。[①]

市场经济条件下公有制的宏观实现形式

在探讨公有制宏观实现形式之前,有必要从生产力和生产关系的辩证关系角度界定一下公有制的本质。公有制不能脱离与生产力的内在联系而孤立存在,在社会财富并未充分涌流、劳动还是谋生手段的情况下,公有制的本质在于:促进生产力的快速发展,促进生产资料同生产者的有机结合,在社会剩余产品分配中实行按劳分配原则,消灭剥削,消除两极分化,实现共同富裕。离开生产力标准而把公有制本质简单界定为生产资料的静态归属关系有违历史唯物主义原理,而且否定了公有制存在的根本前提,把公有制变成了单纯的伦理价值目标。相对于社会剩余产品占有关系这一所有制最本质内容而言,生产资料所有制是手段;相对于公有制本质而言,生产资料公有制采取的任何形式都必须以促进生产力快速发展为前提。

实践证明,传统的"一大二公"公有制模式,从其微观实现形式到宏观实现形式都没有很好地实现公有制本质:虽然劳动者和生产资料之间不再站立一个剥削者,但并没有实现劳动者和生产资料最有机的结合,并没有促进生产力快速发展;虽然没有出现贫富悬殊、两极分化,但并没有实现共同富裕;虽然宪法规定实行按劳分配原则,但在实际操作过程中,一方面往往以牺牲效率为代价,另一方面违背按劳分配的平均主义分配现象盛行;虽然实行高度集中的计划管理,但却往往造成有政府有计划的混乱。传统公有制模式下所体现的社会公平,实际上是以牺牲效率为代价,因而是缺乏生产力依托的缺乏现实合理性的所谓公平。

---

① 李太森:《论社会主义公有制的微观实现形式》,《中州学刊》1997 年第 3 期。

实践证明,我国的社会主义公有制只有在同市场经济结合中,在以公有制为主体、多种所有制经济并存的所有制结构中,才能获得相对合理有效的实现形式。改革开放以来,我国所取得的巨大成就昭示我们:公有制的微观实现形式采取和市场机制相结合的、和多种所有制结构相结合的、多种多样的实现形式,较之传统公有制实现形式更有利于公有制本质的实现。然而,不可否认的事实是,由于市场经济规律的作用,由于多种所有制的存在,它们虽然在一定条件下促进了公有制某些本质的实现,但同时又对公有制本质在微观经济领域的实现范围和程度构成诸种制约。如市场经济固有的负效应(引发垄断、导致分配不公、市场失灵、外部不经济等),伴随多元所有制存在和多元产权主体存在而必然存在的按资分配、按生产要素分配方式,由于市场竞争必然产生的企业破产、职工下岗、劳动者待业现象等,必然导致在直接生产过程中劳动者与生产资料的结合方式、剩余产品在不同商品生产经营者及其劳动者之间的分配关系发生巨大变化,必然导致剥削现象存在,使按劳分配范围和程度受到极大限制,不合理收入差距拉大,甚至出现贫富悬殊两极分化现象。因此,为保持经济的协调、稳定、健康发展,为保证公有制微观实现形式的有效运作和公有制本质在整个社会范围更好地实现,必须积极更新公有制的宏观实现形式。

作为公有制宏观实现形式的社会主义国家的宏观经济职能,除发挥市场经济国家一般的宏观调控、弥补市场缺陷等职能外,还应体现两方面内容:其一,通过对分配关系直接或间接的宏观调节,改变人们在初次分配中形成的对剩余产品的占有关系,削弱直接生产过程中所有权作用,在全社会范围更好地贯彻按劳分配和社会公平原则;其二,通过对生产要素市场的间接调控,引导和限制各种非公有经济的经营方向,在全社会范围促进生产者和劳动资料的有机结合,促进生产力快速发展,为按劳分配提供更加丰富的物质前提。这两方面内容主要是通过三个层次的调控和调节实现的。

第一个层次:通过对直接生产过程的调控,调节生产要素市场以及各商品生产经营者的行为,促进资源的优化配置,在保持效率优先的前提下,促使"等量劳动交换"原则首先在商品生产经营者之间获得基本实现

其内容主要包括:

一是运用法律、经济等宏观管理和调控手段,为市场中各商品生产经营者创造平等竞争的机会和条件,反对私人垄断,维护公平竞争,为商品生产经营者的利润分配提供一个尽可能公平的前提。

二是调节、引导、限制和监督非公有制经济的经营范围和经营方向。一方面,促进非公有经济的健康、快速发展,扩大就业渠道,为社会增加可供分配的剩余总量;另一方面,防止其恶性发展,防止其为牟取暴利而进行违法非法的破坏性经营。

三是根据社会生产发展需要,通过宏观调控,不断调整和优化所有制结构、产业结构、地区间经济结构、企业结构和产品结构,在全社会范围促进生产者和生产资料的有机结合。

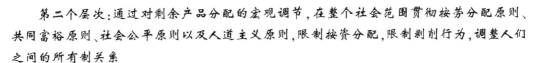

第二个层次:通过对剩余产品分配的宏观调节,在整个社会范围贯彻按劳分配原则、共同富裕原则、社会公平原则以及人道主义原则,限制按资分配,限制剥削行为,调整人们之间的所有制关系

其主要内容包括:

一是通过国家财政收入政策调节人们的分配关系。随着多种所有制格局形成,多种分配方式并存,个人收入渠道多元化,要求国家必须强化国民收入再分配功能,以调节社会各阶层各成员在多种所有制格局中以及在市场竞争中形成的分配不公局面。

国家财政收入的主要来源是税收。税收是对财产所有权的一种限制和削弱,具有对财产所有权的扼制作用。国家必须依据社会主义市场经济发展的内在要求,完善各种税制,通过税收调节剩余产品在各商品生产经营者、劳动者以及社会各阶层之间的分配关系,限制贫富两极分化,限制剥削阶级产生。

二是通过国家财政支出政策调节人们的分配关系。财政支出主要用于国防、行政事业、大型建设项目、社会公益福利、社会保障救济、地区经济扶持等方面开支。财政支出直接调整着人们对剩余产品的占用关系。从社会生产意义上讲,教育部门、科研部门、医疗卫生部门、行政部门、司法部门等部门的工作者都是社会化大生产系统中的成员,承担着不同的但不可或缺的职业角色功能。因此,按劳分配不只需要在直接生产过程中各种劳动者之间进行,而且需要在更广泛的不同社会行业的劳动者之间进行。就宏观角度看,合理扩大教育基金、科研基金,支援经济落后地区经济建设,合理调整不同部门、行业、职业间的分配关系,大力发展社会公益福利事业,建立健全社会保障体系,搞好再就业工程,为广大劳动者提供基本生活保障和更多的劳动就业机会,都对社会主义公有制本质的实现有着积极的现实意义。

第三个层次:通过运用法律手段从整体上保障劳动者的合法权益

在市场经济条件下,除运用法律手段保障市场经济正常秩序和正常运行外,还需要运用法律手段直接保障和维护广大劳动者在就业、择业、工资福利待遇、企业管理、购物、消费、医疗保险、人身保险、失业保险和子女受教育等方面的合法权益。如通过《中华人民共和国劳动法》《中华人民共和国工会法》《义务教育法》等,限制雇主压低劳动者工资的行为,强制雇主为劳动者提供必要的劳动、生活条件,保障职工民主参与企业管理的权利,维护职工的正当权益等。就目前来看,由于企业组织形式、所有制结构形式的巨大变化,应通过新的工会法,规定达到一定标准的各种经济性质的企业都应设立工会组织,以有效维护职工的利益,应通过社会保障法规定雇主应向职工和社会提供的社会保障费用。这些合法权益并不都直接表现为职工的货币收益,但显然构成广大劳动者生活的重要组成部分,构成所有制关系的重要内容。

改革、创新和完善公有制宏观实现形式是建立社会主义市场经济体制、实现公有制和市场经济有机结合的必然要求。在当前我国市场经济体制转变的关键时期,公有制宏观实现形式改革和完善的重点是:

1. 继续调整经济结构,尤其是调整所有制结构,使所有制结构、产业结构、企业结构处于最有利于生产力发展的最佳状态

从所有制结构看,改革开放以来各种所有制经济获得蓬勃发展,所有制结构有所优化,但在传统体制下形成的国有制,依然战线过长、力量分散,不利于国有制在市场经济运行中发挥其掌握国民经济命脉、主导经济运行、弥补市场缺陷等应有功能。我国的产业结构长期存在着结构失调、布局不合理、基础产业薄弱、先导产业落后、地区间产业结构高度趋同等问题。我国的企业结构存在着经营分散、"大而全、小而全"、专业化程度低、技术设备老化、资金力量分散、缺乏规模经营和规模效益、在国际市场上缺乏竞争力等问题。因此,我们应当根据中央提出的"抓大放小"战略,在调整产业结构、企业结构的同时调整国有企业的所有制结构,实现国有企业的战略性改组。

2. 建立和完善有效的国有资产管理、营运和监督体系,确保国有资产保值增值,防止国有资产流失

建立健全国有资产的管理、营运和监督体系,既是当前国有企业改革发展的配套措施,也是市场经济条件下国有制经济有效运作的必要保障,是公有制微观实现形式和宏观实现形式有机结合的重要纽带。从管理、营运角度讲,要强化产权管理,推动资本营运:其一,要健全各级政府国有资产管理机构,使其统一行使国有资产管理权,其他部门不再承担国有资产管理职能,为国有产权流动、重组扫清体制障碍;其二,组建国有资产营运机构,直接从事国有资本运营,在一个较高层次上专门运作国有产权或股权,使国有资产出资者人格化、具体化。与此同时,要在管理机构、营运机构、企业之间建立严格而明确的产权关系和责权利关系。从监督角度讲,鉴于市场经济条件下国有资产存在的多层委托代理关系,必须建立对国有资产管理、营运系统的监督体系和监督机制,其中包括产权监督、职能部门监督(如审计、财务、税收监督)、主管部门监督、企业内机构监督(如监事会、股东会监督)、企业内职工监督、社会公众监督、人大监督等。

3. 扩充财源,强化国家财政分配功能

为保证公有制在宏观上的更好实现,我们必须依据市场经济的特点扩充财源,强化国家经济职能,搞好国民收入再分配。然而,近些年来,我国的财政收入不断降低,据估测,我国财政收入占国民收入的比重由1978年的37.2%下降到1993年的16.3%,中央财政收入占全国财政收入的比重也由过去的60%左右下降到36.7%。市场经济条件下财政收入的主要渠道是税收,但我国的税收体制还没能更好地和市场经济接轨,导致大量税源流失,税收收入占GDP的比重逐年降低,1986年税收占GDP的比重为20.5%,1990年为15.2%,1992—1996年分别为12.4%、12.3%、11.4%、9.9%、9.7%,严重影响了国家的财政收入。而财政收入比例过低,又严重影响了我国的财政支出功能。据国际货币基金组织提供的数据,世界各国政府财政支出占GDP总量的比重平均为39.1%,发达国家平均为47.6%,发展中国家平均为31.7%,这表明人均收入水平愈高,财政支出占GDP的比重愈高。而中国1994年这一比重为11.6%,1995年为10.7%,比发展中国家低20个百分

点。再从中央政府财政支出占全部财政支出的比重看,世界各国的平均水平为72.3%,发达国家为65.9%,发展中国家平均为77.8%。中国1994年这一比重仅为30.2%,1995年为29.9%。因此,要适应市场经济条件下国家宏观经济职能的要求,要适应公有制宏观实现形式的要求,我们必须按照党的十五大精神,调整收支结构,提高两个比重(财政收入占国民生产总值的比重、中央财政收入占全国财政收入的比重),这是建立国民收入再分配体系的重要环节。

4. 完善税制、严加征管,调节分配关系

税收是调控市场主体行为、调节人们分配关系的重要经济杠杆。随着市场经济体制的逐步确立、市场机制作用的充分发挥,利益主体多元化、收入渠道多元化已成定局,政府基本上不再拥有直接调节分配的手段,而主要运用经济的、法律的手段间接调节人们的分配关系。其中,税收是最经常、最重要的调节手段。改革以来,我国的税收体制发生了巨大变化,但问题依然严重。

从目前实际看,税负不公依然制约着企业间的公平竞争和利润的合理分配。要从税种、税率结构上逐步改变目前存在的"五重五轻"状况,即企业税负重,个人税负轻;生产性行业税负重,非生产性行业税负轻;国有企业税负重,非国有企业税负轻;商品劳务税负重,所得财产税负轻;中西部地区税负重,沿海地区税负轻。要统一"国民待遇",对国有、外资、乡镇、私营等企业统一税率。要将预算外收入纳入预算管理。从税种角度看,主体税种应体现财政弹性原则,即税收要具有一定的增收能力,以实现税收与GDP的均衡增长。在税种设计上,要根据所有制结构及财产制度变化,开辟新的税种,向"富人"征税,如财产赠与税、遗产继承税、财产交易税(诸如对房地产、股票、债券、期货、外汇、知识产权等征收交易税)、储蓄利息税等,并采取高额累进税制。

目前我国税收流失严重。虽然非公有制经济发展促进了生产力发展,繁荣了我国经济,但在私有经济领域大量存在的偷漏税现象严重侵犯了国家财权,并导致严重的分配不公。有专家指出:我国每年税收流失至少达1000亿元,比全国县级财政一年的收入还要大。[①] 除偷税、漏税现象外,还有欠税现象,1996年全国共欠工商税357亿元。[②] 除偷漏税、欠税现象外,一些税务机关非个人税收违法行政导致的税收截留问题也非常严重,一些地方税务机关在局部利益驱动下,违反全国统一的税收政策,采取盗税、转税、包税、免税、收"过头税"等方法截留、减收国家税款,影响了国家税收职能的发挥,侵犯了纳税人合法权益,损害了税务机关的形象。

看来,在改革税制的基础上对税收严加征管是当务之急。发达国家税收征管有两个突出特点:一是税务机关的权威性。税收代表国家利益的神圣地位十分明确,与其相应的政府部门的行政协助是一个自然而然的过程和基本义务。二是执法的严肃性。要信赖纳

---

① 于祖尧:《转型时期暴富群体的政治经济学分析》,《经济研究》1998年第2期。

② 《人民日报》1997年7月14日。

税人申报,但一经发现问题,就要坚决查处。借鉴国际经验,在我国的税收征管中要着重突出"法"和"严"。要抓紧修订完善《中华人民共和国税收征管法》,进一步明确税收征纳双方的权利、责任和义务,强化政府协助,尤其要突出公、检、法部门和金融、财政部门的配合义务。同时,应按国际惯例,设立专门的税务法院,以强化司法保障,突出国家利益,保证税收检查、税收解缴、税务稽查以及税收案件处理的系统性和效率性。要严格税务执法,彻底治理税务执法人员以权谋私、营私舞弊、执法违法行为,要严厉惩处纳税人偷税漏税行为,与此同时,要加强征管工作技术现代化建设,提高为纳税人服务的质量。

5. 加快建立社会保障体系,完善社会福利、救济制度

建立社会保障体系是建立市场经济体制的一项基本要求,是市场经济有效运作的"安全阀""减震器",同时也构成我国社会主义公有制宏观实现形式的一个重要内容,是社会主义优越性的一个重要体现。政府是建立社会保障体系和实施社会福利、救济制度的主体,既要在社会保障和福利事业中充分发挥统一领导、协调组织、统一管理的功能,又要适当加大财政支持力度,切实保障广大劳动者基本的生存和生活权利,切实保障市场机制能充分发挥作用、公有制微观实现形式能顺利运作。关于这方面内容,时下高论颇多,本文不再赘述。

(原载《中州学刊》1998年第6期)

公有制与市场经济有效对接的基本途径

所谓公有制与市场经济的有效对接,是指在既定的计划经济体制下所形成的传统公有制模式的基础上,围绕公有制的本质要求和市场经济的基本要求,通过创新公有制实现形式,实现公有制本质及其实现形式与市场经济的有机结合。

一、有效对接的基础:保持公有制主体地位

市场经济同传统的较单一公有制结构确实难于兼容,但却同以公有制为主体的多元多层次所有制结构存在着深刻的互补关系。保持公有制主体地位是保证社会主义市场经济体制有效运作的基础。单纯的市场经济并不能保证资源的最优配置和生产力的快速发展,其本身存在固有的缺陷。马克思主义以及西方经济学对此都有剖析。正如此,第二次世界大战后,资本主义国家都采取加强宏观调控、扩大国有经济范围等手段来完善市场经济体制,抑制市场经济的负效应。宏观调控和国有经济是现代市场机制运行不可或缺的条件,有着不可替代的体制功能。而且战后资本主义国家根据不同的历史和国情,建立起不尽相同的市场经济模式(如美国的分散型市场经济、日本的政府主导型市场经济、德国的社会市场经济等),这也说明市场经济模式完全可以根据不同国情而进行不同选择。我国是社会主义国家,根据我国的特殊历史和具体国情,我国将在以公有制为主体的所有制结构中建立市场经济体制,这将更有利于适应现代市场经济体制要求,克服市场经济的负效应以及资本主义市场经济体制的种种局限。

我们之所以要保持公有制的主体地位,最根本的原因在于:以公有制为主体在市场经济体制中有着无可替代的经济效率功能,主要表现在:(1)有利于形成较合理的利益分配机制,调动劳动者的生产积极性。以公有制为主体可以保证按劳分配的主体地位,限制两极分化,这将更有利于社会稳定,避免阶级对抗、社会动乱以及各种破坏生产力行为的发生,促进经济持续、健康发展。(2)有关国计民生的重要生产资料由国家和集体掌握,防止私人垄断经营、牟取暴利,更有利于资源优化配置。(3)像我国这样一个底子薄、生产力发展多层次、区域经济不平衡、地大物博的国家,采取以公有制为主体,更有利于产业结构、经济结构、区域经济结构调整,优化资源配置。(4)许多私营企业无力或不愿经营、但对社会经济的整体和长远发展极具战略意义的项目由国家和集体来经营,更有利于经济发展。(5)让国有经济在基础产业、支柱产业、高新技术产业以及金融领域占支配地位,

在国民经济中起主导作用,更有利于发挥市场机制的正面效用。(6)以公有制为主体基础上的宏观调控,由于摆脱了私人资本的控制,其调控的目的、措施将能更主动地适合经济发展规律要求;国有经济的主导作用和广泛存在的公有经济组织将使宏观调控更富效率。很显然,保持公有制主体地位与发展市场经济不仅不相矛盾,反而构成市场经济体制更有效运作的基础,从而也构成公有制与市场经济有效对接的基础。如果为发展市场经济而放弃公有制主体地位,公有制与市场经济的有效对接也就无从谈起,而失去公有制主体地位的市场经济也不会更有效运作。

至于如何在市场经济中保持和实现公有制主体地位,是改革以来理论界长期争论不休的问题。事实上,在市场经济条件下,企业的组织形态、所有制成分、功能作用都将发生重大变化,公有制的主体地位,不是简单地体现为国有企业和集体企业的静态数量优势(简单的数量优势有可能从形式上保持了公有制主体的地位,而事实上甚至不利于公有制主体地位的实现),而必须从公有资产在社会总资产中所占的质和量两方面来把握公有制的主体地位。为此,党的十五大报告作了原则性解释:公有制的主体地位主要体现在公有资产在社会总资产中占优势;国有经济控制国民经济命脉,对经济发展起主导作用。这是就全国而言,有的地方、有的产业可以有所差别。公有资产占优势,要有量的优势,更要注重质的提高,国有经济起主导作用,主要体现在控制力上。这对我们在改革实践中正确把握公有制的主体地位具有指导意义。

二、有效对接的关键:更新公有制的实现形式

历史唯物主义原理告诉我们,所有制作为一种通过人对物的关系表现出的人与人的利益关系,其实质在于对社会剩余产品的占有关系;所有制作为生产的社会形式不可能孤立存在,而是实现在社会再生产过程之中的,其具体实现形式也是随着生产的发展变化而不断变化的。在社会主义初级阶段,公有制的实质在于:在促进生产力快速发展的前提下,在对社会剩余产品作了各项必要的社会扣除之后,对社会剩余产品更好地实行按劳分配,反对无偿占有他人劳动,反对剥削。要实现公有制与市场经济的有效对接,就必须在市场经济运行中寻找公有制相对合理的实现形式,以便在市场经济运行中更有效地体现公有制的实质。市场经济是有其基本前提的,如相互独立的利益主体存在、多元产权主体存在是有其基本规律的,如价值规律、供需规律、竞争规律。公有制要在市场经济条件下获得合理实现,就必须使公有制的实现形式和这些基本规律、基本要求发生有机结合。

公有制的微观实现形式是指公有制在直接生产过程和微观经济活动中的实现形式。其基本实现形式表现为:(1)公有制是在以公有制为主体、多种所有制并存发展的所有制结构中实现的。没有这种所有制结构,公有制便无法更好地实现自己。因此大力发展多种所有制经济与坚持公有制为主体,具有一定的内在同一性。在市场经济中,只有以公有制为主体、多种经济成分共同发展的所有制结构,才既能适应市场经济的要求,又能发挥公有制的优势,从而形成所有制结构优势,去推动生产力更快发展。(2)公有制是在同私

有制的交互作用过程中实现的。在市场经济运行过程中,公有制和私有制并不是孤立存在的,由于社会生产需要,它们必须相互渗透、交叉融合、交互作用,从而更好地实现自己。

受公有制主体地位的制约,受市场经济规律的支配,公有制的具体实现形式可谓有主有次、复杂多样,且处在动态的变化之中。这可从三个层次来分析:(1)自然资源型生产资料的公有制实现形式。自然资源型生产资料如土地、森林、矿藏、山河湖泊、空间经济资源、海洋经济资源等,具有天然的垄断性和外部经济性特征,因而必须采取国有制辅之以必要的集体所有制。(2)市场经营组织中的公有制实现形式。在市场经济条件下,企业必须转变为市场主体,公有经济必须转入资本经营状态,公有经济组织必然也必须有多种多样的形式,这主要包括国家独资的国有制,集体独资的集体所有制,国家或集体控股、持股的各种形式的股份制、股份合作制、合作制、社区所有制、社团所有制、社会基金所有制等。(3)市场经营活动中的公有制实现形式。公有制除了设置具体的经济组织这些经营载体来实现自己外,还必须通过形式多样的市场经营活动来实现自己,诸如投资控股、参股分红、托管、租赁、承包、兼并、联合、跨国经营、产权转让乃至企业破产拍卖等,都可以看作公有制在市场经营活动中的具体实现形式。

公有制的宏观实现形式是指公有制在宏观经济运行中和整个社会再生产过程中的实现形式。在计划经济体制下,由于公有制结构单一,且企业是行政机关的附属物,因而公有制的宏观实现形式比较简单而低效,其主要表现是政府通过其庞大的行政机构及其作为附属物的生产组织对社会生产及其剩余产品实行高度集中统一的计划管理和分配。在市场经济中,由于多元产权主体和利益主体的存在,必然在微观经济领域存在按资分配、按要素分配的现象,从而使公有制本质在某些方面获得较好实现的同时在某些方面又受到严重制约,因此更新和加强市场经济中公有制的宏观实现形式,对在市场经济条件下更好地体现公有制本质要求、对实现公有制和市场经济的有效对接和有机结合显得格外重要。其宏观实现形式主要表现为:其一,国家通过对生产要素市场的间接调控,在社会范围优化资源配置,弥补市场不足,促进经济快速、健康、协调发展,创造尽可能多的社会财富,从而为实现按劳分配和共同富裕提供丰富的物质前提;其二,通过对分配关系直接或间接的宏观调节,诸如税收调节、财政转移支付等改变人们在初次分配中形成的对剩余产品的占有关系,削弱直接生产过程中所有权对分配的作用,在全社会范围更好地贯彻按劳分配原则,从而把微观经济领域中必然存在的按资分配、按要素分配方式与整个社会实行的按劳分配原则有机结合起来,使按资分配、按要素分配成为市场经济条件下更好地贯彻和实现按劳分配主体地位的有机组成部分和有效手段,这样虽然间接、虽然不完美,却能更有效地体现公有制本质;其三,建立健全社会保障体系,这既是保证市场经济充分发挥作用的"安全阀""隔离带",也是抑制市场经济负作用、调节人们分配关系、为生产者和生产资料有效结合创造必要机制的有效措施,是在宏观经济运行中对按要素分配的制约和对按劳分配及其公平分配的补充。这构成公有制宏观实现形式的有机组成部分。

三、有效对接的核心：通过现代产权制度，把计划体制下大量存在的公有企业尤其是国有企业转变成市场主体

仅靠多种所有制经济发展来营造市场主体，而不把传统体制下大量存在的公有企业尤其是国有企业转变成市场主体，市场经济体制是无法建立的，公有制与市场经济的对接也是无法取得决定性进展的。而要把大量存在的公有企业转变成市场主体，则必须建立和完善现代产权制度。现代市场经济是以相互独立的产权主体存在和明确的产权制度安排为其运行基础的，公有制必须借助现代产权制度才能获得合理实现，才能实现和市场经济的关键性结合。

其一，通过现代产权制度，改革计划体制下国有产权高度集中，产权与国家行政管理权、与国家经济管理权合而为一的产权体制，实现国家作为政权机关的行政管理权、作为宏观调控主体的宏观调控权、作为国有资产所有者代表的所有权的科学分离和合理行使，实现政企分开、政资分开。

其二，通过现代产权制度，落实企业的法人财产权，落实企业的产权主体、市场主体、法人实体地位，规范所有者、经营者、劳动者的经济行为；合理界定国家与企业、企业与企业、所有者与经营者、经营者与劳动者在公有资产的所有、占用、转让及收益分配中的相应权益；为市场经济中各产权主体间的产权交易、资产重组、企业兼并扩张或破产拍卖提供制度性规则。

其三，借助现代产权制度，对国有企业实行分类改革。不同的国有企业在市场经济运行中的地位、功能及经营目标是不同的，因此国有企业不能笼统地采取一个改革模式。鉴于我国国有企业现状以及在市场经济中的不同功用，可将我国国有企业分为垄断类国有企业、竞争主导类国有企业和国有小企业三大类型来进行分类改革。对垄断企业，国家可采取独资、控股等形式进行公司制改造，建立现代企业制度，但其改革的重点不在于实行彻底的政企分开（垄断企业不可能实行完全的政企分开，相反，政府必须对其严格控制），而是在规范政府和企业的权责关系基础上，实行"标准化"的企业管理，以实现企业经营效率的最大化。对竞争主导类国有大中型企业，要依据现代企业制度要求进行规范的公司制改造，通过股权多元化配置，把这类国有企业改组成为政企较彻底分离、完全在市场机制中运行、并在竞争中发挥主导作用的国家控股或持股的有限责任公司和股份有限公司，转变成为主要以盈利最大化为经营目标的拥有"四自"能力的市场主体。对众多而分散的竞争型国有小企业，则可因企制宜、因地制宜、因时制宜，采取股份制改造、股份合作制改造、承包、租赁、出售、联合、兼并、托管、划拨、嫁接改造等多种多样的改制形式，把国有小企业转变成市场主体。

其四，借助现代产权制度，在国有公司制企业构建和公有产权制度相适应的企业治理结构，这是国有公司制企业有效运作的微观体制保障。资本主义的股份制是在私有产权广泛存在的基础上形成的，而我国是在公有产权大量存在的前提下对国有企业进行股份制改造的，这无疑决定了我们必须根据实际国情构建有中国特色的国有公司制企业的治

理结构。其特色主要表现在:(1)建立和完善与公有产权制度相适应的企业组织体系,合理设置组织机构、配置人员、划分权责;(2)建立和完善与公有产权制度相适应的领导决策体制,理顺"新三会"(股东会、董事会、监事会)与"老三会"(党委会、工会、职代会)的关系;(3)建立和完善企业内部监督机制;(4)建立和完善对经营者的利益激励与约束机制。

其五,借助现代产权制度,建立和完善国有资产的管理、营运和监督体系。由于国有资产在运作过程中必然存在多层委托代理关系,因此,强化对国有资产的管理,建立和完善国有资产的出资人制度和国有资产营运体系,保证国有资产所有权权能的独立行使和有效行使,建立对国有资产整个运作过程的监督系统,以防止国有资产流失,并促进国有资产保值增值,这既是市场经济条件下国有产权制度的重要组成部分,也是市场经济条件下国有资产高效运作的必要保障。

(原载《江汉论坛》1999 年第 1 期)

论公有制的主体地位应在动态的
所有制结构中保持①

　　保持公有制的主体地位是保持社会主义市场经济体制有效运作的基础,而发展多种所有制经济又是我国大力发展生产力的必然选择。那么,如何在多种所有制结构状态下保持和实现公有制的主体地位,就成为我们必须做出科学回答的理论问题。

　　一个社会采取什么样的所有制结构是由社会生产力的状况和发展需要决定的,而且其具体的结构状态、表现形式是随着生产力发展变化和发展需要而不断变化的。生产力发展需要,决定了我们必须采取市场经济的运行方式来发展生产力,而在市场经济条件下,生产力的发展变化及其需要又决定了我国的公有制主体地位必须在动态的所有制结构中、动态的资产经营中保持和实现。

　　根据市场经济体制要求,其一,绝大多数公有经济组织要转变成相互独立的商品生产经营者,构成市场主体;其二,作为市场主体的公有经济组织与非公有经济组织是平等的商品生产经营者;其三,市场经济规律使然,公有经济必然转入资本化经营状态。这些要求必然大大改变传统公有制的存在状态,而且随着市场经济的运行,各种所有制的结构比例和结构状态是随着社会生产发展变化和需要而不断调整变化的,各种所有制的比例结构不可能固定在一个百分点上,以公有制为主体只能在动态的、不断变化的所有制结构中找到自己的、合适的而且是不断变化的比例。要把以公有制为主体固定在国民生产总值中公有制经济必须保持的百分点或非公有经济不得超过的百分点上,是一种先验的主观的数量标准,是违背生产力发展规律的。各种所有制结构的合适比例及其变化,只能从生产力发展中、从社会成本效益分析中找到较为理想的答案。

一、从生产资料的性质看所有制结构

　　人类从事社会生产活动所必须的生产资料,可以简单划分为自然资源型生产资料,如土地、森林、地下矿藏、海洋资源、空间资源等;劳动创造型生产资料,如机器设备、大型基础设施、小型农具等。这些生产资料具有不同性质,在社会生产过程中发挥着不同功能和作用,因而其所有制结构也会有所不同。

---

　　①　本论文系 1997 年度国家社科规划项目"公有制与市场经济体制有效对接研究"阶段性成果之一。

自然资源型生产资料如土地、矿藏,构成人类生存、生产的经济前提,具有强烈的外部经济性(也有经济学家称其具有天然垄断性)。很显然,这种生产资料构成无数生产者的经济活动前提。如果这种生产资料被个人或少数人所控制,它或许会给少数人或某个人带来财富,却会由于私人利益驱使剥夺众多生产者同这些生产资料有机结合的机会。若这些生产资料采取私有制,它们就不可能得到合理开发利用,而且还会导致整个社会生产低效率、无效率甚至难以进行。在市场经济条件下,这些生产资料如果为少数人所垄断,实际上是剥夺了众多商品生产经营者公平竞争的前提条件。而没有众多商品生产经营者的公平竞争,市场经济就不可能有效运作,也就不会有整个社会经济发展的高效率和高效益。因此,由这些生产资料的外部经济性所决定,这些生产资料采取公有制显然比采取私有制更有利于社会生产的协调发展和整体生产效率的提高,更有利于市场竞争有效发挥作用。

以我国的土地资源为例来分析所有制结构很有意义。在我国,城镇土地国有制和农村土地集体所有制是我国最基本的土地制度。这是符合生产力要求的,但土地必须投入经济运作才能生产财富,如果不投入经济运作,它仅仅是一种经济前提。在计划体制下,土地的使用、经营,完全是由公有经济组织及其政权组织来安排的,实践证明,这种制度安排并没能使土地资源得到高效合理的开发运用。但在市场经济条件下,要使城镇、农村土地得到高效开发和利用,就必须改革公有土地的管理使用制度,在保持土地公有这一根本所有权不变的前提下,完全可以通过引入现代产权制度,通过在公有土地上发展多种所有制经济,实现土地这一地球上最紧缺资源同资金、技术、劳动力等生产要素的高效结合,实现资源的优化配置。我国农村改革很能说明问题。通过实行联产承包制,实行所有权和经营权分离,广大农民获得了对土地的承包经营自主权,土地资源得到了更有效的开发利用。广大农民辛勤耕作、积极投资,在同样的土地上产生了和传统体制下大相径庭的经济效益。但不可回避的事实是,伴随着两权分离过程,在集体所有的土地上滋生出了农民个体所有制,滋生出了大量运输、养殖、编织、种植专业户;在东南沿海地区,还滋生出大量乡镇企业、私营企业、外商投资企业。也就是说,在集体所有的土地上形成了按一定有机结合的多种所有制的结构。在这种所有制结构中,土地集体所有是基础所有制,在这一所有制基础上,又生长出多种所有制经济,从而构成动态的所有制结构。

农村的土地集体所有制处在多元多层次的所有制结构体系中:地下连着国有制,地上连着各种所有制经济,而且这一结构是随着经济发展而处在不断运动变化之中的。正是在这种动态的所有制结构及其运作过程中,集体所有的土地才获得了最高效的开发利用,土地的集体所有才获得了符合生产力发展要求的实现形式。

农村土地的集体所有制是在动态的所有制结构中实现的,城镇国家所有的土地要获得高效开发利用,实现土地的保值增值同样离不开多种所有制结构的作用。国有土地(包括农村集体所有土地)作为一种特殊的不动资产,虽然不允许其所有权进入市场——也就是说土地不能成为商品,一旦土地成为商品,土地为少数人私有,它必将割断大多数生产经营者同土地这一"瓶颈"资源的最直接联系,从而引起最大的外部不经济——但这并不排除在土地公有制的基础上通过产权的切割划分,适当引入市场机制来促进土地的高效、合理开发利用,促进土地公有制的有效实现。在计划体制下,我国城镇的土地是无偿划拨给企事业单位的,由企事业单位无偿、无期限、无流动地长期行使土地使用权限,显然,这种体制下,土地资源的闲置、浪费是严重的。在市场经济条件下,土地的使用价值和经济价值显得格外重要,其重要性为中外商人所重视,也为中国各级政府所认识。1986年6月,中国制定了首部《土地管理法》,开始抑制一些工厂建设中过多地征用土地;1988年又修改了《土地管理法》,首次列入了承认土地使用权让渡的条款;1998年10月又修改通过了新的《土地管理法》,更加明确规定了土地使用权有偿转让制度。1994年7月,第八届全国人民代表大会常务委员会第八次会议通过了《中华人民共和国城市房地产管理法》,这部法律就有关土地使用权的让渡、拍卖、不动产开发、不动产交易等作了基本规定并于1995年1月开始施行。城市土地管理制度的改革,部分土地使用权的有偿交换和流动,促进了土地资源的合理配置。我们可以明显感觉到,随着城镇土地产权的改革和管理的加强,国有的城镇土地正同各种所有制经济发生有机结合,在国有土地上正生长着国有制、集体所有制、私有制、外资经济等多种所有制结构,从而导致土地资源与其他人力、物力、资金、技术等资源的优化配置,导致国有土地的利用效率和产出效益不断增大,而城镇土地的国家所有制,在同多种所有制经济的交互作用过程中,也即在多种所有制结构中,获得了比计划体制时更有效的实现形式。如1993年的土地让渡所得为1231亿元,如果以40%上缴中央来算,那么中央所得差不多占全年财政收入的10%,而地方所得则更多。至于由于土地的合理开发利用而对国民经济发展的巨大促进作用,则更是难以计算。当然,在我国目前建立市场经济体制过程中,城镇土地管理还存在大量漏洞,从而导致国有资产大流失,这不能不引起我们的高度重视。

以上我们是从生产资料的性质入手,分析了生产资料因性质不同可采用不同的所有制形式,如自然资源因其强烈的外部经济性必须采取公有制最为有效,而小型农具等归私人所有则更能提高其使用效益,正如公路适合公有而自行车适合私有才能发挥公路和自行车最佳效益一样。而且,社会中各种所有制是在有机的所有制结构状态和相互作用的过程中获得相对独立的。随着生产力的发展、生产资料性质的变化,所有制结构形式也会处于不断变化运动过程中,因此,以公有制为主体只能在动态的所有制结构中保持。

二、从产业结构看所有制结构

产业是构成国民经济协调运行的各种生产行业。关于产业的划分,国际上流行的划分是依照产业历史发展程序将产业分为第一产业(农业)、第二产业(工业)、第三产业(服务业)。各国经济学家为从不同角度研究国民经济运行的需要,又将产业进行了不同标准的划分,划分标准不甚一致。我们根据各产业在国民经济发展中的地位和作用及其相互依赖关系不同,可将我国的产业划分为基础产业、主导产业、加工制造业、金融保险业、

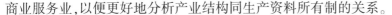

商业服务业,以便更好地分析产业结构同生产资料所有制的关系。

（一）基础产业

基础产业是指在国民经济中为其他产业部门提供普遍的服务,其发展的快慢直接制约着其他部门发展的产业。基础产业部门不以其他生产部门的中间产品为基本增长条件,但是却为其他部门的发展提供了不可缺少的产品投入,其后向联系水平极高。基础产业在产业链中的特点在于它们处在产业链的起点,因而往往制约着国民经济其他产业的发展,成为其他产业发展的硬约束条件,或者说是"瓶颈"。"瓶颈"舒缓,则其他产业发展环境宽松;"瓶颈"收缩,则其他产业的发展环境趋紧。由此可见,基础产业往往控制着国民经济的命脉。为了保证国民经济其他部门的发展,基础产业必须优先发展,在西方经济理论中,基础产业一般被认为是非竞争性产业,或者是比较适合于垄断经营的自然垄断产业。

基础产业主要包括农业、能源、交通、科技、教育和城市基础设施等产业部门。农业是整个国民经济的基础,它的主要功能是:提供给人类最基本的生活资料、食品和副食等,为工业生产提供必要的原料。农业的劳动生产率的提高,为经济发展提供大量的剩余资料,并为其他部门输送剩余劳动力。农业是广义的农业,包括农业、林业、牧业和渔业等。能源是指为人类的生产和生活提供能量、动力等的自然资源。能源业包括石油业、煤炭业、天然气业、水利和水电业、火电业、核能业、太阳能和风能业等。能源工业是工业的基础和动力来源,工业离开能源寸步难行。交通运输业是运用工具将物资或人运送到目的地点的产业的总称,它包括陆路运输业、水路运输业和航空运输业等,广义的交通运输业还包括通讯、邮电业等。交通运输业是经济活动进行资源交换、产品交换和信息交流的载体。科技产业是进行科学技术研究、开发、应用的产业部门。科学技术已成为第一生产力,各行各业都离不开科技的发展。教育产业是一门从事人力资源开发的投资期长但收益极大的产业部门,它为国民经济的各行各业输送各种各样的劳动力资源。城市基础设施产业是从事市政建设、公共福利和服务的各行业,它为各产业的生产和人民的生活提供了必要的环境条件。

基础产业关系着国民经济的命脉,关系着国民经济的整体发展和长远发展。很显然,国家必须控制基础产业并让基础产业占绝对支配地位,这是宏观经济效率的要求,当然也是社会主义制度的要求,而运用生产资料所有制控制基础产业的一些生产经济组织(企业),显然是国家对基础产业实施控制的有效手段。不过,在基础产业中比较特殊的是农业,农业是历史悠久的产业,农业虽然是国民经济的基础,但随着第二产业、第三产业的发展,它已不再是主要产业,而其发展规模、进度还要受其他产业的制约。历史悠久的农业有其自身生产的特点。在我国,农业以土地为主要生产资料,生产分布面极广,农业人口众多,而且以自然村落为主要社区结构,这样的产业布局和特点决定了国家对农业控制不可能也没必要普遍采取国家所有制经济形式,而主要通过农村土地集体所有制,通过在土地集体所有制上鼓励发展多种所有制经济,以及通过技术开发、投资倾斜等农业政策,保持农业经济的稳定发展。

除农业外的其他基础产业如能源、交通、原材料、城市公共设施等资本集中、规模较大，而且因为其在国民经济中的"瓶颈"地位，是不适合由众多小企业展开自由竞争的垄断行业，国家对其控制可通过直接创办的国有企业来进行。高科技产业和教育产业投资大、周期长、风险高，而且不能以近期盈利为目标，而以国民经济的整体利益和长远利益为战略目标，这些产业也宜于国家投资进行经营，分散的小资本无力或者也不愿意经营这些产业。

不同的所有制形式的选择并不取决于人们的主观意志，而主要取决于什么样的所有制形式更能促进经济效率的提高。经济效率有微观和宏观之分，微观经济效率和宏观经济效率并不必然正相关，有时甚至呈现负相关。① 基础产业在产业结构中的自然垄断地位，决定了这些产业不适合由非国有制企业经营，因为作为以盈利最大化为目标的非国有企业必然靠其自然垄断优势，而不是首先通过生产技术的优势来获取自身利益，这样，非国有企业的盈利最大化，必然以牺牲宏观经济效益为代价，而且会引起国民经济整体混乱。可见，在基础产业采取国有制形式，既是坚持社会主义的需要，更是生产力发展的需要，只有这样，才能克服生产资料私人占有同生产社会化的矛盾，克服私人垄断资本利益的狭隘性，站在国民经济整体发展的高度，制定和贯彻整体发展规划和发展战略，实现资源配置的最大宏观经济效率。当然，这并不是说非国有企业绝对不允许进入基础产业，而是说国有企业必须占绝对支配地位，在必要的情况下，也可以利用非国有经济来发展基础产业，但其数量、规模要受到严格限制。因为只有在充分竞争中才能充分显示非国有企业存在的价值，显示其对资源配置的作用。否则，没有竞争压力的非国有企业，其企业行为必将扭曲，对资源优化配置的作用也无从谈起。

(二) 主导产业

主导产业也可称作支柱产业，它指的是具有较强的技术创新和增长能力，其生产发展速度较高，并能带动一系列产业发展的部门。该产业的增长效果远远超过该部门本身，对其他部门乃至整个经济的增长有着重要的、广泛的效果。这一效果主要体现在三方面：一是回顾效应，指主导产业对那些向自己供给生产资料的产业部门的促进作用；二是旁侧效应，主导产业的发展会引起它周围的一系列变化，带动周围各项相关的企事业发展；三是前瞻效应，指主导部门对新工业、新技术、新原料、新能源出现的诱导作用，促进人们开发新技术和新产品。尽管主导产业是一个历史范畴，在不同的国家、在同一国家的不同发展阶段，在不同的资源环境下，其内容不同。如在传统的经济社会里，其主导产业是农业；在工业化的初期阶段，主导部门则是重化工业；在经济发达社会里，主导部门将由工业向第三产业演变。在我国，主导产业也发生了由棉纺工业向重化工业的转变，而且随着经济发展，主导产业还会发生变化。然而，主导产业关系国民经济命脉，关系国计民生，对国民经

---

① 胡钧、侯孝国：《论产业结构与所有制结构的关系》，《中国人民大学学报》1996 年第 6 期。

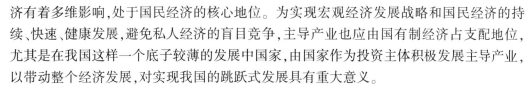

济有着多维影响,处于国民经济的核心地位。为实现宏观经济发展战略和国民经济的持续、快速、健康发展,避免私人经济的盲目竞争,主导产业也应由国有制经济占支配地位,尤其是在我国这样一个底子较薄的发展中国家,由国家作为投资主体积极发展主导产业,以带动整个经济发展,对实现我国的跳跃式发展具有重大意义。

(三) 一般加工制造业

这是一个受基础产业制约、受主导产业引导的适应充分竞争的产业领域。在国家正确的宏观调控下,该产业中各市场主体的微观经济效率和国民经济的宏观经济效率发生正相关关系。也就是说,该产业各市场主体微观经济效率的提高是促进国民经济宏观经济效率的有效手段,而要实现该产业各市场主体微观经济效率,就必须允许各市场主体在公平、公正的市场规则中展开激烈竞争。显然,在这一必须充分竞争以提高效率的产业领域,只有采取多种所有制经济平等竞争、共同发展的所有制结构,才更适合经济效率的要求,更有利于资源优化配置。而且这种多种所有制结构是动态的,是随着竞争的态势、经济的发展而不断变化的。在这种竞争性产业领域,国家政府需要扮演好市场竞争的"公正裁判员"角色,以健全有力的管理手段规范各市场主体的竞争行为,以保证市场竞争的有序进行。

(四) 金融保险业

在市场经济条件下,货币对国民经济的生产、流通、交换、分配各环节发挥着巨大的功能,金融业已成为国民经济运行的神经中枢。因此,国家在金融产业占绝对支配地位是国家实现宏观调控目标、保持社会稳定、保持国民经济持续健康发展的必备条件。我国银行体制改革的目标模式是建立中央银行、商业银行、政策银行的三足鼎立格局。中央银行作为国家利用货币政策调控国民经济总体运行的枢纽,作为履行着金融管理监督职能的"银行中的银行",自然必须掌握在国家手中,以为整个国民经济的协调发展营造良好的宏观经济环境。政策银行由于执行着国家政策职能,并不以追求自身利益最大化为目标,显然应该由国家经营。商业银行作为特殊商品市场——货币市场的经营主体,其所有制结构也应以公有制为主体,在此前提下,可以有条件地引入竞争机制,引入其他经济成分。在市场经济下,社会保险业是市场经济有效运作的有效保障。在社会保险业中,社会的基本保险如养老保险、失业保险等应以国家为主体进行兴办,以切实保障市场经济条件下广大公民、职工的最基本的权益,也就是说,要以国有制为主体。但在此前提下,可以允许各种所有制经济涉足保险业,引入竞争机制,采取多种渠道、多形式发展和繁荣各项社会保险事业。

(五) 商业服务业和非公共消费服务业

这一产业的主要经济功能是为物质生产部门提供各种服务和直接为企事业单位、个体消费者提供消费服务,是服务于其他产业和直接服务于消费者的,如商品批发、零售、仓储、货运、机械修理、运输、信息、咨询、科技推广、餐饮、教育服务(非指教育产业)、法律服务(非作为制度供给的法律服务)、医疗服务(医疗行业具有一定的公益事业性质,不能列入非公共消费服务业,但医疗服务可作为非公共消费服务)、家庭服务、闲暇服务、电器修理、理发美容、洗澡、文体娱乐服务、邮电通讯服务(非指邮电通讯产业)等。显然,这些都是需要充分自由竞争的行业,只有充分竞争才能提高服务质量,才能增加产出效率,也才能更好地为国民经济建设服务和为广大消费者服务。因此,在这些领域要让各种所有制经济充分竞争,其所有制结构主要取决于竞争的需要和竞争的结果。

三、从市场经济运作看所有制结构

(一)资本经营必然引起所有制结构变化

在市场经济条件下,公有经济必然转入资本化经营状态。在国家和集体牢牢掌握关系国计民生的实物形态生产资料的前提下,国有经济和集体经济必然遵从资本经营规律,以资本为纽带,通过扩张、兼并、产权交易、资产重组,通过实物形态资产和价值形态资产的相互转换和交互作用,实现公有资产的保值增值。在这种资本经营过程中,会出现不同所有制性质资本的联合,如公有资本与私有资本与职工股金的联合,从而使所有制结构呈现十分复杂的状态,如国有经济控股企业、国有经济参股企业。在一个以国有资本为主的企业中,很可能存在着集体经济、私营经济、外资经济、职工个体股份经济等多种经济成分,形成一企多制的混合所有制结构。而在以私人资本或外商资本为主而由国家参股或集体参股的企业里,又包含着国有经济和集体经济成分。随着经济的发展和要求,各种资本结构还会不断发生变化。因此,在市场经济条件下,以公有制为主体,就是在这种动态的资本经营过程中,在极其复杂且不断运动着的所有制结构中保持和实现的。

(二)投资主体多元化必然引起所有制结构变化

特定的经济发展水平和特定的经济体制决定着一个社会特定的投资来源结构,而特定的投资来源结构决定相应的所有制结构。例如,农村联产承包责任制的推行,使农民成为投资主体,农民不再只是生活资料消费者,而同时变成生产资料所有者,促进了个体经济和私营经济以及各种混合所有制经济发展。城镇市场经济发育,使广大劳动者有了自主投资权和众多投资渠道,老百姓手中的货币不再仅仅履行储蓄功能和购买消费资料功能,有的人投资经商办经济实体,有的人投资股票证券市场等。随着生产力发展和人们收入水平的提高,个人投资在整个社会投资中的比重必然逐渐扩大,与此相应,所有制结构中由个人投资形成的非公有制经济成分必然相应扩大。为促进我国经济发展,我国还允许并鼓励海外华人、外国商人来我国投资,这也必然引起国民经济中所有制结构的变化。

(三)社会生产的不断运动发展必然推进所有制结构的变化

社会生产的不断运动发展,必然要求资本、劳动、土地等以不同的方式优化组合,要求和社会生产发展相适应的经营管理方式,这必将导致所有制结构的不断变化。随着农村经济的发展,农村经济的规模化、专业化、市场化要求越来越突出,与此相应,土地的集体所有制形式又发生了深刻变化。如允许土地承包权有偿转让;土地所有权、承包权、经营权进行更明确的界定和划分;各种与规模化、专业化要求相适应的经营组织形式应运而生,出现了公司+农户、农工商联合体、供销社+农村专业合作社等多种多样的股份合作经济等。就全国范围而言,由于生产的社会化和市场经济中商品生产经营者的利益驱动,要求不同的商品生产者之间进行不同形式的资本联合,否则单个资本的利益就不会获得更好实现,于是公有资本和私人资本、社会集中资本与社会分散资本、本部门资本与外部门资本、本产业资本与外产业资本、本地区资本与外地区资本、国内资本与国际资本进行多种形式的联合,从而产生多种多样的经济组织形式,形成跨企业、跨行业、跨部门、跨地区甚至跨国界的多种所有制结构,只有在这种不断运动变化着的所有制结构中,各经济行为主体的利益才会获得更好实现,社会资源才会得到更合理的配置和利用,也才会推动社会生产力更快发展。

总之,在市场经济条件下,以公有制为主体只能在多种所有制结构中,而且是在动态的所有制结构中和动态的资产经营中保持和实现,离开了多种所有制结构和动态的资产经营,以公有制为主体就无从说起,就将变得毫无意义。而由于所有制结构是动态的、是随着经济发展变化而不断变化的,因而在保持公有资产在社会总资产中占优势这一总体数量界线的前提下,以公有制为主体不存在固定不变的数量结构比例,根据经济发展需要,有时可以高些,有时可以低些,而在不同行业、部门、地区,各种所有制经济比例更会千差万别。我们无需为此大惊小怪,更不必借维护社会主义公有制的名义人为地限制多种所有制经济发展,那只能在实际上为公有制脸上抹黑,把公有制变成同加快生产力发展格格不入的宗教信条,最终葬送公有制,葬送社会主义事业。因此,我们必须依据"三个有利于"为判断是非的标准,正如江泽民总书记在党的十五大报告中指出的,一切有利于生产力发展的所有制形式,一切有利于生产力的生产经营组织形式,我们都可以利用。在社会主义初级阶段,在市场经济条件下,大力发展多种所有制经济和维护公有制的主体地位存在着内在同一性。

(原载《周口师范高等专科学校学报》1999 年第 3 期)

深化农村土地制度改革与坚持
农村土地集体所有制

党的十一届三中全会以后,家庭联产承包责任制和双层经营体制在我国农村的逐步普遍推行,极大地调动了农民的积极性,解放了生产力,促进了农业经济的迅猛发展。然而,在农业经济向产业化、市场化发展的进程中,家庭联产承包责任制和双层经营体制也逐渐暴露出一些问题,亟待改进和完善。如何进一步深化农村土地制度改革以适应农业经济产业化、市场化、现代化的要求,并坚持土地制度改革的社会主义方向,是深化农村改革的首要问题,也是社会主义理论研究迫切需要解决的重大课题。

一、当前对这一问题研究的基本状况

在如何深化农村土地制度改革这一问题上,国内学术界在两大层次上展开探讨和争论。

第一大层次是围绕农村土地所有制这一基本制度进行的探讨和争论。其主要观点有:(1)农村土地应国有化。持此观点的人士认为,农村土地所有权存在"土地界线矛盾""土地经济关系矛盾""土地审批权属矛盾"等诸多矛盾,实行农村土地国有是解决农村土地重重矛盾的有效办法,它可以从深层次上最大限度地化解当前因土地及地表地涵资源而发生的错综复杂的矛盾和纠纷,有利于国家对土地的规划和管理,有利于巩固我国的社会主义制度和政权。(2)坚持土地集体所有制。农村土地集体所有制是我国农业发展历史经验总结的制度成果和农业现实生产力水平的必然选择,是农业集体经济的主要载体和家庭承包经营为基础、统分结合的双层经营体制的产权基础。从发展趋势看,坚持土地集体所有制有其科学性与合理性。它有利于土地资源的合理配置,有利于兼顾土地开发利用的社会目标、集体目标和农民家庭目标,有利于保护和创造良好的农业生态环境。(3)土地应私有化。其理论依据是私有制能保证农民对土地拥有排他性的产权及由此产生的一切权利,能造就农民对农业进行长期投入的内在动力机制。(4)实行土地股份合作制度。家庭联产承包责任制是我国农业经济体制改革的一个重要突破。但这种以土地所有权和使用权分离为特征的经营制度改革,没有从根本上改变土地所有权主体模糊的体制特征。土地制度改革的不彻底性已日益表现出其不适应农村市场经济发展的一面。引入股份合作制是改革和完善我国农村土地制度的一个可行选择。其改革的基本思路是土地物权归农民集体所有,而土地的价值股权归农民个体所有。

第二大层次的探讨争论是在坚持土地集体所有制的前提下对深化农村土地产权制度改革的探讨。其主要内容及观点包括:(1)关于农村土地承包关系。主要有两种观点。一种观点认为,目前实行的按人均平分的土地家庭承包经营与土地的规模化、市场化经营存在深刻矛盾,因而对长期稳定家庭承包制持否定态度,并对农村在第二轮承包中出现的"两田制"、"三田制"、多留机动地等持肯定态度。另一种观点(也是大多数学者的观点)认为:就全国范围而言,家庭承包经营适应我国农业生产力状况,适应农业生产特点,符合广大农民意愿,因此应长期稳定农村的土地承包关系,并在坚持家庭承包经营的基础上探索农业产业化路子。(2)关于土地所有权主体代表问题。理论界对此争议颇多,有的主张以村民委员会为代表,有的主张以村民小组为代表,有的主张以村集体经济组织为代表,还有的主张确立多层次土地所有权主体。(3)如何规范土地所有权主体与承包权主体之间的经济权利关系问题。许多学者都认识到,规范集体土地产权和农户土地产权之间的关系,对充分保障农民经营自主权、保护集体合法权益、减少经济纠纷、促进土地合理开发利用的重要性,但如何规范这种关系还有待深入探讨。(4)关于土地规模经营问题。农村土地承包经营的规模问题是近年来我国学术界探讨的一个热门话题,众说纷纭。一种观点认为,应将积极推进适度规模经营作为现阶段农村的一项基本政策,提出这一设想并部分付诸实施的直接动因是中国农民迫切要求提高农业经济效益的愿望受到较小经营规模的限制。而另一种观点则认为,当前我国不宜盲目推行土地规模经营,因为全国绝大部分农村尚不具备支付劳动力转移成本和以农业机械为代表的现代科技投入成本的条件。(5)关于土地使用权的流转问题。使用权的流转势在必行,但如何建立规范的流转制度,对转让的行为、转让的权利关系、转让的收益分配、转让的条件限制等进行规范和管理,是有待深入探讨的课题。

二、坚持农村土地集体所有制的必要性、重要性

农村土地的集体所有制是我国社会主义公有制在农村的重要体现,是以按劳分配为主体的分配制度在农村经济运行中赖以发挥作用的所有制基础。在市场经济条件下,在农业经济的产业化、市场化、现代化进程中,还要不要坚持土地集体所有制,是深化农村改革要解决的首要问题。

(一)从生产资料的特性看对农村土地应采取的基本所有制形式

农村土地作为一种日益紧缺的自然资源和最基本的农业生产要素,是农民赖以生存、发展的物质载体。其主要特性表现在:其一,农村土地的外部经济特征越来越明显;其二,在现阶段生产力状况下,土地在生产经营过程中受自然规律的作用和地理环境的作用极强。这种特殊的性质使农村土地既不宜采取私有化,也不宜采取国有化。在土地私有化状态下,在私有化早期,土地占有将更加细碎,经营更加分散,而且由于缺乏集体统一经营的层次,缺少必要的公共设施及集体服务,必将大大降低农民抗洪抗旱、抵御自然灾害的

能力,而且给土地的有效管理和监督带来极大困难,非法经营现象会难以遏制。在私有化后期,作为"瓶颈"资源的土地必将被兼并集中在少数人手里,为获取高额利润进行垄断经营。但农村土地也不宜采取国有化。我国农村土地辽阔且地情复杂,农民人口众多,土地国有化后,国家难以经营管理如此辽阔的土地,必然导致巨额的土地管理、监督成本,影响农村土地的合理配置,影响农民的生产经营积极性,加剧农民对土地的粗放经营和短期行为。

(二)土地集体所有制的诸种社会功能及其与农村经济持续、稳定、健康发展的关系

我国宪法规定,农村和城市郊区的土地,除由法律规定属于国家所有的以外,属于集体所有。农村经济的持续、稳定、健康发展离不开和谐有序的良好社会环境,而土地集体所有制是创造和保持农村良好社会环境的基础。其一,土地集体所有制对农民有重大的社会保障功能。我国有9亿农村人口、2亿农户,农业生产力不发达,第二、第三产业发展相对落后,以"土为本"、"靠天吃饭"的现象还很严重。在农村的社会保障还主要靠农民自己解决的情况下,土地对农民具有重要的社会保障功能,对农村稳定至关重要。而无论是国有化还是私有化都不能很好地执行这一职能、很好地转移和安置剩余劳动力,因而不能很好地解决农村的稳定问题。其二,土地集体所有制具有分配调节功能,可以促进农村实现共同富裕。土地私有必将引起土地的疯狂兼并,引起贫富急剧分化和农村各阶层间激烈的对抗和冲突,有可能引发大规模社会动乱,打破国民经济的正常发展进程。而土地集体所有制作为调节人们分配关系的有力杠杆,可适时调整人们的分配关系,保证按劳分配的主体地位,使广大农民走上共同富裕之路,因而有利于生产力的长期发展。其三,土地集体所有制有利于农村社区综合治理。农村本身是一个小社区,小社区的社会软硬环境如何,直接影响着农村经济的持续健康发展,诸如农村社区的水电设施、道路桥梁设施、水利基础设施、学校教育状况、科技服务状况、医疗卫生状况、计划生育状况、社会治安状况、村政管理状况等,都直接或间接地影响、制约着农村经济的协调、持续发展。而土地集体所有制同强化村级组织管理服务功能、集体经济和公益福利事业、创造良好的社会秩序有着内在联系。其四,土地集体所有制对农村基层政权建设、村民民主自治、党对农村的领导有着重要的保证作用,有利于农村的政治稳定和农村社会的长治久安。因此,从社会系统论角度看,土地集体所有制作为农村社会经济发展的一个重要制度,具有诸多重要的社会功能。只有实行农村土地集体所有制,农村经济社会的和谐发展才有可能,而只有在这种协调发展中,生产力才能获得稳定而健康的可持续发展。

三、深化农村土地制度改革,丰富、完善土地集体所有制的实现形式

坚持农村土地集体所有制是深化农村土地制度改革应把握的基本方向,但并不是说现有的土地集体所有制形式不需要改革。在市场经济条件下,在农业产业化、现代化进程中,只有深化改革,才能更好地坚持农村土地集体所有制并充分发挥其应有功能。

（一）当前农村土地经营管理中存在的问题

实行家庭联产承包责任制，废除人民公社制度，是我国农村经济体制和经营体制的巨大变革，也是我国农村土地制度的一大变革，它极大地促进了我国农业生产力的发展。随着时间的推移，随着社会主义市场经济体制的逐步确立和农业的市场化、产业化，土地经营管理中也出现了一些新的矛盾和问题。一是产权关系尚未理顺。主要表现为所有权主体不够明确以及所有权权能范围与承包经营权权能范围界限不清。根据现行《宪法》《土地管理法》等有关法律，农村土地归农民集体所有，归村合作社等集体经济组织或村民委员会经营管理。这样就存在多个主体，特别是"集体经济组织"概念过于模糊，既容易产生所有权主体多元化，又会导致真正的所有者主体缺位。同时，由于国家、集体、农户等各产权主体间的产权关系不清，产权不能规范行使，极易发生地界纠纷、地权纠纷、承包合同纠纷、施权紊乱等。二是土地的浪费及非农化趋势。一些农户以经商为主，对土地投入不足；一些地方盲目扩张建设用地，占用大量耕地，一些农村超标准批建宅基地等。三是分散经营与统一经营、规模经营的矛盾。有的地方家庭承包经营搞得好，但统一经营层次较弱，社会化管理服务、基础设施建设跟不上；个别乡村集体在搞规模经营时强制个别农户转让土地使用权等。四是土地投入不足与土地肥力下降，一些农户存在短期化行为。五是个别地方农村借土地第二轮承包之机收回农民承包田，搞"两田制"（口粮田、责任田）、"三田制"（口粮田、责任田、经济田）、多留机动地等，变相向农民高价发包，增加农民负担。六是农村土地使用权在民间自发地不规范流转引起的管理不力、产权纠纷问题。

（二）家庭承包经营是土地集体所有制最重要而有效的实现形式

党的十五届三中全会总结农村改革20年的基本经验之一就是，必须发展公有制为主体的多种所有制经济，探索和完善农村公有制的有效实现形式，使生产关系适应生产力发展的要求。实行土地集体所有、家庭承包经营，使用权同所有权分离，建立统分结合的双层经营体制，理顺了农村最基本的生产关系。这是能够极大促进生产力发展的农村集体所有制的有效实现形式。实行家庭承包经营，符合生产关系要适应生产力发展要求的规律，使农户获得充分的经营自主权，能够极大地调动农民的积极性，解放和发展农村生产力；符合农业生产自身的特点，可以使农户根据市场、气候、环境和农作物生长情况及时作出决策，保证生产顺利进行，也有利于农户自主安排剩余劳动力和剩余劳动时间，增加收入。这种经营方式，不仅适应以手工劳动为主的传统农业，也能适应采用先进科学技术和生产手段的现代农业，具有广泛的适应性和旺盛的生命力，必须长期坚持。

深化农村土地制度改革，必须以稳定和完善双层经营体制为中心，稳定完善土地承包关系。稳定土地承包关系，才能引导农民珍惜土地、增加投入、增肥地力，逐步提高产出率；才能解除农民的后顾之忧，保持农村稳定。要坚定不移地贯彻土地承包期再延长30年的政策，同时要抓紧制定确保农村土地承包关系长期稳定的法律法规，赋予农民长期而有保障的土地使用权。

要在坚持家庭承包经营的基础上，积极探索实现农业现代化的具体途径，解决土地分散经营与规模经营的矛盾。很多地方采取"公司+农户""专业协会+农户""专业市场+农户""专业合作社+农户"等办法，通过中介组织，一头连着千家万户，一头连着国内外市场，把小农户与大市场联结起来，在不改变家庭承包经营的基础上，根据市场要求，实行区域化种植、规模化养殖，开展社会化服务，推进了农业产业化和市场化进程，进一步释放了家庭承包经营的活力。对少数发达地区确实需要集中土地规模经营的，也要在切实解决农民后顾之忧的条件下，在群众自愿的基础上，发展多种形式的土地适度规模经营。对于借第二轮土地承包之机，随意缩短承包期、收回承包地、多留机动地、提高承包费等变相加重农民负担、损害农民利益的做法，应严肃整治。

（三）深化农村土地产权制度改革

鉴于农村土地经营管理中存在的实际问题，为了稳定土地承包关系，进一步适应农业市场化、产业化的要求，必须深化农村土地产权制度改革，健全和完善土地的产权关系，使农村土地得到更加有效的管理、配置和利用。深化农村土地产权制度改革的主要内容应包括：其一，明确界定集体土地的所有权主体。当前，对农村集体土地的所有权主体代表尚存在不少争议，虽然《宪法》和《土地管理法》都规定农村集体土地归劳动群众集体所有，但到底是由村民委员会，还是由村民小组，或是由集体经济组织、股份合作组织来代表集体行使所有权，需要明确界定。同时，集体所有权都包括哪些权能、如何实现也要细化。其二，明确界定承包农户对承包土地所拥有的权利、责任、义务。其三，建立规范的土地使用权流转制度。对农村已出现的土地使用权流转现象，如返租承包、有偿转包、股份合作等应进行制度规范，以促进土地使用权的合理流动。

深化农村土地制度改革，还包括进一步完善农村土地的管理制度、改善和完善国家征用农地制度等，这些都需要认真研究探讨。

（原载《内部文稿》1999 年第 12 期）

现代产权制度的基本特征与国有产权制度改革

一、现代产权制度的基本特征

现代市场经济体制是一个庞杂的制度或规则体系,包括各个层次、各个方面的制度。其中最重要的制度之一便是现代产权制度,它是市场经济有效运作的制度基础。市场经济的有效运作关键是靠各种"经济人"和各种经济组织的有效经济行为推动的,而只有在合理的产权制度安排下,基于产权的激励和约束,各种"经济人"和各种经济组织才能产生合理、高效的经济行为并推动社会经济的持续、快速发展。现代产权制度体系庞杂、内容繁多,且在不断演变发展之中,其基本特征如下:

(一) 产权权能分解化

产权权能分解是现代产权制度的一个基本特征。如果一个主体拥有特定财产的全部产权,那么,这种财产的产权是完整的。所谓产权的分解或分散,就是以产权权能的完整合一为逻辑和现实的起点,原来掌握全部产权的主体把除所有权以外的其他产权权能分离出去,构成新的产权,并由其他主体享有和行使。如从财产权利中分解出所有权、占有权、使用权,并分解出和这些权能对应的收益权。从社会角度看,产权分解并不取决于单个主体的主观意志,而是社会生产发展的需要。"总的来说,产权的分解与社会分工的趋势一致,分工越发达,产权分解现象越普遍。产权分解实际上是社会分工在产权管理或行使上的具体体现。"①在个人业主制企业,产权是高度集中统一的,诸项权能集于一身。在合伙制企业,几个产权主体共同构成一个产权主体在契约关系约束下,集中行使企业的诸项产权权能。而随着社会化生产发展需要和社会分工要求,各种公司制企业应运而生。公司制企业有效地克服了业主制企业资金有限、经营能力有限、承担风险能力有限等弊端,可以加速资本集中,形成规模经营,分解市场风险,提高经营管理水平,从而适应了生产社会化要求,成为市场经济国家普遍采取的企业组织形式。伴随公司制企业的产生和发展,产权关系也发生了很大变化。所有权和经营权明显分离,产权权能不断分解,并由不同主体行使,正是经过这些产权权能分解并结成有机的产权激励和约束关系,公司制企业才能形成并有效运作,各产权主体的权益才能获得有效实现。

---

① 黄少安:《关于产权理论与产权制度改革的几个问题》,《学术月刊》1997 年第 6 期。

(二)产权界定明晰化

一个有效的产权制度,是以产权得到明确界定和有力保护、经济社会生活中通行产权规则为特征的。明确界定的产权规定了人们可以行使的权能以及受益受损的边界,人们可以依据享有的这种权利去合法追求自己的最大利益,从而激发起人们从事经济活动的内在冲动,"经济人"由此获得充分激励,并因趋利避害的本能进行自我约束。产权界定明晰化,不仅包含对财产所有权归属关系的明确界定,而且包括对各产权主体间权利关系的界定,还包括产权行使中权能的进一步分解和落实。产权的界定和明晰化是西方产权理论中的重要内容,大致包括三个层次内容:首先是初始产权即产权归属或广义所有权的界定和明晰化,这是产权界定和明晰化的最基本内容,是产权进一步分解和界定的前提。其次是在产权发生分解的条件下,各项产权的界定和明晰化,即由于产权分解而形成的各产权主体的权能和利益的界定和明晰化。如在所有权与经营权或企业法人产权分解和分离的条件下,所有权主体与经营主体或企业法人产权主体间的权益的划分界定和明晰化。最后是指由于外部性即外部影响引起的产权边界的界定和明晰化。这种外部影响包括外在经济和外在不经济。所谓外在经济是指某个产权主体的经济活动带给了别的产权主体可以无偿得到的收益;外在不经济是指某个产权主体的经济活动给别的产权主体造成损失。这就产生了这种收益由谁享有、损失由谁承担的问题,是在原有产权界定基础上产生的新的产权问题,需要加以界定和明晰化。

不管西方产权理论的目的如何,产权界定明晰化却是市场主体运作的不可或缺的制度性条件。以公司制企业为例,首先,法人企业的外部产权关系必须明确,企业才能作为拥有独立产权的产权主体而运作。在西方股份公司,资产所有权与企业法人产权相分离,两权在原则上和法律上有明确的界定。资产所有权的权能和利益主要是:(1)获取资产收益——股息;(2)投票选举公司领导机构——董事会,并能自由出卖和转让股票;(3)在公司决定歇业时,能够分享一份公司的财产。股东在法律上失去了实际运用和支配公司资产的各种权利,只有通过股东大会、转让股票等方式行使所有者职能,对经营者施以财产约束。公司法人财产权的权能主要是:(1)决定企业的发展战略和方针;(2)选择和决定企业的高级经营管理者——总经理;(3)经理阶层具有雇佣各种人员和生产、经营、定价、销售等一切日常经营决策权。这就是说,公司作为产权主体同公司以外的主体——股东存在着明晰的产权界定和规范的产权关系。股东把资产经营权让渡给公司并从公司获得相应的资产收益权,但任何单个股东都无权直接干预企业的经营决策和活动。公司作为所有者的代理者独立行使法人产权,但这并不意味着公司法人产权不受所有权制约。分散的股东可通过参加股东大会选举代表进入董事会、监事会,来影响公司决策("用手投票"),或者通过市场转卖股票("用脚投票")等实施对经营者间接控制,维护自己的权益。正是在这种明确的产权激励和约束关系中,企业法人产权才能独立行使。其次,在企业内部,企业的独立产权还必须通过在内部权利机构间的合理分解、明确界定加以落实。如对企业中股东会、董事会、监事会、经理层、职工层的权能和利益的明确界定。企业内部的权力机构,因为它是企业产权具体运作得以进行的内部框架,因而也可称为内部治理结构。企业内部产权关系明确界定,主要是指把属于企业的产权在企业内部进行再分配,通过设置各种机构、配备各种人员、界定不同机构和人员的职能和利益,使产权得以分解和落实。这一产权制度安排是必要的,因为企业作为一个法人主体,是不能具体行使产权的,必须落实到不同部门和个人。否则,即使企业的外部产权很明晰,也不能说明企业产权清晰。

(三)企业产权独立化

在市场经济中,无论是业主式企业、合伙制企业,还是公司制企业,都必须拥有独立产权,构成产权主体,以产权主体身份同其他产权主体发生经济关系和从事生产经营活动。企业拥有独立产权是企业成为独立的利益主体、成为拥有"四自"能力的市场主体的关键,是企业行为合理化的关键。市场经济运作是以千千万万相互独立的商品生产经营者存在为前提的,这些商品生产经营者既可是单个的人,也可是人格化的经济组织——企业。而人格化的经济组织的大量存在是社会生产发展的必然要求,无论是小商小贩、街头作坊、业主式企业、合伙制企业,还是公司制企业,都必须拥有独立产权,成为产权主体,能独立履行民事能力和承担民事责任。只有这样,才能形成各利益主体间的有机合作与竞争,不断推进经济发展。企业作为经济组织既是社会化生产的组织形式,又是一种利益共同体,是二者的有机统一。如果没有独立的企业产权,企业就不会成为真正的企业,不会有真正的企业行为。

(四)产权主体多元化

产权主体多元化可以从不同角度论述。从产权权能结构看,在市场经济中,随着产权权能不断分解并由其他行为主体独立行使,从而构成新的产权主体。如所有权同占有权、经营权分离,就可能产生所有权产权主体、占有权产权主体、经营权产权主体。从市场经济运行角度看,市场经济的存在及发展,正是多元产权主体存在并交互作用的结果。在多元产权主体中,企业是最重要的产权主体,企业是最符合社会生产发展需要的经济组织形式,企业产权主体的存在和有效运作,构成其他产权主体利益更好实现的前提条件。这并不否认企业内部多元产权主体的存在及交互作用,事实上,市场经济中企业的创建和运作正是其他产权主体交互作用、利益驱力矛盾统一的结果。在现代企业中,只有实物产权主体、资金产权主体、知识产权主体、劳动产权主体等在一定产权规则下交互作用、密切合作,才能促进资金、技术、劳动等各种生产要素的优化组合,才能使企业这一产权主体更有效运作。

(五)产权流通市场化

产权作为一种特殊的权利商品通过市场流通、转让,实现产权的优化组合,是市场经济优化资源配置的一个重要环节。产权交易不一定是实物资产的买卖,也不一定是财产全部权利的买卖,任何一项产权都可以成为交易对象。不同产权主体间的产权转让意味着某种产权将由更有施权能力的产权主体去行使,产权交易的背后是各种资金、技术、人力的流动和重组。从微观的产权主体来看,产权交易的动因无非是:特定主体拥有的产权数量、质量或种类与自身行使产权的能力有矛盾;不同主体对同一产权的预期收益不同;自己行使比别人行使成本高。譬如某项技术专利拥有人,靠自己的力量把这些专利制造成产品显然力不从心,他可能把专利产权以现金交易形式全部卖给企业,也可以通过入股分红形式保留对专利的所有权,而把专利使用权让渡给企业。从宏观上说,产权交易的经济意义就是通过权利流动驱动资源流动,从而优化资源配置,提高资源利用效率。

二、国有产权制度改革的基本思路

通过对现代产权制度基本特征的分析,可以理出我国国有产权制度改革的基本思路:围绕落实企业产权主体地位这一市场经济的关键要求,对国家与企业间的产权关系进行科学界定、合理分解,作出规范的制度性安排。

(一)国有资产所有权权能的独立行使

其一,产权与行政权、宏观调控权的"三权分离"。产权的合理分解、明确界定、规范行使,是现代市场经济运作的基本条件。这就要求我们必须改革传统体制下产权高度集中于国家,并和国家其他非产权权能交织在一起的制度安排,实现国家作为资产所有者的产权权能、作为行政管理主体的行政职能、作为宏观经济管理者的宏观调控职能的科学划分,实现所有权同行政权、宏观调控权的合理分离。这是实现政资分离、政企分开,落实企业产权、确保国有产权合理行使的政治体制基础条件。

其二,国家产权权能的合理分解。诸种产权权能集国家主体于一身是传统产权制度的严重弊端。权能的分解并由不同主体行使,既是社会化生产要求,也是产权更有效实现的必然过程。依据产权运作的成本效益分析,国家保留对国有资产的所有权权能,而把营运权能等分离出来交由企业等主体去行使,更有利于提高社会生产效率,更能在整体上保证国有产权(各项权利组合)的实现。这就要求对国家所有制本身进行改革,实现资产所有权与经营权分离,国家作为所有权主体,可以保留对资产的最终所有权以及相应的收益权,而将经营权包括占有权、使用权、支配权以及相应的收益权等交给企业。

其三,国有资产所有权权能的独立行使。在西方公司制企业中虽然也存在两权分离,但资本所有权权能的行使却是有明确的主体负责的,即资本所有者,从而使这种产权分离通过内在的产权激励与约束关系又达到宏观整体上的有机结合。我国国有企业公司制改革中存在的"换汤不换药"、政企难以真正分开现象和"内部人控制"现象,突出反映出国有资产所有权权能缺乏规范的行使主体。多家政府部门行使所有权,必然导致政企不分且导致权能混乱;而所有权行使主体缺位,又必然导致"内部人控制",损害国家作为所有者的合理权益。这两种情况均导致国家和企业间的产权关系混乱。

改革的目标之一就是国有资产所有权权能必须独立行使。为此,必须设立专职机构,从事国有资产管理,行使国有资产所有者代表职能。这意味着国家的经济管理职能和资产管理职能必须明确划分。经济管理职能是对整个社会经济活动确立经济发展战略、制定产业政策、协调各种经济利益关系、保证经济有序运行,管理的企业包括全社会各种性质的企业。而国有资产管理组织,专门负责国有资产的登记、管理、保值增值,行使对经营者的控制、监督等所有者的权能。1988年,我国设立了国有资产管理局,隶属于政府财政部门,专门从事对国有资产的登记、管理。实践的结果反映出:设立专门的国有资产管理组织是非常必要的,但如何解决国有资产所有权权能的有效行使尚待进一步探索。许多学者的研究指出:国家资产管理机构应该独立于政府财政部门和其他政府职能部门,独立于地方政府的专门管理机构,这一专门机构可以直属国务院,也有专家认为应该和国务院(政府)、最高人民法院、最高人民检察院并列直属于全国人大。但多数专家认为国有资产管理组织直属全国人大存在着许多操作上的困难,倾向于可经全国人大授权直属国务院,在国务院之下设立国有资产部,单独行使国有资产所有权,但独立向全国人大报告工作并接受人大的监督。国家级国有资产管理组织和地方级国有资产管理组织应该是垂直领导关系。地方国有资产组织隶属于国家级国有资产机构,独立于地方政府。到底如何科学合理地设置国有资产管理机构及其系统,科学合理地设置其职能,规范其责权利,规范其同企业的产权关系并对企业实施有效的产权约束,依然是改革面临的难题。党的十五大对此提出明确要求:"要建立有效的国有资产管理、监督和营运机制,保证国有资产的保值增值,防止国有资产流失。"

在探讨和设计国有资产管理和营运系统方面,理论界存在分歧。比较广泛的意见认为,国有资产管理组织依然是行政组织,虽然与政府主管部门相比具有专业化特点,但在企业看来,如果直接与之发生关系,甚至依附于它,这同过去的政企不分无实质性的差别。轻者,被视为换了"婆婆",重者,被认为增加了新的"婆婆"。解决这一难题的出路在于:在国有资产机构与企业之间插入投资公司。① 其主要理由是投资公司可代表国有资产管理组织在资产的实际营运进程中行使终极所有权权能,如可通过控股,其代表可作为董事进入企业董事会,过问企业重大经营决策;可通过直接经营,在资本市场上直接从事证券交易,使国有资产处于流动状态;可通过委托经营,实现资产的保值增值。并认为,仅有国有资产行政管理机构,没有相当数量的投资公司,缺乏与企业直接联系的"把手",也无法对国家资产营运进行操作。而投资公司的重要功能正在于:国有资产所有权权能和利益(对经营者的间接控制权、资产增值能力、资本收益等)有了行使和落实的具体行为主体。还有学者论述道:国有资产管理机构代表全民掌握国有资产所有权。在国有资产管理机构之下,按照一定的法律程序和经国家有关部门批准,在全国各省、市设立一批相互独立的、以营利为目标的、竞争性的国有资产投资公司。而这些投资公司向国家资产局签订合同,竞争性地经营国有资产。国有资产管理机构和投资公司的关系是:国家资产管理机构是国有资产所有权的总代表,主要职能是:依据资产的所有权,定期获取资产收益,并根据各投资公司的经营状况,执行向各投资公司发放、收回和中止合同的职能。具体的资产支

---

① 王国平:《公有产权论》,立信会计出版社1994年版,第166页。

配、操作权,即投资与资产转移等职能,则由各国有投资公司来执行。各投资公司像专业性商业银行一样,根据各个企业的经营状况、发展前景,决定资产的投向、规模,并通过企业董事会向企业施以严格的产权约束。[①]

与上述意见不尽一致的意见认为:设立众多投资公司难以操作,可选择具有雄厚实力的国有企业集团代行投资公司的职能。据1997年8月12日《人民日报》报道:长期以来,国有资产形成条块分割、部门所有、国有资产全民所有和部门事实占有的局面。这种状况不仅没有明确防止国有资产流失的责任机构和责任人,而且直接阻碍了国有资产在全社会有序、有效的调整和优化重组。构筑国有资产管理、营运体系势在必行。构筑国有资产管理、营运体系,是在国家管理层与企业之间建立一批专门经营国有产权的公司,以适应市场经济条件下有效运营国有资产的要求。在这里,政府是国有企业的投资者,不是经营者,政府把国有资产委托给国有资产经营公司去经营,形成母公司——子公司这样产权明确、法律地位平等的经营体系。1993年7月,上海建立了三个层次的国有资产管理体系:市国资委是国有资产总代表;国有控股公司作为国有资产产权代表机构,对授权范围内的国有资产优化配置并承担保值增值责任;以资产为纽带形成独资公司、控股公司和参股企业,促使国有资产有序流动。历经三年多时间,上海盘活存量资产63亿元,企业负债率由80%降到67%。深圳的市属企业按产权关系形成如此格局的经营导向:投资管理公司以高新技术和基础产业为主;投资控股公司以建筑施工和房地产开发为主;商贸投资控股公司以商贸、旅游和菜篮子工程为主。与上海市、广东省一样,福建省、浙江省、江苏省、山东省通过把行业主管部门改制为控股公司、资产经营公司和企业集团等多形式的国有资产营运机构,走向政企分开、政资分开。

实践表明,设立国有资产经营公司对国有资产所有权权能的有效实现意义重大。但有经济学家疾呼:把众多行政主管部门纷纷转体为控股公司、资本经营公司和企业集团的做法不可采取。[②] 而有的企业家却警告:国有资产经营公司思路万万不可行,主要原因是企业作为法人,拥有法人财产权,即对企业的国有资产被授权有经营权和处置权,同时必须对国有资产的保值负有不可推卸的责任。假如再设立一套国有资产的经营公司,也来经营这些资产,就弄不清究竟是企业来经营还是经营公司来经营,必然会带来新的政企不分,带来严重的经营混乱,所以是万万不可行的。[③]

看来在如何设立国有资产经营公司等问题上还存在不小分歧。到底应形成什么样的国有资产管理和运营系统,是实践性很强的问题,还要在实践中加以探索和解决。

(二)落实企业的独立产权

落实企业的独立产权是产权改革的一个中心环节。企业拥有独立产权是企业成为市

---

① 胡永明:《市场经济与产权改革》,中国人民大学出版社1993年版,第181—183页。
② 张问敏等:《中国经济大论战(第二辑)》,经济管理出版社1997年版,第161—162页。
③ 张问敏等:《中国经济大论战(第二辑)》,经济管理出版社1997年版,第163—164页。

场主体并有效运作的关键。虽然国有企业由于在国民经济中的地位、功能不同,如垄断企业和竞争企业,因而所拥有的产权会有所不同,但都必须有明确界定,为企业独立行使。根据现阶段我国国有企业结构和布局,把国有企业转变为独立的产权主体的主要方法是:通过建立现代企业制度,对大中型国有企业进行规范的公司制改造,实现国家所有权和企业法人财产权的分离,落实企业的产权主体地位,同时,对一些中小企业,可根据对产权主体施权行为的成本效益分析和产权交易原则,通过企业产权的部分转让、全部转让等形式进行非国有化改制,落实企业的产权主体地位并实现国有产权整体结构优化。

(三)国有产权的监督约束

有学者指出:在国有产权条件下,如果仿效西方现代产权制度模式,通过股东会、董事会、经理、监事会这种法人治理结构形成的制衡机制,来行使和实现所有权主体和经营权主体的权能和利益,以达到产权明晰,则是行不通的。并进一步分析道:关键在于,私有产权的所有权主体和经营权主体,都具有追求自身利益最大化的"经济人"人格。二者通过不断地谈判、签约和监督履行,最终大致能在不损害对方利益的基础上实现各自的权益,达到产权明晰。国有产权则不同。作为资产所有者的全民不具有行使所有者权能的行为能力,而国有资产管理机构或其授权的国有资产经营机构都不是国有资本的所有者,而只是其代表或代理人,既不独立享有国有资产收益,又不对国有资产真正承担风险,因而它们并不具备追求国有资产收益和增值最大化的"经济人"人格(这些机构中的人员却具有追求私利最大化的"经济人"人格,而这种私利往往是以侵蚀国有资产来实现的,甚至不惜通过"吃里爬外"来实现),而经营者虽不乏出以公心的人,但一般都具有追求自身利益最大化的"经济人"人格。这种二者经济人格的不对称性,再加上信息的不对称性,决定了国有资产所有者代表不具有行使国有资产所有权权能的行为能力,不可能在股东会有效地行使投票权,因而企业法人治理必然流于形式,不可能形成有效的制衡机制,必然导致经营者机会主义行为的泛滥,侵蚀和损害国有资产权益,做不到产权明晰。也正由于国有资产所有者代表不具有追求国有资产收益和增值最大化的"经济人"人格,它们也不具有行使国有股权交易的行为能力,不可能通过市场机制约束经营者。[①]

同样有学者认为:不能简单地将国有产权体制改革中"两权分离",与西方股份制中"两权分离"相类比,两者所处的社会经济条件截然不同。在西方股份公司企业中,虽然由于财产所有权的分散化,经理阶层在企业经营决策中占了主导地位,但在企业经营者的背后站着无数个以营利为目标的所有者,由于这些所有者与资本经营的利害关系,他们总是紧密关注企业的营运状况,从而在所有者和经营者之间形成强有力的产权制约机制,而这种制约机制在国有产权管理体制中并不存在。[②]

国外有的学者对国有产权的管理和运作表示了同样担心:采用设立专门的国有资产

---

① 陈淑英:《产权明晰:公有产权与私有产权异同辨析》,《经济学家》1997年第3期。
② 胡永明:《市场经济与产权改革》,中国人民大学出版社1993年版,第184页。

管理机构改造原来的传统国家所有制形式,固然可以在一定程度上加强国有资产管理职责。但是,由于国有资产管理部门(包括国有资产投资公司)及其官员本身仍然不是国有资产的最终所有者,而是其代理人,国有资产的经营成果与他们并没有切身的利害关系。因此,这些国有资产管理、经营机构能否像经营自己的资产那样负责,仍值得怀疑。如果国有资产管理机构不能真正模拟出市场经济中资产所有者的行为,那么,通过国有资产管理专门化来加强产权约束和实现企业经营机制转换的全部设想就会落空。

上述分析应该说是深刻的,有一定道理的。确实,在西方以私人产权为基础的股份制企业,虽然实现了"所有权和控制权"的分离,产权结构、决策机制和约束机制发生了一系列变化,但这种两权分离只是形式上的分离,所有权对控制权的约束关系并未发生本质变化。所有者既可通过董事会"用手投票"进行直接制约,也可通过股票市场"用脚投票"进行间接制约。而在国有产权条件下,由于国有资产机构及其管理、营运人员本身都不是最终的资产所有者而只是其代理人,因此,国有资产机构及其人员能否合理行使所有权权能,像关心自己的资产一样关心国有资产的保值增值及其收益,确实是一个需要认真对待和研究的问题。

首先要弄清的一个理论问题是所有权权能能否代理行使。其实,委托代理关系在西方现代公司制企业也普遍存在。经营者并不是企业财产的真正所有者,而是资产所有者的代理人,代理所有者行使资产经营职能。之所以发生委托代理关系,从生产角度看,这是社会分工协作发展的要求;从资产所有者角度看,是成本效益比较选择的结果,也即所有者选择委托代理经营,比自己经营可以获得更好的比较效益。既然所有者的经营权权能可以代理行使,那么,所有者的所有权权能也是可以通过代理人行使的。因为国有资本机构及人员不是最终的所有者,因而否定其代理行使所有权权能的资格和能力,正如否定经营者代理行使财产的经营权一样,是缺少说服力的。

剩下的问题就是通过什么样的监督约束与激励机制,尽量减低代理成本或代理人费用,促使代理人更好地行使国有资产所有权权能。凡是有委托——代理关系存在的地方都会产生代理人费用。在现代股份制企业,两权分离导致企业经理阶层的目标与所有者的目标并不完全一致,企业经理在经营活动中并不完全依照所有者的目标行事,从而给所有者带来费用损失。代理人费用是客观存在的。在市场经济体制下,我国国有产权的运作必将在多层委托——代理,如全民委托国家,国家委托政府的一个专门部门,政府部门委托给中介机构,中介机构委托产权代表进入企业。这种多层次的委托代理,确实存在代理人违背委托者的意志和利益其至以权谋私、侵害国家产权的可能,为此必须建立和健全对代理人的激励、监督机制。

即使在以私有产权为基础的西方股份制企业,如何保证资产所有者的代理人能像经营自己的资产那样尽职尽责,也是一个没有完全解决的问题。一般也是通过资产经营者的个人收入与资产效益挂钩,以及竞争性地选择企业经营者等方法,来尽量减少"代理人费用"。在股份制企业,虽然由于两权分离,经理阶层掌握了公司的实际控制权,但却受到来自两方面的有力约束:股东的约束和经理阶层的自我约束。自我约束表现为:经理阶层作为人力资本的所有者,他们的工资收入和升迁机会最终取决于企业的经营状况和资产的增值,企业经营的成功与他们个人的前途息息相关。因此,每个企业的经理面对市场的评价和选择,面对人才市场的激烈竞争,不能不形成对自身行为的自我约束。

借鉴国外企业的管理经验,笔者认为应着重从以下几个方面构建对国有产权代理人的激励和约束机制:(1)允许个人收入与资产经营效益相联系,从而建立起较规范的利益激励机制。把个人利益和国有资产运作效率紧密联系起来,促进国有资产管理和营运人员的自我激励和约束,并促进各成员间的相互监督和约束,以便更好地履行国有产权运作中的角色功能。(2)竞争性地选拔经营管理人才。(3)通过制定和实施《国有资产管理法》,严厉打击各种侵蚀国有资产的行为,并严格追究在经营管理过程中由于失误、失职给国有资产造成重大损失的当事人的经济责任和法律责任。并结合其他法律法规,对国有资产机构及人员进行法律监督和约束。(4)接受职能部门监督和各级人大监督,定期向社会公布经营状况和经营业绩,接受新闻媒体和社会公众的监督。

要进行广泛而严格的监督必然存在监督成本问题。也可以将其看作一种制度成本。或许这个成本从个别角度看是高昂的,但如果从整个社会的成本效益比较分析出发,这一制度成本所带来的宏观经济社会效益,可能大于没有这种制度安排时所达到的宏观经济社会效益,那么,这一制度安排是必要的,为此付出的制度费用也是合理的。不过,我们在操作过程中,应尽量减少代理环节,降低监督费用,以控制社会成本,增加社会效益。

(四)国有产权的流通转让

产权流通转让是市场经济中产权优化组合、资源优化配置必不可少的制度安排。国有产权同样需要流通转让。国有产权的流通转让,可以在公有产权主体之间进行,如在国有企业、国有投资公司之间,也可以在非公有产权主体之间(如私营企业、外资企业之间)进行。既可以以价值形态产权(货币)购买实物资产,也可以将实物产权转化为价值形态产权。既可以有偿出让企业部分产权,也可以出让企业全部产权。企业既是生产组织形式,也是产权组织形式,企业是产权发挥功能作用的有效载体,而产权是企业扩张兼并、灵活经营的有力工具。产权和企业紧密结合在一起。产权的流动组合过程,实际上也是企业间生产要素乃至企业本身的优化组合过程。不同的企业(如垄断型企业、竞争型企业、社会化程度高的企业、社会化程度低的企业、大型企业、小型企业)应采取不同的产权组织形式,这样更有利于产权功能的发挥,也更有利于生产经营效率的提高。同时,产权又应该不断地流通转让优化组合,从而使资源结构、企业结构不断优化。国有产权应根据社会成本效益的比较分析,通过产权流通转让,适当退出一些不宜于由国有产权充当所有权主体和经营权主体的中小企业,而集中力量把国有产权优化组合到可以更好地发挥国有产权比较优势的产业和企业。当前,我国正在进行的国有产权重组、资产重组和企业重组,都离不开产权交易。但由于我国国有产权流通转让制度尚不健全,在现实中,国有企业产权交易,特别是通过兼并、合并、收购、拍卖、破产等形式的交易,进展并不顺利。主要原因是:产权主体不明确,到底谁是国有产权主体、谁是代理者、谁来决策是否交易及如何交易等都不明确;卖方附带条件太多;行政体制障碍,条块分割、部门所有、分级所有,阻碍不同地区、不同部门国有企业的产权交易;其他改革不配套,如失业保障体制不健全导致企业资产拍卖要求连人带走;国税与地税税源的划分阻碍隶属于不同级政府的企业间产权交易;资产评估行业行为不规范,低估、漏估现象严重,导致国有资产流失。据国有资产管理局统计,从 1982—1992 年,共流失国有资产 5000 多亿元,其中因产权流动不规范而造成的流失占相当大一部分。看来,实现国有产权高效有序的流通转让并非一件轻而易举的事,它不仅需要产权改革,而且需要行政体制、税收财政、社会保障、中介组织等许多方面的配套改革。

(原载《周口师范高等专科学校学报》2001 年第 1 期)

实现公有制与市场经济有效结合的四大层次

历史唯物主义告诉我们:所有制是通过人对物的关系表现着的人与人的利益关系,其实质是对社会剩余产品的占有享用关系;所有制关系是生产关系的总和;所有制实现在社会生产和再生产过程之中。基于此,要实现公有制与市场经济的有效结合,就必须既要从形式上使公有制的存在形态、运作方式适应市场经济运行的要求,又要从实质上保证公有制本质在所有制关系中获得一定体现;就必须从所有制结构、公有制实现形式、企业制度、社会剩余产品分配关系等多个层次、多个方面实现公有制与市场经济的有效结合。

一、从所有制结构层次实现公有制与市场经济的有效结合

从所有制结构看,现代市场经济是与多元多层次的所有制结构相对应的。在当代西方市场经济国家,虽然以私有制为基础,但同时存在着小私有制、资本股份所有制、国家所有制等多层次所有制结构。现代市场经济要求的多层次结构尽管同传统的较单一的公有制结构存在深刻的矛盾,但却同以公有制为主体的多元多层次的所有制结构存在深刻的互补关系。

(一)保持公有制主体地位是保证社会主义市场经济体制有效运作的基础

单纯的市场经济并不能保证资源的最优配置和生产力的快速发展,其本身存在固有的缺陷。我们之所以要保持公有制的主体地位,最根本的原因在于以公有制为主体在市场经济体制中有着无可替代的经济效率功能,主要表现在:(1)有利于形成较合理的利益分配机制,调动劳动者的生产积极性。以公有制为主体可以保证按劳分配的主体地位,限制两极分化,这将更有利于社会稳定,避免阶级对抗、社会动乱以及各种破坏生产力行为的发生,促进经济持续、健康发展。(2)有关国计民生的重要生产资料由国家和集体掌握,防止私人垄断经营,牟取暴利,更有利于资源优化配置。(3)像我国这样一个底子薄、生产力发展多层次、区域经济不平衡、地大物博的国度,采取以公有制为主体,更有利于产业结构、经济结构、区域经济结构调整,优化资源配置。(4)许多私营企业无力或不愿经营,但对社会经济的整体和长远发展极具战略意义的项目由国家和集体经营,更有利于经济发展。(5)让国有经济在基础产业、支柱产业、高新技术产业以及金融领域占支配地位,在国民经济中起主导作用,更有利于发挥市场机制的正面效用。(6)以公有制为主体基础上的宏观调控,由于摆脱了私人资本的控制,其调控的目的、措施将能更主动地适应

经济发展规律要求,同时,通过国有经济的主导作用和广泛存在的公有经济组织将使宏观调控更富效率。

要保持公有制的主体地位,就全国角度讲,主要表现在:(1)有关国计民生的重要生产资料由国家和集体掌握。凡是本国区域内一切自然资源都要根据经济效益和社会效益最大化的原则,采取国家所有制和集体所有制。这包括土地、森林、山脉、河流、湖泊、海洋经济资源、地下经济资源、空间经济资源等,这些自然资源是大自然赐给中华民族的天然财富,是直接关系民族繁衍发展的自然条件,是所有生产资料中最原始也是最基本的生产资料,掌握了这些自然资源,也就掌握了国民经济的命根子。一些对经济发展具有强烈外部性特征的基本生产资料(如道路、桥梁、基础设施等)也必须采取国有制和集体所有制,只有这样才能最大限度地发挥这些生产资料的产出效益。国家和集体掌握了这些关系国计民生的生产资料,是有效控制其他所有制经济、充分发挥其主导作用的前提。(2)国家掌握有关国民经济命脉的产业和行业。在具体的国民经济运行过程中,一些产业和行业在整个经济运行中起着中坚作用,制约着整个经济运行的结构、规模、速度、效益,可以说关系着国民经济的命脉。这些产业和行业必须由国家通过垄断、控股等方式占据绝对支配地位。在市场经济条件下,只有国家掌握了这些产业和行业,才能有效控制和带动其他所有制经济的发展,发挥国有经济的主导作用,才能更有效地实现对其他所有制经济的宏观调控。这些产业和行业主要包括三类行业和二类企业:涉及国家安全的行业,自然垄断的行业,提供重要公共产品和服务的行业,以及支柱产业和高新技术产业中的重要骨干企业。(3)公有制经济的不断发展壮大。多种形式公有制经济的蓬勃发展,公有资产的不断壮大,从整体上搞活国有经济和其他公有制经济,也是以公有制为主体的重要内容。

(二)要大力发展多种所有制经济

大力发展个体、私营、外资等多种所有制经济,既是生产力发展的现实要求,也是市场经济的必然要求。市场经济是以众多的相互独立的利益主体存在为基础的,以公有制为主体、多种所有制经济成分共同发展,无疑可以培育出大量相互独立的市场主体,这一点已被中国的实践所证实。而且,由于多种所有制经济产权清晰、利益驱动力强、风险责任明确,因而和市场经济具有天然相容性,在竞争性领域中更能发挥其优势。因此,在以公有制为主体的前提下大力发展多种所有制经济,对培育众多的相互竞争的利益主体、市场主体,对培育市场体系和市场环境,对促进市场经济发展,都有不可或缺的重要作用,也正因如此,我们党才把多种所有制经济看作社会主义市场经济的重要组成部分。要大力发展多种所有制经济,一方面,要制定和实施鼓励多种所有制经济发展的政策、措施,另一方面,面对布局不合理、战线过长、力量分散的国有经济,要坚持有进有退、有所为有所不为的方针,加大对国有经济的战略性改组,适当收缩国有战线,调整所有制结构,以便形成更加合理、完善的所有制结构,以适应市场经济的要求。

二、从公有制实现形式上实现公有制与市场经济的有效结合

历史唯物主义原理认为,所有制作为生产的社会形式实现在社会生产和再生产过程之中。因为所有制的实现形式存在于社会生产和再生产过程之中,因此任何生产资料所有制都有其宏观实现形式和微观实现形式。所谓所有制的宏观实现形式,是指在整个社会再生产过程中和宏观经济运行中的所有制的实现形式;所谓所有制的微观实现形式,是指在直接生产过程中和微观经济活动中的所有制实现形式。所有制的实现形式是微观实现形式和宏观实现形式的有机统一。

(一)更新公有制的微观实现形式

在社会主义初级阶段,在市场经济条件下,在多种所有制存在并发挥作用的条件下,公有制的微观实现形式是有主有次、多种多样的。

1. 公有制的基本实现形式

如果从生产资料所有制的根本性质看,我国社会主义初级阶段只存在着公有制和私有制两种性质不同的所有制,这两种所有制处于对立统一的矛盾关系之中,二者互为条件,相互依存、交互作用,从而构成公有制的基本实现形式并制约着公有制的具体实现形式。公有制的基本实现形式可表述为:公有制是在与私有制的交互作用过程中实现的。公有制是在以公有制为主体、多种所有制经济并存发展的所有制结构中实现的,没有多种所有制经济共同发展,公有制就无法更好地实现自己。

2. 市场经济条件下公有制的具体实现形式

这里所讲的公有制的具体实现形式,是指公有制经济在微观经济运行过程中和直接生产经营活动中的具体存在形态和表现形式。受公有制主体地位的制约,受市场经济规律的作用,公有制在微观经济领域的具体实现形式可分为三个层次。

一是自然资源型生产资料的公有制实现形式。自然资源型生产资料包括土地、森林、矿藏、山河湖泊、空间资源、海洋资源等。在我国,这些自然资源型生产资料必须采取国家所有,对某些生产资料可以辅之以必要的集体所有。但在市场经济条件下,这些自然资源型生产资料的国有制和集体所有制,也需要创新其具体的实现形式,以使这些资源得以合理、有效地开发利用。

二是市场经济组织中的公有制实现形式。任何生产资料都必须投入具体的生产经营过程才能创造和增值社会财富。而任何具体的生产经营活动总是由人以及由人组成的一定的经济组织去进行的。因此,生产资料公有制要想获得有效实现,除由代表广大人民利益的国家和代表劳动群众集体利益的集体权力机构对自然资源型生产资料以及其他需要控制的生产资料(如大型水利设施、交通设施等)进行控制,行使所有权权能外,还需要设立具体的经济组织进行直接的生产经营活动。其主要功能在于:一方面,在经济运行的动态过程中,保持公有经济的主体地位和主导作用,控制和引导非公有制经济的生产经营规模和方向,以便从整体上保证社会生产的持续、快速、健康发展,服务广大劳动人民的根本利益;另一方面,在不断增长的社会财富分配过程中,通过公有制经济组织自身的存在和经营,通过规范的经济手段,保证社会财富的大部分为公有经济所掌握,为广大劳动者所享用,而不至于被少部分人所占有和享用。

在市场经济条件下,公有制经济组织在整个社会公有制的实现过程中起着巨大的杠杆作用。没有这些经济组织在直接生产经营活动中的大量存在并充分发挥作用,就不可能遏制在经济运行中大量社会剩余被少数人攫取,不可避免地产生严重的贫富不均、两极分化。少数拥有大量财富的人完全可以通过经济的巨大力量左右原为国家所有和集体所有的自然资源型生产资料和其他重要资产,从而架空国家和集体权力机构所代表的所有者利益,使国家和集体权力机构蜕化变质,使以国家形式和以集体机构形式对自然资源型生产资料及其他资产行使的所有权权能,不再表现为公有制的实现形式,因为它远离公有制的本质要求,它甚至可以演变成为私有制的一种实现形式。

正由于公有制在经济组织中的实现形式如此重要,因此可以把公有制在经济组织中的实现形式视为公有制的主要实现形式。没有这一主要实现形式,公有制的其他实现形式就无从谈起。在市场经济条件下,公有制的经济组织必须转变成市场主体参与市场经营活动,因而其内部组织结构、存在形态、运作方式必将发生巨大变化。公有制在市场经济组织中的实现形式主要有国有独资制、集体独资制、股份制、股份合作制、合作制。

三是市场经营活动中的公有制实现形式。公有制除了设置具体的经济组织来实现(从更本质意义上讲,设置公有经济组织也是公有制实现的一种手段),还必须通过具体的生产经营活动来实现。在价值规律的支配下,公有制必然进入资本运营状态,除少数国有垄断企业以实物资产经营为主以确保控制国民经济命脉外,绝大多数场合公有资本根据利润最大化原则进行资本扩张或收缩,立足在整体上搞活公有经济,而不以搞活每个企业为目的,相对于资本运营而言,企业只是工具。实物资本只是资本的一种外在形态,根据资本运营需要,可以增设经济组织,也可以削减经济组织,可以把金融资本转化为实物资本,也可以把实物资本转化为金融资本。如此一来,公有制在市场经济活动中的实现形式就会更加复杂多样,独资经营、控股经营、参股经营、托管、租赁、承包、兼并、联合、跨国经营、企业拍卖、企业产权转让、国家投资新的项目或设置新的经济组织、国家放弃一些国有经济组织等,都可以看作公有制在市场经营活动中的具体实现形式。

(二)更新公有制的宏观实现形式

影响所有制关系实现的不仅有生产资料的所有制,而且涉及国家宏观经济职能的各个方面。其中,既有国家财政职能的作用,也有国家对要素市场(如生产资料市场、资金市场、劳动力市场、产权市场等)的干预和调节。因此,所有这些国家宏观经济调节职能,同时也是所有制的宏观实现形式。国家宏观经济职能在发挥市场经济一般的宏观调控,以弥补市场缺陷,保持经济协调、稳定、健康运行等职能外,作为公有制宏观实现形式的国家宏观经济职能还应体现下述两方面内容:其一,通过对生产要素市场的间接调控,在社会范围内优化资源配置,促进生产者和生产资料的密切结合,推动生产力快速发展,创造尽量多的社会财富,从而为按劳分配提供丰富的物质前提;其二,通过对分配关系直接或

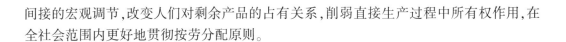

间接的宏观调节,改变人们对剩余产品的占有关系,削弱直接生产过程中所有权作用,在全社会范围内更好地贯彻按劳分配原则。

三、从企业制度层次上实现公有制与市场经济的有效结合

如何把国有企业转变为市场竞争主体和法人实体,是公有制与市场经济相结合的难点和重点。其总体思路是"抓大放小",对大中型国有企业进行规范的公司制改造,建立现代企业制度,对大量中小型国有企业完全放开搞活。在这一前提下,实现国有大中型企业与市场经济的制度对接。

(一)建立国有资产出资人制度

通过建立健全国有资产管理、监督和营运体系,建立国有出资人制度,以明确国有资本的投资主体,落实国有资产的运营责任,规范出资人与企业的关系,使出资人统一行使选择经营者、企业重大决策和资本收益的职能,使国有资产所有权权能的行使规范化、独立化、人格化,是构建有效的国有公司制企业治理结构的起点和难点。要建立国有资产出资人制度,必须改革传统的国有资产管理体制。未来的国有资产管理体制应是"三层次模式":一是政府层次,设立国有资产所有权专职管理机构,改变过去国有资产所有者代表缺位,所有权分散由各部门行使,谁都插手但谁也不负完全责任,造成条块分割的弊端。所有权专职管理机构主要负责制定统一的法规、制度、方针、政策,对资产经营机构进行授权管理和授权后的监督、审核、检查等工作。二是在中间层次,组建国有资产经营的中介机构。投资公司、控股公司、资产经营公司和资产经营一体化的企业集团,均可以作为国有资产经营的中介机构,其性质为企业,经营对象是产权,其职责是通过全资经营、控股及参股等形式,对授权范围的企业国有资产行使所有权管理、承担保值增值责任。它要向所属企业派出产权代表,考核经营者的绩效并实施奖惩,对效益好的企业追加投资,对效益差的企业进行关、停、并、转,直至出售变卖,使资产在流动中达到优化配置,对授权的政府所有权专职机构负责。第三层次是直接从事生产经营活动的基层企业。

(二)合理配置股权,强化所有者约束功能

公司股权结构是公司治理结构的基础,公司股权结构的性质对公司治理结构的运行行为有着重大的影响。针对我国国有控股公司股权结构单一、而所有权权能行使者又是代理行使者这一现状,应合理构造公司股权多元化结构。股权多元化,不仅有利于国有企业多渠道融资,更重要的是可以强化企业内部利益约束力度,使产权和利益界定明晰,有利于内部制衡监督体制及其激励制约机制的形成,把各个利益主体的注意力和目标凝聚到企业发展上来,并把企业人事管理纳入现代企业制度轨道,从而使企业摆脱政企不分的困境。可以说,产权多元化及由此引起的利益多元化、利益主体之间的制约,是公司制企业内部制衡机制、约束机制的产权基础,是企业行为合理化的前提。选择合适的公司股权结构模式,应遵循的基本原则是:第一,有利于实现公司的长期稳定增长与发展;第二,有利于保证公司所有者对经营者实施有效的监控;第三,有利于保障公司经营者拥有充分的

生产经营管理自主权;第四,有利于国有资产的保值增值。分析国外公司制企业股权结构模式,结合我国实际,我国竞争型国有公司制企业的股权模式应当是:国家持股公司、银行、业务上有关联的相互持股的企业法人、基金组织、其他企业法人、社会公众和本企业职工等参与持股。其中,以国家持股公司、银行、业务上有关联的企业法人持股为核心,这对构建有效的公司治理结构意义重大。

(三)加强治理结构中的权利组织建设,建立权责分明的组织体系

现代公司制企业内部实行权力机构、决策机构、监督机构和执行机构相互分离、相互制衡的领导体制,是权责明确、行之有效的制度。在国有企业改为股权多元化的公司制企业的情况下,股东大会要切实成为最高权力机关,对公司重大决策、高层人事任免和收益分配享有最终决定权。在公司治理结构中,董事会的地位和作用极其重要,是法人治理结构的核心。搞好董事会自身的建设是保证董事会充分发挥作用的关键所在:(1)应当明确规范董事会的职责。董事会的主要职能是进行战略决策,即制定战略发展计划、监督企业目标的实现和任免企业高层经理人员。这种战略决策必须是一种集体决策,董事会的每个成员都应有独立的意志和公平的地位与权力,并对自己参与的决策负责。(2)认真选择董事会成员,尤其是慎重选择董事长,要优化董事会的人员组成结构。董事会应由四部分人构成:股东代表,企业高层管理人员,企业职工代表,外聘专家、学者。董事会成员必须形成高智力结构,熟悉企业经营管理。(3)合理划分董事会和高层经理人员之间的权利与职责,形成相互制衡的关系和机制。董事长一般不应兼任总经理,高层经理兼任董事的人数应受到限制。监事会的构成要有利于切实对出资者负责,对公司及职工负责。董事、经理和财务负责人不得兼任监事。职工代表应通过民主程序参与董事会和监事会。监事会成员中,职工代表应以不少于1/2为宜。

(四)加大配套改革力度,优化宏观环境

试点企业实践证明,没有宏观配套改革的成功,企业改革难以最终到位。因此,要加大宏观配套改革力度,为企业改革提供一个宽松的宏观环境。一是坚持政企分开。加强法制,规范政府职能,依法明确政府部门在市场经济中的权力、责任和义务,通过法制规范各级政府部门的行为,加快政府转变职能的步伐。二是建立健全市场体系,积极完善产权市场。规范国有产权的交易,培育好劳动力市场,使劳动力的供求渠道畅通,人力资源得到合理流动。建立经营者人才市场,对经营者实行公开招聘,逐步实现企业经营者职业化。三是积极培育资金市场,实现产权多元化,使企业筹资更规范、更方便,资金得以优化配置。四是加快建立健全完善的社会保障体系。应当建立起职工养老、失业、医疗等保险制度,采取有效措施推动再就业工程。要加快政府、社区的社会服务功能建设,切实减轻企业的社会负担,为企业改革创造良好的宏观环境。五是全面落实国有企业改革进程中的各项政策,多渠道增加国有企业资本金,降低资产负债率。国家要建立统一赋税体制,创造企业平等竞争的良好市场环境。

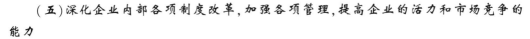

（五）深化企业内部各项制度改革，加强各项管理，提高企业的活力和市场竞争的能力

要深化企业的人事制度、用工制度、分配制度改革，加强生产管理、质量管理、营销管理、科技开发管理、转机建制，强化企业的综合治理功能，推进企业管理现代化进程，以适应现代企业制度的要求。

四、从社会剩余分配的层次实现公有制与市场经济的有效结合

从表象上看，公有制与市场经济结合的难点在于如何把计划体制下大量存在的公有经济组织转变为市场竞争主体，从实质上看，二者结合的难点在于如何在市场经济条件下保证公有制本质的有效体现，既能充分发挥市场经济对生产力的巨大促进作用，又能充分体现公有制的本质要求。历史唯物主义原理告诉我们，所有制作为一种通过人对物的关系表现出的人与人的利益关系，其实质在于对社会剩余产品的占有享用关系。在社会主义社会，公有制本质实现的程度主要体现在按劳分配的实现程度。市场经济必然存在按生产要素分配，这是市场机制在分配领域发挥作用的具体表现，而按要素分配与按劳分配又存在深刻矛盾。因此，如何实现按劳分配与按要素分配的有效结合，既充分发挥按要素分配的积极作用又适当抑制其对按劳分配的负效应，在坚持效率优先、兼顾公平的前提下，实现效率与公平的有机统一，保持按劳分配的主体地位，实质上关系到市场经济中公有制本质实现的方式和程度问题。

在社会主义市场经济体制中，按劳分配与按要素分配相结合主要是通过三个层次实现的。第一个层次是微观经济领域的运行层次。在这一层次，应允许多种分配方式并存并以按要素分配为主，充分发挥市场机制作用；以按劳分配为主体是就整个社会范围社会剩余产品分配这一实质内容而言的。在市场经济条件下，按劳分配必须借助微观经济运行中的按要素分配这些分配方式才能获得现实的实现途径。因为只有经过市场经济机制，经过按要素分配，才能在整个社会范围为按劳分配提供更有效的"劳动"和更多的"劳动成果"。同时，为在微观经济活动中更好地发挥劳动功能，有必要引入劳动力产权制，逐步推行利润分享制，使广大劳动者即使在按要素分配的形式下也有权力直接参与企业利润的分配。第二个层次是微观经济领域中的所有制结构层次。在这一层次，要实行以公有制为主体多种所有制并存发展的所有制结构，保证最重要的要素分配收益掌握在公有制经济手里，如土地收益、矿产资源收益、垄断性行业和企业的要素分配收益等，从而有效扼制私人控制重要的生产要素而获取高额垄断利润，维护公平竞争，使按要素分配更好地发挥正面效应。第三个层次是宏观经济运行层次。在这一层次，代表广大人民群众利益的国家政府本着按劳分配和社会公正的总体分配原则，一方面通过对生产要素市场的宏观调控，促进生产要素在全社会范围的优化组合，推动生产力更快发展，并间接调节人们的分配关系，引导微观经济中按要素分配功能的正常发挥；另一方面，通过国民收入再分配体系，运用税收、利率、价格等经济政策和经济杠杆，通过财政转移支付，直接调节人

们在初次分配中形成的分配关系,贯彻按劳分配原则,削弱所有权对分配的作用,限制分配不公和两极分化。

[原载《郑州大学学报(哲学社会科学版)》2002 年第 5 期]

刍论劳动范畴

一、关于劳动的定义

劳动,这是一个众人皆知的词汇,但要从哲学的高度给劳动下一个确切的、具有普遍意义的定义却并非易事。但如果没有一个确切的、具有普遍意义的定义,我们就无法更深入地去研究劳动价值、按劳分配以及其他与劳动相关的理论问题。涉及劳动的定义,经典导师的著作中并没有专门章节进行论述,而是散见于其不同著作与章节之中。诸如:劳动是人类"有目的的活动",不包括一般动物的"本能"活动,如蜜蜂筑巢、蜘蛛结网等①;"劳动首先是人和自然之间的过程;是人以自身的活动来引起、调整和控制人和自然之间的物质变换的过程"②;劳动是人类社会存在和发展的基础,"劳动创造了人本身"(恩格斯),"劳动是生产真正的灵魂"(马克思);"整个所谓世界历史不外是人通过人的劳动而诞生的过程,是自然界对人说来的生成过程"③;"在劳动发展史中找到了理解社会史的锁钥"④。马克思恩格斯有关劳动的理论强调了劳动对人类社会的重要性,强调了劳动和自然的辩证关系,强调了生产劳动,强调了资本主义劳动的特殊性,但并没有从严格意义上给劳动下一个比较普遍而抽象的定义,这就需要我们在继承马克思主义劳动论的基础上,结合人类社会发展史和当代社会实践,对劳动论有所创新。

关于劳动的定义,《辞海》(上海辞书出版社 1999 年版)上是这样解释的:"劳动是人们改变劳动对象使之适合自己需要的有目的的活动,即劳动力的支出或使用,在人类形成过程中起了决定性作用。人类的祖先类人猿经过长期劳动实践,才变成为能制造工具的人。劳动在不同的社会制度下具有不同的社会属性。在奴隶制度、封建制度和资本主义制度下,劳动者的劳动表现为奴隶劳动、农奴劳动和雇佣劳动,是不同性质的受剥削的劳动。在社会主义公有制下,劳动者成了国家和企业的主人,不再受剥削。进入共产主义后,劳动不仅是谋生的手段,而且将成为人们生活的第一需要。"《辞海》中的解释偏重劳动的作用,而忽略劳动过程中人与人的一般关系,偏重解释劳动在不同社会制度下的不同社会属性,而忽略了劳动在不同社会制度下相同的社会属性,因而其解释需要进一步

① 《马克思恩格斯全集》第 23 卷,人民出版社 1972 年版,第 202 页。
② 《马克思恩格斯全集》第 23 卷,人民出版社 1972 年版,第 201—202 页。
③ 《1844 年经济学哲学手稿》,人民出版社 1985 年版,第 88 页。
④ 《马克思恩格斯选集》第 4 卷,人民出版社 1972 年版,第 254 页。

完善。

根据对马克思恩格斯劳动论的认识和对劳动的研究,笔者认为,劳动是人类"有目的的活动",劳动首先是人类为满足其生存、发展的本能需要而进行的有目的的活动,因而劳动首先是人和自然之间的物质变换过程,同时,劳动也是为了满足人类不断增长的发展需要、精神需要等多层次需要的有目的的活动,因此,劳动还有人与人、人与社会之间的精神变换过程;劳动既有体力劳动,也有脑力劳动,而且随着人类智力的发展,脑力劳动的作用将会越来越大;劳动既要改造和利用自然条件,也要改造和利用社会条件,劳动首先以自然界为劳动对象,以物质生产为主要劳动方式,但同时也以自身组成的社会为劳动对象,以精神生产为劳动方式;劳动首先是人与自然之间的物质变换过程,因此劳动具有自然属性;劳动必须在人的类活动也就是在社会中进行,并在类活动中不断创造劳动,因而劳动具有社会属性;劳动在不同的社会制度下会有不同的社会属性,但作为类活动,在不同社会制度下的劳动又会有某些共同的社会属性。因此,要给劳动下一个具有普遍意义的定义必须考虑到这诸多因素,否则,就无法更好地反映劳动的本质及其发展变化。据此,笔者对劳动简单定义如下:劳动是人类通过改变外在于劳动主体的客观条件以满足人类生存、发展、享受等多层次消费需要的有目的的体力和脑力活动。

二、劳动是一个历史范畴

马克思主义认为,劳动是一个永恒范畴,之所以是一个永恒范畴,是因为人类的生存和发展一刻也离不开劳动,劳动是人类社会诞生、生存、发展的基础,而且将随着人类社会的延续永远存在下去。然而笔者认为,劳动既是一个永恒范畴,同时也是一个历史范畴。说劳动是一个历史范畴,并不是说劳动是一种历史现象,在人类社会发展的某个阶段才出现或在某个阶段会消失,而是说,劳动的内容、劳动的形式会随着人类历史的进步而不断发生变化。

(一)劳动内容的发展变化

不管是从历史的角度,还是从现实的角度看,人与自然的矛盾始终是人类社会生存发展的主要矛盾,劳动首先表现为人与自然的物质变换过程。然而,随着社会的发展和科技的进步,一方面,随着劳动工具和劳动手段的不断变化,随着劳动对象的不断扩大和变化,人们劳动的内容将不断丰富和变化;另一方面,人类的消费需求不断由低层次向高层次递进,而且没有止境,因而用以满足人类消费需求的劳动内容也就不断由低层次向高层次递进。

首先,在生产力极其低下的原始社会,人们的主要劳动内容就是以土地、山林作为最主要的劳动对象(笔者所说的劳动对象与传统政治经济学教科书中所讲的劳动对象意义并不完全一致,是指劳动加于其上的一切东西),以石器为主要劳动工具,通过刀耕火种,通过捕猎,获取人类生存所需的基本生活资料。在奴隶社会、封建社会,随着生产力发展,劳动对象虽然有所扩大,但最重要的劳动对象依然是土地,生产工具虽有所进步,但人的体力劳动依然是从土地上获取生活资料的主要途径。而到近现代工业社会,随着科技的进步和生产工具的变化,自然界许多物体的新的有用属性不断被发现,劳动对象的范围惊人地扩大了。尽管从土地上获取食物依然是重要的劳动对象,但从其他自然资源中获取人类有用的东西成为更重要的劳动对象,从事有机分工协作的机器化生产的劳动越来越成为劳动的主要内容。机器的广泛使用,不仅代替了人们繁重的体力劳动,也代替了人脑的一部分功能,使劳动生产率大幅度提高。而在当代,随着科学技术的作用越来越明显,随着社会化生产越来越发展,随着知识经济时代、网络时代、信息时代的到来,人们的生产工具、生产手段变得异常先进,电子技术、生物工程、信息工程、航天技术被广泛运用于社会生产和人类生活之中,人类的劳动对象变得异常广阔、多样、复杂。在当代社会,从事科技研究和发明创造、从事经营管理和社会管理、从事知识和信息开发和传递工作的劳动就越来越成为劳动的主要内容。

其次,消费引导生产,生产决定消费,在生产力的发展水平已经使人类的基本生存需要很容易得到满足的前提下,人类不断演变着新的、更高层次的消费需要,诸如健康的需要,舒适的需要,爱、友谊、荣誉、认知自然和社会、文化艺术、娱乐休闲等各种精神消费的需要等,这些消费需要引导着人类劳动的内容不断扩大和丰富。当代社会,精神产品和服务在劳动产品中的比重越来越大。

所谓精神产品,是指那些主要以精神内容而不是物质形式来满足消费需要的产品。无论是书籍、报刊、影碟、雕塑等具备物质载体的有形的精神产品,还是影视、演出、讲学、咨询等即时消失的无形的精神产品,它们的质量在不断提高,数量在不断增加。所谓服务是以劳动活动本身而不是以它的结果来满足消费需要的产品。无形的精神产品是一种服务,但服务又包括那些只以体力消耗来满足消费的劳动活动。比如交通、运输、保安、清洁等第三产业。在知识经济条件下,信息、知识和智力的生产、分配与消费将成为经济运作的核心运动,精神产品和服务在劳动产品中的比重将越来越大。社会财富的内涵和外延也在发生着变化,精神产品和服务等非物质性财富日益成为财富的重要类别,且比重正在上升。[1] 生活在生产力高度发达的当代的人们,可以明显感受到这种高层次需要引导的劳动在整个社会劳动中占有相当的比例。这种劳动不仅表现在第三产业的急速发展,而且表现在传统农业、传统工业的不断更新改造上,诸如生态农业的开发,绿色产品的生产,各种精致、美观、环保、便用的日用工业品和耐用工业品的制造等。

(二)劳动形式的不断变化

劳动形式(包括自然形式和社会形式)是随着劳动资料主要是生产工具和劳动对象的发展变化,随着劳动内容的发展变化而不断变化的。手推磨决定的分工不同于蒸汽机决定的分工。劳动内容不同,生产资料性质不同,劳动工具不同,劳动的形式肯定不同。在以土地为主要劳动对象,以耕牛、铁犁为主要生产工具的条件下,农民在土地上的相对

---

① 赵学清、高玉林:《论社会主义社会劳动的特点》,《中州学刊》2002年第2期。

独立而分散的体力劳动是劳动的主要形式,农民是社会财富的主要创造者,而在以机器为主要生产工具、劳动对象惊人地扩大、更多的自然资源成为主要劳动对象的条件下,从事密切分工协作的工业化生产的劳动成为劳动的主要形式。而在当今高科技、信息化的知识经济时代,从事科技、信息的研究、开发和应用的脑力劳动将成为劳动的主要形式,成为社会财富的主要创造手段。与劳动内容的变化相适应,新的劳动内容不断产生新的劳动形式,如越来越丰富的各种服务性劳动等。

三、劳动的社会属性

劳动既然是作为人类的一种类的活动,是在社会存在状态下,是在人与人相互关系作用下进行的,因此,劳动就同时具有自然属性和社会属性。劳动的社会属性表明,劳动是受人与人的关系或社会关系所制约的人类能动的创造性活动,劳动的内容、劳动的形式,无不打上社会的烙印。

(一)劳动是社会的总体劳动

因为个人无法脱离社会而生存,因而劳动就不只是简单的个人的体力和脑力支出。孤立的个人是无法进行生产的。为了进行生产,人们必然发生一定的联系和关系,而且只有通过这种关系,才有人们对自然的关系,才有生产。生产在任何条件下都是社会的生产,都是在一定的社会关系下进行的。既然生产始终是社会的生产,那么,劳动就始终表现着社会总体劳动的属性,劳动需要特定的社会组织形式,人们只有在这种特定社会组织形式中才能劳动。生产力极度低下的社会如此,生产力高度发达的当代社会更是如此,尽管不同社会存在不同的组织形式,但这种形式却始终存在着。在原始社会,人们团体狩猎,而且存在着一定的分工协作关系。如有的制造工具,有的从事采集、料理家务,为满足需要成员之间必须交换自己的劳动。在奴隶社会和封建社会,劳动的分工和协作进一步加强,主要表现为脑力劳动与体力劳动、生产劳动与管理劳动以及农业劳动与游牧业劳动、手工业劳动的分工与协作上。而到资本主义工业社会,劳动的分工协作关系更加明显,更加复杂。不仅在一个工厂、一个企业内部存在着明确细致的分工协作关系,这一点马克思多有论述,而且在整个社会也存在着更加明确细致的分工协作关系。就企业而言,劳动可分为科技开发、经营管理、操作生产等不同的劳动种类;就社会而言,劳动可分为物质生产、公共管理、科学研究、文化教育、医疗卫生等不同的劳动种类。企业劳动和社会各部门各领域的劳动必须有机结合,社会总体劳动才能得以正常进行。而且,从脑力劳动和体力劳动分工的情况看,从事脑力劳动的比重明显增高,并导致社会总体劳动更加富有效率。

(二)劳动是社会必要劳动

根据对劳动是社会总体劳动的分析,社会必要劳动从宏观上可以分为两大部分,以直接为人们的消费需求提供消费对象为目的的社会必要劳动和间接为人们的消费需求服务的社会必要劳动。

第一，以直接为人们提供消费对象为目的的社会必要劳动。劳动是受人们消费需求引导、消费水平制约的劳动，而消费需求和消费水平表现为一种社会力量，因而劳动必然表现为社会必要劳动。背离人们消费需求的劳动必然表现为低效劳动或无效劳动，在生产力水平极其低下、劳动主要为了人们谋生需要的状态下，私人劳动与社会必要劳动基本上是统一的，私人劳动直接表现为社会必要劳动。如在封建社会自耕农的劳动直接表现为社会必要劳动。而当生产力高度发展，人们的消费需求已远远超出本能的需要而出现多样化、高层次消费需求，人们需要通过广泛交换不同劳动来满足这种多样化、高层次的消费需求时，便出现了私人劳动与社会必要劳动的矛盾，私人劳动不再直接表现为社会必要劳动，而必须经过交换这一中介环节才能转化为社会必要劳动。也就是说，私人劳动不再是主要用于自给自足的消费需要，而主要是用于满足他人的消费需要。而是否能满足他人需要则必须以交换出去个人的劳动为标准，私人劳动如果继续大量生产业已过剩的产品，显然，这种私人劳动便是低效的甚至是无效的。在当代市场经济条件下，私人劳动必须经过市场交换才能转化为社会必要劳动，表现得尤为明显的是消费需求构成了消费品市场，进而构成了各种各样的商品市场，如生产资料市场、技术市场等，任何企业所生产的产品只有在市场上卖出去，才能转化为一定比例的社会必要劳动。如果企业产品卖不出去，就转化不成社会必要劳动，私人的劳动就是无效劳动。而社会必要劳动是受社会供求关系决定而最终受消费者消费水平、消费需求和生产力发展水平制约的一个变量。

第二，间接为人们消费需求服务的社会必要劳动。劳动是存在分工协作关系的总体劳动，一个企业如此，一个地区如此，一个社会同样如此。人是作为有思想、有情感、有不同利益要求、有生命意志的高级动物存在于自然界的，因而人的劳动需要组织、需要管理、需要各种各样的辅助服务。而这些都是社会总体劳动的有机组成部分，而且是社会必要劳动。这种劳动是社会所必需的、不可或缺的，因而是一种社会必要劳动。尽管这种劳动不一定直接创造社会财富，但却是和直接创造社会财富的劳动密不可分的。例如公共社会管理、公共经济管理、科学研究、文化教育、医疗卫生、生育繁衍后代等。

（三）劳动的多层次属性

与劳动是分工协作关系下的社会总体劳动相对应，劳动具有多层次属性。从人的劳动力的实体构成角度看，劳动可划分为体力劳动与脑力劳动。随着科技的发展，人的脑力可以支配越来越多的物力以代替人的体力劳动，从而使脑力劳动越来越占据主导地位，而人的体力支出将越来越成为一种健康生活的消费需求。从劳动的技术角度看，劳动可划分为简单劳动与复杂劳动，按照马克思的理论，复杂劳动是倍加的简单劳动。从劳动的对象角度看，劳动可划分为从事物质产品生产的劳动和从事精神产品生产的劳动。从劳动的社会分工关系看，劳动可分为直接从事社会财富生产的劳动和为该劳动提供必要社会条件的各种管理劳动、服务劳动。这些管理劳动、服务劳动与直接创造物质财富和精神财富的劳动一起共同构成社会总体劳动。从劳动的交换角度来看，劳动可划分为私人劳动与社会必要劳动，私人劳动必须转化为社会必要劳动，才具有真正的创造社会财富的意义。

（四）劳动是追求劳动主体与劳动客体有机结合的劳动

生产要素的不同组合、自然资源不同的开发利用、劳动者不同的精神状态,会产生不同的劳动效率、不同的劳动效果,而追求有效率劳动和良好的劳动效果是劳动内在的社会属性。这是因为在人类社会发展进程中,人与自然的矛盾、生产与消费的矛盾始终制约着社会的其他矛盾,诸如民族矛盾、阶级矛盾等,而有效劳动是解决人与自然、生产与消费矛盾的最基本途径。因此,追求各种生产要素的优化配置,追求自然资源的合理开发、可持续利用,追求劳动者积极性、创造性的充分发挥,是作为劳动主体的人类的内在需求。尽管不同的社会制度安排、不同的社会群体利益冲突,会给资源的优化配置、资源的可持续利用、劳动者的积极性创造性发挥等造成或有利或有害的影响,但追求劳动主体与劳动客体的有机结合作为劳动的一种内在社会属性却始终存在着。

（五）常态劳动与非常态劳动

由于人类是在复杂社会关系中同自然界进行物质变换的,因而,由于私有制和不同的社会制度、风俗习惯等原因,往往导致人的劳动内容和劳动形式的种种变态。所谓常态劳动是指符合自然规律、符合人类追求美好生活的善良的理性需求的劳动内容和劳动形式,而所谓非常态劳动是指由于人们的利益冲突、利益驱使、非理性消费需求而导致的劳动内容和劳动形式的种种变异。纵观社会发展史,非常态劳动比比皆是,如奴隶劳动、农奴劳动、雇佣劳动等。非常态劳动不仅表现在劳动分工协作关系中脑力劳动与体力劳动、生产劳动与管理劳动的尖锐对立上,表现在劳动被一部分人用作压迫、剥削、奴役、惩罚另一部分人的手段,因而形成劳动对劳动者的异化,而且表现在本属于社会总体劳动有机组成部分、构成社会必要劳动的社会公共管理劳动、服务劳动成为少数人谋取少数人和私人利益的特权,更多地执行着统治、压迫、剥削的职能。需要指出的是,非常态劳动中有些是进步的,有些是反动的,有些是历史发展到某阶段所必然采取的。比如革命运动就是一种进步的非常态劳动。再比如当代国防事业就是当代社会所必需的一种非常态劳动。

四、正确认识与劳动范畴密切相关的几个理论问题

我们之所以要探讨劳动定义和劳动范畴,其目的就是更新劳动观念,创新和发展马克思主义劳动论和劳动价值论,在我国社会主义市场经济建设中更好地贯彻按劳分配原则。依据上述对劳动范畴的分析,我们必须对以下几个理论问题进行深入认识。

（一）关于劳动者的界定

什么人是劳动者?什么人是剥削者?这既是一个深刻的经济问题,又是一个敏感的政治问题。尤其是在我们大力发展市场经济新时期,对这一问题能否正确认识直接关系到改革进程的快慢。依据对劳动范畴的分析可以肯定,凡是为满足人类生存、发展、享受等消费需要而进行的有目的的活动的人都可视为劳动者,或在某种程度上具备劳动者职能。劳动者可分为以体力劳动为主的劳动者或以脑力劳动为主的劳动者,可以划分为从

事直接创造物质财富的劳动者,从事直接创造精神财富的劳动者,从事社会公共管理、公共服务的劳动者等。只不过在以私有制为基础的剥削阶级统治的社会,公共管理和公共服务所具有的社会必要劳动职能被大大地异化了,变成了一种异化于大多数劳动者的力量,同广大劳动人民处于对立状态,变成了少数统治阶级压迫和剥削人民的工具和手段。

借鉴劳动范畴我们可以认识到,在我国市场经济条件下,由于"劳动"必须借助市场而实现其交换价值,因而我们必须充分考虑"劳动"在市场经济中的具体表现形式。在市场经济条件下,经营管理、科技开发、信息咨询、营销、推销、储运、信贷、服务等凡是有利于产品市场价值实现、有利于企业劳动价值实现的活动都可以纳入劳动范畴。因此,市场经济下劳动者的范畴必将大大扩大,企业家、高层经营管理人员、科技研究开发人员、自由职业者、各种商业服务、金融服务、投资服务和信息咨询服务人员,都是劳动者或具备一定劳动职能。即便是一些私营企业主,尽管其具有一定的剥削性质,但也在某种程度上执行着一定社会劳动职能。在《资本论》中,马克思分析了资本主义企业中的监督劳动和指挥劳动,指出它具有二重性:一方面,"这是一种生产劳动,是每一种结合的生产方式中必须进行的劳动"。另一方面,"生产过程同时就是资本家消费劳动力的过程。……又包括由政府同人民大众相对立而产生的各种特殊职能"[1]。我国现阶段私营企业主对企业的经营管理也具有双重性质,执行两种职能。一方面,它代表着资本的力量执行着剥削职能;另一方面,它作为总体劳动的一个组成部分,执行着劳动职能。他们制定企业发展战略、营销战略,对企业人财物实行全面管理,参与产品研制开发,参与投资选择、实现资源的优化配置,等等,这些都是劳动,而且是复杂的脑力劳动。因此,江泽民在 2001 年"七一"讲话中所提出的"六种人"也是中国特色社会主义建设者的论断是有其深刻的理论基础的。

(二)关于按劳分配的标准和范围

一是关于按劳分配的标准。依据对劳动范畴的分析,劳动必须是社会所必要的劳动,任何私人劳动必须转化为社会必要劳动才具有创造财富的意义,因此,按劳分配的"劳"必须以社会必要劳动为标准,以社会必要劳动时间来计量。在直接创造社会物质和精神财富的劳动中,社会必要时间受两种因素制约:其一是在社会平均劳动强度、熟练程度和劳动生产率情况下,生产单位产品所需要的劳动量;其二是劳动量的社会按比例分配。这就是说,不论每一个生产者实际耗费的劳动多少,社会只承认平均必要的量。这一平均必要的量,一方面说明他在多大程度上耗费了自己的劳动,另一方面又说明他的劳动在多大程度上符合社会的需要。在市场经济条件下,只有社会的必要劳动才真正具有衡量财富的意义。任何劳动者的个人劳动都必须转化为社会劳动才能被确认。而要使个人劳动转化为社会劳动,就必须通过市场机制所形成的"社会必要劳动时间"的鉴定和计算。显然,按劳分配的"劳"只有通过市场机制所形成的"社会必要劳动时间"的鉴定和计算,才能获得相对现实、合理的标准。虽然市场经济中通行的等价交换原则并不能保证完全的

---

[1] 《马克思恩格斯全集》第 25 卷,人民出版社 1974 年版,第 431—432 页。

等量劳动交换,因而不能保证纯而又纯的按劳分配,但与计划体制相比较,市场经济下的按劳分配是更有效率的劳动和更为合理的分配。按劳分配与市场经济具有同一性和兼容性。

二是关于按劳分配的范围。劳动是社会的总体劳动。尤其是在现代,财富的创造和获得是在广阔的社会范围内进行的。任何一件产品的产生,即使看上去完全依靠手工操作的劳动,例如农村的粮食生产,除了投入农业劳动外,还通过投入化肥、农药而消费其他许多部门的劳动,包括科研部门的劳动、教育部门的劳动乃至国家管理部门的劳动。他们从不同方面对农业生产起着不同和不等的作用。

至于大机器制造的各种产品及其所包括的各部门各行业提供的社会劳动,就更为广泛了。因此,按劳分配从宏观角度看,应包括所有参与国民经济创造活动的各类人员,按其劳动的质和量,分配相应的劳动报酬。如果不从社会范围,仅仅按直接从事生产经营的劳动进行分配,那么,科学、教育事业就得不到发展,社会安全就失去保障,按劳分配就失去了应有的意义和作用。因此,生产经营单位把利润的一部分以税金的形式上缴国家,再由国家拨给非生产经营单位用于工资分配,由国家兴办社会公益福利事业,这是更广泛意义上的按劳分配。①

(三)关于劳动的效率和劳动的效果

依据对劳动范畴的分析,劳动是追求效率和追求良好效果的劳动,因而劳动是实现资源优化配置的劳动和有利于人类可持续发展的劳动。借此推论,在当代我国社会,凡是从事优化资源配置或有利于资源优化配置的活动,都是劳动或具备某种劳动职能。尽管在市场机制作用下也会产生种种非常态劳动,如买卖股票、债券投资等,但这种非常态劳动对实现资源的有效配置,从而对提高社会总体劳动的效率有一定积极作用。同时,还应当看到,个别商品生产经营者盲目投资、盲目生产,这种劳动不论对生产经营者自身还是对整个社会而言,都是一种低效的或无效的劳动;而另有一些商品制售者,为牟取暴利,不惜大量浪费资源,污染环境,严重危及他人的生命健康和安全,危及后代人的利益和发展,尽管这种劳动对生产经营者自身而言是有效的,甚至会给其带来巨额利润,但对整个社会而言,这种劳动却是低效的、无效的甚至是有害的。近些年来我国所出现的洪涝灾害、沙尘暴天气、生态环境恶化等现象,以及为治理这些现象而耗费的巨大人力财力物力,更加表明那种不利于人类生存和可持续发展的劳动是无效的或有害的劳动。

(四)关于劳动的社会利益机制

依据对劳动范畴的分析,劳动需要劳动主体与劳动客体的有机结合,因而需要一定的社会利益机制去调动和发挥劳动者的积极性、创造性,去推进各种劳动者之间的分工协作,进而推进劳动者与其自身之外的各种生产要素的有机结合。我国之所以要实行市场经济,之所以要实行以公有制为主体、多种所有制经济共同发展的经济制度,之所以要实

① 李太淼主编:《公有制与市场经济有效对接论》,河南人民出版社 1998 年版,第 304 页。

行以按劳分配为主体、按劳分配与按要素分配相结合的分配制度,最关键的原因就在于劳动本身所要求的社会利益机制属性所使然。只有这种利益机制的支持,劳动主体才会充分发挥创造精神和创造能力,劳动才会是有效的和高效的劳动。人类社会发展到现阶段,人还没有摆脱私有观念的严重束缚,因而人在劳动过程中积极性和创造性的发挥、人和物的有机结合,还必须借助于私有产权制度的支持。反观我国的计划经济时代,在资源配置上,我国实行的是高度集权的计划配置,在所有制上,我国实行的是比较单一的国有制和集体所有制,在分配制度上,我国实行的是单一的按劳分配制度。按照理想的设计,广大劳动人民成了生产资料的所有者,每个人除了劳动所得不再有不劳而获的收入,广大劳动者都应该积极、忘我地劳动;高度集权的计划配置资源,应该比私人盲目生产更富效率,然而实际情况并非如此。由于劳动者私有观念的严重存在,当劳动者刚刚翻身得解放的劳动热情释放出来之后,劳动因失去了社会利益机制的有力刺激,劳动者在劳动过程中失去了应有的积极性、创造性,偷懒和搭便车现象大量存在,尽管实行按劳分配,但这种"劳"却是低效的劳动,尽管实行资源的计划配置,但由于资源配置本身的复杂性和社会利益激励机制的缺乏,导致计划配置资源经常处于低效或无效状态,从而使社会的总体劳动处于低效状态。

而今,我国实行市场经济体制,让市场竞争机制在资源配置中发挥基础作用,我国实行以公有制为主体、多种所有制经济并存发展的经济制度,实行以按劳分配为主体、按劳分配与按要素分配相结合的分配制度,这些社会制度所形成的社会利益机制,更有利于充分调动和发挥各层次劳动者的积极性、创造性,更有利于整个社会资源的优化配置,更有利于劳动主体同劳动客体的有机结合,因而更符合劳动的内在社会属性。尽管在这种社会利益机制下的劳动也会产生种种非常态劳动,也会产生局部的或个别的无效劳动和低效劳动,但与计划体制相比较,市场经济体制下的劳动是更有效率的劳动,不仅各个人的劳动、各个生产单位的劳动,而且整个社会的总体劳动都更富有效率。

(原载《江汉论坛》2003年第1期)

所有制原理新辩及我国所有制改革趋势

思想观念的碰撞、学术观点的争鸣、理论主张的交锋,始终伴随着当代中国的所有制改革进程。时值 21 世纪初,尽管我国的所有制改革获得了巨大突破,已基本形成了以公有制为主体、多种所有制经济共同发展的所有制结构,但许多有关所有制的基本理论问题尚未彻底搞清楚,依然存在着对马克思主义所有制原理的误读误解,有些理论问题依然困惑和禁锢着人们的思想行为,影响着改革实践。因此,深化对所有制基本原理研究,科学分析我国所有制改革之走势,很有必要。

一、所有制原理新辩

新辩之一:关于生产资料所有制在分配关系中的重要地位

任何社会的生产都离不开生产资料,因而离不开一定的生产资料所有制形式,因而生产资料所有制构成社会生产的必要条件、必要前提,因而生产资料所有制形式决定社会剩余产品分配的形式。这是马克思关于所有制决定分配关系的主要观点。马克思关于所有制决定分配的理论重在说明在直接生产过程中生产资料所有制对分配关系的决定作用。而事实上,正由于生产资料所有制构成生产的条件、前提,因而从整个社会再生产的角度看,乃至从整个社会分配关系的角度看,生产资料所有制构成调节人们之间利益分配关系的主要经济杠杆。这主要表现在:

其一,生产资料所有制是作为社会生产得以正常进行的前提条件而发挥对分配关系的作用的,因而它是长久的、稳定的经济杠杆。追溯人类历史,人类对财富的争夺和占有是有多种手段的,如暴力手段、政治手段。然而,无论是政治手段还是暴力手段,都无法直接融于社会生产过程之中,都是和生产过程相对分离的,因而是和财富的增值过程相对分离的,而非正义的暴力手段还将导致对社会生产的巨大破坏。唯有生产资料所有制是和生产过程和社会财富的创造、增值结合在一起的,因此它成为任何社会所必须采用的调节分配关系的主要经济杠杆。不论从逻辑上推理,还是从历史上考察,生产资料所有制在任何国家、任何社会都是决定和调整分配关系的最主要、最重要的经济手段和经济杠杆。

其二,与其他经济手段相比,生产资料所有制是最基本的经济手段,更具有基础意义。如果说在人类社会历史上曾经先后出现的税收、利率、投资优惠等经济杠杆,工资福利政策,以及各生产单位内部采用的分配制度等,都是为了宏观经济发展和微观生产运行而对利益分配关系进行比较具体的、经常的调节经济手段,那么,生产资料所有制则是调节人们利益分配关系的最基本的经济手段,也就是说,生产资料所有制所决定的利益分配关系制约和影响着其他利益分配关系,对利益分配关系最大力度的调整和最有决定意义的调整是对生产资料所有制关系的调整。正因为生产资料所有制在社会分配关系中、在社会经济发展中有如此重要的地位,马克思主义才把所有制看作决定不同社会性质和区分不同社会形态的决定性因素,有什么样性质的所有制,就有什么性质的社会,生产资料所有制是区分不同性质社会形态的主要的和基本的标志。

新辩之二:关于生产资料所有制作用的相对性

尽管生产资料所有制作为参与社会生产的一个重要社会条件对人们的剩余产品分配发挥着重要的杠杆作用,但不能因此无限夸大生产资料所有制对分配关系的作用,把生产资料所有制的作用绝对化。如果从整个社会生产和再生产的角度考察,我们就会发现,生产资料所有制虽然对分配关系有重要的决定作用,但不是唯一的力量。

其一,国家对分配关系的制约作用。生产就整个社会范围来讲,它需要一个凌驾在直接生产过程之上,作为整个社会生产组织者、管理者、协调者的社会公共组织,在阶级社会,这一公共组织通常表现为国家。国家为保持社会生产的正常发展,不得不对利益分配关系进行宏观调控和调节,从而构成决定和制约人们利益分配关系的一种重要社会力量。国家对社会分配关系的作用虽然与生产资料所有制对分配关系的作用有内在联系,但作为宏观调控的独立主体,国家与生产资料所有制对分配关系的作用又是有所区别的。国家对分配关系的作用主要表现在以下两个方面。

一是国家通过调控生产资料所有制调控人们之间的分配关系。国家的起源和存在是以发挥其在社会生产系统中的角色功能为前提的。不论在奴隶社会、封建社会,还是在资本主义社会,国家对整个社会生产的组织管理和计划都在一定程度上存在着,尤其是当代资本主义社会,国家对经济的组织、管理和计划更加严密。这种组织管理无疑构成对生产资料所有制的制约。任何一个社会,如果国家无力控制生产资料所有权的恶性膨胀对生产造成的破坏,因而无力协调整个社会生产的正常运行,那么,国家政权的颠覆、社会的动乱,将不可避免。国家对生产资料所有制的调控主要是国家(政府)可以采用经济的、法律的乃至暴力的手段直接调控生产资料所有制结构和规模。如在资本主义社会,国家根据社会生产需要,在第二次世界大战后不断加大国有经济比例,扩大国有制范围,而到了20世纪80年代,西方国家又出现了大量国有企业私有化浪潮。1985—1988年,全世界有50多个国家为发展经济、提高生产率推行了各种方式的"私有化"。国家通过调控各种生产资料所有制的结构、规模、发展方向,一方面适应着社会生产协调发展的要求,另一方面也调整着人们之间的利益分配关系。

二是国家运用经济、法律、行政等手段直接调节分配关系。国家作为一种凌驾在社会生产之上的社会公共组织,作为社会公共权力的代表者、行使者,为了社会生产能正常进行,不致因利益矛盾和冲突导致社会动乱和崩溃,除通过经济、法律、行政等手段直接调控生产资料所有制的规模、结构外,还可以通过经济、法律、行政等手段直接调节社会分配关系,调节人们对生活资料的所有制关系。如在当代资本主义社会,国家(政府)经常利用财政税收、金融信贷、社会再分配等经济杠杆、经济政策,利用法律手段,来调节资本家、公务员、教师、职工、居民等不同层次人们之间的利益分配关系,从而在一定程度上缓和了阶级阶层矛盾,保持了资本主义社会的稳定和发展。

其二,不同层次生产者对分配关系的制约作用。广义的社会生产者应包括所有在人类与自然界物质变换过程中发挥积极作用的人,不仅包括直接生产部门的人,还包括非直接生产部门诸如教育、卫生、社会公共管理等部门的人;不仅包括生产物质财富的人,还包括生产精神财富的人。在庞大复杂而又有机联系的社会生产系统中,需要各种生产者的分工协作,既需要在一个生产组织内部进行有机的分工协作,也需要整个社会范围的分工协作。有的工作似乎离生产很远,如国防、治安、教育,但对整个社会生产来说却是必不可少的。在国家还存在的前提下,没有国防,就不会有安定的国内环境;没有治安,就不会有良好的社会秩序;没有教育,就不会有高素质的劳动者。所有这些都制约着社会生产的正常运行。而所有这些从事非直接物质生产的生产者和从事直接物质生产的生产者都有特定的利益要求,从而构成对生产资料所有制的制约。这种制约主要表现在对生产资料所有制所实现的分配关系的制约。

从整个社会的生产再生产角度看,作为社会生产组织管理者的国家,必须把非直接物质生产部门生产者的利益要求置于他们可以接受的范围内。对于国家公共事务管理人员、法官、律师、教师、医生、科学研究工作者等,应根据其在整个社会生产过程中的角色功能、作用大小,使他们的利益得到应有保障,否则将影响社会生产的协调进行。这种利益要求无疑对生产资料所有制构成制约,这一制约过程主要是通过国家实行国民收入再分配实现的。

从直接生产过程看,马克思主义认为,所有制只能通过生产本身来实现。不进入生产过程,财产就是虚物,仅仅是一种经济前提。生产资料必须进入生产领域,必须和劳动者相结合,才会创造使用价值,才会增值财富。否则,拥有再多的生产资料也毫无意义。而为让劳动者和生产资料相结合,生产资料所有者就必须把劳动者的物质利益置于劳动者能够接受或忍受的地步,就必须相对满足在生产过程中不同层次劳动者如经理、经济师、工程师、高级技术人员、技术工人、熟练工人到一般工人等的不同利益要求。

新辩之三:关于生产关系的技术属性和利益属性

生产关系具有两重性。生产关系的两重性可以简单概括为生产关系的技术属性和利益属性。生产关系的具体形态可以从质上抽象划分为两个方面:一是生产者之间的技术关系。这是指在一定的社会生产过程中,在最大限度发挥生产力的前提下,完全由劳动对象、劳动资料的性能、用途、使用方法以及社会生产的连续性、和谐性、效率性等技术规定性,一句话,由人和自然的物质变换规律所决定的生产者之间的一种必然的联系和关系。它包括直接劳动过程中的具体组织、互相配合等分工协作关系,也包括整个社会范围内的生产和再生产过程中所要求的生产者(广义而言)之间必然的技术性合作和联系。二是生产者之间的利益关系,最主要是物质利益关系。这是由人和人的利益矛盾导致的人们在社会生产过程中必然结成的利益关系,或曰所有制关系,主要表现在对生产资料、交换资料、消费资料等物质资料的占有、支配、使用、享受等方面,其中,对剩余产品的占有享用关系是所有制关系的核心内容,是所有制的实质。由于生产资料所有制构成直接生产的前提,构成人们获取剩余产品的一定条件和手段,对其他所有制关系有相对独立的决定作用,因而,生产资料所有制构成所有制关系的本质特征。鉴于生产资料所有制在所有制关系中的重要地位,人们往往从狭义上把生产资料所有制等同于所有制,其实,严格说来,这是两个有差别的不能完全等同的概念。

新辩之四:关于生产资料所有制的演变机制

生产力决定生产关系。在生产力的作用下,一切所有制关系都经历着经常的历史更替、经常的历史变更——这是马克思主义的一条基本原理。但长期以来传统理论对生产力对生产关系特别是对生产资料所有制的决定作用、对所有制的演变机制存在着教条式、机械式的理解,因而未能更加科学地阐明所有制演变原理。事实上,所有制的演变过程是极其复杂而生动的。

其一,生产关系的技术属性是所有制关系演变的客观基础。所谓生产力决定生产关系,首先就是决定生产者的技术关系。正是由于生产力的发展变化,生产资料的性质不同,生产的连续性、和谐性的技术规定的变化,人们之间的技术关系就发生相应变化。在这种技术关系中,生产者本身就是作为一种"物"存在的。生产者的技术关系作为从生产关系中抽象出来的一种关系,起码有这样几个特点:(1)它最直接反映生产力的要求,和生产力是一致的,不存在和生产力的矛盾。(2)它和生产力一样,具有易变性。生产力是最革命、最活跃的因素,因此它也就随着生产力引起的生产资料性质变化、生产的技术规定性变化而不断发生变化。(3)它具有客观性和必然性,它始终是生产力发展的保障,人们只能利用它,而不能取消它。生产力决定生产关系,其次就是决定人们在生产过程中的物质利益关系或曰所有制关系,其中最重要的是生产资料所有制。生产力对所有制关系的决定作用是通过生产者技术关系这一中介进行的,技术关系是所有制关系赖以建立、发展、变更的基础,因而也是整个生产关系的基础。需要指明的是,生产力对所有制关系的决定作用是通过人和人的相互作用而被动地表现出来的,是经过人们的矛盾斗争而实现的。

社会生产的技术关系或曰技术属性之所以是所有制关系演变的客观基础,是因为人与人的利益关系必须服从于人与自然的关系,人与人的利益关系必须以社会生产的正常进行为前提。人们的利益关系一旦游离于社会生产的技术属性之外,必然是短暂的、缺乏生命力的。古今中外的历史从正反两个方面都印证了这一逻辑关系。正是资产阶级所依托的生产方式的社会化这一技术关系属性,它要求社会化地运用生产资料,运用各种资源,从而为资产阶级利益的扩张提供了坚实基础。正是这种技术关系的属性要求,使资本主义的所有制关系得以确立和发展,不仅迫使封建贵族最终向资产阶级妥协和投降,而且消灭了农民小私有制,使农民阶级不断分化乃至消亡。而与此同时,资产阶级的利益却不断得到巩固和张扬。如果从当代社会生产的实践看,情形更加明显。正是随着生产力的发展,随着社会生产所要求的技术关系的发展变化,导致了资本主义所有制关系的不断发展变化。从一个国家内部角度看,社会生产的技术先进性、高度复杂性、密切协作性,使知识工作者、科技工作者、职业经理人等人的地位、作用日益突出,从而他们的经济利益也不断得到提高。从国际角度看,经济全球化、信息网络化等所带来的社会生产在世界范围内的分工与协作,正改变着原有的国际利益格局,拥有先进生产力、先进技术的国家、民族、社会群体将在这种全球化进程中获得更多的利益。

其二,人和人的利益关系是所有制演变的社会条件。正是因为人们之间的利益关系存在,才产生了生活资料和生产资料所有制,生活资料所有制和生产资料所有制是人们经济利益关系的集中反映。如果没有人们之间的利益关系,所有制的存在便失去了意义。因此,人和人的利益关系是所有制存在和发展的社会基础,是所有制演变的社会条件。如果说社会生产的技术属性是所有制演变的客观基础,是一种自然力量的话,人和人的利益关系则是所有制演变的内在动力,是一种社会力量。

其三,所有制演变是社会生产的技术关系要求与人们的利益关系要求共同作用的结果。从社会生产运行角度看,社会生产是在人与自然的物质变换矛盾和人与人的利益矛盾这两大矛盾中进行的,而人与自然的矛盾又制约着人与人的矛盾。在人与自然矛盾(也就是生产力发展要求)制约下,人和人的利益矛盾经常形成一种妥协的利益驱力,决定人们在社会生产中的积极性、能动性,去推动和促进社会生产的发展。而与此同时,作为首先是人与自然物质变换过程的社会生产有其技术规定性,制约着生产资料和劳动者必然采取的结合方式。这种必然采取的结合方式,与利益驱力所决定的生产者从事社会生产的积极性、能动性相结合,构成社会生产能力,共同制约着生产资料所有制的形式和内容。从而一方面适应社会生产的技术规定性,一方面通过生产资料所有制的杠杆作用形成生产发展所必需的物质利益结构和利益机制,继续推动社会生产向前发展。随着生产发展,又会产生新的社会生产的技术规定性和新的利益矛盾,而新的利益驱力和新的生产技术规定性,形成新的生产能力,改变生产资料所有制的原有结构、形式和所实现的利益关系内容。社会生产的技术规定性(主要指生产者之间的物质技术关系)一旦发生质变,与生产者技术关系相对应的人们的利益关系也就发生质变,经过激烈的利益冲突,形成新的利益驱力,从而决定生产资料所有制也必然发生质变。

社会生产能力直接决定着生产资料所有制的形式和内容,而社会生产能力是由人的因素(人们在社会生产中的积极性、创造性)和物的因素(社会生产要求的技术规定性)相结合构成的。社会生产者的利益驱力和社会生产技术规定性的矛盾运动,构成了生产资料所有制的演变过程。生产资料所有制形式越能调动生产者的积极性,越能提高生产率,越能创造满足人们需要的财富,它就越具有存在发展的合理性,否则,它就会成为社会生产发展的桎梏,终将被淘汰。

新辩之五:关于人在生产资料所有制形成中的作用

过去我们有些人对马克思主义关于生产力决定生产关系的原理存在着形而上学的误读误解,在"有什么样的生产力就有什么样的生产关系"的推理下,总是把生产力与生产关系之间丰富的辩证关系看成简单对应的线性关系。这事实上是抽掉了人在社会实践中的主体地位,抽掉了人在所有制关系、在生产关系形成和发展变化中的能动作用。人类是社会实践主体,生产资料所有制作为一种社会制度,是人们在社会实践活动中选择的结果。由此我们也可以推断出,在生产力与生产关系之间,在生产力与生产资料所有制之间,在空间上和时间上并不存在一对一的绝对对应关系,并不存在完全的"零距离"关系,其间存在着差距,甚至是极大的差距。

由于人们利益要求的多样性、复杂性,由于统治集团受自身狭隘利益的制约,由于人们对自然、社会辩证发展规律认识的局限性,人们对生产资料所有制的选择往往充满了矛盾、冲突和斗争,这就注定了人们对生产资料所有制的选择会包含更多的主观动机、利益诉求乃至阶级偏见,因而生产资料所有制与社会生产的技术关系之间就会经常出现这样的情形:或符合生产的技术关系要求,这时它就能适应生产力发展要求,并极大地促进生产力发展;或不符合社会生产的技术关系要求,这时它就破坏或阻碍生产力发展。而由社会生产的主要矛盾——人与自然的矛盾所决定,生产力发展有自身的刚性、不可抗拒性,因而社会生产的技术关系有自身发展的刚性、不可抗拒性,因而任何不符合生产发展的技术关系要求的利益关系及其他社会关系,都会或早或迟地被消灭或被改进。

新辩之六:关于人与生产力的关系及其判断生产资料所有制进步与否的标准

生产力作为一种既定的社会力量,决定着人们的生产关系,然而又是谁决定着生产力的发展呢?答案很明确,是人。人类作为社会实践的主体,对生产力的发展具有决定性作用。相对于人类自身的生存、发展、享受这一最终目的而言,生产力只是手段。生产力的发展是靠人去推动的,生产的技术关系是靠人去实现的,而人是有血有肉、有情感、有意志、有利益需求和理想追求的高级动物,因而生产力的发展又离不开人的生产积极性、能动性的充分发挥,而人的生产积极性、能动性的充分发挥又离不开合理、进步的社会制度,尤其是离不开由社会制度组成的有效的利益机制,而其中最重要的制度因素是生产资料所有制。因此,虽然从根本的关系上讲,生产关系是由生产力最终决定的,但从能动的社会实践的角度上看,采取什么样的社会制度,尤其是采取什么样的生产资料所有制制度和收入分配制度,形成什么样的利益关系,直接关系到生产力的发展及其发展快慢。这正是生产关系对生产力的巨大反作用。因此,衡量一种所有制制度、一种分配制度乃至其他社会制度是否合理,是否具有进步性,关键就是看这些制度能否形成有效的利益机制,能否充分调动和发挥广大社会生产者的生产积极性、能动性和创造性。生产者积极性、能动性、创造性的充分发挥是生产力持续发展的内在动力。因此,判断任何一个社会、一个时代、一个国家其所实行的生产资料所有制制度的优劣得失、进步与否,其首要标准和根本标准就在于看它是否有利于调动和充分调动生产者的生产积极性,是否有利于发挥和充分发挥生产者的能动性、创造性,这是任何时代、任何社会、任何国家生产力发展的关键所在。

二、深化当代中国所有制改革之趋势

所有制原理告诉我们,所有制关系是一切经济关系中最主要的经济关系,所有制改革是我国经济改革的核心内容。我国改革开放20多年来所取得的巨大成就已充分显示了所有制改革的制度绩效,但深化我国的所有制改革依然任重而道远。依据所有制原理,分析我国所有制改革的现状及存在问题,我们将会非常清楚地看到深化我国所有制改革之趋势。

趋势之一:大力发展非公有制经济

长期以来,理论界总是把我国大力发展非公有制经济必要性,归因于生产力发展的多层次、不平衡状况。这种理论解释是无力的、片面的、不完全符合客观实际的。在生产力发展多层次、不平衡的理论阐释中,内含着这样一种逻辑推理,即手工操作的小生产、落后的生产力是与个体所有制和私有制对应的,而现代化的机器大生产则是和公有制对应的。然而,无法回避的现实问题是:经过20多年的改革开放,我国的生产力水平获得了极大提高,"刀耕火种"的原始生产力已越来越少,机械化、自动化生产越来越多,信息经济、知识经济、网络经济获得了快速发展,在这样一种生产力水平下,为什么私营经济不仅没有减少反而获得了更多发展?不仅落后的农村存在私营经济,而且在现代化的城市中存在着更大规模的私营经济?私营经济不仅在一些传统产业占有重要比重(如商业服务业、机械制造业),而且在一些高新技术产业也占有一定比重?

我国之所以要大力发展私营经济,确实是来自我国生产力的发展状况和发展要求。但这种必然性不只是来自生产力发展的多层次和不平衡状况的要求,从更深层次上讲,是因为生产力的发展状况还没有达到"财富充分涌流""劳动已不再是谋生手段而是生活第一需要"的程度。在"财富尚未充分涌流""劳动还是谋生手段"的生产力水平下,人们必然产生各自的利益要求,必然存在自私的观念,社会还不得不利用人们自私的心理和对自身利益的要求,去充分调动人们的积极性、能动性、创造性以推动社会生产力更快发展,以创造更多的社会财富满足人们的利益要求。尽管以机器生产为标志的近现代生产力为我国建立公有制提供了一定的物质基础,但这种所有制制度只有当它作用于宏观经济运行时才能显示出它的宏观经济效益和社会效益,而也正因此,它才获得了存在和发展的合理性,如重要的生产资料由国家和集体掌握,国有经济在重要行业和产业占支配、控制地位,这样可以避免私人垄断、盲目竞争,因而它从宏观上更有利于生产力发展。然而,在微观经济运行中,由于公有制经济组织中人们自私观念的作用和对个人利益的追求,往往存在着两种现象导致公有制经济组织生产经营的低效率:其一是"搭便车"现象。不思尽其所能,只想从他人的劳动成果中获得自己的便利。其二是公经济中的"私经济"行为。假公济私,损公肥私,利用自己在公有制经济组织中的权利和地位谋求自己利益最大化。这两种现象的存在,使公有制经济组织缺乏持久的、强烈的内生动力,从而导致公有制经济组织的效率低下。而私营经济,由于和个人的利益密切结合,因而有一种内生的、持久的发展动力。可见,在当代我国社会生产力的发展运行中,公有制在宏观经济运行中有着不可替代的宏观效率优势,而在微观经济运行中,私有制却有着不可替代的微观效率优势。私有制依然是调动人们生产积极性、实现生产要素优化组合、推动生产力快速发展的有力的经济制度杠杆。正因此,在我国社会主义初级阶段,在生产力发展水平已经很高但尚达不到"劳动成为第一需要""财富充分涌流"的阶段,在所有制制度上就必须实行以公有制为主体、多种所有制共同发展,就必须实现公有制与私有制的优势互补,以推动生产力快速发展,创造更多的社会财富以满足人们不断增长的物质文化生活需要。

趋势之二:进一步深化国有企业改革

在市场经济(包括社会主义市场经济)中,国有企业只能是特殊企业,承担着提供公共产品、限制私人垄断、维持市场公平竞争、实现政府社会政策目标等特殊功能。我国的国有企业作为公有制的实现形式还具有为社会主义价值目标服务的特殊功能。鉴于对国有企业在市场经济中的功能定位,针对我国国有企业的现状及存在问题,深化我国国有企业改革应围绕三个层次目标进行:第一层次目标——优化所有制结构。首先要从所有制角度对国有经济布局进行战略调整,坚持有进有退,"退"是关键。第二层次目标——实行分类改革。垄断类国有企业改革的目标应是实现"标准化"的企业管理;竞争主导类国有大中型企业的改革目标是依据现代企业制度要求,进行规范的公司制改造,把这类企业改造成完全自负盈亏、自我发展的市场经济主体;竞争盈利类国有中小企业改革的主要目标是通过收购、兼并、股份制改造、股份合作制改造、租赁承包等多种形式彻底放开搞活,将多数竞争盈利类国有中小企业转变为非国有性质企业。第三层次目标——构建竞争主导类国有公司制企业有效的治理结构。这需要改革传统的国有资产管理体制、建立和完善国有出资人制度、合理配置股权、在公司内部建立权责分明的组织体系、建立和完善对国有资产经营者的激励约束机制等。

趋势之三:深化农地产权制度改革

以农业经济发展和土地资源配置效率为标准来判断,我国曾广泛推行的家庭联产承包制取得了令人瞩目的制度绩效。然而,随着市场经济的发展以及农村经济的巨大变化,原有的家庭承包制逐渐暴露出一些制度缺陷,诸如:农民集体土地所有权权能模糊,土地利益关系混乱;土地承包经营权界定不清,土地承包关系不稳定;农户承包使用土地预期不足,不能形成有效的农业投入和积累机制,影响土地产出效率;土地使用权属不充分,无法在更大范围内实现土地的流转,影响资源配置效率;等等。农村中存在的对土地的掠夺式使用、粗放式经营、耕地闲置和浪费、耕地面积细碎零散、土地使用权不规范流转等现象都是农地产权制度缺陷的反映。我国是耕地资源十分有限的国家,为充分调动农民生产经营的积极性、创造性,为有效开发利用耕地并保持农地的可持续利用,为适应农业生产经营的产业化、规模化、市场化要求,为加快我国的城镇化建设进程,深化农地产权制度改革势所必然。

趋势之四:努力创新自然资源类生产资料的公有制实现形式

自然资源类生产资料包括土地资源、森林资源、矿藏资源、水资源、空间经济资源、海洋经济资源等。自然资源类生产资料具有天然的垄断性和外部经济性特征,因而从生产资料的技术规定性看,它们最适宜采取公有制。在我国,这些自然资源类生产资料必须采取国家所有,对某些生产资料可以辅之以必要的集体所有。但在市场经济条件下,这些自然资源类生产资料的国有制和集体所有制,亟须创新其具体的实现形式。必须通过明晰产权关系、合理引入市场机制、改革和完善对自然资源的管理和使用制度,以使这些资源得以合理、有效、可持续地开发利用,为国家和人民创造更多的经济效益和社会效益。随着科学技术的飞速进步,自然界许多物质的新特性及有用性不断被发现,同时,面对自然资源的日益紧缺,不仅地球上的自然资源甚而宇宙中的自然资源,对人类社会的生存及经济发展将会具有越来越重要的意义,其所有制制度安排及其实现形式的意义也会越来越重要,这必须引起我们的高度重视。

趋势之五:积极推进个人产权的社会化

在市场经济体制中,居民和家庭从过去计划经济体制下单一的消费主体转变为消费主体、生产要素供给主体、市场交易主体、分配主体等多元主体。也就是说,居民和家庭将作为相对独立的产权主体和市场经营主体而融入市场经济的运作之中。为充分调动拥有不同生产要素的居民和家庭参与社会化生产经营的积极性,为适应市场经济条件下社会化大生产的要求,使各种社会资源得到最有效配置和利用,我们必须大力推进个人产权的社会化。一是要建立健全保护个人产权的法律法规,为个人产权的运作提供制度保障。二是要建立健全要素市场体系,为个人产权的运作提供良好社会条件。三是要坚持按劳分配与按要素分配相结合,充分调动资金、知识、技术、信息、经营管理才能等各种要素所有者投身社会化大生产生产经营的积极性。

趋势之六:强化国家对分配关系的宏观调节

实现共同富裕是社会主义的价值目标。但在大力发展非公有制经济情况下,在按要素分配发挥重要作用的市场经济运行中,必然存在着收入差距拉大、分配不公问题。这就更加需要国家遵循效率优先、兼顾公平的原则,采取必要的经济、法律、行政手段,加大对社会再分配关系的调节力度。要在建立健全社会保障体系、保障弱势群体基本生活水平的同时,通过税收杠杆、财政转移支付,调节不同地区、不同阶层间的分配关系。对分配关系的调节实质上是对所有制实现内容的调整。政府对收入差距的调节既是弥补市场缺陷的需要,也是实现社会公平和经济效率有机统一的必然要求。

参考资料

[1]《马克思恩格斯选集》,第1、2、3、4卷,人民出版社1995年版。

［2］林水源：《论新型社会主义所有制的构建》，中国社会科学出版社1991年版。

［3］［美］R.科斯等：《财产权利与制度变迁——产权学派与新制度学派译文集》，上海三联书店1991年版。

［4］林岗、张宇主编：《马克思主义与制度分析》，经济科学出版社2001年版。

［5］李太淼主编：《公有制与市场经济有效对接论》，河南人民出版社1998年版。

［6］齐桂珍主编：《中国所有制改革20年》，中州古籍出版社1998年版。

［7］金碚：《何去何从——当代中国的国有企业问题》，今日中国出版社1997年版。

［8］李太淼、林效廷主编：《所有制原理与当代中国所有制改革》，红旗出版社2003年版。

（原载《中州学刊》2003年第5期）

构建中国特色社会主义经济制度
所应遵循的四大原则

当前,尽管我国已初步确立了社会主义市场经济体制,确立了以公有制为主体、多种所有制经济共同发展的基本经济制度和以按劳分配为主体、多种分配方式并存的分配制度,然而,理论界乃至实践界仍有极少数人对我国的基本经济制度和分配制度持有异议,存在模糊认识;对如何深化国有企业改革特别是产权制度改革、如何深化农地产权制度改革、如何深化分配制度改革等存在着不同的理论主张和政策主张。我国改革正处于攻坚阶段,正触及许多深层次矛盾和问题。要解决这些深层次矛盾和问题,要谋求中国更快更好的发展,我们必须及时地、正确地进行一系列具体经济制度的改革和创新。很显然,构建和完善中国特色社会主义经济制度,依然是当代中国面对的重大理论问题和实践课题。认真总结改革开放以来经济制度改革和创新的经验,认真研究、探讨并明确构建中国特色社会主义经济制度所应遵循的原则,对坚持正确的改革方向,对推进各项具体经济制度的创新,很有现实意义。笔者认为,构建中国特色社会主义的经济制度,必须正确认识和遵循以下四大原则。

一、要遵循价值理性与制度理性辩证统一的原则

所谓价值理性就是人们要尽量作出符合人类社会整体利益、符合客观实际的价值判断,从而确定正确的价值取向和价值目标。所谓制度理性就是作为社会工具的制度的效率性,进而言之,就是制度要既有利于价值目标的实现,又符合人、自然、社会发展变化的客观规律,能产生良好的制度绩效,从而达到合目的性与合规律性的统一。尽管从根本原因上看,制度作为上层建筑,其形成、发展、变化是由生产力与生产关系的矛盾运动决定的,但从直接原因看,人类作为社会实践主体,制度的演变却是人们在社会实践活动中能动选择的结果。作为选择,就不可避免地会受到人们价值观念和思维能力的制约,同时又受到社会客观环境的制约,受到经济社会发展规律、人的发展规律、自然界发展规律等客观规律的最终制约。一方面,价值判断和取向的非理性会导致制度选择的非理性,进而导致制度缺乏存在的现实基础和生命力;另一方面,再好的价值选择都必须通过有效的制度路径来实现,一旦制度脱离了实际,背离了规律,就会事与愿违。在传统的社会主义模式实践中,由于我们无视价值理性与制度理性的辩证统一,导致了我们所追求的价值目标与制度绩效的严重背离:我们追求按劳分配,却平均主义盛行;我们追求共同富裕,却导致共同贫穷;我们追求生产力快速发展,生产力却徘徊不前。其教训是深刻的。为使当代中国经济制度的构建更加富有绩效,我们就必须谋求价值理性与制度理性的有机统一。根据当前的实际情况,我们在改革创新经济制度过程中必须正确认识和把握以下几个问题。

(一)要坚持中国特色社会主义的价值取向

作出理性的价值判断,选择理性的价值取向,对搞好制度改革和创新至为重要。尽管马克思、恩格斯在对未来社会制度的具体设计中不无缺陷,但马克思主义基本原理中有诸多充满理性光辉的基本价值判断,诸如"生产力决定生产关系""劳动是财富的根本源泉""所有制决定分配关系"等,都对我们深化经济制度改革具有指导意义;传统社会主义理论中所主张和追求的"民主""友爱""公平""效率""共同富裕"等基本价值目标中都闪烁着人类理性的光芒。改革开放以来我党形成的邓小平理论、"三个代表"重要思想、科学发展观,其中更是充满了许许多多富有时代感的正确的基本价值判断和一系列具体的价值判断,诸如"贫穷不是社会主义""发展是硬道理""和平与发展是当代世界主题""科技是第一生产力""发展是党执政兴国的第一要务"等,从而形成了中国特色社会主义的价值取向,诸如"坚持以科学发展观统领经济社会发展全局""坚持以人为本、全面协调可持续的发展""坚持走共同富裕道路""坚持走改革开放之路""坚持公平正义""追求又快又好发展"等。① 这些价值取向既继承了传统社会主义理论中的根本价值取向,又富有时代内涵,符合广大人民的意愿和要求,符合社会进步需要,因而是我们改革和创新经济制度必须始终把握的价值取向。

(二)要坚持制度理性

其一,坚持制度理性的最根本要求就是坚持生产力标准。能否促进生产力快速发展,是衡量制度好坏优劣的首要标准、根本标准,是制度是否具有合理性、是否具有生命力的根本依托。经济制度的演变归根到底取决于生产力的发展状况和发展要求,这是马克思主义一以贯之的观点,是对生产力最终决定制度演变这一社会发展规律的正确认识。"劳动生产率,归根到底是保证新社会制度胜利的最主要最重要的东西。"②因此,我们的经济制度设计,必须力求反映生产力的发展状况和发展要求,特别是要力求反映先进生产力的发展要求。其二,要坚持制度理性,就必须立足于中国国情,一切从中国的客观实际出发。一个国家社会制度的选择必然要受到该国生产力发展状况、所处的地理环境、人口状况、资源状况、历史文化传统等诸多客观的自然及社会因素制约,因而必须充分考虑这些制约条件,绝不能照抄照搬国外的制度模式,也不能盲目地急躁冒进,否则,就可能导致制度失灵、制度棚架、制度难以付诸实施,达不到预期效果。其三,要坚持制度理性,就必须使经济制度安排力求反映经济社会、人及自然的发展变化规律。市场经济是有规律可

---

① 侯远长:《中国特色社会主义的价值问题探讨》,《中州学刊》2006年第1期。

② 《列宁选集》第4卷,人民出版社1972年版。

循的,我们要发展市场经济,就必须遵从市场经济的基本运作规律,诸如供求规律、竞争规律;制度是靠人制定同时又靠人去执行的,要使制度能顺利推行,就必须充分考虑个人理性、考虑人的生存发展享受需要及其变化;人类不可能离开自然界而独行,自然界是人类赖以生存发展的物质载体,为保护人类的延续,人就要与自然和谐相处,因而我们的制度设计就必须遵从自然规律。当然,要完全做到反映客观规律并非易事,这取决于我们对经济社会、人和自然界发展变化规律的认知和把握程度。其四,要坚持制度理性,还必须充分考虑制度选择的成本效益。制度创新是需要成本的,一个价值目标可能有多种制度路径选择,我们必须争取选择那些最能节约成本并能获取最大制度绩效、最优最好的制度,从而减少改革创新必然付出的成本代价。

(三)在当前经济制度创新中应警惕和防止几种错误思想倾向

一是要防止否定改革的社会主义价值取向、否定基本制度、主张彻底私有化的思想倾向。极个别人以西方经济学为"圣经",以资本主义经济制度为蓝本,信奉新自由主义,或主张以私有制为主体,或主张完全"私有化"、绝对自由化、全面市场化和"全盘西化",认为只有私有制、只有私有经济才能产生最大效率,因此否定以公有制为主体存在的合理性、必要性;有些人认为市场经济条件下实行的分配原则只能是按资分配,否定按劳分配的主体地位。所有制决定社会的根本性质,劳动是创造财富的根本源泉,这都是马克思主义基本原理,也是基本价值判断,因此主张公有制和按劳分配是社会主义的基本价值取向。如果不再实行以公有制为主体的基本经济制度和以按劳分配为主体的分配制度,我们社会的性质就会发生根本改变。我们不应该忘记历史。19世纪下半叶20世纪上半叶风起云涌、波澜壮阔、席卷全球的社会主义运动和社会主义革命,已向世人昭示了资本主义私有制的种种弊端,展示着人类对美好社会制度的向往。历史上经常爆发的农民起义和战争也一再陈说着私有制的种种罪恶。我们没有任何理由美化和神化私有制,没有任何理由否定社会主义的基本价值取向。而且,更为重要的是,我们今天实行的基本制度和分配制度,不仅能体现社会主义的价值取向,而且能适应市场经济的要求并能有效弥补市场经济的缺陷,扼制市场经济的负效应。因此我们深化经济制度改革必须以坚持和完善基本经济制度,坚持和完善以按劳分配为主体、多种分配方式并存的分配制度为前提。

二是要防止囿于传统社会主义模式和观念,否定改革的方向,否定基本经济制度和以按劳分配为主体、多种分配方式并存的分配制度,反对进行制度创新的思想倾向。个别人以改革中出现的问题诸如腐败问题、贫富差距问题、就业问题等为依据,怀疑甚至否定建立社会主义市场经济体制的改革,否定多种所有制经济并存、多种分配方式并存的合理性和必要性。我们同样不能忘记刚刚过去的历史,不能忘记在传统社会主义模式下由于价值取向与制度路径的脱节所导致的事与愿违的沉痛教训。美好的价值取向必须通过具体的制度路径才能获得体现和实现,更何况,诸多价值取向如公平、效率、正义、博爱、自由、秩序等之间存在着极其复杂的矛盾制约关系,这就需要我们进行价值整合,选择最理性的价值取向。我们需要公平,但更需要效率;我们需要自由,但必须遵守秩序。不存在公有制和按劳分配,社会就缺乏最基础的维护公平的制度工具;但不实行市场经济,不允许多种所有制和多种分配方式并存,就不会有经济发展的高效率,不会有更大的"蛋糕"可分,因而也不会有符合广大人民根本利益的"公平"可言。可以说,相比传统社会主义模式下"一大二公"的所有制和平均主义分配制度而言,基本经济制度和以按劳分配为主体、多种分配方式并存的分配制度,正是最理性的、最有利于社会主义基本价值目标实现的、最具有现实基础的主要经济制度选择,至于改革中存在一些矛盾和问题,还需要通过进一步深化改革和制度创新来解决。

三是要防止把基本经济制度完全意识形态化,不注意基本经济制度与具体经济制度有机结合的思想倾向。基本经济制度可以是意识形态,但更是一种制度安排。经济制度有基本制度、有具体制度,基本制度制约着具体制度,具体制度支撑着基本制度。中国特色社会主义经济制度应该是以基本经济制度为核心、以分配制度为保障、以具体经济制度为支撑的有机结构体系。如果我们在具体的经济制度设计中不能体现中国特色社会主义的价值取向,不能体现基本经济制度的本质要求,基本经济制度就会被架空,就会停留在口号上,就会变成一纸空文。

二、要遵循公平与效率辩证统一的原则

公平、效率都是社会主义所追求的最重要最基本的价值目标。效率可以说是经济制度的生命,而公平却是社会主义经济制度的灵魂。没有效率,经济制度就没有存在的现实基础;而没有充分的公平,经济制度就不再是社会主义的经济制度。近年来,鉴于我国地区之间和社会成员之间收入差距不断拉大的趋势,"公平与效率"的关系再次成为人们争论的热点。有人认为,我国实行的"效率优先、兼顾公平"的原则割裂了效率与公平的关系,降低了公平的地位,颠倒了经济发展的价值目标与基本手段之间的关系,因而主张用"公平优先"代替"效率优先"。有学者认为收入分配政策的基本原则应由改革开放之初的"效率优先、兼顾公平"调整为"初次分配注重效率,再次分配注重公平,效率与公平并重"[①]。还有人认为现在提"效率与公平并重"为时尚早,等到 2010 年前后,人均 GDP 达到 1500 美元左右时,可以用"效率与公平并重"慢慢代替"效率优先、兼顾公平"。更多的学者认为应该坚持"效率优先、兼顾公平"的原则,但在贯彻这一原则的政策取向上仍有不同主张。如有学者提出:效率是企业的直接目标,公平是政府的第一目标或直接目标。[②] 有学者不赞成"初次分配注重效率,再分配注重公平"的流行观点,认为初次分配也存在公平问题,也应该注重公平。[③] 笔者认为,公平与效率之间应该是辩证统一的关系。效率是公平的前提,是公平分配的基础。坚持效率优先,不仅是生产力与生产关系矛盾运

---

① 过文俊:《贫富差距:理性审视与多维调节》,《中国人口科学》2003 年第 5 期。
② 赵材如:《论经济在"公平"中增长》,《中国经济时报》2003 年 3 月 31 日。
③ 赵学清:《论初次分配中的公平问题》,《中州学刊》2006 年第 2 期。

动的规律所使然,而且也是满足广大人民群众日益增长的物质文化需要的根本途径。没有效率、没有社会财富的极大增长,"公平"就会失去意义,就不再是广大人民群众所需要的"公平",就会从根本上损害广大人民群众的利益。同时,公平问题至关重要,公平不仅是社会主义最重要的价值取向,关乎广大人民群众能否成为社会财富的真正拥有者、享用者,而且关乎效率问题,关乎经济能否持续、稳定、健康发展;过多的不公平特别是分配不公,不仅会影响广大劳动者积极性、创造性的充分发挥,不仅会制约社会有效需求的增长,严重的情况下还会导致激烈的社会矛盾和冲突,最终妨碍经济发展、妨碍效率的提高。因此,我们必须正确认识和把握市场经济中公平与效率既矛盾又统一的辩证关系,既要坚持效率优先,同时要注重公平,既不应为追求效率而过损公平,导致社会动荡,也不应为追求公平而损效率。依笔者之见,如果觉得作为分配原则的"效率优先、兼顾公平"从语言学角度看,还没能更好地表达追求效率与公平辩证统一的价值取向的话,可否改为"效率优先、注重公平"?从字面理解,"注重"比"兼顾"更能表达我们对公平的重视程度,而且,"注重公平"与"效率优先"并无语言逻辑上的矛盾,也就是说,"注重公平"并不等于"公平优先",并不妨碍效率优先,只是更加强调了公平的重要性。"效率优先、注重公平"更能准确表达中国特色社会主义的价值取向,是我们需要长期坚持的分配原则。

针对中国当前的实际情况,我们在经济制度安排和创新中必须遵循公平与效率辩证统一的原则,正确处理好效率与公平的关系。

(一)要毫不动摇地坚持、完善、创新保障"效率优先"的经济制度

要坚持"效率优先",我们必须毫不动摇地坚持社会主义市场经济取向的改革,坚持基本经济制度,坚持大力发展非公有制经济,坚持实行以按劳分配为主体、多种分配方式并存的分配制度,允许各种生产要素按贡献参与分配。与此同时,我们还要加强私人财产保护制度、知识产权保护制度、企业产权和组织制度、多种要素市场交易制度、自主创新激励制度等各种有利于效率提高的具体制度建设。

(二)在制度构建中更加注重社会公平

公平从来都是具体的历史的。公平包括"权利公平、机会公平、规则公平、分配公平"等相互联系、相互制约的诸多内容,体现在整个经济社会的运行过程之中,其中权利公平是社会公平和正义的内在要求,机会公平是社会公平和正义的前提基础,规则公平是社会公平和正义的重要环节,分配公平是社会公平和正义的理想目标。[①] 我们必须构筑以"四个公平"为主要内容的制度体系,使公平与正义具体体现在人们从事各项活动的起点、机会、过程和结果之中。就我国当前的实际情况看,我们应加强以下一些关乎公平的制度构建。

其一,要进一步搞好以公有制为主体和以按劳分配为主体的制度体系构建。毫无疑

[①] 山东省邓小平理论和"三个代表"重要思想研究中心:《构建和谐社会促进社会公平》,《光明日报》2005 年 11 月 16 日。

问,相对于整个社会人们对剩余产品的占有享用关系而言,所有制是分配的工具。无论是从逻辑上推理,还是从历史上考察,生产资料所有制在任何国家、任何社会都是决定和调节人们分配关系的最基本、最主要、最重要、最关键的经济手段和制度杠杆。[①] 坚持以公有制为主体,保证社会财富为广大人民群众所占有和享用,无疑是保证分配公平的一个基础性的制度安排。然而,如何实现以公有制为主体与市场经济的有机结合却是我们面临的一个全新课题。当前,农村土地的集体所有制,城镇土地的国有制,矿藏资源、森林资源、水资源等各种自然资源的国有制,都面临着在市场经济条件下如何通过产权制度、经营制度、管理制度等各项具体制度的安排,创新其实现形式,以保障这些资源得到合理、有效开发利用并保证这些资源的经济收益合理分配问题。由于这方面的具体制度供给不足,以至于在这一领域的经营过程中存在着严重的不公平现象。诸如在土地的征用、批租、产权流转过程中,在矿产资源开发开采中,都存在有严重的国有和集体资产流失现象。很显然,加强这方面的制度建设,很为必要而迫切。再有,作为公有经济经营性组织的国有企业特别是垄断类国有企业、集体企业,同样都面临着如何深化产权制度与组织形式改革,建立现代企业制度,以实现与市场经济有机结合的问题。再就以按劳分配为主体这一重要的分配制度而论,它对保证社会公平的意义是不言而喻的。如果我们不否认"劳动是创造社会财富的根本源泉"这一价值判断而且也是一种历史事实的话,那么,我们就不应该否定实行按劳分配为主体的合理性与合规律性。我们所应该做的是,更新对劳动范畴、劳动内容和形式的认识[②],积极探索在市场经济条件下实行按劳分配、保持其主体地位的具体制度路径。

其二,要为解决初次分配中的公平问题提供制度支持。初次分配注重效率,但也不能忽视公平。权利、机会、规则的不公平必然导致分配结果的不公平。因此,我们必须加强保障权利公平、机会公平和规则公平的制度建设。诸如要通过教育制度改革创新,保障人们公平受教育的权利和机会;通过劳动就业制度改革创新,保障劳动者自主择业、公平竞争、依法获得收入的权利和机会;通过规范和完善市场竞争制度,保障各生产经营者自主经营、公平竞争、合法获利的权利和机会。"十一五"时期,特别要注意解决教育机会、就业机会的公平问题以及各行业、企业间的公平竞争问题,规范初次收入分配秩序。要建立和完善更加公平、有序的市场竞争机制,打破行业垄断、市场壁垒,努力规范行业收入;要通过经济法制建设和市场监管制度建设,坚决惩治欺行霸市、制假贩假、偷税漏税等非法牟利行为;要通过改革和完善税制,特别是通过改革和完善个人所得税制等,加大对高收入群体的调节力度,扩大中等收入群体的比重。

其三,要通过制度安排解决好再分配过程中的公平问题。(1)要建立健全社会保障制度,完善社会救济和社会福利制度。这既是市场经济运行的"安全阀",也是体现社会

---

① 李太淼等著:《所有制原理与当代中国所有制改革》,红旗出版社 2004 年版,第 91 页。
② 李太淼:《刍论劳动范畴》,《江汉论坛》2003 年第 1 期。

公平的重要内容。要在经济发展的基础上,逐步提高最低生活保障和最低工资标准,认真解决低收入群众的住房、医疗和子女就学问题。(2)要本着建立公共财政的目标,改革创新财政体制,特别是要通过改革和创新财政转移支付制度,加大对欠发达地区和困难群体的转移支付力度。其中包括:采取积极的财政政策,加大对义务教育、医疗卫生、福利保障、公共安全、防灾减灾、公益性基础设施建设等社会公益事业的投入,切实解决群众生活中的突出问题;采取积极的财政政策,加大公共财政对农村的覆盖面,确保财政对"三农"的增量投入,加快建立以工促农、以城带乡的长效机制,进一步缩小城乡差距;采取积极的经济政策,加大对中西部地区特别是革命老区、民族地区、边疆地区、贫困地区经济社会发展的支持、扶持力度,进一步缩小区域之间的发展和分配差距。

三、要遵循科学发展的原则

经济制度的一个重要功能就是推动和保障经济发展,但这种发展必须是科学发展。在认真总结国外经济社会发展经验教训的基础上,在正确认识经济社会以及人与自然辩证发展规律的基础上,在充分把握我国现阶段基本国情和发展特征的基础上,中国共产党在十六届三中全会上明确提出要"坚持以人为本,树立全面、协调、可持续的发展观"。科学发展观不仅深刻揭示了人类社会辩证发展的客观规律,而且进一步深入回答了什么是社会主义、怎样建设社会主义这个根本问题。因此,我们必须以科学发展观为根本指导思想,以科学发展观统领经济社会发展全局。就经济制度构建而言,必须注意把握以下几点。

(一)经济制度构建要体现科学发展的价值取向

其一,要体现以人为本的价值理念。经济制度创新要注意反映好、保护好、实现好最广大人民群众的根本利益,特别是要关注人的物质需求、精神需求、生态需求等多种价值需求,关注代内平等与代际公平,这是经济发展的根本目的所在;要注意调动好、保护好、发挥好最广大人民群众的积极性、能动性、创造性,这是经济发展的根本动力所在。其二,要着力转变经济增长方式,谋求经济的可持续发展。我国虽地大物博,但我国是拥有13亿人的人口大国,我国人均耕地面积、淡水资源和森林面积、我国矿产资源的人均占有量等诸多指标均低于世界平均水平,经济社会可持续发展的承载能力较低,人口需求与资源短缺的矛盾十分突出。同时我国又处在工业化和城市化的中期,所面临的人口、资源、环境压力越来越大。因此,我们必须着力转变经济增长方式,由"高投入、高能耗、高污染"的粗放型增长转变为"低消耗、低污染、高效益"的集约型增长,在保持经济增长速度的同时,提高经济增长的质量和效益。实现经济增长方式的转变,必须走科技含量高、经济效益好、资源消耗低、环境污染少、人力资源优势得到充分发挥的新型工业化道路;必须进一步优化产业结构,推进产业结构优化升级;必须以发展工业的理念发展农业,大力发展高产、优质、高效、生态、安全农业,促进传统农业向现代农业转变;必须大力发展循环经济,坚持开发节约并重、节约优先,按照减量化、再利用、资源化的原则,在资源开采、生产消耗、废物产生、消费等环节逐步建立全社会的资源循环利用体系。其三,要着力推动科技创新。科学技术是第一生产力。没有高科技含量的产品,没有自主创新的成果,没有降低成本、减少污染、提高资源利用率的适用技术,我们就不可能实现经济增长方式的转变,也不可能在国际竞争中获取优势。因此我们必须加快推进科技创新,增强自主创新能力,不断提高科技进步的贡献率。其四,要谋求经济的平稳、协调发展以及经济与社会与人与自然的和谐发展。要在经济发展过程中注意产业结构之间、区域经济之间等各部分各环节之间相协调、相配合;要在发展经济的同时,注意与政治、文化等社会各项事业的发展以及人的全面发展相协调、相配合;要在发展经济的同时,加强人口控制、资源保护、生态保护和环境建设,特别是要改变"先污染,后治理"的观念,强化对大气污染、水污染、垃圾污染和噪声污染的综合治理,坚决走边发展边治理的可持续发展道路,努力建设低投入、高产出、低消耗、少排放、能循环、可持续的国民经济体系和环境友好型、资源节约型社会,实现人与自然和谐相处。

(二)要围绕科学发展加强市场经济的各项具体制度建设

经济建设离不开自然资源,人类生活离不开自然环境。鉴于我国人均资源占有量非常低、资源严重短缺、环境污染越来越严重、生态环境有所恶化的现实,我们必须实行最严格的自然资源保护制度,建立健全对土地、森林、矿藏、水资源以及海洋经济资源、空间经济资源等保护方面的法律法规,以保障这些自然资源的合理开发利用;制定和实施严格的能源利用制度,保障能源的节约利用;制定和实施严格的环境保护制度;加快循环经济立法,实行单位能耗目标责任和考核制度。产权是市场经济有效运作的制度工具和利益基础。要建立健全归属清晰、权责明确、保护严格、流转顺畅的现代产权制度,构建规范合理的实物、资金、知识等不同类型产权的流通交易制度。要深化国有企业特别是垄断行业国有企业的改革,深化集体企业改革,加快建立现代企业制度。要建立健全有利于科学发展的既能体现效率优先要求、又能体现可持续发展及公平要求的市场竞争制度,诸如企业自主生产经营制度、市场准入和退出制度、反垄断制度、择业就业制度、契约制度、信用制度、质量认证认可制度、资格认证认可制度、劳动保障制度、税赋制度等,促进各市场主体自主经营、公平竞争,保障市场经济高效有序运行,实现资源有效配置、合理利用,推进经济快速健康发展。要加强市场体系建设,进一步打破行政性垄断和地区封锁,完善商品市场,健全资本、土地、技术和劳动力市场,规范发展产权交易市场。要完善价格形成机制,积极稳妥推进产品价格改革,形成能有效反映资源稀缺程度的价格体系。加强对市场主体生产经营活动的监管,既是政府的重要职责,也是保证市场经济良好运行的重要条件。要通过建立健全灵活、高效、规范的经济监管制度,特别是要通过改革和创新行政审批制度以及质量监管及检测、环保监管、土地监管、矿产开采监管、安全检查、税务监管、劳动保护等各种制度,加强依法监管,加大对违规企业的惩处力度,规范市场主体行为和市场竞争秩序,督促企业走保护环境、集约生产、安全生产、清洁生产、节约生产、维护劳动者合法权益、遵法守信的文明经营之路,使广大消费者能"呼吸到清新的空气、吃上放心的食品、喝上干净的水、用上环保的产品"。消费是社会生产和再生产过程的重要环节,要建立健全有利于人的身心健康和全面发展、实现人与自然和谐相处,有利于经济可持续发展的、文明健康的、科学的"绿色"消费制度,通过"绿色"消费,带动"绿色"经济。

(三)要建立健全保障科学发展的宏观调控制度

宏观调控有三大经济功能,其一是弥补市场失灵缺陷,更好地实现资源优化配置;其二是调节供需平衡,保持经济稳定发展;其三是调节分配关系。因此,要通过建立健全规范、高效的宏观调控制度,特别是要通过财政、税收、金融、货币、投资、信贷、土地、房产、产业、价格等体制、制度和政策的改革、创新、完善,引导并约束企业走集约式生产经营之路,推动科学技术自主创新,推进经济结构优化,协调区域发展和城乡发展,促进人与自然和谐发展,调节地区差别、城乡差别、阶层差别、行业差别,推进政治、文化、科技、教育、医疗、卫生等社会各项事业全面发展。

四、要遵循对外开放的原则

近代以来,产业革命导致机器大工业建立,机器生产确立了标准化、连续性和规模经济的生产体制。这种生产体制客观上要求打破地域包括国界的限制,从根本上决定了各国经济的开放性,从而使历史真正变成了世界历史。"过去那种地方的和民族的自给自足和闭关自守状态,被各民族的各方面的互相往来和各方面的互相依赖所代替了。"[1]自第二次世界大战尤其是 20 世纪 80 年代以来,科技进步日新月异,知识经济迅猛发展,经济全球化程度进一步加深。经济全球化借助国际分工、国际直接投资和跨国公司的空前发展,实现了资源在全球范围内普遍和大规模的直接流动和配置。经济全球化是生产力发展的内在要求,是经济发展的客观规律、必然趋势。中国的发展离不开世界。党的十一届三中全会后,中国实行了对外开放政策,积极引进国外资金、先进技术设备和管理经验,积极参与国际经济的竞争与合作,积极利用国际国内两种市场两种资源,极大地推动了本国经济的发展,取得了前所未有的成功。面对经济全球化的新态势、新挑战、新机遇、新要求,我们必须长期坚持对外开放的基本国策,积极构建和创新有利于对外开放的经济制度,从而为中国经济在更大范围、更广领域和更高层次上参与国际经济的分工、合作、竞争,充分利用两种市场两种资源,拓展发展空间,提供良好的制度支持。

(一)要大胆吸收借鉴西方发达国家在市场经济一些具体制度设计安排上的有益经验

独立自主,不等于闭关自守;自力更生,不等于盲目排外;自主创新,不等于不要借鉴。中国的经济制度构建必须立足本国国情,符合本国实际,坚持自主创新,坚持社会主义价值导向,然而,中国特色社会主义经济制度并不是自我封闭的、盲目排外的"土规则",相反,它是善于继承、借鉴、吸收人类社会包括资本主义社会一切优秀的、先进的文明成果

---

[1] 《马克思恩格斯选集》第 1 卷,人民出版社 1995 年版,第 276 页。

的、与时俱进的、不断创新、完善的，具有开放品质的制度结构体系。尽管我国实行的是社会主义市场经济，因而与资本主义市场经济有本质区别，但既然都是市场经济，它们就会存在一些共同之处，如同样面对着市场供求机制、价格机制、竞争机制的作用，同样面对着利益相对独立的市场竞争主体存在、产权界定清晰、生产经营自主、竞争规则公平等要求，同样面对着与市场经济相伴生的供需失衡、经济波动、市场垄断、市场失灵、就业不足、贫富差距等问题。既然存在一些共同之处，而且资本主义市场经济已经发展了几百年，市场经济比较成熟，那么，我们就要大胆学习借鉴西方发达国家关于市场经济制度一些有益的具体的设计与安排。更何况，资本主义制度与社会主义制度现在共存于一个世界，我国必然要与发达资本主义国家发生多种多样、多层次的经济交往与合作。既然如此，我国就必须遵循一些国际通行的惯例和规则，而这些惯例和规则，必然内化为国内的一些制度，必然要求我国的一些具体制度与他国的一些具体制度保持一定的相通之处，从而使各国间的学习借鉴成为必要。当然，学习借鉴绝不是照抄照搬，更不是"全盘西化"，照抄照搬如同东施效颦，永远不会有好结果；"全盘西化"在中国从来都没有行通过而且永远都行不通。

（二）要通过制度创新推进对外开放

自 20 世纪 90 年代，我国的对外开放模式已经从以"引进来"为主转变到"走出去"与"引进来"并重的新阶段。我们需要在继续坚持、长期坚持"引进来"策略的同时，积极"走出去"，发展对外投资，组建和发展我国自己的跨国公司，扩大外贸出口，转移生产能力，到境外利用外资，利用境外资源。为更好地适应经济全球化的要求，更好地利用两种市场两种资源发展中国经济，我们必须加快有利于外向型经济发展的制度创新，使我国能在更高的层次上参与国际分工、合作和竞争。我们必须进一步完善社会主义市场经济体制，使我国经济体制同国际经贸规则和体制进一步接轨，加速我国市场经济体制的规范和成熟，使我国企业真正熟悉并适应国际环境和国际竞争规则。要按照市场经济和世贸组织规则的要求，加快内外贸一体化进程，形成稳定、透明的涉外经济管理体制，创造公平和可预见的法治环境，确保各类企业在对外经济贸易活动中的自主权和平等地位。要通过制度安排，鼓励不同类型的企业"走出去"。要积极制定海外投资法律体系，特别是要制定《海外投资法》，构建必要的海外投资保险制度，通过税收、资金、外汇、人才等方面制度和政策杠杆，形成支持海外经济的政策体系。要制定和规范国内企业到境外投资的监管制度，按照投资国的惯常做法，建立适当的宏观管理体制，加强必要的管理，防止企业在"走出去"过程中坑蒙拐骗、逃税避税、侵吞国有资产、向外转移资本。总之，要通过制度创新，积极适应经济全球化的要求，努力促进我国外向型经济发展，把我国的对外开放水平不断推上新台阶。

（原载《中州学刊》2006 年第 4 期）

坚持以公有制为主体的合理性辨析

自改革开放以来,关于所有制改革的争论始终就没有停止过。时至今日,在关于所有制改革问题上特别是在要不要坚持以公有制为主体这一问题上,不论是学术理论界还是经济实践界都还存在一些不同认识和政策主张。某种经济制度存在的合理性,必须从生产力中找到最终答案,这是历史唯物主义的一条基本原理。是否有利于促进生产力快速发展,是评断以公有制为主体是否具有合理性的根本标准。

一、市场缺陷及外部不经济

要想正确认识坚持以公有制为主体的必要性,必须首先弄清市场经济的积极作用和其本身固有的缺陷,弄清以公有制为主体与市场经济有机结合的必要性、可行性。依据马克思主义对资本主义市场经济的一些分析,结合西方经济学的研究成果,参考我国已有的一些研究市场缺陷的著作和文章,并结合市场经济运作的实际,我们可以把市场经济本身固有的缺陷概括如下。

(一)导致严重的分配不公

市场机制本身并不具有调节收入和财富占有差距的功能,反而有扩大这种差距的趋势。这一点,马克思主义经济学和西方经济学都有明确论述。贫富两极分化并不只是一个社会公平问题,它同时也是一个生产力问题。也可以说,在公平与效率之间存在着辩证关系。严重的分配不公和两极分化,必然严重压抑广大劳动者的生产积极性和创造性。在更严重的情况下,还将导致严重的阶级对立和冲突,导致大规模的罢工、社会动乱、战争等,继而必然引起对生产力的巨大破坏。这种情形已被资本主义市场经济的发展史所证实。

(二)垄断造成的资源配置低效和资源运用低效

西方的"市场失败论"以及我国一些学者在研究市场缺陷时,都对垄断、竞争的抑制作用和垄断对资源配置的扭曲作用作了深入探讨。在市场运行中,竞争必然产生各种垄断。少数厂商凭借生产条件上的优势,排斥其他生产者的竞争,通过垄断价格获得超额利润,这就大大降低了市场机制的调节效率,使资源配置产生扭曲和低效。除自然产生的垄断外,还可能发生某种人为的垄断,即主要不是凭借技术和经济优势,而是依靠政治权力、暗地密谋、行贿受贿等手段所实现的垄断。这些人为的垄断比自然形成的垄断,更严重降低了资源配置的效益。

(三) 市场的外部不经济

关于"市场的外部性"问题,首先是由西方学者提出概念、并加以研究的。自马歇尔1890年发表《经济学原理》以来,经济学家始终没有放弃对市场的外部性问题这个市场机制的重要缺陷问题的研究与探索。所谓市场的外部性,主要是指市场机制本身的运行并不考虑市场以外的社会效果。① 市场机制无疑是资源配置的有效手段,但它只是作为各自独立的利益主体角逐利润的一种必然结果而发生作用,其本身并没有把全社会资源的合理开发利用作为价值目标而引入市场机制本身。因此,对社会而言,市场机制一方面是配置资源的有效机制,但同时也伴随着市场的外部不经济问题。

市场经济中存在的外部不经济问题可谓举不胜举。如环境污染影响了农业生产、渔业生产,降低了产品产量或增加了生产成本;环境污染影响了居民的健康,社会不得不增加医疗设备和费用等。这也就是说,个别商品生产者的利润获得,是以增大社会成本为代价的。其中包含着这样一层意思:从整个社会生产协调发展的角度看,市场机制对资源的配置作用、对生产力的促进作用,有一部分要被社会成本的增加所"抵消",虽然这种"抵消"不能构成否定市场机制对资源有效配置的理由,但必定构成市场的一个缺陷。

(四) 市场失灵

市场失灵,首先表现为市场信息的传递有局限性。即使假定完全竞争市场模型赖以成立的一系列假设条件都能满足,市场调节本身也有其内在缺陷。一般来说,帕累托最优是从静态的角度考察的,如果从动态的角度分析,由于未来机会的不确定性,市场不透明,设备不完善,理想的市场调节效益是难以实现的。由于市场系统内的各个部门是相互联系的,某一个要素市场的扭曲,必然会传递给其他的市场部分。市场失灵的另一个表现,就是市场不可能在现在和未来之间有效地配置资源。从长远看,一些基础产业和高新技术产业的发展对促进经济的整体发展具有重要的战略意义,而这些产业往往投资大、周期长,一些私人企业,或出于追求利润动机不愿投资这些产业,或出于资金有限无力投资。市场失灵的再一个重要表现,就是对公共产品无能为力。市场机制在提供竞争性产品方面能发挥重要作用,但在提供公共产品方面,则显得无能为力。公共产品的提供,旨在追求社会整体效益,不具备市场机制中最根本的利益机制,因而不可能适用市场机制中的价格机制、供给机制、竞争机制,而必须在市场机制作用之外解决公共产品提供的动力、规模和结构等问题。

通过对市场缺陷的分析可以发现,市场经济对生产力的作用是双向的,存在着边际效益。虽然,市场经济是当代中国唯一值得选择的促进资源优化配置、促进生产力发展的最

---

① 市场的外部性:也称外部效应,是指市场交易主体双方的经济行为,不仅对其自身产生效用,而且对非市场的交易主体的第三者也产生某种有利的或者有害的额外效用。外部正效应也可称为"外部经济性",外部负效应也可称为"外部不经济性"。

有效手段,但必须加以调节和控制。第二次世界大战后资本主义市场经济国家都普遍通过采取加强宏观调控、扩大国有经济范围、建立起较完善的市场经济体制来抑制市场经济负效应等措施,弥补市场缺陷。一方面,政府通过财政、金融、信贷、收入再分配等经济手段,通过必要的法律手段和行政手段对市场经济进行宏观调控;另一方面,政府通过不同程度的国有经济安排,来加强宏观调控,促进资源优化配置。这说明,宏观调控和国有经济是现代市场机制运行不可缺少的条件,它来自克服市场缺陷、在社会范围内优化配置资源、促进经济协调发展等生产力发展的内在需要,在现代市场经济体制中有着不可替代的体制功能。第二次世界大战以来,资本主义国家通过加强宏观调控和国有经济来完善资本主义市场经济体制,取得了一定成效,但由于私有制的广泛存在和私人资本对国家政权的控制,宏观调控的力度和国有经济的功能受到很大限制,这反映出资本主义市场经济体制的局限性。不过,从对市场缺陷的分析中,从对现代市场经济运行及宏观调控和国有经济存在的必要性的分析中,我们可以获得一个富有启发性的传统:以公有制为主体同现代市场经济不仅不存在根本矛盾,而且更符合现代市场运行的内在要求,更有利于克服市场缺陷和资本主义市场经济体制的种种局限。

二、以公有制为主体的经济效率功能

毫无疑问,在国民经济的微观经济运行中,私有制具有明显的制度优势,它有利于充分调动生产经营者的积极性、能动性,有利于通过激烈竞争促进资源的有效配置、高效利用。正因此,我们才把非公有制经济认定为社会主义市场经济的有机组成部分;正因此,我们才毫不动摇地鼓励、引导和支持非公有制经济发展。然而,在宏观经济运行层面,公有制却具有独特的制度优势,对生产力的发展具有独特的功能和作用。有学者认为社会主义公有制是产生宏观社会经济效益的基础和前提。其原因主要表现在三方面:一是社会主义公有制具有私有制所不具有的在全社会范围内按照社会发展的客观要求自觉地科学配置资源的条件,可以集中力量发展关系全局的最重要的生产力;二是公有制经济具有私有制所不具有的优化地区布局、促进全国平衡发展的社会经济效益;三是社会主义公有制具有调节社会总供求关系、应对突发性社会重大事故的社会经济效益。[①] 笔者认为,以公有制为主体对生产力发展的独特功能和作用主要表现在以下几个方面。

(一)限制私人垄断,促进资源的合理开发和可持续利用

1. 重要的生产资料特别是自然资源类生产资料,由代表广大人民利益的国家和代表集体利益的集体掌控,实行公有制,更有利于资源的合理开发和可持续利用

由于土地资源、水资源、矿藏资源、森林资源、空间经济资源、海洋经济资源等这些自然资源类生产资料的有限性、紧缺性,以及与人类生存生活的密切相关性,它们具有天然的外部性特征。在科技高度发达、许多资源的有用性不断被发现、人口压力巨大、资源十

---

① 宗寒:《略论社会主义公有制的经济效益》,《中国经济问题》2006年第3期。

分紧缺的今天,这些自然类资源的重要性已为人们高度重视,在所有制制度上如何作出合理的制度安排也显得尤为重要。很显然,由这些自然资源类生产资料本身天然的外部性特征所决定,它最适合采取公有制,在我国它们最适合采取国有制并辅之以集体所有制,以防止私人垄断,保证这些资源的合理开发和可持续利用。我国拥有 960 万平方公里的陆地和约 300 万平方公里广阔的海洋国土,只有实行自然资源类生产资料的国有制并辅之以集体所有制,我们才能在全国范围内对土地、矿藏、水资源、森林资源、空间经济资源、海洋经济资源进行优化配置,有计划地合理开发利用。目前,我国所实施的西部大开发战略、东北老工业基地振兴战略、中部崛起战略、海洋经济开发战略以及西气东输工程、南水北调工程、土地保护政策、湿地保护政策、自然生态保护政策等,都是整合利用区域经济资源、协调区域经济发展、优化资源配置、实现资源可持续利用的重大战略举措,这对促进我国经济的持续、健康、快速发展有着重要意义。而这些重大战略举措的有效实施,无疑是同自然资源的公有制紧密联系在一起的。尽管我国目前在自然资源的开发利用中还存在许多问题,诸如存在乱采滥伐、资源浪费现象等,特别是面临着在市场经济条件下如何创新自然资源类生产资料的公有制实现形式以便更好地与市场经济相结合的问题,但有一点是明确的,那就是对这些生产资料绝不可以实行私有制,一旦实行私有制,这些资源的合理开发、合理配置、可持续利用都将成为不可能。试想,这些自然资源若被少数私人垄断,不仅会导致无数生产经营者被剥夺公平利用这些资源进行生产经营的权利,而且会导致激烈的持久不断的产权冲突,使正常的生产经营难以进行,更为严重的是,广大人民还将被剥夺公平利用这些资源生存生活的权利。

2. 让国有经济在基础产业、支柱产业、高新技术产业以及金融领域占支配地位,在国民经济中发挥主导作用,更有利于限制私人垄断、促进公平竞争、引导经济发展、发挥市场机制的正面效应

基础产业为整个社会的经济发展提供基础和平台,因而对整个社会的经济发展也有着"瓶颈"制约作用,具有一定的自然垄断性质。这些基础产业关系到国计民生,关系到后续产业的发展,关系到其他产业、行业生产经营者的公平竞争,因此,国有经济必须在基础产业占支配地位,避免私人垄断,以便为其他各行各业的生产经营者提供更加公平的竞争平台和更加优良的基础性服务,推动国民经济整体更快更好发展。尽管目前我国电力、电信、石油、铁路、民航、水利等垄断行业以及城市基础设施行业在经营管理、收益分配中存在不少问题,因而引发人们的不少意见,但这只能说明对这些垄断行业深化管理制度和分配制度改革的迫切性、必要性,而决不能成为这些行业实行私有化的理由。公有制经济可以利用非公有制经济来发展基础产业,如采取承包、租赁、特权许可、合作经营、参股等多种经营形式发展基础产业,但公有制在基础产业中的支配地位不可动摇。基础性产业、垄断性行业是具有历史性的范畴,在不同历史时期,基础性产业、垄断性行业的内涵会发生变化,但国有经济必须在基础产业占支配地位则是符合经济发展规律的。我国的市场经济发展不可能再沿袭早期资本主义市场经济发展的老路,而必须采取国家干预、规模经

营、龙头出击、抢占国际市场制高点的超常规、跳跃式发展道路。而要谋求这种发展,就必须让国有经济在支柱产业、高新技术产业占支配地位,发挥主导作用。国有经济在支柱产业、高新技术产业占支配地位,更有利于国家按照经济发展战略,集中各种资源优势,发展规模经营和产业集群,形成具有国际竞争力的优势产业和行业,抢占国际市场制高点,在国际经济社会谋得主动,并引导各种非公有制经济的经营方向、经营范围,减少盲目生产和资源内耗,引导资源配置的合理取向,形成强大的国民经济整体合力。

(二)克服市场失灵,提供公共产品和服务,为整个社会经济的发展奠定基础、提供条件、创造环境

靠市场机制无法有效解决社会公共产品供给问题,而社会公共产品供给,不仅关系到广大人民群众生活水平的提高,关系到社会福利的最大化,关系到和谐社会的构建,是经济发展的根本目的所在,而且,从经济效率的角度讲,它关系到各商品生产经营者的基础条件、社会环境,具有强烈的正外部经济效应,对国民经济整体效率的提高和长远发展具有极其重要的意义。正因此,世界上绝大多数国家,不论是发达国家,还是发展中国家,都纷纷通过引入国有资本、创办国有企业、发展公益事业,以弥补市场缺陷,解决"市场失灵"问题。我国实行以公有制为主体的经济体制,应该说这更有利于解决城乡公共产品的供给问题。例如,我们可以集中巨大财力人力兴办那些具有重大社会效益、私人企业不愿干也干不起的重大科研攻关项目、水利工程项目、交通通信工程项目、生态工程建设项目、文化设施建设项目;可以通过公有资本解决好全国城乡的公共交通、公共卫生以及水、电、气、暖、邮政、电信、网络等基础设施建设;可以通过公共财政有效解决国防和国家安全问题;可以通过公共财政有效解决基础科研事业、医疗卫生事业、教育事业、文化事业、社会保障事业等各项社会公益事业的发展问题。而所有这些,不仅对提高我国广大人民群众的物质文化生活水平、构建和谐社会、提升我国的综合国力有重要意义,而且对我国经济的整体发展、长远发展具有重要意义。特别是教育、科技事业以及城乡基础设施建设,关系着未来经济发展所需要的人才支撑和科技支撑,关系着无数市场竞争主体所需的基础条件和环境,其对国民经济整体效益提高和持续发展的作用和意义尤为明显。

(三)搞好宏观调控,主导经济发展,实现国家经济发展战略

搞市场经济并不排斥宏观调控,相反,在现代市场经济中,宏观调控机制是和市场机制有机结合在一起共同配置资源的。虽然宏观调控的主体是国家政府,实现中长期的经济发展规划和发展战略有赖于各种所有制经济的共同努力,然而,以公有制为主体可以为宏观调控、为实现国家的经济发展战略提供强有力的工具和媒介。

1. 国家可以通过国有经济的控制、主导作用更好地实施宏观调控政策,调控国民经济运行

例如,可以通过调整银行利率调整投资需求;可以通过调整某些国有企业产品的价格平抑物价的波动;可以通过扩大公共投资,扩张有效需求,创造就业机会,刺激经济增长;可以通过扩大国有资本,引导投资走向和产业发展方向。总之,以公有制为主体更有利于

国家实现充分就业、供需平衡的宏观调控目标,更有利于经济的持续、平稳运行。

2. 国家可以通过国有经济的控制、主导作用,更好地实现经济发展战略

如国家可以通过投资兴建大型水利工程、生态工程、污染防治工程、资源开发工程、能源开发工程,通过投资发展高新技术产业、战略主导性产业,通过对边远落后地区直接投资、兴办国有企业等,更有效地弥补"市场不足",主导和带动战略性产业的发展,不断优化国民经济结构,整合全社会资源配置,协调区域经济发展,从而更好地实现我国超常规、跨越式发展战略。利用国有资本克服市场缺陷,弥补"市场不足",实现本国经济发展战略,既为发达市场经济国家所采用,更为发展中国家所运用。我国是走社会主义道路的发展中国家,有着更加特殊的国情。我国虽资源丰富,但人口众多,人均资源占有量低,资源短缺已成为制约经济发展的"瓶颈";我国虽地域广阔,但区域发展不平衡;我国虽产业门类齐全,但经济基础薄弱,生产力发展相对落后,且多层次不平衡,产业结构层次低,具有国际竞争力的优势产业、行业不突出、不多;我国虽然已初步建立了社会主义市场经济体制,但市场体系和机制尚不健全,民间资本力量还十分有限。要在这样一个特殊的条件下谋求我国的跨越式发展,搞好经济发展规划和发展战略,搞好宏观调控和调节,在充分发挥市场机制的正效应的同时有效弥补市场缺陷,我们面临更加严峻的任务和挑战。实行以公有制为主体的经济体制,让国有经济更好地发挥支配和主导作用,是我国应对国际经济挑战、谋求跨越式发展、保持市场经济平稳健康发展的现实的、必然的选择。

(四)确立合理的分配机制,为实现经济长期稳定和谐发展奠定体制基础

分配是社会生产和再生产的重要环节,分配关系是最重要的经济关系。能否确立合理的分配机制,构建合理的分配关系,不仅关系到社会各阶层的生成以及各阶层利益关系的和谐,关系到和谐社会的构建,而且关系到社会生产和再生产的正常运行,关系到经济的长期稳定发展。历史上,分配不公、贫富悬殊、利益冲突所导致的农民起义、工人罢工、国内外战争进而客观上造成的生产中断、生产力破坏甚至倒退,一再表明了私有制的历史局限性,表明了建立公正合理的分配关系对经济长期稳定发展的重要性。

大概没有人会怀疑所有制对收入分配的重要意义。马克思主义经典作家一再强调,分配在表现为产品分配之前首先是生产工具和生产条件的分配,因而所有制决定着分配的形式和内容。尽管这里的分配主要指的是直接生产过程的分配,但所有制不论是对直接生产过程的分配还是对社会再生产过程中的分配,其重要作用是显而易见的。社会分配机制可以简单划分为初次分配机制和再分配机制(也有学者主张把非政府组织的民间的社会捐助、慈善事业等纳入第三次分配)。就整个社会的分配关系、分配性质而言,尽管社会再分配(包括第三次分配)对整个社会的分配调节有着不可或缺的、极其重要的作用,然而,更具决定意义、作用更为重要的则是初次分配机制。初次分配是直接融入直接生产过程之中的,因而是直接融入社会财富创造过程之中的,直接影响着可供分配的财富总量,因而其分配格局具有一定的社会刚性。社会再分配只能在此基础上进行一定幅度的调节,而不可能根本改变初次分配格局。如要根本改变初次分配格局,就会根本改变直接生产体系,使正常生产难以进行。资本主义国家可以通过财政转移支付、税收等手段实行再分配,调节不同阶层收入,但一旦这种再分配政策极大限制了资本所有者的分配利益进而影响其投资生产的积极性,这种再分配政策也就不再具有可行性。很显然,初次分配对形成整个社会利益格局的作用是第一位的,而在初次分配机制中,所有制的作用又是第一位的,正如我们过去常讲的,有什么样的所有制结构就会有什么样的分配关系。坚持以公有制为主体,对构建合理的分配机制和分配关系、谋求经济的长期稳定发展有重要意义。

1. 坚持以公有制为主体,使重要的资产收益不被少数人所占有,这更有利于抑制分配不公,避免激烈的利益冲突和阶级对抗,保证经济的长期稳定发展

由国家和集体掌握有关国计民生的重要生产资料,由国有经济在关系国计民生的最重要产业和行业占支配地位,在分配上的结果必然是:私人资本不能凭借对重要生产资料和重要产业、行业的垄断获取高额垄断利润,重要生产资料的资产收益(诸如土地、矿藏、水资源、森林资源的资产收益)、重要产业和行业的经营收益将归国家和集体所有。尽管目前这部分收益中存在着大量流失现象,这只能说明我国的公有制实现形式在与市场经济对接中还存在着严重问题,诸如缺乏与市场经济有机结合的产权制度,产权界定不清、产权转让不规范,资产经营中没有引入必要的市场竞争机制,缺乏严格而规范的资产监管制度等,亟待进一步深化改革,而不能表明自然资源类生产资料以及关系国计民生的重要产业和行业实行私有制的合理性。从整个社会生产的角度看,实行以公有制为主体,保证重要生产资料的资产收益归国家和集体占有,重要产业和行业的经营收益归国家掌握,有利于在充分发挥按资分配、按生产要素贡献分配形式作用的同时,保证按劳分配的主体地位,抑制分配不公、贫富悬殊,从而有利于扩大消费需求、刺激生产供给,有利于避免不同社会阶层激烈的利益冲突,避免阶级对抗、社会动乱以及各种破坏生产力行为的发生。因此,在我国大力发展市场经济的进程中,我们既要看到非公有制经济在调动生产经营者积极性、促进市场竞争、加快经济发展中的积极作用,又绝不能任意贬低甚至无视以公有制为主体对保证经济长期稳定发展的重要作用,绝不能图一时经济效益而把私有制扩大到不适当的领域。历史上私有制社会的种种弊端并不是人们的主观虚构,特别是激烈的阶级对抗、冲突对生产力发展造成的破坏更是不容置疑的事实。马克思主义经典作家对资本主义私有制诸种弊端的剖析,绝非主观臆断。因此,我们既没必要产生"公有制崇拜",也没必要神化私有制,没有必要把资本主义道路当作我们改革的蓝本,再沿袭资本主义发展的老路。我们必须走中国特色的社会主义道路。

2. 坚持以公有制为主体,使重要生产资料的资产收益及重要产业和行业的经营收益为国家所掌控,更有利于增强国家再分配调节能力,因而更有利于经济的平稳协调发展

在初次分配中,重要生产资料的资产收益、关系国计民生的重要产业和行业特别是垄断行业的经营收益归国家掌控,可以增加国家财政收入,使国家拥有强大的再分配调节能力。国家可根据社会整体和谐发展的需要,加大对社会保障事业的投入,构筑市场经济的

安全防线;加大对贫困地区的资助和对社会弱势群体的救助,协调区域发展,限制贫富差距,防止两极分化;加大对经济发展和国家安全极具战略意义的基础建设项目、有关产业和行业的投入;加大对公共教育、公共卫生、公共安全等社会各项事业的投入。这不仅对构建和谐社会、促进经济与社会的和谐发展极具重要意义,而且对经济的安全发展、和谐发展、可持续发展都具有重要意义。

综上分析,实行以公有制为主体、多种所有制经济共同发展的基本经济制度,同市场经济并不存在根本性矛盾,相反,坚持以公有制为主体与发展市场经济还存在很强的互补性。坚持以公有制为主体,有利于克服市场缺陷、弥补"市场不足",有利于实现我国超常规、跨越式的经济发展战略,具有不可或缺的社会整体经济效益功能,因而在我国坚持以公有制为主体具有内在的经济合理性。

(原载《河南社会科学》2007 年第 1 期)

如何保持公有制主体地位

多年来,要不要坚持以公有制为主体、如何坚持公有制的主体地位,始终是社科学术理论界长期争论不休的一个问题。党的十五大报告在明确把以公有制为主体、多种所有制经济共同发展作为我国社会主义初级阶段基本经济制度的同时,对以公有制为主体的含义也作了原则性解释:"公有制主体地位主要体现在:公有资产在社会总资产中占优势;国有经济控制国民经济命脉,对经济发展起主导作用。"同时强调指出,"这是就全国而言,有的地方、有的产业可以有所差别"。党的十五大报告有关所有制问题的论述极大地解放了人们的思想,推进了我国所有制改革和非公有制经济发展。然而时至今日,在具体的所有制改革实践中,对如何保持公有制的主体地位依然存在着不同的思想认识和政策主张。因而,探讨一下保持公有制主体地位的具体路径很有必要。

一、保持公有资产在社会总资产中占优势

许多人都爱用国有经济、集体经济、非公有经济在国民生产总值中所占的产值比例来说明所有制结构比例。笔者以为,完全以产值比例来说明所有制结构比例并不全面。国民生产总值是指一个经济社会在一定时期内(通常为一年),国内和国外所生产的全部最终产品(包括物品和劳务)按当年市场价格计算的价值总额。采用生产法计算的国民生产总值,就是将国民经济各部门的生产和劳务活动的总产出减去相应的中间消耗。国民生产总值主要反映的是一个国家经济发展的速度和程度。从所有制角度看,其数量指标,虽能在一定程度上反映直接生产领域不同所有制经济在国民生产总值中所创造价值的份额及比例,但既不能准确反映整个社会领域的所有制结构,也不能准确反映生产领域各种经济成分的实际比例。譬如国有制和国有经济、集体所有制和集体经济并不是完全等同的概念。所有制主要是从静态的角度反映财产的归属权利,而所有制经济主要是从动态的角度反映在一定所有制基础上的生产经营活动,因此,所有制是比所有制经济更为宽广的范畴。公有制经济主要反映的是以生产资料公有制为基础的公有经济组织(如国有企业、集体企业)等的生产经营活动,其产值比例可以反映公有制经济组织的结构变化,但并不完全反映公有制的所有制结构。城市土地是国有的,森林矿藏是国有的,江海湖泊是国有的,在某些行业,国家可以成立国有企业,直接参与生产经营活动,而在有些行业,也可以不成立国有企业,不直接参与生产经营活动,而仅行使所有者的监督、管理和收益职能。农村土地是集体所有的,但集体可以不直接经营,而把经营权承包给农民个体。由此我们就可以看到,公有制经济产值比例并不能直接反映公有制在生产资料所有制结构中的比例状况。

产值比例也不能确切反映各种经济成分的实际比例。其一,公有制经济组织(如企业)是公有制经济运作的工具,在市场经济条件下,公有制企业的组织形式会发生巨大变化,即工具形态的变化,如国家控股、参股等。这种情况下,公有制经济组织就不再只是指纯国有企业、集体企业,它以系统控制和追求整体效益的方式把自身的组织系统延伸到非公有制之中。因此,公有制经济不仅包括国有企业、集体企业,还包括混合所有制经济中的国有成分和集体成分。这样的公有制经济组织结构,在国民生产总值的核算中是难以准确显示的。也就是说,凡是和公有制混合的混合所有制经济组织,如合资企业,其产值并不都是由非公有制经济创造的。而我们的产值统计往往是把混合所有制经济作为非公有制经济计算的。其二,一些国有经济组织作为国家宏观调控工具,为实现社会效益目标(如扩大就业、实现经济发展战略、平抑物价等),不以赢利为唯一目标,甚至不以赢利为目标,有时还要做亏本买卖,虽然经济效益不佳、产值不高,但资产雄厚、社会效益极强。这种情况下产值比例也不能反映公有经济的实际比例。因为公有制经济从财产角度看,实际是各种公有资产包括固定资产、流动资产、有形资产、无形资产、实物形态资产和价值形态资产的总和。其三,从社会生产角度看,我国一些提供社会公共产品的资产,如政府管理机关、司法机关、教育部门、科研部门、卫生部门等一些行政事业单位的资产,虽不直接从事生产经营活动,但在社会生活中起着十分重要的作用。这种公有资产通常和年产值没有直接联系,但它们却构成社会资产的有机组成部分,是公有制所要覆盖的重要范围。

分析可见,把以公有制为主体的量的优势界定在国民生产总值中的比例优势,是一种较狭隘的而且和市场经济条件下各种所有制经济混合交叉状况不相适应的界定方法,并不能真正表明各种所有制的结构比例。相比较而言,我们用资产数量优势来界定公有制主体地位的量的优势,来反映不同所有制的比例结构,则更为合适些。

资产最根本而言是一种物质财产,一切参与国民经济运行的、具有市场价值的物质资料和权益都可称作资产。资产和所有制结构有着密切的关系。如国家所有的资产,既包括国有企业的资产、混合所有制企业中的国有资产,也包括由国家政府直接拥有的资产,如土地、矿产资源、基础设施等,还包括党政事业单位的非经营性资产。集体所有的资产,既包括一些静态的由集体行使所有权但并不一定由集体经济组织经营的资产,如土地、山区林地荒地、公共水利、道路、桥梁、其他基本建设设施,还包括一些非直接进入生产过程,但为社区经济发展所必需的社会公益福利事业资产,如学校、医院、养老院、公积金等。显然,社会资产中各种所有权主体所占份额多少,更能反映所有制的结构比例,更能反映公有制的特色及公有制的主体地位。

当然,所有制中所讲的生产资料,还远远超出资产的范畴,如河流、湖泊、海洋、空气、山脉、地下资源等,这些自然资源虽不是人类创造的,但却为人类生存、发展和从事经济活动所必需,而且随着生产力的发展,地球资源的日益短缺,这些自然资源的经济意义会越来越突出,其所有制意义也就越来越突出。譬如水资源,在生产力极不发达、人口不多的时候,淡水资源似乎用之不竭,所以人们对水的占有无多大经济意义。但在水资源日益污染和短缺的今天,水对人们生活的影响日益严重,于是,水资源的所有及使用问题便非常突出。再如空间资源、海洋资源等,随着人类有能力对其开发,并构成经济发展的重要资料,这些资源的所有制问题便会日益突出。甚至有朝一日,人类社会的所有制还会随着人类对其他星球资源的开发演变到外星球上去,这是完全有可能的。之所以举论这些,是说明生产资料所有制是比资产所有制更广阔的概念,用资产结构比例反映所有制结构比例也不全面。但由于我们这里所讲的以公有制为主体,主要是指社会资产增值这一经济活动中的公有制与非公有制结构关系,因而可以对一些没有直接进入生产过程、不具备市场价值的自然资源忽略不计,而仅以具有市场价值的资产为限。但这并不否定人类对自然资源的所有制关系的严重存在。事实上,人类社会对自然资源的所有制严重存在着。资本主义国家早期的开辟殖民地的活动,首先就是为了实现对他国自然资源的掠夺和占有。

通过上面的分析,一个结论很显然,那就是:以公有制为主体,应该以公有资产在社会总资产中的量的优势和质的优势来界定。就公有资产量的优势而言,尽管在市场经济条件下,各种所有制资产的比例是不断变化的,但总体而言,公有资产应该在社会总资产中占50%以上的比例。就公有资产质的优势而言,有关国计民生的重要生产资料如土地、矿藏等自然资源类生产资料,交通、能源、大型基础设施、大型基础工程等人工生产资料,有关国民经济命脉的重要产业和行业中的重要资产,都应该由国家控制。只有代表人民利益的国家掌控这些资产,才能驱动和带动整个社会资产的良性运作。

二、公有制应在基础产业占绝对支配地位

基础产业是指在国民经济中为其他产业部门提供普遍的服务,其发展的快慢直接制约着其他部门发展的产业。基础产业部门不以其他生产部门的中间产品为基本增长条件,但是却为其他部门的发展提供了不可缺少的产品投入。基础产业在产业链中的特点在于它们处在产业链的起点,因而往往制约着国民经济其他产业的发展,成为其他产业发展的硬约束条件,或者说是"瓶颈"。"瓶颈"舒缓,则其他产业发展环境宽松;"瓶颈"收缩,则其他产业的发展环境趋紧。由此可见,基础产业往往控制着国民经济的命脉。

基础产业主要包括农业、能源、交通、科技和城市基础设施等产业部门。农业是整个国民经济的基础,它的主要功能是:提供给人类最基本的生活资料,食品和副食等;为工业生产提供必要的原料;农业的劳动生产率的提高,为经济发展提供大量的剩余资料,并为其他部门输送剩余劳动力。农业是广义的农业,包括农业、林业、牧业和渔业等。能源是指为人类的生产和生活提供能量、动力等自然资源的产业部门。能源业包括石油业、煤炭业、天然气业、水利和水电业、火电业、核能业、太阳能和风能业等。能源工业是工业的基

础和动力来源,工业离开能源寸步难行。交通运输业是运用交通工具将物资或人运送到目的地点的产业的总称,它包括陆路运输业、水路运输业和航空运输业等,广义的交通运输业还包括通信、邮电业等。交通运输业是经济活动进行资源交换、产品交换和信息交流的载体。科技产业,它是进行科学技术研究、开发、应用的产业部门。科学技术已成为第一生产力,各行各业都离不开科技的发展。城市基础设施产业是从事市政建设、公共福利和服务的各行业,它为各产业的生产和人民的生活提供了必要的环境条件。

基础产业关系着国民经济的命脉,关系着国民经济的整体发展和长远发展。很显然,国家必须控制基础产业并在基础产业中占绝对支配地位,这是宏观经济效率的要求,当然也是社会主义制度的要求,而运用生产资料所有制控制基础产业的一些生产经济组织(企业),显然是国家对基础产业实施控制的有效手段。在基础产业中比较特殊的是农业。农业是历史悠久的产业,农业虽然是国民经济的基础,但随着第二产业、第三产业的发展,它已不再是主要产业,而其发展规模、进度还要受其他产业的制约。历史悠久的农业有其自身生产的特点。在我国,农业以土地为主要生产资料,生产分布面极广,农业人口众多,而且以自然村落为主要社区结构,这样的产业布局和特点决定了国家对农业的控制不可能、也没必要普遍采取国家所有制的经济形式,而主要通过农村土地集体所有制,通过在土地集体所有制上鼓励发展多种所有制经济,以及通过技术开发、投资倾斜等农业政策,保持农业经济的稳定发展。除农业外的其他基础产业如能源、交通、原材料、城市公共设施等,资本集中、规模较大,而且因为其在国民经济中的"瓶颈"地位,是不适合由众多小企业展开自由竞争的垄断行业,国家对其控制可通过直接创办的国有企业来进行。高科技产业投资大、周期长、风险高,而且不能以近期盈利为目标,而以国民经济的整体利益和长远利益为战略目标,因而在高科技产业的关键领域也宜于国家投资进行经营,分散的小资本无力或者也不愿意经营这些产业。

不同的所有制形式的选择,并不取决于人们的主观意志,而主要是取决于什么样的所有制形式更能促进经济效率的提高。经济效率有微观和宏观之分,微观经济效率和宏观经济效率并不必然正相关,有时甚至呈现负相关。[①] 基础产业在产业结构中的自然垄断地位,决定了这些产业不适合由非国有制企业经营,因为作为以盈利最大化为目标的非国有企业,必然依靠其自然垄断优势,而不是首先通过生产技术的优势来获取自身利益。这样,非国有企业的盈利最大化,必然以牺牲宏观经济效益为代价,而且会引起国民经济整体混乱。可见,在基础产业中采取国有制形式,既是坚持社会主义的需要,更是生产力发展的需要。只有这样,才能克服生产资料私人占有同生产社会化的矛盾,克服私人垄断资本利益的狭隘性;只有这样,国家政府才能站在国民经济整体发展的高度,制定和贯彻整体发展规划和发展战略,实现资源的最优配置并谋求最大宏观经济效率。

当然,这并不是说非国有企业绝对不允许进入基础产业,而是说国有经济必须占绝对

---

① 胡钧、侯孝国:《论产业结构与所有制结构的关系》,《中国人民大学学报》1996年第6期。

支配地位,在必要的情况下,国家也可以利用非国有经济来发展基础产业。为提高基础产业的产出效率,适当引入非公有资本、适当引入竞争机制是必要的,但必须解决好两个原则性问题:其一,引入非公有资本和竞争机制,必须有利于提高产业产出效率,扩大社会公共福利;其二,必须正确解决民营企业经营公用事业的盈利性与公用事业的社会服务性之间的矛盾。① 企业经营必须服从服务于社会公共利益最大化。要通过适当的合约安排,实现对民营企业的激励与约束兼容问题,既要充分激发企业提高效率的积极性,又要防止企业在市场交易中的机会主义行为。2005 年 2 月国务院发布的《关于鼓励、支持和引导个体私营等非公有制经济发展的若干意见》(简称非公经济 36 条)明确规定:允许非公有资本进入法律法规未禁入的基础设施、公用事业及其他行业和领域。为加快基础设施产业发展,我们完全可以利用非公有制经济来发展基础设施产业,诸如通过合同承包、公私合作、许可经营等,允许私营企业参与经营,但其数量、规模要受到严格限制,尤其是对其经营利润要进行严格控制,严防私人资本为追逐垄断利润而扭曲企业行为,损害下游产业的公平竞争和社会福利。私有企业只有在充分竞争中才能充分显示非国有企业存在的价值,显示其对资源配置的作用。没有竞争压力的非国有企业,其企业行为必将扭曲,对资源优化配置的作用也无从谈起。近年来,我国公用事业市场化及规制改革的实践与研究受到越来越多的关注,尤其是自 2002 年 12 月 27 日建设部颁布《关于加快市政公用行业市场化进程的意见》和随后颁布《市政公用事业特许经营管理办法》之后,这一问题的研究更是向纵深发展,然而,无论在理论上还是在操作层面上,迄今还未找到成熟的改革模式。

基础产业大多是垄断行业,目前,人们对电力、电信、铁路、民航、城市基础设施建设(天然气供应、自来水供应、热力供应等)垄断行业意见较大,其主要原因是这些垄断行业依靠垄断地位,截留应上缴国家的利润,过分谋取企业干部职工的高工资和高福利待遇,这不仅加剧了行业分配不公,而且不利于基础产业的健康发展。据 2006 年 5 月劳动保障部副部长步正发披露,目前电力、电信、金融、保险、水电气供应、烟草等行业职工的平均工资是其他行业的 2 至 3 倍,加上工资外收入和职工福利待遇,实际收入差距可能更大。② 深化垄断行业改革势所必然,这也是更新公有制实现形式、巩固公有制主体地位的重要内容。从所有制看垄断行业改革,其基本思路应该是:把不具垄断价值的企业、行业完全推向自由竞争的市场;在垄断行业生产经营的某些部分、某些环节可以引入竞争机制,引入非公有资本,如工程招投标、许可经营、公私合营;国有企业之间展开竞争;对国有独资、绝对控投的国有垄断企业实行标准化的成本管理、营销管理、价格管理和工资管理;加人财政、审计、纪检等党和政府职能部门对垄断企业的监督管理。但无论怎样改革,都必须保证公有制在基础产业占绝对支配地位。

---

① 《公用事业市场化及其规制改革》,《光明日报》2006 年 12 月 18 日。
② 《新华视点》2006 年 12 月 17 日。

三、国有经济应在主导产业和有关重要行业占支配地位,发挥主导作用

国有经济应在主导产业占支配地位,引导带动国民经济发展。主导产业也可称作支柱产业,它指的是具有较强的技术创新和增长能力、生产发展速度较高并能带动一系列产业发展的部门。该产业的增长效果远远超过该部门本身,对其他部门乃至整个经济的增长有着重要的、广泛的效果。这一效果主要体现在三方面:一是回顾效应,指主导产业对那些向自己供给生产资料的产业部门的促进作用;二是旁侧效应,主导产业的发展会引起它周围的一系列变化,带动周围各项相关的企、事业发展;三是前瞻效应,指主导部门对新工业、新技术、新原料、新能源出现的诱导作用,促进人们开发新技术和新产品。尽管主导产业是一个历史范畴,在不同的国家,在同一国家的不同发展阶段,在不同的资源环境下,其内容不同,如在传统的经济社会里,其主导产业是农业;在工业化的初期阶段,主导部门则是重化工业;在经济发达的社会里,主导部门将由工业向第三产业演变。在我国,主导产业也发生了由棉纺工业向重化工业的转变,而且随着经济发展,主导产业可能会转向信息产业、高技术产业。主导产业关系国民经济的命脉,关系国计民生,对国民经济有着多维影响,处于国民经济的核心地位。为实现宏观经济发展战略和国民经济的持续、快速、健康发展,避免私人经济的盲目竞争,主导产业也应由国有制经济占支配地位,尤其是在我国这样一个底子较薄的发展中国家,由国家作为投资主体积极发展主导产业,以带动整个经济发展,对我国实现跳跃式发展具有重大意义。如国有经济应在对国家安全和社会经济的长远发展有战略意义的高新技术产业如航天工业、生物工程等领域占支配地位,发挥主导作用。国有经济在主导产业占支配地位的前提下,可以充分利用非公有制经济来发展主导产业,同时,在一般加工制造业、商业服务业、建筑业、房地产业、非公共消费服务业中,要放手让多种所有制经济自由竞争、公平竞争,充分发挥多种所有制经济的制度优势,公有制经济没有必要占支配地位。而且,我们还必须认识到,我们所讲的以公有制为主体的质与量的规定,是就社会整体而言的,并不是就某一行业、某一地方而言,并不排除某些行业、某些地方非公有制经济占据数量优势,甚至起主导作用。这正如江泽民总书记在党的十五大报告中所指出的:"只要公有制仍占主体,国家控制国民经济命脉,国有经济的控制力和竞争力得到加强,国有经济的比重减少一些,不会影响我国的社会主义性质。"同时,国有经济的主导作用并不是一个经济数量规定,因而不能以国有经济占国民经济的比重多少判定国有经济是否起主导作用。国有经济的主导作用体现在控制力上,而控制力主要是指以自身的资产优势、规模优势、技术优势、产品优势、产业优势、资金优势以及信誉优势、形象优势、政治优势等,驱动和支配更多的社会资产围绕自己的经济目标有效运作,限制或带动其他所有制经济进行某些生产经营活动。

国有经济应在金融保险业占支配地位。在市场经济条件下,对国民经济的生产、流通、交换、分配各环节,货币发挥着巨大的功能,金融业已成为国民经济运行的神经中枢。因此,国家在金融产业中占绝对支配地位是国家实现宏观调控目标,保持社会稳定,保持国民经济持续、健康发展的必备条件。我国银行体制改革的目标模式是建立中央银行、商业银行、政策银行的三足鼎立格局。中央银行作为国家利用货币政策调控国民经济总体运行的枢纽,作为履行着金融管理监督职能的"银行中的银行",自然必须掌握在国家手中,为整个国民经济的协调发展营造良好的宏观经济环境。政策银行由于执行着国家政策职能,并不以追求自身利益最大化为目标,显然应该由国家经营。商业银行作为特殊商品市场——货币市场的经营主体,其所有制结构也应以公有制为主体,在此前提下,可以有条件地引入竞争机制,引入其他经济成分。在市场经济条件下,社会保险业是市场经济有效运作的有效保障,在社会保险业中,社会的基本保险如养老保险、失业保险等应以国家为主体兴办,以切实保障市场经济条件下广大公民、职工的最基本的权益。在此前提下,可以允许各种所有制经济涉足保险业,引入竞争机制,采取多种渠道多形式发展和繁荣各项社会保险事业。

四、公有制应在多层次的动态的所有制结构中保持其主体地位

在一个社会的经济运行体系中,生产资料的性质及其结构是多层次的,产业布局和结构是多层次的,而且始终处在动态的生产经营过程中。因而,以公有制为主体必须在多层次的、动态的所有制结构中保持,只有这样,才更符合经济发展规律,才能为生产力发展提供广阔的制度空间。

首先,生产资料结构和产业结构的多层次决定了公有制必须在多层次所有制结构中保持。就生产资料而言,人类从事社会生产活动所必需的生产资料可以简单划分为:自然资源型生产资料,如土地、森林、矿藏、海洋经济资源、空间经济资源等;劳动创造型生产资料,如大型基础设施、机器设备、小型生产工具等。这些生产资料处于非常复杂的结构体系中,具有不同的性质和不同的重要性,在社会生产中有着不同的功能和作用,因而与其相适应的所有制制度安排也会有所不同,从而形成多层次的所有制结构体系。

土地是大自然赐给人类的最重要自然资源,具有强烈的外部效应,它不仅是人类生息繁衍的重要场所,而且是进行其他生产经营活动所依赖的重要生产资料,因而对土地应实行公有制,在我国实行的是城镇土地国有制和农村土地集体所有制。土地必须投入运作才能生产财富,如果不投入运作,它仅仅是一种经济前提。而要使公有的土地得到更加合理、有效的开发利用,就必须和其他所有制进行有机结合。在农村集体所有的土地上,可以通过多种所有制形式发展规模种植业、养殖业和农产品加工业。城镇土地因其所处空间位置的重要性必须采取国有制,但国有的土地也必须和其他多种所有制经济相结合才能更好地发挥效用。长江、黄河是国有的,但只有同各种各样的所有制相结合,如同不同所有制性质的水利工程公司、水运公司、旅游公司、村庄、渔民相结合,才能得到更好的开发利用。道路桥梁等大型基础设施是公有的,但通行的车辆、运输队却可以是私人的。上述例子只是说明,生产资料的重要性是不同的,而且结构是多层的,因此采取的所有制形式也应该是多层次的。如采取由中央政府行使所有权的国有制、地方政府行使所有权的

国有制、农村集体所有制、农民合作社所有制、股份制、私人合伙所有制、私人个体所有制等，只有在这种多层次的所有制结构中，生产资料才会发挥其最佳效用。

就产业结构而言，产业可分为多种产业而且处在多层次的结构体系中。其中关系国计民生的重要产业和行业需要国有经济控制，以便发挥其主导作用，而大量的产业和行业更需要多种所有制经济支撑。同时，还要看到，随着科技发展和条件变化，基础产业中原来需要垄断的行业可能失去垄断的必要，如随着科技进步和社会资本增加，电话、邮政有可能进入自由竞争状态，而有些行业则可能具备垄断性质。有专家认为，由于网络性已成为自然垄断的一个重要特征，如何解决网络产业的相关问题就成为规制的重要领域，并提出城市信息产业管理的基本制度安排应是统一规划、垄断经营、政府监管三者的统一，以便实现信息化建设与市政建设的协调统一，信息、广电产业的发展与城市基础设施产业发展协调统一，优化城市空间资源配置，促进信息化产业的有序竞争和消费者福利最大化。① 另外，随着经济的发展变化，不同历史时期的主导产业也会发生变化，由于不同产业行业的性质特别是在国民经济中的地位和作用处于动态的变化之中，因而国有经济的结构布局也需要不断调整。

其次，动态的资产经营过程决定了公有制主体地位的动态性。在市场经济条件下，各种所有制经济必然转入资本化经营状态。由于生产的社会化和市场经济中商品生产经营者的利益驱力，要求不同的商品生产者之间进行不同形式的资本联合，否则，单个资本的利益就不会获得更好实现。于是，公有资本和私人资本、社会集中资本与社会分散资本、本部门资本与外部门资本、本行业资本与外行业资本、本地区资本与外地区资本、国内资本与国际资本进行多种形式的联合，从而产生多种多样的经济组织形式，形成跨企业、跨行业、跨部门、跨地区甚至跨国界的多种所有制结构，只有在这种不断运动变化着的所有制结构中，各经济行为主体的利益才会获得更好实现，社会资源才会得到更合理的配置和利用，也才会推动社会生产力更快发展。

在国家和集体牢牢掌握关系国计民生的实物形态生产资料的前提下，国有经济和集体经济必然遵循资本经营规律，以资本为纽带，通过扩张、兼并、产权交易、资产重组，通过实物形态资产和价值形态资产的相互转换和交互作用，保持和提高国有经济的控制力，实现公有资产的保值增值。国家会根据需要收缩国有战线，在某些行业抽回国有资本，转制国有企业；国家也会根据需要，投资兴建国有企业，投资兴建大型水利、电力、油汽等基础设施工程。在这种资本经营的过程中，会出现不同所有制性质资本的联合，也会出现国有企业和集体企业因经营不善而破产、转让等情形，从而引起不同资本比例结构的变化。总之，各种资本结构将随着经济运行和资本运营，处在不断变化的状态。因此，在市场经济条件下，以公有制为主体，就是在这种动态的资本经营过程中，在极其复杂的且不断变化运动着的所有制结构中保持和实现的，离开了动态的多层次的所有制结构，以公有制为主

---

① 王自力：《规制与竞争前沿问题观点综述》，《光明日报》2006 年 12 月 18 日。

体就无从说起,就变得毫无意义。由于所有制结构是动态的,是随着经济发展而不断变化的,因而在公有制经济与非公有制经济之间就不存在先验的固定不变的数量结构比例,如果非要人为地规定甚至限制多种所有制经济的数量,只会限制以致破坏生产力的发展。在市场经济中,公有制经济在市场经济运作中存在着边际效益,并不是公有制越多越好,超出了一定边界,就会产生负效应。这也就是说,没有以公有制为主体,市场经济不能更有效运作,但公有制经济超出了活动边界,市场经济也不能更好运作。显然,在市场经济条件下,以公有制为主体与大力发展非公有制经济存在内在同一性。因此,我们必须抛弃从数量上来理解以公有制为主体的传统观念,尽快实现由"数量型公有制主体"向"功能型和质量型公有制主体"转变。

(原载《江汉论坛》2007年第4期)

建立健全促进非公有制经济发展的制度支撑体系

　　非公有制经济是社会主义市场经济的重要组成部分。要谋求中国经济的快速发展，必须在坚持公有制为主体的前提下大力发展非公有制经济，这已成为全党全国人民的共识；而要谋求非公有制经济更好更快地发展，必须建立和健全促进非公有制经济发展的制度和政策支撑体系。

一、建立健全私有产权保护制度

　　私有财产权是公民的基本权利，它与生命权、自由权一起并称为公民的三大基本权利。私有产权保护制度是确保私人和非公有制企业合法权益、充分调动生产经营者的积极性，保证非公有制经济长足发展的基础性制度。古人云，"有恒产者有恒心"。如果缺乏对私有财产的保护，很难使人们产生投资的信心、置产的愿望和创业的动力。只有加强对私有产权的保护，才能鼓励亿万人民群众创造财富、爱护财富、合法致富。①

　　2004年，我国修改后的宪法规定，"公民的合法的私有财产不受侵犯""国家依照法律规定保护公民的私有财产权和继承权"。2005年，国务院颁发《关于鼓励支持和引导个体私营等非公有制经济发展的若干意见》（简称"非公经济36条"），进一步要求完善私有财产保护制度。2007年3月16日，第十届全国人民代表大会第五次会议审议通过了《中华人民共和国物权法》。该法规定："私人对其合法的收入、房屋、生活用品、生产工具、原材料等动产和不动产享有所有权。""私人合法的储蓄、投资及其收益受法律保护。国家依照法律规定保护私人的继承权及其他合法权益。""私人的合法财产受法律保护，禁止任何单位和个人侵占、哄抢、破坏。"

　　目前，在法律制度层面上，保护私人产权仍然有三个重要问题有待解决：一是宪法保护私人产权的规定缺乏可诉性，宪法司法化问题有待解决；二是尚未建立起完善的法律框架来保护私人产权；三是技术性制度手段缺乏，缺少一些技术性的制度来界定不同的产权和解决产权纠纷。因此，我们要在具体的保护私人产权制度方面作出努力。

（一）进一步完善保护私人产权的法律体系

　　在宪法层面上，要研究制定实现私有财产保护条文规定的具体措施，实现宪法的司法

---

　　① 王利明：《平等保护原则：中国物权法的鲜明特色》，《法学家》2007年第1期，第6页。

化和可诉性。在具体法律层面上，要加快制定和修订《物权法》的下游配套法律法规，诸如《国有资产管理法》《土地征收征用及拆迁法》《不动产物权登记法》《物业管理条例》等；要制定或修订有利于保护私人合法产权的《反垄断法》《税法》《破产法》《财产继承法》《知识产权法》《反不正当竞争法》《合伙企业法》《个人独资企业法》《土地管理法》等；要对《刑法》作相应调整，对于侵犯私人产权的行为，要有明确具体的刑罚条文规定；要彻底清理和修改有关法律法规，构建起一个比较完整的保护私人产权的法律体系。

（二）研究制定一系列更加具体的保护私人产权的产权制度

不同地区、不同行业、不同单位要依照法律规定并结合自己的实际状况，制定更加详细、明晰的产权制度和施权细则；明确界定国家、集体、私人不同利益主体的产权边界，进一步规范不同利益主体的施权行为，减少产权纠纷，最大限度地保护好不同市场主体的产权权益；要通过具体的产权激励和约束制度，有效避免侵权行为，以充分调动私营企业主生产经营、投资企业的积极性。

二、进一步健全和完善非公有制经济的市场准入制度

市场准入制度是落实基本经济制度、发展市场经济的一项具体制度。我们必须按照基本经济制度的要求，建立健全非公有制经济的市场准入制度。近年来，我们党和国家在这方面出台了许多政策，进行了一系列改革尝试。早在"十五"规划《纲要》中，我国就已经提出："要取消一切限制企业和社会投资的不合理规定，在市场准入、土地使用、信贷、税收、上市融资、进出口等各方面，对不同所有制企业实行同等待遇。"2003 年 10 月，党的十六届三中全会通过的《关于完善社会主义市场经济体制若干问题的决定》明确提出，要大力发展和积极引导非公有制经济，允许非公有制资本进入法律法规未禁入的基础设施、公用事业及其他行业和领域。非公有制经济在投融资、税收、土地使用和对外贸易等方面，与其他企业享受同等待遇。从 2004 年到 2005 年年初，我国政府先后制定修订了《外商投资产业指导目录》《关于鼓励支持和引导个体私营等非公有制经济发展的若干意见》（简称"非公经济 36 条"），进一步明确提出，放宽"非公有制经济市场准入要贯彻平等准入、公平待遇原则，允许非公有资本进入法律法规未禁入的行业和领域。允许外资进入的行业和领域，也允许国内非公有资本进入，并放宽股权比例限制等方面的条件。在投资核准、融资服务、土地使用、对外贸易和经济技术合作等方面，对非公有制企业与其他所有制企业一视同仁，实行同等待遇。对需要审批、核准和备案的事项，政府部门必须公开相应的制度、条件和程序"。综观上述规定，结合目前非公有制经济在市场进入中所受到的实际限制或遇到的障碍，建立健全非公经济市场经济准入制度应从两个方面着手。

（一）进一步明确和细化非公有制经济行业准入制度

尽管我国有关法律规定了非公有资本可以进入垄断行业和领域，可以进入公用事业和基础设施领域，可以进入社会事业领域，可以进入金融服务业。然而，允许进入和能否进入是两回事。非公有制经济进入垄断行业的障碍，有客观和主观两个方面的原因。就

主观方面看,非公有制经济技术创新不足、人才缺乏、资金实力不强、企业素质不高,这成为非公有制经济进军垄断领域的"瓶颈"。从客观上看,各种隐性的不公平政策和待遇成为制约民营企业发展的政策原因。例如,在公用事业领域,涉及公共交通、环保供水、供气、垃圾污水处理等公用基础设施,长期被政府直接经营,民营资本无法投资;在新兴服务领域,金融、保险、旅游、通信、教育、体育、医疗等新型服务业,已经成为新的投资热点与经济增长点。但由于新型服务业投资开放的难度与复杂度要远远超过一般制造业,民间还没有真正开展大规模投资;在非公有制经济参与国有企业改制重组过程中,由于政府的过度干预,制约了其参与改制改组的积极性,甚至使一些本来有望成功的计划胎死腹中;政府虽然允许非公有制经济进入法律、法规没有禁止进入的基础设施、公共事业和其他行业领域,但由于配套政策不到位,目前非公有制经济在将近30个产业领域存在不同程度的"限进"情况。[①] 这种情况说明,一方面,非公有制企业必须通过多种措施增强自身实力;另一方面,各级政府要进一步转变职能,理顺政企关系、政事关系、政社关系,加大对垄断行业的规制改革,并认真检查、清理、修订涉及非公有制经济的法律法规和政策,逐步消除各种阻碍非公经济行业准入的隐性壁垒。

(二)不断改进和创新市场主体准入制度

改革创新市场主体准入制度包括:改革企业前置审批制度;改革企业名称登记注册制度;改革企业注册资本(金)缴付方式;改革企业注册资本审验办法;改革企业经营范围核定方式;简化企业、个体工商户登记程序,放宽登记条件;下放企业、个体工商户登记管理权限;改革外商投资企业登记制度;改革农村个体工商户、私营企业特别是农业开发类企业、农村村民委员会和专业合作社、行业协会、联合会等农村专业合作组织的登记注册管理制度;等等。

三、通过加强体制和制度创新,健全和完善促进非公有制经济发展的财政、税收、金融服务体系

资金短缺、融资难是长期以来非公经济发展的一大"瓶颈"。近些年来,根据大力发展非公有制经济的实际需要,我国不断深化财政体制特别是投资体制、税收体制和金融体制改革,在大力构建非公有制企业的金融服务体系方面取得了实际成效,形成了比较完整的政策体系。2002年6月,第九届全国人大第二十八次会议通过的《中小企业促进法》,为中小企业的资金支持设有专章。在此前后,为改善对中小企业的金融服务,各级政府相继出台了一系列扶持政策,其主要内容是:信贷支持政策、财政贴息政策、担保政策、风险投资政策。政府还采取了改革措施来推进中小企业金融服务,如建立小额贷款的特殊营销机制;对城市商业银行实行增资扩股改造,吸收优质私营企业入股;吸引私人资金重组和改造农村信用社,进行组建股份制农村商业银行的改革试验;推进利率市场化改革;支

---

① 蔡敏:《破除民企进入垄断领域的瓶颈》,《瞭望新闻周刊》2006年第9期,第64页。

持金融机构开展业务创新。在证券市场方面,在允许私营企业进入"主板市场"之后,于2004年又设立了"二板市场"。到2005年,已经有数十家企业在这里上市融资,其中多数是非公有制企业。[①] 在金融部门方面,中国人民银行要求金融部门要在信贷准入门槛、信贷审查程序、信贷审批决策、信贷责任追究等方面,全面贯彻落实"公民"待遇的原则,从制度上机制上消除对非公有制企业的歧视。在税收方面,2004年7月实施《行政许可法》以后,一些地方政府向私营企业和个体户乱收费的问题,已经在很大程度上受到抑制或被消除。2005年2月,国务院颁发的"非公经济36条",其中就加大对非公有制经济的财税金融支持列出了5条意见,这对我们全面构建对非公经济进行金融服务的制度体系很有指导意义。2007年3月,第十届全国人大五次会议审议通过了《中华人民共和国企业所得税法》,实施了两税并轨,保障了内外资企业的税赋公平。

但是,目前非公有制中小企业融资难的外部制度因素仍然存在,主要表现为以下几方面:一是间接融资服务体系存在缺陷。缺少为中小企业服务的中小型银行和社区银行;商业银行的信贷激励、考核机制不能适应进一步加强向中小企业贷款的要求;担保机制不健全,阻碍银行发挥中小企业金融服务的功能。二是直接融资体系存在缺陷。债券市场发展明显滞后,交易品种稀少,长期票据市场则基本没有发育;缺乏为中小企业提供权益性资本融资的专业化服务平台,中小企业板股票市场的容量和功能有限;只有现货市场,没有证券期货期权及其他金融衍生商品市场,使得市场投资产品单一、缺乏规避风险的有效手段。另外,风险投资等场外直接投资市场的发展受到很大制约。要解决上述问题,必须在以下几方面进行努力。

(一)建立多层次的银行服务体系

增设地方性中小金融机构,这既是国有、外资大型银行的有益补充,又可专门针对中小企业提供信贷服务;组建政策性中小型企业银行,为符合国家产业政策并有发展前景的中小型企业提供金融支持;要鼓励商业银行扩大对中小企业的信贷支持,改进对企业的评价体系,不断拓展金融业务。

(二)建立多极化的资本市场体系[②]

要拓宽非公有制经济的直接融资渠道,就必须推进多极化的股权投资,鼓励政府、国企、外资、民营、个人等多元股权主体相互参股,使中小企业可以得到创业资金和技术支持;进一步改革和创新证券市场,降低中小企业板上市标准,支持更多的中小企业上市;要进一步开放搞活产权交易市场,使中小企业能通过产权交易的收购、兼并而做大做强。

(三)开拓非公有制经济的多种融资方式

鼓励发展风险投资公司,为非公有制企业的高新技术开发、新产品开发提供服务;建

---

① 全国工商联非公有制经济研究课题组:《关于进一步促进非公有制经济发展的政策建议》,(2004-10-02)[2007-02-18]. http://www.cmgs.lcom.cn/images/119/111122.htm。

② 白林、白建宜:《优化非公有制经济发展的外部环境》,《中共乐山市委党校学报》2006年第2期,第38页。

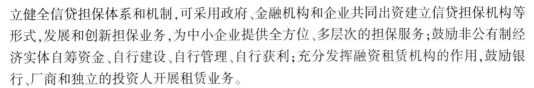

立健全信贷担保体系和机制,可采用政府、金融机构和企业共同出资建立信贷担保机构等形式,发展和创新担保业务,为中小企业提供全方位、多层次的担保服务;鼓励非公有制经济实体自筹资金、自行建设、自行管理、自行获利;充分发挥融资租赁机构的作用,鼓励银行、厂商和独立的投资人开展租赁业务。

(四)强化对非公有制企业的财税支持

加快制定有关公共财政对中小企业发展专项基金支持的实施细则,尽快制定中小企业发展基金设立及相关管理办法。要运用税收优惠、财政贴息等政策,鼓励科技创新型民营企业发展。对于民营企业研究开发新产品、新技术、新工艺以及购买技术和相关的技术服务,可以采取减免所得税的措施,降低其费用。民营企业新上的技术含量高、市场前景好的技改项目,地方政府可根据情况给予适当的财政贴息。

四、要通过各种制度创新,加强中小企业社会化服务体系建设

当前,在为非公经济提供社会服务方面还比较薄弱。诸如:中介(民间)组织不发达,支持中小企业发展的创业辅导、科技培训、投资咨询、管理诊断等中介服务机构数量偏少,功能不强;缺乏完善的技术市场和人才市场;企业发展所必需的人才支持、科技支撑后劲不足;等等。针对这些现象,我们必须依据"非公经济36条"有关加强非公经济社会化服务体系的建议为指导,着力在以下几个方面搞好社会化服务。

(一)搞好人才服务

企业要发展,人才是关键。因此,要进一步发展和规范劳动力市场、经理人市场和高科技人才市场,充分发挥社会中介组织在推荐人才、培训人才方面的特殊作用。在市场配置人才资源的基础上,国家和政府要通过政策引导,搞好人才资源的宏观调控;要通过高校教育制度改革,培养更多的面向企业的科技实用人才;要通过调整国家就业和再就业政策,加大对自主创业的扶持,鼓励下岗失业人员、退役士兵、大学毕业生和归国留学生等各类人员创办小企业,到非公有制企业就业和再就业;要通过职称、资格评定制度改革,为非公有制企业的管理人才、科技人才的培养、成长、待遇提高创造条件,提供制度支持。

(二)搞好科研服务

政府要根据非公有制中小企业的特点,加快建立适合其特点的共性技术服务平台;在重大科技项目招标中,对非公有制企业应一视同仁,积极支持其科技创新活动;在中小企业发展基金的分配使用上,以及在由政府主办的风险投资公司的风险投资中,加大对非公有制企业科技创新活动的支持;要通过大力发展科技市场和科技中介服务机构,促进科研成果转化、技术转让和技术推广;要通过制度设计,鼓励和支持科研院所、高等院校与非公有制企业开展多种形式的产学研联合;要通过改进政府采购办法,鼓励和支持非公有制企业开展科技公关,生产高科技产品;要通过税收优惠政策,鼓励和支持非公有制高科技企业发展。

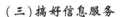

（三）搞好信息服务

要大力发展为非公有制企业提供各类特殊信息服务的社会中介组织。政府必须加强信息网络建设，为非公有制经济健康发展及时准确地提供不可或缺的产业和行业发展信息、有关人才信息、科技信息、政策信息、国内外市场需求信息等各种信息，从而更好地引导企业和个人的投资走向，引导企业的生产经营活动，更好地促进各种资源的优化配置。

五、改革创新行政管理体制和管理制度，改进政府的管理和服务

政府行为对非公有制经济的发展起着至关重要的作用。尽管我国已初步确立了社会主义市场经济体制，但我国的政府职能转变和行政管理体制改革还有所滞后。在市场经济条件下，政府职能的总体定位就是"经济调节、市场监管、公共服务、社会管理"。但在现实中，政府职能还存在着不少缺位、越位和错位现象，职能部门之间还存在着职能重叠、权力交叉、多头管理、职责不清现象。因此，我们必须加快行政管理体制改革，切实转变政府职能。

（一）改革和创新行政管理体制，切实转变政府职能，强化服务功能

要深化行政管理体制改革，科学设置政府机构，科学界定各职能部门的职责权限，着力打造有限型、服务型、法制型、高效型政府；要把精力集中到"经济调节、市场监管、公共服务、社会管理"方面来；要履行好政府对非公有制经济的宏观调控功能，把非公经济发展纳入国家经济和社会发展计划，通过加强宏观指导、产业规制和政策协调，引导非公有制企业合理集群、健康发展。

（二）创新、规范并加强监管制度，强化监管职能

要进一步推进行政审批制度改革，认真清理、减少并科学规范行政审批事项，减少审批环节，完善审批程序，提高审批效率和审批质量；要切实加强工商、税务、环保、质检、安检、劳动、城管、卫生、国土、公安等监管部门的监管机制和能力建设，不断改进和创新监管方式，切实加大对非公有制企业的监管力度，防范和减少非公有制经济组织各种违法生产经营行为的发生。

（三）改进和创新具体的工作办事制度，提高依法行政能力

各级政府职能部门及公务人员要通过改革工作制度完善办事程序，采取切实措施，严格依法行政、依法办事，认真贯彻实施《行政许可法》和《全面推进依法行政纲要》，坚决杜绝"三乱"现象和"寻租"行为。行政执法部门要在合理、清晰界定自己法定权力的前提下，严格履行职责，真正做到有法必依、执法必严、违法必究。

六、改进和完善司法制度，进一步为非公有制经济发展提供司法保障

依法办案，公正司法，是合理解决不同市场主体间产权纠纷、合同纠纷，有效维护市场主体的合法权益，促进各市场经济主体间公平竞争，保证市场经济健康运行的保障，也是促进非公有制经济健康发展的保障。但在司法实践中还存在一些司法不公、司法腐败等

现象,制约着市场经济和非公有制经济的健康发展。司法中存在的主要问题:一是对私有产权的保护不力。个人侵占企业财物的情况,发生在国有企业的按照《刑法》论处,最高可判处死刑,而发生在非公有制企业的,即使数额巨大,一般也只能按照民事纠纷处理,最多按照挪用公款判处;在个别地方,私营企业等非公有制企业主的人身或财产权利遭到非法侵害时,得不到应有的保护;司法实践中,对小额标的的经济纠纷案受理和判决不积极、不及时,执行判决结果更困难,以至于在极个别地方出现了当事人雇佣具有黑社会性质的组织和个人追讨债务、化解纠纷的现象。二是地方保护主义严重存在。一些地方部门对本地区发生的个体工商户、私营企业主制假售假、坑蒙诈骗等违法生产经营案件,不能依法办案、坚决惩治;对本地区发生的本地私营企业侵害其他地区私营企业和个人合法权益的案件,在司法过程中往往存在偏袒心理,不能作出公正判决。三是存在司法腐败现象。个别司法机关公职人员腐败变质,在办案过程中存在以权谋私、吃拿卡要、徇私枉法等行为。

鉴于此,我们必须深化司法制度改革,做好以下两方面的工作。

(一)从制度设计层面为司法机关独立审判、公正办案提供制度支持

通过建立公平公正的司法审判体系,依法平等保护不论是本地的还是外地的、不论是公有的还是私有的各类市场经济主体的合法权益,高效、公正地审理市场经济主体间的经济纠纷和产权纠纷案件。

(二)加强司法队伍建设

要大力加强司法队伍的思想政治建设和职业道德建设,不断增强"司法为民"的责任感和主动性;要大力加强司法队伍的业务素质建设,不断提高司法工作者的审判能力和办案效率。

(作者:李太森、张文,原载《黄河科技大学学报》2007年第5期)

论我国大力发展非公有制经济的必然性、
必要性及长期性

改革开放以来,特别是党的十五大以来,我国的非公有制经济获得了长足发展。非公有制经济已成为我国社会主义市场经济的重要组成部分和推动我国经济快速发展的重要力量。然而,思想理论界对我国为什么要大力发展非公有制经济的深层原因并没有完全搞清楚,还存在一些似是而非、难以服众的理论阐释,一些人对我国大力发展非公有制经济的必然性、必要性及长期性还存在糊涂认识。这主要表现在:其一,囿于传统观念,仍然把发展非公有制经济同坚持社会主义制度对立起来,对发展非公有制经济持怀疑、否定、排斥态度;其二,把发展非公有制经济仅仅看作现阶段不得已而为之的权宜之举,认识不到非公有制经济的存在和发展将是一个长期的历史阶段;其三,把发展非公有制经济与坚持以公有制为主体完全对立起来,不能正确认识坚持以公有制为主体与大力发展非公有制经济之间的辩证统一关系。因此,重新认识和论述我国大力发展非公有制经济的必然性、必要性及其长期性,对于丰富和发展科学社会主义理论,推进我国非公有制经济健康发展,很有理论意义和现实意义。

一、必然性:一种理论新解

截至目前,理论界关于我国为什么要发展非公有制经济的原因有多种多样的解释,其中最为常见的解释是这样的:生产力决定生产关系,生产关系一定要适合生产力的发展水平和发展要求,这是社会发展的普遍规律。我国之所以要发展非公有制经济,是由我国社会主义初级阶段生产力发展水平多层次、不平衡的状况所决定的。我国社会主义制度脱胎于半殖民地半封建的旧中国,从整体看,生产力发展水平本来很低;经过30多年社会主义建设,我国整体生产力水平有了很大提高,但是仍然低于发达国家,特别是各地区、部门、行业之间以及同一地区、部门、行业内部,生产力发展水平很不平衡,呈现出多层次结构。生产力发展的这种状况客观上决定了不能建立单一的全民所有制经济,也不能建立单纯的公有制经济,而必须建立以公有制为主体,全民所有制经济、不同规模的集体所有制经济、个体经济、私营经济、外资经济等并存的所有制结构。只要生产力的这种极端不平衡和多层次状况没有发生根本变化,实行包括私营经济在内的多种所有制结构就是必然的。在这种理论解释中,有些观点是正确的,如“生产力决定生产关系,生产关系一定要适应生产力的发展水平和发展要求",但是由于它把生产力多层次、不平衡状况与所有制结构看作简单的、机械的对应关系,在理论上所存在的片面性也是显而易见的。

其一,无法对在现代生产力下大力发展非公有制经济作出科学回答。在生产力发展多层次、不平衡的理论解释中,内含着这样一种逻辑推理,即以手工操作为特征的小生产、落后的生产力是与个体所有制和私有制对应的,而现代化的机器大生产则是和公有制对应的。然而,无法回避的现实问题是:经过近 30 年的改革开放,我国的生产力水平获得了极大提高,"刀耕火种"的原始生产力已越来越少,机械化、机器化、自动化生产越来越高,而且信息经济、知识经济、网络经济获得了快速发展,在这样一种生产力水平下,为什么私营经济不仅没有减少反而获得了更多发展?而且,为什么不仅在相对落后的农村存在私营经济,而且在现代化的城市中存在着更大规模的私营经济?为什么私营经济不仅在一些传统产业诸如商业服务业、餐饮服务业、机器制造业占有重要比重,而且在一些高新技术产业也占有一定的比重?

其二,无法对当代发达资本主义国家广泛存在的私有制经济作出科学的解答。当代一些资本主义国家如美国、英国、日本,就整体而言,生产力要比中国发达,然而,这些国家为什么迟迟没有建立公有制社会?为什么这些国家的私有制经济还在推动着生产力的发展?

其三,无法对中国以及世界上许多国家进行的社会主义革命和建设作出科学的解释。20 世纪上半世纪,社会主义革命浪潮席卷全球,苏联、中国等国家先后进行社会主义革命,消灭了私有制并建立起以公有制为主要特征的社会主义经济制度。如果按照生产力发展水平与所有制简单的、机械的对应关系,就会得出这些国家本来就不应该进行社会主义革命、不应该建立公有制的历史虚无主义结论。然而,这些国家不但建立了公有制,而且还在一段时期内极大地推进了经济发展。

很显然,一些传统的理论已经无力解释现实,理论面临挑战,亟待创新。诚然,生产力决定生产关系,生产关系一定要适合生产力发展状况和发展要求,这是马克思历史唯物主义的一条基本原理,关键是我们如何运用这一原理去解释历史和现实。有学者指出,我国社会主义条件下非公有制经济存在的依据绝不仅仅是生产力水平低,市场经济条件下人们对自身利益的追求是非公有制经济存在发展的重要原因。此论颇有见地。笔者经过研究认为:我国之所以要大力发展非公有制经济,并不只是来自生产力发展的多层次和不平衡状况的要求,从更深层次上讲,是因为生产力的发展状况还没有达到"财富充分涌流""劳动已不再是谋生手段,而是生活第一需要"的程度。在"财富尚未涌流""劳动还是谋生手段"的生产力水平下,人们必然产生各自的利益要求,必然存在自私观念,从某种意义上讲,社会还不得不利用人们的自私心理和对自身利益的追求,去充分调动人们的积极性、能动性、创造性,以推动社会生产力更快发展,以便创造更多的社会财富来满足人们的利益要求。在我国现阶段,科技创新和发展生产力,都离不开个人的积极性。发挥个人的积极性,就必须给予每个人应有的物质利益、社会地位、发展机遇、创造空间。实践证明,在完全的公有制条件下,这些要求很难得到满足。公有制和按劳分配虽然承认劳动能力的差别,但否定了生产条件的个人所有,否定了个人收入转化为个人投资的可能性,否定了凭借资本所有权取得收益的权利,这样,个人物质利益就被大大地缩小了。在这个前提下,人们的物质利益、社会地位、发展机遇、创造空间等,就同经济上的地位和独立性失去联系了。也正因此,使公有制经济组织缺乏持久的、强烈的内生动力,从而导致公有制经济组织的效率低下。私营经济,由于和个人的利益密切结合,属于自我约束、自我监督、自谋发展、自我谋利,因而有一种内生的、持久的发展动力。可见,在当代我国社会生产力的发展运行中,公有制在宏观经济运行中有着不可替代的宏观效率优势,而在微观经济运行中,私有制却有着不可替代的微观效率优势。所以,在我国社会的很长一个阶段,在生产力发展水平已经很高但尚达不到"财富充分涌流""劳动已成为生活第一需要"的阶段,在所有制制度上就必须实行以公有制为主体、多种所有制经济共同发展,就必须实现公有制与私有制的优势互补,以推动生产力快速发展。当然,私营经济的发展有其自身的诸种弊端,诸如容易导致分配不公、两极分化,容易导致恶性竞争、资源浪费,容易导致人们经济权利的不平等和社会地位的不平,等等。但相对于它对实现公有制主要价值目标的作用而言,这些弊端是次要的,而且,我们实行的是以公有制为主体的社会主义市场经济,对私营经济要加以引导和限制,从而把私有制的弊端限制在不影响社会正常运行的发展范围之内。

二、必要性:一种现实抉择

大力发展非公有制经济,并不是首先来自理论的引导,而是来自现实的需要,是一种历史的必然、现实的抉择。

(一)大力发展非公有制经济的必要性,来自社会主义公有制实践的经验教训

1949 年新中国成立后,中国共产党领导中国人民经过社会主义改造,消灭了私有制,在全国范围内普遍建立起了以国有制(全民所有制)和集体所有制为基本形式的公有制,并以此为基础建立了高度集中的计划经济体制和按劳分配制度。应该说,在新中国经济发展的初期,公有制以及计划经济对我国优先发展重工业战略的实施,对集中力量搞重点工程建设,对国民经济的恢复和发展,是发挥了重要作用的。然而,随着实践的深入,高度集中的计划体制以及"一大二公"的公有制结构逐渐暴露出诸多弊端。

从公有制经济组织角度看,理论上讲,由于实行了公有制,消灭了私有制,消除了站在生产资料和劳动者之间的剥削者,从而实现了劳动者与生产资料的直接结合,劳动者成了生产资料的主人,劳动者应该焕发出巨大的劳动热情。然而,实际情形并非如此。当刚刚从旧社会解放出来的劳动者的巨大的劳动热情发挥出来之后,随着时间推移,公有制经济组织具有的弊端开始显露且日益严重,如"搭便车"现象、"磨洋工"现象、损公肥私行为等,从而严重制约了公有制经济组织的经济效率和活力。

从计划配置资源角度看,理论上讲,实行了公有制,为实行计划经济奠定了基础,国家可以根据生产社会化的要求有计划地优化配置社会资源,从而有效避免资本主义社会由于私人占有同生产社会化的矛盾引发的盲目生产、生产无政府状态、浪费资源等现象。然而,实际情形却要复杂得多,要从宏观到微观完全实现社会生产的有计划组织和管理是不现实的。尽管我们实行了统购统销等计划经济体制,但并未能真正实现国民经济的有计划、按比例发展,反而引起了国民经济的结构性失调,严重制约了地方政府、企业的自主性、创造性的发挥,严重妨碍了社会各种资源的优化配置。

从收入分配角度看,理论上讲,公有制为实行按劳分配奠定了基础,但在实际操作过程中,按劳分配往往演变成了平均分配、吃"大锅饭"。由于不存在市场竞争,不存在富有效率的社会必要劳动时间,因而所谓的按计划分配社会必要劳动只能是一种先验的主观认定;由于不存在市场竞争,不能通过市场机制显示劳动者价值差别,因而无法准确衡量劳动者之间的劳动差别。很显然,按劳分配在现实中遭遇了种种困难,在实践中产生了种种变形。由于不能实行真正的按劳分配,由于不允许把个人消费资料转变成个人生产资料,劳动者的生产积极性、创造性受到了严重制约。

20世纪70年代,世界各社会主义国家普遍出现了国民经济发展缓慢乃至停滞不前、广大人民群众的物质文化水平不能得到大力提高的现象。于是,改革计划经济体制,实行市场经济,改革所有制关系,允许并鼓励支持个体私营经济发展,改革政治体制,发展社会主义民主与法制,成为一种历史的必然、一种现实的抉择。20世纪80年代,世界各社会主义国家纷纷掀起了改革浪潮,中国也于20世纪70年代末80年代初迈入了改革开放的新时代。

(二)大力发展非公有制经济,是因为非公有制经济有着不可替代的经济社会功能

实行社会主义公有制有着诸多价值目标,其中一个最主要目标是推进生产力快速发展,不断满足广大人民群众日益增长的物质文化生活需要,然而,这一主要目标靠实行单一的"一大二公"的公有制是难以实现的。在社会发展的一个很长阶段,公有制必须借助私有制才能更好地实现自己的主要价值目标。在坚持公有制为主体的前提下大力发展非公有制经济,二者之间存在着相互依存、辩证统一的正相关关系。非公有制经济有着诸多有益的经济社会功能,其主要功能有以下几方面。

其一,大力发展非公有制经济,有利于推动生产力快速发展。(1)有利于促进市场竞争。非公有制经济由于和个人利益紧密结合在一起,因而具有强烈的内生动力和发展驱力,有利于充分调动、发挥广大生产经营者生产经营的积极性、能动性、创造性;非公有制经济由于产权清晰、利益关系明确,因而与市场经济有着天然的相容性,是最具内生发展动力的市场经济主体,而各市场主体的充分竞争、公平竞争,更有利于资金、技术、土地、劳动力等各生产要素的优化配置和效用发挥,从而更有利于生产力发展。(2)有利于促进产业结构的优化和升级,带动新兴产业和行业的发展。非公有制经济的发展有利于第三产业的发展,有利于在竞争中推动新兴行业和产业的发展。(3)有利于优化和调整所有制结构,创新公有制实现形式。公有制和私有制都可以而且应该有多种多样的实现形式。

非公有制经济的发展,可以为一部分中小型国有企业和其他公有制企业的联合、兼并、嫁接、租赁和拍卖提供对象和有效途径,可以为公有制经济实施股份制改造、募集股本创造条件。公有制经济参股、控股非公有制经济,有利于扩大公有资本的支配范围,增强公有制的主体作用。总之,有利于充分发挥公有制、私有制的各自优势并形成有效合力,共同推动经济发展。

其二,大力发展非公有制经济,有利于实现充分就业。实现充分就业,是保持社会稳定、保障劳动者权益、有效调解分配关系的重要社会条件,也是社会主义经济运行所追求的价值目标之一。我国人口众多,就业压力很大。非公有制经济的发展,可以开辟更多的就业渠道和就业机会,许多人还可以走自谋创业之路。允许并鼓励、支持个体经济发展,可以使更多的劳动者自谋职业;允许并鼓励支持私营企业、外资企业发展,可以开辟更加广阔的生产经营空间,从而为广大劳动者的自由择业、充分就业、自谋创业提供广阔的空间。

其三,大力发展非公有制经济,有利于快速提高广大人民群众的物质文化生活水平。大力提高广大人民群众的物质文化生活水平,是社会主义的根本价值取向之所在,同时也是保证社会主义制度取得最后胜利的根本条件。大力发展非公有制经济,有利于推动生产力快速发展,有利于增加就业,有利于把国民财富的"蛋糕"做大,有利于推动消费结构升级优化,有利于增加税收并通过财政转移支付发展政治、文化、教育、卫生、社会保障等社会各项事业,因而有利于快速提高广大人民群众的物质文化生活水平。实现共同富裕是社会主义的一个重要价值目标,但这个目标的实现,需要一个较长时期的努力才能达到,不仅要有公有制经济的主体地位作根本保障,不仅需要有公有制经济的长足发展,而且还必须有非公有制经济的长足发展,只有这样才会使生产力快速发展、使国民财富快速增长,也才能为共同富裕提供条件、奠定基础。总之,发展非公有制经济是我国社会主义条件下发展生产力、实现共同富裕的必由之路。

(三)大力发展非公有制经济的必要性,来自发展非公有制的实践成就

改革开放以来,我国的非公有制经济从无到有、从小到大,获得了长足发展,对我国经济社会的快速、健康发展发挥了积极作用。主要表现在:其一,推动了经济增长。1978年以来,我国经济以平均9%的速度增长,而个体、私营经济的年均增长速度达到了20%以上,成为支持整个国民经济快速发展的重要因素。非公有制经济占国内生产总值的比重已由1979年的不足1%增长到目前的1/3以上,如果加上外资,则整个非公有制经济占GDP的比重已经超过了一半,成为我国经济增长最主要的一个推动力量。其二,缓解了就业压力。非公有制经济已经成为我们国家的就业主渠道,非公有制经济新增就业量占全社会新增就业量的比重持续上升。20世纪90年代以来,个体、私营企业年均净增600万个工作岗位,吸纳的劳动力占城镇新增就业量的3/4以上。2002年,全国就业总数为7.37亿人,民营经济吸纳的就业人员为3.09亿人,约占就业总数的42%。民营经济在城镇的就业比重已超过70%,在第二、第三产业的就业比重更是达到84%。其三,增加了财政税收。2006 年,私营企业税收总额 3495.2 亿元,比 2005 年增长 28.6%,高于全国 6.7 个百分点,占全国税收总额的比重为 9.28%。财政税收的增加,为提高国家转移支付能力、促进社会各项事业的发展提供了条件。其四,促进了产业结构优化升级,带动了新兴产业和行业发展。个体、私营经济的发展大大加快了第三产业发展,与此同时,民营经济还带动了新兴产业和行业发展,成为我国国民经济的一个亮点。其五,私营经济成为不少地方经济快速发展的主要推动力量。现实经济发展中一个十分有趣的现象是,凡是经济比较发达的地方往往私营经济也比较发达。在我国东南沿海经济比较发达的地区,诸如江苏、浙江、上海、广东等地,非公有制经济所占的比重都比较大,在地区经济发展中发挥着重要的、不可或缺的推动作用,在这些地区的许多市县,非公经济已经成为市县财政税收的主要来源。理论是灰色的,实践之树常青。现实的需要、实践的成就,比任何理论推论都更具说服力。

三、长期性:一个亟待正确认识和回答的问题

在传统的科学社会主义理论中,我们总是把私有制看作一切社会罪恶的根源,看作公有制和社会主义的对立物,把消灭私有制、建立公有制看作共产党人的历史使命和根本任务,应该说,在当时历史条件下,这是正确的阶级观点。在私有制所引发的阶级矛盾异常尖锐、不消灭私有制就不能解放劳苦大众,不能进一步推动生产力快速发展的社会条件下,消灭私有制、建立公有制,无疑是一种历史的选择。然而,传统社会科学理论中确实存在一些需要重新认识、重新判断的理论观点。比如对私有制的历史的合理性和进步性的判断和认识,过去我们更加关注的是私有制本身固有的种种弊端及其对社会发展的阻碍、破坏作用,当然,这些都是不可否认的历史事实,然而,我们往往忽略了私有制在历史上的合理性和所起的进步作用。更为甚者,把社会主义、把公有制与私有制完全对立起来,看作非此即彼、有我无他、水火不容、不可调和的对立物,看不到二者之间存在着既对立又统一、相互依存的关系。现在看来,我们必须坚持实事求是、与时俱进的思想路线,对社会科学理论进行不断创新。

通过对私有制存在的生产力条件和社会条件的分析,我们完全有理由认为,“在当今世界,私有制远远没有成为生产力发展的桎梏”。在当代西方发达国家,私有制和资本主义生产方式仍然是基本的形式,尽管在经济运行和分配关系等方面表现出来的弊病不少,但它的生命力、竞争力是不容置疑的。在我国现阶段,生产力的发展程度比发达国家要低得多,而且要达到“财富充分涌流”“劳动成为生活第一需要”的生产力发展阶段是十分遥远的事情。因此,根据生产力决定生产关系的一般规律,私有制不仅不会成为我国生产力发展的桎梏,而且在相当长的时期内将是我国生产力发展和经济发展的重要推动力。在我国现阶段,发展非公有制经济并不仅仅是适应生产力水平较低的需要,生产力发展水平提高后仍需非公有制经济发展。从国外的实践来看,美国硅谷计算机、软件、网络等高科技产业的发展壮大表明,非公有制经济也是能够适应发达生产力发展要求的所有制

形式。这也就是说,在一些生产力层次较高的产业行业中,如高新技术产业中,非公有制经济也大有用武之地,甚至在某些方面还具有独特优势,私有制也在某种程度上适应着先进生产力的发展要求,并能推动先进生产力发展。正因此,有学者指出,从科技革命和知识经济的发展趋势或者说从社会生产力发展的趋势来看,即使到了我国现代化基本实现以后,产生非公有制经济的原因仍然会存在;从人们对自身利益追求来看,人们对自身利益的追求在社会主义阶段将长期存在,所以非公有制经济在我国社会主义市场经济条件下,必将是长期存在的。

由此看来,消灭私有制和建立共产主义社会是同一个问题的两个方面,将是一个十分长期的历史过程,在这个漫长的历史进程中,社会主义将与私有制、与市场经济结伴而行。建设和发展社会主义,不仅不要求取消市场经济,不要求消灭私有制,在坚持以公有制为主体的前提下,还需要大力发展非公有制经济和市场经济;非公有制经济不仅不是社会主义的对立物,而且是社会主义市场经济的有机的、不可或缺的重要组成部分;市场经济不仅可以和资本主义相结合,而且同样可以和社会主义相结合,是社会主义谋求经济发展所必然采取的基本形式。

四、大力发展非公有制经济需要正确认识和处理的几个理论问题

其一,要正确认识对中国革命和社会主义建设历史的评价问题。有人以我们今天要大力发展非公有制经济为理由,否定中国革命时期中国共产党领导人民进行土地革命的必要性、合理性,否定在我国进行社会主义改造、建立社会主义公有制制度的必要性、合理性。这是一种历史虚无主义态度,同时也表明一些人对生产力决定生产关系这一社会发展规律的认识还存在误区。生产力决定生产关系是从根本性上讲的,在现实的社会发展运动中,人是社会实践的主体,生产力对生产关系的最终决定作用必须通过人的作用来实现。也就是说,生产关系特别是所有制关系作为一种社会制度,并不是天生的,并不是生产发展自然而然的结果,而是人们在社会实践中能动的、主观的(相对于自然界而言)选择结果。因此,在生产关系与生产力之间并不存在完全的"零距离"对应关系。由于人们之间的利益矛盾和冲突,由于作为统治者的社会集团受自身狭隘利益的制约,由于人们对自然、社会辩证发展规律认识的局限性,人们对生产资料所有制的选择往往充满了矛盾、冲突和斗争,这就注定了人们对生产资料所有制的选择会包含更多的不同阶级的利益诉求。回顾中国革命的历史,我们清楚地看到,在半殖民地半封建的旧中国,由于封建地主阶级对中国农民的残酷剥削,由于中国民族资产阶级的软弱,中国的无产阶级、农民阶级与地主阶级和官僚买办资产阶级的矛盾异常尖锐,因此,封建地主阶级的土地私有制已成为生产力发展的桎梏,推翻剥削阶级统治,消灭大地主土地私有制,已成为广大被压迫被剥削人民群众的共同愿望,因此,中国共产党领导人民进行土地革命、打土豪分田地是顺天意、应民心、合历史潮流之举动。新中国成立后,由于中国需要在一穷二白的基础上进行工业化、现代化建设,当然也由于社会主义模式的作用和影响,由于当时资本主义制度

所显示的种种弊端,中国历史地选择了社会主义制度,在所有制制度上实行了公有制。20世纪五六十年代,社会主义革命浪潮席卷全球,许多国家都走上了社会主义道路,这决不是历史的偶然,而是阶级矛盾和斗争、生产力发展要求、各国具体的历史文化传统和实际国情等多种因素作用的结果,是一种历史的必然。而且,在社会主义公有制建立初期,各社会主义国家也确实在短时间内集中人力、物力、财力,集中资源优势,进行工业化建设,取得了巨大成就,显示了社会主义公有制的优越性。当然,随着生产的发展,生产越来越复杂化、社会化,建立在"一大二公"基础上的计划经济越来越不适应经济发展的要求,不利于资源的优化配置,而且,不允许非公有制经济存在和发展的"一大二公"的所有制结构越来越不利于调动和发挥广大劳动生产者的积极性,大力发展非公有制经济和市场经济,不断创新公有制实现形式,成为现实的选择、历史的必然。但我们决不能因此而否定所有制革命和社会主义建设的必要性,否定社会主义制度的优越性,否定中国共产党的历史功绩。

其二,要正确认识大力发展非公有制经济与消灭私有制的辩证关系问题。早在1848年的《共产党宣言》中,马克思恩格斯就明确提出,共产党人的理论可以集中概括为一句话:"消灭私有制。"共产主义革命就是要同传统所有制关系实行最彻底决裂,共产党人所追求的理想社会目标——共产主义,就是要实行生产资料全社会占有,不存在剥削和压迫,实行按需分配,每个人都可以自由而全面地发展。然而,通过上述研究分析,我们看到,消灭私有制是一个十分长期的自然历史过程,在私有制生产关系所能容纳的生产力没有发展完之前,私有制不仅不能被消灭,而且依然是推动生产力发展的重要社会制度杠杆。因此,在整个社会主义市场经济很长的历史时期,我们不仅不能消灭私有制,而且必须大力发展非公有制经济。非公有制经济也存在多种实现形式,如个体私有、私人联合所有、股份制等,因而不仅适应生产力水平较低的生产形式,如手工小生产,而且也适应生产力水平比较高的生产形式,如机器化生产、信息化生产等。大力发展非公有制经济,是大力发展社会主义市场经济的必然要求,是建设社会主义现代化的一个重要途径,是最终实现共产主义社会的必要前提。

其三,要正确认识和处理大力发展非公有制经济与坚持以公有制为主体的辩证关系。在社会主义市场经济条件下,大力发展非公有制经济与坚持以公有制为主体之间存在着优势互补、相互依存、共同发展、相互促进的辩证关系。首先,大力发展非公有制经济是在坚持以公有制为主体的前提下进行的。大力发展非公有制经济决不能取代公有制的主体地位,一旦取代了公有制主体地位,我国的所有制结构性质进而我国的社会制度性质就将发生质的变化,我国就不再是社会主义社会。其次,坚持以公有制为主体决不能代替非公有制经济发展。双方既相互促进又不能相互替代。没有非公有制经济的大力发展,我国的市场经济就不能更好发展,社会主义公有制所追求的价值目标就无法更好实现,以公有制为主体也不能更好坚持。因此,要按照党的十六大提出的两个"毫不动摇"的要求,把坚持以公有制为主体和大力发展非公有制经济统一于社会主义建设进程之中。

其四,要正确认识和处理非公有制经济中存在的剥削问题。剥削是一种社会历史现象,它与私有制相伴而生。随着我国各种非公有制经济的迅速发展,存在不同程度的剥削现象是自然而然的,我们既要高度重视又不必大惊小怪。就总体而言,许多私营企业主都是我国社会主义的建设者,绝大多数私营企业主都承担着重要的经营管理职能,对我国市场经济发展和经济建设起到了重要作用,作出了一定贡献,而依附于非公有制经济中的剥削现象显然是我们为发展市场经济必须付出的代价之一。我们必须正视这一现实,以基本经济制度为保障,从所有制结构、分配政策、劳动保护和监管等多方面采取措施,把非公有制经济中存在的剥削的数量、范围和程度限制在一定范围内,鼓励、引导雇主将利润收入不断用于企业积累,用于扩大生产,用于社会公益事业,以便更好地促进经济和社会和谐发展。

[作者:李太淼、张文,原载《河南师范大学学报(哲学社会科学版)》2007 年第 5 期]

坚持按劳分配为主体的合理性及制度路径

党的十五大已经明确提出了我国要实行按劳分配为主体、多种分配方式并存的分配制度。但时至今日,理论和实践界对此问题仍存在一定争议和歧义。有学者提出,按要素分配是市场经济的通行原则、基本原则,既然我国实行市场经济,就应该把按要素分配确定为基本原则,按劳分配不能成为分配原则,因而也没必要再坚持按劳分配的主体地位;有学者认为,按劳分配就是按劳动要素分配,已经包括在按要素分配之中了,因此没有必要再使用"按劳分配为主体"的提法;有学者认为,只有国有企业、集体企业才能实行按劳分配,从而把绝大多数在非公有制企业就业的劳动者排除在按劳分配范围之外。为什么要实行、能否实行、如何实行按劳分配为主体、按劳分配与按要素分配相结合的分配制度?这是我们必须作出科学回答的重大理论问题。

一、市场经济条件下坚持按劳分配为主体的合理性

时下,我国已经确立了社会主义市场经济体制。一些人受传统观点的影响,坚持认为:市场经济与按劳分配水火不容、根本对立;按要素分配是保证市场经济有效运行的分配原则,要发展市场经济,就理所当然地要实行按要素分配,就必然要取消按劳分配的主体地位。确实,在马克思所设想的社会主义社会中,公有制、计划经济、按劳分配是"三位一体"、不可分割的,是与私有制、市场经济、按资分配的"三位一体"截然对立的。然而,由于历史条件所限,我们无法完全建立起马克思所设想的理想社会,无法完全实现马克思所设想的按劳分配,我们还必须大力发展市场经济。既然要大力发展市场经济,既然要允许并鼓励非公有制经济发展,那么,我们还要不要坚持以按劳分配为主体?还能不能坚持以按劳分配为主体?回答是肯定的。

(一)市场经济条件下,"劳动"同样是推动经济发展、社会进步的最基本、最根本手段,因而,坚持按劳分配为主体会促进市场经济发展

劳动是解决人与自然矛盾、满足人类社会生存、发展、享受等需要的最基本、最根本的手段。社会主义之所以要把按劳分配作为自己的分配原则和价值目标,最根本的原因就在于:其一,它符合社会发展基本规律。它最有利于推动生产力发展,从而能为社会提供尽量多的可供分配的劳动成果,有利于解决人类无限需求与有限供给之间的矛盾。其二,它的分配结果较为公平合理。在市场经济条件下,"劳动"同样是推动经济发展、社会进

步的最基本、最根本手段,问题的关键是我们对"劳动"必须重新理解。市场经济条件下的"劳动"同马克思设想的理想社会中计划经济状态下的"劳动"既有联系又有区别,有着不尽相同的内涵。主要区别一:理想社会中的劳动是按比例分配的劳动,直接表现为社会必要劳动,而市场经济中的生产性劳动存在着个别劳动与社会必要劳动的区别,个别劳动只有通过市场竞争和交换才能转化为社会必要劳动,才能实现其价值。主要区别二:理想社会中的劳动是以资源的优化配置、劳动者和生产资料的最有机结合为假设前提的,而在市场经济条件下,资源的优化配置、劳动者和生产资料的有机结合主要是通过各种要素的市场竞争实现的,市场起着基础性作用,由此导致了劳动内容和形式的诸多不同。诸如:市场分析、投资谋划、营销策划、信息咨询等行为,在某种程度上都具备了"劳动"性质,都在创造价值,因为这些行为的目标都在于实现资源的优化配置、实现劳动者与劳动客体的有机结合。明确了这些区别,我们就会更好地理解"劳动"是如何推动市场经济发展的,就会更深刻地认识在市场经济条件下坚持按劳分配为主体的合规律性与合目的性。

(二)按劳分配与市场经济存在一定兼容性

市场经济通行的分配形式是按要素分配,因而同按劳分配存在一定矛盾、冲突,但市场经济与按劳分配并不绝对对立,二者之间存在一定兼容性。只不过这里所说的按劳分配与马克思所设想的"个人消费品的社会直接分配"有着完全不同的内容和形式。这里所说的按劳分配其中包含着各生产经营者按市场竞争所形成的"社会必要劳动时间"进行分配。按这种通过市场竞争所形成的"社会必要劳动时间"进行分配,尽管与按要素分配糅合在一起,容易引起分配悬殊和分配不公,但却有利于各生产经营者之间进行相对公平合理的分配,有利于各生产经营者为社会提供更多适合社会需要的劳动成果。在现有的生产力条件下,只有通过市场竞争所形成的"社会必要劳动时间",才更具有衡量各商品生产经营者提供社会必要劳动量多少的标准意义;离开了"社会必要劳动时间",按劳分配的"劳"便不再具有现实意义。

(三)以公有制为主体是以按劳分配为主体的制度基石

所有制决定分配制度,这是马克思主义的一条基本原理,也是众所周知的历史事实。以公有制为主体之所以构成以按劳分配为主体的制度基石,根本原因在于:其一,以公有制为主体,为公有制企业和经济组织内部较好地实行按劳分配提供了条件;其二,以公有制为主体,保证了重要的资产收益和经营收益不被少数人占有,从而为在全社会实行按劳分配为主体提供了一定经济基础;其三,以公有制为主体,可以保证国家的人民主权性质,从而使国家可以依据按劳分配原则在全社会实行最强有力的宏观调节和调控。认识第三点非常重要。经济基础决定上层建筑,这也是历史唯物主义的一条基本原理。如果没有以公有制为主体的基本经济制度,基本经济制度完全、彻底私有化了,国家政权或早或迟会变质,会沦为为少数富人服务的"婢女",国家也不再可能依据按劳分配原则进行宏观调节和调控。显然,以公有制为主体、国家依据科学发展原则和按劳分配原则在全社会范围进行强有力的宏观调节和调控、全社会实行以按劳分配为主体,同样是"三位一体"、不可分割的。

综合上述分析,在市场经济条件下,坚持按劳分配不仅是必要的,而且是可行的,按劳分配的主体地位不可动摇。按劳分配原则体现了公平与效率的统一。对企业来说,由市场评价劳动从而实现收入是相对公平的,体现了企业主体在市场同一规则和机会下的平等权利;对个人而言,按劳分配虽然会带来因个人劳动数量和质量不同所造成的收入差别这种"事实上的不平等",但这是针对任何人运用同一尺度进行公平分配的结果,因而这种差别是合理的,也是劳动者所能承受的,不会导致两极分化。同时,真正的按劳分配是能够促进效率的提高的。公平本身会促进效率的提高,合理的收入差别会激励劳动者提高自身素质及劳动的积极性,并刺激劳动力资源在社会生产不同部门、行业之间的流动,从而促进资源的优化配置和社会生产率的提高。按劳分配还具有推进国民经济发展的动力机制作用。总之,按劳分配是对剥削制度的否定,显示了公平、平等和效率,相对于分配结果的平均主义或按资分配所导致的两极分化来说,是最优越的分配制度,理应成为我国收入分配的主导形式。动摇了按劳分配的主体地位,就会改变分配制度的社会主义性质。

二、市场经济条件下以按劳分配为主体的内涵

在市场经济条件下,实行以按劳分配为主体有着特定的内涵,这就是:在整个社会的社会剩余分配中,要让劳动所得占据主导和统治地位,按劳动获取收入的比例高于按资本等要素产权获取收入的比例,让要素收入处于从属地位,让劳动收入成为绝大多数人收入的主要和基本来源,让广大劳动者真正成为劳动成果的享有者。要认识这一点,必须弄清以下几个理论问题。

(一)就按劳分配的范围而言,以按劳分配为主体是就整个社会(通常以国家为单位)而言的

近年来,学术界有两种观点值得商榷。有一种观点认为,只有公有制企业(如国有企业)才能实行按劳分配。这种观点把以按劳分配为主体的范围同以公有制为主体的公有生产经营组织范围机械地画等号,把按劳分配实行的范围局限在公有制企业内部。其实,这是囿于传统的按劳分配理论对市场经济条件下以按劳分配为主体的误解。在市场经济条件下,公有制企业(主要是国有企业)与非公有制企业都是市场竞争主体,面对着同样的劳动力市场和其他要素市场,在这种条件下,即使在公有制企业内部也不可能完全实行按劳分配:在公有制企业就业的劳动力同样是商品,要受劳动力市场供求机制和竞争规律的影响;公有制企业劳动者所获得的工资报酬同样表现为劳动力的价格,而不可能完全是劳动所得。而且,随着"国退民进"、国有阵线收缩、国有企业实行股份制改制、私营经济迅速发展,绝大多数劳动者要在混合所有制企业和非公有制企业就业,如果把按劳分配为主体限定在公有制企业范围,那么,就全社会而言,按劳分配的主体地位将不复存在,因为以公有制为主体与以按劳分配为主体的内涵毕竟是两回事,以公有制为主体主要强调的是国有经济对国民经济的控制主导作用,以按劳分配为主体主要强调的是劳动者的分配

权益,强调的是劳动收入在整个国民收入分配中的地位,如果把绝大多数在非公有制企业就业的劳动者排除在按劳分配的范围之外同时又讲按劳分配为主体,于理于情于实际都说不通。另外一种观点认为,劳动是生产要素之一,市场经济的基本分配原则是按要素分配,按劳分配已经包括在按要素分配之中了,因此没有必要再提以按劳分配为主体了。这种观点实际上是陷入了萨伊的"三位一体"论,淡化了劳动的地位和作用,模糊了社会主义分配与资本主义分配的区别。① 在要素分配中,"劳动"仅仅是作为一种要素受供求关系和竞争规律影响获得了劳动力价格,劳动者所取得的工资报酬仅是劳动力的价值,而劳动者的真正劳动所创造的价值要大于劳动者的劳动力价值。很显然,"按劳分配"与"按劳动要素分配"或"按劳动力价值分配"是两个根本不同的范畴,前者是社会主义的分配原则,后者是市场经济特有的范畴。在市场经济条件下,"按劳动要素分配"可以构成社会主义按劳分配的基础,但绝对不等于按劳分配。按要素分配根本不可能涵盖按劳分配。因此,绝对不能以按要素分配取代按劳分配,实行按劳分配为主体就是要以劳动为标准控制和削弱按要素取得的收益。

(二)就按劳分配的标准而言,市场经济条件下,按劳分配的基本标准只能是"社会必要劳动时间"

劳动从宏观层面可划分为两大类型劳动:从事社会公共管理服务的劳动和直接从事创造社会财富、创造价值和使用价值的生产性劳动。公共管理服务劳动虽然不创造价值,但却为整个社会生产运行和经济发展所必需,因而同样是社会必要劳动。只不过它的"社会必要劳动时间"不是通过市场竞争形成的,而是根据社会发展需要历史地形成的。市场经济中创造价值的生产性劳动,其价值量大小是由在市场竞争中所形成的"社会必要劳动时间"决定的。这一"社会必要劳动时间"既反映着个别生产劳动在多大程度上符合市场需求,也反映着同行业生产劳动在竞争中形成的平均劳动生产率,因而最具衡量社会财富的意义,因而也是衡量各商品生产经营者劳动效果的最基本标准。个别生产者的劳动是高效劳动、低效劳动还是无效劳动,是社会非常需要的劳动,还是社会不太需要的劳动,甚至是社会不需要的劳动,都必须通过"社会必要劳动时间"的检验。因而,在市场经济条件下实行按劳分配,其"劳动"的基本标准只能是"社会必要劳动时间"。只有采取这一标准,按劳分配才能与市场竞争机制相兼容,按劳分配的"劳"才能获得高效率的社会必要劳动和相对合理的、现实的、动态的标准,各生产经营者(企业)才能获得相对公平的分配结果。当然,说它是基本标准而不是根本标准,是因为:一方面,这种按"社会必要劳动时间"分配只是在生产经营者(企业等生产组织层面)之间的分配,而不是真正在广大劳动者个体之间的分配;在生产经营组织内部,分配的主体是企业资产的所有者,其逐利的本能使他不可能把按劳分配作为分配原则,其通行的原则是按资分配。另一方面,各生产经营者在价值和使用价值创造中,由于所拥有的资本、技术、自然资源条件不同,创造

---

① 邱炜煌、邱依:《不能动摇按劳分配的主体地位》,《红旗文稿》2006年第22期。

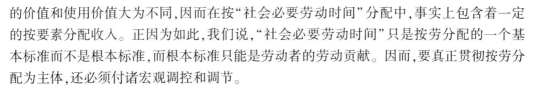

的价值和使用价值大为不同,因而在按"社会必要劳动时间"分配中,事实上包含着一定的按要素分配收入。正因为如此,我们说,"社会必要劳动时间"只是按劳分配的一个基本标准而不是根本标准,而根本标准只能是劳动者的劳动贡献。因而,要真正贯彻按劳分配为主体,还必须付诸宏观调控和调节。

(三)就劳动的内容和形式而言,在市场经济条件下,按劳分配的"劳动"包含着多种多样的劳动内容和形式

从宏观的社会总体劳动来看,既包括创造价值和使用价值的生产性劳动,也包括从事社会公共管理和服务的非生产性劳动;从微观的具体劳动形式来看,既包括传统的农田作业、车间作业等普通劳动,也包括科技开发、企业管理、市场营销、信息咨询、投资策划等现代市场经营型劳动。所有参与社会财富创造或为社会财富创造提供服务的各种内容、各种形式的劳动,都应该依据劳动贡献获取相应的报酬。在市场经济条件下,科技劳动、管理劳动、经营劳动在价值和剩余价值创造中发挥着至关重要的作用,因而在分配中应该占据更重要地位。

(四)就劳动收入形式而言,在市场经济条件下,劳动收入的形式是多种多样的,而且往往是与按要素收入结合在一起的

在市场经济条件下,随着劳动形式的多样化,劳动收入的形式也多种多样,而且常常和要素收入结合在一起。工资收入依然是广大劳动者劳动收入的主要形式,此外还有奖金、津贴、联产计酬、专利拍卖转让收入、股息、红利、年薪等多种形式。私营企业主的利润收入中可能包含着自己的一部分经营劳动收入,科技工作者获得的重大奖励收入实际是自己的劳动收入,科技入股所获得的收入或企业高管持股所获得的收入,同样可能包含部分科技劳动收入或管理劳动收入。普通职工持股的股息、红利收入包含着自己或其他劳动者的劳动收入,也可以说,其他职工的股息、红利中可能有自己的劳动收入让渡,而自己的股息、红利中可能又包含着其他劳动者的劳动收入让渡,总而言之,职工的股息、红利收入实际是劳动者劳动收入的另一种形式,是劳动者自己创造的剩余价值的一部分以要素收入的形式分配到了劳动者手里。

三、市场经济条件下实现按劳分配为主体的具体制度路径

在社会主义市场经济条件下,坚持按劳分配为主体并不是一句空喊的政治口号,而是一种实实在在的分配制度。这一分配制度是通过以下几个方面的具体制度路径得以实施的。

路径一:在所有制制度上必须坚持以公有制为主体

坚持以公有制为主体对分配制度的重要意义主要表现在两个方面。其一,它决定国家的性质。只有坚持以公有制为主体,保证国民经济命脉和最重要的资产收益以及经营收益不被私人所掌控,保证广大劳动人民成为最重要的生产资料的主人,才可能在政治上保证国家的人民民主政权性质,同时也才能保证掌握宏观调控权力的人民主权的国家

(中央政府)拥有雄厚的经济力量和有力的经济手段(工具),按照按劳分配为主体的原则,对国民收入的分配进行有利于广大劳动者的分配调节。资本主义国家也有宏观调控和调节,但由于它缺乏以公有制为主体这一经济基础,而完全以私有制为基础并为私有制服务,因而它无法摆脱私人资本的控制,不愿意也根本不可能依据按劳分配原则对国民收入进行宏观调节。它必须以、只能以不损害私人资本的利益为底线,总目标依然是维护私人资本的利益,因而它调控和调节的力度、程度、范围、效果与社会主义市场经济国家的宏观调控和调节不可相提并论。其二,它决定分配的性质。坚持以公有制为主体,一方面可以使最重要的资产性收益和经营性收益归国家掌握,不被少数人占有,从而有利于在全社会实行按劳分配为主体;另一方面,建立在以公有制为主体基础上的人民民主国家可以依据按劳分配原则并依托以公有制为主体这一制度工具在全社会进行收入调节。

路径二:在企业生产经营层面实行按"社会必要劳动时间"分配

企业是最基本的生产经营组织。资本、技术、土地、人力资源、管理等各种生产要素通过企业这一组织有机结合在一起,构成一个拥有创新活力的"生命体"。在企业层面,实行按"社会必要劳动时间"分配利润收入,这既是市场经济的基本原则,也符合按劳分配的一般要求。劳动必须是社会必要劳动。而只有经过市场竞争所形成的"社会必要劳动时间"才更具有衡量各企业社会必要劳动贡献量多少的经济学意义,按劳分配在企业层面的要求只能是:各种企业都必须按各自提供的社会必要劳动量(或各自提供的社会必要劳动时间)来分配利润。只有以此为标准进行分配,才能使各企业劳有所得、多劳多得、巧劳巧得、白劳不得。这虽然不是真正的对劳动者的按劳分配,但这种对企业的"按劳分配",对企业而言,是较为公平合理的分配,对社会而言,是有利于社会财富增长和经济发展的分配,这种分配有利于在社会财富增长、"蛋糕"做大的基础上在全社会范围实行按劳分配。

路径三:规范企业内部分配

毫无疑问,在企业内部分配中,资本所有者是分配实施主体,它通行的是按要素分配原则。然而,在社会主义市场经济条件下,企业的内部分配必须接受国家和政府的有关规制,从而使普通劳动者的合法权益得到保障,不至于资本过度侵害劳动者利益。这些规制主要包括:规范资本所有者及其他要素所有者的非劳动收入,规范劳动者的工资形成机制、工资增长机制和最低工资保护,规范劳动者的医疗、养老、生育、劳动卫生、劳动安全等各种劳动保护条件和待遇,规范劳动者受教育、参加有关社会活动的权利,规范劳动者通过劳动产权参与企业剩余分配的权利。通过这些规制,资本主义早期那种"资本的每个毛孔都滴着工人的血和泪"的历史永远不在当代中国的非公有制经济发展中重演。

路径四:依据按劳分配为主体的原则在全社会范围搞好分配调节和宏观调控

在经济运行的初次分配过程中,市场这只无形之手在发挥着主导作用,按要素分配是通行的分配原则,正是这种分配形式激励和约束着企业的行为,使资本、技术、劳动、知识、管理等各种生产要素得以优化配置、优化组合,使各种要素的活力得以迸发,推动着企业不断奋力拼搏、开拓进取,推动着国民经济快速发展。然而,这种分配虽然在一定程度上有利于实现高效劳动状态下的按劳分配,但它毕竟不同于按劳分配,容易引起分配悬殊和分配不公,严重的情况下会影响社会稳定、妨碍经济发展、背离广大劳动者的根本利益。因此,国家(中央政府)作为广大人民群众根本利益的代表,必须通过税收和财政转移支付等手段对国民收入分配进行宏观调控和调节,对初次分配进行再分配。调节的最主要目标是调节要素所得和劳动所得的比例,限制过高的资本收入和其他要素收入,使劳动收入成为广大人民群众的主要收入来源,使劳动成为绝大多数人谋生、发展、享受的前提条件。同时,在再分配过程中,要建立健全公共财政体制,促进公共福利均等化;要搞好财政转移支付,统筹区域发展、城乡发展,调节不同地区、不同行业、不同阶层人们的收入,使按劳分配的主体地位在整个社会范围得以体现。

(原载《中州学刊》2008 年第 3 期)

健全有中国特色的生产要素参与分配制度

胡锦涛同志在党的十七大报告中指出:"要坚持和完善按劳分配为主体、多种分配方式并存的分配制度,健全劳动、资本、技术、管理等生产要素按贡献参与分配的制度。"[①]这是对我国社会主义经济建设和经济体制改革实践经验的精确总结,是对马克思主义分配理论的创新和发展。研究中国特色的分配制度,对调动人们的积极性、全面建设小康社会具有重要意义。

一、生产要素参与分配的客观必然性

(一)以公有制为主体,多种所有制经济共同发展的所有制制度是确立生产要素参与分配制度的根本原因

所谓按要素分配实际上指的是不同利益主体根据自己所拥有的要素产权参与社会剩余产品分配的一种权利安排,其实质,反映的是拥有不同要素产权的不同利益主体间的经济利益关系。社会生产的正常运行是离不开生产要素的,这些生产要素在传统的、比较落后的、自给自足的农业社会,主要包括具备物质存在形态的劳动力、土地等自然资源、生产工具,在近代资本主义工业社会,特别是在现代市场经济社会,这些生产要素迅速扩大,不仅包括传统意义上的劳动力、土地等自然资源、生产工具,而且包括资本、知识、技术、管理、信息等。只有这些生产要素有机地结合在一起,社会生产才能正常而有效开展。这些生产要素为不同的利益主体所拥有,因而必然产生不同的利益诉求,只有有效满足这些利益诉求,各种生产要素才能有机结合在一起。因此,生产要素参与分配问题,既是一个分配问题,又是一个所有制问题,同时也是一个生产问题。

生产决定分配。任何社会的生产都离不开生产资料,离不开一定的生产资料所有制形式。生产资料所有制形式构成社会生产的必要条件、必要前提,因而生产资料所有制形式决定社会剩余产品分配的形式。关于所有制对分配关系的决定作用,马克思论述得非常透彻。他在《〈政治经济学批判〉导言》中分析说:"照最浅薄的理解,分配表现为产品的分配,因此它离开生产很远,似乎对生产是独立的。但是,在分配是产品的分配之前,它一

---

① 胡锦涛:《高举中国特色社会主义伟大旗帜,为夺取全面建设小康社会新胜利而奋斗》,人民出版社2007年版,第38页。

是生产工具的分配,二是社会成员在各类生产之间的分配(个人从属于一定的生产关系)——这是同一关系的进一步规定。这种分配包含在生产过程本身中并且决定生产的结构,产品的分配显然只是这种分配的结果。如果在考察生产时把包含在其中的这种分配撇开,生产显然是一个空洞的抽象;相反,有了这种本来构成生产的一个要素的分配,产品的分配自然也就确定了。"①这种生产工具的分配显然是生产资料所有制问题。生产资料所有制形式不同,社会成员在各类生产之间的分配不同,也就决定了人们不同的分配关系和形式。马克思还说:"消费资料的任何一种分配都不过是生产条件本身分配的结果。而生产条件本身的分配,则表现为生产方式本身的性质。"②这里所说的生产条件本身的分配,包括劳动力、土地、资本、技术等,体现作为生产关系基础的各种生产要素的所有权关系。分配关系是生产关系的重要组成部分,本质上和生产关系是统一的。分配的结构完全取决于生产的结构,分配本身是生产的产物。把土地放在生产上来说,把地租放在分配上来说,把剩余价值的不同分配形式单纯看作分配形式,这完全是幻觉。依据马克思主义的分配原理,生产要素参与分配的最根本的原因只有从生产资料所有制中去寻找。既然我国还必须实行以公有制为主体、多种所有制共同发展的所有制制度,既然生产要素会被不同的利益主体所拥有,那么,要充分有效地利用各种生产要素,就必须给生产要素所有者一定的补偿和回报,就必须满足不同要素所有者一定的利益诉求,就必须实行按要素分配。按要素分配,是多种所有制或者说是私有制的实现形式。没有按要素分配,非公有制经济就不可能存在和发展。很显然,要素参与分配的必然性、合理性首先必须从非公有制经济存在和发展的必要性、合理性中去寻找。时下,有些学者为了给按要素分配寻找理论依据,重新拾起了要素价值论、效用价值论,既不科学也没必要。除劳动力以外的生产要素虽不创造价值,但为生产所必需。要允许和鼓励多种所有制经济发展,就必然要实行按要素分配。

(二)按要素分配是市场经济有效运行的内在要求,是市场经济通行的分配原则

在市场经济条件下,由于多种所有制存在、多元产权主体存在,由于市场竞争机制的作用和要素市场的必然存在,不仅按劳分配的方式会发生极大变化,而且不可避免地要存在多种分配方式,如利润收入、股息收入、红利收入、利息收入、租金收入、风险收入等。多种分配形式的集中表现就是按生产要素分配。市场经济中,经济的发展是由人、财、物等生产要素共同发挥作用来推动的。尽管只有人的劳动才能创造价值,劳动者应依此获得收益,但基于财和物作为生产要素在国民经济运行中的地位和作用,其所有者必须要依赖所持有的财和物获得收益,不然就会影响要素所有者的投入积极性,就会影响经济发展。要调动各方面的积极性,促进市场经济有效运作,就必须实行按生产要素分配。按生产要素分配是社会化生产条件下发展市场经济的客观要求和内在要求,是市场机制在分配领

---

① 《马克思恩格斯选集》第2卷,人民出版社1995年版,第14页。
② 《马克思恩格斯全集》第19卷,人民出版社1963年版,第23页。

域发挥作用的具体表现。没有按要素分配，市场就不可能对资源配置起基础性作用，因而也就没有市场经济本身。

生产要素是指进行社会生产经营活动所必须具备的因素和条件，包括劳动力、土地、资本、技术等。在市场经济条件下，市场对资源配置起基础性作用，主要是通过一套完善的价格体系在利益机制、价格机制、供需机制、竞争机制交互作用下完成的。市场中生产要素价格的高低，反映着各种生产要素的相对稀缺程度。各种生产要素的相对稀缺程度不同，它们的价格就不同，这一方面会刺激较稀缺的生产要素的供给，另一方面又会迫使商品生产经营者在决定是否使用以及如何使用某种生产要素时精打细算，以寻求最优的生产要素组合、获取最大效益，从而有利于把生产要素投入最有效的生产部门中去，有利于生产要素的优化配置。所有的生产要素都是有价格的，对其使用都要支付一定量的货币，因而保证了对资源的合理使用和有效配置，从根本上杜绝了不计成本、不讲效益的资源浪费现象，提高了全社会的资源使用效率。市场竞争又会淘汰掉不能有效使用生产要素的厂商，避免资源的进一步浪费。生产要素的价格，就是向生产要素所有者支付的单位生产要素报酬，也就是单位生产要素获得的收益分配。劳动力、资本、技术等生产要素在不同时期、不同国家或地区的相对稀缺程度，即它们在市场上表现出来的价格高低，决定了某一时期、在某一国家或地区的生产过程中，这些生产要素的不同组合情况，以及劳动密集型产业、资本密集型产业和技术密集型产业的发展状况。可以说，劳动力市场、资本市场和技术市场等生产要素市场的发育程度，决定了市场经济的发育程度，决定了市场对资源配置基础作用的发挥程度，决定了经济制度的效率高低。因此，发展社会主义市场经济必须把生产要素分配作为收益分配制度的组成部分。[①] 市场经济，多种所有制，按要素分配，也可称作是三位一体、相辅相成的有机组成部分。否认按生产要素分配，市场这种资源配置方式就失去了相应的利益机制作支撑，就不会有真正的市场机制，社会主义市场经济体制也就难以建立起来。因此，党的十五大报告明确提出了要"允许和鼓励资本、技术等生产要素参与分配"[②]。党的十六大报告更加明确地确立了劳动、资本、技术和管理等生产要素按贡献参与分配的原则，并明确提出了一切合法的劳动收入和合法的非劳动收入，都应该得到保护。从现有文献来看，这是我党第一次公开表示保护"合法的非劳动收入"。非劳动收入，顾名思义，是指通过劳动以外的其他途径取得的收入。通过投资取得的收益就是一种典型的非劳动收入。传统观点中，"非劳动收入"等同于"剥削"和"不劳而获"。而今提出保护合法的非劳动收入，意味着我国将从体制改革乃至法律上保护按要素分配方式。

① 马宏伟：《如何理解按生产要素分配》，《人民日报》1997 年 12 月 4 日。
② 江泽民：《高举邓小平理论伟大旗帜，把建设有中国特色社会主义事业全面推向二十一世纪》，人民出版社 1997 年版，第 27 页。

二、健全生产要素参与分配制度需要深化认识的三个理论问题

(一)"生产要素"是一个随着市场经济发展不断演进的因素

在传统的政治经济学视野中,除劳动力之外的"生产要素"等同于货币资本、机器设备、土地、厂房等。然而随着生产发展,科学技术越来越成为第一生产力,生产的社会化程度、复杂程度越来越高,知识、技术、信息、科技创新、经营管理在生产经营中的地位和作用越来越突出,由此,它们越来越独立出来,成为与传统生产要素并列的生产要素,进而导致这些生产要素的拥有者拥有越来越多的剩余索取权。比如,拥有一项重大科技发明的人可以通过技术市场转让自己的发明获得一次性要素收入,也可以把科技发明作为股份入股企业变成股东,获得持续的股利;拥有科技创新能力的科技工作者在获得工资报酬的同时,根据对企业的贡献,也可以获得企业的股份,成为股东;拥有经营管理特殊才能的企业高管,在获得工资报酬的同时,根据对企业的贡献,也可以获得企业的股份,成为股东,享有股利。很显然,随着市场经济的发展,各种产权还会进一步细化细分,构成"生产要素"的因素还会进一步增多,更多的人会成为不同生产要素、不同产权的拥有者,甚至一个人同时成为多种生产要素的拥有者。

(二)有些按生产要素分配的收入中会包含一定的劳动收入

部分要素收入中包含着要素拥有者自身的劳动收入,只不过采取了按"要素"分配的形式。比如:普通劳动者获得的工资肯定是劳动者的部分劳动收入;企业主的利润收入中有可能包含着自己一定的经营管理劳动收入;一个科技发明的转让所得事实上是科技工作者的劳动收入;一个有用信息的转让所得可能包含着信息拥有者的劳动收入;一个企业高管获得的股利中事实上也包含着企业高管的部分管理劳动收入。很显然,我们不可能把"要素"收入和"劳动"收入截然区分开来,更不能完全对立起来。"劳动力"作为要素所获得的收入本身就是劳动者劳动收入的一部分,同时,在其他要素收入如知识、技术、信息、管理等要素收入中,也包含着这些要素拥有者同时也是特殊劳动者的部分劳动收入。认清了这一点,我们就会更加深刻地认识到按生产要素分配的制度存在着一定的兼容性。在一定条件下,坚持和完善按生产要素分配制度,不仅有利于市场经济发展,而且有利于保持和实现按劳分配的主体地位。比如,大力发展知识产权市场、科学技术市场、信息市场、劳动力市场、职业经理人市场,有利于这些要素作用的充分发挥,有利于多种内容、多种形式劳动价值的实现,有利于科技工作者、信息工作者、职业经理、普通劳动者等各种各样的劳动者充分发挥聪明才智,创造更多劳动成果,获得更多的劳动收入。

(三)按生产要素分配存在一定局限性

尽管按生产要素分配是市场经济通行的分配原则,确立按生产要素分配制度对大力发展社会主义市场经济有非常重要的积极意义,然而,按生产要素分配与按劳分配毕竟是两种性质不同的分配原则。按劳分配是在生产资料公有制基础上以"劳动"为唯一尺度进行的个人消费品分配,而按生产要素分配是在生产资料所有制多元化和产权多元化基础上以"要素拥有权"为依据进行的分配。尽管在按生产要素分配中,劳动也作为一种要

素,但劳动者是以"要素"拥有者的身份通过市场竞争获得了劳动力价格或者说事实上只获得了部分劳动收入。"在生产要素按贡献分配中,劳动者得到的则是按效率原则计算的劳动力价值,各要素的分配体现的是效率优先的原则,反映的是生产资料归私人占有的关系。"①按要素分配本质上就是按要素所有权获取收入,这种分配尽管有利于生产要素的优化配置,有利于生产要素功能作用的充分发挥,但却会由于"要素"占有上的差别,以及"要素"占有上的"马太效应",造成分配上的贫富悬殊、两极分化和巨大不公。因此,就整个社会而言,我们还必须以按劳分配为主体来统领具体经济运行中的按要素分配,使按要素分配方式服从服务于按劳分配的主体地位;必须把按劳分配与按要素分配有机结合起来;必须对按要素分配加以必要的规制。

三、实现按劳分配与生产要素分配的有机结合

(一)按劳分配与按生产要素分配相结合的可能性

毫无疑问,按要素分配与按劳分配属于两种不同性质的分配制度,一个以劳动为依据,一个以所有权为依据,二者之间存在对立性。这种对立性的实质表现在:其一,生产要素占有上的客观不平等性导致分配上的不平等性,削弱了劳动在剩余价值分配中的作用。由于不同商品生产经营者所处地理位置不同、交通条件不同、技术条件不同等,造成生产要素占有上的客观不平等,进而导致要素收益中明显存在着级差收益、垄断收益等分配不公现象,即使是靠自身劳动经营积累起来的生产要素,也会由于要素收益所占比重过大而超出其边际效益,反而不利于生产力发展。如完全脱离劳动的食利阶层的增多。其二,导致分配不公、两极分化、贫富悬殊,这是按要素分配固有的特征。然而,按要素分配与按劳分配也存在某种程度上的一致性。这种一致性主要表现在:一是按要素分配本身包含着一定的按劳分配。按生产要素分配,必须按各要素的贡献确定其收入份额,这恰好与以按劳分配为主体的原则相一致。在生产过程中,贡献最大的生产要素是劳动力,这是因为劳动力的使用价值是劳动,而劳动一方面,通过劳动者运用劳动资料作用于劳动对象生产了物质财富——产品;另一方面,又创造出高于劳动力价值的新的价值。因此,按生产要素的贡献确定各种收入分配中的份额,必然要求劳动在分配结构中占据主体地位,其他要素的收入分配处于从属地位。按要素分配并不完全排斥劳动的作用,而是把劳动作为一个重要的生产要素。虽然按要素分配并不等于按劳分配,但它毕竟强调着劳动的重要地位和作用。除劳动力要素之外的生产要素所有者,为使要素发挥作用、谋取利润,必须使资本、土地、技术等要素同劳动力要素相结合,从而在收益分配中必须在一定程度上体现劳动参与分配,如经营管理者、高级工程师、工程师、普通职工等的收入都与劳动贡献挂钩。二是按要素分配获得的收入中可能包含着要素所有者一定的劳动收入。三是按要素分配为按劳分配的"劳动"提供了一个高效的社会必要劳动标准。按劳分配的"劳"只有在按

---

① 逢锦聚等:《马克思劳动价值论的继承和发展》,经济科学出版社 2005 年版,第 328 页。

要素分配中才能获得最佳状态,因为只有在按要素分配中,生产要素才能达到最优配置,劳动者和生产资料才能发生最有机的结合,劳动才能转变为最有效的社会必要劳动。这种一致性,奠定了按劳分配与按要素分配相结合的可能性。

(二)实行按生产劳动分配与按要素分配相结合的重要意义

其一,两种分配方式的结合,有利于调动商品生产经营者和广大劳动者的积极性,优化社会资源配置,提高经济效益,促进经济发展。在坚持按劳分配为主体的同时,实行按生产要素进行分配,不仅可以提高劳动者的生产积极性,而且可以调动要素所有者投入要素的积极性和主动性。比如,劳动力所有者多劳动可以多收入;资本所有者多投入可以获得较多的利润或利息;掌握技术、信息、房地产等诸要素的人,对其所有要素的投入均可获得相应的回报;拥有经营管理才能并善于经营管理的人,可凭此项投入而获得经营风险收入;等等。这一切必将极大地刺激要素所有者的生产和投入积极性,从而使生产要素配置到要素最稀缺和要素使用效率最高的地区、行业和企业中去,优化社会资源配置,减少资源的闲置和浪费,有利于调动生产者的能动性和创造性,提高单位经济效益,最终推动整个社会的经济发展。其二,两种分配方式的结合,将在社会生产和分配领域里实现优势互补,扬长避短。单就按劳分配来看,由于按劳分配是劳动者主导型的分配方式,体现了劳动者的物质利益,实现了按劳取酬的公平性,从而调动了劳动者的生产积极性,但却很少能调动要素所有者投入资源的积极性。同时,又由于按劳分配是以资源充分供给为前提的,并且,劳动者所得收入量是与其提供的劳动量成正比的,因此,它虽能促使劳动者注重提高劳动效率,但却在一定程度上忽视资源利用效率和资源节约效率,以致在追求劳动量的扩张方面,不计资源消费,造成资源浪费。尽管在社会主义市场经济条件下,按劳分配的"劳"的计量尺度是社会必要劳动时间,但社会必要劳动时间中也含有物化劳动即生产资源的消耗指标。从按劳分配的实践来看,它在促进资源充分利用、实现资源节约和提高资源利用效率的作用方面确实具有一定的局限性。再就按生产要素分配来看,由于它是要素所有者主导型的分配方式,体现着要素所有者的物质利益,实现的是要素所有者在剩余价值分配上的公平,因此,它只能调动要素所有者投入资源的积极性,而无法提高劳动者的生产积极性和创造性。同时,又由于按要素分配的尺度是要素的投入量,其收入量是与要素投入量成比例的,因此,它能通过分配机制提高资源投入效率和资源转化效率,并通过要素使用者的理性行为,产生资源选择效率和资源利用效率及资源节约效率,从而提高收入量。但在追求资源利用效率和节约效率时,却往往以活动的盲目性和浪费为代价,来换得经济的增长。综上可见,两种分配方式各有利弊,在社会主义市场经济条件下,只有将两者有机结合起来,才能在生产和分配领域实现优势互补、扬长避短,从而推动社会生产力的健康发展。其三,两种分配方式的结合,有利于在增加居民和家庭收入的同时,有效防止两极分化,最终实现共同富裕。新型分配制度的确立和实行,无疑会扩大居民和家庭的收入来源,即居民和家庭的收入不仅来自一般劳动收入,而且还有其他形式收入,如利息收入、股息收入、红利收入、租金收入、经营收入、管理收入、风险收入、技术收入等,这就造成城乡居民收入渠道的多样化、收入来源的多元化,从而会加快我国城乡居民收入水平和生活水平的不断提高。不仅如此,居民收入来源的多元化,还有助于居民和家庭收入的稳定性,尤其在目前我国就业压力较大、失业问题严重存在的形势下,对于保持社会稳定具有重要意义。因为,工资收入不再是居民和家庭经济收入的唯一来源,下岗了、失业了,还可以为其他所有制企业工作,还可以靠投入生产要素获得相应的经济收入。无论是靠出卖劳动力,还是靠投入其他生产要素,所获得的经济收入都是合理的、正当的。多劳动多收入,多投入多收入,不仅体现了效率优先,而且兼顾了公平原则,是为广大城乡居民所普遍认同和接受的。但是,按生产要素分配的各种收入的迅速增长,不仅会改变居民家庭内部的收入结构,而且会拉大居民家庭之间的收入差距,出现贫富分化,改变居民收入分配的基本格局。因为在按劳分配方式下,居民的收入差距唯一地来自劳动者向社会提供的劳动的质和量,收入差距相对较小,但在按生产要素分配方式下,居民拥有的生产要素具有很强的积累效应,如居民拥有的资本越多,其资本收益也会越多;资本收益越多,资本积累也会越多,从而获得更多的资本收益。这就势必会造成居民间收入差距的扩大,出现两极分化,富者愈富,贫者愈穷。针对此种情况,国家必须加大宏观调节力度,在遵循市场经济规律的前提下,通过加大按劳分配力度,运用调整经济政策、开辟新的税种(如遗产税、赠与税、特种商品消费税等)等经济杠杆来有效控制两极分化,在允许一部分人先富起来的同时,最终使全体社会成员达到共同富裕。

(三)按劳分配与按要素分配相结合的主要方式

按劳分配与按要素分配相结合,主要是通过三个层次进行的:第一个层次是所有制结构层次。要实行以公有制为主体、多种所有制经济共同发展的所有制结构,保证最重要的要素分配收益掌握在国家和集体手里,如土地收益、矿产资源收益、自然垄断性生产要素收益等,从而有效限制私人控制重要的生产要素而获取高额垄断利润,使按要素分配更好地发挥正面效应。第二个层次是微观经济运行层次。在这一层次,应允许多种分配方式并存并以按生产要素分配为主,充分发挥市场机制作用。按劳分配是就整个社会范围剩余产品分配的实质内容而言的,在市场经济条件下,按劳分配必须借助微观经济领域中的按生产要素分配这种形式才能获得现实的实现途径。因为只有经过市场机制,经过按生产要素分配,才能在整个社会范围为按劳分配提供更有效的"劳动"和更多的"劳动成果"。同时为在微观经济活动中抑制按生产要素分配的恶性膨胀,更好地发挥劳动功能,有必要引入劳动产权制,逐步推行利润分享制,使广大劳动者有权利直接参与企业利润的分配。第三个层次是宏观经济运行层次。在这一层次,代表广大人民群众利益的国家政府应本着按劳分配和社会公正的总体分配原则,一方面通过对生产要素市场的宏观调控,促进生产要素在全社会范围的优化组合,推动生产力更快发展,并间接调节人们的分配关系,引导微观经济中按要素分配功能的正常发挥;另一方面,通过国民收入再分配体系,运用税收、利率、价格等经济政策和经济杠杆,通过财政转移支付,直接调节人们在初次分配中形成的分配关系,贯彻按劳分配原则,削弱按要素分配的作用,限制分配不公,限制两极分化。总之,市场经济条件下,只有通过按生产要素分配与按劳分配的有机结合,按劳分配才能获得有效的、高效的、相对合理的实现形式,按劳分配的原则及主体地位才能获得真正的体现。

(原载《黄河科技大学学报》2008 年第 5 期)

劳动价值论若干问题新探

一、劳动是价值的唯一源泉

时下,有些人为了给生产要素按贡献参与分配提供理论依据,借以证明生产要素按贡献参与分配的正义性、合理性,重新拾起西方经济学早已提出的要素价值论和效用价值论,认为劳动不是价值的唯一源泉,是劳动、资本、土地、科技、管理等生产要素共同构成了价值的源泉。这一观点从根本上否定了马克思的劳动价值论。还有人通过区分价值创造、价值形成和价值分配,来说明劳动在价值创造中的唯一源泉作用以及生产要素在价值形成中的重要作用,以此来说明生产要素按贡献参与分配的合理性。这种观点并没有从价值创造和增值过程中真正说明生产要素参与分配的正义性,因为真正参与价值分配的并不是生产要素,而是站在生产要素背后掌握生产要素所有权的人。要论证要素按贡献参与分配的合理性,必须论证多种所有权存在的正义性,否则,要在劳动价值论中寻找生产要素所有权参与分配的理由是徒劳的。

(一)关于劳动是创造价值的唯一源泉的评析

作为财富的使用价值是由劳动者和劳动客体共同创造的,而作为人类抽象劳动凝结的商品市场价值只能是由人独立创造的。除劳动力以外的生产要素是物,是不会自己创造价值的,任何加于其上的所谓价值都是人类劳动的直接结果或间接结果。只不过,我们这里所指称的劳动范畴已不是传统政治经济学所指称的劳动范畴,这里的劳动包含着极为丰富的内容。我们所讲的劳动,是指人类特有的活动和特有的行为,是人类有目的的脑力和体力活动。如果不反对这一前提设定,那么,一个总的分析问题的原则只能是:人类利用动物来帮助人们提高劳动效率,人类创造机器并运用机器来提高生产效率,人类借助自然力来为人类生产和生活服务,都只能将这些看作人类能动的劳动实践;一切劳动生产率的提高、一切劳动成果,都只能被看作人类劳动作用的结果。

任何具体的劳动都是劳动主体与劳动客体交互作用的过程,"不存在没有劳动主体的具体劳动,也不存在没有劳动客体的具体劳动,劳动主体与劳动客体像磁石的两极一样互为存在条件,必然统一在一个整体之中"①。任何具体劳动都离不开一定的自然条件和社会环境。这就是说,任何具体劳动都是在特定的时间、特定的空间、特定的自然条件、特

---

① 钱津:《论当代劳动价值论的新发展》,《南开经济研究》2001 年第 5 期。

定的社会条件下进行的劳动。因而,我们必须从社会实际出发,扩大创造价值的劳动的内涵。我们只有把因空间、时间不同而引起的劳动成果变化,把因自然条件不同、社会条件变化而引起的劳动成果变化,统统纳入劳动者的特定劳动过程之中,把它们统统看作劳动自身的必然具有的内容,才能更好地诠释劳动是创造价值的唯一源泉。

鉴于当代社会科学技术条件、资本条件、土地及其他资源条件、自然环境条件、社会条件等在使用价值和社会财富创造中的重要作用,一些人往往把这些因素看作外在于劳动的力量,因而认为除劳动力以外的生产要素也创造价值。诸如主张物化劳动也创造价值,科学技术创造价值,土地、资本创造价值等。其实,这是一种错觉,是对劳动范畴的误解。现实中的社会劳动永远都是在特定条件下的劳动,而特定条件下的劳动自然包含着特定条件对劳动内容、劳动方式、劳动效率、劳动成果的影响。虽然劳动都是人的脑力和体力支出,但不同劳动条件下的劳动所创造的价值量是大不一样的。比如两家同行业、生产同种产品、相互竞争的企业,由于一家企业首先购买和采用了先进技术设备,从而极大地提高了生产效率,生产出了更多产品,获得了更多利润。这只能说明,这家企业的个别劳动因改变了劳动条件提高了劳动效率,从而使企业生产出了更多的价值,而绝对不能说是这些技术设备创造了更多价值。再比如两户从事同样农作物生产的农民,一户农民的土地比较肥沃,另一户土地比较贫瘠,结果土地肥沃的农户生产的产品比土地贫瘠者多,这只能说明劳动条件不同的劳动会创造不同的价值,具有不同的社会必要劳动量,而不能说是土地创造了更多价值。有学者通过引入技术变动等新的因素来扩展“劳动”概念的外延,“把使用价值的生产或劳动生产率加进来,将劳动定义为由其生产的一定量使用价值所体现或支出的劳动量=劳动时间×劳动生产率”。而且认为,这里的劳动生产率有劳动的自然生产力、社会生产力、资本生产力和劳动者自身的生产力等多种形态,在明确了决定价值的社会必要劳动时间的具体规定和价值是社会财富的计量单位后,说这些生产力共同创造价值就是符合劳动价值论的。① 这一观点引人深思。

(二)对两种错误观点的剖析

其一,关于“物化劳动也创造价值”。有学者提出:(1)“生产诸要素共同创造价值”,“从社会看的活劳动创造价值=从企业看的物、活劳动共同创造价值”;(2)科技创造价值和剩余价值,“先进设备可以创造出比旧设备多得多的价值和剩余价值”;(3)由于生产诸要素共同创造价值,所以“按资分配,给以相应的报酬并不存在剥削问题”。② 这种观点主要是混淆了活劳动与死劳动的范畴界定,忽视了死劳动背后的人的力量作用。对资本、生产资料等“非劳动生产要素”创造价值的观点,是马克思早已批判过的。如马克思针对资产阶级经济学家罗德戴尔提出的“机器可以代替劳动创造价值”“资本本身可以离开劳动创造价值,因而可以创造剩余价值”的观点,指出:“对这种观点来说,固定资本,特别是以

① 谷书堂、柳欣:《新劳动价值一元论——与苏星同志商榷》,《中国社会科学》1993年第6期。
② 钱伯海:《社会劳动创造价值之我见》,《经济学家》1994年第2期。

机器体系为其物质存在或使用价值的资本,是最能使他们的肤浅诡辩貌似有理的形式。"
"罗德戴尔把固定资本说成是和劳动时间无关的、独立的价值源泉,是何等荒谬。"①任何
科学技术成果诸如先进技术设备、任何先进管理技术,当它作为既定的物也就是死劳动存
在时,其自身是无法自行创造价值和剩余价值的,只有被人所掌握、所运用才能转化为创
造剩余价值和价值的巨大力量。只有在活劳动的驱使下,作为物化劳动的先进科技设备、
资本等才能转移其价值,同时这种活劳动由于拥有特定的条件而创造出巨大的使用价值
和价值。因而,无论从微观领域的企业活动看,还是从宏观领域的经济活动看,价值和剩
余价值都是由人的劳动创造的。先进科技知识、技术、设备对企业、社会的生产发展所发
挥的巨大推动作用,首先应当归功于广大科技工作者的科技劳动,特别是科技创新型劳
动。袁隆平发明了杂交水稻技术,这种发明劳动本身具有难以估量的巨大使用价值和价
值,而与此同时,那些传播、推广、使用这一技术的劳动在转移这一发明劳动价值的同时,
也创造了巨大的价值和使用价值。再比如,电脑技术的创新发明劳动无疑创造了巨大的
使用价值和价值,而传播、使用电脑技术的劳动,由于改变了劳动条件、劳动手段,这种劳
动也创造出了比过去大得多的使用价值和价值。尽管从某个企业的劳动者角度看,他的
自然劳动时间减少了,如由每天工作 8 小时变成了 5 小时,体力支出减轻了,然而,他的劳
动质量更高了、劳动更复杂了,他现在 1 小时的劳动可能等于以前数小时或数十小时的劳
动。显然,大量内化在活劳动中的知识技术,以活劳动的抽象支出形式,不仅能够创造价
值,而且能够创造比过去更多的价值;而大量内化在生产资料中的知识技术不能创造价
值,只能在有效转移价值的过程中吸收活劳动所创造的新价值,激发并扩张、放大活劳动
创造价值的效能。② 无论科技怎样发展,没有人的劳动都是不可能产生出新价值来的。
不是新知识、新科技在创造价值,而是掌握和运用新知识、新科技的劳动者在创造价值。③
"先进技术以及作为先进技术体现的先进设备是人类活劳动的结果,具体表现为物化劳
动而不是人类活劳动本身。劳动,只有人类的活劳动才创造价值,物化劳动——无论它以
何种形式存在都不能创造价值。"④

其二,关于"生产要素创造价值"。有学者提出"生产要素也创造价值"的观点,认为
除劳动之外的土地、资本、企业经营管理、科学技术、知识信息等都具有生产性,都是商品
价值与使用价值形成和增加过程中不可缺少的因素。还有学者在其"广义价值论"中认
为,劳动生产率与价值量成正比这一原理本身,就确定了非劳动生产要素对单一生产者的
价值创造所起的作用,以一个多元函数 $Y = f(L, T, S, K, N)$ 为例(其中,Y 和 L、T、S、K、N
分别表示产出、工人的熟练程度、科学技术、组织管理、资本和土地),上述诸因素中任何

① 《马克思恩格斯全集》第 46 卷(下),人民出版社 1980 年版,第 216 页。
② 杨建瑞:《论知识技术在价值形成过程中的功能》,《经济学动态》2001 年第 7 期。
③ 吴易风:《坚持和发展劳动价值论》,《当代经济研究》2001 年第 10 期。
④ 赵振华:《对知识、经营管理和科学技术是否创造价值的思考》,《理论动态》2001 年第 2 期。

一个发生变化，都会引起劳动生产力的相应变化，从而对价值决定产生影响。① 很显然，更多的学者已经看到了生产要素在创造使用价值和社会财富过程中的重大作用，看到了生产要素在价值形成过程中的重要作用。然而，要素价值论忽视了价值决定与价值形成的区别，忽视了站在生产要素背后的人的作用。科技的研发、创新、应用，以及科学的组织管理，其本身就是极具创新价值的创新型劳动，而资本、土地的有机整合、高效利用也是在人的作用下进行的。"劳动力创造价值的过程，必须与其他生产要素相结合为前提，否则商品不可能被生产出来，价值也自然不可能形成。"②因此，在商品的价值形成中除劳动以外，生产要素诸如作为死劳动的科学技术、资本、土地等是不可或缺的因素，对劳动生产率的提高进而对价值量的增加，对商品使用价值的增多，发挥着重要作用。但是，无论如何，这种价值增值的功劳不能归结到物的身上，因为价值是一个特指的社会关系范畴，价值的实体是抽象劳动，而抽象劳动只为人类所独有，因而价值只能由人的劳动而创造，我们只能从人身上、从劳动那里寻找答案。

二、社会总体的生产性劳动共同创造价值

（一）什么是价值

在论述这一问题之前，我们必须厘清一下有关"价值"的概念。如果我们把"价值"还原为哲学意义上的价值，那么，我们可以说，任何社会、任何时代人类的劳动都具有价值。然而，我们这里所说的"价值"是一个历史范畴，它与哲学中的"价值"有一定相通之处，如都代表一定的有用性、有益性，但它是商品经济社会里特有的经济范畴。严格说来，马克思并没有给价值下真正的"本体性"定义，他是通过指出价值是商品的一种本质属性，价值是抽象劳动的凝结，价值体现人和人之间的生产关系来定义价值的。相对于马克思对其他概念诸如商品、货币、资本所下的定义来说，马克思对价值概念所下的定义是不彻底和不明确的。③ 我们可以说，商品是用来交换的劳动产品，货币是从商品中分离出来的特殊商品，资本是能够带来剩余价值的价值，但我们不能说，价值是劳动或抽象劳动，因为劳动和抽象劳动在任何社会都存在，不只是在商品生产中才存在。马克思虽然没有给价值下一个本体性的定义，但他实际上给出了价值的三个层面的定义，即价值是商品价格的内容和实质，价值是商品的本质属性，价值是构成资本主义财富的元素。有学者通过研究分析马克思的三层定义，给价值下了一个本体性定义，即价值是商品交换上的有用性，是无差别人类劳动的凝结，它体现着人的劳动支配人本身的关系。商品具有两种有用性：使用上的有用性即使用价值，交换上的有用性即价值。"归根结底，价值就是创造商品交换上有用性的劳动。"④很显然，这种"价值"是一个特定的历史范畴，只具有"工具价值"意义，

---

① 蔡继明：《关键是弄清非劳动生产要素的作用》，《学术月刊》2001 年第 10 期。
② 逄锦聚等：《马克思劳动价值论的继承和发展》，经济科学出版社 2005 年版，第 116 页。
③ 赵凌云：《劳动价值论新探》，湖北人民出版社 2002 年版，第 99—100 页。
④ 赵凌云：《劳动价值论新探》，湖北人民出版社 2002 年版，第 112 页。

不具有"终极价值"意义。尽管人类社会的许多劳动从满足广大人民群众物质文化生活需要的根本目的上看都极具哲学意义上的价值,但从商品交换的角度看,却不具备"价值"。明确了价值概念,我们就可以作一个原则性的推论:在商品经济和市场经济条件下,只有创造交换上的有用性的客体的劳动才创造价值。

(二)创造价值的劳动

马克思劳动价值论的一个重要命题就是:不是所有的劳动都创造价值,只有生产劳动才创造价值。然而,到底什么是生产劳动和非生产劳动? 这是理论界长期争论不休的问题。在马克思所处的资本主义阶段,生产性劳动主要表现为资本生产剩余价值的劳动,在具体形态上主要表现为直接的和间接的生产物质性商品的劳动,在劳动方式上主要表现为体力性劳动。因而,马克思在给生产劳动下定义时,侧重于对物质产品生产的强调,侧重于对资本主义生产关系的强调。马克思认为,生产性劳动就是生产物质产品的劳动,这是生产劳动的"一般规定",而资本主义的生产劳动还具有其特殊性,那就是生产劳动是直接增值资本的劳动或直接生产剩余价值的劳动。显然,马克思从生产力、生产关系两个方面给生产劳动下了定义。然而,随着时代的发展变化,第三产业迅猛发展,各种新型的劳动内容和劳动方式不断涌现,科技劳动、管理劳动、信息服务劳动在当今经济发展中占据越来越突出的位置,脑力劳动、智力劳动在整个社会劳动中的比例不断上升。在这种条件下,马克思的劳动价值论关于生产劳动的界定受到了严重挑战,马克思原来认为不创造价值的劳动今天都在创造价值。很显然,我们不能苛求100多年前的马克思预见到今天的劳动变化,也不能无视马克思是为了分析方便起见而舍弃掉了当时不占主导地位的劳动方式如生产精神产品的劳动、第三产业的劳动等一些内容,而且马克思也认为生产性劳动的概念是应该随着社会的发展变化而不断拓展的。我们必须根据时代的发展变化,创新生产劳动观念,拓展生产性劳动的内涵和外延。

根据对劳动的研究以及对"价值"概念的理解,笔者认为:从人与自然、劳动者与劳动客体的关系角度看,"生产是人们运用劳动手段、作用于劳动对象、生产出满足人们需要的劳动成果的过程"。凡是从事直接生产社会物质财富和精神财富以满足人类物质文化生活消费需要或为这种生产提供直接和间接服务的劳动都是生产性劳动,简而言之,生产劳动就是创造物质和精神财富的劳动。这一定义是生产劳动的"一般规定",适应人类社会的不同时期。同时,从人与人的生产关系角度看,在商品经济社会中,凡是生产剩余价值的劳动肯定是生产劳动,因为剩余价值的生产总是以一定的使用价值生产为载体的。当然,即使是在十分发达的市场经济社会,生产剩余价值的生产性劳动也不会完全等同于整个社会的生产劳动。

孤立的一个人是无法生存的。为了生存、发展,人们就必须发生一定的社会关系并在一定的社会关系中进行生产、生活。孤立的一个人的劳动也是不存在的,人们为了生产,就必须进行合作、分工。因而,人类社会的劳动很早就存在社会分工。分工现象不仅在家庭、在社区,而且在整个社会都存在着。人类的整体劳动可以从大的方面相对区分为生产性劳动和非生产性劳动。所谓非生产性劳动主要是指从事社会公共管理和服务活动的劳动。尽管在不同的社会、不同的时代,生产性劳动和非生产性劳动的内容、形式会不断发展变化,尽管不同立场的人对生产性劳动和非生产性劳动会有不尽相同的区分标准,但不论是历史上还是当今时代,社会劳动的这种大的分工始终存在着。当今时代,生产性劳动的内涵和外延惊人地扩大了。就"一般规定"而言,当今时代,从社会劳动角度看,科技劳动、经营管理劳动、营销劳动、信息咨询服务劳动等都对社会财富的创造发挥着举足轻重的作用;从人——劳动者的劳动角度看,脑力劳动、智力劳动越来越成为劳动的主要方式,劳动效率越来越高,劳动成就越来越大。就"特殊规定"而言,能够生产出交换有用性客体的劳动越来越多,也就是说能够生产出"价值"的劳动越来越多。用通俗的话说,就是能够生产出卖成钱的东西的劳动种类越来越多了。因此,我们看到:不仅物质生产劳动是生产性劳动,而且许多非物质生产劳动也是生产劳动;不仅提供具有物质形态的物质产品的劳动是生产性劳动,而且许多提供不具备物质形态的精神产品、服务产品的劳动也是生产性劳动;不仅第一、第二产业的劳动是生产性劳动,而且第三产业的劳动绝大部分也是生产性劳动;虽然传统的体力劳动在当今依然占有一定比例,但是,科技劳动、经营管理劳动、营销策划劳动、信息咨询传播劳动等以脑力劳动和智力劳动为主的劳动已成为更加重要的生产性劳动。所有这些劳动都创造价值,而且,作为复杂劳动的科技劳动、经营管理劳动等创造着比简单劳动大得多的价值。

(三)科技劳动是当代社会创造价值的主导力量

众所周知,在当代社会,科学技术已成为第一生产力,科技进步成为推动经济社会快速发展的巨大力量。有资料显示,20世纪初,工业化国家科学技术的贡献率,即科学技术在国民经济增长和劳动生产率提高中所占的比例仅为5%~10%,在20世纪中叶为50%左右,而在当代,发达国家由于广泛采用高新技术,使这一比例已提高到60%~80%,有些技术和知识密集型企业已高达95%以上。进入20世纪90年代以后,由于信息高速公路的建立,企业最广泛充分地应用计算机管理,从而使主要资本主义国家的劳动生产率提高20%~30%,有的甚至达到40%。[1] 在美国,布鲁金斯学会丹尼森教授依据索洛的模型,对1948—1973年间有关资料进行分析与计算,得出结论:技术进步对美国国民收入增长的贡献率为40.3%,对提高劳动率的贡献为68.6%。在日本,根据1988年日本经济企划厅有关技术创新与经济增长的研究报告推算,在1982—1986年的5年间,每年实际经济增长的约60%是技术进步贡献的结果。[2] 即便在我国这样的发展中国家,科技进步对经济发展的贡献率也在不断提高。2007年,我国的科技进步贡献率已达到60%左右。科技进步特别是科学技术的重大创新,不仅会带动大量新兴产业的发展,而且通过对传统产业的技术改造,会给传统产业注入巨大活力,极大地提高传统产业的生产效率。

---

① 逄锦聚等:《马克思劳动价值论的继承和发展》,经济科学出版社2005年版,第248页。

② 逄锦聚等:《马克思劳动价值论的继承和发展》,经济科学出版社2005年版,第252页。

科技进步在经济发展中的巨大作用更加证明了科技劳动特别是科技创新劳动是当今社会创造价值的主导力量。科学技术是不会自行创造价值的,真正创造价值的是广大科技工作者的科技劳动。那么,科技劳动到底是如何创造价值呢? 笔者认为,这可以从两个方面进行分析:一方面,就整个社会而言,就科学技术成果的创造发明而言,科技劳动(主要是科技创新劳动)所生产的科技产品,本身包含着巨大的使用价值和价值,这种科技成果(包括有形的和无形的成果)的应用、推广,会导致新产品、新部门涌现,导致产品结构、产业结构乃至整个经济结构的巨大变化。比如电脑的创造和发明给人类经济社会发展带来了巨大变化。这种电脑的价值(哲学意义)之巨大是我们用商品价值难以准确计算的。科技成果(广义而言)不仅催生了新产业、新部门,而且内化在劳动者、机器设备、工艺流程等生产要素之中,为其他部门、行业的劳动生产率提高、生产效率提高创造了良好的前提条件。另一方面,就科技成果的应用而言,科学技术成果(包括先进科学知识、先进技术设备、先进工艺流程)作为死劳动必须同活劳动相结合,才能够由潜在的生产要素变成现实的生产要素,才能够通过提高劳动效率而使活劳动创造更多的使用价值和价值。很显然,广义的科技劳动应该包括科技成果(有形产品、无形产品)的推广、应用。市场竞争的现实很能说明问题:生产同类产品的两家企业,谁先应用先进技术,谁就会生产更多更好的产品,谁就能生产出更多的使用价值和价值,就能在竞争中取胜。总而言之,科技劳动特别是科技创新劳动是当代社会最能创造价值的劳动,任何国家、任何地区、任何企业,要想谋求经济社会的更好更快发展,要想在国内外市场竞争中处于领先地位,都必须高度重视科技劳动特别是科技创新劳动。

(四)经营管理劳动是特别重要的创造价值的劳动

马克思在《资本论》中已经注意到了管理劳动、智力劳动的存在及其对生产的重要性。马克思在考察社会化生产时曾提出了"总体工人"的概念:"随着劳动过程本身的协作性质的发展,生产劳动和它的承担者即生产工人的概念也必然扩大。为了从事生产劳动,现在不一定要亲自动手,只要成为总体工人的一个器官,完成它所属的某一种职能就够了。"①马克思还注意到,在总体劳动过程中,"有的人多用手工作,有的人多用脑工作,有的人当经理、工程师、工艺师等,有的人当监工,有的人当直接的体力劳动者或者做十分简单的粗工,于是劳动能力的越来越多的职能被列在生产劳动的直接概念下"②。很显然,马克思是把物质产品生产中的经营管理劳动包括工程师、工艺师的脑力劳动看作能够创造价值和剩余价值的生产劳动,只不过由于马克思所处时代的局限以及为无产阶级利益而斗争的需要,马克思没有也不可能更多地去分析经营管理劳动的重要性。特别是在资本主义条件下,那些经理、监工往往在从事管理、监督工作的同时成了资本家的帮凶,成了工人阶级的对立面。然而,这并不意味着监督、管理劳动的不存在和不重要。随着商品

---

① 马克思:《资本论》第 1 卷,人民出版社 1975 年版,第 556 页。
② 《马克思恩格斯全集》第 49 卷,人民出版社 1975 年版,第 99—111 页。

经济的迅速发展,随着生产越来越社会化、复杂化,随着市场竞争的加剧,经营管理劳动越来越显示了其在创造使用价值和价值过程中的重要性。

企业是社会的基本经济组织,是社会经济发展的细胞,企业的发展关乎着整个社会经济的发展。就企业内部的生产活动而言,能否把企业内部的各种生产要素组织好、整合好、管理好、应用好,关系到企业的劳动效率、生产效率,关系到企业的发展能力、竞争能力,严重的情况下关系到企业的生死存亡。很显然,管理劳动在企业的生产经营活动中,在企业的使用价值和价值创造中,发挥着不可或缺、不可替代的重要作用。正是由于管理的特别重要,以至于不少企业都提出了"管理就是生产力""向管理要效益"的口号。就企业外部的经营竞争而言,市场经济条件下市场是资源配置的基础,供求规律、竞争规律发挥着作用,能否科学判断、准确把握市场行情和发展趋势,能否在此基础上对项目投资、产品营销、市场开拓作出科学决策,不仅关系到整个社会的资源能否优化配置组合,关系到整个社会使用价值和价值能否增多,而且直接关系到本企业的个别劳动能否顺利转化为社会必要劳动,关系到企业的产品是否适销对路,关系到企业能否实现"惊险的一跳",能否创造和创造多少使用价值和价值。如果企业不能实现那"惊险的一跳",企业生产再多产品也不能生产出价值。很显然,企业的经营管理劳动对企业的价值创造和实现至关重要。

我们在这里着重论证和强调科技劳动、经营管理劳动在价值创造中的重要性,主要是想让人们更好地认识科学家、科技工作者,包括合法经营的私营企业主在内的企业家及经理阶层,在推进经济发展进步中的重要作用,使全社会形成更加"尊重劳动、尊重知识、尊重人才、尊重创造"的利益激励机制和良好风气。在强调科技劳动、经营管理劳动重要性的同时,我们还必须尊重广大普通劳动者的劳动。正如同军队行军打仗存在有机的分工合作一样,整个社会的劳动也存在着有机的分工合作。科技劳动、经营管理劳动正是在广大普通劳动者劳动的密切配合下才能创造并实现其巨大价值的。因此,就整个社会而言,巨大的使用价值和价值是科学家、科技工作者、企业家、工人、农民以及各行各业从事商品生产经营的普通劳动者共同创造的,他们都是价值的创造者,因而应该是价值的分享者。

(五)公共管理和公共服务劳动不创造价值,但在价值创造中有着不可替代的重要作用

社会必要劳动从大的方面划分,可分为生产性劳动和非生产性劳动两大部分,而其中非生产性劳动主要是社会公共管理和公共服务劳动。公共管理和公共服务劳动主要是指国家和政府组织机构的公务人员以及社会公益事业单位的从业人员等所从事的制定法律、政策、制度,提供公共产品,对经济社会活动进行规制,为直接生产经营活动提供基础设施建设服务,为社会成员提供公共的教育、文化体育、医疗卫生等社会性服务,保证正常的社会经济生活秩序,保障人民群众的生命财产安全等活动。生产性劳动离不开非生产性劳动,离不开公共管理和公共服务劳动。尽管在剥削阶级占据统治地位的社会,剥削阶级为了维护其阶级统治,为了更多地无偿占有直接生产劳动者的社会剩余劳动,利用社会公共管理的职能对劳动生产者进行残酷的统治、剥削,从而使公共管理职能发生了种种变异,附加上了更多的阶级属性,导致了公共管理和公共服务劳动与生产性劳动的尖锐对立和冲突,然而,公共管理和公共服务劳动所具有的一般社会属性却始终存在着。在劳动过程越来越社会化、劳动内容和形式越来越复杂化的今天,特别是在当代中国这样实行了人民民主政治、消灭了剥削阶级统治的社会,公共管理和公共服务劳动的必要性、重要性更加凸显。

首先,公共管理劳动通过提供制度规则,实施有效的组织管理和监督,保持生产性劳动的有序、有效进行。如同军队的行军打仗需要严明的军纪和组织管理一样,生产性劳动也需要一定的制度规则和组织管理以保障生产性劳动有序、有效进行。在当今社会的生产性劳动中,国家和政府需要通过一定的产权制度安排来维护和保障生产经营者的合法权益,充分调动广大生产经营者的积极性、创造性,最大限度地促进社会财富的增加和社会福利的供给;需要通过一定的自然资源保护、利用制度的安排,保护自然资源得到合理开发和可持续利用;需要通过一定的经济监管制度的安排,规范广大生产经营者的生产经营行为,坚决避免和打击少数生产经营者的浪费资源、污染环境、垄断经营、非法牟利等各种各样的无效劳动或有害劳动行为;需要通过制定一系列经济发展战略和政策,来引导广大生产经营者的生产经营行为,从而促进自然资源、信息资源、人力资源在更大范围内更高层次上的有机结合,推动国民经济快速发展。公共管理劳动尽管不创造价值,但对提高整个社会的劳动生产效率的巨大推动作用是客观存在的,因此,有人提出了"制度也是生产力""制度也产生生产力"的命题。没有人会怀疑,我国30年来经济发展所取得的巨大成就,首先应该归功于我国的制度改革和制度创新,归功于实行了改革开放的大政策,正是这些制度改革和制度创新,极大地调动了各行各业广大生产经营者的劳动积极性和创造性,使各种创造财富的社会活力得以迸发,从而极大地推进了我国经济社会的快速发展。尽管制定制度和政策的劳动不创造价值,但这种劳动成果通过内化为从事直接生产经营活动的劳动者的行为动力和准则,极大地提高了生产性劳动的效率。

其次,公共服务劳动通过提供基础设施建设服务,为广大生产经营者的生产性劳动提高效率奠定了一定基础。公共基础设施建设具有强烈的正外部经济效应。公共基础设施由于使用上的非排他性、经营上的垄断性以及投资规模大、建设周期长、无直接生产利润甚至是负利润,因而主要应由国家和政府投资兴建。这些公共基础设施建设对具体的投资者而言尽管是无利的甚至是赔本的,但对整个社会生产和经济发展而言,它却为广大生产经营者提高劳动生产率提供了一个极好的平台,在生产性劳动的价值创造中发挥了极其重要的作用。正是由于有了水利、电力、交通、通信等公共基础设施的兴建,广大生产经营者才有了极为便利的生产经营条件,农业、工业、交通运输业、商业服务业等各行各业的广大生产经营者的劳动生产率才获得了极大提高。现实经济活动中,这方面的例子比比皆是:由于运用了现代化的水、电、交通、通信等基础设施,现代农业生产节约了大量的人力、物力和信息交易费用,劳动生产率较传统农业成千百倍提高;由于交通、通信设施的方便,广大商品生产经营者在材料选购、产品生产、产品运输、产品销售等各个环节都节约了时间和成本,其单位劳动生产率也是成千百倍提高;再者,就区域竞争的角度看,公共基础设施建设搞得好坏,直接影响着区域内众多生产经营者的劳动生产率,进而也影响着不同区域的经济发展能力。公共基础设施建设劳动作为一种提供公共产品的劳动尽管不创造价值,但却为创造价值的生产性劳动提供了重要前提条件。

最后,公共服务劳动通过为社会广大成员提供社会公共服务,不仅增进了社会公共福利,有利于社会和谐发展,而且也为创造价值的生产性劳动提供了一定的社会条件。为了生命的健康、延续和社会的可持续发展,为了有效增进社会福利和保障公民的基本人权,作为社会公共利益代表的国家和政府必须为社会成员提供公共教育、公共医疗卫生、公共文体娱乐设施、社会成员基本生活保障等基本的公共服务。基本公共服务虽然不创造价值,但却为创造价值的生产性劳动提供了一定的社会条件。一方面,公共服务劳动有利于提高劳动者的思想道德和科技文化素质。劳动者不是机器人,而是有血、有肉、有情感、有意志、有智力的社会人,其所受教育状况如何,直接关系到劳动者自身的素质高低,进而关系到劳动者的价值创造。现代社会的生产劳动,越来越需要高素质的劳动者。另一方面,公共服务劳动有利于劳动者的身心健康。劳动者的身心健康不仅是人类劳动的一个目的,是劳动者的一种幸福所在,而且也是从事劳动的一个前提条件。只有身心健康的劳动者才能在劳动中保持旺盛的精力并充分发挥积极性和创造力,而公共医疗卫生等公共服务可以为生产性劳动提供更多的身心健康的劳动者。与此同时,公共服务劳动有利于保持社会稳定,为生产性劳动创造一个既有充分竞争又能安定有序的劳动环境。人的生存权可谓人权中最为重要的一项权利。自人类社会进入机器生产的工业经济时代以来,特别是人类社会步入知识经济时代以来,越来越多的机器生产、自动化生产代替了人类的简单的体力劳动和简单的智力劳动。这既是人类社会发展的巨大进步,同时也带来了一些新的社会问题。比如,现代社会对劳动者的知识、技能的要求越来越高,从而导致一些拥有一定劳动能力的劳动者找不到劳动机会的失业现象。失业问题如果处理不好,就会影响社会稳定,当然也会影响生产性劳动的正常进行。这些失业的劳动者并非不愿劳动,而是由于劳动力竞争,由于机器生产、自动化生产对简单劳动的排斥,把有限的劳动机会给了别人。从劳动者竞争的角度讲,正是由于失业者的失业保证了就业者的就业,正是一部分人失去了劳动机会,才使另一部分人获得了劳动机会,劳动失业者以自己竞争的失败为竞争机制的有效运行作出了贡献,为生产劳动的高效运行作出了贡献。因此,由国家和政府提供社会保障服务来保障这些失业者的基本生存权利乃是公平正义之所在,同时也是保持生产性劳动正常进行之社会条件。不仅如此,国家和政府还应从人道主义出发,从基本人权出发,保障那些没有劳动能力或丧失劳动能力的社会成员的基本生活,这是人类作为类存在的必然要求。很显然,只有搞好社会保障服务,市场竞争机制才会更好地发挥作用,生产劳动才能更有序、更有效地进行。

三、劳动价值论是实现按劳分配的理论基石

时下,有几种颇为流行的观点:认为价值决定与价值分配是两回事,人们不应该在劳动价值论中寻找价值分配的依据;认为生产要素在价值形成中发挥了极为重要的作用,因而实行要素按贡献参与分配具有合理性;还有一些观点,或根本否定按劳分配,或否定再提按劳分配,主张只提生产要素按贡献参与分配,因为按劳分配就是按劳动要素分配,已经包括在按生产要素分配中了。我们必须正确认识价值决定与价值分配的关系,正确认识劳动价值论与按劳分配的关系,并对上述诸种观点进行剖析。这不仅牵涉对马克思劳动价值论的继承和发展问题,也牵涉中国特色社会主义分配理论问题,牵涉中国分配制度深化改革的方向问题。

(一)劳动价值论是按劳分配理论的基石

马克思创立劳动价值论的根本目的,正在于通过商品的二重性、劳动的二重性的分析,揭示资本家剥削工人剩余价值的全部秘密,揭示资本主义所有制度的不合理性,揭示建立社会主义所有制、实行按劳分配制度的合理性。应该看到,劳动价值论与分配理论之间的内在学理逻辑是:价值是劳动创造的,因而价值应该归劳动者所享有;资本家凭借所有权剥削工人创造的剩余价值是不合理的,因而应该"剥夺剥夺者",消灭资本家私有制,建立公有制,并实行按劳分配制度。显然,我们绝对不能割裂劳动价值论与按劳分配理论之间的内在联系,劳动价值论是按劳分配理论的基石。尽管由于特定的历史和现实原因,我们无法实现马克思所设想的公有制和按劳分配制度,尽管我们还必须实行生产要素按贡献参与分配的制度,但这绝对不能够构成否定实行按劳分配合理性、正义性的理由。劳动是创造价值的唯一源泉,劳动是社会财富之父,是社会财富的主要创造力量,因而在整个社会个人消费品分配中实行按劳分配是具有法理合理性的,也是符合社会发展规律的。一些学者割裂了价值决定与价值分配的关系,从而使劳动价值论的探讨变得毫无意义,不知其最终要说明和解决什么问题。我们今天之所以要继承和创新劳动价值论,最起码有三个目的:其一,解释社会现实,明确价值规律在市场经济社会是如何发挥作用、推动经济发展的。其二,阐明实行以公有制为主体和以按劳分配为主体经济制度的合理性和合规律性。其三,阐明在当代社会是什么样的劳动最能创造价值,因而其在价值分配中应该占取更大的份额。

(二)坚持按劳分配为主体分配制度的合理性

所有制关系决定分配关系,这是马克思主义的一条基本原理,也是社会历史现实的真实反映。马克思劳动价值论说明了资本主义分配制度的不合理性,说明了按劳分配的合理性,但马克思并没有从价值论中去寻找解决价值分配的途径。在马克思看来,要实行按劳分配特别是马克思设想的按劳分配,必须通过实行公有制,实行计划经济。显然,由于历史和现实的原因,我国无法实行马克思所设想的那种公有制、计划经济和按劳分配,但这并不能否定我国实行以公有制为主体和以按劳分配为主体经济制度的内在合理性。应该说,坚持以按劳分配为主体既是中国特色社会主义的一个根本价值取向,也是中国现实

分配制度构建的一个根本原则。在我国实行以公有制为主体、多种所有制并存的所有制度,实行市场经济体制的情况下,我们不可能实现马克思所设想的按劳分配,而且在市场经济条件下和现代社会条件下,劳动的内容、形式也发生了巨大变化,但我们绝对不能放弃以按劳分配为主体这一根本原则。放弃以按劳分配为主体不仅是彻底放弃了社会主义的价值取向,而且也不利于使用价值和价值的创造,不利于经济社会发展。时下,有些学者主张不应该再实行以按劳分配为主体的分配制度或主张不要再使用"按劳分配为主体"的提法,这不仅有悖于研究、创新和发展劳动价值论的初衷,而且不符合社会主义价值取向,也不符合经济社会发展规律,是断不可取的。实行按劳分配为主体并没有错,也没有违背市场经济发展规律,我们应着力探讨的是,在市场经济条件下,在劳动内容和形式发生巨大变化的条件下,如何更好地贯彻按劳分配,正确处理按劳分配与按要素所有权分配的关系,确保按劳分配的主体地位。

(三)要根据不同劳动在价值创造中的不同作用合理调整分配结构

在市场经济条件下,在现代社会条件下,劳动的内容和形式发生了巨大变化,经营管理劳动、科技创新劳动、科技服务劳动、信息传播和咨询劳动、投资策划劳动、市场分析和营销劳动等不仅创造价值,而且可能创造着巨大价值。因此,对从事这些劳动的劳动者的个人收入分配问题必须予以足够重视。同时,我们还要持续关注普通劳动者的劳动权益和劳动报酬。要创造更加公平、更加充分的就业机会,努力保障劳动者充分就业,要通过《工资法》《劳动合同法》等法规制度保障劳动者的工资福利能随着国民总收入的增长而获得不断增长。

(四)要充分认识和利用价值规律的作用,推动企业不断进行科技创新、管理创新、产品创新

社会需要和市场需求首先决定着社会必要劳动在各部门的分配比例,是价值的第一决定因素。商品生产者要想创造价值、实现价值并获得高额利润,就必须充分考虑市场需求结构及其变化。它只有为社会提供更多的社会必要劳动,才能从社会获取更多的剩余价值。因此,企业首先要始终围绕市场需求及其结构变化不断调整自己的投资方向、项目选择、产品结构,不断开发适合社会和市场需求的新项目、新产品。平均劳动生产率是价值的第二个极其重要的决定因素。提高劳动生产率是提高个别劳动价值、增加商品价值量的主要途径。在当今时代,关注人权、重视民生、提高公民的福利待遇是大势所趋、人心所向,任何企业想通过增加劳动强度、延长自然劳动时间等途径来增加个别劳动价值的做法都是极为笨拙甚至是不可能的。同类企业要想在竞争中获得比较优势,必须注意科技创新、管理创新、资源整合利用,不断提高劳动生产率。只有这样,才能在为社会创造更多的使用价值和价值的同时获取更多的剩余价值。

(五)要搞好"剩余价值"在不同利益主体间的分配

资本凭借所有权可以获得剩余价值索取权,但并不是决定剩余价值分配的唯一力量。笔者曾在《公有制与市场经济有效对接论》一书中对生产资料所有制的绝对性、相对性有过专门论述。其观点之一就是指出作为整个社会生产组织者、管理者、协调者的社会公共组织(通常以国家为代表,也可以是国际组织)可以对生产资料所有制进行直接的或间接的控制,从而制约和影响生产资料所有制所实现的形式和内容。① 不同的劳动者根据自己在价值创造和使用价值创造中的不同作用,也应拥有不同的剩余索取权。因此,作为社会整体利益代表的国家和政府(包括国际公共管理组织机构),必须通过法规政策搞好剩余价值在不同社会利益主体间的分配。主要应搞好以下几方面的分配问题。

其一,要搞好"剩余价值"在企业与政府间的分配。国家和政府可通过税收将企业的一部分"剩余价值"转化为财政收入,并用这部分收入发展社会公益事业、开展大型基础工程设施建设、支付国家公务人员和文教事业单位职工工资、发展社会保障事业、搞好社会救济等。很显然,"剩余价值"虽然是企业劳动创造的,但离不开社会条件和自然条件,离不开社会公共管理和公共服务劳动,因此,国家和政府收取企业一定的剩余价值是完全应该的、合情合理的。这里的关键问题是应该把握好度,一方面,不能影响广大企业投资经营的积极性;另一方面,要保证国家和政府有足够的财力来发展社会公益事业,来满足从事公共管理和服务劳动群体的利益要求,来保障广大人民群众的基本生活权益。

其二,要搞好"剩余价值"在企业间的分配。国家和政府必须制定正确的法规政策,保障企业间公平有序竞争,坚决防止和打击各种非法垄断经营、非法牟利行为,从而保证"剩余价值"能在企业间相对公平地分配。

其三,要搞好"剩余价值"在生产经营组织内部的分配。劳动是创造价值的唯一源泉,因此,不同的劳动者根据自己在价值创造中的不同作用理应享有不同的剩余索取权。如何保障劳动者享有剩余索取权,是中国特色社会主义理论也是当代企业产权理论需要深化研究和解决的问题。

(原载《江汉论坛》2008 年第 6 期)

---

① 李太淼主编:《公有制与市场经济有效对接论》,河南人民出版社 1998 年版,第 49—52 页。

构建和完善有中国特色的自然资源和环境产权制度

自然资源和环境是人类赖以生存、发展的物质基础,是大自然对人类的恩赐,其对人类生存和经济社会发展的重要性不言而喻。21 世纪的人类,面临着人口危机、粮食危机、资源危机、生物多样性危机、能源危机、环境危机等;在 21 世纪的中国,自然资源和环境已成为制约中国经济社会发展和人民生活水平提高的"瓶颈"。如何构建和完善有中国特色的自然资源和环境产权制度,是当代中国面对的重大理论问题和现实问题,直接牵涉中国特色社会主义基本经济制度的有效实现形式,牵涉公有制与市场经济的有效对接,牵涉中国经济社会的可持续发展和资源节约型、环境友好型社会的构建,牵涉中国对全人类可持续发展的贡献。

一、当前我国自然资源和环境产权制度安排中存在的问题

改革开放以来,为适应建立社会主义市场经济体制要求,我国对自然资源和环境产权制度及其管理制度进行了多方面改革探索,取得了巨大成就,初步构建了与社会主义市场经济相适应的自然资源和环境产权制度框架。然而,严重存在的环境污染问题、资源浪费问题、公有资产权益受侵害和资产流失问题,反映出我国的自然资源和环境产权制度还存在不少问题。主要问题表现在以下一些方面。

(一)产权界定不明细、不明晰问题

产权细化、产权清晰,是现代市场经济的必然要求。市场经济越发达,越要求产权细化、产权清晰。面对市场经济的快速发展和科学发展的迫切要求,我国自然资源和环境的产权界定还不够明细和明晰,还不能很好适应经济社会发展的要求。这里以农村土地产权和矿产资源产权为例加以分析。

农村土地产权制度存在的问题:一是所有权缺乏明确界定。农村集体所有权的行使主体不够明晰,农民集体组织对自己所拥有的土地所有权权能、权责、权益难以充分体现。二是使用权缺乏明确界定。改革开放以来,农村土地使用权中又裂变出了承包权、占有权、经营权、租赁权、转让权等多种权能。由于我们在法律制度上还没有进行明确细化、界定,以致在农村土地的开发利用过程中出现了许多问题,如耕地被不合理开发利用、耕地非规范流转、耕地被撂荒、侵权行为经常发生等。

矿产资源产权制度存在的问题:与土地、森林资源不同,矿产资源一律为国家所有,人

们只能通过许可证形式取得探矿权、采矿权。在探矿权、采矿权的获取和行政管理过程中,由于缺乏严格的行政监管机制,由于缺乏对探矿权、采矿权权益和权责的明确界定,以致在矿产资源的开发利用中存在三个严重问题:一是在探矿权、采矿权的获取过程中极易发生严重的权钱交易现象。二是探矿权、采矿权的取得还缺乏公开、公平的市场竞争机制。三是探矿权、采矿权的非法流转现象严重。

(二)环境产权设置比较滞后问题

人类社会的生存发展离不开自然环境,自然环境从更广泛的意义上讲也是人类社会赖以生存发展的自然资源。没有自然环境的改善、发展,就没有人类社会的可持续发展。近些年来,环境污染、生态破坏造成的自然环境的恶化,已经给人类社会敲响了警钟。及时设置环境产权制度,利用法律和经济手段规范人们的生产和消费行为,有效保护生态和发展环境,既是国际社会面临的一个共同问题,也是我国发展中面临的一个重大问题。就我国而言,环境产权制度设置比较滞后,由此而引起的生态破坏、环境纠纷等社会问题不断增多。主要表现在:其一,由于缺乏环境产权的设置,导致资源的过度利用或不合理开发利用,破坏生态,污染环境,侵害国家、集体及其他利益主体、公民的合法环境权的事件不断发生。其二,由于缺乏环境产权的设置,导致不少企业特别是资源型企业在生产经营中不计环境成本。目前中国资源型企业的成本,一般都只包括资源的直接开采成本,而像矿业权有偿取得成本、环境治理和生态恢复成本等尚未体现,形成不完全的企业成本。就矿业权有偿取得成本看,目前在中国矿业权取得环节上,大多数矿业企业(特别是国有企业)的矿业权是无偿获取的。据不完全统计,在15万个矿业企业中,通过市场机制有偿取得矿业权的仅有2万个,其余13万个矿业企业则是通过行政划拨的无偿方式得到。再就环境治理和生态恢复成本而言,绝大多数矿业企业没有将矿区环境治理和闭坑后的生态恢复等投入纳入生产成本。例如,全国因露天开矿等累计压占土地面积586万公顷,损害森林106万公顷,损害草地26万公顷。治理这些问题的费用未纳入其成本。[1]

(三)收益权分配不公问题

收益权是产权中的本质权益,任何其他产权诸如所有权、占有权、使用权、转让权等都必须同收益权结合,才能获得经济利益上的实现,才能激发权能的有效行使。然而,由于资源产权界定不够明确、细致,导致不同产权主体收益分配不公,进而也引致社会分配不公问题。收益权分配不公,主要表现在三个方面:一是资源型企业的收益权侵蚀国家收益权。一些资源垄断经营型企业的收益权侵蚀了国家的收益权,造成国有产权收益流失。二是央地收益权分配不当。地方对于那些大矿和富矿的探矿采矿经营权以及资源收益权受到限制,资源所在地难以通过合法的途径从本地资源开发中得到相应的利益。三是农民的收益权缺乏保护。国家在征用农村土地过程中,缺乏对农村集体和农户合理的利益补偿。

---

① 数据转引自袁元:《资源制度缺陷影响公平》,《瞭望》2007年第20期。

（四）产权交易不规范问题

我国已初步形成了资源产权交易市场,对资源的合理、高效配置发挥了一定作用。但由于机制不健全、操作不规范、监管不到位,在产权交易中还存在严重的评估定价不科学,出让、转让价格不合理,市场竞争不公平,"暗箱操作"不透明,机会主义行为盛行等问题。以土地产权交易为例,由于应该市场化的资源价格未市场化,不仅导致价格的市场化形成部分占比偏低,而且导致了套利的机会主义倾向:以"非经营性用地"的名义,通过协议出让甚至行政划拨方式,低价或无偿取得土地,之后再全部或部分转为经营性用地,套取高额利润。近些年来,土地违法案件非常多,犯罪涉及的金额较大,给国家造成很大经济损失,不少负责土地监管的官员最终"栽倒"在了土地上。

二、建立自然资源和环境产权制度的基本理论依据

由于自然资源和环境的特殊性,我们必须根据科学发展观有关统筹人与自然和谐相处、和谐发展的要求,建立健全有利于自然资源得到合理开发利用、有利于维护自然资源和环境发展权的资源环境产权制度。

（一）自然资源和环境的特殊性

自然资源和环境的特殊性主要表现在以下几个方面:其一,对人类生存发展的极端重要性。土地、矿产、水、森林、草原等自然资源是地球上一切生命赖以生存的物质载体、必不可少的物质条件,比如,水是生命之源,离开了水,生命就无法生存。其二,自然与环境的高度一体性。从自然科学意义上看,自然资源是由土壤、水、岩石、植被等自然物构成的自然综合体或历史综合体,而环境通常是指地球的生物圈。自然资源本身就是地球生态环境的重要组成部分,在生态系统中发挥着不可替代的作用。如水资源是构成生态环境的重要因素,森林是陆地生态资源的主体。其三,强烈的外部性。自然环境、自然资源是一个结构复杂的生态系统,是一种很特殊的生产资料、生活资料,具有极强的外部效应。个人、企业、国家,任何一个利益主体的经济活动都会给其他利益主体带来有利或不利的影响。对自然资源的过度利用、不合理开发利用,都可能造成对生态资源的破坏,而且有的破坏具有不可修复性,这将危及人类健康乃至生存。其四,区域性。地球表面的自然资源分布是不平衡的,结构是不相同的,存在数量或质量上的显著地域差别,并有其特殊的分布规律。其五,稀缺性。自然资源可分成再生性资源、非再生性资源和恒定性资源三种。相对于人类需求的无限性而言,可供给人类享用的自然资源总是有限的。特别是随着人类人口膨胀对资源需求的增多,工业化社会对资源的大规模开采利用,自然资源的稀缺性更加凸显。

（二）自然资源和环境产权制度安排的特殊性

自然资源和环境的特殊性,决定了它的产权制度安排不可能像一般物品的产权安排一样,完全套用市场经济的一般规则,在保持一般产权安排所具有的产权清晰、对产权主体具有激励和约束功能等一般性特征的前提下,其产权制度安排必须体现特殊性。其一,

要遵循三大原则:一要符合自然界的发展变化规律。任何产权设置都不能无视自然资源的结构布局、特点特性、运动规律。二要坚持生态效益优先。开发利用自然资源不可能像生产经营一般竞争性产品那样把追求经济利益放在第一位,而必须坚持生态效益优先,在开发利用资源的同时,保护好环境,谋求经济效益、生态效益和社会效益的有机统一。三要坚持可持续发展。既要搞好当代社会的可持续发展,又要搞好代际之间的可持续发展,为子孙后代留下发展基础。其二,在所有权设置上要充分考虑自然资源和环境的外部性。自然资源和环境是天然生成的,具有强烈的外部性,进而要求占有上的公共性而排斥私人性。就一个国家的自然资源而言,一国的全体国民理应是本国自然资源的共同所有者。当然,由于自然资源的复杂性、多样性,客观上也要求自然资源的公有权安排是分层次的,如在土地、森林等资源方面国家所有权和集体所有权的设置,如国家所有权的分级行使,但其目的必须有利于自然资源的合理开发利用和有效监管。而且,地球上乃至外层空间还存在许多自然资源,这些自然资源是大自然赐给全人类的共同财富,理应为全人类所共享。因此,在所有权设置上还必须充分考虑到国家所有权与国际所有权的衔接。就环境而言,其所有权设置会更加特殊。由于自然环境的强烈外部性,如阳光、空气、气候、水环境的外部性,任何个人都不可能将自然环境据为己有。自然环境是全人类生存发展共需的必备条件,它的特殊性不仅使它不可能为私人所拥有,而且也不可能为一国所独自拥有。环境是全世界全人类的,环境必须为全人类所共有。环境产权设立国家所有权,也只是相对的。其三,在使用权设置上要进行严格限制。要充分考虑自然资源和环境的特殊性、相关性,对自然资源的用途进行严格控制。同一种自然资源往往具有多种用途,如土地或水域有多种用途,或建房或采矿或养殖或培育粮食,不同的用途所产生的正负外部性大有不同,因此要对自然资源的某些用途加以限制,严格禁止严重污染环境、破坏生态平衡的生产经营行为。

(三)自然资源和环境产权制度应以所有权公有为基础

大自然赐给人类的自然资源及其自然环境是人类赖以生存、生活、生产、发展的基础,具有强烈的外部效应和生态效应,这种自然资源和环境的所有权绝对不适合私有化。自然资源所有权私有,不可避免地会导致对他人生存权、发展权的侵害,而生存权、发展权是人类社会最基本的人权。由于自然资源的唯一性,私有制必然产生私人垄断,而私人垄断自然资源,将会剥夺他人公平享用自然资源和环境的权利。自然资源所有权私有,不可避免地会导致"私地悲剧"。私有产权主体往往是"短视"的,为了追逐利润,他们会乱采滥伐,不顾生态效益和社会效益,从而带来极大的外部负效应。

(四)私有化不能成为农村土地制度改革的方向

时下,在农村土地制度改革中,有个别学者主张农地私有化。主要理由是:有恒产者有恒心,私有化有利于克服农民对土地的掠夺式使用,有利于克服目前所有权、管理权对农民使用权的侵蚀,农民会因此增加预期,增加对土地的投入、保养和维护,因而会提高生产效率;而且认为,农地私有,农地可自由买卖、自由出租、自由转让,因而有利于土地流转和土地规模经营。然而,私有化不能成为农村土地制度改革的方向。理由一是土地私有将导致土地滥用现象增多。土地私有后,可能会出现两种不利于土地合理开发利用的情况:一种情况是土地的进一步细碎化、分散化,一些私有的农民一方面去外务工挣钱,一方面又不愿转让土地,从而既不利于土地的规模化经营,也不利于土地的维护和改良。另一种情况是一些土地私有者为获得最高利润,会随意改变土地用途。同时,由于土地可以自由买卖,必然引来土地兼并浪潮,新兴的地主阶层将大量涌现,一些业主为追逐利润将会采取倒卖土地、反租倒包、改变土地用途等多种手段经营土地。面对成千上万众多而分散的土地私有者,国家和政府的监管不仅成本高昂,而且困难重重。这样一来,农村土地的乱垦乱用现象将在所难免,这会直接影响国家的粮食安全,影响农村土地的合理开发和可持续利用。理由二是土地私有将导致全国性的土地利用规划实施困难。一旦农村土地包括宅基地私有后,城乡土地的统筹开发利用将面临诸多困难,城乡的土地市场也会出现混乱,国家利用土地调控经济运行的能力将会极大降低。理由三是土地私有将导致严重的分配不公。中国是一个农民众多、人均耕地非常少的国家,这是中国特有的国情。在如此多的农民不可能获得更多其他就业机会的情况下,农民人均拥有土地,意味着农民的生存权、发展权、就业权、收益权有一个基本保障。土地私有必然引来土地兼并,导致少数人对土地的垄断,导致大量的土地收益特别是土地自然增值收益被少数人所拥有,而更多的农民将会在规模化、集约化经营中失地、失业或沦为佣工,两极分化在所难免。

(五)构建多层次、复合式的自然资源和环境产权制度体系

由于自然资源和环境的特殊性、复杂性和极端重要性,要把自然资源和环境所有权私有化是不可能也不现实的。我们必须在所有权公有的基础上,构建国际社会、国家、中央政府、地方政府、集体、企业、私人等多层次、复合式的资源和环境产权制度结构体系。

一要形成以公有产权为主体的多元产权结构。在所有权上,要实行国有制,辅以集体所有制。关于土地、矿藏、森林、河流、海洋国土资源,基本实行国家所有制,必要的情况下可实行集体所有。所谓必要的情况,即根据自然资源的特性和社会发展的实际需要,对不适合国有的某些自然资源可实行集体所有,如当前的农村土地、部分林地等。而且,为了保证国家所有权的有效行使,还要详细界定中央政府与地方政府以及地方政府之间的责权利关系,如中央政府与地方政府以及地方政府之间在矿产资源开发、大江大河治理、环境保护方面的责权利等。在资源的使用权上,可引入国有、集体、私人等多元产权,如农民个体可以获得土地承包经营权,林农可获得林地承包经营权,私营矿主可获得某种矿产的开采权,私营业主可获得在公河上的营运权、渔业权等,从而形成国家产权、中央政府产权、地方政府产权、集体产权、企业产权、私人产权等多层次、复合式的产权结构,也就是说,国家、中央政府、地方政府、农村集体组织、农民、不同所有制企业乃至公民个体,都将作为不同的产权主体,在明细的产权激励和约束下融入自然资源的开发利用和环境的保护之中。

二要搞好国内产权制度与国际规则的对接。在经济全球化时代,资源和环境问题已不是一国一地的问题,而是全球性问题。就自然资源的开发利用角度讲,经济全球化要求资源在全球范围内的配置利用,如何更好地利用"两种资源、两个市场",需要我们本着"共赢互利"的原则,制定更加开放的产权制度;随着高科技的飞速发展,许多自然资源的有用性不断被发现,各国对自然资源的争夺越来越激烈,如何和平开发利用地球自然资源特别是北极资源、南极资源、国际海洋资源,如何和平开发利用太空资源,需要国际社会制定一系列合理规则,正确处理国家利益与国际社会利益、国家主权与自然资源产权等关系。就环境保护角度讲,如何防止臭氧层破坏、全球气候变暖,如何保护好地球环境,需要各个国家和地区的密切合作和共同努力。中国作为一个发展中的大国,一定要积极参与国际社会有关资源利用和环境保护方面规则的制定,搞好国内产权制度与国际规则的对接,正确处理国家利益与世界利益、国家所有制与国际所有制、主权与产权等关系,在和平开发利用地球自然资源、跨国自然资源、太空自然资源,有效保护地球环境方面,尽到应有职责,作出应有贡献。

三、改革和创新我国自然资源和环境产权制度的若干对策建议

(一)要进一步明晰所有权权能、权责、权益

其一,要清晰界定国家所有权与集体所有权的界线。要防止国家所有权侵蚀集体所有权;要明晰农村集体所有权的权能、权益、施权主体、施权范围及相应的责任和收益权;要明晰地上资源所有权与地下资源所有权、地面资源所有权与空间资源所有权之间的权利关系。其二,要清晰界定中央政府与地方政府以及地方政府间在行使所有权过程中的权责利关系。各级政府是土地、矿藏等自然资源的实际占有者、重要管理者,是国家所有权的重要行使者。要明确界定中央政府与地方政府以及地方政府间在资源开发利用、资源监管、环境保护中的权责利关系。

(二)要及时设置环境产权制度

环境为全民所有、全民使用,任何政府、企业、个人都享有使用环境的权利,同时也负有爱护环境、保护环境、建设环境的责任。为利用经济和法律杠杆保护和发展环境,应按照"环境有价"的理念,建立现代环境产权制度,特别是产权界定和交易制度,来规范、约束不同利益主体的环境行为。笔者非常同意有专家建议制定的"三项制度安排":一是凡为创造良好的环境作出贡献的地区、企业或个人,应获得环境产权的收益;二是凡享受了环境外部经济的地区、企业或个人,应向环境产权所有者支付相应的费用;三是凡对环境造成损害的地区、企业或个人,应作出相应的经济赔偿。关键是要确立相应的环境产权利益补偿机制,包括环境外部经济的贡献者和受益者之间直接的"横向利益补偿机制"以及以国家为主体的间接的"纵向利益补偿机制"。[①]

---

① 常修泽:《关键在资源环境产权制度》,《瞭望》2007 年第 20 期。

（三）要清晰界定并放活使用权

自然资源的使用权是单位或者个人依法对国家所有的或者集体所有的自然资源进行实际利用并取得相应利益的权利。依自然资源类别的不同，目前我国法律、法规、规章主要建立了土地资源使用权（包括国有土地使用权、集体建设用地使用权、农民承包经营权等）、国有矿产资源使用权（包括探矿权和采矿权）、海域使用权、草原资源使用权、森林资源使用权、水资源使用权、野生动植物资源使用权等自然资源使用权制度。但仍需进一步完善。

一要清晰界定使用权的边界，防止侵权行为发生。如，农民拥有对承包土地的使用权，但农民负有保养耕地、按规定使用耕地、不得随意撂荒耕地、不得随意改变耕地用途、不得因使用承包地而影响他人承包地使用的责任；企业拥有矿产探矿权、开采权，但必须符合有关资质规定，不得随意倒卖探矿权、采矿权，不得在开采矿产过程中随意破坏环境、侵害国家和其他利益主体如当地居民的权益等。

二要保持承包土地、林地使用权的长久稳定。土地、林地、草地的承包经营权期限设置要符合自然经济的发展规律。要适当延长承包土地、林地使用权期限，使之与资源开发利用的经济周期相匹配。要保持相关法律、政策的稳定，尽量避免在使用权期限内的频繁调整。

三要细化并激活使用权所属的各项权能。在深化农村土地制度改革中，要通过强化土地承包权的物权性质，细化承包权、经营权、转包权、转让权、入股权、租赁权、抵押权、处分权、收益权等各项权能、权责、权益，以此推动土地规范流转、规模经营。集体林权制度改革要把握中心内容。其一，要以"明晰产权"为核心。要在坚持集体林地所有权不变的情况下，明确界定林地承包经营权和林木所有权，并将林地承包经营权和林木所有权落实到本集体经济组织的农户。要做到：山定权、树定根、人定心，确立农民的市场主体地位。其二，要放活使用权。要放活经营权：对商品林，林农可依法自主决定经营方向和经营模式，生产的木材自主销售。要落实处置权：在不改变林地用途的前提下，林农可依法对拥有的林地承包经营权和林木所有权进行转包、出租、转让、入股、抵押或作为出资、合作条件，对其承包的林地、林木可依法开发利用。要保障收益权：切实维护林农的合法权益，保障林农的合法收益。其三，要因地制宜，确保林业的生态效益。

四要加强对使用权的监管。对于选择性用途比较多的资源，为了避免使用者擅自改变其主要的使用功能，应该实行用途管制制度。要建立健全自然资源开发利用规划制度、许可制度、审批制度、登记制度、有偿使用制度，对自然资源和环境实行最严格的保护。

五要引入多元化的使用权主体，打破使用权垄断。自然资源的使用权主体要比所有权主体广泛得多，几乎任何企业、个人都可以成为使用权主体。对矿产资源等国有企业垄断使用权的领域，有必要引入民营企业、外资企业等多元化的产权主体，参与市场竞争，以避免资源"占而不用"，提高资源配置效率。

六要拓宽使用权的取得途径。除了划拨、承包经营、颁发许可证外，还可以通过租赁、

招标、拍卖、合资、合作、入股等多种形式取得使用权。

(四)要公平调整和确保不同产权主体的收益权

在产权权利中,所有权、使用权、转让权等诸权利都是和收益权相联系的,即存在所有权收益、使用权收益、转让权收益等。资源的开发利用是不同产权主体共同参与、协作完成的系统工程,只有按照不同产权主体在资源开发利用中所占地位、所起作用、实际贡献而作出相对公平的收益安排,才能充分调动不同产权主体的积极性、能动性,使资源获得最优配置,获得高效而合理的开发利用。要科学界定国有资源收益权的公共利益所得及分配关系,克服实际存在的公共利益部门化、单位化等倾向;要完善国家宏观层面与资源属地的"利益分享机制",调整央地利益关系,重点是要实现各级财政之间合理的资源收益分配;要改革资源定价制度,使资源价格能较合理地反映资源成本,特别是要反映环境治理成本;要推进资源价格形成的市场化进程,进一步扩大招标、拍卖和挂牌等市场竞争性出让资源方式的使用范围;要改革征地制度,完善土地流转制度,确保农民的土地收益权。

(五)要建立健全严格规范的产权交易制度

要设立相应的转让权安排,扩大转让权所涉及的资源范围,放松对转让权的过多限制;要建立完善的产权交易市场;要加快相关法律制度建设,规范转让程序,加强转让管理。同时,要认真做好产权交易的各项服务工作,如资源资产评估,及时办理使用权证核发与权属变更登记手续等。

(六)要建立和完善资源和环境产权保护制度

要适时修订和完善已有的有关自然资源开发利用和环境保护的法律法规,及时出台有关法律,如《国有自然资源性资产管理法》《环境产权法》《循环经济法》《海洋资源开发利用法》等,进一步明确、细化不同产权主体在资源开发利用和环境保护中的权责利关系,加强对不同产权主体资源权益和环境权益的保护。对在资源开发利用的实际过程中发生的产权纠纷,行政执法部门和有关司法部门要及时办案、及时处理,依法惩治侵权行为,切实维护国家、企业、个人等不同产权主体的合法权益。

参考资料

[1]常修泽:《关键在资源环境产权制度》,《瞭望》2007年第20期。

[2]常修泽:《资源环境产权制度背景不容忽视》,《社会科学报》2007年6月7日。

[3]谢地:《论我国自然资源产权制度改革》,《河南社会科学》2006年第5期。

[4]张维庆等:《人口、资源、环境与可持续发展干部读本》,浙江人民出版社2004年版。

(原载《中州学刊》2009年第4期)

改革开放 30 年河南省非公有制经济发展的
主要历程、成就及其展望

改革开放 30 年来,河南省坚定不移地发展非公有制经济,积极贯彻落实党中央、国务院关于发展非公有制经济的各项方针政策,制定出台了一系列推动非公有制经济发展的政策措施,使非公有制经济有了长足而快速的发展。目前,河南省的非公有制经济产值已占全省 GDP 的 70%左右,撑起了河南经济的"半壁江山"。

一、河南省非公有制经济发展的主要历程

30 年来,河南省非公有制经济经历了从无到有、从小到大、从弱到强、快速发展的历程。主要历程可分为如下若干阶段。

第一阶段:1979—1991 年。这一阶段个体经济获得巨大发展,私营经济开始出现并获得一定程度发展。1982 年,党的十二大报告明确提出城乡个体经济是公有制经济的必要的、有益的补充。1983 年 8 月 26 日至 9 月 1 日,中共河南省委、省人民政府召开全省农村工作会议,提出要大力发展专业户、重点户和经济联合体。1983 年 12 月,河南城镇集体和个体经济先进表彰大会在郑州召开,会议要求今后继续坚持党的多种经济形式长期并存的战略决策,大力发展集体经济、个体经济。1984 年 3 月 17 日,中共河南省委颁布《关于大力发展农村商品经济的决定》,提出要解放思想、放开手脚,大力发展各种专业户,大力发展多种经营。在省委、省政府的正确领导下,河南省的个体经济快速发展,有越来越多的农民经商或办企业,到商品经济的海洋里搏风击浪,一展身手;在城市,有越来越多的人开始自谋职业、自主创业。

第二阶段:1992—1996 年。这一阶段,随着人们的思想大解放和党中央确立了建立社会主义市场经济体制的改革目标,非公有制经济获得了一定程度的发展。截至 1992年,在个体经济、乡镇企业大发展的同时,私营经济已开始产生、发展。1992 年 12 月,中共河南省委、河南省人民政府颁布《关于进一步加快私营经济发展的决定》,要求各级党委、政府及有关部门,要不断解放思想,破除"一左一旧"的观念,积极支持个体、私营经济的发展,并就放宽经营范围、发展多种经营形式、扩大从业人员、优化经营环境、简化办证手续等做了具体规定。1993 年 2 月,河南省人民政府召开会议,要求国有经济、集体经济、个体经济、私营经济、股份制经济、联营经济、外商投资经济、港澳台投资经济以及其他

适应河南实际的各种经济类型全面发展。

有党中央、国务院正确的方针政策指引,有省委、省政府以及地方各级党委和政府的大力支持,有以建设社会主义市场经济体制为目标进行各项制度、体制改革的大环境,河南省的私营经济从此进入相对快速发展阶段。

第三阶段:1997—2002 年。这一阶段,随着国有经济布局的战略调整和国有企业"抓大放小"改革的全面铺开,河南省非公有制经济获得了快速发展。党的十五大之后,河南省进一步加大了"抓大放小"的力度。截至 1998 年年底,全省 2723 家独立核算国有工业中小企业已改制 1915 家,改制面为 70.3%。2000 年,全省被调查的 3286 家国有及国有控股中小企业中,已改制的企业为 2528 家,改制面为 76.9%。在放开搞活国有中小企业的同时,对乡镇集体企业也进行以产权制度为核心的改革。国有经济布局调整、国有中小企业和乡镇集体企业改制,为私营经济的大发展带来了契机。

第四阶段:2003—2007 年。这一阶段非公有制经济获得快速发展,并开始上规模、上层次。党的十六大以后,全国各地都把发展非公有制经济作为战略重点来抓,新一轮的竞争围绕非公有制经济全面展开。2003 年春节刚过,广东省就召开了民营经济工作会议,出台了一些新的政策和措施,表彰了一批成绩突出的民营企业家。山西、山东、安徽、上海、天津等省市也已经召开或准备召开会议。浙江省、江苏省等是非公有制经济起步较早、发展较快的省份,更是纷纷提出"三次创业"的口号,致力于推动非公有制经济的发展再上新台阶。河南省也不甘落后。2003 年 4 月 28 日至 29 日,全省非公有制经济工作会议在郑州召开,时任省委书记李克强和省长李成玉出席会议并作重要讲话,明确提出要把大力发展非公有制经济作为贯彻落实党的十六大精神和全面建设小康社会、实现中原崛起的重大举措,并对促进非公有制经济发展工作进行了全面动员和部署;同年 5 月,又出台了《中共河南省委、河南省人民政府关于进一步促进非公有制经济发展的决定》,提出发展非公有制经济的指导思想、目标和原则,进一步放宽非公有制经济的准入领域和准入条件。

2005 年 2 月 22 日,国务院颁布《关于鼓励支持和引导个体私营等非公有制经济发展的若干意见》(以下简称"非公有制经济 36 条"),进一步细化了发展非公有制经济的具体政策措施,明确提出允许非公有资本进入垄断行业、公用事业和基础设施、社会事业、金融服务业、国防科技工业等所有法律法规未禁入的行业和领域。

2005 年 1 月,中共河南省委、河南省人民政府在郑州召开全省民营企业表彰大会,授予郑州三全食品股份有限公司等 20 家企业为"河南省明星民营企业",授予河南奥克集团等 100 家企业为"河南省优秀民营企业",同时授予陈泽民、张铁山等 30 名企业家"河南省优秀民营企业家"荣誉称号,并奖励每人一部帕拉丁汽车。省委书记徐光春、省长李成玉亲自为优秀民营企业家颁奖。省委书记徐光春还在大会上掷地有声地提出:要坚持政治上放心、政策上放开、发展上放手的"三放"政策,对非公有制经济发展不限比例、不限速度、不限规模、不限经营方式,为非公有制经济发展创造更好的环境,使河南的非公有

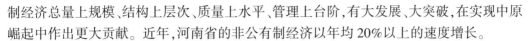

制经济总量上规模、结构上层次、质量上水平、管理上台阶,有大发展、大突破,在实现中原崛起中作出更大贡献。近年,河南省的非公有制经济以年均 20% 以上的速度增长。

民营经济成为河南省发展速度最快、爆发力最强、活力最大的经济增长点。截至 2006 年年底,河南省注册的非公有制企业已达 13 多万家,从业人员达 589.47 万人。河南省民营经济创造的产值已经占全省生产总值的 50% 以上,撑起河南省经济的"半壁江山",成为中原崛起的重要推动力量。

在县域经济发展中,非公有制经济成为主力军。2004 年,进入全国百强县的巩义市、偃师市以及非公有制经济较发达的长垣县等,非公有制经济创造的产值占当地生产总值的比重都超过 60%,其纳税额占当地财政收入的比率最高的达 80%。

二、非公有制经济素质获得极大提高,在经济社会发展和中原崛起过程中发挥着越来越重要的作用

(一)非公有制经济的素质获得极大提高

改革开放 30 年来,特别是党的十五大以来,河南省的民营经济获得了长足而快速的发展,已经从过去的"低、小、散"的状态向高层次迈进。截至 2007 年上半年,全省非公有制经济单位数达 221.9 万个。

一是规模不断扩大,经营领域不断拓宽。民营经济逐步由单体小规模向群体大规模发展,经营领域也由传统的饮食服务、商品流通、建筑等传统产业逐渐向电子、信息等新兴产业和教育、科技等社会事业方面延伸。截至 2003 年 10 月,全省注册资本为 1000 万元至 1 亿元的私营企业达 986 家。

二是民营企业的科技创新能力不断增强。截至 2007 年 8 月,全省民营科技企业发展到 13817 家,占全省科技企业总数的 90% 以上,全省共有 168 家民营企业成立技术研究中心,其中国家级企业技术中心 7 个、省级企业技术研发中心 161 个。民营企业的自主创新能力明显增强。一批骨干民营企业在开发新产品、新技术、新工艺以及申请商标、专利等方面取得明显成效,有了自主知识产权。截至 2005 年年底,鲁山方圆集团已获得 5 项国家专利,成为我国最大的高炉炭块生产基地,其产品的国内市场占有率超过 70%,其中专利技术产品所创造的价值占该集团营业收入的 50%。焦作多氟多化工股份有限公司研制开发的氟硅酸纳法制冰晶石联产优质白炭黑技术,填补了国内空白,被列为"国家高技术产业示范工程"。

三是经济增长方式明显转变,管理方式走向科学。大批民营企业走上节约资源、保护环境、集约发展的又好又快的发展道路。目前全省已有 4000 多家循环经济型民营企业。在经济增长方式转变的同时,大批民营企业也实现了从家庭式管理向科学化管理的深刻转变。有愈来愈多的民营企业正在突破或已经突破家庭式的管理模式。在产权结构上,一些私营企业积极引入多元产权,进行股份制改造,建立现代企业制度。2006 年,郑州永通特钢有限公司股票"中国特钢"在香港联交所正式上市,成为河南省第一家在香港主板

上市的民营企业。2006年,九天化工、思念食品等民营企业股票在新加坡证券交易所成功上市。

四是产业集聚效应明显,专业村、专业乡星罗棋布。目前全省有诸如"纺织之乡""建材之乡""大蒜之乡""布鞋镇"等各类专业村、专业乡3000多个,各类专业户45万户,从业人员50多万人。近几年是河南省工业园区、产业集群发展较快且质量较高的时期。2005年,全省有各类工业园区413个,入驻企业88348家,其中绝大多数是民营企业。2007年,全省超亿元的产业集群已达388个,在全省工业经济中占有1/3以上的份额。各类园区共集聚企业12.9万家,实现工业总产值4501.6亿元,吸纳从业人员303.2万人,上缴税金257.6亿元,产品出口131.6亿元。

(二)非公有制经济的作用和贡献越来越大

一是在推动国民经济发展中发挥着越来越重要的作用。目前,河南省非公有制经济产值占全省GDP的比重已达70%左右,扛起了河南省经济的"半壁江山",成为河南省特别是各市县财政收入的主要来源,成为推动县域经济发展的主力军,在有的地方,民营经济对县域经济的贡献率高达95%以上。

二是民营企业在解决一系列经济社会问题方面承担着越来越重要的责任。非公有制经济成为吸纳新增就业人员的主渠道。截至2007年8月,全省注册的私营企业已经达到15.6万家,个体工商户达到130.6万户,从业人员为1625万人。不仅如此,许多私营企业还热心于社会慈善事业,积极捐助社会公益事业,在有力地促进社会事业发展的同时,也树立了良好的社会形象。

三、要进一步推进非公有制经济的发展

非公有制经济是社会主义市场经济的重要组成部分。谋求河南省经济的快速发展,必须大力发展非公有制经济,这已成为全省人民的共识。而要谋求非公有制经济的又好又快发展,就必须建立健全促进非公有制经济发展的制度和体制支撑体系,营造良好的社会发展环境。

(一)建立健全私有产权保护制度

产权是市场经济有效运作的工具。以公有制为主体、多种所有制经济共同发展的基本经济制度要在市场经济运行中得以有效实施,有赖于建立健全具体的、明晰的产权制度。其中不仅要建立健全公有产权保护制度,而且要建立健全私有产权保护制度,私有财产权是公民的基本权利,它与生命权、自由权一起被并称为公民的三大基本权利。私有产权保护制度有利于确保私人和非公有制企业合法权益,充分调动生产经营者从事生产经营的积极性,因而是保证非公有制经济长足发展的基础性制度。财富是由芸芸众生创造的,充分释放个人创造财富的潜力,是搞活经济、迅速提高我国综合国力的基础。古人云:"有恒产者有恒心。"如果缺乏对私有财产权平等、充分的保护,则人们对财产权利的享有将是不确定的,从而也就不会形成所谓的恒产,也很难使人们产生投资的信心、置产的愿

望和创业的动力。只有加强对私有产权的保护,才能鼓励亿万人民群众创造财富、爱护财富、合法致富。要通过具体的产权激励和约束制度有效避免侵权行为,充分调动私营企业主生产经营的积极性,充分调动广大科技人员进行科技创新的积极性,充分调动全体社会成员投资创业的积极性。

(二)进一步健全和完善非公有制经济的市场准入制度

市场准入制度是落实基本经济制度、发展市场经济的一项具体制度。我们必须按照基本经济制度的要求,建立健全非公有制经济的市场准入制度。2005年2月,国务院颁发《关于鼓励支持和引导个体私营等非公有制经济发展的若干意见》,进一步明确提出,放宽非公有制经济市场准入要贯彻平等准入、公平待遇原则,允许非公有资本进入法律法规未禁入的行业和领域。各级政府要进一步转变职能,理顺政企关系,加大对垄断行业的规制改革,认真检查、清理、修订涉及非公有制经济的法律法规和政策,逐步消除各种阻碍非公有制经济行业准入的隐性壁垒。为了充分发挥市场主体设立、投资对经济发展的拉动作用,必须改革创新市场主体准入制度,建立高效、便捷的市场主体准入服务体系。

(三)完善促进非公有制经济发展的财政、税收、金融服务体系

资金短缺、融资难是长期以来制约非公有制经济发展的一大“瓶颈”。近年,根据大力发展非公有制经济的实际需要,我国不断深化财政体制特别是投资体制、税收体制和金融体制改革,在大力构建非公有制企业的金融服务体系方面取得了实际成效,形成了比较完善的政策体系。但还需要深化改革。其一,建立多层次的金融服务体系,鼓励商业银行扩大对中小企业的信贷支持,改进对企业的评价体系,不断拓展金融业务。其二,建立多极化的资本市场体系,拓宽非公有制经济的直接融资渠道。其三,建立非公有制经济的多种融资方式。其四,强化对非公有制企业的财税支持。加快制定有关公共财政对中小企业发展专项基金支持的实施细则,尽快制定中小企业发展基金设立及相关管理办法。要运用税收优惠、财政贴息等政策,鼓励科技创新型民营企业发展。对民营企业研究开发新产品、新技术、新工艺以及购买技术和相关的技术服务,可以采取减免所得税的措施,降低其费用。民营企业新上技术含量高、市场前景好的技改项目,地方政府可根据情况给予适当的财政贴息。

(四)加强中小企业社会化服务体系建设

我们必须依据“非公有制经济36条”有关加强非公经济社会化服务体系的建议为指导,着力在以下几个方面搞好社会化服务。其一,搞好人才服务。企业要发展,人才是关键。在市场经济条件下,人才的配置主要靠市场。因此,要进一步发展和规范劳动力市场、职业经理人市场和高科技人才市场,充分发挥社会中介组织在推荐人才、培训人才方面的特殊作用。要通过高校教育制度改革,培养更多的面向企业的科技实用人才;通过调整国家就业和再就业政策,加大对自主创业的扶持,鼓励下岗失业人员、退役军人、大学毕业生和归国留学生等各类人员创办小企业;鼓励上述人员到非公有制企业就业和再就业。其二,搞好科研服务。自主创新能力是企业的核心竞争力,而科技水平又是企业自主创新

的基础。政府要根据非公有制中小企业的特点,加快建立适合其特点的共性技术服务平台;政府在重大科技项目招标中,对非公有制企业应一视同仁,积极支持其科技创新活动;政府在中小企业发展基金的分配使用上,以及在由政府主办的风险投资公司的风险投资中,应加大对非公有制企业科技创新活动的支持;要通过大力发展科技市场和科技中介服务机构,促进科研成果转化、技术转让和技术推广;要通过制度设计,鼓励和支持科研院所、高等院校与非公有制企业开展多种形式的产学研联合;要通过改进政府采购办法,鼓励和支持非公有制企业开展科技攻关,生产高科技产品;要通过税收优惠政策,鼓励和支持非公有制高科技企业发展。其三,搞好信息服务。在知识经济时代,信息就是机遇、信息就是资源、信息就是财富。要大力发展为非公有制企业提供各类特殊信息服务的社会中介组织。作为政府,也必须利用自身独特的组织网络优势,加强信息网络建设,为非公有制经济健康发展及时准确地提供不可或缺的产业和行业发展信息、有关人才信息、科技信息、政策信息、国内外市场需求信息等。

(五)改进政府的管理和服务

必须加快行政管理体制改革,切实转变政府职能,不断创新监管制度,为非公有制经济发展营造良好的政务环境。就改进政府对非公有制经济的管理和服务而言,应着力搞好三方面的体制和制度创新:其一,要改革和创新行政管理体制,切实转变政府职能,强化服务职能。要深化行政管理体制改革,科学设置政府机构,科学界定各职能部门的职责权限,着力打造有限型、服务型、法制型、高效型政府。政府不要直接插手和干预企业的生产经营活动,而是把精力集中到"经济调节、市场监管、公共服务、社会管理"方面来。要履行好政府对非公有制经济的宏观调控功能,把非公有制经济的发展纳入国家经济和社会发展规划,通过加强宏观指导、产业规制和政策协调,引导非公有制企业健康发展。其二,要进一步推进行政审批制度改革。认真清理、减少并科学规范行政审批事项,减少审批环节,完善审批程序,提高审批效率和审批质量。其三,要改进和创新具体的工作办事制度,提高依法行政能力。各级政府职能部门及公务人员,要通过改革工作制度,完善办事程序,采取切实措施,严格依法行政、依法办事,认真贯彻实施《中华人民共和国行政许可法》和国务院颁布的《全面推进依法行政实施纲要》,坚决杜绝"三乱"现象和"寻租"行为。

(六)要切实加强对私营企业的监管

放手发展非公有制经济,并不等于放任自流,并不是不对非公有制经济进行监管。相反,由于市场经济固有的"失灵"现象,由于资本的天然逐利本性,由于私营企业主的"经济人"特性,私有资本往往会不择手段地追逐利润、追逐金钱。因此,在放手发展非公有制经济的同时,我们必须更加重视对非公有制经济的监管,尤其是要加强对私营企业的监管。在任何时代、任何社会,经济监管从来都是政府的一项重要职能。在社会主义市场经济条件下,政府更应该履行好"经济调节、市场监管、社会管理和公共服务"的职能。要加强对非公有制经济的监管,必须在建立健全规范和约束市场经济主体的法律法规体系的同时,切实转变政府职能,构建起政府相关部门间分工合理、职责明确、运作高效的监管机制。为此,要重点做好以下几方面工作。

其一,要加强对私营企业的税收监管。非公有制经济已是我国市场经济的重要组成部分,是我国国民经济的重要支撑力量,是我国财政的重要税源,是一些地方政府的主要税源。依法纳税是企业应尽的社会义务。私营企业偷税漏税无疑就是偷国家的钱、偷广大人民群众的钱,而且会破坏公平竞争的市场环境,导致严重的分配不公。因此,依法纳税、从严治税、依法惩治私营企业的偷税漏税行为,是人心所向、势所必然。

其二,要加强对私营企业的安全监管。许多私营企业从事着煤炭开采、机械制造等传统工业项目的生产经营,这些项目本身就对安全生产的条件有较高要求。然而,一些私营企业主为降低成本、牟取暴利,往往不注意生产经营中的安全设施建设,存在许多安全隐患,从而经常引发安全事故,给劳动者也给企业主自身的生命财产带来重大损失。对此,各级政府一定要依据《中华人民共和国安全生产法》,制定更加具体的安全生产制度,并通过监管认真加以落实。

其三,要加强对私营企业的产品质量和卫生监管。要通过制定严格而可行的产品质量和卫生标准,建立健全各种质量认证体系,加强对私营企业产品质量和卫生的监管。要在鼓励、支持其生产销售高质量的绿色环保产品的同时,坚决查处那些制售假农药、假化肥、假种子、假保健品等严重侵害消费者权益的行为和现象。

其四,要加强对私营企业的环保和资源监管。为建设资源节约型、环境友好型社会,为实现"十一五"时期我国节能降耗的目标,我们必须转变经济发展方式。为此,我们必须控制并监管"三高一低"企业的生产经营活动,坚决淘汰落后的粗放式生产工艺。政府一方面要通过制度设计,调动私营企业从事节约生产、清洁生产的积极性和主动性;另一方面也要在企业能耗、污染物排放方面设置相应的标准,对企业的经营活动和项目进行审批限制。政府环保部门、资源监管部门必须加强对私营企业的监管。对不符合产业发展政策的企业投资项目,该限制的必须限制;对节能减排不达标的企业该限期整顿的要限期整顿;对严重浪费资源、污染环境的企业,该取缔的必须坚决取缔。

其五,要采取切实措施,坚决打击私营企业的非法经营行为。一方面,要健全和创新有关法律制度,有效堵塞在土地征用、土地批租转让、政府采购、工程招投标、信贷、行政审批等方面存在的体制和制度方面的漏洞,从体制和制度层面有效制约公共权力,规范政府行为,防止政府官员"傍大款"、搞"寻租"腐败;另一方面,对个别私营企业主通过金钱、美色拉拢腐蚀政府官员搞不正当竞争、不正常营销的非法经营行为,也必须严加惩治。政府监管部门要通过经济、法律等多种手段,严厉打击商业贿赂、虚假广告、欺诈销售、非法传销、欺行霸市、强买强卖等各种不法经营活动,从而为广大生产经营者守法经营、公平竞争创造一个良好的经济和社会环境。

(七)非公有制企业必须采取切实措施内强素质

非公有制企业自身在发展中存在的问题,既有客观原因,也有主观原因。要治理和解决非公有制企业自身存在的问题,必须从以下几个方面做出努力:一要提升产业层次。非公有制企业必须适应市场需求变化和市场竞争的需要,从单纯的劳动密集型向技术密集型和劳动密集型相结合转变,从粗放经营型向集约经营型转变,从资源浪费和环境污染现象较严重的不利于可持续发展型向有利于节约资源和保护环境的可持续发展型转变。要注重发展高新技术产业,积极运用高新技术和先进适用技术改造企业,不断提升产品档次,改进产品结构,大力发展高端产品,形成高技术、高质量、高附加值、高效益的发展局面,实现产业升级。私营中小企业要向精、细、专、深、特发展,特别要注意提高与大企业的配套协作水平,逐步形成以大企业为主导、大中小型企业分工协作、相互配套的产业组织体系。二要不断推进机制、技术和管理创新。这是提升非公有制企业规模和层次、提高其竞争力的根本着力点。要推进机制创新。私营企业也要按照"产权清晰、权责明确、交易规范、运作灵活"的现代产权制度要求,适应生产社会化的需要,采取合伙制、股份制等多种形式,不断创新企业的组织形式。要创新经营决策机制。创新激励约束机制,特别是要创新分配制度和用人机制。要推进技术创新。非公有制企业必须持续不断地进行技术创新,提高企业的研发能力,不断开发适合市场需求、科技含量高、经济效益好的新产品。要推进管理创新。管理也是生产力,管理出效益。随着私营企业规模的扩大,必须建立科学化、规范化、现代化的管理体制。三要增强社会责任感,树立良好的社会形象。私营企业主虽然是谋求经济效益的"经济人",但他们同时也是"社会人",企业在谋取经济利益的同时有义务承担一定的社会责任,兼顾社会利益。私营企业主必须自觉树立正确的经营理念,增强社会责任感,努力塑造"诚信、守法、贡献"的良好社会形象。要认真贯彻落实《中华人民共和国劳动合同法》,着力构建和谐的私营企业劳资关系。

(原载《学习论坛》2009 年第 6 期)

构建和完善中国特色的具体分配制度体系

分配是社会生产与再生产的重要环节,是国民经济运行的重要环节。建立健全中国特色的具体分配制度,既是构建中国特色分配制度的必然要求,也是解决当前中国社会存在的分配不公问题、谋求社会和谐发展的当务之急和迫切要求。按劳分配为主体、按劳分配与按要素分配相结合是我国的基本分配制度,这一基本分配制度的实现需要诸多具体的分配制度作支撑。构建公正、合理的中国特色的具体分配制度体系,必须充分考虑影响分配的诸多环节和因素,尽量做到起点公平、过程公平、结果公平,必须从经济社会基础条件、国民收入初次分配、国民收入再分配等诸多层面来构建,尽量做到符合社会主义价值取向、符合中国国情、符合生产力发展要求、符合中国广大人民群众的根本利益。

一、要创造有利于市场主体(企业、自然人)间公平竞争的经济社会基础条件,尽量做到起点公平

公平是相对的、历史的、具体的。之所以是相对的,是因为它包含着人们的价值判断,有着不尽相同的衡量标准和价值追求;之所以是历史的,是因为它在不同的历史时期会有不尽相同的内涵,公平的内涵是随着历史条件的发展变化而不断发展变化的;之所以是具体的,是因为它总要通过具体的制度、规则和结果表现出来,牵涉每个人的切身利益。公平作为一个过程,包括起点公平、过程公平和结果公平三个环节,是这三者的统一。

起点公平、过程公平较之结果公平的效用更具激励性;而对结果公平而言,起点公平、过程公平则是其基础和前提。要实现分配结果公平,就必须首先注意起点公平。根据我国当前分配领域中存在的实际问题,我们必须在以下几个方面加强制度创新。

第一,要创新和完善统筹城乡发展和区域发展的制度体系,为不同地区的企业和居民创造公平的竞争环境和公平的分配秩序。长期以来,我国一直实行的是城乡二元经济社会结构,这种二元结构不仅加剧了城乡居民间的贫富差距,而且使中国农民一开始就处于不公平的竞争起跑线上。此外,区域经济梯度发展虽然具有一定的必然性,但区域之间长期得不到均衡发展,不仅会影响经济的协调发展,而且必然造成区域之间的贫富差距过大,并进一步加剧不同区域间企业和劳动者竞争机会的不平等。因此,我们必须从长计议,通过有效的制度安排和创新,采取有效的政策和措施,如通过产业政策、基础设施建设、财政转移支付制度、以工补农政策、扶贫开发政策等,统筹城乡发展,消除二元结构;统筹区域发展,缩小区域差距,使城市和乡村以及东、中、西不同地区的企业、劳动者都拥有相对公平的竞争机会和权利。

第二,要创新和完善教育制度,以教育公平推进分配公平。党的十七大报告指出:"教育是民族振兴的基石,教育公平是社会公平的重要基础。"教育涉及千家万户,惠及子孙后代,教育公平是人的全面发展和社会公平正义的客观要求。从经济学角度看,教育公平作为劳动者市场竞争的起点公平,与居民收入分配公平有着密切的关联。实现教育公平,有利于劳动者之间的公平竞争,有利于充分发挥人力资本的作用,有利于社会底层人员向社会上层正向流动,有利于缩小居民之间的收入分配差距,有利于避免贫穷的代际相传。改革开放以来,我国的教育事业取得了巨大成就。总的来看,我国教育公平的成效是显著的。然而,教育公平也面临着一些突出问题。如目前在城乡之间、区域之间、学校之间,义务教育的师资力量和办学条件的差距不小,部分公共教育资源的配置和使用缺乏有效的监管。因此,我们必须致力于创新和完善教育制度。要通过制度构建和创新,切实解决好农村的基础教育问题、农民工子女的教育问题、教育资源在不同地区的公平利用问题、教育机构之间的公平竞争问题。要通过教育制度创新,使广大儿童和青少年获得更加公平的受教育机会,特别是要使城乡青少年、不同地区的青少年获得平等地接受高等教育的机会,使更多的劳动者获得更加公平的竞争机会和权利。

第三,要创新和完善就业制度,使广大劳动者享有更加公平的就业机会和权利。就业是民生之本。就业与收入分配密切相关。充分就业是缩小社会成员贫富差距的有效途径。每个成年公民均拥有平等就业权,即在每个人面对市场选择工作时,机会应该是平等的。就业权利的平等意味着收入分配起点的公平。以平等就业权来审视我国的就业问题,主要问题有:农民与城镇居民的就业不平等,权力、关系因素的介入使就业机会不平等,户籍制度的限制使就业的地域权利不平等。因此,必须创新和完善就业制度。创新和完善就业制度要立足于解决好两个问题:一是提供更多的就业机会,实现充分就业。就目前的就业状况而言,就业机会不充分,是导致部分社会成员贫困、社会贫富差距拉大的一个重要原因。因此,政府有责任下大力气解决非充分就业问题。一方面,政府要通过调整宏观经济政策,加快经济发展,特别是加快第三产业的发展,通过大力发展各种形式的非公有制经济,大力发展就业容量大的劳动密集型产业,从根本上增加就业岗位,扩大就业;另一方面,政府要依据国务院公布的并于2006年实施的就业再就业新政策,依据《中华人民共和国就业促进法》,采取切实可行的政策措施,创造更多的就业机会。政府要强化促进就业的公共服务职能,健全就业服务体系,搞好信息服务和培训服务,为实现充分就业提供平台;要健全和完善面向所有困难群众的就业援助制度,及时帮助零就业家庭克服就业困难。二是解决好就业过程中的非公平竞争问题。要建立平等竞争、自由竞争、统一开放的劳动力市场,打破城乡、地区分割,特别是要消除城乡之间的就业歧视和择业差别,促进城乡统筹就业,使劳动者能够根据自身的利益追求和特长自主择业,形成劳动要素合理配置的格局,在提高效率的同时,消除因就业限制而产生的收入差别。这就需要逐步改革

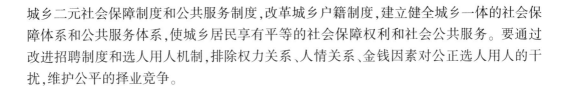

城乡二元社会保障制度和公共服务制度,改革城乡户籍制度,建立健全城乡一体的社会保障体系和公共服务体系,使城乡居民享有平等的社会保障权利和社会公共服务。要通过改进招聘制度和选人用人机制,排除权力关系、人情关系、金钱因素对公正选人用人的干扰,维护公平的择业竞争。

二、完善中国特色的初次分配制度,力争做到过程公平

初次分配和再分配是国民收入分配的两个环节。初次分配是指在市场经济运行中各生产要素所有者遵循按要素分配原则通过市场竞争所形成的基本的分配格局和基本的分配关系。在市场经济条件下,企业作为分配主体,初次分配关系主要由市场机制形成,生产要素价格由市场供求关系决定,"市场"这只"看不见的手"对分配关系的形成发挥着主导作用,政府通过法律法规进行调节和规范,但不直接干预。再分配是指在初次分配的基础上政府对要素收入进行再次调节的过程。政府是再分配的主体,主要手段是税收、提供社会保障和社会福利、财政转移支付。

初次分配和再分配都要注意处理好效率与公平的关系。初次分配所实现的公平分配主要是过程公平和机会公平,二次分配实现的分配公平主要是结果公平,注重机会公平和过程公平的初次分配对注重结果公平的二次分配具有重要的基础性作用。初次分配实现公平是基础性的、主要的,二次分配促进公平是辅助性的、补充性的,初次分配就是要实现公平与效率的协调统一。我国是实行以按劳分配为主体、按劳分配与按要素分配相结合的分配制度的社会主义国家,在初次分配环节就要高度重视按劳分配与按要素分配相结合的问题,高度重视并处理好公平与效率的关系。根据分配制度的基本要求和我国现阶段初次分配领域存在的实际问题,我国初次分配制度的构建应着重在以下几个方面做出努力。

第一,在坚持公有制为主体、多种所有制经济共同发展这一基本经济制度的前提下,构建完善的现代产权制度。坚持公有制为主体、多种所有制经济共同发展的基本经济制度,是贯彻按劳分配为主体、实现共同富裕、防止两极分化的必要前提,只有在这个基础上,才能坚持实行按劳分配为主体、多种分配方式并存的分配制度。

构建完善的中国特色的现代产权制度,是市场经济有序而高效运转的根本制度保障,是实现按劳分配为主体、按劳分配与按要素分配相结合的具体制度保障。构建完善的现代产权制度,关键就是要依照法律和具体制度,细化产权划分,明确界定产权主体及其所拥有的权益,建立高效灵活的交易规则,保证产权有效流转。党的十五大明确提出要建立"归属清晰、权责明确、保护严格、流转顺畅"的现代产权制度。现代产权制度具有对经济活动主体的激励功能、约束功能,以及对社会资源的优化配置功能、对社会经济秩序的协调功能,是市场经济有序、高效运转的制度工具。

我国当前存在较为严重的贫富不均、分配不公问题,分配秩序混乱是一个重要原因。而分配秩序混乱的一个重要原因就是我国的产权制度不完善,存在产权不明晰的弊端。

鉴于此,我们必须深化产权制度改革。

其一,要深化自然资源产权制度改革,建立健全与市场经济相适应的自然资源产权制度。对自然资源的所有权、占有权、使用权、收益权要进行明确界定,特别是要对矿产资源的探测权、开采权、收益权,对国有土地及农村集体土地的所有权、使用权、转让权、收益权进行明确界定,这既有利于自然资源得到合理有序的开发,又能避免自然资源产权收益的流失。这既是一个牵涉可持续发展的发展方式问题,也是一个牵涉公有制实现形式的经济制度问题。

其二,要深化国有资产管理制度改革。要继续深化垄断行业的产权制度改革,明确界定政府的行政职能和所有权行使职能,明确界定企业的所有权和经营权,规范垄断行业收入。要继续深化国有企业的产权制度改革,通过引入多元产权,大力发展股份制企业。要加强对国有资产运作的监督管理,切实保护好国家、企业、股东、职工等不同利益主体的合法权益。

其三,建立和完善私有产权制度。要通过建立健全私有产权制度,使劳动、资本、土地、技术、管理、知识、信息等不同生产要素或不同产权的拥有者拥有相应的权益,充分调动不同要素拥有者参与生产经营的积极性,大力发展多种所有制经济,努力增加广大居民的财产性收入。要通过完善法律法规,保护广大普通群众的财产权,对他们财产的征用、没收都要严格遵循法律法规,确保其财产性收入来源的基础稳固。这包括农民集体所有的土地、城镇居民的房屋、依法经营的小摊贩的摊位和工具等。

其四,要建立健全对产权的保护制度。要通过立法和具体制度加强对产权的保护,特别是要加强对知识产权的保护。对产权纠纷案件要及时处理,依法保护不同产权主体的合法权益,依法打击和惩治有关行为主体的侵权行为。

第二,建立公平、合理的市场竞争制度。建立公平合理的市场竞争制度,是确保市场经营主体机会均等、权利平等,规范初次分配秩序的制度保障。

其一,要深化行政管理体制改革,规范政府职能和行为,建立和完善公正、合理、高效的行政审批制度和行政监管制度。要通过建立"决策科学、分工合理、执行顺畅、运转高效、监督有力"的行政管理制度,为市场主体的公平、合理、有序、自由竞争打造一个平台,同时有效防止行政权力的"寻租"腐败行为。

其二,要规范市场主体行为,坚决打击各种违法违规经营活动,规范竞争秩序。要建立公平、合理的市场准入制度。要依法保护合法的经营行为,对那些欺行霸市、强买强卖、欺骗诈骗、制假售假、偷税骗税、侵犯知识产权等各种不正当竞争行为和非法生产经营活动坚决制裁打击。要以信贷、纳税、合同履约为重点,加快建设社会信用体系,健全失信惩戒制度。要依法保护合法的劳动收入和非劳动收入,坚决取缔各种非法收入。

其三,要健全市场体系。要建立和完善全国统一、公平竞争、规范有序、开放高效的市场体系,充分发挥市场在资源配置中的基础性作用。要进一步打破行政性垄断和地区封锁,健全全国统一、开放的市场,推行现代流通方式。要继续发展土地、技术和劳动力等要素市场,规范发展各类中介组织,完善商品要素价格形成机制。特别是在资本市场和土地市场上,要规范政府行为,防止在土地批租、土地征用、土地使用权拍卖、房地产开发过程中个别权力部门与开发商联手"合谋"、"暗箱"操作、侵害国家和农民集体利益的行为。要大力发展技术市场、产权市场特别是知识产权市场、信息市场。要积极培育和发展包括债券、股票等有价证券的金融市场,培育和发展保险市场。要建立健全城乡统一、全国统一的自主择业、双向选择、自由竞争、公平就业的劳动力市场,包括健全普通劳动力市场、经理人才市场、科技人才市场等,防止城乡歧视、区域歧视、种族歧视、性别歧视、身份歧视。要深化价格体制改革,完善商品和要素价格形成机制,特别是要通过引入严格的成本核算,完善垄断行业产品的价格形成机制,在牵涉老百姓日常生活的水、电、暖、气等公共产品的价格形成中切实引入公示和听证制度,形成政府、企业、公民三方协商定价制度。

第三,构建和完善企业内部分配制度。在企业内部分配中,存在的突出问题是,资本等要素收入比重偏高,劳动收入比重偏低。构建和完善企业内部分配制度的关键是有效解决劳动者工资、福利待遇问题,确保劳动者的合法权益。

其一,确立工资集体协商制度,完善企业工资形成和工资增长机制。由中国人口众多、就业压力大、劳动力供需不平衡、资本短缺等基本国情所决定,在劳资博弈关系中资本处于强势地位,劳动处于从属地位。较之于资本所有者,单个劳动者在劳动力市场上处于绝对弱势地位,从而导致其只是价格的被动接受者,没有讨价还价的能力。要改变这种状况,需要形成劳动者收入和福利待遇的集体谈判机制。要完善工会制度,形成雇员、工会、雇主和政府"四位一体"的劳动报酬集体谈判制度,保证劳动者的工资待遇能随着经济发展和企业利润的增多而不断增长。20世纪90年代,中华全国总工会就开始推广工资集体协商制度,但在现实操作中并不尽如人意。《中华人民共和国劳动法》对集体谈判作了原则性规定,《中华人民共和国劳动合同法》所涵盖的工资集体协商选择性条款也只是初步意义上的。劳动条件、劳动环境、劳资关系对话、民主管理等内容要进一步加强。要明确用人单位在集体谈判中的责任,明确用人单位在集体谈判中提供真实信息的法律条款,把职工最关心的工资分配、福利待遇、劳动安全、休息休假等事项明确列入集体合同或工资协议。各级劳动保障部门要会同工会组织,进一步推行区域性、行业性工资集体协商,科学制定劳动定额标准以及产品的计件单价,使职工工资合理提高。

其二,建立健全劳动保护制度,严格保护劳动者权益。这主要包括实行最低工资标准制度,企业为职工办理"三金"、"三险"制度,劳动保护制度,依法惩治拖欠职工工资行为的制度等。私营企业要切实维护员工的合法权益,贯彻落实《中华人民共和国劳动法》《中华人民共和国劳动合同法》《中华人民共和国社会保障法》以及有关最低工资标准的法律法规,按照法律法规和政策要求切实保障员工的权益;要与员工签订劳动合同,工资标准必须符合规定;要按国家规定给员工办理各种社会保险,严禁拖欠职工工资、扣取工人押金、随意罚款等行为,要为职工提供安全、卫生的工作环境。

其三,确立劳动者可依劳动产权参与企业剩余分配的制度,建立企业内部的利益分享机制。古典的企业产权制度是资本至上或股东至上的制度,其特点是由生产资料所有权决定其他所有的经济权利,由资本所有权独享企业剩余索取权和控制权。随着科学技术和管理劳动在企业生产经营竞争中的地位日益突出,一种新的利益分享的分配观正在形成,并在个别企业得到实践。这种利益分享的新的分配观,主张企业的利润是由资本所有者、技术人员、管理人员及普通劳动者等利益相关者共同创造的,特别是科技创新劳动、企业经营管理劳动对企业利润的创造起着至关重要的作用,因而,企业利润应由利益相关者分享。劳动者不仅通过劳动力市场获取工资,而且应该通过自己所拥有的不同劳动产权如科技劳动产权、管理劳动产权等获得相应的企业剩余索取权。我国是实行按劳分配为主体、按劳分配与按要素分配相结合的分配制度的社会主义国家,更应该积极引导企业通过设置劳动产权实行企业剩余分享的企业内部分配机制。

第四,确保初次分配中劳动收入的合适比例。确保初次分配中劳动收入在国民收入分配中的合适比例,是坚持按劳分配为主体的必然要求。近年,我国初次分配中劳动收入比例过低,不仅扩大了收入差距,影响到了广大普通劳动者的切身利益,而且影响到了消费需求的增长和经济的协调发展。

党的十七大报告明确指出,要逐步提高居民收入在国民收入分配中的比例,提高劳动报酬在初次分配中的比例。要提高劳动报酬在初次分配中的比例,从政府角度看,要做好这样几方面工作:一要督促企业建立企业职工工资正常增长机制和支付保障机制;二要督促企业随经济增长适时调整最低工资标准;三要加强国家对企业工资的调控和指导,发挥工资指导线、劳动力市场价位、行业人工成本信息对工资水平的引导作用;四是通过完善法律法规、深化改革和宏观调节,规范初次分配秩序,使劳动报酬增长与经济增长和企业效益增长相适应;五要督促企业全面实行劳动合同制度和工资集体协商制度,确保工资按时足额发放;六要合理调节国家、企业和居民之间的所得比例结构。

三、建立健全中国特色的再分配制度

党的十七大报告明确提出:再分配要更加注重社会公平。如果说初次分配是以市场为主导,那么,再分配则是以政府为主导,政府是再分配调节的主体。政府是保证社会公正分配的最终责任承担者。再分配是在全社会贯彻社会公平原则、贯彻按劳分配为主体原则、贯彻人道主义原则的重要制度路径。在初次分配基础上对收入的再调节,其总的原则是社会公平,具体原则包括按劳分配为主体原则和人道主义原则。

近年,在初次分配领域存在分配秩序混乱问题的同时,在再分配领域也存在着调节力度弱、调节制度不健全等问题。鉴于此,我们在构建中国特色再分配制度时必须着重在以下几个方面做出努力。

第一,构建合理、高效的税收体制,充分发挥税收对收入分配的调节功能。

其一,要保持税收的合理比重,保障国家的再分配能力。税收有多种作用,其中主要有三个方面:一是对组织财政收入的保证作用。税收收入是国家的主要财政收入,一般占

财政总收入的 85%~95%。二是对经济运行的调节作用。政府可运用税收杠杆规范、引导、约束企业和个人行为,促进经济的稳定、健康运行。三是对社会成员收入再分配的调节作用。我国是社会主义国家,必须更加注重税收对保障国家财政收入的重要意义,没有稳定充足的税收,国家的转移支付和再分配能力就缺乏坚实的经济基础。因此,保持一定的合理的税收比重,是构建中国特色社会主义税收制度的必然选择。在保证总体税收比重的同时,还必须合理划分中央政府和地方政府的税收比重。中央政府的充足财力能为实施宏观调控、转移支付、社会保障以及义务教育提供强有力的经济保障。

其二,要不断改进和优化税源、税种、税率结构。从再分配的角度看,我国的税种设计、税率制定必须充分发挥税收对国民收入再分配的调节功能。要理顺直接税与间接税、中央税与地方税、从量税与从价税、普通税与目的税的关系,不断改进和完善流转税、所得税、财产税、行为税与特定目的税、资源税等税收制度。要优化税收结构,使所得税与流转税"换位",确立以所得税为主的税收结构。特别是要改进和完善企业所得税法和个人所得税法。个人所得税是世界各国普遍征收的一种税,在许多发达国家,个人所得税更是作为主体税种,占税收总收入的比例在 30% 以上,最高达 40%。即使在世界上 20 多个低收入国家中,个人所得税占税收总收入的比例也在 10% 左右。目前,我国的个人所得税征收存在较多问题,比如漏缴问题、逆向调节问题、比例不高问题。因此,应大力改进和完善个人所得税法和具体制度,保证对高收入阶层的有效调节。要逐步开征遗产税、赠与税、物业税、证券交易所得税、社会保障税等新税种。

其三,要建立严格、高效的税收征管制度。严格、高效的税收征管制度是防范偷税漏税行为、保证税收收入的重要手段。要合理划分中央税权与地方税权,建立健全税务管理、税款征收、税务检查、税务稽查等各项制度,依法征税,依法打击偷税、抗税、骗税等违法行为,在保护纳税人合法权益的同时,保证税款的足额、按时征收。近年,由于收入来源特别是高收入者收入来源多样化,渠道多而隐蔽,税收部门对其监管的难度和征收成本很高,富人逃税和漏税现象比较严重。因此,必须严加征管,加大对偷税、漏税、逃税、抗税行为的处罚力度。

第二,建立健全社会保障制度。社会保障是实施国民收入再分配的一种手段和方式。社会保障的保障功能有利于实现收入公平分配。社会保障由社会救助、社会保险、社会福利和社会优抚等方面组成。社会保障制度通过给没有生活来源者、贫困者、遭遇不幸者和一切工薪劳动者在失去劳动能力或工作岗位后提供保障,矫正收入分配中的市场失灵,从而弥补初次分配的不足。生活富裕的家庭或社会成员因其生活水平高而享受社会保障的机会少,而收入低的贫困家庭或社会成员享受社会保障的机会多,这在一定程度上可缩小社会成员之间的贫富差距,起到调节收入的作用。

社会保障制度既是市场经济有效运行的"安全阀""减震器",又是实行再分配、保障社会公平的重要途径。目前,我国社会保障制度建设中面临的主要问题是,社会保障体系不健全,农村社会保障制度建设严重滞后。要加快建立覆盖城乡居民的社会保障体系,完善惠及城市和乡村的低保、养老、医疗、失业、住房、工伤、生育等各项社会保障制度。要健全社会救助体系,做好优抚安置工作。根据目前我国的现实国情,要特别加快农村的社会保障体系建设,以农村最低生活保障、农村医疗保险、农村养老保险为重点,完善社会保障制度。

第三,建立健全社会公共服务体系。公共服务是提供公共产品的组织行为,主要包括教育、卫生、文化、就业再就业、社会保障、生态环境、公共基础设施、社会治安等领域。提供像教育、医疗等重要的公共服务,能突破低收入群体由于较少的初始财富导致的人力资本投资、职业选择、工资、技术水平等方面不良状态的"瓶颈",并最终改变收入分配格局。要建立和完善公共财政制度,努力实现教育、就业、医疗等公共服务的均等化。教育、就业、医疗等公共服务主要通过提升弱势群体的人力资本达到提高其收入水平的目的,虽然对缩小收入差距是一个间接的过程,却是扩大中等收入阶层、从根本上改善收入分配格局的有效途径。当前要特别注意加强农村社会公共服务体系建设,加大农村公共服务设施建设的力度,力争在若干年后实现城乡公共服务的一体化、均等化。

第四,建立健全对贫困落后地区的财政转移支付制度。谋求地区经济的协调发展,调节地区间的发展差距和收入差距,有必要建立健全中央财政对贫困落后地区的财政转移支付制度。要统筹区域发展,采取积极的经济政策,加大对中西部贫困落后地区的财政转移支付力度,促进我国区域经济的协调发展,缩小地区之间的收入差距。

第五,大力发展公益慈善事业。公益慈善事业(有人称之为"第三次分配"),是指社会通过捐赠、资助慈善事业等方式实现对人们收入分配关系的再调整。第一次分配以市场为主导,第二次分配以政府为主导,第三次分配则以社会为主导,以自愿为原则。由于第三次分配以自愿为原则,不具备强制性,因而只能是第一次、第二次分配有益的补充。通过大力发展慈善事业,鼓励、规范捐赠行为,对完善我国分配制度、改善分配关系无疑有一定的积极意义。

(原载《学习论坛》2009 年第 6 期)

构建有中国特色的农村土地产权制度

一、坚持和完善农村基本经营制度

2006 年中共中央一号文件《关于推进社会主义新农村建设的若干意见》指出,推进新农村建设是一项长期而繁重的历史任务,并就此提出了"六个必须"。其中一个"必须"就是:必须坚持农村基本经营制度,尊重农民的主体地位,不断创新农村经营体制机制。要以农民为主体、大力发展农村经济,关键在于坚持农村基本经营制度,尊重农民的主体地位,不断创新农村经营体制和机制,充分调动广大农民群众发展经济的积极性、主动性、创造性。2008 年 10 月中共第十七届三中全会通过的《中共中央关于推进农村改革发展若干重大问题的决定》指出:"以家庭承包经营为基础、统分结合的双层经营体制,是适应社会主义市场经济体制、符合农业生产特点的农村基本经营制度,是党的农村政策的基石,必须毫不动摇地坚持。赋予农民更加充分而有保障的土地承包经营权,现有土地承包关系要保持稳定并长久不变。"这为我们深化农村土地制度改革指明了方向。

(一)坚持和完善农村基本经营制度的重要性和必要性

当前农村土地制度改革与创新的主要目标仍然是稳定与完善农村土地集体所有制。农村土地制度创新的重点不在于改变已有的土地所有制格局,而应当通过土地使用制度改革与农村土地合理流转制度建设来完善农村土地集体所有制。在可以预见的未来,无论是土地国有化还是土地私有化,都缺乏相应的现实可操作性。在我国现阶段,要农民在保证生活水平不降低的前提下来提高土地利用效率,农村土地制度全面创新的选择空间不太大,完全没有必要采取过于剧烈的变动,否则不仅达不到制度创新的原始目标,也会导致效率的流失与制度风险。农村土地私有制不符合我国国情,实行土地国有化的时机尚未成熟,因此改革与完善农村土地集体所有制、长久坚持并进一步完善家庭承包经营责任制就是唯一出路,况且土地集体所有制还具有相当程度的可塑性与发展潜力。

我国制定的《中共中央关于制定国民经济和社会发展第十一个五年规划的建议》明确提出了建设现代农业的总体要求:"加快农业科技进步,加强农业设施建设,调整农业生产结构,转变农业增长方式,提高农业综合生产能力。"完成这一任务的关键在于保护和调动广大农民群众发展经济的积极性,而保护和调动广大农民群众积极性的关键又在于坚持农村基本经营制度。以家庭承包经营为基础、统分结合的双层经营体制,是中国共产党领导下的亿万农民在改革中的伟大创造,具有广泛的适应性和旺盛的生命力。

以家庭承包经营为基础、统分结合的双层经营体制是我国农村的基本经济制度。家庭承包经营是双层经营体制的基础。家庭承包经营是在坚持土地等生产资料集体所有制的前提下,把土地使用权承包给农户,确立家庭经营的主体地位,赋予农民充分的生产经营自主权。我国改革自农村开始。20世纪70年代末期,农村开始实行家庭联产承包责任制,到1983年年底,全国99%以上的生产队实行了家庭联产承包责任制。1993年,国家决定在农户原有的承包期到期后再延长30年,在承包期内,农户对土地的经营使用权可以在不改变使用方向的前提下实行自愿、有偿转让。这种承包经营方式一直稳定至今,使农村经济和社会发展产生了历史性的巨变,粮食和其他农产品大幅增长,由长期短缺到总量大体平衡、丰年有余,基本上解决了全国人民的吃饭问题,农民生活水平显著提高,全国农村总体上进入由温饱向小康迈进的阶段。

农村土地承包经营之所以取得如此巨大的成就,一是农村土地承包经营给了农民充分的生产经营自主权。实行家庭承包经营,突破了计划经济的束缚,种什么、怎么种、种多少,都由农民自己决定,农户可以根据气候、土壤、农作物生长特点等因地制宜地安排生产,根据市场的需求组织安排生产。二是打破了收益分配上的"大锅饭",使农民的利益和劳动成果直接挂钩,使农民得到了看得见的物质利益。三是家庭承包经营适合我国农业生产的特点。我国农业最显著的特点是人多地少,我国农民人均可耕地才1亩左右,这就要求生产者精心照料农业生产的全过程。农民承包土地后,生产责任感大大增强,他们精耕细作、科学种田,努力提高劳动生产率。集体所有、家庭经营的经营体制最终得以确立并取得举世瞩目的制度绩效,其内含的经济逻辑在于:集体所有基础上的"土地均分制"从根本上解决了私有制数千年无法解决的"人人有饭吃"的生存保障问题及社会稳定问题,而以"均分制"为基础的家庭承包经营则彻底解决了传统集体所有制长期面临的团队生产中的激励机制缺失问题。正因为家庭承包经营有如此巨大的优越性,1993年,国家将"农村集体经济组织实行的家庭承包经营为基础、统分结合的双层经营体制"写进宪法,将其作为我国农村的一项基本经济制度固定下来,同年又出台了"第一轮土地承包结束后、土地承包再延长30年"的政策。2002年8月,国家专门颁布了《中华人民共和国农村土地承包法》,对农村土地承包关系进行依法规范,旨在稳定和完善以家庭承包经营为基础、统分结合的双层经营体制,赋予农民长期而有保障的土地使用权,维护农村土地承包当事人的合法权益。

家庭承包经营在我国已实行30年,有人认为这一制度绩效已发挥完毕,其主要理由是以均分土地为特征的一家一户的分散经营,不利于土地的规模化经营,不利于土地产权的市场交易,不利于土地的可持续利用,因此应彻底改变这一制度。这种认识是片面的、不符合中国国情和客观实际的。

事实上,农村土地承包经营方式既适应传统农业,也适应农业现代化发展的要求。在统分结合的经济体制下,农村土地承包经营可以容纳不同的生产力发展水平,在现阶段乃至今后,仍具有旺盛的生命力和实用性。

其一,坚持土地承包经营,仍然是充分调动农民生产积极性最有力的制度杠杆。中国有 8 亿农民,尽管有部分农民的生存和收入正在摆脱对土地的完全依赖,但就全国而言,这只是极少数,中国绝大多数的农家经济仍然需要靠土地提供生活保障、维持生计,需要从土地上获取主要收入。就农业经济发展本身的重要性而言,粮食生产能力牵涉我国的经济安全和稳定发展问题。坚持农村基本经营制度,赋予农民长期而有保障的生产经营自主权,确定农户自主经营、自负盈亏的市场主体地位,可最充分地调动绝大多数农民的积极性、主动性、创造性。他们会自觉地顺应市场需求,调整产品结构,提高农业科技,实行科学种田,努力提高劳动生产率,以获得最大的经济效益。坚持家庭承包经营,既是发展农业生产又是增加农民收入的主要制度安排。

其二,坚持土地承包经营,有利于农村社会稳定,有利于农村多种经营和多种所有制经济发展。长期稳定农村土地承包关系,既是发展农业生产力的客观要求,也是稳定农村社会的一项根本性的措施。土地既是农业最基本的生产资料,也是农民最可靠的社会保障。我们时刻不能忘记,我国有 8 亿农民,人多地少是我国最基本的国情,在我国城乡统一的社会保障体系尚未建立之前,在农村的社会保障体系建设非常滞后的情况下,农村土地对农民的生存和生活保障功能尤为突出。只有采取“均分制”的家庭承包经营才能既调动农民的生产经营积极性又为绝大多数农民提供最基本的生存保障,维持农村稳定。尽管目前部分农村居民已经不再主要依靠土地维持生存和提供收入,但仍然需要依靠土地来为其提供失业、养老等保障。实践证明,正是家庭承包经营制的推行,才使得千万农村剩余劳动力敢于走出农村走向城市,去做工去经商,去开辟新的谋生渠道,极大推进了城乡第二、第三产业的发展;正是家庭承包经营制的推行,使农民能够放开手脚去搞家庭副业,去开店开厂跑运输,催生出了种植专业户、养殖专业户、运输专业户、农产品加工专业户等专业户;正是家庭承包经营制的推行,使农民有了资金积累后可以投资经商办企业。总之,正是因为坚持农村土地家庭承包经营制,农村富余劳动力才得以进退自如,可以亦工亦农、亦商亦农,才可以在城市找不到工作或失业时再回到农村。因此,坚持农村基本经营制度是稳定农民、稳定农民工队伍、活跃城乡经济、繁荣和发展农村多种经营和多种所有制经济的必由之路。

其三,坚持土地承包经营,同样适应农业现代化发展的要求。现代农业是相对于传统农业而言的,既具有鲜明的时代性,又具有科学化、集约化、商品化、市场化等基本特征。农村土地承包经营中以家庭承包经营为主,家庭承包经营虽然是一种传统的农业经营方式,但它并没有过时,即使在发达国家,占主导地位的农业经营方式也是家庭农场。家庭承包经营并不排斥土地的规模化、集约化经营。很多地方采取“公司+农户”“专业协会+农户”“专业市场+农户”“专业合作社+农户”等办法,通过集体经济组织、市场经济组织、社会中介组织等,一头连着千家万户,一头连着国内外市场,把小农户与大市场联结起来,在不改变家庭承包经营的基础上,根据市场要求,实行区域化种植、规模化养殖,开展社会化服务,推进了农业产业化和市场化进程,进一步释放了家庭承包经营的活力。家庭承包经营并不绝对排斥土地要素的市场配置和土地的集中使用。农村土地承包法赋予了农户长期而稳定的承包经营权,使承包经营权具有了物权性质,成为一种法定化的权利。它的特点一是除依法收回、调整外,任何人不能侵犯;二是可以依法继承、依法流转。这不仅可以增加用地农民对土地进行长期投入、合理利用的积极性,而且为土地要素的市场化配置奠定了法律基础。已经完全不再需要用土地维持生计或有其他稳定收入来源的农村居民,可依法有偿转让承包经营权,实现自己的财产权利;一些种植专业户、乐意从事农业生产经营的企业、经济组织,可按照依法、自愿、有偿的原则,在农民自愿的基础上,在切实解决好农民后顾之忧的条件下,从农户手中依法获取土地承包经营权,发展多种形式的土地适度规模经营。

(二)不断创新和完善农村经营体制和机制

坚持以家庭承包经营为基础、统分结合的双层经营体制,并不是说农村的经营体制已经十全十美,不需要改革创新了。恰恰相反,随着我国市场经济体制的基本确立和市场经济的快速发展,随着我国经济结构的发展变化特别是产业结构的发展变化,随着经济全球化进程的加快和国内外市场的发展变化,我国农村的经济发展面临许多新情况、新问题、新要求。要加快推进我国农业的市场化、科技化、产业化等现代化进程,我们必须深化农村经营体制和机制改革,不断创新农村经营体制和机制。

其一,要在稳定家庭承包经营的基础上,不断改革和完善双层经营体制。目前双层经营体制中存在的主要问题:一是集体所有权主体所有权权能界定不清,集体所有权行使缺乏严格程序,导致现实中行政权、所有权、承包权相互侵权摩擦。如一些乡镇政府滥用行政权力侵害集体土地所有权;一些农村集体经济组织违法改变农地用途、非法出售集体土地、任意扩大宅基地面积、随意抬高承包费、随意调整土地;一些农民则扩张土地权利,如随意弃耕抛荒、在承包地中取土毁田、挖塘养鱼,一些农民不交土地承包费等。二是土地承包权流转缺乏规范管理,由此而引发的土地纠纷、土地不合理使用现象也较严重。我们必须深化农地制度改革,进一步明确界定集体所有权主体、细化集体所有权权能,特别是要明确和细化集体经济组织在搞好土地管理、为农户提供社会化服务方面的责任与义务。进一步明确和细化承包经营权的权能范围,细化农户对承包地经营所负有的责任与义务,防止土地撂荒和不合理使用。进一步明确和细化土地承包权流转的规则和程序,建立规范的土地使用权流转制度,依法保护各相关产权主体的合法权益,特别是要保护农民和农民集体的合法权益。

其二,要大力培育新的具有市场竞争力的农业经营主体,提高农民进入市场的组织化程度。推进农村经济组织创新是创新农村体制的重要着力点。(1)要大力培育产业化龙头企业、市场中介组织、家庭农场和农业公司等企业型的农业市场主体。(2)要积极发展农村各类专业合作经济组织和农民经纪人队伍。(3)要建立农产品行业协会。要通过新的农业经营主体的培育,形成与分散的农户市场经营主体优势互补的格局,提高农民进入市场的组织化程度。这是新时期加快农业产业化发展、提高农业市场竞争力的必由之路。

其三,要进一步深化农村土地管理制度改革,规范国家征用农村土地行为。党的十七届三中全会决定明确提出要健全严格规范的农村土地管理制度。一要加强对土地利用的规划。在新农村建设中,要加强对土地利用规划的编制,完善农村集体土地管理制度,在农村土地征占过程中,既要留出农村发展、农民就业的空间,又要促进土地的规模经营和集约经营;既要想方设法节约土地,又要促进土地的充分利用和可持续利用。二要改革征地制度,严格界定公益性和建设性用地,逐步缩小征地范围。要明确界定"公共利益",规范征地程序,严防商业经营性用地打着公共利益名义强行征地。三要完善对被征地农民的合理补偿机制,加强对被征地农民的就业培训,拓宽就业安置渠道,健全被征地农民的社会保障。2006年2月,广东省国土资源厅制定了全省的征地补偿保护标准。该标准规定,今后,补偿凡低于标准的,不予受理建设用地报批件。按照补偿费主要用于被征地农民的原则,广东将试行征地补偿实名支付制度,将大部分土地补偿费、安置补助费和全部青苗及地上附着物补偿费直接支付给被征地农民,减少中间环节。今后原则上不再搞征地包干,以避免层层克扣、截留征地补偿款。广东省国土资源厅将按各级主管部门出具的征地预存款账户资金到位的确认证明,受理建设用地报批件,否则不予受理。该厅还要求,征地补偿款已经支付的,必须有被征地农村集体经济组织确认证明。广东省国土资源厅要求,严格执行国土资源听证规定,就征地补偿安置标准与被征地农户充分协商。被征地农村集体经济组织放弃听证的,要出具经过村民代表或村民会议2/3以上同意放弃听证的证明。这种做法值得总结探讨和借鉴。近些年来,低价征地已成为新时期"以农养工""以乡养城"的一种新形式。据国土资源部征地制度改革课题组的估计,2006年之前,政府在农地转用中大致可以获得60%以上的收益。来自江苏的调查表明,在全省农地转用增值的土地收益分配中,政府大约得60%~70%,农村集体经济组织得25%~30%,而农民只得5%~10%。我国正处在快速的工业化和城镇化进程中,大量农业土地转化为城市用地。据估计,目前失去土地或部分失去土地的农民高达4000万~5000万人,引发的社会矛盾不断加剧。如何从制度和法律上保证农民的土地权益是当前的一个工作重点。从土地出让金中提取一定比例用于农业是增加农业投入的一条现实可行的重要渠道。虽然国家已经要求,土地出让金纯收益不低于15%用于农业,但各地执行得并不好。要在法律和政策上明确从集体土地的出让金中提取一定比例用于农业发展。四要逐步建立城乡统一的建设性用地市场。按照城乡统筹发展的要求,改革农村集体建设用地使用制度,推动农村集体建设用地在符合规划的前提下进入市场,与国有建设用地享有平等权益,这有利于逐步形成反映市场供求关系、资源稀缺程度、环境损害成本的土地价格形成机制,建立与城镇地价体系相衔接的集体建设用地地价体系,充分发挥市场配置土地的基础性作用。

目前,集体建设用地自发、盲目进入市场流转的现象普遍发生(如"小产权房"现象),违规项目不断出现,干扰了土地市场和土地规划。通过建立和实施严格规范的农村土地管理制度来规范集体建设用地交易行为,已成为今后加强农村土地管理工作的重要任务。

对依法取得的农村集体经营性建设用地,必须通过统一有形的土地市场、以分开规范的方式转让土地使用权,这可以防止以权力扭曲土地流转价格,充分挖掘集体建设用地的巨大潜力,形成统一、开放、竞争、有序的城乡建设用地市场。

二、建立健全严格规范的农地流转制度

2007 年 7 月,作为"国家统筹城乡发展综合配套改革试验区",重庆市推出的《服务重庆统筹城乡发展的实施意见》,特别是其中有关"在农村土地承包期限内和不改变土地用途的前提下,允许以农地承包经营权出资入股"的表述,引起各方强烈关注。2007 年 11 月,重庆市土地流转面积达 217.39 万亩,占承包耕地总面积的 10.84%。据浙江省农业厅统计,到 2008 年上半年为止,全省土地流转总面积 510 多万亩,占总承包地 1/4 以上。目前,农村土地流转渐呈规模化、加速化趋势。如何建立健全严格的农地流转制度,在提高农地集约化经营、推进农业现代化的同时,确保 18 亿亩耕地的红线,是我国必须解决的问题。

(一)土地流转的具体模式和成效

农地产权可以分为三种权利:土地所有权、土地承包权和土地经营权(使用权)。农村土地流转一般是指农地使用权的流转。土地使用权流转的含义是,拥有土地承包经营权的农户将土地使用权转让给其他农户或经济组织,同时保留土地承包权。随着城市化和工业化进程的不断加快,农村劳动力大量转移,离开农业,农村土地的流转集中和农业规模经营的条件已经初步具备。土地的流转可使那些无力经营土地的农民能自由地转出土地,愿意种地的农民可以扩大土地规模进行种植,在总量上保持土地和劳动力等生产要素的最优组合。

党的十七届三中全会通过的《中共中央关于推进农村改革发展若干重大问题的决定》提出要"加强土地承包经营权流转管理和服务,建立健全土地承包经营权流转市场,按照依法自愿有偿原则,允许农民以转包、出租、互换、转让、股份合作等形式流转土地承包经营权,发展多种形式的适度规模经营"。着重点是要促进土地使用权流转市场机制的形成,建立土地使用权流转市场,搭建流转平台。

从近年来河南省的情况看,农村土地流转已出现多种有效可行的模式,主要流转模式有转包、出租、互换、转让、股份合作、反租倒包等几种。①

1. 土地转包

土地转包是在承包期内,承包方将承包期内的部分或全部土地的使用权,以一定条件转给集体经济组织其他成员从事农业经营,原承包方与发包方的权利和义务关系不变。转包方一般是家庭劳动力不足,暂时无力经营但又不愿意放弃承包土地的农户,受让方一般也是农业经营户。转包是以农业生产为主的地区农户间自发流转的主要形式,河南省

---

① 何正权、牛仲寒:《土地流转掘金的河南探索》,《大河报》2008 年 10 月 25 日。

临颍县全县范围内共转包土地 46830 亩,占流转总面积的 52.5%。

2. 土地转让

土地转让是在承包期内,承包方经发包方同意将部分或全部承包土地的使用权转让给发包方或集体经济组织其他成员从事农业经营,转让后,原承包户相应的土地承包经营权自然丧失,原与承包方确立的权利义务关系自然终结。从事非农产业,有稳定收入,且自愿部分或全部放弃承包土地的农户,一般采取转让的办法。随着农业税的取消,转让土地承包经营权的现象已经大为减少。

3. 土地互换

土地互换是农村集体经济组织内部的农户,为方便耕种和各自的需要,将部分或全部承包地块互相调换。这种方式简便易行,可以根据新的农业生产经营需求配置土地,让土地集中连片,实现规模化、集约化经营。河南省临颍县全县范围内共置换土地 1873 亩,占流转总面积的 2.1%。①

4. 土地出租

土地出租是农民将其承包土地经营权出租给大户、业主或企业法人等承租方,出租的期限和租金支付方式由双方自行约定,承租方获得一定期限的土地经营权,出租方按年度以实物或货币的形式获得土地经营权租金。河南省临颍县全县范围内共出租土地 35336 亩,占流转总面积的 39.6%。②

5. 股份合作经营

股份合作经营亦称"股田制",是指在坚持承包户自愿的基础上,将承包土地经营权作价入股,建立股份公司。在土地入股过程中,实行农村土地经营的双向选择(农民将土地入股给公司后,既可继续参与土地经营,也可不参与土地经营),农民凭借土地承包权可拥有公司股份,并可按股分红。该形式的最大优点在于产权清晰、利益直接,以价值形态形式把农户的土地承包经营权长期确定下来,农民既是公司经营的参与者,也是利益的所有者,是当前农村土地流转机制的新突破。河南省临颍县全县范围内共实现入股土地 1000 多亩,约占流转总面积的 1.3%。③

6. 反租倒包

乡村集体组织根据群众意愿和产业化发展需求,向农户支付一定租金,将农户的土地使用权收归村集体,由村集体再租赁给第三方。农民在拿到土地租金的同时,还可受雇于土地经营者或外出务工经商,挣得一笔工资收入。临颍县全县范围内共反租倒包土地 2000 多亩,约占流转总面积的 2.3%。④

土地流转是一个双赢的选择。据统计,河南全省土地流转面积为 210 多万亩,占全省

① 何正权、牛仲寒:《土地流转掘金的河南探索》,《大河报》2008 年 10 月 25 日。
② 何正权、牛仲寒:《土地流转掘金的河南探索》,《大河报》2008 年 10 月 25 日。
③ 何正权、牛仲寒:《土地流转掘金的河南探索》,《大河报》2008 年 10 月 25 日。
④ 何正权、牛仲寒:《土地流转掘金的河南探索》,《大河报》2008 年 10 月 25 日。

家庭承包经营面积的 2.34%。河南省各地市一般的情况是,流出土地的农民除获得每亩每年 300~600 元不等的租金收入或每亩每年 200~350 公斤小麦外,通过务工或自主创业每年还可获得至少 5000 元的收入,部分农民外出务工年收入数万元。[①]

流入土地的农户或企业由于作物改良、规模扩大、技术提高,集约化生产水平明显提高,农业效益由以前种植小麦、玉米等常规作物亩均年收入 800 元左右,转变为种植蔬菜亩均年收入 3000~6000 元,种植园林观赏等林木每亩年均收入 1500~2000 元,收入大幅度增加。[②]

(二)土地流转中存在的主要问题

虽然农村土地流转取得了初步成效,但由于土地流转受多种因素的影响,农村土地流转中还存在一些问题,归纳起来主要有:

1. 土地流转行为不规范,土地流转纠纷多

农村土地的流转大多是自发进行的,有不少流转是以简单的口头协议形式形成的,随意性较大。即使签订书面协议的,其协议条款也往往不齐全,双方权利义务不够明确,对双方的约束力有限。一旦发生争议,流转双方的利益也较难得到保障。加上流转期限较短,大多数转包都可随时终止。乡镇政府没有建立比较完整的土地流转合同档案,农村土地流转资料管理缺乏。土地流转行为不规范为产生土地流转纠纷埋下了隐患,不利于建立稳定的流转关系。据重庆市农办 2007 年的调查,重庆土地流转中的不规范行为表现为"三多三少":农民自行流转的多,在村镇批准备案少;双方约定不明的多,约定明确的少;书面协议不规范的多,规范的少。据国家统计局河南调查总队在鄢陵县和济源市的一项调查表明,有 56.4% 的被调查农户不知道农村土地承包法,有 69% 的乡村基层干部对土地承包经营权流转一知半解或不知晓,在具体的流转中,行为也相当不规范。在济源市被调查的 117 个农户中,没有签订土地流转书面协议的占 78.4%,其中,既无书面协议又无口头约定的占 10.8%;而经过乡镇农业承包合同管理机关登记、备案或签证及公证机关公证后流转的土地更少。[③]

有的农户在土地流转中虽然签订了合同,但合同中关于违约责任、地面附着物的处理、赔偿等方面不够明确具体。

有些乡村组织随意改变土地承包关系,搞强制性的土地流转,这些不规范的土地流转行为,既导致承包关系混乱,也容易引起土地流转矛盾和纠纷。例如,在实际操作中,一些地方靠行政手段搞整村甚至整乡土地流转,片面求规模,大搞土地兼并;还有一些地方由政府幕后操盘,违背农民意愿,踢开农民,强制把土地低价流转给涉农企业,侵害农民土地承包权益;一些地方甚至打着发展"观光农业""生态园"等旗号,集中土地搞旅游园区开

---

① 何正权、牛仲寒:《土地流转掘金的河南探索》,《大河报》2008 年 10 月 25 日。
② 何正权、牛仲寒:《土地流转掘金的河南探索》,《大河报》2008 年 10 月 25 日。
③ 林嵬、董振国、李亚彪:《土地流转:9 亿农民的命根子能否"活"起来》,《半月谈》2008 年第 14 期。

发,规避土地调控政策。

2. 土地流转机制不完善,监督机制不健全

当前农村土地流转市场化运作机制还没有完全建立起来,严重制约农村土地流转的有序进行。

首先是土地流转因缺乏中介组织而发展缓慢。土地流转缺乏中介服务组织,使得土地供求双方的信息流动受阻,信息辐射面狭小,导致交易双方的搜寻成本和谈判成本等交易成本过高。国家统计局湖北调查总队的抽样调查显示,有偿流转费用平均每年每亩114.4 元,加上围绕着土地流转而发生的一系列沉淀成本大约为每亩 80 元,这样估计 1 亩地的一次性流转总成本达到了近 200 元。[①] 因此,农民往往只是在邻里之间进行小范围的土地交易,以尽量降低交易成本。这在一定程度上影响了土地流转的速度、规模和效益。

其次是管理监督薄弱。土地流转监管机构不健全,乡镇农经机构管理体制不顺,职责不明,有关土地流转的具体实施细则不明确,在流转程序、流转手段、流转档案管理等方面缺乏统一规定,无法对土地流转合同进行指导和管理。一些乡镇没有专人负责土地承包管理工作,流转行为无人监管,流转纠纷无人受理,农民的合法权益受到损害。

3. 农村土地产权不明晰是限制土地流转的基本因素

农民拥有土地的完整物权才能独立决定自己流转的意愿,才能自由地交易。市场交易的实质是产权的让渡,产权明晰是市场交易的基本前提。然而,当前农村土地产权关系的权能较混乱,没有明确土地承包经营权的物权属性及土地使用权流转合同的债权属性,如承包权、使用权、出租与买卖权、继承权、抵押权、收益权和转作他用权等权益。因此,承包土地的各项权能还不能完全受法律保护,权利边界模糊,弹性较大,不能使权利交易主体形成合理的预期,进而使得流转交易主体缺乏应有的积极性。只有让农民享有对土地的排他性占有权、转让权、收益权、租赁权、抵押权及入股权利等,土地才能真正流转起来。

三、建立和完善农地流转制度

(一)明确农地流转制度的目标取向

农村土地是一种主要的资源,农地流转制度是一种重要的生产关系。农地流转制度的设计必须符合生产力的发展要求,符合农村的实际情况,符合广大农民的利益要求。其目标取向主要有:一要有利于农地的规模化、集约化经营,提高土地利用效率。土地流转是现代农业发展的必然要求,是促进集约生产、规模经营的一种手段。规范和引导土地要素向集体经济组织、专业合作社、农业公司、种养大户集中,有利于农地的合理利用。二要有利于提高生产经营者开发利用农地的积极性。农地流转关系中的生产经营者,包括农

---

① 王春超、李兆能:《农村土地流转中的困境:来自湖北的农户调查》,《华中师范大学学报(人文社会科学版)》2008 年第 7 期。

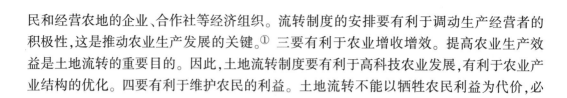

民和经营农地的企业、合作社等经济组织。流转制度的安排要有利于调动生产经营者的积极性,这是推动农业生产发展的关键。① 三要有利于农业增收增效。提高农业生产效益是土地流转的重要目的。因此,土地流转制度要有利于高科技农业发展,有利于农业产业结构的优化。四要有利于维护农民的利益。土地流转不能以牺牲农民利益为代价,必须让农民在土地流转中受益。

(二)明确农地流转的原则

为保证农地的可持续利用和我国的粮食安全,为保障农民集体的利益和农民承包权益,为保证土地流转的公平、合理,我们在农地流转制度设计中要始终坚持这样几个原则:一是合理开发利用农地原则。不得改变土地用途,不得毁坏土地。二是自愿、有偿原则。不得改变土地集体所有性质,不得损害农民土地承包权益。土地流转必须充分尊重农民的意愿,不得强迫农民流转土地。没有发包给农民的土地流转一定要取得 2/3 以上村民通过,村民委员会不得擅自流转没有发包给农民的土地。村委会、地方政府不得利用权力干涉农民的土地承包权。三是市场化原则。为保证公平、公正、效率,农地流转应充分发挥市场机制作用。

(三)在法律上进一步明晰土地产权,强化土地承包权的物权性质

强化土地承包权的物权性质就是要立法改变土地权的契约性质或债权性质,以具有严格物权法意义的土地使用权取代土地承包权,即承包权物权化,使农民的土地财产权在独立性和明确性上有所保障,使土地经营使用权具有和土地所有权一样成为可让渡的权利,使农民真正享有土地的处置权,借以行使转让、出租、入股和抵押等权利。

(四)构建并完善农地流转的市场机制

要实行农村土地流转招标、拍卖制度,建立开放、竞争、公平、有序的土地流转市场,提高土地流转市场化水平。要引入竞价承包、招标租赁等市场机制,合理确定土地等级、地价、地租,充分反映土地的市场价值;完善流转信息网络,开展土地流转供求登记、信息发布、价格评估、法律政策咨询等中介服务,为土地流转搭建良好的平台。

(五)规范土地流转的程序

无组织性的土地流转严重影响了土地流转的顺利进行,也将直接影响转让双方的利益。因此健全土地流转机制也必须规范土地流转的程序,加强对土地合同管理等配套制度的规范。土地流转合同要明确流转地块的位置、面积、价格及支付方式、期限、双方的权利义务以及违约责任、解决争议的方式等细节。流转合同签订后,有关部门对每一起农村土地流转都要依法及时办理相关登记手续,搞好土地流转合同的签订和鉴证;加强土地流转资料的信息化处理。

(六)强化对土地流转的服务和监管

地方政府特别是乡镇政府要搞好农地流转的宏观规划,做好引导工作;在土地流转市

---

① 张建华:《海南农村集体土地流转情况调查报告》,《中共中央党校报告选》2004 年第 9 期。

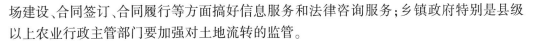

场建设、合同签订、合同履行等方面搞好信息服务和法律咨询服务；乡镇政府特别是县级以上农业行政主管部门要加强对土地流转的监管。

(七)加强土地流转仲裁机构建设

国家应加快土地仲裁立法，出台有关土地承包纠纷仲裁的法律，构建更为完善的、适合当前农村经济发展的法律体系。县、乡两级政府作为解决土地承包纠纷的最基层政府组织，要大力加强和完善农村土地承包仲裁体制建设，及时处理土地承包及其流转过程中出现的各种纠纷。

(八)几个需要注意的问题

一是农村土地流转需要政府积极推动，但政府不能代替农民决策，更不能强制推行。二是县、区、乡政府可以制定土地流转的计划和规划，但切不可下达土地流转的硬性指标。三是对经营农村土地的企业要认真考察其资质、实力、履约能力，严防个别企业借机圈地、违规经营或无力履约、损害农民利益。据《瞭望》2007年第48期报道：从2002年开始，两三年里重庆江津区双福镇出现了一股土地流转热，63家农业企业从农民手中租下1.3万亩承包地。当时江津区和镇两级政府出台了优惠政策，不少投资者不顾自身经济实力，而是寄希望于政府补助和银行贷款。但现在绝大多数企业处于瘫痪半瘫痪状态。有1/3企业完全失败，连农民的租金也付不出。有的农民打官司，但是最终也是赢得了官司得不到钱，风险最终又转嫁到农民头上。这一报道，发人深思。四是要高度重视经营性农村建设用地如何进入市场问题，这既牵涉城乡土地的一体化规划，也牵涉农村建设用地制度的改革，牵涉城乡土地市场的一体化，是迫切需要解决的发展问题。五是农村社会保障制度不健全是制约农村土地流转的"瓶颈"，农村社保工作要与土地流转工作协调进行。

（原载《重庆行政》2010年第4期）

论中国共产党对马克思主义所有制理论的
继承、发展和创新

　　90年来,中国共产党在领导中国人民进行革命、建设和改革开放的伟大历史进程中,始终坚持把马克思主义的基本原理同中国的具体实践相结合,特别是在所有制革命和社会主义所有制改革问题上,既始终坚持马克思主义所有制理论的基本观点,又根据实践的需要,不断进行理论创新,极大地丰富和发展了马克思主义所有制理论。中国共产党对马克思主义所有制理论的继承、发展和创新,主要表现在以下几个方面。

　　一、依据马克思主义的所有制原理和阶级分析方法,正确分析中国的社会性质和发展方向,提出党的最高纲领和最低纲领

　　以所有制为标志区分不同社会形态和社会制度,是历史唯物主义的一个基本观点和分析社会的基本方法。主张进行社会革命,同传统所有制关系实行彻底决裂,消灭私有制,消灭剥削和压迫,建立平等、民主、自由、生产力高度发达、人民生活无比富裕的社会主义和共产主义社会,是马克思主义的根本主张。

　　鉴于当时中国社会半殖民地半封建的性质,鉴于早期资本主义社会暴露出的种种弊端和马克思主义对资本主义制度的深刻批判,鉴于苏联社会主义革命成功的巨大影响,鉴于中国民族资产阶级的先天不足,鉴于灾难深重、深受剥削和压迫的中国劳苦大众对美好社会的迫切向往,先进的中国共产党人逐渐认识到,中国要实现民族独立、人民解放和国家富强,根本出路在于进行社会革命,推翻反动阶级统治,而且革命后不能再走资本主义道路,必须走社会主义和共产主义道路。党的一大通过的纲领明确提出:革命军队必须与无产阶级一起推翻资本家阶级的政权;承认无产阶级专政,直到阶级斗争结束,即直到消灭社会的阶级区分;消灭资本家私有制,没收机器、土地、厂房和半成品等生产资料,归社会公有;联合共产国际。纲领确定党的根本政治目的是实行社会革命。党的一大通过的纲领,表明中国共产党从建党开始就旗帜鲜明地把实现社会主义、共产主义作为自己的奋斗目标。[①] 党的二大根据中国的实际国情和革命实际,明确提出了党在现阶段反帝反封建的民主革命纲领,即党的最低纲领,并将最低纲领和最高纲领结合起来。在大革命的实

----

　　①　中共中央党史研究室:《中国共产党历史》第1卷(1921—1949)上册,中共党史出版社2011年版,第68页。

践中,中国共产党人逐渐运用马克思主义所有制理论分析中国的阶级状况和社会状况,特别是对资产阶级、农民的性质、状况、对待革命的态度进行了分析。如毛泽东在1925年12月发表的《中国社会各阶级的分析》和1926年1月发表的《中国农民中各阶级的分析及其对于革命的态度》文章中,就初步运用了马克思主义所有制理论和阶级分析方法。特别是在对农民的分析中,将农村居民分为大地主、小地主、自耕农、半自耕农、半益农、贫农、雇农及乡村手工业者、游民8个阶级,并就各个阶级对革命的态度进行了比较分析。在第一次大革命失败后,中国共产党人越来越清醒地认识到,农民问题是国民革命的中心问题,农民的土地问题是革命中必须解决的问题。1927年党的"八七会议"明确提出,土地革命是中国资产阶级民主革命的中心问题,要废除封建地主土地所有制,实行土地革命。这既反映了中国革命的根本要求,又适应了现实斗争的需要。党的六大通过的决议案又指出:要"彻底的平民式的推翻地主阶级私有土地制度,实行土地革命"。在土地革命实践中,党逐渐形成了适合中国实际的土地革命的路线、方针、政策,并在根据地加以实施。

二、遵循马克思主义的所有制革命理论,彻底废除封建土地制度

生产力决定生产关系,经济基础决定上层建筑,在生产力的作用下,一切所有制关系都经历着经常的历史更替、经常的历史变更。这是马克思恩格斯提出的一条著名的历史唯物主义原理。当一种所有制制度已不能适应生产力发展要求,而且变成生产力发展桎梏的时候,这种所有制制度就或早或迟要被先进的所有制制度所取代。当然,这种取代,需要代表先进生产力发展要求的先进阶级及其政党通过实行所有制革命来完成。

中国共产党人认识到,封建土地制度是社会生产力发展的桎梏,是造成农民贫穷和农业生产落后的总根源。因此,中国共产党领导的新民主主义革命,把消灭封建剥削的土地所有制、建立农民的土地所有制,作为中国新民主主义革命的历史任务和基本纲领之一。据国家统计局公布的统计资料,全国土地改革前农村各阶级占有耕地的情况是:占农户总数不到7%的地主、富农,占总耕地的50%以上,而占全国农户57%以上的贫农、雇农,仅占有耕地总数的14%,处于无地少地状态。地主人均占有耕地为贫雇农的二三十倍。①这种土地占有状况使广大农民深受剥削,严重束缚着生产力发展。

1947年10月,在中共中央领导下,《中国土地法大纲》在解放区颁布实施。该大纲明确规定:"废除封建性及半封建性剥削的土地制度,实行耕者有其田的土地制度。"②随着全国基本解放,1950年6月14日至23日,全国政协一届二次会议在北京召开,讨论由中共中央建议的《中华人民共和国土地改革法(草案)》。会上,刘少奇代表中共中央作了《关于土地改革问题的报告》,报告指出:中国土地制度极不合理,是我们民族被侵略、被

---

① 中共中央党史研究室:《中国共产党历史》第1卷(1921—1949)上册,中共党史出版社2011年版,第91页。
② 中共中央党史研究室:《中国共产党历史》第1卷(1921—1949)下册,中共党史出版社2011年版,第755页。

压迫、穷困及落后的根源,是我们国家民主化、工业化、独立、统一及富强的基本障碍。这种情况如果不加以改变,中国人民革命的胜利就不能巩固,农村生产力就不能解放,新中国的工业化就没有实施的可能,人民就不能得到革命胜利的基本果实。而要改变这种情况,就必须废除地主阶级封建剥削的土地所有制,实行农民的土地所有制,借以解放农村生产力,发展农业生产,为新中国的工业化开辟道路。这就是我们要实行土地改革的基本理由和基本目的。[①] 6 月 30 日,毛泽东主席签署命令,正式颁布《中华人民共和国土地改革法》。随后,在全国新解放区进行了轰轰烈烈的土地改革运动。到 1952 年年底,除一部分少数民族地区及台湾省外,广大新解放区的土地改革基本完成。农村的土地占有关系发生了根本变化:占农村人口 92.1% 的贫农、中农,占有全部耕地的 91.4%,原来占农村人口 7.9% 的地主、富农,只占有全部耕地的 8.6%。在中国延续两千多年的封建土地所有制被彻底废除,"耕者有其田"的理想在共产党人领导下变成了现实,长期被束缚的农村生产力获得了历史性大解放。粮食、棉花、油料等主要农产品的产量逐年增加,1951 年比 1950 年分别增长 8.7%、48.8%、22.4%,1952 年又比 1951 年分别增长 14.1%、26.5%、12.5%,充分显示了土地改革对解放生产力、恢复和发展农业生产的巨大推动作用,并直接促进了以农产品为原料的工业生产的恢复和发展,对整个国民经济的全面恢复和发展起了重大作用。[②]

三、按照马克思恩格斯对未来社会的设计,初步建立起社会主义公有制度

马克思恩格斯曾经对未来社会——共产主义社会的初级阶段——社会主义社会,进行了种种理想设计,其中,最重要的内容之一就是对社会主义社会生产资料所有制的设计。建立社会主义公有制是马克思主义所有制理论中的一个根本性主张,也是社会主义制度的一个根本性标志。而且,马克思恩格斯所设想的公有制是与按劳分配、计划经济有机结合在一起的。

1953 年 6 月,毛泽东同志首次提出了党在过渡时期的总路线的基本内容,并在随后将其进行完整表述:"从中华人民共和国成立,到社会主义改造基本完成,这是一个过渡时期。党在这个过渡时期的总路线和总任务,是要在一个相当长的时期内,逐步实现国家的社会主义工业化,并逐步实现国家对农业、对手工业和对资本主义工商业的社会主义改造。"1953 年 12 月,中共中央批准了中央宣传部制发的《为动员一切力量把我国建设成为一个伟大的社会主义国家而斗争——关于党在过渡时期总路线的学习和宣传提纲》,该提纲指出:实现党在过渡时期的总路线,就是要充分地发展社会主义工业,并且把现有的非社会主义工业变为社会主义工业,使社会主义工业成为对我国整个国民经济发展起决

---

① 参见中共中央党史研究室:《中国共产党历史》第 1 卷(1921—1949)上册,中共党史出版社 2011 年版,第 93 页。

② 参见中共中央党史研究室:《中国共产党历史》第 1 卷(1921—1949)上册,中共党史出版社 2011 年版,第 100—101 页。

定作用的领导力量。实现党在过渡时期的总路线,就是要扩大社会主义的全民所有制和集体所有制,把农民和手工业者以自己劳动为基础的私人所有制改造为合作社社员的集体所有制,把以剥削剩余劳动为基础的资本主义私人所有制改造成为全民所有制。《提纲》强调:"党在过渡时期的总路线的实质,就是使生产资料的社会主义所有制成为我国国家和社会的唯一的经济基础。"[①]按照党的总路线要求,参照社会主义苏联的建设经验,我国对农业、手工业、资本主义工商业进行了社会主义改造,并不断探索创新"改造"的途径和形式。

通过由互助组到合作社、由低级合作社到高级合作社,通过公私合营、和平赎买、国家资本主义、给予民族资本家适当政治安排等多种途径和方式,到1956年年底,我国完成了对农业、手工业和资本主义工商业的社会主义改造,农民、手工业者劳动群众个体所有的私有制,基本上转变为劳动群众集体所有的公有制,农村土地基本实现公有;绝大多数手工业者也加入了手工业集体经济组织;资本家所有的资本主义私有制基本上转变为国家所有即全民所有的公有制,社会主义经济制度在我国初步建立起来。

社会主义公有制的基本确立,表明中国共产党人对马克思主义所有制理论的坚定继承。同时,也表明了中国共产党人在建立公有制途径方面有诸多创新。社会主义所有制革命,基本适应了当时的中国国情,适应了中国社会发展稳定的需要。一是促进了生产力发展,特别是促进了中国工业的发展。在农业合作化过程中,粮食产量逐年都有所增长,农田水利建设和农业技术改造逐年都有所发展。同时,国家还启动了大规模的工业化建设。二是极大地提高了工人、农民等人民群众的经济政治地位。由于消灭了压迫、剥削制度,广大工人、农民翻身做了主人,获得了前所未有的经济、政治、文化等方面权利。三是巩固了新生政权。由于建立了公有制,国家控制了经济命脉和重要经济资源,从而为巩固新生政权奠定了一定经济基础。

当然,不可否认的是,由于马克思主义所有制理论本身的历史局限性,由于中国共产党对马克思主义所有制理论认识的局限性,由于苏联社会主义模式的影响,中国共产党人对到底什么是社会主义、什么是社会主义所有制关系,对全民所有制与集体所有制、公有制与私有制、公有制与市场经济到底应该是什么关系,还存在一些模糊的或不正确的认识。如认为社会主义社会只能是单一的公有制,只能是计划经济,只能实行按劳分配,等等。这种认识严重影响和制约了我国后来的所有制构建,进而严重影响和制约了经济发展。

四、坚持生产力标准,创立中国特色社会主义所有制理论

坚持生产力标准,是马克思主义所有制理论的灵魂。马克思主义所有制理论的最大特点和最闪光之处就是坚持生产力标准,这也是马克思恩格斯的公有制思想同各种主观

---

① 中共中央党史研究室:《中国共产党历史》第1卷(1921—1949)上册,中共党史出版社2011年版,第194页。

唯心的、空想社会主义的公有制思想的最根本区别。马克思恩格斯正是从生产力标准出发，分析论证了社会主义所有制代替资本主义所有制、资本主义所有制代替封建所有制、封建所有制代替奴隶主所有制的必然性、合理性。而且，他们认为，社会主义社会是一个需要自身不断改革和完善的社会。

由于理论思想指导上的偏差，由于党和人民缺乏建设社会主义的经验，对社会主义建设的长期性、复杂性、艰巨性及其客观规律认识不足，自 1956 年我国社会主义改造完成后一直到改革开放前，我国曾长期追求实行"一大二公三纯"的单一公有制并形成高度集权的计划经济体制。随着实践的发展，这种所有制结构和经济体制中存在的弊端日益凸显，严重制约了社会生产力发展。改革所有制结构、改革经济体制、改革政治体制，成为 20 世纪 70 年代末 80 年代初诸多社会主义国家的必然选择。中国共产党在改革开放的新时期，坚持马克思主义的基本原理，坚持解放思想、实事求是，坚持实践标准，坚持生产力标准，坚持"三个有利于"标准，坚持一切从中国的实际国情出发，对所有制改革进行了大胆探索实践，并在实践的基础上，创立了中国特色社会主义所有制理论，实现了对社会主义所有制理论在中国的重大创新。这主要表现在以下几个方面。

其一，创新了社会主义所有制结构论。在我国社会主义初级阶段，由于生产力发展不平衡和生产力发展要求，社会主义所有制不应该是单一的公有制结构，而应该是以公有制为主体，个体、私营、外资、混合等各种所有制经济共同发展的，动态的、多层次的所有制结构。1982 年，党的十二大报告明确提出城乡个体经济是公有制经济的必要的、有益的补充。1987 年，党的十三大确立了公有制为主体、非公有制经济为补充、多种所有制经济共同发展的方针。1997 年，党的十五大明确把"公有制为主体、多种所有制经济共同发展"确立为我国社会主义初级阶段的基本经济制度，这既是我国基本经济制度的深刻变革，也是所有制理论的重大突破。

其二，创新了公有制经济理论。一是扩展了公有制经济的含义。公有制经济不仅包括国有经济和集体经济，还包括混合所有制经济中的国有成分和集体成分。二是界定了以公有制为主体的主要特征。党的十五大报告明确指出：公有制的主体地位主要体现在公有资产在社会资产中占优势；国有经济控制国民经济命脉，对经济发展起主导作用。这是就全国而言，有的地方、有的产业可以有所差别。公有资产占优势，要有量的优势，更要注重质的提高。国有经济起主导作用，主要体现在控制力上。三是明确提出公有制实现形式可以而且应当多样化。一切反映社会生产规律的经营方式和组织形式都可以大胆利用。要努力寻找能够极大促进生产力发展的公有制实现形式。股份制是现代企业的一种资本组织形式，资本主义可以用，社会主义也可以用。不能笼统地说股份制是公有还是私有，关键看控股权掌握在谁手中。针对改革中城乡大量出现的多种多样的股份合作制经济，党的十五大报告予以了充分肯定。总之，在市场经济条件下，公有制经济可以有国有国营、集体经营、承包制、租赁制、股份制、股份合作制、参与制、合同订购制、特许经营制等多种多样的实现方式。

其三，创新了非公有制经济理论。非公有制经济曾被看作社会主义的对立物，与公有制经济水火不容。改革开放后，我们党从开始时认定一定范围的劳动者个体经济是社会主义公有制经济的必要补充，到认定存在雇佣关系的私营经济是公有制经济必要的和有益的补充，直到党的十五大认定非公有制经济是我国社会主义市场经济的重要组成部分，这是社会主义所有制理论的又一大创新。党的十六大报告进一步提出："必须毫不动摇地巩固和发展公有制经济"；"必须毫不动摇地鼓励、支持和引导非公有制经济发展"；"坚持公有制为主体，促进非公有制经济发展，统一于社会主义现代化建设的进程中，不能把这两者对立起来"。在社会主义初级阶段，以公有制为主体与发展非公有制经济之间存在着相互依存、不可替代、辩证统一的正相关关系，非公有制经济在促进社会生产力发展、增加劳动就业、提高人民生活水平等方面有着不可替代的功能作用，因此，必须大力发展。

其四，创新了社会主义所有制与市场经济关系论。在马克思恩格斯的所有制理论中，社会主义公有制是与商品生产、与货币交换相排斥的。然而，社会历史发展的实践证明，市场经济是实现资源有效配置的手段，在我国社会主义初级阶段，必须大力发展市场经济。邓小平于1992年春明确提出了社会主义市场经济论。党的十四大明确了"建立和完善社会主义市场经济体制"的经济体制改革目标。显然，中国以公有制为主体、多种所有制经济共同发展的多层次所有制结构是与市场经济相互兼容、有机结合在一起的。建立在我国基本经济制度基础上的市场经济体制，既不同于传统的社会主义计划经济体制，也不同于资本主义的市场经济体制，而是有中国特色的社会主义市场经济体制。

其五，创新了社会主义所有制与分配关系论。传统的单一的公有制是与单一的按劳分配方式相对应的，而以公有制为主体、多种所有制经济共同发展的多层次所有制结构是与以按劳分配为主体、多种分配方式并存的分配方式相对应的。在坚持以按劳分配为主体的前提下，允许按要素分配存在，可以充分调动资源、资本、劳动、技术、管理、信息等各种生产要素所有者投入和参与社会生产经营的积极性，实现生产要素优化配置，推动国民经济快速发展。因此，要实现按劳分配与按要素分配的有机结合。

其六，创新了社会主义所有制与产权关系论。产权是所有制的核心和主要内容。产权是市场经济有效运作的工具，同时也是所有制有效运作并得以实现的工具。以公有制为主体、多种所有制经济共同发展的基本经济制度要在市场经济运行中得以有效实施，有赖于建立健全具体的、明晰的产权制度。我们必须构建"归属清晰、权责明确、保护严格、流转顺畅"的现代产权制度，正确处理国家权力、政府权力与产权的关系，建立健全公有产权权益实现和保护机制，不断改革和完善农村土地产权制度，构建和完善保护私有产权的制度体系。

五、几点启示

总结和回顾90年来中国共产党在继承、发展和创新马克思主义所有制理论方面的经验教训，可以带给我们四点重要启示。

其一，要科学对待马克思主义所有制理论。马克思主义所有制理论是一个内容十分丰富的理论体系，其中充满了一些历史唯物主义的基本原理，如关于生产力与生产关系辩证关系的原理、关于经济基础与上层建筑辩证关系的原理。马克思恩格斯对资本主义社会的深刻批判和对未来社会的美好描述，有许多地方闪耀着人类理性的光芒。然而，马克思主义毕竟诞生在160多年前，受历史和当时实践条件的局限，马克思恩格斯的个别论断、观点未必准确，他们对未来社会的设计难免有一定的理想色彩。因此，我们必须科学对待马克思主义所有制理论，既要坚持历史唯物主义基本原理，又不能囿于马克思恩格斯的个别观点、具体设计。要坚持实践是检验真理的唯一标准，坚持理论联系实际，在实践中不断创新和发展所有制理论。

其二，要正确看待中国共产党领导的所有制革命。时下，有个别人以我国要大力发展非公有制经济为理由，否定中国共产党领导的土地革命、土地改革，否定新中国建立社会主义公有制的必要性。这完全是一种历史虚无主义态度，或者是对历史唯物主义的无知。进行土地革命、土地改革，消灭封建土地所有制，建立社会主义公有制，从根本上讲是生产力与生产关系矛盾运动的结果，是生产力发展的必然要求，是广大劳动人民的迫切要求和共同愿望，是国内、国际多种因素共同作用的结果。毫无疑问，新时期党领导的"所有制改革"，是一种历史的必然选择；但也不容置疑，当年党领导的"所有制革命"，同样是一种历史的必然选择。我们不能用今天的"历史的必然选择"去否定昨天的"历史的必然选择"。

其三，要把生产力标准作为判断经济制度优劣的最根本标准。能否促进生产力快速发展，是衡量制度好坏优劣的首要标准、根本标准，是制度是否具有合理性、是否具有生命力的根本依托。经济制度的演变归根到底取决于生产力的发展状况和发展要求，这是马克思主义一以贯之的观点，是对生产力最终决定制度演变这一社会发展规律的正确认识。因此，在当代我国的所有制改革实践中，我们必须把是否符合生产力发展要求、是否有利于促进生产力发展作为判断我们所有制改革得失的根本标准。

其四，要坚持和完善我国的基本经济制度。公有制为主体、多种所有制经济共同发展的基本经济制度，揭示了社会主义初级阶段生产关系的本质特征，是对社会主义建设正反两方面经验的科学总结，是社会主义价值取向与制度理性的辩证统一，是推动我国经济又好又快发展的重要制度保障。坚持和完善基本经济制度，要注意克服两种错误的思想倾向：一种倾向是囿于传统的社会主义观念，否定发展非公有制经济的合理性、必要性，主张实行单一的公有制；另一种倾向是以资本主义经济制度为蓝本，信奉新自由主义，主张完全"私有化"。单一公有制没有出路，私有化不是我国改革的方向。

（原载《中州学刊》2011年第4期）

加快推进农村土地流转的现实意蕴

一、加快农村土地流转是实现"三化"协调发展的必然选择

(一)加快农村土地流转是新阶段我国经济发展的迫切需要

农村家庭联产承包责任制的推行,是农村生产关系的巨大变革,极大地解放和发展了农村生产力,推动了我国农村经济的发展,解决了十几亿人口的温饱问题,显示了其巨大的制度效应。然而,随着经济社会的快速发展,农村原有的土地产权制度也逐渐显露出一些局限性,面临着许多新的矛盾和挑战。主要局限是土地经营规模太小,致使农业生产率低下,直接造成农业生产成本偏高,而且农户超小型的经营规模,零散的地块,限制了先进技术的采用,尤其是限制了对"规模性技术"的采用,诸如机械技术、生物技术、化学除草技术、病虫害综合防治技术等现代农业技术,农户根本无法单独采用。由于农业生产技术和手段落后,造成农业产量低、农产品品质差,在市场上缺乏竞争力。小农经济的生产方式使土地经营退变为一种"生活保险手段",既妨碍了农业技术改造进程,也阻碍了现代农业发展进程,不利于农地资源配置效率的提高和农业的集约化经营。[①] 因此,要坚持和完善家庭联产承包责任制,实现规模经营、促进要素流动,必须实行土地使用权流转。随着科技的发展进步和城市化、工业化进程的不断加快,农村劳动力大量转移,实现非农就业,农村土地的流转集中和农业规模经营的条件已经初步具备。加快推进土地流转,是现阶段破解农业发展难题、进一步推动经济发展的必然要求。

(二)加快农村土地流转有利于推进新型农业现代化建设

实践已经证明,在坚持农村家庭承包经营制度的前提下,加快农村土地流转,推动土地集约化、规模化经营,是提高土地产出率、资源利用率、劳动生产率,转变农业发展方式,加快实现新型农业现代化的一种必然选择。通过土地流转把分散化的小块土地集中起来,把细碎化的地块连接成片,有利于实现农业规模化经营,实现规模种植、规模养殖,也有利于促进各类农业园区发展,有利于建设一定规模的农产品生产基地。土地形成规模经营后,农业先进科技得以推广应用,资源配置效率和生产效率得以提升,农民有动力加大农业投入力度,通过兴建公路、整修水利、购买农机、办电改水,引进新的生产技术、优良

---

① 黄祖辉、王朋:《农村土地流转:现状、问题及对策——兼论土地流转对现代农业发展的影响》,《浙江大学学报(人文社会科学版)》2008年第2期。

品种和管理工艺,促进农业生产的集约化,降低生产成本,提高农业比较效益。[1] 不少地方经验表明,土地流转以后有利于开展农业用地综合整治,可以进一步提高粮食生产能力。"小田变大田"后,以前的田埂、边角都变成了可耕地。据测算,通过这一项就可以增加10%左右的土地。如河南省信阳市的息县、商城、固始、淮滨等地在土地流转后,都开展了大规模的土地整理工作。据统计,截至2010年,全市新增加耕地9.4万亩左右,进一步扩大了粮食种植面积,提高了粮食生产能力。通过土地流转可以普遍增加农民收入。承包方扩大经营规模、实行集约管理以及调整产业结构,收入可以大幅度增加。同时,作为流转方的农民,不仅可以获得承包地收益和国家各种农业补贴,而且可以从土地中解放出来,从事第二、第三产业,获得额外收益,增加非农收入,实现收入多元化,这样就实现了流转双方的"共赢",有利于促进农业增效、农民增收。

(三)加快农村土地流转有利于推进新型工业化建设

加快推进土地流转,有利于为新型工业化建设提供更多的劳动力。土地承包经营权的流转能使农民从土地中解脱出来,为工业和服务业提供大量劳动力,为工业化提供充足的人力资源,可以继续发挥劳动力成本低的比较优势,加快发展劳动密集型工业,推进新型工业化发展,延续"人口红利"。加快推进土地流转,还有利于为新型工业化提供更多的建设用地。土地是制约我国经济社会发展的"瓶颈",土地流转有利于最有效地开发利用农地资源,经过复垦、开荒、土地整理,可保持在不减少耕地的情况下,增加土地存量,从而为工业发展提供土地资源,用于产业集聚区建设,加快新型工业化进程。

(四)加快农村土地流转有利于推进新型城镇化建设

土地流转改变了部分农民"亦工亦农、亦商亦农"的兼业状态,带动了相关产业的发展和农民分工分业,使农村富余劳动力从土地的束缚中解放出来,一大批农民离开农村进入城镇从事第二、第三产业,在城镇有固定工作和收入的农户举家迁出,到城市定居,大大加快了城镇化步伐。建设新型农村社区是统筹城乡发展的结合点,土地流转和新型农村社区建设相辅相成,互相促进。新型农村社区建设离不开土地整治和土地流转,土地流转有利于形成产业集聚区,通过建设产业集聚区可逐步实现就近转移农民、就近城镇化。土地流转有利于农民非农就业,实现就业渠道多元化、收入多元化,进而有利于合并村庄组建社区,有利于农民集中居住。河南农业大县滑县,通过土地流转发展产业集聚区,通过发展产业集聚区推进新型农村社区建设,成为其一大亮点。滑县按照新农村建设和城市发展的要求,结合产业集聚区发展趋势,为了给项目建设提供更多的发展空间,本着集约节约用地的原则,探索成立了新鑫田园公司,对区内33个村庄集中合并,统一规划,统一建设,努力打造功能完善、环境优美、和谐宜居的新型农村社区。整合2.4万亩土地由新鑫田园公司规模经营,公司为区内农民按耕地多少给予一定实物补偿,集聚区为他们缴纳医疗保险、养老保险等,同时,将他们引导安置到新鑫田园公司和集聚区内企业务工,逐

---

[1] 陆学艺:《农民工问题要从根本上治理》,《特区理论与实践》2003年第7期。

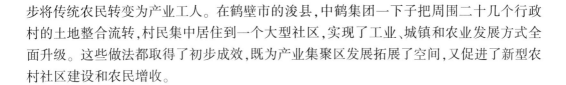

步将传统农民转变为产业工人。在鹤壁市的浚县,中鹤集团一下子把周围二十几个行政村的土地整合流转,村民集中居住到一个大型社区,实现了工业、城镇和农业发展方式全面升级。这些做法都取得了初步成效,既为产业集聚区发展拓展了空间,又促进了新型农村社区建设和农民增收。

二、影响和制约土地流转的主要因素

近些年来,土地流转在我国很多农村地区得以推行,各地出现了多种有效可行的模式,主要流转模式有转包、出租、互换、转让、作价入股、联营、抵押等,取得了较好效果。有农户之间的转包,也有企业进行的较大规模的整合。如河南省,到 2011 年年底,全省农村土地流转面积共计 1982 万亩,占家庭承包土地面积的 20.6%。农业现代化程度高的地方,比如许昌市,土地流转已超过 30%。农村土地流转和规模化经营,提高了农业生产集约化和专业化水平,实现了土地、资金、技术等生产要素的合理流动和优化配置,对促进现代农业建设和"三化"协调发展起到了积极作用。但同时也要看到,目前土地流转的规模和速度从总体上看还很有限,影响和制约土地流转及规模经营的因素有很多。

(一)土地流转的总体水平受到经济发展水平的制约

土地流转的速度、规模归根到底要受经济发展水平的制约。从农户的角度看,由于我国一些地区的工业化、城镇化、农业现代化水平还不是太高,因此,吸纳非农就业的农村劳动力的能力还比较有限,更多的农民目前不可能完全离开土地从事第二、第三产业,更不可能都到城镇安家落户。绝大多数农民工是阶段性的农民工,收入并不稳定,老了以后还要返回农村。就农民阶层整体而言,绝大多数农民的收入、生存、生活、养老要依靠土地,这也就是说,土地在保障农民收入、生存、生活方面依然发挥着重要功能、扮演着重要角色。由此造成两个结果:一是土地流转意愿不强,流转率低;二是流转期限短。尽管有些农户种地已成了副业,但并不愿将土地流转出去。从规模经营主体的角度看,流转和规模经营土地,需要拥有雄厚实力(包括资金数额、生产能力、盈利能力等诸多方面)的涉农企业、种植大户、农民合作社,而目前这样的经营主体还不够多,这也制约着土地流转及规模经营。

(二)社会保障体系及公共服务体系不健全不完善影响土地流转

由于农村养老、医疗、社会救助等社会保障体系不健全、不完善,土地对农民依然承载着主要的社会保障功能,许多农民主要还是依据土地收入解决看病、上学、养老等问题。部分从非农产业过渡为城市居民的农民为确保永久性生存需要,也不愿让土地承包经营权流转出去,宁愿留给子孙耕种。同时,长期实行的二元户籍管理制度,城乡分割的公共服务体制,使得农民工融入城市成本巨大,无形中阻碍了土地流转。

(三)土地分散制约土地流转

农村土地在实行家庭联产承包责任制时,各乡村为了减少矛盾纠纷,将好田和差田按一定比例搭配进行分配,绝大多数农民的耕地分散于不同地段。这不利于小块并大块,实

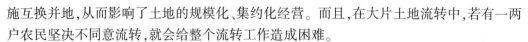

施互换并地,从而影响了土地的规模化、集约化经营。而且,在大片土地流转中,若有一两户农民坚决不同意流转,就会给整个流转工作造成困难。

(四)经济比较收益低制约土地流转并影响着土地流转的方向

我们在调研中发现有两种土地流转现象值得高度重视:一是流转土地中用于种植粮食的比重并不大;二是流转土地中用于种植蔬菜、经济作物的比重较大。导致这两种现象的根本原因是种植非粮作物的比较经济效益好。被调查的几乎所有种粮大户、农民合作社都反映种粮收益低,甚至有的说赔了本,表示以后不愿种粮或不愿再承包。很显然,种粮收益比较低是影响粮食规模经营的重要原因。从农户角度看,将土地转包给种粮大户,获得的收益并不高,因而不愿转包;从规模经营主体角度看,承包经营大片农地并未获得预期收益,有的甚至赔本,得不偿失,因而影响其承包积极性。如何通过粮食补贴政策,平衡种粮与种植、经营非粮作物的经济收益,调动种粮大户的承包积极性,既关系到土地的规模流转,也关系到国家的粮食安全。

(五)配套支持政策措施不到位影响着规模经营主体的积极性

这主要表现在:(1)农业补贴政策不到位。目前的农业补贴政策,仍然是以小规模经营农户为指向的,这就造成真正从事农业生产的规模经营主体如种粮大户得不到补贴,而一些早就脱离农业生产的农户仍在享受政策优惠的局面。(2)融资政策不到位。在金融政策方面,规模经营主体普遍反映,信贷门槛较高、融资难、农业保险投保难,是当前制约规模经营发展的重要因素。一方面,承包租金全部是提前预付,加上购买农业机械投入较大,规模经营需要较多的流动资金支撑;另一方面,土地承包经营权不允许抵押,农村信贷手续复杂,额度较低,导致贷款困难,直接影响到种粮大户对土地的投入。(3)土地政策不到位。一些农机合作社、种粮大户反映,因没有建设用地,一些大型农机具无法存放,大量的粮食难以烘晒、仓储。(4)农业保险政策滞后。许多保险公司不愿意投保农业生产,或设定苛刻条件。农业保险政策的滞后将会严重阻碍现行流转规模的扩大和可持续发展。(5)一些公共服务和设施跟不上,如科技服务、水利设施和道路建设等跟不上。配套政策支持体系不完善,影响着农村土地流转的发展后劲。

(六)流转服务和管理体系不健全影响着土地流转的规范有序

农村土地流转中存在着私下流转多、口头协议多、权责不明多、经济纠纷多等诸多问题。农村土地的流转大多是自发进行的,有不少流转是以简单的口头协议形式形成的,随意性较大。目前,一些地方农村土地流转服务体系还不健全,不少地方的县乡没有成立农村土地流转服务机构,与迅猛发展的土地流转形势还不相适应。土地流转缺乏中介服务组织,土地使用权转入、转出的信息都不能广泛传播,造成交易信息极为不对称,导致交易双方的搜寻成本和谈判成本等转让费用过高,使得土地使用权的流转被限定在一定的范围之内,并且交易行为也只限于短期。这在一定程度上影响了土地流转的速度、规模和效益。同时,土地流转监管机构不健全,乡镇农经机构管理体制不顺,职责不明,有关土地流转的具体实施细则不明确,在流转程序、流转手段、流转档案管理等方面缺乏统一规定,无

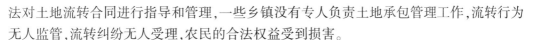

法对土地流转合同进行指导和管理,一些乡镇没有专人负责土地承包管理工作,流转行为无人监管,流转纠纷无人受理,农民的合法权益受到损害。

(七)部分农户思想观念相对保守,不愿进行土地流转

在农村,土地是农民最基本的生产资料,也是农民最基本的生活保证。千百年来,农民都把土地当作"命根子",对土地有一种特殊的感情。受传统观念影响,一些农户对于土地流转有"三怕":一是怕失去土地,老无所依。很多农民认为有了土地,生活就有退路,即使从其他行业赚不到钱了还可以回来种地,将来年纪大了,还可以依靠土地养老,心里踏实。二是怕国家政策调整,失去既得利益。由于目前国家各项惠农政策主要还是面向土地承包户,种田虽然"嚼之无味",但又"弃之可惜"。部分农户担心土地流转后,土地经营权转移,一旦国家政策有所调整,将失去各项政策所带来的利益。三是怕纠纷不断。进行土地流转以后,种植大户会对土地进行整理改造,势必要打破地块界限,导致出现边界不清等众多问题。因此,很大一部分农民在从事非农产业经营后,宁可粗放经营,也不愿转出承包地,这在客观上造成了土地流转要素的供给不足。

三、加快农村土地流转的现实指向

(一)明确农地流转制度的目标取向

农村土地是一种重要的自然资源,农地流转制度是一种重要的生产关系,农地流转制度的设计必须符合生产力的发展要求,符合农村的实际情况,符合广大农民的利益要求。其目标取向包括:一要有利于农地的规模化、集约化经营,提高土地利用效率。土地流转是现代农业发展的必然要求,是促进集约生产、规模经营的一种手段,规范和引导土地要素向专业合作社、农业公司、种养大户集中,有利于农地的合理利用。二要有利于提高生产经营者开发利用农地的积极性。农地流转关系中的生产经营者,包括农民和经营农地的企业、合作社等经济组织,流转制度的安排要有利于调动生产经营者的积极性,这是推动农业生产发展的关键。三要有利于农业增收增效。提高农业生产效益是土地流转的重要目的,因此,土地流转制度要有利于高科技农业发展,有利于农业产业结构的优化。四要有利于维护农民的利益。要确保农民的合法权益,土地流转的最终目的是实现农业增效、农民增收,因此,土地流转不能以牺牲农民利益为代价,必须让农民在土地流转中受益,而且,要确保农民在土地流转中获得递增收益。

(二)明确农地流转的基本原则

为保证农地的可持续利用和我国的粮食安全,为保障农民集体的利益和农民承包权益,保证土地流转的公平、合理,在农地流转制度设计中要始终坚持三个原则。一是合理开发利用农地原则。不得随意改变土地用途,不得毁坏土地,必须确保农用性质,确保农地质量。二是依法、自愿、有偿原则。农村土地使用权流转要在长期稳定家庭承包经营的前提下,按照"依法、自愿、有偿"的原则规范进行,不得改变土地集体所有性质、不得损害农民土地承包权益。土地流转必须充分尊重农民的意愿,不得强迫农民流转土地。没有

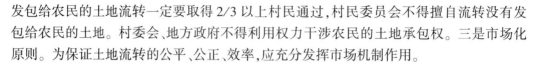

发包给农民的土地流转一定要取得2/3以上村民通过,村民委员会不得擅自流转没有发包给农民的土地。村委会、地方政府不得利用权力干涉农民的土地承包权。三是市场化原则。为保证土地流转的公平、公正、效率,应充分发挥市场机制作用。

(三)进一步搞好承包土地"确权"工作

要进一步细化和界定农民土地承包经营权的权能、权责、权益以及农民对承包土地的转包、转让、出租、入股等权利。在搞好"确权"的同时,做好登记、颁证工作。要进一步明晰土地产权,强化土地承包权的物权性质。要用立法明确土地使用权的契约性质或债权性质,以具有严格物权法意义的土地使用权取代土地承包权,即承包权物权化,使农民的土地财产权在独立性和明确性上有所保障,使农民真正享有土地的处分权,借以行使转让、出租、入股和抵押等权利。目前,农村土地制度已经在事实上形成了"三权分离"的局面,即土地归"集体"所有(所有权)、农民按户承包(承包权)、土地使用权可以自由流转(使用权)。农村土地"三权分离"的现状决定了农民拥有的土地承包权不再是一种债权,已经具备了物权属性,因此要弱化土地所有权,强化承包权物权属性,确保农民对土地长期的承包经营权,使广大农民成为真正的土地流转主体。只有完整的承包经营权,才能形成土地使用权流转的市场机制。

(四)强化对土地流转的服务和监管

地方政府特别是乡镇政府要搞好农地流转的宏观规划,做好引导工作;在土地产权制度创新、土地流转市场建设、合同签订、合同履行等方面搞好信息服务和法律咨询服务;乡镇政府特别是县级以上农业行政主管部门要加强对土地流转的监管,为土地流转搞好服务。有条件的地方,可在县、乡、村建立专门的土地流转服务机构,搭建三级服务平台,提供转前、转中、转后全程服务。要大力培育土地流转的中介组织,积极发展市场化的"土地流转交易所""土地托管中心""托田所"等中介服务组织,为供需双方提供流转平台,提供合同、法律、竞价、风险保障等服务。要加强土地流转仲裁机构建设,国家需要加快土地仲裁立法,出台有关土地承包纠纷仲裁的法律,构建更为完善的、适合当前农村经济发展的法律体系。县、乡两级政府作为解决土地承包纠纷的最基层政府组织,要大力加强和完善农村土地承包仲裁体制建设,及时处理土地承包及其流转过程中出现的各种纠纷。地方政府可通过发展规划、政策措施、典型示范等,培育扶持专业大户、家庭农场、农民专业合作社、龙头企业等规模经营主体,依法引导土地集中经营。同时,要加强监管,严禁非法流转、强迫流转等现象的发生。

(五)进一步规范土地流转程序

无组织性的土地流转严重影响土地流转的顺利进行,也将直接影响转让双方的利益,因此健全土地流转机制也必须规范土地流转的程序。要建章立制,使土地流转规范有序。要严格依照国家的法律法规,建立健全土地流转的各项规章制度,诸如建立健全土地流转的信息发布制度、价格评估制度、市场竞争制度、合同管理制度,从而使土地流转规范有序,更加公开、公平、公正并富有效率。要特别加强对土地合同管理等配套制度的规范,土

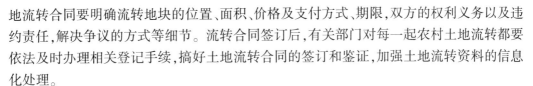

地流转合同要明确流转地块的位置、面积、价格及支付方式、期限,双方的权利义务以及违约责任,解决争议的方式等细节。流转合同签订后,有关部门对每一起农村土地流转都要依法及时办理相关登记手续,搞好土地流转合同的签订和鉴证,加强土地流转资料的信息化处理。

(六)要努力弱化土地的社会保障功能

农村社会保障体系主要包括农村最低生活保障制度、农村社会救济制度、农村社会养老保险制度、农村医疗卫生保障制度等,当前应加快建立多形式、多层次的农村社会保障体系。加强政府在收入再分配中的作用,加大对农村社会保障的财政支持,推进农村社会保障体系改革,逐步建立和完善农村的各项社会保障制度,弱化土地的社会保障功能,为农村土地流转市场的发展奠定基础。在有条件的地区,可以对城镇中的农民工采用土地换"社会保障"的做法,探索建立统一的城乡社会保障体系。要建立农民社会保险体系,积极实施农民养老保险、医疗保险、失业保险等制度,逐步完善和加大对农村困难群体的救济扶助力度,把保障救济政策落到实处,增强农民离土的安全感和稳定感,消除其思想顾虑。要探索用土地换社保、换医保、换低保等流转模式,探索农民承包地权益转化为养老保险、医保的途径,尽快把已经放弃经营土地、进入城市就业的农民纳入城镇社会保障体系,实现与城镇社保的对接。

(七)建立和完善促进农村劳动力转移的长效机制

农村土地的流转与农业人口的流动互相促进,完善的农村土地流转制度能够促进农村剩余劳动力向城市迁移,有助于打破城乡二元经济结构,实现城乡经济社会一体化的协调发展,而农业人口的流动也会促进农村土地流转市场的发展。[①] 如果传统的户籍制度不改,农民工就永远不能转为正式工人,不能成为城市的居民,融不进城市社会,土地完全自由流转的障碍就会继续存在。要为更多的农民能进城务工创造平等的条件,进而减轻农民对农地的依赖,实现农民永久性迁移。

(八)通过典型示范带动土地流转

要大力培育产业化龙头企业、市场中介组织、家庭农场和农业公司等企业型的农业市场主体,积极发展农村各类专业合作经济组织和农民经纪人队伍。要积极发挥当地种养大户、龙头企业、农民专业合作社的典型示范作用,带动土地流转。要依托当地农业产业化龙头企业和合作社,全力打造专业化生产基地,对集中经营的流转土地进行统一规划,与周边农户实施"订单"合作,可以带动土地的大规模流转。

(作者:李太淼、生秀东,原载《江汉论坛》2012 年第 11 期)

---

① 冯家臻:《促进土地承包经营权流转的思考》,《西部大开发》2009 年第 7 期。

论逐步推进农村建设用地国有化

近些年来,随着我国工业化、城镇化、农业现代化的快速推进,土地资源越来越短缺,成为制约我国经济社会发展的重要"瓶颈"。如何破解土地供应难题,如何深化农村土地制度改革,如何统筹城乡建设用地,学术界进行了深入探讨,实践中也进行了大胆探索。笔者认为,农村土地制度改革的一个很重要的方面,就是要逐步推进农村建设用地国有化。这里所讲的农村建设用地,既包括符合规划、经国家依法批准由农民和农村集体组织自用的建设用地,也包括在保持基本耕地和其他农业用地的前提下,根据国家土地利用总体规划需要通过占用农业用地转化而来的非农建设用地。本文拟就逐步推进农村建设用地国有化的理论原理依据、现实依据、基本路径等问题进行探讨,以就教于方家。

一、逐步推进农村建设用地国有化的理论原理依据

如何改革和创新农村建设用地制度,是农村土地制度改革的重要内容和重要组成部分,是目前理论界、实践界亟待破解的难题。随着工业化发展和城镇化进程,农村建设用地的所有制形式、权能安排面临着挑战。原有的农村建设用地集体所有、集体建设用地不允许进入土地市场等诸多制度安排遭遇困境。

制度变迁必须符合经济社会发展客观规律。进行制度创新,必须依据历史唯物主义基本原理。历史唯物主义基本原理是对经济社会发展客观规律的科学揭示。推行农村建设用地国有化,是一场重大的制度创新。农村集体所有制能不能改、为什么改、如何改,我们必须首先在理论上找到依据,在思想上弄个明白。

理论原理依据之一:生产资料所有制制度是最基本最基础的经济制度,是构建和调节人们之间经济利益关系的最基本、最关键、最重要的制度工具

之所以如此,是因为:其一,生产资料所有制是作为社会生产得以正常进行的前提条件而发挥对分配关系的调节作用的,因而它是长久的、稳定的经济杠杆。所有制不同于政治手段和暴力手段。政治手段和暴力手段虽然也能调节经济利益关系,但却是和生产过程相对分离的,因而是和财富的增值过程相对分离的。而生产资料所有制是与生产、与财富创造和增值过程紧密结合在一起的。其二,与其他经济手段相比,生产资料所有制是最基本的经济手段,更具有根本意义。其他经济手段,如国家的宏观调控,如企业内部的微观调节,也会调节经济利益分配关系,但对经济利益关系最大力度、最深刻、最有决定意义

的调整是对生产资料所有制关系的调整。

改革开放以来，我们不断进行所有制结构改革和调整，形成并确立了以公有制为主体、多种所有制经济共同发展的基本经济制度，为经济社会发展提供了巨大动力，取得了巨大的制度绩效。但同时我们也要看到，所有制结构的改革和调整并未完结，如何坚持"两个毫不动摇"，坚持并完善基本经济制度，特别是如何处理好国有制、集体所有制、非公有制之间的结构关系，处理好不同阶层之间的利益关系，充分发挥好不同所有制不同的功能优势，形成所有制结构合力，依然是我们当前面临的一个重要问题。推进农村建设用地国有化，就是从总体上对所有制结构的重大调整，从全局上、长远上重新构建农民集体与国家之间、农民阶层之间、农民阶层与其他阶层之间相对合理、稳定的经济利益结构和经济利益关系。

理论原理依据之二：导致所有制改革和演变的最终决定力量是社会生产力的发展趋势和发展要求

生产力决定生产关系，经济基础决定上层建筑，在生产力的作用下，一切所有制关系都经历着经常的历史更替、经常的历史变更——这是马克思主义的一条基本原理。所有制的改革和演变，最终受制于社会生产发展的客观规律，是社会生产客观规律所使然。社会生产的发展总是处于人与自然的矛盾和人与人的矛盾的错综交织状态，从而构成社会发展的基本矛盾——生产力和生产关系的矛盾。在这一矛盾体中，生产力主要反映人与自然的关系，是矛盾的主要方面；生产关系主要反映人与自然变换过程中人与人的关系，是矛盾的次要方面。生产力决定生产关系，生产关系反作用于生产力，生产力和生产关系的矛盾运动推动社会生产的不断发展进步，这就是社会生产发展的一般规律。

正是由于生产力的发展要求，改革开放以来我们才不断改革和调整所有制关系。近些年来，由于科技进步、生产发展、经济社会条件的发展变化，原有的一些国有制、集体所有制、私人所有制等所有制结构、形式以及相关内容也需要与时俱进、不断改革和深化，以便更好地适应社会生产力的发展要求。推进农村建设用地国有化，更深刻的原因是现在的农村建设用地集体所有已不能更好地适应生产力的发展要求，只有实行国有化，才能适应社会生产力的发展趋势和发展要求。

理论原理依据之三：人和人的利益关系是所有制演变的社会条件

所有制结构调整和改革，无疑是人们之间重大的利益调整。生产力对所有制关系的演变起着最终的决定作用，而所有制关系的现实演变过程却表现为人与人利益关系矛盾、博弈的结果。其中，牵涉国家利益、全民利益、阶层利益、群体利益、个人利益等多层次的利益矛盾和博弈。

原理启示我们，推进农村地区建设用地国有化，牵涉国家利益、全民利益、农民集体利益、农民个体利益、土地开发经营者利益等不同利益主体之间的利益博弈，如何搞好利益平衡、实现利益共享，是农村地区建设用地国有化能否平稳推进、顺利进行的关键。我们既要认清土地制度改革方向，又要协调好各方利益稳步推进；既要有顶层设计、目标计划，又要分步骤、分阶段实施。

二、逐步推进农村建设用地国有化的现实依据

土地是人类在地球上赖以生存、生产、发展的最重要的自然资源和生产资料,因而土地问题是所有民族、国家、阶层都关注的问题,土地制度是最基础、最重要的经济制度。长期以来,我国实行的是城镇土地国有制和农村土地集体所有制二元结构。这种土地所有制制度在保证国家的宏观调控能力、充分调动农民生产经营积极性方面,发挥了重要作用。但随着时间的推移和经济社会的快速发展,土地制度的二元结构也暴露出许多矛盾和问题。特别是城镇土地国有与农村建设用地集体所有之间存在着深刻矛盾,已经对土地的合理开发利用、节约集约利用构成了障碍。逐步推进农村建设用地国有化已是大势所趋。

(一)我国土地资源的极端紧缺性

一是我国国土资源基本状况是人多地少、人地矛盾突出。主要表现在四个方面:第一,土地人均占有数量小。中国国土陆地面积960万平方公里,仅次于俄罗斯与加拿大,居世界第3位。然而,中国最大的一个基本国情就是人口众多,有13亿人口,是世界上第一人口大国,占世界人口的1/3,接近2个欧洲,是美国的6倍。中国人均占有土地资源仅及世界人均占有量的1/3,相当于澳大利亚的1/58、加拿大的1/48、俄罗斯的1/15、巴西的1/7、美国的1/5。[①] 第二,耕地比重小。中国有65%的国土面积为山地丘陵,33%的国土面积为干旱荒漠区,35%的国土面积经受土壤侵蚀和荒漠化,30%的耕地面积为pH值小于5的酸性土壤,20%的耕地面积存在不同程度的盐渍化或海水入侵,70%的国土面积每年受东亚季风强烈影响,17%的国土面积构成了世界屋脊。[②] 中国沙质荒漠、戈壁占国土总面积的12%以上,耕地仅占10%多一些。目前,中国耕地面积约为18.26亿亩,仅为世界平均水平的40%。[③] 第三,人均耕地面积小。我国耕地面积列世界第4位,但人均只有0.1公顷,为世界人均耕地的27.7%,为美国的12.8%、印度的45.5%。目前,中国人口有13亿,如果以18亿亩耕地为底线,人均耕地仅1.38亩。全国已有1/3的省市人均耕地不足1亩,666个县(区)人均耕地低于联合国粮农组织确定的0.8亩警戒线。[④] 第四,人地矛盾的区域性特征明显。中国东半部半湿润、湿润地区集中了90%以上的人口,每平方公里密度225人,特别在沿海和平原地区,生存空间狭小。[⑤]

二是近些年来,耕地减少,建设用地需求增加,供求矛盾突出。随着我国工业化、城镇化和农业现代化进程的加快,建设用地需求在快速增长,工业用地与农业用地矛盾、城镇

———————————

① 《中国地理概况》,中央人民政府网站,http://www.gov.cn/test/2005-05/25/content_591.htm.
② 戴廉:《从六国比较看可持续发展》,《瞭望》2004年第2期。
③ 戴廉:《从六国比较看可持续发展》,《瞭望》2004年第2期。
④ 《我国10年减少1亿亩耕地》,《扬州晚报》2011年2月25日。
⑤ 刘丽、李长久:《全球耕地减少:人类与地球共生的困惑》,《经济参考报》2010年7月8日。

用地与农村用地矛盾、城乡人均用地矛盾等问题异常突出。据统计,1996 年全国耕地面积是 19.5 亿亩,到 2002 年年底这个数字降至 18.89 亿亩。据国土资源部公布的数据,2003 年中国耕地面积减少了 3800 多万亩,其中仅建设占用耕地就达 343.7 万亩,比 2002年增长 17%。[①] 受农业结构调整、生态垦耕、自然灾害损毁和非农建设占用等影响,耕地资源逐年减少。2007 年,全国耕地面积为 18.26 亿亩,比 1996 年减少 1.25 亿亩,年均减少 1100 万亩。随着工业化和城镇化进程的加快,耕地仍将持续减少,宜耕后备土地资源日趋匮乏,今后扩大粮食播种面积的空间极为有限。[②]

土地资源是有限的,并不是取之不尽、用之不竭的自然资源;土地资源是短缺的,目前在中国存在着严重的供求矛盾;土地资源具有天然的公益性,土地是财富之母,是人类与自然进行物质变换、赖以繁衍生息的重要物质载体,在目前的科技条件下,人类还不能离开土地而生存,无论贫富贵贱,人们都要在土地上居住生活;土地资源具有强烈的外部性,某一个地方土地的使用常常会给相邻地方带来或有利或不利的影响。土地资源的有限性、短缺性、公益性、外部性等特征,决定了中国要实现经济社会发展进步,必须破解土地制约难题,走土地节约集约利用之路;决定了土地资源不适宜操控在私人手里,因而不适宜采取私有制,而更应该采取国有制,辅之以集体所有制;决定了城乡建设用地必须作为一个整体统筹考虑,统筹开发利用。因而,现实要求我们必须打破城乡建设用地分别所有、分别管理的二元结构,实现城乡建设用地统一国有、统一管理。

(二)农村建设用地集体所有的历史局限性

一是建设用地大规模流转的要求已突破农村集体所有制的原有功能设计。改革开放之前,我国农村长期实行的是"三级所有,队为基础"的土地集体所有制形式。在这一历史时期,国家完全禁止农民的宅基地、社队公益用地以及社队企业用地等集体建设用地的自由流转。改革开放后,1978—1995 年,随着农村家庭承包经营责任制的推行,随着农村经济的发展,乡镇企业用地和农民个人建房所需土地量大增,因此,集体建设用地流转开始出现,渐至相当活跃,尤其是在那些经济比较发达和地理位置相对优越的小城镇以及城乡接合地区。同时,在集体建设用地流转过程中,出现了多样化的流转形式,比如抵押、出租、入股、转让等,形成了比较大的"地下土地市场"。自 1996 年以后,全国各地农村集体建设用地流转规模呈日益扩大之势,许多地方政府开始探索对农村集体建设用地流转的规范化管理,国家也出台了不少规定。但流转中遇到的所有制问题、产权问题、管理问题依然很多,集体建设用地流转在法律上仍没有得到完全认同,法律依然对集体建设用地流转进行了严格限制。[③] 各地纷纷出现的农村集体建设用地流转现象表明,建设用地流转是优化资源配置、促进经济社会发展的必然要求,因此是一种必然趋势,而我国的一些所

① 韩保江、毛昕:《骤失 3800 万亩耕地的忧思》,《瞭望》2004 年第 10 期。
② 《国家粮食安全中长期规划纲要(2008—2020 年)》,《光明日报》2008 年 11 月 14 日。
③ 李海玉:《关于农村集体建设用地流转的历史考察及若干思考》,《农业考古》2012 年第 3 期。

有制制度、产权制度、管理制度以及法律法规已不适应这一要求。原有的农村建设用地集体所有制,其主要的制度功能是由村集体组织(通常是村委会)代行所有权,规制本村村民宅基地的使用和村集体组织自身所需建设用地的使用。来自村庄外部的建设用地需求和大规模的建设用地流转需求,已经突破农村建设用地集体所有的原有功能设计,农村集体组织既缺乏对外大规模流转建设用地的法理依据,又缺乏合理行权的能力。

二是不利于城乡建设用地一体化规划。在土地供应相对宽松的历史时期,建设用地集体所有,由集体组织如村委会代行所有权,负责村庄的设计规划、宅基地的审批,这也可以算是村庄自治管理的一个重要内容,符合当时的历史条件。国家和政府没能力也没必要对原子化的、分散的、星罗棋布的乡村建设用地进行直接规划和直接管理。然而,随着科技进步、经济社会的快速发展,建设用地需求急剧增加,工业建设要用地、城镇建设要用地、农村建设要用地,实现城乡统筹、区域统筹、合理开发利用建设用地已是必然要求。只有统筹城乡建设用地,实现城乡建设用地一体化规划,才可能促进城乡土地的合理开发利用。但目前的建设用地集体所有不利于城乡建设用地一体化规划。一些城中村、城郊村存在的规划混乱、私搭乱建、污水遍地、道路泥泞、管理混乱、缺乏公共服务设施等脏、乱、差现象,一些农村存在的有新房、无新村现象,都是典型的例证。

三是不利于集约节约用地。集约节约用地是形势所迫、大势所趋。但在实行建设用地集体所有情况下,土地浪费现象难以根本遏制。比如:土地利用缺乏长远规划和科学规划,速拆速建、乱拆乱建现象严重;宅基地审批无序、混乱,审批标准不严格、不科学,宅基地占用面积过大,"空心村"现象严重;缺乏公共基础设施和公共服务,私搭乱建现象严重。所有这些建设用地使用中的乱象,均同建设用地集体所有有内在联系,尽管我国已经实行了严格的土地管控,集体所有权权能受到严格规制,但这种乱象依然难以根除。

四是不利于土地资本收益的合理分配和贯彻按劳分配为主体的原则。随着市场经济发展,城乡土地的使用价值和市场价值发生了巨大变化。土地资本化已是大势所趋,土地资本收益的公平分配、合理分配已成为全民关注的一个焦点、热点问题。近些年来,一些地方政府通过征地批地、经营土地,获得大量收入,被人称为"土地财政";一些城中村、城郊村的农民通过卖地换地,一夜暴富;还有一些城中村、城郊村的农民通过经营房产、出租房屋、出售小产权房等,已然成为日进斗金的土地食利者。当然,也有个别地方的农民因为土地被低价征收,没有获得应有补偿,而受到一定经济利益损失。近些年来,围绕着农村土地征收、流转引发的矛盾不断增多。如何公平分配土地资本收益,是目前政府、当事者阶层、广大公民都十分纠结的问题。长期以来,理论界对农村土地增值收益的分配存在着"溢价归农"与"溢价归公"的争论。"溢价归农"理论认为,土地是农民的,农民拥有对土地的占有、使用、收益、处分以及土地非农开发权。"溢价归公"理论认为,农村土地的增值是由于政府参与投资以及土地的稀缺引起的,而并不是农民对土地的投资和劳动形成的,进而农民独享土地的全部增值收益必然不妥。① 笔者以为,要从根本上解决这个问题,必须从改变土地所有制关系上入手。否则,集体所有制与国有制的矛盾冲突会越来越广泛、越来越深刻,不公平分配的乱象会更加严重,坐地生财、不劳而获的土地食利者群体会越来越庞大,不同群体之间不合理的贫富差距会越拉越大,这既不符合"溢价归公"的经济学原理,也不符合社会主义以按劳分配为主体的原则,不利于充分调动人们参加社会生产经营的积极性,因而不利于社会整体的发展进步。

五是不利于统筹开发利用农村土地市场。目前,我国城乡的房地产市场处于二元分割状态。一方面,国家明确规定农村建设用地包括农民的宅基地、房屋,不得进入房地产市场进行买卖;另一方面,农村集体和农民个体违规租赁建设用地、违规建售"小产权房"、违规租赁房屋的现象严重存在,严重冲击着房地产市场。目前,全国范围内的小产权房已遍地开花。2012 年 2 月 29 日,全国工商联房地产商会旗下的 REICO 工作室对外发布了《我国小产权房问题研究:问题与出路》的报告。该报告估算,1995—2010 年我国小产权房建筑面积累计约为 7.6 亿平方米,房地产相当于同期城镇住宅竣工面积总量的8%。国土资源部多次强调,小产权房是指占用农村集体土地建设,并向农村集体组织以外的成员销售的商品住宅,不受法律保护。但从根本上看,小产权房是农村集体组织在农村土地制度未改革之下,自发寻求土地的市场收益的产物。② 二元分割的房地产市场导致城市房地产市场畸形发展,导致农村建设用地的市场价值未能合理开发,从而也导致城乡建设用地资源未能更高效、更合理地开发利用。农村建设用地不能很好进入市场,客观上使少数房地产开发商形成自然垄断地位,借以抬高房价、牟取超额利润,在使少数房地产经营者变成暴富者阶层的同时,却使广大中低收入阶层沦为"房奴""蚁族",既加剧了分配不公,也加重了住房这一基本生活保障问题。

(三)推进农村建设用地国有化的必然性

一是推进农村建设用地国有化,有利于实现城乡用地一体化规划。加强城乡建设用地一体化规划,统筹城乡用地,是统筹城乡发展、把基本公共服务延伸到农村的必然趋势。推进农村建设用地国有化,可突破集体所有制的种种局限,从全局、长远利益来谋划来规划土地利用,从而避免目前事实上存在的各村自行规划、规划不科学、规划不长远等问题。

二是推进农村建设用地国有化,有利于缓解人地矛盾,适当满足工业化、城镇化和新型农村社区的建设用地需求。推进农村建设用地国有化,是以国家(政府)为农民提供必要的公共基础设施和公共服务、提供城乡一体的基本社会保障等为基本前提的。国家要推进农村建设用地国有化,必须按照科学合理的规划对城中村、城郊村进行改造;必须通过土地整治、"空心村"治理,进行农村社区建设,引导农民集中居住、集约建设和利用公共基础设施,并由此节约建设用地来增加建设用地供应绝对量。引导农民集中建房、集中

---

① 张广辉、魏健:《土地产权、政府行为与土地增值收益分配》,《广东社会科学》2013 年第 1 期。

② 贺军、汤明旺:《农村土地制度改革的政策选择》,《社会科学报》2012 年 12 月 27 日。

居住,有利于推动城镇基础设施向农村延伸;有利于农村居住从自然松、散、乱形态向科学规划布局转变,减少农民重复建房的浪费;有利于稳定耕地面积和保粮增粮;有利于盘活农村存量土地,节约集约利用土地资源,优化城乡土地、人口和生产力布局,有效解决工业化、城镇化发展用地等资源制约,增强经济社会发展后劲。

近些年来,四川成都、河南等地为统筹城乡发展,都对农村社区建设进行了积极探索。四川省成都市从 2003 年开始,特别是被批准为全国统筹城乡综合配套改革试验区以来,积极引导农民向城镇和农村新型社区集中。2003—2011 年,有上百万农民有序进入城镇、新型社区和第二、第三产业,实现了生产生活方式的根本转变,也为土地的规模经营创造了条件。① 最近几年河南把新型农村社区纳入现代城镇体系,作为城镇化的重要内容,积极推进新型农村社区建设。尽管许多农村的建设用地并未实行整体转制,但集约利用公共资源、节约土地的成效已明显显现。截至 2012 年年底,河南全省 2300 多个新型农村社区试点已经建成 500 个。② 据河南省国土资源厅有关负责人计算,河南 4.7 万个村庄总面积占全省城乡居民住宅用地和工矿用地总面积的 3/4。目前农村实际人均住宅建设用地约 248 平方米,按照国家确定的人均 150 平方米标准,河南通过新型农村社区建设规范宅基地使用,可腾出 900 多万亩建设用地的空间。③

三是推进农村建设用地国有化,有利于土地资本化并实现土地收益的公平分配。土地资本化是市场经济发展的客观规律,也是实现资源优化配置的必然要求。既然土地资本化是必然趋势,那么,土地如何资本化,资本化带来的收益如何分配,就成了问题的关键。在以往的土地资本化进程中,城镇国有土地已基本市场化,政府控制着土地一级市场并获得一定的地租收益;农村土地中,部分土地被政府征用改为国有土地后进入市场,部分农业用地在经营过程中引入了市场机制,如转包、转让、土地入股等,开始了资本化,部分农村建设用地通过土地出租、土地入股、小产权房出售、房屋租赁等也开始了资本化。但农村建设用地的资本化很不规范,且收益分配非常混乱,造成了严重的分配不公。导致这种分配状况的关键在于土地的二元所有制。如何解决这种分配不公? 最根本的路径就是把建设用地集体所有改制为国有,由国家和政府来主导土地收益的分配。

四是推进农村建设用地国有化,有利于实现城乡房地产市场一体化。农村建设用地的分散管理、自主使用,不仅影响着城乡土地的合理规划、高效利用,而且也影响着城乡一体化的房地产市场形成,目前严重存在的"小产权房"现象、农民私拆乱建现象就是例证。有学者主张以明确集体所有权来强化集体、农民在集体建设用地中的主体地位,保障农民的权益。然而,强化集体所有权只能进一步固化城乡土地分割管理、使用的二元化格局,进一步分割城镇和农村的房地产市场,进一步加剧土地收益的分配不公。只有把符合条

① 成都市社会科学院课题组:《一场意义深远的改革实验——对成都统筹城乡改革发展实践的认识与思考》,《光明日报》2011 年 3 月 9 日。
② 高长领:《城乡一体化农民还盼啥?》,《河南日报》2013 年 4 月 1 日。
③ 罗辉、郭久辉:《河南探索新型农村社区建设调查(中)》,《河南日报》2012 年 12 月 29 日。

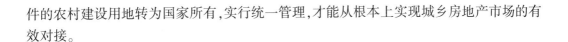

件的农村建设用地转为国家所有,实行统一管理,才能从根本上实现城乡房地产市场的有效对接。

三、逐步推进农村建设用地国有化的主要路径及需要注意的问题

改革开放以来,我国通过土地直接征收、村改居、城乡建设用地增减双挂钩等措施不断增加工业化和城镇化建设用地。农村部分土地国有化事实上在不断进行着。只不过,这种国有化存在着计划性不强、规划性不强、路径单一等问题。逐步推进农村建设用地国有化是工业化、城镇化、农业现代化发展要求所使然,我们必须搞好顶层设计,拓展合适路径,并注意解决相关问题。

(一)推进农村建设用地国有化的主要路径

第一,继续通过土地征用,实现土地改制。这是已实行多年的农村土地国有化的一个重要措施,以后仍将是农村地区建设用地国有化的重要途径。对一些城中村、城郊村等要继续通过土地征用,实现土地改制。土地征用有两个基本要求:一是要符合公共利益原则,确实需要征用;二是要给被征地农民合理的经济补偿,并保障他们以后的生活生产。党的十八大报告中明确提出要提高农民在土地增值收益中的分配比例,2013 年中央一号文件又再次强调了这一点。对被征地农民到底应如何补偿,有学者提出的思路很有启发意义:"第一,首先要借鉴国际经验,确定一个合理的补偿标准;第二,要确定给农民多少补偿,才能做到眼前生活水平有提高、长远生计有保障;第三,建议补偿款发放不要发放太多现金,尽可能通过改善居住条件、完善社会保障来进行补偿。"①

第二,通过建设新型农村社区,实现农村社区建设用地整体转制。凡具备公共服务条件,符合用地标准要求的农村社区的建设用地,可依照一定程序改制为国有土地。这是未来一些年农村建设用地国有化的又一重要路径。河南竹林村的改制对我们有所启示。改革开放后,竹林村获得了飞速发展,逐步探索出了一条有竹林特色的城乡统筹发展新路子。随着竹林村第二、第三产业的大发展,绝大多数农民实现非农就业,1994 年实行建镇,1996 年实行整建制户籍改革,把 13 个自然村 6700 名农民的身份统一改为居民户口,把建设用地转为国有。近年来,河南省许多地方正在探索新型农村社区建设,有的村在合村并城、合村并镇过程中,实现了集体建设用地的国有转制。但更多的新型农村社区目前仍然保留着建设用地集体所有制。建设用地转制依然是新型农村社区建设中面对的一个问题,需要创造条件,积极而又慎重地加以解决。

(二)推进农村建设用地国有化需要注意的问题

第一,要为农村建设用地国有化创造必要的条件。必要条件很重要。实行农村建设用地国有化,是有重要的社会条件附加其上的,并不是随意为之。农村建设用地国有化的主要社会条件是:为农民提供必要的公共基础设施和公共服务,提供城乡一体的基本社会

---

① 《土地　农民增收　城镇化——解读"三农"三大热点话题》,《光明日报》2013 年 2 月 5 日。

保障,农民获得相应的利益补偿和利益分享。为此,一是要用城市标准、城市理念建设标准化新型农村社区。重点是政府要提供良好的基础设施和公共服务。二是要实行村改居。村民改为社区居民,享受城镇居民应有的基本待遇。三是要实行土地利益补偿。政府通过一定程序变社区土地集体所有为国家所有,与此同时,要对原来的村民进行合理的利益补偿,对新型的社区居民实行土地溢价利益分享。

第二,农村社区建设中建设用地国有化应及时跟进。在过去的城镇化过程中,有的地方由于未及时改变建设用地集体所有制,由于允许农民以土地所有者身份进行房地产经营,以致形成了早期城中村社会病——规划混乱、管理无序、公共基础设施缺乏、大量土地食利者产生,并给后来的土地规划利用带来很大麻烦。目前依然有城中村农民以土地所有者的身份、以土地作股份主导或参与当地的房地产经营。这必须引起我们的高度注意。从理论上讲,农民在变为社区居民、享受城镇居民基本的公共服务待遇的同时,其集体建设用地就应转为国有建设用地,由国家(政府)来主导建设用地的规划、使用及收益分配。当然,这并不是说社区居民不再有建设用地收益权,而是说,社区建设用地的规划、使用和收益分配应以国家(政府)为主导进行,社区居民可以参与土地增值的利益分享,可以优先获得符合规划的社区社会建设用地使用权并从中受益。因此,建设新型农村社区时,国有化要及时跟进,以免出现早期的城中村社会病。

第三,要逐步推进,示范带动。鉴于经济发展不平衡、地理位置不一样、历史文化传统影响、传统生产生活方式影响等,建设新型农村社区、推进农村建设用地国有化需要逐步推进、示范带动。既不搞一刀切,也不能不作为,要积极引导、逐步推进。凡建设用地实行国有化的农村社区,农民在保留农地承包经营权的同时,可享受诸多公共服务,同时可以分享地产增值利益。要通过让社区农民得到实实在在的利益、过上更加美好的生活来充分调动更多农民理解、支持、参与新型农村社区建设和集体建设用地转制。

第四,要搞好建设用地国有与农地农民承包经营的制度衔接。建设用地国有,但农业用地依然实行集体所有,农民拥有长期的承包经营权。农民进入社区后,原有的队、组建制会打乱。可成立社区土地管委会代行集体农地所有者职能。社区建设用地如何开发利用、社区所属的集体农地如何管理,需要更深入探讨,需要实践探索。

第五,要严格土地用途管制,厉行集约节约用地。在推进农村建设用地国有化的同时,要配以更加科学的土地规划制度、土地供应制度、土地集约节约利用制度和更加严格的土地用途管制等制度。要在总体上确保建设用地与农业用地的合适比例,确保18亿亩耕地红线。在实行建设用地城乡统筹、耕地占补平衡的同时,要严格限制农用地转为建设用地,为农业发展留足空间。要贯彻集约节约用地原则,通过立法和行政手段,对农村社区用地面积、城镇用地面积、工业用地面积、城乡人均用地面积等进行最严格的管理和控制,最大限度地提高单位建设用地的使用效益。

第六,要适时放开农村社区房地产市场。要以"产权明晰、用途管制、节约集约、严格管理"为原则,探索建立城乡统一的建设用地市场。目前,河南个别地方为调动农民在社区购房的积极性,实行了"地方粮票",规定农民所购社区住房的房产权在本地区可买卖流通。如新乡市出台社区房产证办理办法,为社区住房确权发证,保证农民房产保值、增值,增加农民的财政性收入。舞钢市为社区居民发放了房产证,允许农民以房产作抵押贷款,允许房产权在本社区流通。这固然是一种进步,但远远不够。我们必须在宏观上明确一个大思路,适时放开农村房地产市场,实现城乡土地市场一体化。凡已改制的农村社区可依法开展房地产市场经营。社区居民可获得与城市居民一样的可依法继承、转让、抵押、出租的房产所有权、使用权,可分享土地增值带来的利益。新型农村社区宅基地和住房,由县级人民政府根据土地性质,依法核发土地使用证和房屋所有权证,进行权属确认,允许以转让、抵押、出租、互换等多种形式流转。

第七,要搞好农村宅基地和住房的审批。搞好宅基地和住房的审批,直接关系到建设用地的节约集约利用。要限制原有农村的建设用地使用。凡是达不到公共服务要求标准、未纳入新农村社区规划的农村建设用地,不得进入房地产市场,不允许房地产经营和房产买卖。对不符合建设规划、不符合建设用地使用标准的宅基地申请和住房申请,应该不予审批,对按规划确实需要撤并的村庄,应该停止审批宅基地,禁止重建、扩建住宅。

四、逐步推进农村建设用地国有化需要正确认识的几个问题

正确的理论认识是厘清我国土地制度改革思路的关键。目前,在有关农村建设用地制度改革上需要正确认识以下几个问题。

(一)正确认识土地所有制改革问题

在土地所有制改革问题上,长期以来存在着一些糊涂的甚至错误的认识。这里仅剖析两种观点。

一是不能正确认识所有制的功能作用,看不到建设用地所有制改革的必要性。所有制是一种经济制度,是一种工具,它虽然决定着社会形态的社会性质,但更是一种制度杠杆,是随着经济社会的发展变化、依据社会生产力的发展要求而不断演变的。对土地采取什么样的所有制更有利于经济社会发展,在不同历史时期不同地域是不一样的。虽然从目前我国法律上看,城镇土地属国有,农村土地属农民集体所有,但从哲理上看,全国的土地首先是属于全国公民的,每个公民都有在国土上生存发展的权利,拥有基本的地权。如果土地集体所有制影响和制约了经济社会的发展,那么,要改变的只能是集体所有制,只能是国家的法律。这里不存在对农民的土地剥夺问题,其实质是社会成员以不同的身份、不同的方式与土地结合的问题。如农民不再是以农民的身份,而是以公民、社区居民、现代产业工人的身份与土地相结合。

二是主张土地私有制,不仅主张农业用地私有化,而且主张农村建设用地也私有化。倘若说在生产力发展极其落后、土地资源相对富裕的历史时期,倘若说在土地资源非常富裕的国家,实行部分土地私有制尚有其一定合理性的话,那么,在土地资源异常短缺、人口非常多、人地矛盾异常突出的中国实行土地私有制是根本不可行的,也是根本行不通的。

一旦实行私有化,将导致三种严重后果:后果一,土地使用特别是建设用地使用会更加分散,土地的统一规划、集约使用会难以进行。这不符合经济社会发展的根本需要。后果二,土地监管难以进行。面对分散而众多的所有者,国家和政府难以严格监管。那么,乱垦乱挖、乱拆乱建等现象会严重存在,土地会完全在市场机制作用下,在私人追逐暴利的驱动中,投入暴利行业,进而影响国家的粮食安全。后果三,土地兼并、贫富分化将不可避免。一些所有者会通过各种手段收买土地、囤积土地,变为土地垄断者、大地主,变为土地食利者,而更多的人会在兼并过程中失去土地,导致贫富两极分化,这在总体上会剥夺相当一部分人公平享有土地的权利,产生明显的地权不公。而地权不同于其他产权,是一种基本生存性权利,地权不公必将导致群体利益严重冲突,进而引发社会动乱。

(二)正确认识城乡建设用地市场一体化

2011年,党的十七届三中全会就提出"逐步建立城乡统一的建设用地市场"。建立城乡统一的建设用地市场,已是共识,也是必然趋势。但有不少学者主张在不改变农村建设用地集体所有的情况下,让农村建设用地直接进入土地市场,让农民以土地作为资本自主进行建设用地开发经营,分享土地增值收益,实现农民集体土地与城市国有土地的"同地、同价、同权"。这一观点目前颇为流行。如蔡继明提出:"只要符合城乡的统一规划,就应该允许农民在集体建设用地上自主推进工业化和城市化,集体建设用地应该具有与国有建设用地同等的权益,相同位置和功能相同的土地应具有相同的价格,集体建设用地上的投资应同样能够转化为资本,集体建设用地上的基础设施和各种建筑物应同样能够作为抵押品进行融资,农村居民的宅基地应具有和城市居民宅基地同等的权利,我国的土地管理必须由所有权管理向规划和用途管理转变。"[1]如韩俊主张,在符合国家土地利用规划、严格管制非农用地总量的基础上,要把更多的非农建设用地直接留给农民集体开发,让农民以土地作为资本直接参与工业化和城镇化,分享土地增值收益。如张晓山主张,应创造多个商住用地的供地主体,把建设用地的一部分开发权让给农民,在符合规划的前提下,农民可以自己经营,或与开发商合作,政府来征收地产税或物业税,以税收来调节收入分配。[2]如黄小虎主张,要赋予农民完全的土地财产权,允许农民在国家规划引导下自主地参与工业化、城市化进程。[3]

针对主张集体建设用地流转或进入市场的观点,陈锡文指出:"土地利用的权利,必须在规划许可的范围内才能追求平等,脱离了规划的许可谈土地利用权利的平等,就一定会造成土地管理的失控。我国农村的集体建设用地至少有2.5亿亩以上,如果允许其流转或入市成为社会建设用地,哪怕是流出十分之一,对宏观经济的影响也难以估量。"[4]笔者认为,在不改变所有制的情况下让农村建设用地进入土地市场,让农民直接进行土地开

① 蔡继明:《在集体土地上推进城镇化》,《社会科学报》2011年5月26日。

② 《土地 农民增收 城镇化——解读"三农"三大热点话题》,《光明日报》2013年2月5日。

③ 黄小虎:《我国土地制度与土地改革的走向——从土地财政和土地金融说起》,《中州学刊》2012年第2期。

④ 陈锡文:《我国城镇化进程中的"三农"问题》,《国家行政学院学报》2012年第6期。

发经营,只能使问题更加复杂化,必然会加剧国有和集体的矛盾,固化房地产市场二元化格局,并引发严重的分配不公。如果不积极推进农村建设用地国有化,就不可能从根本上改变城乡土地市场的二元结构,而且会给我国经济社会的发展带来长期的负面影响。

(三)正确认识"农民上楼"问题

近些年来,全国不少地方都在积极探索统筹城乡发展的路子。其中有一个特别重要的措施就是搞新型农村社区建设,引导农民集中居住。在改善农民生活、居住条件的同时,限制住宅面积,引导农民住二层楼房和多层建筑,有人称为"农民上楼"。"农民上楼"从总体上节约了建设用地,一定程度上满足了城镇化、工业化用地需求。然而,有学者对"农民上楼"大加批评。认为这是又一次对农民的土地剥夺,是从农民手中抢地。对"农民上楼"问题,笔者认为必须辩证地看、历史地看。其一,从大方向上看,"农民上楼"是大势所趋。在人地矛盾异常突出,特别是建设用地异常短缺的情况下,农村传统中那种住宅占地面积过大、粗放使用、不科学使用建设用地的方式已成历史,严酷的现实、发展的需要,都要求我们必须改变农民传统的建设用地使用方式。其二,"农民上楼"是与现代生活方式、生产方式相适应的。农村公共基础设施的改变如水、电、气、暖的供应,污水、垃圾的处理等,农民生产方式的改变如从事现代农业生产、在附近工厂就业等,为"农民上楼"提供了方便。也就是说,"农民上楼"意味着生活条件的改善、生活水平的提高而不是相反。当然,农民在享受现代文明生活的同时,也会失去一些传统的生活享受,如面积很大的庭院,有足够的空间可养猪、养鸡等。代价是必须的,任何进步都是有代价的。"农民上楼"虽然是一种必然趋势,但必须创造条件、示范引导,绝不能搞强迫命令、一刀切。

(四)正确认识"土地财政"问题

在城镇化进程中,无论是农村的建设用地被征用,还是农用地被转为非农建设用地,在这个过程中都产生了种种利益关系。"我国的现代化过程,在某种程度上说就是土地增值和土地资本化的过程,而农地资本化后增值收益的分配问题一直是利益相关者关注的问题。"[1]"土地财政"问题是近些年广为一些人所责问的问题。确实,在近些年来的土地征收过程中存在个别地方政府为了增加财政收入而产生的征地冲动,而且存在强征强拆等现象、存在给农民补贴偏低现象,但总体来看,"土地财政"的存在具有一定的合理性。其一,土地征收转让并不全是用于商业经营、工业建设,部分被征地用于城市公共设施建设和公共服务建设,如学校、医院等建设,并不会产生巨大的土地收益。其二,即使产生巨大的土地收益,也不可能把这些钱全部交给农民由农民支配,更不可能让土地经营商作主分配,这些土地收益只能由政府代表公共利益进行相对公平的分配。其原因在于土地收益并非由农民劳动创造的,而是由经济社会发展所产生的需求以及土地所处的地理位置等多种因素造成的,这种土地收益全部由农民支配显然缺乏合理性。同时,政府要负担当地的公共基础设施和公共服务设施建设,要提供公共服务,尤其是要为失地农民提供

---

① 《土地 农民增收 城镇化——解读"三农"三大热点话题》,《光明日报》2013年2月5日。

必需的基本社会保障等公共服务,因此需要大量的财政支出。"正是现行土地制度为当前中国的快速城市化,为中国经济持续增长,为中华民族伟大复兴,提供了制度红利。"①显然,并不能全盘否定"土地财政",重要的是要改革和完善征地制度、用地制度以及土地收益分配方式。在土地收益分配中确实要防止三种倾向:一是对有些地方失地农民的利益补偿偏低,变相侵害农民权益;二是个别地方对农民经济补偿偏高,既损害公共利益,也引起分配不公;三是为土地经营商留下巨大利益空间,既损害公共利益,也损害失地农民利益。

（五）正确认识农民利益与全民利益的关系问题

近些年来,有个别学者在探讨农民问题尤其是探讨土地征收问题时,习惯于对立性思维,习惯于把农民利益与政府利益、与全民利益摆在一个对立的位置上。似乎政府征收土地、引导农民集中居住等都是在跟农民过不去,是在剥夺农民的权益。这是一个严重的认识误区。事实上,征收土地、引导农民集中居住,应该说是为了整个社会的利益,为了全民的利益,为了长远的利益,其中也包括农民自身的长远利益。土地被合理、高效利用必将有利于经济社会的快速发展,因而也有利于农民的生产方式改变和生活水平提高,而且,在土地征收过程中,在引导农民集中居住过程中,农民的合法权益也将得到有效保护。

参考资料

[1]中共成都市政策研究室:《科学发展观指导下的成都实践——成都市推进城乡一体化的实践探索》,四川人民出版社 2007 年版。

[2]李太淼:《中国特色社会主义经济制度论》,人民出版社 2009 年版。

[3]喻新安、刘道兴、阎德民:《新型农村社区论》,人民出版社 2012 年版。

（原载《中州学刊》2013 年第 4 期）

---

① 贺雪峰:《现行土地制度是中国的制度红利》,《社会科学报》2013 年 1 月 3 日。

论我国基本经济制度的经济功能

一、基本经济制度的利益驱力功能

利益驱力是社会生产的动力,是经济发展的动力。基本经济制度的优劣好坏关键是看能否形成强大的利益驱力,充分调动各行各业广大劳动者、生产经营者的积极性、能动性、创造性。我国的基本经济制度承认并鼓励人们对个人利益的合法追求,承认个人及企业生产经营者独立利益主体的地位,因而能形成与市场经济相适应的众多而广泛的微观产权主体,能通过利益机制、价格机制、竞争机制等促进市场经济的快速发展。

(一)基本经济制度承认公私产权并鼓励追求和发展个人产权

允许并鼓励多种所有制经济共同发展,实质就是允许和鼓励非公有制经济发展,就是允许和鼓励私有制经济发展。允许和鼓励私有制经济发展,实质就是允许个人产权存在并鼓励人们追求和发展个人产权。相对于传统的单一公有制而言,这是一种巨大的历史进步。在传统的单一公有制社会里,显然也允许个人利益的存在,如生活资料的按劳分配,但不允许存在私人产权,人们对个人利益的追求被限制在狭小的范围内,严重压抑和束缚了人们生产经营的积极性、能动性、创造性。而基本经济制度在确认公有产权重要性的同时,允许并鼓励人们对个人产权的追求和发展,这为人们追求合法的个人利益开辟了无比广阔的空间。人们可以通过拥有劳动产权、资本产权、知识产权等各种各样的、有形的、无形的产权而获取相应的经济利益。由此,各行各业的社会生产者获得了强大的利益驱力,经济发展获得了一种内生的、强烈的、持久的动力。所谓内生,是因为它是人们自觉自愿的行为,不是外在的压制;所谓强烈,是因为人们奋斗的一切都同自己的利益相关,追求自身利益有一种巨大的热情;所谓持久,是因为人们对自身利益的追求没有止境,动力经久不衰。

(二)基本经济制度有利于形成市场经济的利益机制

市场经济是通过市场机制的作用来配置社会资源、驱动经济运行的。市场经济通过市场机制的运作,对社会生产发挥着两大功能:一是对社会经济资源的有效配置;二是为经济发展提供强有力的利益驱力。这第二大功能往往被人们忽视或忌谈,然而这却是客观存在的事实。市场经济的活力、市场经济对资源的优化配置作用,归根结底有赖于这种利益驱力。市场经济以多元产权主体的存在为基础,以不同产权主体的利益为基础,为各自在经济活动中追求利润最大化创造了良好条件,使动力落到实处。没有多元产权主体和多元利益主体的存在,没有众多的拥有独立利益的市场主体的存在和对利益的追求,没有实现这种利益的有效机制,也就不会有真正的市场和市场竞争。很显然,以公有制为主体、多种所有制经济共同发展的基本经济制度有利于形成市场经济的利益机制。

二、基本经济制度有利于资源优化配置

基本经济制度与市场经济相兼容,一方面,有利于充分发挥市场机制在资源配置中的基础性作用和决定性作用;另一方面,可以保持以公有制为主体在资源配置中的特殊作用。因而,总体上看,基本经济制度相比资本主义的完全私有制,相比传统社会主义的单一公有制,更有利于促进资源的优化配置。

(一)有利于充分发挥市场机制在资源配置中的基础性作用和决定性作用

所谓市场经济,是指在商品经济高度发展的基础上,市场在社会资源配置中起基础性作用和决定性作用的经济运行方式。市场是商品交换关系的总和,有商品,就有市场,但只有商品经济发展到以市场作为资源配置的主要方式时才构成市场经济。市场经济是通过利益机制、价格机制、供求机制、竞争机制、风险机制等市场机制的作用来配置社会资源、驱动经济运行的。市场经济的存在和发展与所有制关系有着密切联系,马克思在分析资本主义商品生产时曾指出,商品生产的存在有两个社会条件:一是社会分工,二是生产资料私有制。毫无疑问,私有制与市场经济存在着天然的兼容性,因而市场经济首先在资本主义国家获得飞速发展。而关于公有制能否与市场经济兼容的问题,理论界已探讨和争论了许多年。在马克思那里,公有制与市场经济是不可兼容的,不仅不可兼容,而且是要消灭商品经济的。如果说单一公有制与市场经济难以兼容或者说不能很好地兼容的话,那么,基本经济制度由于允许并鼓励非公有制发展,因而会与市场经济存在良好的兼容性。基本经济制度奠定了多元产权主体、多元利益主体存在的基础,由此也奠定了相互独立的市场主体存在的基础,更能适应和促进市场经济发展。

(二)有利于限制私人垄断,促进资源的合理开发和可持续利用

其一,重要的生产资料特别是自然资源类生产资料,由代表广大人民利益的国家和代表集体利益的集体掌控,实行公有制,更有利于资源的合理开发和可持续利用。人们的生产、生存、发展离不开生产资料特别是离不开自然资源类生产资料,而这些重要的生产资料一旦被私人所掌控,就不可避免地产生掠夺使用、私人垄断。中国数千年封建社会中不断重复出现的土地兼并,一再表明了土地私有制下所产生的土地的私人垄断对生产力发展的阻碍和破坏作用。在近现代市场经济条件下,私人竞争必然产生私人垄断,如果说竞争有利于生产发展的话,私人垄断则会限制公平竞争,会影响资源的合理配置利用,影响经济效率。更为重要的是,由于土地资源、水资源、矿藏资源、森林资源、空间经济资源、海洋经济资源等这些自然资源类生产资料的有限性、紧缺性、与人类生存生活的密切相关性,因而具有天然的外部性特征。如果说在人类社会早期,由于科技不发达以及人口较少,资源存量较多,这些资源的重要性还没有引起特别重视,对这些资源的所有制制度安排还存在多种选择的话,那么,在科技高度发达、许多资源的有用性不断被发现、人口压力巨大、资源十分紧缺的今天,这些自然类资源的重要性已为人们高度重视,在所有制问题上如何作出合理的制度安排也显得尤为重要。很显然,由这些自然资源类生产资料本身天然的外部性特征所决定,最适合采取公有制,在我国最适合采取国有制并辅之以集体所有制,以防止私人垄断,保证这些资源的合理开发和可持续利用。尽管我国目前在自然资源的开发利用中还存在许多问题,诸如存在乱采滥伐、资源浪费等现象,特别是面临着在市场经济条件下如何创新自然资源类生产资料的公有制实现形式以便更好地与市场经济相结合的问题,但有一点是明确的,那就是对这些生产资料绝不可以实行私有制,一旦实行私有制,这些资源的合理开发、合理配置、可持续利用都将成为不可能。

其二,让国有经济在基础产业、支柱产业、高新技术产业以及金融领域占支配地位,在国民经济中发挥主导作用,更有利于限制私人垄断,促进公平竞争,引导经济发展,发挥市场机制的正面效应。基础产业为整个社会的经济发展提供基础和平台,因而对整个社会的经济发展也有着瓶颈制约作用,具有一定的自然垄断性质。陆路、水路、航空等交通设施建设,水、电、气、暖等城市基础设施建设,大型通信工程、水利工程、电力工程、油气工程建设等,这些基础产业关系到国计民生,关系到后续产业的发展,关系到其他产业、行业生产经营者的公平竞争,因此,国有经济必须在基础产业占支配地位,避免私人垄断,以便为其他各行各业的生产经营者提供更加公平的竞争平台和更加优良的基础性服务,推动国民经济整体更好更快发展。尽管目前我国电力、电信、石油、铁路、航空、水利等垄断行业以及城市基础设施行业在经营管理、收益分配中存在不少问题,但这只能说明对这些垄断行业深化管理制度和分配制度改革的迫切性、必要性,而绝不能成为这些行业实行私有化改革的理由。公有制经济可以利用非公有制经济来发展基础产业,如采取承包、租赁、特权许可、合作经营、参股等多种经营形式发展基础产业,但公有制在基础产业中的支配地位不可动摇。

就具体行业而言,当一种基础产业行业还没有因为科技的进步和资本市场的发展而失去国家垄断的意义,这种产业的私人垄断就只会给私人带来超额利润而绝不会给其他行业的经营者带来福音。当然,随着经济发展、科技进步、民间资本力量壮大,基础产业的某些行业采取国家垄断不再具有国计民生的重要性,不再有利于经济发展,而私人资本在这一行业的自由竞争更有利于提高产出效率。只有在这种情况下,国有资本的退出才是合理的,也是必须的。这也说明,基础性产业、垄断性行业是具有历史性的范畴,在不同历史时期,基础性产业、垄断性行业的内涵会发生变化,但国有经济必须在基础产业占支配地位则是符合经济发展规律的。支柱产业在一国的经济发展中起着重要的引导作用,而在科学技术越来越成为第一生产力的今天,高新技术产业对一个国家的国民经济发展更是起着加速器、助推器的作用,决定着一个国家在全球经济竞争中的核心竞争力。我国的市场经济发展不可能再沿袭早期资本主义市场经济发展的老路,而必须采取国家干预、规模经营、龙头出击、抢占国际市场制高点的超常规、跳跃式发展道路。而要谋求这种发展,就必须让国有经济在支柱产业、高新技术产业占支配地位,发挥主导作用。特别是在高新技术产业发展方面,由于这些产业往往风险高、投资大、利润回收周期长,私营企业因为资金、人才等条件所限往往无力经营或不愿经营,而高新技术产业又对整个国民经济的素质提升、结构调整、长远发展具有强大的推动作用,因此,国有经济在重大科技项目研究开发、科技项目引进方面,有着比较优势,发挥国有经济在高新技术产业中的主导、引导作用是当代中国谋求跳跃式发展的必然选择。金融是国民经济的神经中枢,随着金融资本与工业资本的日益融合,随着资本市场的高度发达和金融对经济作用的日益加强,规避金融风险,规范金融市场,运用货币政策调控经济运行,是保证经济稳定健康发展的必然要求,而要达到这一目的,就必须让国有经济在金融领域占支配地位、发挥主导作用。

(三)有利于克服市场失灵,有效提供公共产品和服务

仅仅依靠市场机制无法有效解决社会公共产品供给问题,而社会公共产品供给,不仅关系到广大人民群众生活水平的提高,关系到社会福利的最大化,关系到和谐社会的构建,是经济发展的根本目的所在,而且,从经济效率的角度讲,它还关系到商品生产经营者的基础条件、社会环境,具有强烈的正外部经济效应,对国民经济整体效率的提高和长远发展具有极其重要的意义。因此,世界上绝大多数国家,不论是发达国家还是发展中国家,都纷纷通过引入国有资本,创办国有企业,发展公益事业,以弥补市场缺陷,解决"市场失灵"问题。我国实行以公有制为主体,应该说更有利于解决城乡公共产品的供给问题。例如,我们可以集中巨大的财力人力兴办那些具有重大社会效益,一些私人企业不愿干、也干不起的重大科研攻关项目、水利工程项目、交通通信工程项目、生态工程建设项目、文化设施建设项目;可以通过公有资本解决好全国城乡的公共交通、公共卫生以及水、电、气、暖、邮政、电信、网络等基础设施建设;可以通过公共财政有效解决国防和国家安全问题;可以通过公共财政有效解决基础科研事业、医疗卫生事业、教育事业、文化事业、社会保障事业等各项社会公益事业的发展问题。而所有这些不仅对提高我国广大人民群众的物质文化生活水平、构建和谐社会、提升我国的综合国力有重要意义,而且对我国经济的整体发展、长远发展具有重要意义。特别是教育、科技事业以及城乡基础设施建设,关系着未来经济发展所需要的人才支撑和科技支撑,关系着无数市场竞争主体所需的基础条件和环境,其对国民经济整体效益提高和持续发展的作用和意义尤为明显。

三、基本经济制度有利于搞好宏观调控和实现国家发展战略

搞市场经济并不排斥宏观调控,相反,在现代市场经济中,宏观调控机制是和市场机制有机结合在一起共同配置资源的。市场机制在资源配置中起基础作用和决定性作用,在此基础上,宏观调控机制通过经济的、法律的乃至行政的手段对市场经济进行宏观控制和调节,从而弥补市场机制的缺陷,以求保持经济的持续、稳定发展。搞市场经济也绝非不要计划,相反,由于各国的资源状况不同、发展的优劣条件和基础不同,特别需要国家(政府)根据国内外的发展状况和竞争态势,制定出本国经济的发展规划和发展战略,以

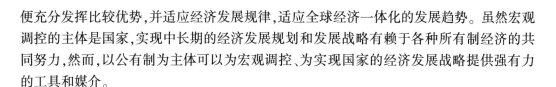

便充分发挥比较优势,并适应经济发展规律,适应全球经济一体化的发展趋势。虽然宏观调控的主体是国家,实现中长期的经济发展规划和发展战略有赖于各种所有制经济的共同努力,然而,以公有制为主体可以为宏观调控、为实现国家的经济发展战略提供强有力的工具和媒介。

(一)建立在基本经济制度基础上的宏观调控会更加有力有效

以国有经济为主导的公有制,是国家高效调控经济的主要产权基础,国家可以通过国有经济的控制、主导作用更好地实施宏观调控政策,调控国民经济运行。例如:可以通过调整银行利率调整投资需求;可以通过调整某些国有企业产品的价格平抑物价的波动;可以通过扩大公共投资,扩张有效需求,创造就业机会,刺激经济增长;可以通过扩大国有资本,引导投资走向和产业发展方向。总之,以公有制为主体更有利于国家实现充分就业、供需平衡的宏观调控目标,更有利于经济的持续、平衡运行。对于建立在私有制基础上的资本主义社会来说,高效的国家调控是难以实现的。就拿发达的美国来说,尽管 2008 年金融和经济危机后美国政府投入巨大的救市资金,也无法满足华尔街金融资本等的欲望之壑,大量穷困失业人口依然存在,债务危机和大量金融"有毒资产"消除不了,消费和投资等有效需求始终启动不起来,其深层次根源在于私有制垄断企业会反对和影响国家进行及时有效的调控。而我国为了克服西方金融和经济危机的冲击和负面影响,迅速运用国有经济的力量,积极执行国家投资计划,高效率提供大量公共产品,大幅度改善国计民生,确保了宏观和微观经济的稳定运行。我国自 1996 年成功实现"软着陆"以来,随着社会主义市场经济体制的逐步完善和宏观调控经验的积累,较好地实现了促进经济增长、增加就业、稳定物价和保持国际收支平衡的宏观调控四大目标,这充分彰显了社会主义市场经济宏观调控的独特优势。①

(二)基本经济制度更有利于实现国家发展战略

国家可以通过国有经济的控制、主导作用,更好地实现经济发展战略。如国家可以通过投资兴建大型水利工程、生态工程、污染防治工程、资源开发工程、能源开发工程,通过投资发展高新技术产业、战略主导性产业,通过对边远落后地区直接投资、兴办国有企业等,更有效地弥补"市场不足",主导和带动战略性产业的发展,不断优化国民经济结构,整合全社会资源配置,协调区域经济发展,从而更好地实现我国超常规、跨越式发展战略。利用国有资本克服市场缺陷,弥补"市场不足",实现本国经济发展战略,既为发达市场经济国家所采用,更为发展中国家所运用。第二次世界大战后,为了能在较短时间内恢复经济,医治战争创伤,谋求国际竞争优势,英国、法国、意大利等国都建立了一大批国有企业,使有经济规模达到了很高的水平。在许多发展中国家和地区,由于面临着民间资本不足、市场体系发育不全、既存在严重的资源约束又承受着严峻的外部挑战等客观情况,这些国家和地区无论是向社会主义还是向资本主义发展,都把国有企业作为推动工业化、加

---

① 汪同三:《进一步提高宏观调控水平》,《人民日报》2013 年 11 月 12 日。

速经济发展的重要手段,国有经济在发展初期维持较大的规模。尽管随着经济发展、科技进步、民间资本力量壮大,资本主义市场经济国家的国有经济比例有所降低,但作为弥补市场缺陷、解决"市场不足"、搞好宏观调控、谋求发展战略的重要手段和工具的国有经济和国有企业都始终存在着。我国是走社会主义道路的发展中国家,有着更加特殊的国情。我国虽然资源丰富,但人口众多,人均资源占有量低、资源短缺已成为制约经济发展的"瓶颈";地域广阔,但区域发展不平衡;产业门类齐全,但经济基础薄弱,生产力发展相对落后,且多层次不平衡,产业结构层次低,具有国际竞争力的优势产业、行业不突出、不多。我国虽然已初步建立了社会主义市场经济体制,但市场体系和机制尚不健全,民间资本力量还十分有限。要在这样一个特殊的条件下谋求我国的跨越式发展,搞好经济发展规划和发展战略,搞好宏观调控和调节,在充分发挥市场机制的正效应的同时有效弥补市场缺陷,我们面临更加严峻的任务和挑战。实行以公有制为主体,让国有经济更好地发挥主导作用,是我国应对国际经济挑战,谋求跨越式发展,保持市场经济平稳健康发展现实的、必然的选择。2010 年美国《财富》杂志公布的世界 500 强企业中,我国的中央企业上榜 30家,不仅没有如某些人所说"比重越高对经济转型越不利",相反,它们还成为西方企业最具竞争力的对手。①

四、基本经济制度有利于建立合理的分配机制

分配是社会生产和再生产的重要环节,分配关系是最重要的经济关系。能否确立合理的分配机制,构建合理的分配关系,不仅关系到社会各阶层的生成以及各阶层关系的和谐,而且关系到社会生产和再生产的正常运行,关系到经济的长期稳定发展。历史上,由于分配不公、贫富悬殊、利益冲突所导致的农民起义、工人罢工、国内外战争进而客观上造成的生产中断、生产力破坏甚至倒退,一再表明了私有制的历史局限性,表明了建立公正合理的分配关系对经济长期稳定发展的重要性。

没有人会怀疑所有制对收入分配的重要意义。马克思主义经典作家一再强调,分配在表现为产品分配之前首先是生产工具和生产条件的分配,因而所有制决定着分配的形式和内容。尽管这里的分配主要指的是直接生产过程中的分配,但所有制不论是对直接生产过程中的分配还是对社会再生产过程中的分配,其重要作用都是显而易见的。社会分配机制可以简单划分为初次分配机制和再分配机制(也有学者主张把非政府组织的民间社会捐助、慈善事业等纳入第三次分配)。就整个社会的分配关系、分配性质而言,尽管社会再分配(包括第三次分配)对整个社会的分配调节有着不可或缺的、极其重要的作用,然而,更具决定意义、更为重要的则是初次分配机制。初次分配是直接融入生产过程之中,因而是直接融入社会财富创造过程之中的,直接影响着可供分配的财富总量,因而其分配格局具有一定的社会刚性。社会再分配只能在此基础上进行一定幅度的调节,而

---

① 程恩富、侯为民:《准确认识社会主义初级阶段基本经济制度》,《光明日报》2011 年 9 月 28 日。

不可能根本改变初次分配格局。如要改变初次分配格局,就会改变直接生产体系,使正常生产难以进行。资本主义国家可以通过财政转移支付、税收等手段实行再分配,调节不同阶层收入,但一旦这种再分配政策极大地限制了资本所有者的分配利益进而影响其投资生产的积极性,这种再分配政策也就不再具有可行性。很显然,初次分配对形成整个社会利益格局的作用是第一位的,而在初次分配机制中,所有制的作用又是第一位的,正像我们过去常讲的,有什么样的所有制结构就会有什么样的分配关系。坚持以公有制为主体、多种所有制经济共同发展,对构建合理的分配机制和分配关系、谋求经济的长期稳定发展有重要意义。

(一)基本经济制度有利于抑制分配不公

坚持以公有制为主体,使重要的资产收益不被少数人所占有,这更有利于抑制分配不公,避免激烈的利益冲突和阶级对抗,保证经济的长期稳定发展。由国家和集体掌握有关国计民生的重要生产资料,由国有经济在关系国计民生的最重要产业和行业占支配地位,在分配上的结果必然是:私人资本不能凭借对重要生产资料和重要产业、行业的垄断获取高额垄断利润,重要生产资料的资产收益(诸如土地、矿藏、水资源、森林资源的资产收益)、重要产业和行业的经营收益将归国家和集体所有。尽管目前这部分收益中存在着一些流失现象,这只能说明我国的公有制实现形式在与市场经济对接中还存在着严重问题,亟待进一步深化改革,而并不能表明自然资源类生产资料以及关系国计民生的重要产业和行业实行私有制的合理性。从整个社会生产的角度看,实行以公有制为主体,保证重要生产资料的资产收益归国家和集体占有,重要产业和行业的经营收益归国家掌握,有利于在充分发挥按资分配、按生产要素贡献分配作用的同时,保证按劳分配的主体地位,抑制分配不公、贫富悬殊,从而有利于扩大消费需求、刺激生产供给;有利于避免不同社会阶层激烈的利益冲突,避免阶级对抗、社会动乱以及各种破坏生产力行为的发生。因此,在我国大力发展市场经济的进程中,我们既要看到非公有制经济在调动生产经营者积极性、促进市场竞争、加快经济发展中的积极作用,也绝不能任意贬低甚至无视以公有制为主体对保证经济长期稳定发展的重要作用。

(二)基本经济制度有利于保障国家再分配调节能力

西方不发达的资本主义国家,即使包括瑞典在内的西方发达资本主义国家,由于科技和经济发达,城乡居民的普遍和平均福利水平较高,但非公经济占主体都导致了不同程度的社会对立和矛盾。其根源在于私人企业形成的国民收入初次分配导致了贫富的较大差别,再分配只能有限地缩小,而不可能根本缩小财产和收入的贫富差别和对立。[①] 坚持以公有制为主体,使重要生产资料的资产收益及重要产业和行业的经营收益为国家所掌控,更有利于保障国家再分配调节能力,因而更有利于经济的平稳协调发展。在初次分配中,重要生产资料的资产收益、关系国计民生的重要产业和行业特别是垄断行业的经营收益

---

① 程恩富、侯为民:《准确认识社会主义初级阶段基本经济制度》,《光明日报》2011 年 9 月 28 日。

归国家掌控,可以增加国家财政收入,使国家拥有强大的再分配调节能力。国家可根据社会整体和谐发展的需要,加大对社会保障事业的投入,构筑市场经济的安全防线;加大对贫困地区的资助和对社会弱势群体的救助,协调区域发展,限制贫富差距,防止两极分化;加大对经济发展和国家安全极具战略意义的基础建设项目、有关产业和行业的投入;加大对公共教育、公共卫生、公共安全等社会各项事业的投入。这不仅对构建和谐社会、促进经济与社会的和谐发展极具重要意义,而且对经济的安全发展、和谐发展、可持续发展都具有重要意义。

(三)基本经济制度有利于实现共同富裕并充分调动广大劳动者的积极性

基本经济制度必然要求建立以按劳分配为主、多种分配方式并存的分配制度,这种分配制度既有利于保障劳动者的经济利益、实现共同富裕,又有利于调动各种生产要素所有者的积极性。实行按劳分配为主体、多种分配方式并存的分配制度是以公有制为主体、多种所有制经济共同发展这一基本经济制度的必然要求。党的十五大报告明确提出了要实行按劳分配为主体、多种分配方式并存的分配制度,允许和鼓励资本、技术等生产要素参与分配;党的十六大报告再次强调,要"确立劳动、资本、技术和管理等生产要素按贡献参与分配的原则,完善按劳分配为主体、多种分配方式并存的分配制度";党的十七大报告明确指出要坚持和完善按劳分配为主体、多种分配方式并存的分配制度,健全劳动、资本、技术、管理等生产要素按贡献参与分配的制度,初次分配和再分配都要处理好效率和公平的关系,再分配更加注重公平。劳动是解决人与自然矛盾,满足人类社会生存、发展、享受等需要的最基本、最根本的手段,整个人类文明发展史也是人类劳动发展史,离开了劳动,人类一刻也生存不下去。劳动是创造社会财富的根本源泉,任何生产资料(土地、资本、技术、设备等)都只有同劳动相结合才能转化为现实的社会财富。因此,要谋求经济社会又好又快的发展,就必须坚持以按劳分配为主体。坚持以按劳分配为主体,有利于充分调动广大劳动者从事生产劳动的积极性、能动性、创造性,从而推动经济社会更好更快发展,这符合人类社会发展的基本规律。

在市场经济条件下,由于多种所有制存在、多元产权主体存在,由于市场竞争机制的作用和要素市场的必然存在,不仅按劳分配的方式会发生极大变化,而且不可避免地存在多种分配方式,如利润收入、股息收入、红利收入、利息收入、租金收入、风险收入等,多种分配形式的集中表现就是按生产要素分配。所谓按要素分配实际上指的是不同利益主体根据自己所拥有的要素产权参与社会剩余产品分配的一种权利安排,其实质反映的是拥有不同要素产权的不同利益主体间的经济利益关系。市场经济中,经济的发展是由人、财、物等生产要素共同发挥作用来推动的,尽管只有人的劳动才能创造价值,劳动者应依此获得收益,但基于财和物作为生产要素在国民经济运行中的地位和作用,其所有者必须要依赖所有的财和物获得收益,不然就会影响要素所有者的投入积极性,就会影响经济发展。要调动各方面的积极性,促进市场经济有效运作,就必须实行按要素分配。按生产要素分配是社会化生产条件下发展市场经济的客观要求和内在要求,是市场机制在分配领域发挥作用的具体表现。没有按要素分配,市场就不可能对资源配置起基础性作用和决定性作用,因而也就没有市场经济本身。

很显然,实行按劳分配为主体与多种分配方式相结合,有利于充分调动广大劳动者的积极性,优化社会资源配置,提高经济效益,促进经济发展。在坚持按劳分配为主体的同时,实行按生产要素进行分配,不仅可以提高劳动者的生产积极性,而且可以调动要素所有者投入要素的积极性和主动性。比如,劳动力所有者多劳动可以多收入;资本所有者多投入可以获得较多的利润或利息;掌握技术、信息、房地产等诸要素的人对其所有要素的投入均可获得相应的回报;拥有经营管理才能并善于经营管理的人,可凭此投入而获得经营风险收入;等等。这一切必将极大地刺激要素所有者的生产和投入积极性,从而使生产要素配置到要素最稀缺和要素使用效率最高的地区、行业和企业中去,优化社会资源配置,减少资源的闲置和浪费,有利于调动生产者的能动性和创造性,提高单位经济效益,最终推动整个社会的经济发展。

(原载《江汉论坛》2014 年第 10 期)

论我国基本经济制度的政治功能

生产力决定生产关系,经济基础决定上层建筑,这是人类社会发展的基本规律。在经济与政治之间,存在着决定与被决定、作用与反作用等复杂的辩证关系。马克思主义十分重视经济与政治的关系问题,强调"没有离开政治的经济,也没有离开经济的政治"①。在当代中国,以公有制为主体、多种所有制经济共同发展的基本经济制度到底具有哪些政治功能? 到底是如何作用于政治的? 弄清这些问题,有利于深刻理解我国基本经济制度与我国基本政治制度之间的内在联系,有利于充分认识我国基本经济制度的重要性,有利于坚定走中国特色社会主义道路的自信。

一、经济与政治的一般辩证关系

(一)经济基础决定上层建筑

经济基础可以抽象划分为两个方面:一方面是特定的经济制度包括基本经济制度及具体经济制度,主要反映人们之间的生产协作关系和经济利益关系状况;另一方面是特定的资源禀赋和经济发展成就,包括特定的自然资源构成状况、劳动工具和生产资料的发展变化状况以及社会物质财富的创造状况。其中,生产资料所有制在经济基础中有着重要地位并发挥着重要作用。

经济基础决定上层建筑,这是历史唯物主义的一条基本原理。历史唯物主义认为:与生产力状况的一定历史阶段相适应的、在社会占统治地位的生产关系各方面的总和构成经济基础,建立在一定经济基础之上的政治、法律、哲学、道德、艺术、宗教等观点以及同这些观点相适应的制度、组织和设施是一个社会的上层建筑。一定的经济基础和上层建筑的有机统一构成了特定的社会形态。在人类社会的历史发展进程中,生产力和生产关系的矛盾运动决定经济基础和上层建筑的矛盾的产生和发展。在经济基础和上层建筑的矛盾中,经济基础决定上层建筑。

首先,经济基础是上层建筑赖以产生、存在和发展的物质基础。任何上层建筑的产生,都能直接或间接地从社会经济结构中得到说明。"每一历史时代主要的经济生产方式和交换方式以及必然由此产生的社会结构,是该时代政治的和精神的历史所赖以确立

---

① 江泽民:《论党的建设》,中央文献出版社 2001 年版,第 212—213 页。

的基础,并且只有从这一基础出发,这一历史才能得到说明。"①"'物质生活的生产方式制约着整个社会生活、政治生活和精神生活的过程',在历史上出现的一切社会关系和国家关系,一切宗教制度和法律制度,一切理论观点,只有理解了每一个与之相应的时代的物质生活条件,并且从这些物质条件中被引申出来的时候,才能理解。"②

其次,经济基础的性质决定上层建筑的性质,有什么样的经济基础就有什么样的上层建筑。在以私有制为基础的阶级社会里,剥削阶级在经济生活中居于统治地位,建立在这种经济基础之上的上层建筑,也就以剥削阶级在政治思想上的统治为其主要内容。

最后,经济基础的变更必然引起上层建筑的变革,并决定着其变革的方向。经济基础不允许上层建筑长时期落后于或不适应自己的发展,上层建筑的发展演变必须服从于经济基础的性质和客观需要。"社会的物质生产力发展到一定阶段,便同它们一直在其中运动的现存生产关系或财产关系(这只是生产关系的法律用语)发生矛盾。于是这些关系便由生产力发展的促进因素变成生产力的桎梏。那时社会革命的时代就到来了。随着经济基础的变更,全部庞大的上层建筑也或慢或快地发生变革。"③当然,上层建筑并非只是消极地反映经济基础,它反作用于经济基础,而且在一定条件下可以起巨大反作用。旧的上层建筑维护旧的经济基础,阻碍新的经济基础的产生和发展;新的上层建筑则为建立、巩固和发展新的经济基础服务。

(二)构成基本经济制度的所有制对政治的一般作用

经济决定政治,政治服务于经济。政治是经济的最集中表现,是上层建筑中最为重要的组成部分。相对于经济而言,政治活动和政治现象是派生的事物,受到经济基础的深层制约。在每个历史阶段的生产关系总和中,生产资料所有制构成一个社会的基本经济制度,对特定政治的形成、发展、变化具有非常重要的作用。虽然决定政治的因素有很多,生产资料所有制也不是经济基础的全部,但毫无疑问,所有制对政治的决定性作用是非常明显的。

第一,所有制是形成不同社会利益群体的社会条件。由于所处的地理位置不同、生产生活方式不同、所属种族不同、性别年龄不同,人们会形成不同的生活群体和利益群体。而其中,生产方式的不同,特别是生产关系的不同,是影响社会利益群体划分、构成、变化的重要因素。社会生产需要人们之间的分工协作,但仅有分工协作,社会成员之间不可能形成不同利益的社会群体,只有所有制关系的介入,特别是生产资料所有制的介入,才必然会在社会成员之间形成不同的社会利益群体。所有制是通过人对物的关系表现出来的人与人的利益关系,其本质是对社会剩余产品的占有、享用关系。不同的生产资料所有制导致劳动者与生产资料不同的结合方式,导致财富在社会成员间不同的分配,从而导致不

---

① 《马克思恩格斯选集》第 1 卷,人民出版社 1995 年版,第 257 页。
② 《马克思恩格斯选集》第 2 卷,人民出版社 1995 年版,第 38 页。
③ 《马克思恩格斯选集》第 2 卷,人民出版社 1995 年版,第 32—33 页。

同的利益群体的生成,而不同利益群体之间因经济利益的矛盾、斗争而进行的社会权力分割等,则成为政治的主要内容。什么是政治?政治就是社会公共权力的形成和运作过程。无论怎么谈论政治,都离不开权力。从马克思主义观点看,虽然政治与经济相比,处于从属地位,但就政治而言,其核心仍然是国家权力问题,政治权力是实现经济利益的手段。"简单地说,政治就是人们围绕公共权力而展开的活动以及政府运用公共权力而进行的资源的权威性分配的过程。"①人是政治参与和社会活动的主体。不同的社会利益群体会拥有不同的经济社会地位、不同的经济利益需求,进而会产生不同的政治诉求,形成不同的政治力量。不同政治力量的矛盾合作、冲突交融,构成丰富多彩的政治生态和政治生活。简而言之,所有制是形成不同政治活动主体的社会条件。

第二,所有制的经济功能不可避免地会向政治功能转化。所有制的经济功能主要体现为适应生产力发展要求,形成相对稳定的经济利益关系,促进经济发展,相对满足人们的经济利益需求。由于经济利益需求的刚性,所有制的经济功能必然向政治功能转化。一方面,一定历史阶段的所有制要稳定实施,必须有相应的政治制度作保障,因此,所有制是政治制度选择的一个重要社会条件。在封建社会,大地主私有制、小农私有制以及封闭落后和自给自足的小农生产方式是封建专制制度形成的根本原因。在资本主义社会,资本主义私有制是商品经济发展的社会条件之一,而商品经济的发展又是近现代资本主义民主制度赖以建立的经济条件。另一方面,所有制与生产方式相结合,导致了不同利益群体的形成,并导致不同群体不同人拥有不同的经济权利,而这种经济权利不可避免地要向政治权利转化。在以私有制为基础的社会里,社会财富必然为少部分人所拥有、享用,而这少部分人必然利用其特有的经济权利实现其他社会权利,尤其是实现对社会政治权利的角逐。这在资本主义社会、封建社会里都有明显例证。在资本主义社会,"金元政治"不可避免,不管它的民主制度设计得多么完善,本质上都改变不了资产阶级政治统治这样一个事实。资本主义社会的政治,本质上是为资产阶级服务的。在封建社会,封建地主阶级把持着国家政权,并利用国家政权进一步增强自己的经济力量。在封建社会的乡村社会,许多地主、乡绅就是通过自己的经济力量转而控制乡村社会,进而又通过控制乡村社会来增加自己的经济力量的。

第三,所有制关系变化是政治革命和变革的深层原因。所有制关系在生产力的作用下,在人们的利益矛盾作用下,是不断发展变化的。不断发展变化的所有制关系导致不同社会利益群体之间的利益关系结构、力量对比不断变化。人们所奋斗的一切无不同自身的利益有关。当社会集团之间的利益矛盾、冲突达到一定程度时,人们不得不诉诸暴力手段进行政治革命或采取和平手段进行政治变革。在奴隶社会末期,生产力发展要求导致生产方式变革,生产方式变革导致所有制关系变革,所有制关系变革又导致新兴地主阶级的形成。新兴地主阶级与奴隶主阶级的矛盾斗争,导致了社会制度特别是政治制度的剧

① 杨光斌:《政治学导论》,中国人民大学出版社 2011 年版,第 6 页。

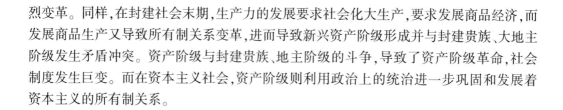

烈变革。同样,在封建社会末期,生产力的发展要求社会化大生产,要求发展商品经济,而发展商品生产又导致所有制关系变革,进而导致新兴资产阶级形成并与封建贵族、大地主阶级发生矛盾冲突。资产阶级与封建贵族、地主阶级的斗争,导致了资产阶级革命,社会制度发生巨变。而在资本主义社会,资产阶级则利用政治上的统治进一步巩固和发展着资本主义的所有制关系。

二、我国基本经济制度有利于社会主义民主法治建设

马克思主义认为,民主作为上层建筑,是以特定社会的经济为基础的,同时,它又为特定的社会经济基础服务。经济制度本质上是生产关系的一种表现形式,因此,一般情况下,相对于政治而言,经济制度具有存在和发展的刚性,决定一个社会政治制度的选择和发展方向。改革开放以来,我国确立了公有制为主体、多种所有制经济共同发展的基本经济制度。这一基本经济制度内在地制约着我国的国体、政体和政党制度选择,是我国政治制度的基石;这一基本经济制度与社会主义民主法治制度的构建和发展存在内在的一致性。

(一)我国基本经济制度有利于保持我国国体的人民民主性质

公有制为主体、多种所有制经济共同发展的基本经济制度,决定了我国广大人民群众在社会生产和财富分配中占有重要地位,决定了我国社会虽然会存在诸多阶层,但不会存在剥削阶级。我国基本经济制度反映在政治上的要求,必然反对任何少数人的统治,反对任何剥削者的统治,必然要求在政治上把国家中的最大多数人纳入人民的范畴并实行人民当家作主。显然,我国基本经济制度内在地要求我国的国体必须是人民民主专政性质,内在地要求我国应是工人阶级领导的、以工农联盟为基础的人民民主专政的社会主义国家,国家的一切权力属于人民。坚持基本经济制度与坚持人民民主专政的国体具有内在一致性。

(二)我国基本经济制度有利于坚持和实施人民代表大会制度

人民代表大会制度是我国最根本的政治制度,是实现人民当家作主的最主要制度保障。作为国家政权的组织形式,我国的人民代表大会制度独具中国特色。人民代表大会制度虽然被确立为我国最根本的政治制度,但人民代表大会制度要获得真正实施,除了需要有效的具体制度和其他政治制度配套外,还需要发挥经济制度、经济发展水平的基础性作用。基本经济制度对人民代表大会制度的功能作用主要表现在:基本经济制度由于可以避免阶级对立、避免人们根本利益冲突,可以有效促进经济发展和提高人民群众的物质文化生活水平,因而其"人民"的范围很广,人民代表的"人民性"很强,人民有能力掌握和行使国家权力。也正因为这样,我国才能真正实行人民代表大会制度。只有建立在我国基本经济制度的基础上并在基本经济制度的作用下,我国的人民代表大会制度才能更好地展现自己的根本特点。

其一,人民代表大会代表具有广泛的代表性。除被剥夺政治权利者外,中华人民共和

国年满 18 周岁的公民,不分民族、种族、性别、职业、家庭出身、宗教信仰、教育程度、财产
状况、居住期限,都有选举权和被选举权。我国目前约有 260 万各级人大代表,产生于各
民族各地区各阶层各行各业,具有广泛的代表性。其二,人民掌握国家政权,行使国家权
力。实现人民当家作主,最根本、最重要的途径是人民掌握国家政权,行使国家权力。人
民掌握国家政权和行使国家权力必须通过一定的组织形式和制度来实现、保证。我国宪
法规定,全国人民代表大会和地方各级人民代表大会是人民行使国家权力的机关。全国
人民代表大会和地方各级人民代表大会都由人民直接或间接选举产生,人民代表大会在
行使国家权力的过程中要向人民负责,接受人民监督。国家行政机关、审判机关、检察机
关由人大产生,对人大负责,受人大监督。其三,人民代表大会制度实行民主集中制。民
主集中制便于集体行使职权,便于人民群众参与对国家事务的管理,有利于国家权力机关
合理、高效运转。

(三)我国基本经济制度有利于社会主义法治建设

我国的基本经济制度是与市场经济紧密结合在一起的,建立健全社会主义市场经济
体制是基本经济制度有效运作的必然要求,也是基本经济制度的重要制度架构。市场经
济具有平等竞争的规律性,这种规律性表现在政治上的要求,就是天然地反对专制,反对
特权,主张平等,主张民主,要求法治。正如历史已经证明的,市场经济乃契约经济、规则
经济、法治经济。市场主体的生产经营活动,市场体系的建构维系,市场对资源配置发挥
的决定性作用,国家对市场的宏观调控,都需要法律的规范、引导、制约和保障。在我国对
外经济交往中,也需要按照国与国之间约定的法则和国际惯例办事。因此,要发展市场经
济,要建立健全社会主义市场经济体制,就必然要发展社会主义民主和法治。

三、我国基本经济制度有利于坚持和加强党的领导

在中国基本经济制度与中国共产党的领导、执政之间,存在一定的内在联系。基本经
济制度是党领导、执政的重要经济基础。

(一)我国基本经济制度所实行的所有制结构有利于坚持党的领导

第一,从资源占有和配置的角度看。国有经济控制着国民经济命脉,重要的社会资源
和大量的社会财富不可能被少数人占有,少数人不能凭借巨大的经济力量来左右国家政
权。相反,作为领导核心的中国共产党却能通过国家政权的力量,来领导国家更好地利用
这些资源为广大人民谋利益。因此,从某种意义上说,公有制为主体、多种所有制经济共
同发展正是中国共产党执政的经济制度基石,是人民民主政治的经济制度基石。

第二,从经济组织构成的角度看。尽管在基本经济制度作用下,出现了大量新兴的非
公经济组织,但国有经济组织和其他公有制经济组织依然大量存在,并在生产经营中发挥
着影响力、控制力。这些公有制经济组织都有比较健全的党团组织设置并在其中发挥着
重要作用。即使在大量的非公经济组织和社会组织中,也存在一些党的组织和工会组织。
这为党的路线、方针、政策的贯彻执行,为党实现政治领导、思想领导、组织领导奠定了重

要的组织基础。

（二）我国基本经济制度所拥有的制度绩效有利于增强党执政的合法性

任何政党要维持自己的执政地位，都需要通过发展经济、创造财富，通过不断满足人民群众的物质文化生活需求，来获得人民的政治认同。巩固党的执政地位、坚持党的领导，需要提高党执政的经济绩效。基本经济制度与经济绩效有着密切关系。先进的合理的基本经济制度能产生良好的经济绩效；反之，则降低经济绩效。实行计划经济体制时期，我国一直想建立"一大二公""纯而又纯"的公有制结构，但这种单一的公有制结构由于不适应我国生产力发展状况和发展要求，严重束缚了生产力的发展。改革开放以来，中国共产党遵循生产关系一定要适应生产力状况和发展要求这一人类社会发展的基本规律，从我国社会主义初级阶段的实际出发，确立了公有制为主体、多种所有制经济共同发展的基本经济制度。这一基本经济制度符合我国生产力的发展状况及其发展需要，有力地促进了我国生产力和我国经济的发展。改革开放以来，我国国内生产总值（GDP）跃升到世界第二位，经济增长速度之快，持续时间之长，堪称奇迹。我国基本经济制度所产生的巨大经济绩效，为增强党执政的合法性、为巩固和加强党的领导提供了有力的经济支撑。

四、我国基本经济制度有利于保障和发展我国公民的政治权利

马克思曾说过，权利永远都不能超出社会的经济结构以及由经济结构所制约的社会的文化发展。公民政治权利的拥有和实现，总是受制于一定的经济社会发展状况，其所采取的形式、所能够达到的高度，终归也是由相应的经济社会发展水平所决定的。我国基本经济制度有利于从根本上保障公民享有政治权利的平等地位，有利于保障公民享有广泛的、真实的民主权利。

（一）我国基本经济制度所制约的资源占有和财富分配关系有利于保障广大公民享有平等的政治权利

我国基本经济制度所制约的资源占有和财富分配关系，有利于保障广大公民基本的经济权利，进而从根本上有利于保障广大公民享有平等的政治权利。基本经济制度主张以公有制为主体，主张以按劳分配为主体，这种主张首先保障了广大公民拥有相对公平的经济权利，而对于社会个体而言，相对公平的经济权利是其获得相对公平的社会权利和政治权利的基础条件；相对公平的经济权利有利于排除少数人通过经济力量攫取独特的社会权利和政治权利，有利于排除少数人通过经济力量侵害他人的社会权益和政治权益；相对公平的经济权利有利于保障广大公民普遍享有基本的民主政治权利。

以选举权和被选举权为例。目前，我国有99.97%的年满18周岁的公民享有选举权和被选举权。从参加选举的情况来看，全国的参选率一直都在90%以上；从当选的各级人民代表来看，全国各个民族、各行各业、各个阶层都有自己的代表当选。

再以城乡基层民主自治为例。正是由于我国实行了农村土地集体所有、家庭联产承

包责任制,广大农户拥有相对平等的经济地位,因而,以"民主选举、民主管理、民主监督、民主决策"为主要内容的村民自治才会在我国普遍实施。一般而言,基层群众自治就是城乡基层群众在中国共产党领导下,依照国家法律和党的政策,按照平等、选举、公开、监督、多数人决定、法治等原则,按照一定程序,民主选举基层群众性自治组织的领导人,对基层公共事务和公益事业进行民主管理、民主决策、民主监督的制度、规范和实践活动。[①]基层群众自治是亿万人民群众的伟大创造。目前,我国已经建立了以农村村民委员会、城市居民委员会和企业职工代表大会为主要内容的基层民主自治体系。广大人民在城乡基层群众性自治组织中,依法直接行使民主选举、民主决策、民主管理和民主监督的权利,对所在基层组织的公共事务和公益性事业实行民主自治,已经成为当代中国最直接、最广泛的民主实践。目前,中国农村已建立起 64 万个村民委员会,中国城市已建立了 7 万多个居民委员会。全国农村居民平均参选率为 80%,80% 以上的村庄制定了村民自治章程或村规民约。建立工会组织的公有制企业中一半以上建立了职工代表大会。可以说,人民群众参与基层民主实践活动,形式多样、人数众多。正是由于广大人民群众最广泛地参与基层民主实践活动,才使得中国民主实践呈现出多姿多彩的景象。[②]基层群众自治是社会主义民主政治建设的基础性工作,是中国特色社会主义民主大厦的基石。

(二)我国基本经济制度所拥有的制度绩效有利于保障和发展公民的政治权利

经济发展为公民政治权利的实现提供物质条件和技术手段。只有经济发展,人们的物质文化生活水平不断提高,广大公民才有更充裕的时间、更好的条件、更高的素质、更强的能力去从事政治活动,参与国家和社会生活的管理,去更好地行使自己的民主政治权利。我国基本经济制度的实施,推动了我国经济的快速发展,为我国广大公民享有更广泛的政治权利提供了条件。随着经济生活的富裕和文化素质的提高,我国广大公民的民主法治意识不断增强,政治参与热情不断提高,参政议政的能力不断增强。随着现代交通、通信的快速发展,现代化传播手段的广泛运用,特别是随着各级政府电子政务的普遍推行,中国公众的知情范围日益扩大,表达空间不断拓展。

五、坚持基本经济制度要求不断改革和完善政治体制

毫无疑问,基本经济制度与我国的根本政治制度、基本政治制度存在一定的内在联系、内在一致性。基本经济制度有利于社会主义民主法治建设,有利于坚持人民代表大会制度,有利于坚持党的领导,有利于保障和实现公民的政治权利。然而,我们必须清醒看到,基本经济制度由于要求在巩固发展公有制经济的同时大力发展非公有制经济,由于要求建立健全社会主义市场经济体制,因而又对我国的政治发展、政治文明建设提出了许多新要求。从政治反作用于经济的角度看,只有不断深化政治体制改革,不断加强政治文明

① 刘学军:《当代中国政治制度概要》,中共中央党校出版社 2011 年版,第 76—77 页。
② 刘学军:《当代中国政治制度概要》,中共中央党校出版社 2011 年版,第 76—77 页。

建设,才能更好地保障基本经济制度的实施。基本经济制度对政治体制改革的要求主要有以下三大方面。

(一)要构建和完善适应市场经济要求的行政管理体制

坚持基本经济制度,大力发展市场经济,首先要求必须建立健全符合基本经济制度要求、符合市场经济要求的行政管理体制。改革开放以来,为适应发展市场经济、建立社会主义市场经济体制的要求,我国先后在 1982 年、1988 年、1993 年、1998 年、2003 年、2008 年、2010 年进行了 7 次政府机构改革,在政府职能转变、依法行政建设、反腐倡廉建设、提高行政效能和加强服务型政府建设等方面取得了显著成效,为改革开放和经济社会的发展提供了有力的保障。目前,我国正处于全面建成小康社会的关键时期,处于深化改革开放、加快经济发展方式转变的攻坚时期。面对新形势新要求新任务,现行的行政管理体制还存在一些弊端,还有一些不适应的地方,必须继续深化改革。改革的核心问题是处理好政府与市场的关系,使市场在资源配置中起决定性作用和更好发挥政府作用。必须切实转变政府职能,深化行政体制改革,创新行政管理方式,增强政府公信力和执行力,建设法治政府和服务型政府。要健全宏观调控体系,全面正确履行政府职能,优化政府组织结构,提高科学管理水平。

(二)要不断改进党的领导方式,提高党的领导水平和执政能力

实行基本经济制度,大力发展市场经济,也对党的建设提出了新的要求。党必须按照科学执政、依法执政、民主执政的总要求,不断改进党的领导方式和执政方式,不断提高党的领导水平和执政能力。党要不断提高领导经济社会发展的水平,要把握社会主义市场经济的内在要求和运行特点,要以科学发展观统领经济社会发展全局,要始终站在时代前列领导和谋划改革,要不断完善党领导经济社会工作的机制和方式。

(三)要大力加强法治建设,建设法治中国

现代市场经济是法治经济。中外经济实践证明,市场经济只有在一套好的法律体系中并在法治轨道上运行,才能比较有效地发挥其积极作用,减轻因其自发调节带来的种种消极作用。社会主义市场经济更是法治经济。必须以法律制度来保障市场经济主体间的公平竞争、有序竞争,保障广大生产经营者、劳动者的合法权益。因此,我们必须大力加强法治建设,建立健全各种法规体系,坚决惩治各种干扰破坏经济秩序和经济发展的行为,为市场经济的发展提供坚实的法治保障。党的十八届三中全会明确提出要建设法治中国,这既是政治文明建设本身的要求,同时也是坚持和完善基本经济制度、构建和完善社会主义市场经济体制的内在要求。

(原载《学习论坛》2014 年第 11 期)

改革和创新农村宅基地制度的若干思考建议

农村宅基地制度改革问题已成为当前我国深化改革中的一个非常重要的问题,既是一个热点问题,也是一个难点问题。党的十八届三中全会提出,建立城乡统一建设用地市场,赋予农民更多的财产权利。2014年中央一号文件也明确指出,改革农村宅基地制度,完善农村宅基地分配政策,在保障农户宅基地用益物权前提下,选择若干试点,慎重稳妥推进农民住房财产权抵押、担保、转让。改革农村宅基地制度要依循统筹利用城乡建设用地的大原则,要与农村建设用地制度改革特别是要与逐步推进农村建设用地国有化协调进行。改革和创新农村宅基地制度要着力进行以下几个方面的制度改革和创新。

一、要改革和完善农村宅基地规划制度

宏观上讲,农村宅基地规划要与地方城镇化发展规划、产业发展规划、农村社区规划、新农村建设规划相协调;宅基地的总体占地面积、户均占地面积、建筑设计等要严格执行国家和省市政府制定的标准。

二、要改革和完善宅基地审批制度

严格执行农村"一户一宅"政策,加强对新增宅基地的行政审批。要严格标准、严格条件、严格程序,充分发挥村民自治组织的民主管理作用,对符合条件的宅基地申请予以审批,对不符合条件的坚决不予审批。要加强政府监管力度,对少数村委干部以权谋私多占宅基地的,对少数农户抢占强占宅基地的,要坚决予以惩处。对建新不拆旧的农户要限期收回老宅基地。

三、探索实行进城落户农民自愿有偿退出或转让宅基地制度

已经进城落户的农民应不应该退出农村集体所有的宅基地、承包地?目前争议很大。从理论上讲,退出是应该的,因为农村的宅基地、农地是农民集体所有并按农村集体成员资格把宅基地使用权、农地承包经营权赋予本村农民的,进城落户的农民事实上已不是农民,是城镇居民,依法享有城镇居民待遇,包括住房政策上的待遇,因此,应该退出。否则,就会出现进城落户的农民两头占地且在农村占而不用或占而不管的问题,既导致土地的闲置浪费,也导致土地权益分配的不公。当然,从现实情况看,情况比较复杂。进城落户

并且有稳定经济收入的农民只是极少数,更多的进城务工的农民依然是农民身份,农忙回村务农,农闲出去打工,仍然把农村土地作为自己最后的生存生活保障。因此,他们也不愿意轻易放弃农村的宅基地和承包地。即便是一些常年在外打工的农民由于工资不高、收入较低,因此也不愿轻易放弃农村宅基地和承包地使用权益。也正因此,中央高层才明确强调:对宅基地制度改革的试点条件和范围要严格把关,不能侵犯农民利益,同时不得以退出宅基地使用权作为进城落户的条件,这是关系社会安定的重要举措。

虽然不得以退出宅基地使用权作为农民进城落户的条件,但适应城乡建设用地统筹利用、城乡一体化发展的需要,建立和完善进城落户农民自愿有偿退出或转让宅基地制度还是很有必要的。近些年来,我国不少地方在这方面进行了探索实践,这对我们很有启发意义。

四、探索建立农村宅基地流转制度

宅基地流转特指一定期限内的农村宅基地使用权,可以转让(出售)、租赁、抵押、入股、继承。对农村宅基地是否能进行流转问题,近年来争论激烈。赞成者认为,农村宅基地流转是土地资本化、市场化、资产化发展的必然要求,是提高建设用地利用集约化水平的有效路径,是扩大和保障农民财产权益的有效举措。反对者认为,在实行一户一宅这样一种具有农民住房保障性质、社会福利分配性质、按需分配性质的宅基地制度情况下,建立宅基地流转制度不符合实际。

很显然,推进宅基地流转与现存的宅基地制度安排存在深刻矛盾。而要推进宅基地流转,就必须改革现行的宅基地制度。改革现行的宅基地制度,要在以下几个方面着力。

一是进一步明确宅基地使用权的权属权能,允许在符合土地规划和用途管制的前提下宅基地使用权有条件流转。首先应当明确界定宅基地使用权的法律性质,包括生存保障性、物权性和可转让性。宅基地使用权是我国特有的一种用益物权形式,其在本质上仍然是物权的一种。应当赋予宅基地使用权所有者有条件地对宅基地的占有、使用、出售、租赁、抵押、入股等权利。所谓有条件,主要是指宅基地的取得、宅基地上的房屋及其附属设施建筑、宅基地使用权的转让及转让期限、承让者对宅基地的使用等要符合国家和当地政府的有关规定。

二是宅基地流转要与农村建设用地的国有化改制有机结合起来。正如中共中央办公厅、国务院办公厅印发的《关于农村土地征收、集体经营性建设用地入市、宅基地制度改革试点工作的意见》所指出的,"三块地"改革关系密切,可通盘考虑,结合进行。笔者以为,农村宅基地流转应与农村建设用地国有化改制结合进行。城中村、城郊村由于独特的区域位置优势,基本上已融入工业和商业的发展之中,农民有的已转为社区居民,有的虽然保留了农民身份但早已不再从事农业生产。对城中村、城郊村的建设用地必须及时实行国有化改制。对这些农村的宅基地也应及时转制,并赋予当地农民更加充分的土地使用流转权。

宅基地流转要与宅基地转为国有同步进行的主要思路是凡进行宅基地流转,其宅基地所有权先按一定程序进行所有权变更,变集体所有为国家所有,由国家(政府)行使所有权权能,并收取一定的土地转让收益和土地增值收益。流转后的宅基地视为国家建设用地,由国家(政府)统一管理,原农村集体经济组织可分享一定的宅基地转让收益,放弃行使土地所有权,但在未集体转制、继续实行农村管理体制的农村,农村集体经济组织可继续行使建设用地承包经营权并获取一定的经济收益。在工商业经济比较发达的农村,特别是在已经完全工业化商业化的城中村、城郊村,宅基地流转需求非常强烈,宅基地转制可通过"双改"(村民改居民、村委会改居委会)与集体土地整体转制一并进行。在以农业生产为主的传统农村,宅基地流转可单户进行,流转一起,转制一起。凡以盈利为目的进行宅基地流转用于工商业经营的(如场地出租、房屋出租),一律先进行宅基地所有权转制,已经流转的,要补办手续并补交一定的建设用地流转费用。另外,流转宅基地的农户不得以村集体成员的资格再度申请福利性的宅基地分配。

三是建立合理的宅基地流转收益分配机制。按照制度设计的初衷,集体所有的宅基地主要是让农户建房居住用的,是解决本村农民基本的居住问题的,所以这一制度具有社会福利性和社会保障性,农民只要拥有集体成员资格、符合一定条件,如结婚成家,就可以无偿地从集体土地中获得一份供自己建房居住使用的宅基地。宅基地流转,如出租、转让、房屋租赁、抵押、入股,已改变了宅基地制度设计的初衷,也远远超出了集体组织所能够行权和管理的范围。因此,宅基地流转时改变宅基地的所有权性质是有其合理性的,建立合理的宅基地流转收益分配机制也是必须的。从最直接的利益相关者的角度分析,宅基地使用权流转的收益分配涉及政府、原集体土地所有者、使用者三者的利益关系,必须正确处理。由于宅基地原来是集体所有的,因此集体经济组织理应获得一定的流转收益。由于宅基地流转已经改变了宅基地原来的用途和原有功能设计,进入土地经营状态,进入土地市场,因此要变更所有权,由国家(政府)行使所有权权能并负责该建设用地使用的监管。国家(政府)凭借所有权可获得一定流转收益和土地增值收益,如土地出让金、土地租金,国家(政府)凭借公权可依法收取土地增值税、土地保有税、土地流转税、不动产税等税费。宅基地使用权拥有者可通过经营房产、租赁场地或转让使用权获得相应的流转收益。

四是建立健全宅基地流转的法律法规体系。要建立健全宅基地流转的法律法规体系,对宅基地使用权的流转条件、范围、期限、收益分配及流转后土地产权关系的调整等方面,必须作出明确规定。

五、搞好农村住宅制度与城镇住房制度的有机对接

目前,农村的住宅制度与城镇的住房制度有很大差别。城镇的住房总体上已实现了商品化,但同时又配合有廉租房、公租房、经济适用房制度,在满足不同层次城镇居民不同的住房需求的同时,确保相对贫困城镇居民的基本居住权。而在广大农村,宅基地是村集

体行政划拨的,住房是农民自建并用于自己居住的,因而不具备商品属性。但随着城镇化工业化和市场经济的发展,农村住房商品化的需求和趋势也越来越明显。搞好农村住宅制度与城镇住房制度的对接,是大势所趋。

本着确保农民合法权益不受损的大原则,实现农村住宅制度与城镇住房制度的有机对接既要积极谋划,又要稳步推进,可在三个层面进行。

第一个层面,可将条件成熟的城中村、城郊村通过整体转制,一次性地完成由农村住宅制度向城镇住房制度的转变。转制后的城中村、城郊村可能还存在经营性集体经济组织,但不再具有分配宅基地的权能,原有的一户一宅的建设用地福利分配制度随即灭失。农民在获得相应的土地利益补偿和相应的住房所有权后,拥有完整的房屋所有权,可转让可出租可继承,接受城镇住房制度管理。

第二个层面,在以农业生产为主并实行村民自治管理体制的农村,凡是进行流转并用于市场经营的宅基地,转变所有权所属,同时纳入城镇建设用地管理,其宅基地使用权所有者(农户)不再享有一户一宅的建设用地福利分配权益,而接受城镇住房制度管理。为适应宅基地流转的要求并有效预防流转后可能产生的农户住无所居的负面情况,还需要做好农村的住房保障工作。宅基地使用权流转的市场化必然要涉及少数没有生活来源的失地农民的住房保障问题。对于土地价值不高的落后地区,国家和各省可以根据实际情况,通过财政转移或者其他措施加强农村住宅保障体系建设,也可以仿效城市的经济适用房制度、廉租房制度,在培育农村宅基地流转市场的同时有步骤地建立农村住宅保障体系。

第三个层面,适度放开农村房地产建设。在盘活农村存量建设用地、搞好建设用地转制的前提下,允许农村利用空闲建设用地搞房地产建设和经营。可统建农民公寓,支持有条件的已经或正在实现工业化、非农化的"农村地区",按照城市住宅小区标准集中规划和建造村民公寓,妥善安置村民。原农村私房和宅基地由村集体或国家予以收回,不再由村民个人支配,具体的处置和补偿办法视整个的城市化步骤而定。可鼓励建造面向外来人员的住房。对工业厂房较多的地区,政府应该加强规划,鼓励为务工人员集中建造与厂房配套的,有较好设施、便于居住、利于管理的宿舍。可在规划范围内建设农村商品住房,对城乡居民开放,城镇居民均可以在农村购买居住。宅基地流转仅限于本村本镇的规定是不利于宅基地流转的,是无法真正适应宅基地流转的市场需求的;宅基地流转必须在城乡之间甚至在更广的区域范围进行,必须向城乡居民开放,必须形成规范的建设用地和房产流转市场。

(原载《河南经济报》2015 年 8 月 4 日)

正确认识基本经济制度的中国特色

党的十八届三中全会《中共中央关于全面深化改革若干重大问题的决定》明确指出："公有制为主体、多种所有制经济共同发展的基本经济制度，是中国特色社会主义制度的重要支柱，也是社会主义市场经济体制的根基。公有制经济和非公有制经济都是社会主义市场经济的重要组成部分，都是我国经济社会发展的重要基础。"这些论断反映了中国共产党对中国特色基本经济制度认识的深化。自党的十五大把以公有制为主体、多种所有制经济共同发展确立为我国的基本经济制度以来，社科理论界围绕基本经济制度的性质、特色问题进行了深入探讨，取得了诸多共识。然时至今日，一些人对基本经济制度的性质、特色，对为什么要坚持和完善基本经济制度等问题，还存在一些糊涂的乃至错误的认识。如认为我国的基本经济制度已不是社会主义性质的经济制度，把我国的基本经济制度等同于资本主义私有制；如认为我国的基本经济制度是对传统社会主义经济制度的根本否定；如认为以公有制为主体与大力发展非公有制经济存在根本矛盾，要大力发展非公有制经济就要取消公有制的主体地位；等等。显然，正确认识、深化认识中国基本经济制度之特色与独特优势，对增强我们的理论自信、道路自信、制度自信，对坚持和完善我国的基本经济制度，有着重要的现实意义。

一、正确认识基本经济制度与传统社会主义单一公有制的联系与区别

实行生产资料公有制是马克思主义所有制理论的重要价值取向和科学社会主义的一个基本特征，是构建社会主义社会经济制度的基础。我国实行的以公有制为主体、多种所有制经济共同发展的基本经济制度，既坚持了科学社会主义的基本原则，同传统的社会主义单一公有制存在一定联系，但又存在明显区别。我们既要看到二者之间的历史演进关系，不能把二者简单地割裂开来、对立起来，也要看到二者的重大区别，绝不能再走僵化保守的老路。

（一）基本经济制度与传统社会主义单一公有制的联系

从基本经济制度与传统社会主义单一公有制之间联系的角度看，二者在价值理念和价值取向方面、在对社会性质发挥决定性作用等方面存在一定的相通之处，主要表现在以下几个方面：

一是二者都追随所有制要适应和促进社会生产力发展的价值取向。注重生产力的决定作用是马克思主义所有制理论的一个根本特色。"马恩公有制思想的最大特点和最闪光之处就是坚持生产力标准。这是马恩公有制思想同各种主观唯心的、空想社会主义的公有制思想的最根本区别。马恩把公有制社会的建立不是看作一种宗教信仰,不是看作一种主观的愿望,而是看作生产力发展要求的必然结果,是一种历史的自然过程。"①在传统的社会主义实践中,我们之所以建立单一公有制,其中一个重要的价值取向,就是我们认为实行公有制是生产力的发展要求,实行公有制会促进生产力获得比资本主义社会生产力更快的发展。只不过,实践证明,事与愿违,实行单一公有制不仅不能更好地促进生产力发展,而且还会阻碍生产力发展。在改革开放新时期,我国实行以公有制为主体、多种所有制经济共同发展的基本经济制度,在基本价值取向上也是为了更好地适应和促进生产力发展。

二是二者都具有追求分配公正和共同富裕的价值取向。追求分配公正、反对剥削,追求共同富裕,应该是马克思恩格斯公有制思想的核心价值观之一。按照马克思恩格斯的科学社会主义理论,生产资料所有制是一个社会中最基本的经济制度,它决定着生产关系的主要内容,决定着分配关系,决定着社会的根本性质。实行公有制的一个十分重要的目的,就是为了实行按劳分配,反对少数人对生产资料的占有,反对少数人凭借对生产资料的占有去剥削多数人、占有社会的剩余价值。改革开放后,我们之所以要实行和坚持以公有制为主体、多种所有制共同发展的基本经济制度,其中一个很重要的价值取向同样是为了反对剥削,反对少数人凭借对生产资料的占有去侵占社会的剩余价值。基本经济制度主张以按劳分配为主体,主张分配公正,追求共同富裕。只不过,单一公有制由于不能更好地促进生产力发展而无法更好地实现这种价值取向,而基本经济制度由于能更好地适应和促进生产力发展因而更有利于实现这种价值取向,尽管它无法实现更纯粹的按劳分配,但在实现分配公正、共同富裕的价值取向上,它更具有现实可行性、合理性,更具有扎实的社会基础。

三是二者都决定着社会的基本性质。马克思主义基本原理认为,生产资料所有制是一个社会中最基本也是最根本的经济制度,它决定着社会形态的基本性质,是区分不同社会形态的基本标准、基本依据。正是因为实行不同的生产资料所有制,社会才划分为不同性质的社会,如以奴隶主占有生产资料为特征的奴隶社会,以大部分土地封建贵族和地主占有、部分土地农民私有为主要特征的封建社会,以资本私有制为主要特征的资本主义社会,以生产资料公有制为主要特征的社会主义社会。尽管由于单一公有制不能有效促进经济发展因而必须改革,但这并不否定公有制是社会主义社会的一个根本特征。而实行以公有制为主体、多种所有制经济共同发展的基本经济制度,由于保持了公有制在多种所有制结构中的主体地位,因而保持了我国社会主义的基本性质和基本特征。在我国的所有制改革中,有些人完全否定公有制在我国社会制度中的基础地位,完全否定公有制在我

---

① 李太森、林效廷主编:《所有制原理与当代中国所有制改革》,红旗出版社2003年版,第84页。

国社会存在和发展的必要性,否定公有制的主体地位,主张全面私有化,这是不可取的。如果我们抛弃了公有制,就等于抛弃了社会主义,就无需再声言我国社会同资本主义社会的本质区别。

(二)基本经济制度与传统社会主义单一公有制的重要区别

从我国基本经济制度与传统社会主义单一公有制区别的角度看,二者在与生产力关系、与市场经济关系、与分配关系等方面存在明显区别。

一是以公有制为主体、多种所有制经济共同发展的基本经济制度更能适应生产力发展状况和发展要求。脱离生产力的发展状况和发展要求去异想天开地实行某种理论上看起来非常美好的单一公有制,效果只能是适得其反。我们主张公有制的价值取向,如促进生产力更快发展、反对剥削、追求共同富裕等,固然很好,但实行单一的公有制并不能使这些价值取向落地生根,并不能促进生产力更好更快发展,这已为实践所证明。相比单一的公有制,实行以公有制为主体、多种所有制经济共同发展的基本经济制度,才更适合我国生产力的发展状况和发展要求,而只有在生产力的快速发展中,公有制以及社会主义所追求的一些美好的价值取向才能获得现实的实现途径。按照马克思主义历史唯物主义的基本原理,只有适应生产力发展状况和发展要求的所有制度才是合理的、有生命力的制度。显然,我国选择的基本经济制度是一种合理的、有生命力的制度。改革开放30多年来,我国经济社会的快速发展,也为这种制度选择的合理性提供了最好的佐证。

二是以公有制为主体、多种所有制经济共同发展的基本经济制度是与市场经济紧密结合在一起的。传统社会主义的单一公有制,是与全面的计划经济结合在一起的,不存在市场经济,且根本否定和排斥市场经济。在单一的公有制条件下,由于不存在相互独立的商品生产经营者,因而也不可能形成真正的市场经济。企业由国家直接经营,企业的人财物、供产销全由国家统包;政企不分,企业没有经营自主权,不能成为市场经济的主体。而基本经济制度却是与市场经济紧密结合在一起的,不仅不排斥和否定市场经济,而且把市场经济作为最重要的经济发展手段,让市场机制在资源配置中发挥基础性作用和决定性作用。基本经济制度允许多种所有制经济的存在和发展,因而可以生成并存在众多的、相互独立的商品生产经营者,也因此与市场经济存在天然的相容性。

三是以公有制为主体、多种所有制经济共同发展的基本经济制度是与以按劳分配为主体、多种分配方式并存的分配制度结合在一起的。"分配关系是所有制的重要实现形式,分配制度是所有制制度的重要支撑,是一种重要的经济制度。"[①]所有制制度不同,分配制度必然不同。在单一的公有制条件下,虽然主张实行单一的按劳分配制度,形式上也实行了按劳分配不存在多种所有制因而不存在多种分配方式,但由于它不能更好地促进生产力发展,不能充分调动各种生产经营者、广大劳动者的积极性和创造性,不能创造更多的社会财富,因而,它所实行的按劳分配是一种较低层次上的按劳分配,是一种"共同

---

① 李太淼:《中国特色社会主义经济制度论》,人民出版社2009年版,第198页。

贫穷"基础上的按劳分配,而且还往往沦落为分配上的"平均主义""大锅饭""搭便车",既不可能实现高效率基础上的按劳分配,也无法实现低层次上真正公平的按劳分配。总而言之,不可能真正实现按劳分配。实行以公有制为主体、多种所有制经济共同发展的基本经济制度必然要求以按劳分配为主体、多种分配形式并存的分配制度与其相适应。毫无疑问,在这种分配制度中,存在着"按资分配""按生产要素分配",存在着工资收入、利息收入、利润等多种分配方式,存在着一定的剥削收入。然而,其一,由于存在按劳分配的主体地位,因此就整个社会而言,劳动收入仍然是绝大多数社会成员的主要收入来源,因而保持着分配关系的相对公平。其二,"按资分配""按要素分配"等多种分配形式存在,更能充分调动广大商品生产经营者的生产经营积极性,因而更有利于整个社会财富的快速增长。其三,虽然在基本制度条件下,社会也不可能实现单一的、纯粹的按劳分配,但在经济发展高效率、社会财富快速增长条件下实行的按劳分配,更能满足广大人民群众的利益要求。总而言之,以按劳分配为主体、多种分配方式并存的分配制度,是建立在生产力快速发展、经济快速发展、社会财富快速增长基础上的分配制度,是一种有利于在先富带后富过程中实现共同富裕的分配制度,是一种相对公平合理、有利于实现分配公正、具有现实可行性的分配制度。

四是以公有制为主体与单一公有制的实现形式明显不同。以公有制为主体是在与非公有制经济的结合中、在与市场经济的结合中实现自己的,因而与传统的单一公有制有着完全不同的实现形式。首先,公有制的主体地位是在动态的所有制结构中保持的。正如党的十五大报告中指出:"公有制的主体地位主要体现在:公有资产在社会总资产中占优势;国有经济控制国民经济命脉,对经济发展起主导作用。"这里所说的"公有资产"不仅包括国有经济和集体经济的资产,还包括混合经济中的公有资产;此处所讲的公有资产占"优势"并非"绝对优势",公有资产占优势,不仅仅要有量的优势,更要注重质的提高;这里所讲的国有经济的主导作用,主要体现在国有经济对国民经济的控制力、影响力、带动力上。公有制的主体地位是在动态的所有制结构中保持的,并不存在一个绝对不变的量的比例,并非要求国有经济在量上的比重越大越好。其次,公有制是在同非公有制经济的交互作用过程中实现的。在经济运行过程中,公有制经济与非公有制经济往往相互渗透、相互融合,只有在这种结合中,公有制才能更好地实现自己。最后,公有制经济有着多种多样的具体实现形式。面对市场竞争和资本经营,公有制必然采取、必须采取多种多样的实现形式,一切反映社会生产规律的经营方式和组织形式都可以大胆利用,诸如可以采取国有独资、集体独资、股份制、股份合作制、合作制等多种资本组织形式,可以采取国有民营、合资经营、控股经营、参股经营、特许经营、承包经营、托管、租赁乃至产权转让等多种经营方式。

五是以公有制为主体、多种所有制经济共同发展的基本经济制度是有一系列具体的经济制度作支撑的。任何社会的基本经济制度都有具体的经济制度作支撑。否则,基本经济制度就无法运作、无法实现,就成了一句空洞的标语、口号。在单一公有制那里,有自上而下的计划管理制度,有自上而下的统购包销制度,有形式上的单一的按劳分配制度,有企业按指令性计划生产的生产经营制度,有与单一公有制相适应的产权制度、税收管理制度、财政金融制度和社会保障制度等。而在以公有制为主体、多种所有制经济共同发展的基本经济制度那里,需要有诸多适应基本经济制度要求的具体经济制度。如:基本产权制度——既存在公有产权,也存在私有产权,国家保护各种所有制经济产权和合法利益;要求建立归属清晰、权责明确、保护严格、流转顺畅的现代产权制度。市场竞争制度——市场在资源配置中发挥基础性、决定性作用,存在资本、土地、知识产权、人才等各种要素市场;企业是独立的商品生产经营者,自主经营、自负盈亏、自我发展、优胜劣汰。劳动就业制度——用人单位与劳动者双向选择,劳动者自主择业,竞争择业。宏观调控制度——国家在制定中长期发展规划的前提下,主要利用财政税收、货币政策等经济杠杆进行宏观调控。按要素分配制度——国家在坚持按劳分配为主体的前提下,允许按资分配存在。社会保障制度——国家和政府提供基本的社会保障,同时引进市场机制,实现基本社会保障与商业社会保险的有机结合等。

二、正确认识基本经济制度与资本主义私有制的联系与区别

我国的基本经济制度既不同于传统社会主义社会的单一公有制,也不同于资本主义社会的私有制。在我国的基本经济制度结构中,多种所有制经济共同发展虽然与资本主义私有制有一定联系,但却存在本质区别。

(一)我国基本经济制度与资本主义私有制的联系

我国基本经济制度中的多种所有制经济,主要是指私有制的不同经济表现形式,是指非公有制经济。因此,毫无疑问,我国的基本经济制度与资本主义的私有制存在一定联系。这主要表现在以下四个方面。

一是二者都存在非公有制经济。这是我国基本经济制度同资本主义私有制最明显的相同之处。由生产力的发展状况和发展要求所决定,我国不仅要允许非公有制经济存在,而且还必须大力发展非公有制经济。党的十八届三中全会《决定》明确指出:公有制经济和非公有制经济都是社会主义市场经济的重要组成部分,都是我国经济社会发展的重要基础;必须毫不动摇地鼓励、支持、引导非公有制经济发展。

二是二者都与市场经济相兼容。资本主义可以搞市场经济,社会主义也可以搞市场经济。资本主义私有制与市场经济具有天然的兼容性,这已为人类社会发展历史所证明,无需赘言。而社会主义搞市场经济却经历了探索和曲折。传统的社会主义是反对和排斥市场经济的,单一的公有制同市场经济也是难以兼容的。而以公有制为主体、多种所有制共同发展的基本经济制度,因为有构成市场经济发展所需要的产权基础,进而能构成相互独立的市场竞争主体、商品生产经营者,因而也具有良好的甚至是更好的与市场经济的兼容性。

三是二者都存在按生产要素分配形式。这种相同之处,无需多论。只要有私有产权

存在和运作,只要有市场经济,就不可避免地要存在按要素分配,也就是我们过去批判资本主义社会时常说的"按资分配"。

四是二者在一些具体经济制度上存在一定相同之处。我国基本经济制度与资本主义私有制既然都与市场经济相兼容,都需要发展市场经济,既然都存在私有制经济,都存在按要素分配,那么,毫无疑问,二者在具体的经济制度上就会存在某些相同之处。譬如,在产权制度上存在共同之处——都要求产权明确、产权清晰,运作高效而规范;在生产经营制度上存在共同之处——都要求公平竞争、充分竞争、自主经营、自负盈亏、优胜劣汰,都要求自主择业、竞争择业;在宏观调控制度上存在共同之处——都要求主要运用财政税收、利率等经济手段对经济发展和财富分配进行调控和调节,让市场机制在资源配置中发挥决定性作用;在社会保障制度上存在共同之处——都需要建立相应的社会保障制度,为市场经济的正常运行提供"减震器""安全阀"。

(二)我国基本经济制度与资本主义私有制的区别

尽管我国的基本经济制度与资本主义私有制存在一定相同之处,但二者之间存在本质区别。其本质区别表现在以下几个方面:

一是我国基本经济制度中的所有制结构与资本主义私有制下的所有制结构有本质不同。由于我国的非公有制经济的存在和发展是以公有制为主体、为前提的,是与公有制为主体密切结合在一起的,因此,本质上,我国非公有制经济的功能作用又不同于资本主义广泛存在的私有制,它不能构成整个社会的经济基础进而决定整个社会的性质,它只是作为社会主义市场经济的有机组成部分并充分发挥自身的功能作用。也正因此,以公有制为主体、多种所有制经济共同发展的基本经济制度,才决定了我国社会的基本性质是社会主义的。正是因为有公有制主体地位的存在,我国的经济社会发展、社会财富分配,才能摆脱私人资本的控制及其弊端;正是因为有以公有制为主体、多种所有制共同发展的共同作用,我国的市场经济才是"社会主义市场经济"[1],才能获得比资本主义市场经济更好更快的发展,才能尽量避免市场经济的负效应,我国的中国特色的政治制度才能获得坚实的社会基础。而在资本主义社会,私有制广泛存在,构成整个社会经济运行的基础,整个社会的经济社会发展、社会财富分配受到私人资本的控制。尽管资本主义社会也存在国有经济,但因为不存在以公有制为主体,因为私有制的广泛存在,这些国有经济也就只能成为私有经济的补充,建立在私有制基础上的国家也就只能成为"理想"的总资本家,建立在私有制基础上的政治上层建筑只能沦落为服务私人资本的"婢女"。

二是我国基本经济制度所制约的分配制度与资本主义私有制下的分配制度有本质不同。在以公有制为主体、多种所有制经济共同发展的基本经济制度制约下,我国实行的是以按劳分配为主体、多种分配方式并存的分配制度。这种分配制度与建立在资本主义私有制基础上的按资分配制度有本质区别。在完全实行按资分配的情况下,社会财富必然

---

① 卫兴华:《坚持社会主义市场经济的改革方向》,《光明日报》2013 年 11 月 7 日。

大量聚集到少数人手里,导致严重的分配不公、贫富悬殊、两极分化,进而导致出现对立性的社会阶层和对抗性的社会矛盾。虽然有国家的宏观调控和分配调节,但由于私人资本的控制和作用,资本主义国家和政府不可能真正代表最广大人民群众的利益进行调节和调控,只能以不损害私人资本根本利益为限度来进行,以免资本主义整个社会崩溃,国家本质上仍然代表着、维护着私人资本的利益。而以按劳分配为主体、多种分配方式并存的分配制度则不同。这种分配制度尽管也允许按要素分配形式的存在,但由于以公有制为主体,以按劳分配为主体,因此可以保证更多的社会财富不被少数人所占有,而为国家和劳动者所享有,不至于出现贫富悬殊、两极分化,出现对抗性社会矛盾和阶层对立。而且,建立在基本经济制度基础上的国家和政府,可以摆脱私人资本的控制,真正代表广大人民群众的利益进行分配调节和经济调控,使广大人民群众共享改革发展的成果。

三是我国基本经济制度所规制的具体经济制度与资本主义私有制下的具体经济制度有所不同。尽管在市场经济条件下,在多种所有制经济存在和发展的条件下,我国具体的经济制度会与资本主义社会的具体经济制度有共同之处,但在基本经济制度的规制下,在我国具体国情的制约下,我国的一些具体经济制度同资本主义国家的具体经济制度,还会存在诸多差别,独具中国特色。比如在产权制度上,虽都要求产权清晰、流转顺畅,但我国实行的是城镇土地国有、农村土地集体所有,不存在土地所有权私有;在宏观调控制度上,我国对分配的调节、对经济运行的调控力度更大;在社会保障制度上,我国的社会保障制度不仅仅是市场经济的"安全阀""减震器",而且要保障不断发展着的广大人民群众的社会权益,因而其保障的对象更全面,保障的范围更广泛,保障的措施更多、力度更大。总而言之,由于基本经济制度不同、基本国情不同,我国的一些具体经济制度也会独具特色。

三、正确认识以公有制为主体与多种所有制经济共同发展之间的辩证关系

以公有制为主体与多种所有制经济共同发展,二者之间存在着相互依存、相互促进、不可或缺、不可替代的辩证关系,二者必须在相互结合的情况下,才能形成既摆脱传统社会主义单一公有制弊端、又避免资本主义私有制弊端的独特制度优势,才能充分适应和促进我国生产力的发展。

第一,二者是相互依存、相互促进的关系。在中国特色社会主义基本经济制度中,以公有制为主体与多种所有制经济共同发展,二者是相互依存、相互促进的关系。相对于以公有制为主体而言,多种所有制经济实质上就是非公有制经济。以公有制为主体,必须以非公有制经济共同发展为条件。公有制因为决定社会形态的社会主义基本性质,固然重要,但公有制不能独立存在,必须在与非公有制经济的结合中才能存在、才能发挥自己的功能优势。失去了非公有制经济的共同发展,公有制的主体地位也就无从谈起。在坚持以公有制为主体的前提下,非公有制经济发展得越好,越有利于公有制主体作用的发挥,越有利于促进公有制经济的发展。同样,非公有制经济的发展,必须以公有制为主体为前提。只有坚持以公有制为主体,非公有制经济才能成为社会主义市场经济的重要组成部

分,才能获得健康发展,才能充分发挥其正向的功能作用。"公有制经济的主体地位,不仅是我国宪法的规定,也是实现国民经济又好又快发展的现实要求。与发达国家相比,我国人口众多、人均资源匮乏、生产力总体水平低。如果搞私有制为主体,不仅不能集中力量加快发展,而且会逐渐导致贫富两极分化,使整个社会失去发展的凝聚力和动力。"[①]离开了以公有制为主体,不仅社会形态的性质会发生根本变化,而且非公有制经济发展会像打开的"潘多拉"魔盒,尽显种种弊端。

第二,二者是不可或缺、不可替代的关系。所谓"不可或缺",就是在基本经济制度中,以公有制为主体与多种所有制经济共同发展二者谁也不能缺少。缺少以公有制为主体,社会性质将发生改变,国民经济会由于失去国有经济的控制力、影响力、带动力,缺乏强有力的宏观调控和分配调节而难以获得健康发展;缺少非公有制经济共同发展,社会主义市场经济将因失去广泛的产权基础,失去建立在这种产权基础上的生产经营能力、利益驱力而难以发展,经济发展将缺失动力和活力。所谓"不可替代",就是以公有制为主体不能代替非公有制经济共同发展,非公有制经济共同发展不能替代以公有制为主体。有人觉得既然公有制如此重要,非公有制经济有诸多弊端,那干脆取消非公有制经济共同发展;有人觉得既然非公有制经济如此重要,我国必须大力发展非公有制经济,那么就干脆取消公有制主体地位算了。这两种观点都是不对的。大力发展非公有制经济不能动摇,坚持以公有制为主体也不能动摇,二者只可互相联动、相互促进,而不可相互替代。

第三,二者只有结合在一起发挥作用才能突显制度优势。以公有制为主体与非公有制经济共同发展,二者谁也离不开谁,谁也不能代替谁,二者必须在紧密结合中作为一个有机结合的整体才能发挥各自的独特作用,并形成独特的制度优势。改革开放以来,我国的市场经济获得了快速发展,我国在经济发展进程中进行了强有力的宏观调控调节,成功应对了国际金融危机,经济获得持续快速发展,人民收入水平、生活水平获得极大提高,为世界瞩目。这些发展成就的取得充分展示了以公有制为主体与多种所有制经济共同发展结合在一起发挥作用的巨大制度绩效。国家统计局提供的资料显示:1978—2013年,改革开放以来的35年,我国经济发展大跨越,综合国力和国际影响力实现了由弱到强的历史性巨变。1979—2012年,我国国内生产总值年均增长9.8%,同期世界经济年均增长只有2.8%。国内生产总值由1978年的3645亿元迅速跃升至2012年的518942亿元。经济总量居世界位次稳步提升,1978年,我国经济总量仅位居世界第10位,2008年超过德国,居世界第3位;2010年超过日本,居世界第2位,成为仅次于美国的世界第二大经济体。我国人均国内生产总值不断提高,1978年人均国内生产总值仅有381元,2012年达到38420元,扣除价格因素,比1978年增长16.2倍。我国人均国民总收入由1978年的190美元上升到2012年的5680美元,成功实现从低收入国家向上中等收入国家的跨越。2012年,城镇居民人均可支配收入24565元,比1978年增长71倍,农村居民人均纯收入

---

① 程恩富、侯为民:《准确认识社会主义初级阶段基本经济制度》,《光明日报》2011年9月28日。

7917 元,增长 58 倍。改革开放以来的 35 年,是我国历史上人民群众得到实惠最多、生活水平提高最快的 35 年,是城乡居民生活实现由温饱不足到总体小康并向全面小康迈进的 35 年。[①] 这种发展成就的取得,是以公有制为主体与多种所有制经济共同发展共同发挥作用的结果。

(原载《河南社会科学》2015 年第 10 期)

[①] 国家统计局:《改革开放铸辉煌 经济发展谱新篇——1978 年以来我国经济社会发展的巨大变化》,《人民日报》2013 年 11 月 6 日。

论中国特色社会主义政治经济学的重大原则

2015 年 11 月，习近平总书记在主持以"马克思主义政治经济学基本原理与方法论"为主题的中共中央政治局第二十八次集体学习时强调："要立足我国国情和我国发展实践，揭示新特点新规律，提炼和总结我国经济发展实践的规律性成果，把实践经验上升为系统化的经济学说，不断开拓当代中国马克思主义政治经济学新境界。"在 2015 年年底召开的中央经济工作会议上，习近平强调要坚持中国特色社会主义政治经济学的重大原则。这些重要论述对我们建构好、发展好中国特色社会主义政治经济学有重要指导意义。时下，有学者就中国特色社会主义政治经济学的重大原则问题进行了探讨，如张雷声认为，中国特色社会主义政治经济学的重大原则主要包括五个方面：坚持以人民为中心，坚持解放和发展生产力，坚持公有制为主体和共同富裕，坚持社会主义市场经济改革方向，坚持对外开放。① 笔者认为，这些提炼、概括和总结很有价值，但还不够全面。重大原则是中国特色社会主义政治经济学形成发展过程中的重要遵循，体现着中国特色社会主义政治经济学的内在特性和根本精神。提炼、概括、总结中国特色社会主义政治经济学的重大原则，应从根本立场和价值论、方法论、认识论、唯物辩证法、唯物史观、基本经济制度特色等多个视角来分析、总结，只有这样，我们对中国特色社会主义政治经济学重大原则的认识才会更准确、更深刻、更全面；坚持这些重大原则，才对进一步创新和发展中国特色社会主义政治经济学具有重要指导意义。

依据笔者的思考、理解，坚持中国特色社会主义政治经济学的重大原则，主要有以下若干方面。

一、坚持以人民为中心

习近平同志曾指出："要坚持以人民为中心的发展思想，这是马克思主义政治经济学的根本立场。"是否以人民为中心，是一个立场问题、价值取向问题，同时也是一个是否坚持唯物史观问题。马克思主义最鲜明的政治立场就是一切为了人民利益，马克思主义的最根本价值取向就是为了人的彻底解放，实现人的自由全面发展，马克思主义唯物史观的最鲜明特色就是承认人是生产力发展中最革命、最能动的因素，认为人民是历史发展的根

---

① 张雷声：《把握好中国特色社会主义政治经济学重大原则》，《人民日报》2016 年 2 月 29 日。

本推动力,是历史的真正创造者。因此,中国特色社会主义政治经济学必须坚持以人民为中心的原则。坚持以人民为中心,既是中国特色社会主义政治经济学与一些非马克思主义经济学说的一个本质区别,又是对马克思主义政治经济学灵魂的继承和发展。

坚持以人民为中心,就要求我们的政治经济学研究必须站稳人民立场,坚持把增进人民福祉、促进人的全面发展、朝着共同富裕的方向迈进作为经济发展的出发点和落脚点;从人民利益出发,把表达好、维护好、发展好、实现好人民的利益作为我们理论研究的出发点和落脚点。

坚持以人民为中心,就要求我们的政治经济学研究必须注重研究如何充分调动和发挥广大人民群众的积极性、能动性、创造性,充分发挥人民群众在经济建设和发展中的主体作用。

二、坚持立足实践

实践观点是马克思主义认识论的基本观点。马克思主义认识论认为,人们多种多样的活动形式从本质上可抽象划分为两大类活动:一类是认识活动和思想活动,一类是实践活动,即感性的物质活动。实践是认识的源泉,对认识活动有着基础作用和决定作用。实践是第一位的,理论是认识的成果。理论来源于实践,受实践检验,同时理论又指导实践。

中国特色社会主义政治经济学的形成、发展,从认识论的角度讲,正是得益于中国特色社会主义的伟大实践。改革开放以来,我们党坚持实践是检验真理的唯一标准,坚持解放思想、实事求是、与时俱进的思想路线,立足中国实际,适应中国国情,排除"左""右"干扰,大胆实践,并在实践中形成了邓小平理论、"三个代表"重要思想、科学发展观、中国梦和"四个全面"战略部署、五大发展理念等当代中国的马克思主义。当代中国的马克思主义又指导中国特色社会主义的建设实践不断走向深入,取得了举世瞩目的发展成就。

坚持立足实践原则,对进一步创新发展中国特色社会主义政治经济学有重要现实意义。在创新和发展中国特色社会主义政治经济学过程中,我们必须首先认清中国国情,立足中国实际,围绕中国实践需要,不唯书而唯实。只有这样,中国特色社会主义政治经济学才能经得起实践检验,才能更好地指导中国经济建设实践。

三、坚持开拓创新

这是和立足实践原则密切关联的一个原则。从认识论的角度看,人们的认识过程是一个随着实践过程不断深化、不断提高的过程。实践无止境,认识无止境,理论创新无止境。创新是一个民族和国家进步的灵魂,创新是引领发展的第一动力,创新也是中国特色社会主义政治经济学的主要精神特质,是中国特色社会主义政治经济学保持先进性、科学性的根本动力之所在。

中国特色社会主义政治经济学正是在不断开拓创新中形成的。改革开放以来,我国在思想理论方面创新性地形成了社会主义初级阶段理论,社会主义本质理论,以所有制为主体、多种所有制经济共同发展的基本经济制度理论,按劳分配为主体、多种分配方式并存的分配制度理论,劳动价值创新理论,社会主义市场经济理论,对外开放理论,科学发展理论,全面建设小康社会理论,经济体制改革理论,经济新常态理论,五大发展理念等,这些创新性的理论成果已经基本构成了中国特色社会主义政治经济学的理论体系框架,并在正确指导中国的经济建设实践中发挥了重要作用。

进一步创新和发展中国特色社会主义政治经济学,必须继续坚持开拓创新原则。要在实践中不断研究新问题,总结新经验,不断总结、提升经过实践检验的新思想、新观点,以此来丰富和创新政治经济学;要根据科技的进步、发展的需要不断创新政治经济学研究的方式方法,多出快出优秀的理论成果。

四、坚持尊重规律

从辩证法和唯物史观的角度看,任何事物的发展变化都是有规律的,人类社会的历史也是一个自然演变过程,是有规律可循的。政治经济学作为一门研究经济关系变化和经济发展规律的社会科学,必须把尊重客观规律作为自己的基本原则。

中国特色社会主义政治经济学的形成,正是在坚持尊重规律的原则下,不断认识和揭示自然界发展变化规律、人类社会发展规律、经济发展规律的过程中进行的。正是因为我们更加认清了社会生产力与生产关系的矛盾运动规律,认清了生产力对生产关系的最终决定作用,我们才明确提出"发展是硬道理""以经济建设为中心"的思想理论和政策主张,才更加明确了"社会主义的根本任务是解放和发展生产力";正是我们更加认清了从自然经济到商品经济的发展是一种历史的必然,我们才更加明确了要大力发展社会主义市场经济的理论和政策主张;正是我们更加认清了人与自然进行物质变换的客观规律,我们才更加明确了坚持科学发展观、坚持五大发展理念、坚持加强生态文明建设的理论和政策主张。

进一步发展中国特色社会主义政治经济学,必须坚持尊重规律原则,不断深化对自然发展规律、社会发展规律、经济发展规律、市场经济规律、社会主义建设规律的认识,从而使中国特色社会主义政治经济学的理论论证更能反映规律特征,我们的观点、主张更加适应规律要求,更加符合经济社会发展的趋势。

五、坚持科学发展

坚持科学发展这一重大原则,主要是从唯物史观和方法论角度讲的。认识经济规律,促进经济发展,是政治经济学研究的重要目的。发展必须是科学的发展。因此,必须把坚持科学发展作为中国特色政治经济学的重要研究方向和研究内容。

坚持科学发展,来自我国经济发展的实践经验总结,来自我国经济建设实践的需要。改革开放以来,我国经济获得了持续高速的发展,取得了举世瞩目的发展成就,但与此同时,发展中也存在着严重的高能耗、高排放、高污染、低效益的"三高一低"问题。为此,我们党适时提出了科学发展观;党的十八大以来,党中央又适时提出了创新、协调、绿色、开放、共享五大发展理念。五大发展理念是对科学发展观的进一步继承和提升。科学发展的理念为我国的经济转型、经济持续健康发展提供了理论指导。

发展中国特色社会主义政治经济学必须坚持科学发展的重大原则,必须坚持科学发展观和五大发展理念。科学发展观的第一要义是发展。发展是硬道理。因此,必须坚持把解放和发展生产力作为根本任务,必须始终坚持以经济建设为中心。同时,必须坚持创新发展。创新是引领发展的第一动力,必须着力实施创新驱动发展战略。必须坚持协调发展,促进城乡协调、区域协调、经济社会政治文化生态等协调发展。必须坚持绿色发展,搞好环境和生态文明建设,促进人与自然和谐共生。必须坚持开放发展。改革开放是我国的基本国策,是我国发展的必由之路。要更好地利用国际国内两种资源、两种市场。要加快构建开放型经济新体制。要谋求更高的开放层次、更大的开放力度、更广的开放空间,让中国更好地融入世界。必须坚持共享发展,进一步探索和完善发展成果由人民共享的体制机制,让广大人民群众共享改革发展的成果。

六、坚持以马克思主义基本原理为指导

从认识论的角度看,马克思主义是人类思想发展史上的一个辉煌成果。马克思主义之所以影响深远,就是因为马克思主义闪烁着人类智慧的光芒。马克思主义的一些基本原理,反映了人们对自然界变化规律、人类认识活动规律、人类社会基本规律的正确认识,因而必须继承和坚持马克思主义的基本原理。

从某种角度看,中国特色社会主义政治经济学的形成,正是坚持把马克思主义的基本原理运用到中国社会实践之中,与中国的改革开放建设实践相结合的结果,是中国化、时代化的马克思主义政治经济学。正是基于马克思主义的"实践"观点,我们大胆解放思想,走上了改革开放道路,走上了中国特色社会主义道路;正是基于马克思主义关于生产力决定生产关系、经济基础决定上层建筑这一唯物史观,我国才正确分析判断了当代中国社会的主要矛盾、基本矛盾,并确立了以经济建设为中心的发展思路;正是基于马克思主义关于生态文明的基本观点,我国才更加积极主动地把生态文明建设摆到特别突出的位置。

发展中国特色社会主义政治经济学,需要继续以马克思主义基本原理为指导,坚持把马克思主义基本原理同中国实践相结合。当然,我们要把马克思主义的基本原理与马克思恩格斯个别具有历史局限性的具体观点、主张区别开来,既要坚持马克思主义基本原理,又要反对把马克思主义教条化,不囿于马克思恩格斯的个别论断、观点,要在继承中不断创新发展马克思主义政治经济学。

七、借鉴吸收人类一切优秀思想认识成果

中国特色社会主义政治经济学是开放、包容的科学,善于借鉴吸收人类一切文明成

果,包括实践成果和认识成果,它本身就是人类认识文明成果的重要体现和重要组成部分。要在坚持以马克思主义基本原理为指导、继承发展马克思主义的同时,还要注意批判地吸收借鉴其他思想理论成果。其中,一个很重要的方面就是需要正确看待和对待西方经济学。

由于基本政治立场不同、具体国情不同、社会发展基本规律相同情况下各国社会发展具体规律具有特殊性,中国特色社会主义政治经济学有着明显不同于西方经济学的特征和优势,这正是中国理论自信之重要表征。发展中国特色社会主义政治经济学,绝不能妄自菲薄,绝不能照抄照搬西方经济学。对西方经济学及其他理论学说,要采取批判借鉴的态度和原则,去其糟粕,取其精华。要充分认识到,西方经济学特别是近些年来在西方比较流行的新自由主义理论是西方社会生长的产物,新自由主义理论所主张的全面私有化、完全市场化理论以及所内含的贫富两极分化取向,并不适合中国国情,如果非要运用到中国,那就会出现"淮南为橘、淮北为枳"的问题,不仅解决不了中国的发展问题,还会把中国引向混乱。

当然,"坚持马克思主义的立场、观点、方法,不是固守一亩三分地,而是要更广泛地吸纳人类的智慧。比如,对待西方经济学,不是全盘否定,而是否定新自由主义片面化观点和种种西方教条,同时也汲取西方经济学多种派别的一些科学成分,为我所用"①。因此,发展中国特色社会主义政治经济学,必须大胆借鉴包括西方经济学在内的人类认识成果中有用的、正确的东西。比如,可以借鉴西方产权理论的一些观点和分析方法。中国特色社会主义政治经济学,既要立足中国实际、中国实践,又要放眼世界,研究和分析国际经济社会的发展规律、变化趋势;既要研究总结本国的发展经验,也要分析比较外国的发展经验。只有这样,中国的政治经济学才更能认识和把握国际经济社会发展变化规律,适应中国融入世界的时代要求;才更能提升中国政治经济学的国际影响力,彰显中国气派;才更能为推进人类的思想认识发展,贡献中国智慧,为促进全人类文明发展作出更大贡献。

八、坚持解放和发展生产力

坚持解放和发展生产力这一重大原则,主要是从唯物史观角度讲的。马克思主义唯物史观认为,在生产力与生产关系的矛盾运动中,生产力是矛盾的主要方面,是人类社会发展进步的一种刚性需求,它最终制约和决定着生产关系的变化发展。马克思主义正是坚持以是否有利于生产力发展为标准来分析资本主义社会代替封建主义社会、社会主义社会代替资本主义社会的历史必然性的。解放和发展生产力是社会主义的本质要求,是中国特色社会主义经济发展的根本任务,是全国人民的根本利益之所在,因此,也是中国特色社会主义政治经济学必须始终坚持的重大原则,"是贯穿于中国特色社会主义政治

---

① 杨承训:《坚持和创新马克思主义政治经济学》,《中州学刊》2016年第2期。

经济学的主线"①。

把坚持解放和发展生产力作为中国特色社会主义政治经济学的重大原则,是对马克思主义灵魂的继承,是对历史唯物主义的坚守,是对经济社会发展规律的遵循。只有坚持这一原则,只有更好地把握生产力的发展趋势、发展要求,才能更好地分析生产关系的发展变化规律和趋势,更好地分析社会矛盾和问题,更好地探讨经济体制改革和经济发展战略。

发展和创新中国特色社会主义政治经济学,必须坚持这一重大原则。只有坚持这一重大原则,我们的政治经济学才会更加反映和符合经济社会发展规律,才更加具有科学性、实践性、指导性,才更加具有说服力、生命力、影响力。在全面建设小康社会、实现中华民族伟大复兴中国梦的新的历史时期,我们必须紧紧抓住继续解放和发展生产力这一主线,坚持以经济发展为中心,全面深化改革,坚决破除制约和影响生产力发展的体制机制障碍,不断改革和调整生产关系,以适应和促进生产力发展。中国特色社会主义政治经济学要为新时期的经济改革、经济发展提供有力的智力支持。

九、坚持以公有制为主体、多种所有制经济共同发展的基本经济制度

这一原则是从理论原则的角度强调的,但这一原则是规制中国特色社会主义政治经济学最重要理论研究内容和研究方向的重要原则,是其他重要原则的集中体现。政治经济学以经济关系(生产关系)为研究对象,而经济关系中最重要的关系就是基本经济制度。基本经济制度不仅制约和影响着人们的经济关系,而且决定着社会的基本性质,由此可见,基本经济制度研究在政治经济学研究中具有重要地位。

坚持以公有制为主体、多种所有制经济共同发展的基本经济制度,是我国社会同资本主义社会的本质区别,也是中国特色社会主义政治经济学有别于西方经济学的最鲜明特色。从实践角度看,我国实行的基本经济制度是经过实践检验已证实其正确性的制度,是适应中国国情、符合中国实际的制度。从政治立场和价值取向的角度看,我国实行的基本经济制度是有利于保障和实现广大人民群众的经济社会权益的制度,是体现着社会主义追求公平正义、追求共同富裕等基本价值取向的制度。从认识论和唯物史观的角度看,实行坚持以公有制为主体、多种所有制经济共同发展的基本经济制度,是我们深化认识人类社会发展基本规律、深化认识中国社会发展特殊规律、坚持唯物史观基本原理、吸收借鉴其他人类认识文明成果的结果,它既能适应人类社会发展的基本规律,适应市场经济发展规律,又能适应中国的特殊国情和特殊发展规律,因而具有强大的生命力。

发展中国特色社会主义政治经济学,必须把坚持基本经济制度作为重要原则。要把坚持和完善基本经济制度作为重要方向和重要研究内容。在研究中,既不能否定和放弃基本经济制度,也不能把"以公有制为主体"与"多种所有制经济共同发展"割裂开来、对

---

① 张雷声:《把握好中国特色社会主义政治经济学重大原则》,《人民日报》2016 年 2 月 29 日。

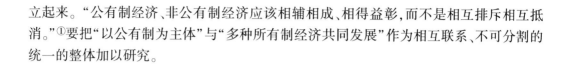

立起来。"公有制经济、非公有制经济应该相辅相成、相得益彰,而不是相互排斥相互抵消。"①要把"以公有制为主体"与"多种所有制经济共同发展"作为相互联系、不可分割的统一的整体加以研究。

十、坚持以按劳分配为主体、多种分配方式并存的分配制度

这一重大原则也是从理论原则的角度强调的,是中国政治经济学的又一大特色。分配制度是与基本经济制度密切相关的制度,直接牵涉广大人民群众的切身经济利益。

实行以按劳分配为主体、多种分配方式并存的分配制度,既是我国基本经济制度得以实施的极为关键的具体制度,也是适应市场经济规律和发展要求的分配制度,同时它还体现着社会主义主张按劳分配、共同富裕的基本价值取向。这一分配制度的合规律性、合目的性已为我国的社会实践所证实。主张以按劳分配为主体、多种分配方式并存,是我国经济制度与西方资本主义国家经济制度的一个重要本质区别,也是中国特色社会主义政治经济学较之西方经济学所独具的一个重要理论特征和优势。

发展中国特色社会主义政治经济学,必须把坚持以按劳分配为主体、多种分配方式并存的分配制度作为重要研究内容和研究方向。要研究和创新劳动论、劳动价值论,要研究和探讨在市场经济条件下,在多种分配并存条件下,按劳分配为主体的实现形式、路径,要通过坚持和完善这一分配制度,使广大人民群众更公平地享受经济发展的成果。

十一、坚持发展社会主义市场经济

坚持发展社会主义市场经济这一重大原则,主要是从理论原则角度讲的。坚持发展社会主义市场经济,既体现着对社会发展规律的遵循、体现着对经济发展规律特别是市场经济发展规律的遵循,也体现着对社会主义价值取向、对社会主义基本制度的坚守。

商品经济社会是人类社会发展必经的发展阶段。从自给自足的小农经济中蹒跚走来的中国,必须大力发展商品经济,大力发展市场经济,这是规律使然,是历史必然,不以人的意志为转移。但我国的市场经济是同社会主义基本制度有机结合在一起的。当代中国的经济体制既不同于传统社会主义的计划经济体制,又同资本主义的市场经济有着性质区别,独具中国特色。

创新和发展中国特色社会主义政治经济学,必须继续坚持发展社会主义市场经济这一重大原则。既要坚定不移地发展市场经济,绝不走也不能走回头路,又要坚定不移地把市场经济与社会主义基本制度有机结合起来,绝不能走完全私有化、全面市场化的资本主义道路。既要充分发挥市场经济的功能作用,让市场在资源配置中发挥基础性、决定性作用,充分调动广大商品生产经营者的积极性、能动性、创造性,又要继续发挥社会主义制度的优越性,避免市场经济的负效应,弥补市场经济的失灵,保持经济的持续健康发展,保障

①　习近平:《毫不动摇坚持我国基本经济制度,推动各种所有制经济健康发展》,《人民日报》2016年3月9日。

广大人民群众共享经济社会的发展成果。

参考资料

[1]张宇:《发展中国特色社会主义政治经济学》,《人民日报》2016年2月23日。

[2]洪银兴:《发展当代中国马克思主义政治经济学》,《人民日报》2016年1月25日。

[3]林毅夫、蔡昉、周文:《中国经济学如何走向世界》,《光明日报》2016年3月2日。

(原载《郑州财经学院学报》2016年第2期)

构建统筹利用城乡建设用地的土地制度

统筹利用城乡建设用地是我国经济社会发展到现阶段的必然要求。随着我国工业化、城镇化、农业现代化、信息化的快速发展,随着市场经济的发展以及土地资本化、资产化、市场化进程的加快,原有的城乡建设用地彼此分割的"二元"产权体制和"二元"管理体制已不能适应时代发展的要求,暴露出诸多弊端。统筹利用城乡建设用地势在必行。2013 年 11 月,党的十八届三中全会通过的《中共中央关于全面深化改革若干重大问题的决定》指出了建设用地制度改革的大方向。2015 年年初,中共中央办公厅、国务院办公厅印发《关于农村土地征收、集体经营性建设用地入市、宅基地制度改革试点工作的意见》,明确在全国选取 33 个县(市)进行土地改革试验。2015 年 11 月,中共中央办公厅、国务院办公厅印发《深化农村改革综合性实施方案》,进一步明确了农村土地制度改革的重点。要统筹利用城乡建设用地,必须深化建设用地制度改革,特别是要深化农村建设用地制度改革,构建统筹利用城乡建设用地的土地制度。笔者认为,构建统筹利用城乡建设用地的土地制度,要在以下一些方面着力。

一、建立健全城乡一体化的土地利用规划制度

土地规划是各国管理控制土地利用的"龙头"制度,这是由土地自身的性质决定的。概而言之,土地不仅是重要的不动产,更是不可再生的自然资源,是一切经济活动的重要基础和生态环境的基础构成。土地规划制度正是政府统筹分配土地资源和合理组织土地利用的一项基本制度安排。[①] 城镇化建设、工业化发展、新农村建设,都要搞好顶层设计,规划先行,而且要搞好规划之间的协调衔接。科学的土地利用规划必须从城乡一体化的整体出发,实现土地利用规划、产业规划、城乡建设规划、生态规划的"多规融合"。建立健全城乡一体化的土地开发利用规划制度,必须把握以下六大重点。

一是健全中国特色的土地规划体系。目前土地规划存在的一个主要问题是规划体系上端的区域规划或国土规划缺位。目前的主体功能区规划,应当说还主要是一个概念性的东西,尚未形成规范的区域规划制度。因而,应尽快开展区域规划或国土规划的编制工作,以便在区域层次上对社会经济发展水平和规模、城镇体系规划,尤其是城镇规模与布

---

① 杨惠:《集体土地流转呼唤规划制度改革先行》,《中国社会科学报》2014 年 3 月 19 日。

局,土地利用与经济发展,土地利用与工业化、城市化之间的相互关系进行协调和安排。①

二是要搞好城镇建设用地规划与农村建设用地规划的衔接。要把新农村建设用地规划纳入整个城镇化建设的体系之中,搞好城镇交通设施、电信设施、水利设施以及公共服务设施与新农村基础设施及公共服务设施的有机对接,从而在整体上形成功能齐全、功能互补的土地利用格局,避免个别地方公共经济管理设施或严重短缺、供给不足,或功能过剩、利用低效,避免重复建设,最大限度地提高城乡建设用地利用效率。

三是要搞好农村社区和新农村建设用地规划。国家和政府要出台和完善有关法规和政策,对农村社区和新农村建设中的建设用地使用进行规制和引导。要按照集约节约用地的总原则,对农村社区和新农村建设中的农民住宅用地、村集体公益事业用地等进行科学规划。要坚决遏制和避免乱批乱建、超面积用地现象。

四是要搞好建设用地中各类用地的规划。在建设用地使用中,按用途不同,可分为工业用地、商业用地、居住用地、公益事业用地、绿化用地等不同类型,不同类型的用地有不同的功能作用,不可或缺,不可替代。因此在建设用地规划中要科学设计不同类型用地的比例关系,从而既有利于促进工商业发展,促进各种公益事业发展,又有利于有效满足城乡居民的居住用地需求,有利于建设一个良好的生产、工作、居住和生活环境。

五是搞好城乡建设用地规划与城乡经济社会发展规划、耕地保护和生态保护制度的衔接。城乡建设用地规划必须在坚守 18 亿亩耕地红线的前提下进行,不能任意扩大建设用地指标,更不能超标准征占农业用地。必须在区域经济社会发展规划的大框架下进行城乡建设用地规划,增加建设用地规划的前瞻性、科学性、可行性,使规划符合和适应区域经济社会发展要求。

六是要为实行科学的土地利用规划制度提供政治保障。要加强土地利用规划的法治建设,建立健全法律法规,强化司法执法,把土地利用规划纳入法制轨道,避免土地利用规划制定和实行中的随意性和朝令夕改。在制定土地利用规划的过程中,要切实实行专家论证听证和咨询制度,积极扩大和广泛开辟公民参与渠道。要建立健全规划、国土、农业、水利、住建、交通等政府职能部门之间的规划协调机制,以保障土地利用规划更科学合理,更容易落实。

二、建立健全严格的集约节约用地制度

面对我国工业化、城镇化的加快发展和土地资源供给的刚性约束,粗放的土地利用方式显然已经难以为继。从 2005 年党中央提出建设节约型社会,明确将土地资源的节约集约利用上升为国家战略以来,节约集约用地日益受到重视。从 2008 年至今,国务院和国土资源部已先后出台《关于促进节约集约用地的通知》《单位 GDP 和固定资产投资规模增长的新增建设用地消耗考核办法》《节约集约利用土地规定》等多个文件,明确了各级

---

① 杨惠:《集体土地流转呼唤规划制度改革先行》,《中国社会科学报》2014 年 3 月 19 日。

国土部门在节约集约用地方面的具体职责。2014 年 9 月,国土资源部下发了《关于推进土地节约集约利用的指导意见》,明确了我国未来一个时期节约集约用地的目标。"随着工业化、城镇化的深入推进,我国正在面临用地需求持续增长和土地资源逼近极值的双重压力,建立最严格的集约用地、管地制度已经刻不容缓。"[①]建立健全最严格的集约节约用地制度要在以下三方面下功夫。

一是建立健全土地节约集约利用的动态管理制度。要在严保 18 亿亩耕地红线的前提下,搞好城市、农村的建设用地和农业用地的动态管理。要在搞好建设用地增量控制的同时盘活存量。要通过城乡土地整治、土地内涵挖潜,增加建设用地供应。要通过占补平衡、人地挂钩、建设用地指标控制,严控建设用地的盲目扩张。钱文荣教授指出,在土地管理思路上,应从原来的耕地保护一条"红线"控制转变为耕地与土地开发强度两条"红线"双重控制,同时对不同资源状况和土地开发强度的地区采取既严格又因地制宜的控制措施。[②]

二是建立健全严格的建设用地使用标准。要建立健全工业用地、商业用地、公益事业用地、城市绿化用地、农村农民的住宅用地等各类用地的使用标准。既要符合人地和谐共生的生态发展需要,又要避免土地使用的浪费。比如,以工业用地出让为例,我们国家对单位用地投资产出强度、容积率、建筑密度等都制定有严格标准。地方政府可根据国家标准结合本地实际情况制定相应的标准。

三是建立健全节约集约用地的监管机制。目前,土地使用监管不力、监管不到位,政府、企业节约集约用地动力不足,是导致土地粗放利用的重要原因。要创新国土资源的行政管理体制,实行以从中央到地方的纵向垂直管理为主,防止地方政府对地方国土部门的不当控制,使地方土部门充分发挥自己的监管功能。要改革和创新地方政府和领导干部的政绩考评体系,破除唯 GDP 政绩观,把节约集约用地情况作为政绩考核的重要内容之一。要加大对土地使用的监管力度,综合运用行政、经济、法律等手段对违规违法用地行为予以坚决惩治。

三、建立健全城乡一体化的建设用地市场制度

建立健全城乡一体化的土地市场制度是经济发展规律的必然要求,是市场经济的必然要求,是规律使然、大势所趋。党的十八届三中全会已明确提出:"建立城乡统一的建设用地市场,在符合规划和用途管制前提下,允许农村集体经营性建设用地出让、租赁、入股,实行与国有土地同等入市、同权同价。"这是对现行建设用地制度的重大改革,也是对国家、集体、个人权利和利益的重大调整。很显然,破除城乡建设用地"二元"结构,让农村建设用地进入市场,已是共识,也是形势所迫。关键是农村土地如何进入市场。对此,

---

① 《如何破解低效用地困局》,《瞭望》2015 年第 3 期。
② 全国哲学社会科学规划办公室编:《国家社会科学基金〈成果要报〉汇编》,学习出版社 2014 年版,第 181 页。

学术界众说纷纭,争论激烈,观点不一。农村土地如何市场化、资本化、资产化,是当下学术界争论最热烈的话题,也是当代中国改革发展中一个躲不开绕不过、必须面对、必须解决的大问题。笔者认为,建立健全城乡一体化的土地市场制度,改革重点有以下几个方面。

一是国家和政府要明确农村土地可以进入市场的政策大方向。要允许并鼓励工商资本进入农村,允许工商资本在农村发展房地产业,发展观光旅游等服务产业,允许工商资本进入农地经营开发。从宏观角度讲,这有利于土地资源的优化配置,有利于社会资本流向农村,有利于城乡房地产市场的有效对接,有利于农民收入水平的提高,有利于城乡经济社会的一体化联动与和谐发展。当然,国家和政府对工商资本租赁农户承包地要加强监管。2015年11月中共中央办公厅、国务院办公厅印发的《深化农村改革综合性实施方案》明确提出,对工商资本租赁农户承包地,要建立严格的资格审查、项目监管和定期督查机制,禁止以农业为名圈占土地从事非农建设,防止"非粮化"现象蔓延。

二是要深化农地产权制度改革。产权制度是市场经济有效运作的基础,产权清晰、流转顺畅是土地市场良性发展的前提条件。要深化农地产权制度改革,规范和发展农地产权市场。要按照所有权、承包权、经营权"三权分置"的改革思路,在农地产权结构中,清晰界定集体所有权的各项权能,稳定并细化农户的土地承包经营权。稳定和细化农户的土地承包经营权,就是要进一步强化承包经营权的物权性质,进一步促进承包权、经营权、收益权的分离和有效行使,从而为农户承包经营权的规范流转提供产权基础。

三是要深化农村建设用地产权制度改革,规范和发展农村建设用地市场。农村建设用地制度改革的一个重要内容和关键问题是对农村建设用地的所有权结构实行动态调整,把适合由国家行使所有权的农民集体所有的建设用地及时转制为国家所有。

有人专门分析了目前农村集体经济组织行使土地所有权的困境,这可能对我们改革和创新农村的土地所有制制度有所启示。比如,"尽管国家严禁在承包的基本农田内发展林果业、挖塘搞养殖、建房、取土等行为,但在承包土地上违规建房、挖塘仍是普遍现象。而且这些违规行为缺乏管控主体,集体经济组织无人去管"[1]。在目前试行的"城乡用地同权同价"的改革中,部分企业对使用集体经营性建设用地心存疑虑,担心与农民集体打交道成本过高,担心试点地区政策反复,而且,使用集体建设用地不能像使用国有建设用地那样在金融部门抵押贷款,完全实现同权同利。[2] 这些现象反映了建设用地二元所有制之间的一种深刻矛盾,反映出集体经营性建设用地所有权由农民集体行使有很多不可预期的因素。诸如农民集体的有限理性限制,集体领导班子的变动,农民集体协商的效率与公正等,都会影响和制约土地所有权的正确行使,进而必然会影响和制约土地使用权的

---

[1] 郑林:《非改制状态农村集体经济组织的运行矛盾及其有效治理》,《中州学刊》2015年第3期。
[2] 高长岭:《河南试水城乡用地同权同价——长垣县试点农村集体经营性建设用地入市调查》,《河南日报》2016年8月28日。

行使。也就是说,国家行使土地所有权与农民集体行使所有权有着重大区别,农民会受到集体利益的局限,受到自身能力的局限,很难对土地的合理开发利用发挥像国家和政府那样的监管作用、规划作用。在某些情况下,为谋取自身利益,农民集体或少数农村干部还会与开发商合谋共同侵害国家利益和社会公共利益。因此,在推进城乡土地市场一体化、农村集体经营性建设用地入市过程中,根据具体情况对建设用地集体所有制进行动态结构调整,似乎是一个值得思考和探讨的问题。

动态结构调整的关键在于,实行所有权、承包权、经营权"三权"分离,细化建设用地所有权、承包权、经营权、收益权各项权能,在此基础上,对各种权能的行使主体进行规范、限制。就所有权主体而言,鉴于集体组织(村民委员会)已不能很好行使市场经济条件下的建设用地所有权权能,因而有必要实行建设用地国家所有,由国家(政府)行使所有权权能。承包经营权可对外开放,以本村农民优先。土地增值利益优先照顾当地村民。如此一来,既可避免"小产权"房等"地下市场"盛行,又可及时引导农村建设用地进入土地市场。土地所有制动态结构调整的具体路径可以在以下几个方面探索。

路径一,采取留地留物业调整土地所有制。鉴于目前将农村建设用地全部转为国家所有尚不现实,但在征地时对当地农民采取留地留物业进行安置似乎极具可行性。据《经济参考报》2014年12月3日报道:目前,全国有20多个省份探索实行留地留物业的安置方式,留地比例一般为征地面积的8%～15%。

路径二,对目前已事实上进入土地市场的农村建设用地,应通过转制、确权、分利进行规范。对农村自发进行或与外来企业、开发商合作进行的工商业经营、房地产经营,在符合土地规划和用途管制的前提下,对其所占用的建设用地进行所有制改制,由集体所有改为国家所有,与此同时,赋予农村集体组织建设用地承包经营权,并由农村集体和有关企业、开发商补交适当的土地出让金,从而使一些地下土地市场变成地上土地市场,与全国土地市场平稳对接。经过改制确权后,国家(政府)统一行使所有权权能和土地监管职能,国家(政府)凭借土地所有权获得相应的土地增值收益。转制确权后,国家(政府)通过依法收取土地出让金、地租,依法收取土地税费等,来调控土地利益关系,保障土地的合理开发利用和土地利益的公平分配。原农村集体组织凭借土地占有权、土地承包经营权获得相应的土地增值收益,有关企业和开发商凭借土地经营和房地产经营获得相应的土地增值收益。

路径三,对部分已经实现城镇化的城中村、城郊村的建设用地实行国有化。部分城中村、城郊村的农民已进行村改居,享受城镇居民待遇,同时,这些居民的就业状况已经多元化,收入来源多元化。这些农村的建设用地要同农民市场化进程相配合,实现土地所有制并轨。并轨后的农民完全享受城镇居民所有待遇,其建设用地的开发利用按政府城市规划统一进行,居民可经营房地产,获得多种财产收入。谢志岿专家的观点非常有道理:对于已经实现工业化、非农化的地区,国家应该立法规定实行建制上的城市化与土地上的国有化。[①]

路径四,凡实行入市的农村建设用地要实行国有化。应该根据土地的用途确定土地的属性,所有工商用地,不再区分农村建设用地和城市建设用地,统一为建设用地,并实行国有化,消除土地性质上的城乡二元性。农村集体经济组织兴办企业或者与其他单位、个人以土地使用权入股、联营等形式共同举办企业,在申请审批土地时,其所申请土地应该同时转为国有,办理有关国有化手续,而不应在性质上再保留农民集体所有土地。[②]

四、继续探索实行增减挂钩和耕地占补平衡政策

近些年来,一些地方在农村土地整治过程中,进行了将通过整治节约的少部分农村建设用地以指标调剂的方式按照规划调整到城镇使用的政策探索,开展了城乡建设用地增减挂钩试点(简称"双挂钩"),对统筹城乡发展发挥了一定的积极作用。2010 年国务院发布 47 号文件《国务院关于严格规范城乡建设用地增减挂钩试点切实做好农村土地整治工作的通知》,针对挂钩试点实践中存在的一些问题、倾向提出了整改和规范意见。2015 年 11 月 2 日,中共中央办公厅、国务院办公厅印发的《深化农村改革综合性实施方案》也提出:"按照有关法律法规,完善和拓展城乡建设用地增减挂钩、'地票' 等试点,推动利用城乡建设用地增减挂钩政策支持易地扶贫搬迁。"城乡建设用地增减挂钩,是落实城乡生产要素平等交换,加快形成以工促农、以城带乡、工农互惠、城乡一体的新型工农城乡关系的重要政策。[③]

要继续实行"增减挂钩、占补平衡"政策。在保障"18 亿亩耕地"红线的前提下,继续实行"双挂钩"政策。通过空心村治理、荒山荒坡治理,有效增加建设用地供应总量,通过"占补平衡",把部分农村集体建设用地转为国有建设用地。重庆市作为全国统筹城乡综合配套改革试验区,试点地票改革已 7 年。据《人民日报》2016 年 8 月 31 日报道,地票改革的制度设计聚集于盘活农村的建设用地,借鉴城乡建设用地增减挂钩政策,已经累计交易地票 18.08 万亩,反哺"三农"360 多亿元。通过地票改革,城乡建设用地由"双增长"变为"一增一减"。同时,95% 以上地票落地于重庆都市功能拓展区和城市发展新区,为城镇建设发展增加了空间。而已交易的 18.08 万亩地票中,70% 以上来自渝东北生态涵养发展区和渝东南生态保护发展区,支持了两个片区扶贫工作和新农村建设。有专家认为,重庆通过地票制度形成的土地资源配置格局,符合"产业跟着功能定位走、人口跟着产业走、建设用地跟着人口和产业走的区域开发理念,有利于推进区域发展差异化、资源利用

---

① 谢志岿:《村落向城市社区的转型:制度、政策与中国城市化进程中城中村问题研究》,中国社会科学出版社 2005 年版,第 325—326 页。

② 谢志岿:《村落向城市社区的转型:制度、政策与中国城市化进程中城中村问题研究》,中国社会科学出版社 2005 年版,第 325—326 页。

③ 姜大明:《处理好农民和土地关系 促进"三农"工作健康发展》,《人民日报》2016 年 6 月 8 日。

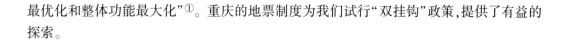

最优化和整体功能最大化"[①]。重庆的地票制度为我们试行"双挂钩"政策,提供了有益的探索。

五、探索实行城乡建设用地人地挂钩政策

人地挂钩制度的创新动因是城镇化进程中土地城镇化与人口城镇化的脱节,土地粗放利用与经济产值及人口承载力的偏差,土地空间融合与身份隔离等人地脱节,是制度供需矛盾的必然产物。[②] 城乡建设用地人地挂钩,就是要统筹考虑城乡人口建设用地的人均占有量,根据城乡人口的增减变化,调整人均占用建设用地的结构。总体而言,随着农民工的大量流动和农村人口、大学毕业生向城镇的流入,应适度增加城镇建设用地特别是居住性建设用地的比例。与此同时,随着农村人口的减少,随着农村人口到城镇转移定居,应适当缩小农村居住性建设用地的比例。具体而言,应在以下几方面进行探索。

第一,城镇建设用地的扩张要与其吸纳的常住人口挂钩。要根据住有所居、居住和谐的原则,科学制定人均占用建设用地标准。然后,根据人口的增加,按比例增加城镇的建设用地供应指标,在保障城镇常住人口基本的居住用地外,还要配套搞好医院、学校、商业网点等其他建设用地的供应。

第二,探索实行农民宅基地和承包地依法自愿有偿退出政策。如何实行进城定居、就业的农民工对农村宅基地、承包地的有序退出、合理退出,是目前学术界争论激烈的问题,也是实践中最难解决的问题。过去的农民很多都想"农转非",而现实中普遍存在的情况是,进城工作或定居、或未定居的农民工,却不愿放弃农村户口,深层原因是不愿放弃所在农村的宅基地和承包地以及集体收益分配权,因为这可以给他们带来稳定的收益。比如作为村集体成员的年终分红,比如农地转包、转租的收益。据《文摘报》2016年8月20日转发的新华社系列报道《人去哪儿了》报道,当前多数试点中小城市已经全面放开农民进城落户,但在"零门槛"前,农民落户意愿普遍不高。不仅如此,还出现了有人想将户口迁回农村的"逆城市化"现象:一是大多数考上大学的农村学生不再迁户口。二是一些已在城市购房、工作、生活,具备落户条件的农民却不迁户口。三是不少已在城市落户的农民、农村大学毕业生想把户口迁回农村。之所以出现这种现象,是人们"算账后的理性选择"。很显然,土地的不断增值会带来农民土地权益的增加,这是农村户口的人不愿放弃农村集体成员资格的深层原因。已经稳定在城市工作、生活的原农村人不愿放弃在农村所拥有的承包地、宅基地以及集体收益分配权益,这就构成了一个深刻矛盾,造成了土地利用的粗放、浪费。有的住宅久无人住,但物有其主;有的承包地随便找人代为耕种,生产粗放,甚至有个别土地撂荒。我们必须回答一个根本性的理论问题:农民市民化的同时,应该如何处理好农民在农村的宅基地使用权、农地承包经营权以及集体收益分配权?笔

① 邱玥:《"地票":激活农村"沉睡"资产——来自重庆市涪陵区珍溪镇的调查》,《光明日报》2016年6月2日。
② 杨玉珍:《城镇化视阈中人地挂钩制度创新及保障机制》,《经济经纬》2015年第2期。

者认为,现实的选择应该有三个途径。

一是虽经常外出打工但未在城镇定居的农民工,可以继续占用农村的宅基地,享有农地承包经营权。这种农民工应该是目前农民工的大多数。他们虽在外打工,但落户城市的意愿并不强,也享受不到城镇人的平等待遇。他们打工挣钱,只是为了增加家庭收入,其主要经济来源、生活保障依然依靠农村土地。

二是对于已经在城镇工作、定居、有稳定收入的农民,应支持引导农民有条件放弃其在农村的土地权益。所谓有条件,就是给予合理的补偿和应有的待遇。主要条件是在城镇工作、定居的务工经商的农民,应享有城镇居民所有的公民待遇,在住房购置、老人看病、子女教育方面拥有同等的权利。通过经济手段和社会待遇政策,引导支持农民放弃在农村的宅基地使用权、农地承包权以及集体收益分配权,从而形成清晰、合理的人地产权关系。"十三五"规划纲要提出,要维护进城落户农民土地承包权、宅基地使用权、集体收益分配权,并支持引导依法自愿有偿转让。据《光明日报》2016 年 6 月 2 日报道,重庆市巴南区天星寺镇探索实行了农户"四权"(土地承包经营权、林权、宅基地使用权、集体经济组织成员收益分配权)有偿退出的模式,值得研究总结和分析探讨。[1]

三是从居住建设用地政策上,约束和激励农民主动融入城镇化。从激励的角度讲,比如,可制定政策,对在城镇就业、定居的农民,愿意有条件放弃农村宅基地和承包地的可直接转为市民,享有城镇居民的一切待遇。从约束的角度讲,要控制宅基地和承包地的粗放使用。对占有多年却不使用的老宅老院(这是空心村中的主要现象),要限时依法收回建设用地使用权或收缴相关费用;对新建的住房,其宅基地和住房面积要受到严格限制;对长期废置不用的宅基地和住房要限期处理。

第三,要建立和完善人地挂钩的制度保障机制。一是搞好区域建设用地和人口总量核查。通过区域内人口流出流入数量,分析区域内建设用地人均占有状况。二是搞好规划编制。实现人地挂钩规划与土地利用总体规划、城镇规划、新型农村社区规划、产业集聚区规划等相协调,与工业、农业、水利、交通、生态等专项规划相衔接,切实用规划引领人地挂钩。三是搞好部门协调。[2]

六、改革创新农村宅基地制度

目前,我国农村实行的是一户一宅的宅基地分配制度。这一制度具有明显的社会福利性质和社会保障性质。近些年来,农村宅基地使用中存在着缺乏合理规划、利用粗放、一户多宅、建新不拆旧、宅基地闲置浪费、宅基地退出不畅、宅基地隐形市场等问题。这些问题已严重影响了城乡建设用地的统筹利用、合理利用,改革农村宅基地制度势在必行。

---

① 邱玥:《"四权"有偿退出:破题进城农民权利"变现"——来自重庆市巴南区天星寺镇的调查》,《光明日报》2016 年 6 月 2 日。

② 杨玉珍:《城镇化视阈中人地挂钩制度及保障机制》,《经济经纬》2015 年第 2 期。

比如,就宅基地隐形市场或地下市场来看,在一些农村特别是在城中村和城乡接合部,宅基地流转现象已经非常严重地存在着。主要流转方式有:转让(买卖房屋)、租赁房屋和场地、房屋抵押、宅基地使用权入股。[①] 农村自发的宅基地流转现象已与现行的农村宅基地制度发生深刻矛盾。主要表现在:一是一户一宅的宅基地制度,主要是供农民自己建房居住,宅基地使用权不得转让,而事实上在农村房屋的买卖、租赁、入股、抵押过程中,都发生了宅基地使用权转移。二是一户一宅的宅基地制度不允许农户在宅基地上搞房地产经营以牟取经济利益,而事实上许多农户正是通过开办饭店、旅馆,出租房屋场地获得经济收入。事实也很明显,宅基地流转是适应经济社会发展需要的一种客观趋势,我们只能顺应这一趋势,改革已不合时宜的宅基地制度。

农村宅基地制度改革问题已成为当前我国深化改革中的一个非常重要的问题,既是一个热点问题,也是一个难点问题。党的十八届三中全会提出,建立城乡统一的建设用地市场,赋予农民更多的财产权利。2014 年中央一号文件也明确指出,改革农村宅基地制度,完善农村宅基地分配政策,在保障农户宅基地用益物权前提下,选择若干试点,慎重稳妥推进农民住房财产权抵押、担保、转让。改革农村宅基地制度要依循统筹利用城乡建设用地大原则。宅基地制度改革的基本思路是:在保障农户依法取得的宅基地用益物权基础上,改革完善农村宅基地制度,探索农民住房保障新机制,对农民住房财产权做出明确界定,探索宅基地有偿使用制度和自愿有偿退出机制,探索农民住房财产权抵押、担保、转让的有效途径。

七、改进和完善征地制度

2015 年 11 月中共中央办公厅、国务院办公厅印发的《深化农村改革综合性实施方案》提出,农村土地征收制度改革的基本思路是:缩小土地征收范围,规范土地征收程序,完善对被征地农民合理、规范、多元保障机制,建立兼顾国家、集体、个人的土地增值收益分配机制,合理提高个人收益。针对征地范围过大、程序不够规范、被征地农民利益保障机制不完善等问题,改革和完善土地征收制度,要在以下几个方面着力。

一是要缩小土地征收范围。探索制定土地征收目录,严格界定公共利益用地范围。鉴于目前确保 18 亿亩耕地红线的刚性约束,以及存量建设用地的数量有限,必须进一步缩小土地征收范围,要严格界定公共利益用地范围。要对征地总量进行控制。要以为农民建立社会保障为征地先决条件,来遏制征地范围的盲目扩大。

二是要完善对被征地农民合理、规范、多元的利益补偿和社会保障机制。目前存在的主要问题是补偿标准高低悬殊。如有的地方对城中村城郊村农民补偿标准较高,而对县域农民特别是边远地区农民的补偿标准则很低或较低;补偿中,现金补偿较多,而对农民的生产生活及长期的社会保障关注不够。因此,必须对被征地农民进行合理的利益补偿。

---

① 么贵鹏、李昌宇:《深圳市宅基地作价入股的经验借鉴及创新》,《经济前沿》2008 年第 Z1 期。

有专家认为,被强制征收的土地,其价格不仅包括土地的现有价值,而且包括被征地的预期收益、未来盈利的价值。① 是否将土地开发增值看作原土地权利的重要组成部分而予以补偿,目前理论上存在争议。但确保被征地农民特别是非城中村城郊村被征地农民的利益却值得重视。多年来,国土资源部先后部署启动了两轮征地制度改革试点,逐步提高了征地补偿标准。2015年年初,中共中央办公厅、国务院办公厅印发《关于农村土地征收、集体经营性建设用地入市、宅基地制度改革试点工作的意见》,明确在全国选取33个县(市)进行土地改革。本轮土地改革的最大亮点在于,较大幅度提高了农村征地补偿标准。下一步的要求是,将综合考虑土地用途和区位、经济发展水平、人均收入等情况,来确定农地征补标准;对于政府征地造成的失地农民,将全部纳入养老、医疗等城镇社会保障体系。

三是深化财税体制改革,特别是要改革央地的财税收支结构。过去一些年,地方政府之所以热衷于扩大征地规模,是与我国财税体制以及地方政府的经济职能、政绩考核体系联系在一起的。土地收益已成为地方政府财政收入的一大支柱。② 要遏制地方政府的征地冲动,必须深化财税体制改革,特别是土地税费收支体制改革,合理划分中央与地方的税收权力、财政支出权力、公共服务管理和服务职责。要改变土地收入获取方式和支出结构,优化土地收入的分配调节功能;要将房地产相关税收纳入法治化程序,构建从土地的取得、房地产开发到交易、持有增减相宜公平的税收调节机制,避免地方政府乱征税、乱收费;建立全口径财政预算公开和监督机制,将土地收入与支出纳入预算管理,消除"土地财政"的自我强化机制。

四是深化行政体制改革,创新政绩考核制度。由于特殊的历史和现实原因,在传统的行政管理体制中,地方政府既是公共事务的管理者,又直接承担着大量经济职能。地方政府既是"行政人",又是"经济人"。特别是在唯GDP的政绩考核体系下,地方政府热衷于征地圈地、经营城市、招商引资上项目,个别地方党政领导干部还热衷于搞贪大求洋的政绩工程,由此导致对征地的过度需求,对土地财政的过分依赖,也由此导致对土地的粗放利用、不科学利用。因此,要改革完善征地制度,必须改革行政管理制度,创新政绩考核制度。③ 要规范土地征收程序,建立社会稳定风险评估制度,健全矛盾纠纷调处机制,全面公开土地征收信息。

八、改革和创新土地增值收益分配制度

收益分配问题是经济利益关系中的核心问题,是土地制度改革的核心问题。能否处理好各相关利益主体的收益分配关系,是土地制度改革能否顺利推进的关键。如何建立

---

① 唐烈英、唐立文:《中美两国土地征收补偿比较与借鉴》,《中州学刊》2014年第9期。
② 汪利娜:《政府土地收益主要来源、规模下的央地利益博弈》,《改革》2014年第4期。
③ 汪利娜:《政府土地收益主要来源、规模下的央地利益博弈》,《改革》2014年第4期。

土地增值收益分配机制,是分配制度改革的重点。党的十八届三中全会《决定》提出,要兼顾好国家、集体、个人的利益,合理提高个人收益,让农民在改革中受益。应该说,这个原则性方向是十分正确的。然而,土地增值收益分配是一个十分复杂的问题,目前理论上存在争议,实践中乱象较多。我们必须认真探讨并尽快加以解决。

笔者认为,土地增值收益分配的一个大原则应该是全民共享、区域共享。道理很简单,那就是土地增值收益是由多种因素决定的,并不是完全由甚至根本不是由个别群体劳动经营创造的,因而应根据"溢价归公"的经济学原理,在充分照顾土地所有者、占用者利益的同时,由全社会共享土地增值收益。正是因为土地增值的形成是多方面原因造成的,因而西方经济学家很早就提出了土地增值收益均衡分配的理论。构建我国的土地增值收益分配制度,要特别注意以下三个问题。

其一,从群体的角度看,要照顾到不同群体的利益,特别是要照顾到种粮农民、边远地区农民的利益。正是他们对农业生产的坚守,保障着国家的粮食安全,才更加凸显了工商业用地的市场价值。因此,要完善农产品价格形成机制和收储制度,特别是要完善农业生产和经营的财政补贴制度,不让种粮农民在经济上吃亏。

其二,从区域角度看,要照顾到粮食生产核心区、自然生态保护区的经济利益。正是有些地区的土地根据国家整体和谐发展的需要被限制开发,如粮食生产核心区、自然生态保护区建设用地的开发被严格限制,深刻影响了建设用地的供求关系,促成了个别地区土地的增值。某些城市的土地大幅增值正是其他地区作出贡献的结果。因此,要通过转移支付保障粮食优势产区种植收益基本稳定,保障生态保护区农牧民的利益。

其三,应该由政府主导分配。笔者认为,有专家为批评土地财政而否定政府主导土地增值收益分配的必要性的观点是不可取的。政府作为社会公共利益的代表来主导土地增值收益的分配是必需的、应该的。政府在获得土地增值收益后还要进行社会再分配。比如转移支付粮食生产核心区,投资建设产业集聚区,投资进行农村土地整治,投资建设城市基础设施和发展社会公共服务事业等。很显然,由政府主导土地收益分配的大原则是合理的,由政府获取一定的土地收益然后进行再分配也是合理的。当然,政府能否依法获取土地收益并依法进行分配,政府在征地中获取多少土地收益,获取后如何公平地分配使用,这是必须探讨解决的问题。这是另外一个层面的问题。

九、要配套搞好其他制度创新

土地制度创新,特别是农村土地制度创新,是一项根本性的制度创新,可以说牵一发而动全身。2016年8月,国务院印发了《关于实施支持农业转移人口市民化若干财政政策的通知》,提出了10条政策措施,这十分有利于农村土地制度改革和创新。土地制度创新能顺利推进,需要其他许多方面制度的改革创新予以配合。主要有以下几方面的制度创新。

一是户籍制度改革。土地制度的改革与户籍制度的改革联系密切。消除附加在户籍制度上的城乡居民的不平等身份和不平等待遇,必将助推农民的自由流动择业、自由迁徙居住,进而有助于农村土地流转,有助于城乡土地要素、人力资源的优化组合。因此,要打破城乡分割的户籍管理制度,为城乡居民的择业自由、迁徙自由提供便利条件。

二是社会保障制度改革。要建立健全农村的社会保障体系,尽量弱化农村土地的社会保障功能,为更多农民在外面谋生创业消除后顾之忧。要加大对已经在城镇就业、定居或有意在城镇就业、定居符合条件的农民工的社会保障力度,解除这些农民工的后顾之忧,以此推动这些农民的市民化,推动人口城镇化。

三是创新和完善就业制度。就业是民生之本。就业制度的创新和完善主要在于打破城乡户籍制度和身份壁垒,为城乡居民公平竞争、自由择业提供制度保障。同时,还要实行充分就业政策。要积极推进产业集聚、产城融合,促进农村剩余劳动者就近择业、充分就业,促进农民就近城镇化。

四是创新和完善农村经济社会管理体制。其一,要加快农村集体经济组织及基层组织体制的改革。长期以来,农村集体经济组织与基层组织管理单位"村社合一"、政经不分。要根据经济社会特别是城乡市场经济的发展要求,适时明晰村集体经济组织的产权,实行村社分离、政经分开,剥离村集体组织与村民自治组织。政府的公共管理和公共服务要及时向农村延伸。事实上,近几年江苏、浙江和上海等发达省份一直在大力推进村社分开,对村集体进行股份制改造,有的基本完成。温州市正在进行的"三分三改"改革,即通过股改、地改和户改,实现"政经分开""资地分开""户产分开",在产权明晰、村民自愿基础上,构建新型农村合作经济组织和新型土地股份合作社,确立农村合作经济组织的独立自主的产权和经营地位,并将原来由村集体经济组织承担的社会管理和服务功能回归政府和社区组织,从而理顺农村基层的社会管理与集体经济组织的关系。[①] 其二,要搞好农村社区组织管理向城市社区组织管理的转变和对接。在城中村城郊村的村改居、农民改市民的过程中,要完成农村组织管理体制向城市社区管理体制的转换,理顺改制后社区各组织间的关系。

(原载《甘肃社会科学》2017 年第 1 期)

---

① 项继权、储鑫:《农村集体建设用地平等入市的多重风险及其对策》,《江西社会科学》2014 年第 2 期。

深化农村土地制度改革 推动实现乡村振兴

2018 年 1 月颁布的《中共中央 国务院关于实施乡村振兴战略的意见》明确提出,推进体制机制创新,强化乡村振兴制度性供给,并专门就深化农村土地制度改革提出了原则性意见。中共中央、国务院最新印发的《乡村振兴战略规划(2018—2022 年)》也就如何加强乡村振兴用地保障做出了战略谋划。农村土地既是重要的自然资源,又是重要的生产要素,具有重要的生产功能、生活功能、生态功能,具有巨大的市场价值和发展潜力。如何充分利用好、发挥好农村土地的功能作用,充分释放农村土地的市场价值,对乡村振兴至关重要。而要利用好、发挥好农村土地的功能作用,就要与时俱进地深化土地制度改革,推进土地制度创新。

继续深化农地产权制度改革。要在坚决实行第二轮土地承包到期后再延长 30 年的政策的前提下,进一步深化农地"三权"分置改革,在依法保护集体所有权和农户承包权的前提下,平等保护经营者的土地经营权。要通过农地"三权"分置改革,释放农村劳动力,促进城乡资本投资农业生产经营,促进农地适度规模经营,培育和发展新型农业经营主体,如家庭农场、合作社、龙头企业、社会化服务组织和农业产业化联合体等,最终使农村的农地、资金、技术、人才、人力等各种生产要素得到优化组合,实现农业现代化。

深化农村宅基地制度改革。首先,要搞好确权登记。对违法违规占用宅基地、多占强占宅基地的问题进行查处,为进行产权改革奠定基础。其次,要深入推进宅基地所有权、资格权、使用权分置改革,落实宅基地集体所有权,保障宅基地农户资格权和农民房屋财产权,适度放活宅基地和农民房屋使用权。细化设置宅基地各种权能,为宅基地的获取、流转、使用、收益提供产权基础。细化农户资格权的认定标准,切实保障农民的居住权利。

统筹推进征地、农用地、集体经营性建设用地、宅基地改革。在构建土地制度时,必须统筹考虑工业用地、乡村建设用地、城镇化用地等建设用地需求结构,统筹考虑农业用地与非农业用地的比例限制,促进城乡协调、工农业协调发展。在具体改革路径上,必须统筹推进征地、农用地、集体经营性建设用地、宅基地改革。要在缩小征地范围与确定集体经营性建设用地入市范围上协同配套,通过缩小征地范围,有序扩大集体经营性建设用地入市范围,推进土地财政转型。同时,在征地中,要探索建立公共利益认定机制,改进征地程序和办法,完善补偿标准,建立被征地农民长远生计的多元保障机制。要在城镇建设用地与乡村建设用地的规划配置上协同配套,继续探索推进"城乡建设用地增减挂钩"政策,积极推进城乡一体化发展。要探索通过城乡建设用地增减挂钩节余指标的省域内及跨省域调剂流转,助力农村贫困地区脱贫攻坚。要在土地增值收益分配机制的构建上协同配套,平衡土地征收、集体建设用地入市、宅基地流转等不同土地改革中农民的土地增值收益所得,通过土地增值收益的适度调节和转移支付,让种粮农民、边远地区农民分享土地增值收益,要坚持取之于地、主要用之于农的原则,调整和完善土地出让收入用于农业农村发展的比例。

深入推进土地利用规划制度改革。当前和今后一段时期,制定和实施好村镇土地利用规划意义重大。要搞好重点镇、中心镇、特色镇、中心村、一般村的土地利用规划,让市场机制在土地资源配置中发挥正向作用。在村庄规划中,要本着统筹利用生产空间、合理布局生活空间、严格保护生态空间的原则,科学规划农村的农业用地、设施用地、公益性建设用地、经营性建设用地、宅基地用地。在符合土地利用总体规划前提下,允许县级政府通过村土地利用规划,调整优化村庄用地布局,有效利用农村零星分散的存量建设用地。在制定土地利用规划时,要为农村公益性建设用地、新产业用地、市场调节用地预留好空间。

实行更加严格的土地监管制度。要构建更加严格规范的集约节约用地制度和土地用途管制制度,严守耕地红线和生态红线,严防土地的粗放使用和闲置浪费。坚决防止个别农户和工商企业在未经批准的情况下,为谋取利益,擅自改变土地用途,特别是改变农业用地用途,在承包地上建设厂房、商品房、违规设施等,坚决遏制农地非农化现象。要加强对宅基地划拨、分配、使用的管理,严禁违规违法买卖宅基地,严禁工商资本借机利用农村宅基地建设别墅大院、私人会馆。严控特色小镇建设中的过度房地产化现象,防止造成大量房产空置和土地浪费;严禁一些开发商投资高能耗、高排放、高污染"三高"项目,确保土地的生态效益。

（原载《光明日报》2018 年 11 月 21 日）

要始终坚持并不断完善基本经济制度

为何坚持、如何坚持并不断完善基本经济制度,是中国特色社会主义建设中必然面对、必须解答的重大理论和实践问题。改革开放40年,我国经济社会发展取得了巨大成就,这充分证明中国特色社会主义基本经济制度是非常正确、非常有效率、非常有优势的制度。始终坚持和不断完善中国特色社会主义基本经济制度,是被历史证明了的一条基本实践经验,是被实践证明了的一条基本理论结论,是保持中国未来发展正确方向的基础性制度选择。在中国未来发展中,我们既不能走改旗易帜的邪路,也不能走僵化保守的老路,必须始终坚持并不断完善中国特色社会主义基本经济制度。

一、中国特色社会主义基本经济制度的确立及发展

改革开放以来,我们党在所有制改革问题上不断探索创新。改革开放后的一个时期,根据经济社会发展的趋势和需要,我们党与时俱进地提出了以公有制为主体、多种经济成分共同发展的方针。党的十五大进一步将以公有制为主体、多种所有制经济共同发展确立为我国社会主义初级阶段的基本经济制度。这既是我国基本经济制度的深刻变革,也是所有制理论的重大突破。

党的十六大报告首次提出了"两个毫不动摇"的方针,从此,"两个毫不动摇"方针在党中央国务院的重要文献中一再被重申,成为处理公有制经济与非公有制经济关系的基本理论和实践准则。党的十六届三中全会将混合所有制提升到公有制主要实现形式的高度,提出要"大力发展国有资本、集体资本和非公有资本等参股的混合所有制经济,实现投资主体多元化,使股份制成为公有制的主要实现形式",同时提出要建立归属清晰、权责明确、保护严格、流转顺畅的现代产权制度。

党的十七大在基本经济制度理论中首次提出了"平等保护物权",把"公有物权"和"私有物权"放在平等保护之列,形成各种所有制经济平等竞争、相互促进的格局。党的十七届五中全会进一步明确:"营造各种所有制经济依法平等使用生产要素、公平参与市场竞争、同等受到法律保护的体制环境。"

党的十八大报告再次强调,共同富裕是中国特色社会主义的根本原则,要坚持社会主义基本经济制度和分配制度。党的十八届三中全会通过的《中共中央关于全面深化改革若干重大问题的决定》(以下简称《决定》)对基本经济制度的重要地位作了新的阐述。

《决定》对基本经济制度的地位作了新的概括:强调公有制为主体、多种所有制经济共同发展的基本经济制度,是中国特色社会主义制度的重要支柱,也是社会主义市场经济体制的根基。进一步突出和明确了基本经济制度的重要地位。《决定》对非公有制经济的重要作用作了新的概括。《决定》指出:公有制经济和非公有制经济都是社会主义市场经济的重要组成部分,都是我国经济社会发展的重要基础。这些新的阐述,进一步明确和强调了非公有制经济的重要作用。在我国的基本经济制度中,"以公有制为主体"与"多种所有制经济共同发展"是相互依存、相互促进、不可分割、不可替代的矛盾统一关系,二者共同构成基本经济制度的核心内涵,统一于社会主义现代化进程之中。

二、基本经济制度的确立是中国共产党人对马克思主义所有制理论的重大创新

改革开放以来,中国共产党在继承马克思主义所有制理论的基本原理、基本原则的基础上,不断进行发展和创新。中国特色社会主义基本经济制度理论的提出和基本经济制度的确立,标志着我们党对马克思主义所有制理论的重大创新,主要表现在以下几个方面。

其一,创新了社会主义所有制结构论。在我国社会主义初级阶段,由于生产力发展不平衡和生产力发展要求,社会主义所有制不应该是单一的公有制结构,而应该是以公有制为主体,个体、私营、外资、混合等各种所有制经济共同发展的、动态的、多层次的所有制结构。

其二,创新了公有制经济理论。一是扩展了公有制经济的含义。公有制经济不仅包括国有经济和集体经济,还包括混合所有制经济中的国有成分和集体成分。二是界定了以公有制为主体的主要特征。党的十五大报告明确指出:公有制的主体地位主要体现在公有资产在社会资产中占优势;国有经济控制国民经济命脉,对经济发展起主导作用。这是就全国而言,有的地方、有的产业可以有所差别。公有资产占优势,要有量的优势,更要注重质的提高。国有经济起主导作用,主要体现在控制力上。三是明确提出公有制实现形式可以而且应当多样化。一切反映社会生产规律的经营方式和组织形式都可以大胆利用。要努力寻找能够极大促进生产力发展的公有制实现形式。针对人们长期争论不休的股份制姓"社"姓"资"的性质,党的十五大报告明确指出,股份制是现代企业的一种资本组织形式,资本主义可以用,社会主义也可以用。不能笼统地说股份制是公有还是私有,关键看控股权掌握在谁手中。针对改革中城乡大量出现的多种多样的股份合作制经济,党的十五大报告予以了充分肯定。总之,在市场经济条件下,公有制经济的实现形式拥有国有国营、集体经营、承包制、租赁制、股份制、股份合作、参与制、合同订购制、特许经营制等多种多样的实现方式。

其三,创新了非公有制理论。非公有制经济曾被看作私有制社会的专有物,看作社会主义的对立物,与公有制经济水火不容。改革开放后,我们党从开始时认定一定范围的劳动者个体经济是社会主义公有制经济的必要补充,到认定存在雇佣关系的私营经济是公

有制经济必要的和有益的补充,直到党的十五大认定非公有制经济是我国社会主义市场经济的重要组成部分,这是社会主义所有制理论的又一大创新。在社会主义初级阶段,非公有制经济在促进社会生产力发展、增加劳动就业、提高人民生活水平等方面有着不可替代的功能作用,因此,不但不能取消它,而且必须大力发展。党的十五大之后,针对我国所有制结构的巨大变化,国内外出现了一些对我国基本经济制度表示怀疑的议论,有人否定坚持公有制为主体的必要性,也有人担心非公有制经济比重上升会削弱公有制的主体地位。在这种形势下,党的十六大报告明确提出:"必须毫不动摇地巩固和发展公有制经济";"必须毫不动摇地鼓励、支持和引导非公有制经济发展";"坚持公有制为主体,促进非公有制经济发展,统一于社会主义现代化建设的进程中,不能把这两者对立起来"。这两个"毫不动摇"、一个"统一"具有很强的针对性,充分表明党中央对坚持社会主义初级阶段基本经济制度的坚定信念和决心。

其四,创新了社会主义所有制与市场经济关系论。在马克思恩格斯的所有制理论中,社会主义公有制是与商品经济、与市场经济、与货币相排斥的。然而,社会历史发展的实践证明,市场经济是实现资源有效配置的手段,在我国社会主义初级阶段,我们还必须大力发展市场经济。因而,中国的以公有制为主体、多种所有制经济共同发展的多层次所有制结构是与市场经济相互兼容、有机结合在一起的。建立在我国基本经济制度基础上的市场经济体制,既不同于传统的社会主义计划经济体制,也不同于资本主义的市场经济体制,而是有中国特色的社会主义市场经济体制。

其五,创新了社会主义所有制与分配关系论。传统的单一的公有制是与单一的按劳分配方式相对应的,而以公有制为主体、多种所有制经济共同发展的多层次所有制结构是与以按劳分配为主体、多种分配方式并存的分配方式相对应的。在坚持以按劳分配为主体的前提下,允许按要素分配存在,可以充分调动资源、资本、劳动、技术、管理、信息等各种生产要素所有者投入和参与社会生产经营的积极性,实现生产要素优化配置,推动国民经济快速发展。因此,要实现按劳分配与按要素分配的有机结合,实现公平与效率的辩证统一。

其六,创新了社会主义所有制与产权关系论。产权是所有制的核心和主要内容。产权是市场经济有效运作的工具,同时也是所有制有效运作并得以实现的工具。以公有制为主体、多种所有制经济共同发展的基本经济制度要在市场经济运行中得以有效实施,有赖于建立健全具体的、明晰的产权制度。我们必须构建"归属清晰、权责明确、保护严格、流转顺畅"的现代产权制度,正确处理国家权力、政府权力与产权的关系,建立健全公有产权权益实现和保护机制,不断改革和完善农村土地产权制度,构建和完善保护私有产权的制度体系。

三、要充分认识基本经济制度之中国特色

中国特色社会主义基本经济制度是一种新的制度形态,既同资本主义的基本经济制

度即全面的生产资料私有制有着本质的不同,也同传统的计划经济时代的"一大二公"的社会主义公有制存在重大区别。正是这些不同和区别构成了基本经济制度的"中国特色"。

基本经济制度不同于资本主义的全面私有制。资本主义国家是以私有制为基础的,是建立在私有制基础之上的,尽管也存在国有经济,但因私有制的基础作用所决定的阶层劈分,国有经济只能成为私有制的补充,国家只能成为"理想的总资本家",国家所维护所代表的更多的是富人阶层的利益。而中国基本经济制度虽然也存在私有制经济,却不以私有制为基础,而是坚持以公有制为主体,把非公有制经济发展与以公有制为主体结合在一起,这可以避免资本主义私有制下的诸种弊端。

基本经济制度不同于传统的社会主义公有制。传统的社会主义公有制,主张"一大二公"的单一所有制,把"私有制"当作社会主义制度的对立物加以排斥,反对大力发展非公有制经济;主张实行单一的按劳分配,反对"按资分配""按生产要素分配"分配方式的存在;主张实行全面的"计划经济",反对市场机制的基础性作用和决定性作用,反对实行"市场经济"。而基本经济制度则主张在以公有制为主体的前提下,大力发展非公有制经济,非公有制经济不再是社会主义的对立物,而是社会主义市场经济的重要组成部分;主张以按劳分配为主体、多种分配形式并存的分配制度;主张实行"市场经济",并让"市场机制"在资源配置中发挥基础性作用和决定性作用。

在基本经济制度中,"以公有制为主体"是与"多种所有制经济共同发展"结合在一起共同发挥作用的。二者互为条件、相互依存、紧密结合在一起,只有作为一个有机的统一体,才有其各自存在、发展的合理性,才能更好地发挥各自的功能作用。党的十五大以来,我国经济发展所取得的巨大成就,正是"以公有制为主体"与"非公有制经济共同发展"共同作用的结果。离开了"以公有制为主体",非公有制经济将难以更好地发展,私有制的发展必将导致经济发展陷入过度竞争、资源掠夺、资源浪费、生态破坏、贫富悬殊、矛盾激化的状态;离开了"非公有制经济共同发展",以公有制为主体则失去立足基础,成为难鸣孤掌,难以发挥其功能作用。有鉴于此,我们必须在思想理论上反对两种倾向:一种是借维护公有制主体地位之理由,反对大力发展非公有制经济。在公有制经济控制国家经济命脉的前提下,大力发展非公有制经济,更有利于维护公有制的主体地位,更有利于发挥公有制主体地位的作用。二者不存在非此即彼、相互替代的关系。另一种是以大力发展非公有制经济为理由,否定公有制主体地位存在的必要性。没有公有制的主体地位,不仅会导致基本经济制度的社会性质变化,而且也不利于非公有制经济自身的健康发展,不利于整个经济的健康、持续发展。

四、要充分认识基本经济制度的诸种功能

基本经济制度的重要性首先在于它是适应中国社会生产力发展要求、适合中国国情的一种制度选择,同时还在于它有诸多的功能,如经济功能、政治功能、社会功能、文化功

能、生态文明建设功能。正是这些功能的存在,更显示了基本经济制度存在的合理性。认真分析这些功能作用,可增加我们对基本经济制度重要性的认识,增加我们对基本经济制度的自信。

依照历史唯物主义的基本原理,生产力决定生产关系,经济基础决定上层建筑。在整个社会的发展变化中,经济发挥着重要的基础性作用,经济制度制约着其他社会制度的构成和演进。经济基础是一定社会发展阶段上生产关系的总和,上层建筑是建立在经济基础之上的政治、法律、哲学、道德、艺术、宗教等观点以及同这些观点相适应的政治、法律等设施。一定的经济基础和上层建筑的有机统一,构成了特定的社会形态。在这个矛盾统一体中,经济基础一般起决定作用。经济基础的性质决定上层建筑的性质,经济基础的变化决定上层建筑的变化。随着经济基础的变革,上层建筑或早或迟也将发生相应的变革。另一方面,上层建筑并非只是消极地反映经济基础,它反作用于经济基础,而且在一定条件下可以起巨大的反作用。旧的上层建筑维护旧的经济基础,阻碍新的经济基础的产生和发展;新的上层建筑则为建立、巩固和发展新的经济基础服务。

经济基础可以抽象划分为两个方面。一方面是特定的经济制度,包括基本经济制度及具体经济制度,主要是指人们之间生产协作关系和经济利益关系状况。另一方面是特定的经济发展成就,包括特定的自然资源构成状况、劳动工具和生产资料的发展变化状况以及社会物质财富的创造状况。其中,生产资料所有制作为基本的经济制度在经济基础中占有着重要的位置并发挥着重要的功能作用。既然经济基础决定上层建筑,那么,作为经济基础重要基础之一的基本经济制度,必然在经济、政治、社会、文化、生态文明建设等领域有着重要的功能作用。

第一,关于基本经济制度的经济功能。经济功能是基本经济制度的最基本功能。具有良好的经济功能是基本经济制度存在和发展的必要条件,是基本经济制度的合理性、生命力所在。我国以公有制为主体、多种所有制经济共同发展的基本经济制度,之所以具有合理性,之所以具有生命力,其关键就在于其具有良好的经济功能。总体而言,它有利于促进经济持续、健康、快速发展。具体而言,它主要具备以下几个方面的经济功能:一是有利于构成充分调动生产经营者生产经营积极性的利益机制。这是其最根本也是最重要的经济功能。实行以公有制为主体、多种所有制经济共同发展的基本经济制度,有利于落实各种生产经营者的利益主体地位,有利于实行按劳分配为主体、多种分配方式并存的分配制度,因而有利于充分调动国有企业、集体经济组织、私营企业、个体生产经营者以及工人、农民、自由职业者等各种生产经营单位、各种生产经营者以及广大劳动者的生产经营积极性,从而使经济发展获得持久的内生动力。二是有利于发挥市场经济的正效应并有效避免市场经济的负效应。市场经济是被历史证明的现阶段有效的经济发展方式。如果说单一的公有制与市场经济存在根本对立、难以兼容的话,那么,以公有制为主体、多种所有制经济共同发展的基本经济制度则与市场经济有着天然的兼容性。由于多种所有制的广泛存在,由于相互独立的不同利益的主体的广泛存在,市场经济的发展获得了坚实的社会基础,市场机制完全有可能在各种经济资源配置中发挥基础作用和决定性作用,因而基本经济制度非常有利于市场经济发展。同时,由于有关国计民生的重要生产资料、重要产业行业掌控在国家手里,国家和政府具有强大的调控能力,因而能在很大程度上避免传统市场经济发展中出现的浪费资源、破坏生态、盲目竞争等弊端,避免周期性经济危机,保持经济较平稳发展。如2009年,中国成功应对国际金融危机,显示了中国基本经济制度的优势功能。三是有利于国家实现宏观调控。宏观调控为市场经济发展所必需。以公有制为主体、多种所有制共同发展为国家实行有力的宏观调控提供了一定的体制基础,因为重要的生产资料、自然资源、行业和产业为国家和政府掌控,有利于宏观调控政策的及时、有效执行。四是有利于实现分配公平,避免两极分化。基本经济制度必然要求实行以按劳分配为主体、多种分配方式并存的分配制度,这种分配制度可以保证按劳分配的主体地位,避免社会财富完全集聚在少数人手里,避免两极分化。同时,基本经济制度也有利于实行分配上的宏观调节,如再分配调节,有利于实行对经济落后地区、少数民族地区的转移支付,因而有利于在群体之间、民族之间、地区之间形成相对合理的分配格局。五是有利于助推中国的跨越式发展。由于基本经济制度既保证有关国计民生、有关国家安全和国家重大发展战略的自然资源、生产资料、产业和行业掌控在国家手里,又充分发挥各种所有制生产经营者的积极性,因而有利于集中力量办大事,有利于国家整合资源在某些产业和行业形成国际竞争力,获得突破,增强综合实力,实现跨越式发展。近些年来,我国在航天工业、交通运输业获得的巨大发展就是一个很好的例证。

第二,关于基本经济制度的政治功能。经济决定政治,基本经济制度不仅具有良好的经济功能,同时也具有十分重要的政治功能。基本经济制度的政治功能主要表现在:一是有利于保障和实现公民的基本政治权利。公民的基本政治权利主要包括生存权、发展权、财产权等基本人权,包括选举权、被选举权、决策权、监督权等基本民主权利等。基本经济制度反对两极分化,主张共同富裕,主张社会成员经济权利的相对公平,而经济权利的相对公平,可以使广大公民在政治权利的获得和行使中拥有更多的机会和条件。二是有利于我国基本政治制度的发展和完善。一定的经济制度必然要求一定的政治制度与之相适应。我国的基本经济制度由于内在地要求限制两极分化、兼顾公平与效率,内在地具备国家强有力的宏观调控功能,因而,在政治上,它更有利于人民代表大会这一根本政治制度的发展,更有利于共产党领导的多党合作和政治协商制度、以法治国、民族区域自治制度以及基层群众自治制度的发展和完善。三是有利于巩固和提高共产党的执政能力。党的执政能力的巩固和提高,离不开经济制度的支撑和经济实力的基础作用。一方面,基本经济制度具备较强的宏观调控功能,因而有利于党的方针、政策在各种经济组织中的贯彻执行;另一方面,基本经济制度有利于经济健康持续发展,因而有利于提升党执政的合法性。

第三,关于基本经济制度的社会功能。基本经济制度的社会功能主要表现在:一是基本经济制度制约着我国的社会阶层结构。社会阶层的形成、结构及其发展变化主要是以社会群体所拥有的不同的经济作用、不同的经济资源、不同的经济地位、不同的经济利益为重要基础的。由于基本经济制度决定着自然资源和重要生产资料不为少数人所占有，决定着社会分配大的格局，因而决定了我国社会阶层结构的特殊性。尽管在基本经济制度的作用下，我国会形成工人阶层、农民阶层、知识分子阶层、私营企业主阶层、个体生产经营者阶层、自由职业者阶层、农民工阶层等众多阶层，但社会整体上不会形成一个庞大的剥削阶级，不会形成庞大的社会食利阶层，不会形成阶级、阶层之间的根本对立。二是基本经济制度有利于社会各项事业的发展。由于有基本经济制度作支撑，作为代表广大人民群众利益的国家和政府，会更加自觉地、主动地发展公益性的教育、医疗卫生、社会保障事业，与此同时，也会促进各种社会资本投入社会事业建设中来。三是基本经济制度有利于维护和实现社会公正。基本经济制度由于直接制约着社会成员的经济权利因而间接制约着人们的社会权利，诸如受教育权利、自由择业的权利、公平竞争的权利、享受生活的权利，有利于保障和实现权利公平、机会公平、规则公平，实现社会公正。四是基本经济制度有利于和谐社会构建。基本经济制度决定的利益分配格局，有利于避免阶级对抗和冲突；建立在基本经济制度基础上的强有力的宏观调控、宏观调节能力，有利于集中力量应对自然灾害事件，有利于统筹区域发展，实现各民族、各地区的共同发展、和谐相处。

第四，关于基本经济制度的文化功能。经济与文化密不可分。基本经济制度制约和影响着文化建设。其文化功能主要表现在：一是基本经济制度有利于先进文化的发展。基本经济制度所依循的公平与效率兼顾、在先富后富过程中实现共同富裕的价值取向，影响着整个社会文化的发展方向：追求公平与正义、民主与法治、富裕与和谐。与此同时，以基本经济制度为基础建立的社会主义市场经济，也需要与时俱进的市场经济文化。二是基本经济制度有利于社会主义文化大发展大繁荣。基本经济制度既为公益文化事业的发展提供了制度保障，也为各种所有制经济大力发展文化产业开辟了广阔的空间。

第五，关于基本经济制度的生态文明建设功能。生态文明建设离不开基本经济制度的保障。一是基本经济制度有利于自然资源保护制度和自然环境保护制度的实施。由于自然资源为国家和集体所有，重要生产资料和产业行业为国家掌控，因而，可避免完全私有制下的唯利是图、乱采滥伐等浪费资源、破坏生态现象，有利于对耕地、草场、森林、矿藏等自然资源保护政策的实施，有利于"三废"处理、污染防治等环境保护制度的实施。二是基本经济制度有利于建设大型生态工程。基于自然资源的国家和集体所有，基于建立在基本经济制度基础上的强大的国家宏观调控能力，国家和政府将有积极性并有能力进行城乡治污工程建设，有积极性并有能力投资建设大型生态保护项目。

五、要进一步完善我国基本经济制度

党的十五大以来，我国不断发展和完善基本经济制度，取得了诸多成就。然而，我们必须看到，基本经济制度是有诸多的具体经济制度作支撑的，新时期新形势下基本经济制度还面临诸多挑战和问题，有许多具体制度需要与时俱进地进行改革创新。根据目前存在的主要问题和面临的主要挑战，进一步完善基本经济制度，需要在许多方面进行改革创

新。其主要着力点有以下三方面。

其一，深化自然资源特别是土地资源的产权制度改革。自然资源公有是以公有制为主体的重要内容。在市场经济条件下，在当代资源供求矛盾异常突出、环境压力巨大的情况下，如何使自然资源得到更合理、更有效的开发利用，如何使我国的自然环境得到更有效的保护，这是进一步完善基本经济制度的题中应有之义。党的十八届三中全会通过的《决定》对进一步完善基本经济制度提出了指导性意见，特别是对土地等自然资源的产权制度改革提出了一系列新思路。如对土地制度改革特别是农村土地制度改革提出了新思路；对自然资源的产权制度及管理制度改革提出了新思路。这也为我们进一步坚持和完善基本经济制度明确了路径方向。

创新和完善自然资源产权及管理制度，应在以下几方面努力：一是统筹城乡土地利用，深化城乡建设用地制度改革。由于工业化、城镇化导致的对建设用地需求的急剧增长，由于保持18亿亩耕地红线的刚性约束，我国人地矛盾异常突出。要破解人地矛盾，要统筹城乡发展，必须统筹利用城乡用地。而要统筹利用城乡用地，必须改革城乡建设用地制度。二是要进一步创新和完善农地流转制度。创新和完善农地流转制度，是促进农村土地有效集中、实现规模经营的必然要求。三是要进一步创新和完善森林、矿藏、海洋、空间等自然资源的产权及管理制度。其重点是明晰产权划分、明晰各产权主体的权利责任，用好、管好这些自然资源。

其二，继续全面深化国有经济改革。进一步深化国有企业改革，不断完善国有资产管理体制，是进一步完善"以公有制为主体、多种所有制经济共同发展"基本经济制度的题中应有之义。党的十八届三中全会通过的《决定》对全面深化国有经济改革作出了一系列重要部署。《决定》提出：完善国有资产管理体制，以管资本为主加强国有资产监管，改革国有资本授权经营体制；国有资本投资运营要服务于国家战略目标，更多投向关系国家安全、国民经济命脉的重要行业和关键领域，重点提供公共服务、发展重要前瞻性战略性产业、保护生态环境、支持科技进步、保障国家安全；划转部分国有资本充实社会保障基金；提高国有资本收益上缴公共财政比例，更多用于保障和改善民生；国有资本加大对公益性企业的投入；国有资本继续控股经营的自然垄断行业，实行以政企分开、政资分开、特许经营、政府监管为主要内容的改革；健全协调运转、有效制衡的公司法人治理结构；建立职业经理人制度，更好发挥企业家作用等。这些举措阐明了下一步国有经济改革的目标、路径和具体要求，澄清了关于国有经济改革发展中的一些重大是非认识。《决定》还对积极发展混合所有制经济提出了战略要求。《决定》指出：国有资本、集体资本、非公有资本等交叉持股、相互融合的混合所有制经济，是基本经济制度的重要实现形式。这既是完善基本经济制度的重要措施，也是我党理论和政策上的一个重要创新。

深化国有经济改革的着力点主要有三个方面：一是要进一步深化国有企业改革，特别是垄断行业企业改革，不断提升国有经济的控制力、影响力和带动力。二是要深化公益性国有企事业单位改革，大力提高政府提供公共产品和服务的能力。提供高效、优质的公共产品及服务,是政府的主要责任,也是完善以公有制为主体要解决的现实问题。作为公有的供热、供水、供电、供气、垃圾处理、教育、医疗、科研等企事业单位,如何提供高质量的产品和服务,确实是要下力气解决的大问题。三是要完善国有资产管理体制。在完善经营性国有资产管理体制方面,我国进行了许多探索,已有成功的经验,而在非经营性国有资产和集体资产管理方面,还面临许多问题,非经营性国有资产闲置、浪费、利润流失等问题严重。因此,我国需要改进和加强非经营性国有资产的管理。

其三,进一步推进非公有制经济健康发展。大力发展非公有制经济是基本经济制度的主要构成部分和重要内容。改革开放40年来,我国不断创新、完善促进非公有制经济发展的制度、政策、措施。非公有制经济从无到有、从少到多、从小到大,不断发展壮大,在国民生产总值中的比重不断增多,目前已成为国民经济的重要构成部分,成为我国社会主义市场经济的重要组成部分,为促进国民经济发展、解决社会就业、增加社会财富和居民收入,作出了巨大贡献。然而,新时期新形势下,非公有制经济发展也面临许多挑战,存在许多问题。为进一步推进非公有制经济的持续、健康发展,我们必须进一步创新和完善有关制度政策。一是要进一步创新和完善支持非公有制经济发展的制度政策。要创造更加公平、公正的竞争环境,改革市场准入制度,完善税收、金融政策,让非公有制企业在更加广泛的行业和领域参与生产经营。二是要严格加强管制,严厉打击和惩治非公有制企业的违法违规生产经营行为。要加强产业引导,尽力避免恶性竞争;要加强质量标准管理,严厉打击和惩治制售假冒伪劣产品的行为;要加强资源和环境管理,严厉打击和惩治掠夺资源、污染环境、破坏生态的行为;要加强劳动管理,严厉打击拖欠职工工资、侵犯职工合法权益的行为;要加强市场监管,严厉打击囤积居奇、坑蒙诈骗、欺行霸市行为。总而言之,要通过创新和完善有关制度、政策,促进非公有制经济健康发展,进一步发挥基本经济制度的优越性。

参考资料

[1]季晓南:《坚持和完善基本经济制度十论》,社会科学文献出版社2014年版。

[2]卫兴华:《中国特色社会主义经济理论体系研究》,中国财政经济出版社2015年版。

[3]李太淼:《中国基本经济制度深化研究》,河南人民出版社2014年版。

[4]宋志红:《中国农村土地制度改革八讲》,国家行政学院出版社2017年版。

[5]贾康:《中国新型城镇化进程中土地制度改革的新思路》,《经济纵横》2015年第5期。

[6]华生:《新土改:土地制度改革焦点难点辨析》,东方出版社2015年版。

[7]周其仁:《产权与制度变迁:中国改革的经验研究》,北京大学出版社2013年版。

[8]党国英:《当前中国农村改革的再认识》,《学术月刊》2017年第4期。

[9]侯亚景、罗玉辉:《中国农村土地坚持集体所有制的必然性与必要性》,《海派经济

学》2017 年第 2 期。

[10]李太淼:《马克思主义基本原理与当代中国土地所有制改革》,《中州学刊》2017年第 9 期。

(原载《中共郑州市委党校学报》2018 年第 3 期)

农村集体经营性建设用地入市的难点问题论析

近些年来,关于农村集体经营性建设用地入市问题,学术界已有深入探讨,但争议较大。国家也于 2015 年年初在全国范围选取 33 个县(市)进行了农村土地征收、集体经营性建设用地入市、宅基地制度改革试点,积累了一定经验。本文结合笔者对中部某改革试点县的调研体会,主要研究分析农村集体经营性建设用地入市面临的一些理论难题、实践难题和挑战,提出若干对策思考,以期将问题研究引向深入,并对农村土地制度改革有所借鉴。

一、农村集体经营性建设用地入市面临的理论难题

农村集体经营性建设用地,是指具有生产经营性质的农村建设用地。本文在理论上所论及的农村集体经营性建设用地,不仅指目前存量上的经营性建设用地,还包括通过规划许可的增量经营性建设用地。改革开放以来,随着农村土地的不断被征用和农村建设用地的不断流转,围绕农村集体经营性建设用地入市问题的研究探讨就一直在持续进行。

(一)农村集体经营性建设用地入市的理论之争

关于农村集体经营性建设用地入市问题,学术理论界进行了深入探讨,在取得诸多共识的同时,在某些问题上也发生了激烈争论。据笔者分析,争论的焦点并不在于农村集体经营性建设用地应不应该入市——绝大多数学者都认同应该入市,而在于应不应该"直接入市"和如何"直接入市"。应该说,主张农村集体经营性建设用地入市、建立城乡一体化的建设用地市场,已是学术界的共识。但如何入市?是通过征地或农民集体自主转制(转变土地所有制)等途径改变农村集体土地的所有制性质而入市,还是在保留土地集体所有权的前提下直接入市?学术界在这个问题上存在两种截然对立的理论观点。

一种理论观点认为,农村集体经营性建设用地应该直接入市。这种理论观点主张:在符合土地规划和用途管制的前提下,集体土地可不经过征收转制直接进入土地市场;集体土地应当与国有土地同地同权同价;集体土地可以"进城",农民拥有土地自主开发权,可直接进行土地开发利用,实现自主城镇化。其主要理由:一是农民拥有自主开发利用土地的权利。土地是农民集体的,农民就应该拥有土地处置权。二是集体建设用地直接入市有利于城乡土地市场的形成。有专家认为,农村集体经营性建设用地直接进入土地市场,有利于打破政府对土地一级市场的垄断,有利于农民分享土地增值收益,有利于市场在土

地资源配置中发挥决定性作用。三是直接入市有利于增加农民的财产收益。土地是农民集体的,土地变资本、变资产后,农民应该享有土地增值的绝大部分收益。

另一种理论观点是不赞同农村集体经营性建设用地直接入市,主张农村土地入市依然要通过征地制度改革等来推进。其主要理由:一是农民不具有自主改变土地用途搞开发建设的权利。有专家认为:允许农民自行改变土地用途搞开发的主张,不管听起来如何义正词严,但实际上脱离了当今世界的现实。土地是特殊商品,其开发利用具有极大的地理垄断性和环境外部性,世界上没有任何一个国家会允许居民随意改变土地用途搞开发建设。① 二是土地增值是经济社会发展的结果,土地增值收益理应由社会共享。不少专家认为,土地增值收益应该为社会分享,农村集体经营性建设用地直接入市,导致的只能是城中村和城郊村农民捕获大量土地增值收益,甚至是一夜暴富,而边远地区的广大农民难以分享土地增值收益,会产生巨大的分配不公。三是完全实现集体土地与国有土地同地同权同价不太可能。国家(政府)经过征地获得的建设用地,其用途不只是用于产生经济效益的生产经营行业,不只是用于房地产开发,还要用于公益事业建设和公共绿化等多种用途,有些用地不仅没有经济效益,而且还需要政府进行大量投资。而农村集体经营性建设用地,是只用于产生经济效益的项目用地,如工业生产经营用地和商服住宅用地。农民集体作为理性经济人,自然倾向于把土地用于能产生更高经济效益的项目而不可能自愿将土地无偿用于公益项目建设,因此,所谓的同地同权同价,强调的只是与国有经营性土地的同权同价,而国家的经营性建设用地与非经营性建设用地往往是作为一个整体进行规划和开发利用的,其中,土地增值收益的很大一部分是要用于非经营性土地的开发利用的。因此,集体土地与国有土地同地同权同价既缺乏合理依据,在实践中也是行不通的。即便是在农村集体经营性建设用地范围内,由于地理位置不同,用于工业或用于商服住宅等用途不同,也会产生巨大的利益差别,实现同地同权同价也是不可能的。② 四是让集体土地"进城",会严重影响城市统一的规划管理。在城市规划区特别是建成区,允许集体建设用地直接入市时继续保留集体所有制,不仅不利于城市的规划管理和市政建设,而且会产生城市特殊居民,造成城市居民之间的巨大权益不公。③

(二)农村集体经营性建设用地入市的理论之解

农村集体经营性建设用地到底能不能直接入市,应该如何入市?我们必须有一个明确的合理的理论判断和理论答案。两种截然对立的理论观点和政策主张集中反映在集体土地入市要不要改变土地所有制、"入市"农民应不应该获得绝大部分土地增值收益这两个问题上。对此,我们必须依据马克思主义关于生产力与生产关系矛盾运动、关于所有制演变的基本原理以及现代市场经济理论和产权理论,结合当代中国的实际国情,历史地、

---

① 华生:《城市化转型与土地陷阱》,东方出版社 2013 年版,第 81 页。
② 华生:《城市化转型与土地陷阱》,东方出版社 2013 年版,第 105—115 页。
③ 李太淼:《马克思主义基本原理与当代中国土地所有制改革》,《中州学刊》2017 年第 9 期。

辩证地、现实地分析集体经营性建设用地入市问题。笔者的理论观点主要有以下两个方面。

其一，纳入城市规划区的农村土地应该转制入市而不能直接入市。部分纳入城市规划和管理的农村集体土地必须转变所有制。在城市建设用地的统筹规划、管理及使用中，农民集体已经不具备行使所有权的资格和能力，这是社会化利用土地的必然要求，纳入城市的土地需要有更高代表性的利益主体来统筹行使土地所有权权能。如果继续保留土地集体所有制，只能导致土地使用中的更多矛盾和利益冲突，影响土地使用效益，无论是从马克思主义的生产力与生产关系互动关系规律的角度看，还是从产权权能设置的角度看，保留土地集体所有制都不合适。因此，部分农村土地的入市是以转变所有制为前提的。①

其二，未纳入城市规划区的农村集体经营性建设用地可以有条件入市。从生产关系一定要适应生产力发展要求的理论原理和市场经济理论看，农村建设用地的市场化、资产化、资本化是一种刚性要求、必然趋势。部分纳入城市规划的农村土地国有化显然是生产力发展要求的结果。但在目前生产力发展阶段，农村土地不可能全部国有化。那么，在部分农村土地还要实行集体所有制的前提下，农村土地如何市场化、资产化、资本化？依据所有制原理和产权理论，对所有权的一些权能如处置权、收益权进行规制，能在一定程度上制约所有制的实现形式和所有权所实现的内容。很显然，只有对土地集体所有权权能进行规制，与时俱进地创新土地生产关系，才能在坚持土地集体所有制的同时，适应农村建设用地市场化需要。由此推论，未纳入城市规划区、目前不适宜国有化转制的农村地区，其集体经营性建设用地，也可以入市，但必须是有条件入市。所谓有条件，主要需符合三个条件：一是要符合土地利用规划和用途管制。对集体土地处置权进行规制，这是土地既作为生产资料又作为自然资源的特殊性质决定的，是土地规模化利用、集约节约利用、科学利用的必然要求，市场对土地资源的配置必须在这一前提下进行。其中，用途管制中除了农业用地不能随便改为非农建设用地外，还包括按规定用于工业建设的用地不能随便变更为商业用地、住宅用地等。二是对土地收益权的限制。理论上讲，土地增值是由城市建设、基础设施建设、市场经济发展、土地需求增长、土地用途管制、耕地保护和生态环境保护、地理位置等多种因素决定的，并不是土地所有者自身劳动经营的结果，因此，依据土地涨价归公的原理，农民集体不能依据所有权决定收益权的一般货物交易的原理来获取大部分土地增值收益，土地增值收益的大部分应该让社会分享。应按照公平分享、适当考虑当地历史和现实情况的大原则，在适当满足当地土地所有者较高利益需求的同时，让更多群体分享土地增值收益。三是如果农民集体按照所有权决定收益权的理论逻辑获得了大部分土地增值收益，那么，农民集体所获增值收益的一部分必须用于农村基础设施和农村公共服务事业建设，协同国家履行"同责"的职责。只有在符合这三个主要条件的情况下，农村集体经营性建设用地直接入市才具有可行性、合理性。

---

① 李太淼：《构建统筹利用城乡建设用地的土地制度》，《甘肃社会科学》2017年第1期。

二、农村集体经营性建设用地入市面临的实践难题

毫无疑问,农村集体经营性建设用地入市,有利于盘活农村存量建设用地,激活农村集体土地资产,提高农村建设用地利用效率;有利于降低企业的用地门槛和运行成本,满足中小微企业等多样化的用地要求,特别是有利于为农村三产融合、新产业新业态发展提供用地空间;有利于提高农民和农民集体的财产性收益,推进农村的基础设施建设和公益事业发展;有利于发展农村土地市场,推进城乡一体的建设用地市场建设。然而,农村集体经营性建设用地入市在实践中还面临许多实际问题,主要有以下几个方面。

(一)如何解决"入市"与征地的矛盾问题

集体建设用地入市存在对征地冲击的可能性。冲击主要来自两个方面:一是农民能通过"入市"获得较高土地增值收益,必然不愿意被征地。如果农民通过土地直接入市获得的土地收益比被征地的高甚至高很多,那么,农民肯定都倾向于选择"入市"而不愿意土地被征收,从而导致征地困难。政府在城郊进行土地征收,以及解决"城中村"拆迁等问题将面临更大困难。二是即便是要求被征地农民与"入市"农民所获土地增值收益大体均衡,也会给征地工作带来难度。为解决征地与"入市"的矛盾,国家要求改革试点县区要实现"土地征收转用和集体建设用地入市取得的土地增值收益在国家和集体之间分享比例大体平衡"。这意味着在新的征地过程中,农民除了获得征地补偿款外,还要分享土地增值收益,以实现与"入市"农民收益的大体平衡。但这种征地相应增加了地方政府的财力支出,减少了政府收益。在地方财政十分吃紧的现状下,地方政府对落实这一政策可能会感到力不从心。

(二)如何解决"入市"与城镇化建设的矛盾问题

农村集体经营性建设用地直接入市与城镇化建设存在一定矛盾。其一,从城镇规划角度看。农村集体经营性建设用地入市是以单宗分散入市为主,供需双方一对一谈判、签约,尽管满足了中小微企业的用地需求,但从总体上说,存在入市地块面积小而散、不成规模、未连片等现象,不一定符合城镇建设用地规划的要求,不利于区域发展规划的整体布局。同时,集体建设用地入市,农民集体追求自身收益最大化,单纯依靠市场机制会导致用地结构失衡:住宅、商业、工业用地较多,公益用地相对较少,降低区域土地的经济价值、社会价值和生态价值。很显然,如果在城市规划区允许集体建设用地直接入市,由用地单位直接向集体组织和农户协商购地,势必影响城市各类用地的统筹利用,影响城市基础设施统一建设,影响城市公共服务保障,城市工作的全局性、系统性、持续性将难以落实。在快速城镇化的过程中,无论是城市还是小城镇都必定会快速发展,在这当中,必须由政府而不可能是农村集体,来进行统一规划、建设和管理;必须由政府而不可能是农村集体,来提供秩序性公共服务(如社会治安、公共安全、交通安全等)和基础性社会公共服务(如学校教育、基本医疗、公共交通、水电气暖通信供应等)。农村集体经营性建设用地入市的难点问题论析所谓农民自主城镇化、集体土地可以"进城"的观点主张,明显脱离现实。

其二,从城镇建设的角度看。目前,土地财政仍然是地方政府重要的财政来源,政府通过低价征收土地和高价出让土地获取征地补偿费和国有土地出让金之间的收益差额,从而有动力也有财力进行城镇的统一规划建设管理,并提供日益完善的基础设施和公共服务设施。如果纯公益性用地才能征收,就意味着政府不仅没有土地收益,还要为征收公益用地筹措巨额资金,即便不考虑城市基础设施建设的资金来源,也是现在的许多地方政府很难负担的。有人误以为征收房地产税可以解决城市建设费用,其实,房地产保有税主要是用于城市的日常维护。在集体土地入市过程中,政府只能按比例收取部分土地增值收益调节金,与土地征收相比,获取土地增值收益极少,因而会缺乏对城市乃至小城镇进行统一规划建设管理、提供基础设施和公共服务的动力和财力。

(三)如何解决土地增值收益公平分配问题

按照涨价归公、收益共享的原则考量,农村集体经营性建设用地直接入市,必然带来土地增值分配方面的问题。按涨价归公原理,集体土地上的土地增值并非当地集体土地所有者所创造,因而增值收益应由社会共享。但按照一般的所有权决定分配权的产权原理,在集体所有权未改变为国家所有权的情况下,不少人特别是集体土地所有者会倾向认为"土地是农民集体的,农民集体就应该获得大部分土地增值收益"。这种观点实际上依据的是一个存在严重问题的理论逻辑。在现有土地所有制结构和土地实际占有的格局下,农民集体可能会凭借土地所有权和对土地实际占有的优势,与政府进行利益博弈,俘获大量土地增值收益。目前不少试点县设置的土地增值收益分配比例也是按照这样的理论逻辑设定的,把大部分土地增值收益留给"入市"集体和农民,政府提取少量调节金。这种分配格局,首先是造成集体利益侵占社会利益的不公平,其次是造成不同地区不同农村集体之间分享土地增值收益不公平。因为,不同农村集体所占有的集体建设用地面积大小不等、地理位置不同,因而能够享受土地增值收益的机会、条件存在很大差别。例如,城郊区、工业化发展比较好地区的农村集体可能会获取大量土地增值收益,而偏远地区特别是被限定土地开发的粮食主产区的农民集体则难以获得土地增值收益。再例如,由于20世纪八九十年代各地的村办企业数量和规模不一样,有的村有企业,有的村没有,造成目前各村经营性建设用地占有多少的极大差异。尽管政府征收调节金对土地增值收益予以调节很有必要,但面临在收取比例问题上的激烈利益博弈,面临各村经营性建设用地占有量的巨大差别,如何构建比较公平的分配格局,很值得思考和探索。

(四)如何解决"入市"土地使用权到期后的后续问题

集体土地入市使用期一般都比较长,有的合同约定50年。而这一时期正是我国城镇化由快速推进到成熟发展时期,因而土地入市使用权届满后的产权归属问题就比较突出。国有土地使用权出让到期之后自动续期,集体土地使用权到期后如何处置尚不明确。有些地方集体土地入市在合同中约定土地使用权到期后,土地使用权及其地上建筑物无偿归村集体所有,这与现有国有建设用地使用权到期后的规定存在极大差异,对实现集体建设用地与国有建设用地同地同权同价有很大影响。即使到期后归集体所有,在50年的城

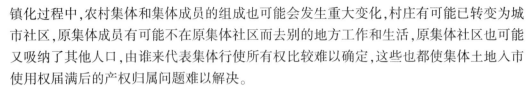

镇化过程中,农村集体和集体成员的组成也可能会发生重大变化,村庄有可能已转变为城市社区,原集体成员有可能不在原集体社区而去别的地方工作和生活,原集体社区也可能又吸纳了其他人口,由谁来代表集体行使所有权比较难以确定,这些也都使集体土地入市使用权届满后的产权归属问题难以解决。

(五)如何解决土地交易和土地收益分配中的"内部人控制"问题

集体土地入市实现了农民集体和工商企业双方的直接交易,但农民集体人数众多,对集体事务保持理性的无知是经济人也是农民集体成员的一个可行选择。由此,很可能造成"内部人控制"问题。如可能出现农民集体的主事者与工商企业合谋压低土地入市价格,从而损害农民利益现象;如土地收益分配和使用中可能出现以权谋私现象。要切实保障广大农民的土地财产权益,就必须深入思考如何有效防止在土地交易过程中特别是在土地收益分配中可能出现的"内部人控制"问题。

(六)如何有效应对"入市"对土地规划和监管带来的挑战

农村集体经营性建设用地入市可能会对土地利用规划和管制造成一定的冲击。"入市"对制定好城乡土地利用规划特别是制定好村镇土地利用规划提出了很高要求。符合土地利用规划是"入市"的一个前提条件,而土地利用规划又直接与土地用途进而与经济利益密切相关,因而,城乡土地利用规划特别是村镇土地利用规划会成为农村集体之间、村民之间、企业之间以及农村集体与政府之间等多方利益矛盾的焦点。如何使土地利用规划制定得更加科学化、民主化,既符合自然规律、经济社会发展规律,又符合民意,是集体土地入市必然伴随而且必须解决好的一个问题。集体土地入市主要是分散入市。农民集体对有利于自己的土地利用规划肯定会比较好地支持并执行,而对自己不利的规划可能会抵制或要求利益补偿。还有一些农民集体可能会与企业"合谋",为实现自身利益最大化,寻找各种客观理由避开管制,突破规划的约束,从而造成土地利用的整体效率降低。"入市"有可能会增加对农业用地特别是耕地保护的难度。农民作为理性经济人,在"入市"影响和利益驱使下,可能会产生违法占用耕地和生态用地的冲动。政府在土地管制中也可能会出现"管制失灵"问题。由于土地用途管制限制了土地用途,而相关利益方为了获取最大利益,可能动用各种资源请求政府改变土地用途。如果缺乏有效监督制约机制,个别地方政府官员在某种利益驱动下有可能放松土地用途管制,甚至有可能产生寻租行为。"入市"增加了土地监管的难度。

三、农村集体经营性建设用地入市的若干思考建议

农村集体经营性建设用地入市,面临的难点问题多,涉及的利益矛盾多,因此必须审慎稳妥地探索推进。笔者根据对"入市"面临的理论难题、实践难题的探讨和分析,试提出以下几点思考建议。

(一)"入市"要适应土地所有制结构的动态调整

土地所有制结构调整是我国工业化、城镇化发展的一种必然要求。原则性的改革思

路是对被规划为城市建设区或城镇建设区、已经实现工业化城镇化的城中村、城郊村及个别农村,不再保留土地集体所有权,应通过征地、城乡建设用地增减挂钩、整治转制(转变土地所有制)入市等多种途径逐步推进土地集体所有向建设用地土地统一国有制的转变;与此同时,可通过"留地""留物业""留房产"等多种途径,安置无就业安置的农民,让农民长期享有部分国有土地的占用权、使用权和收益权。在这方面,日本的减步法、中国台湾地区的区段征收办法等"分地"土地开发模式,对我们目前的建设用地制度改革很有启发意义。

对以农业生产经营为主、实行土地集体所有的农村,在集体土地入市中,应对土地集体所有权的权能、界限进行严格规制,其中,最重要的规制就是对土地处置权、收益权的规制。就处置权而言,农民和农民集体必须严格按土地利用规划使用土地,不允许擅自改变建设用地的规定用途,更不允许擅自改变农用地用途。就收益权而言,国家(政府)要通过征收土地增值收益调节金、契税等途径对集体建设用地的流转收益特别是出让收益进行调节,避免不同规划用地收益的过度悬殊,造成规划实施困难,同时,充分照顾到主要从事农业生产经营的农民群体的利益。此外,要规定农民集体的部分土地增值收益必须用于农村基础设施和公益事业建设,协助国家履行相关责任。随着经济社会的发展,部分农村土地可根据需要由集体所有制转为国有制。

(二)应统筹推进"征地"与"入市"改革

"征地"与"入市"是当前建设项目用地的两个保障途径,二者既是互为补充的互补关系,也是此消彼长的动态关系。尽管需要改革征地制度、缩小征地范围,但由于征地有利于满足集中连片的大规模大面积建设用地需求,有利于城镇化建设和对土地进行多功能综合开发利用,因而征地依然是当前建设用地供应的重要途径。集体经营性建设用地入市是国有用地征收体系的有效补充,发挥着一定的用地保障功能。从土地需求结构上看,伴随着新型工业化和城镇化的快速推进,较大规模较大面积的土地需求依然存在。但与此同时,伴随着第三产业的快速发展、大众创业的开展、农村多业融合和多种新业态的发展,分散的、多种多样的建设用地需求在增加。比较而言,城市和城镇规划建设用地以及对国家和地方经济社会发展有重大战略意义的建设项目用地,如国家、省市的基础设施和公共服务设施重点工程建设、重要产业集聚区和工业园区建设,适合通过征地供应。而规模较小的、比较分散的、用途多种多样的建设用地需求,适合通过"入市"解决。要统筹衔接土地征收和集体经营性建设用地入市范围,逐步适度缩小征地范围,稳妥推进集体经营性建设用地入市,形成以征地为主体,以入市为补充,二者协调对接、功能互补的供地格局。协调"征地"与"入市"关系的一个很关键问题,是要建立兼顾国家、集体、个人的土地增值收益分配机制,保障被征地农民与"入市"农民所获土地增值收益大体平衡。

(三)合理分配"入市"土地增值收益

合理征收"入市"土地增值收益调节金,是集体土地入市的一个前提条件。政府收取调节金,是保障广大人民群众分享土地增值收益的需要。只有这样,才能有效缓解土地集体所有带来的用地利益矛盾。土地增值收益分配,要依循兼顾国家、集体、个人利益的大原则,特别注意调节和统筹当地土地所有者占有者、土地开发商、边远地区农民、农民工群体等相关群体的利益关系。按照涨价归公原理,土地增值收益分配比例设定的一个大原则应该是:国家(政府)代表社会利益,收取土地增值收益的大部分,并由政府主导进行再分配;"入市"农民集体应该获得原土地用途的价值补偿,并适当分享再分配中的部分增值收益。但现实的问题远为复杂。由于级差地租的作用,由于当地农民集体作为土地所有者拥有是否出让或出租土地的决定权,因而,在与政府及社会之间的激烈利益博弈中,"入市"农民集体可能会获得较高的土地增值收益。这虽不公平,却是现实。为妥善处理这一问题,应深入研究界定政府、集体、农民个体分配比例。针对因土地位置不同、土地用途不同带来的土地增值收益不同,为平衡不同地段、不同用途入市主体的收益差别,为保证土地规划的实施和用途管制的实行,对不同地段的土地,对工业、商服、居住等不同用途的土地,应设置不同幅度的比例收取调节金。政府收取调节金的支出使用要有严格的法规程序。政府的调节金必须首先用于对基本农田、水利建设的支持,用于粮食生产的补贴,用于对粮食生产区农村建设的扶持。

(四)要区别解决"入市"中的"同责"问题

强调国有土地与集体土地"同地同权同价"固然重要,而解决好"同责"问题也是"入市"中面临的一个特别重要的问题。政府在土地使用权流转特别是在"征地"开发过程中,固然获得了大量土地收益,但政府也履行了很多责任和义务,如对基础设施和公共服务设施的建设等。政府之所以能较好地"履责",是因为国有土地所有权的价值取向与国家的土地规划权、管制权等行政权力的价值取向高度一致。而集体所有权则有所不同。集体所有权代表的是集体利益、局部利益,集体组织是个相对独立的利益主体和市场主体,集体土地"入市"更多反映的是农民集体的利益诉求。理论上讲,土地增值收益的大部分应该由代表社会利益的政府获得,然后由政府进行再分配和使用,并由政府继续履行提供城乡基础设施建设和公共服务建设的责任。但现实中,一些地方依据所有权决定分配权的理论,将大部分土地增值收益分配给了"入市"的农民和农民集体。这样做带来的一个重要问题是集体如何"履责"。一个明显的理论逻辑是,如果集体组织在"入市"中获得了大部分土地增值收益,集体组织就应该承担帮助政府积极"履责"的责任。这些责任主要包括:建设相关的基础设施和公共服务设施,发展公益事业,严格执行土地利用规划和用途管制,并监督土地受让者依法依规使用和经营土地。然而,由于集体组织作为一个理性经济人存在较高的道德风险,因此,政府有必要采取措施,通过对集体组织的所有权以及由所有权派生的使用权、转让权、收益权进行严格规制,来引导、督促集体组织积极"履责"。

这里必须提出一个非常重要的理论问题。笔者认为,"入市"的农民集体"履责"存在很大的能力限制和道德风险,因此比较适合在以农业生产为主、集体组织健全、新农村建设任务比较重的地方试行。在工商业比较发达、土地利用要求非常复杂、基础设施和公共服务设施建设要求非常复杂的地方,农村集体组织可能没有能力履责,这些地方的基础设施、公共服务建设更适合由政府履责。在政府履责情况下,入市集体就不应该获得大部分土地增值收益,而是政府应该获得大部分土地增值收益。如果一定要求入市的集体使用增值收益"履责",很可能出现重复建设、盲目建设等浪费资源现象。但如果把分给集体的增值收益用作集体经济的扩大投资,这同样是一种严重的分配不公。

(五)"入市"应与土地利用规划结合进行

土地利用,必须规划先行。要充分发挥土地利用规划的科学性、指导性、控制性功能,合理布局城乡空间,为充分发挥"入市"的作用提供良好的基础条件。从土地利用规划的实体内容角度讲,目前特别要注意解决好两个问题:一要搞好城镇建设用地规划与农村建设用地规划的衔接。搞好城镇交通设施、通信设施、水利设施以及公共服务设施与农村基础设施及公共服务设施的有机对接,从而在整体上形成功能齐全、功能互补的土地利用格局。二要搞好农村建设用地规划。国家和政府要出台和完善有关法规和政策,对农村社区和新农村建设中的建设用地使用进行规制和引导。要按照集约节约用地的总原则,对农村社区和新农村建设中的农民住宅用地、公益性建设用地、经营性建设用地等进行科学规划。此外,从土地利用规划制定过程的角度讲,要加强土地利用规划的科学化、法治化、民主化建设。从土地利用规划执行的角度讲,要严加土地监管。

(六)应允许符合条件的农村增量建设用地"入市"

目前农村存量的经营性建设用地比较有限,应在符合规划和用途管制的条件下,允许农民集体通过村庄整治、集中居住、宅基地调整等方式整理的新增建设用地"入市"。只有这样,才能在更大范围挖掘农村建设用地的潜力,促进土地资源的有效利用,并提高农民的收入。集体经营性建设用地应以现行规划为准。要通过增量建设用地入市,为乡村第一、第二、第三产业融合发展,为乡村新产业新业态发展,为特色乡村建设等提供用地保障。要统筹"入市"与农村宅基地制度改革,充分释放农村宅基地的活力。要推进宅基地"三权"分置改革,落实宅基地的集体所有权,保障宅基地农户资格权,适度放活宅基地和农民房屋使用权。允许农户利用自有宅基地和房屋从事不影响公共安全、环境和街邻权益的小型生产经营活动,创办符合环保、安全、消防条件的小型加工项目,允许农民采取定时出售、出租、合作等多种形式有条件流转宅基地使用权;允许城乡工商资本采取租赁、限时购买、合作等方式对农村废弃宅基地进行整治开发,发展乡村特色旅游和文化产业。根据人们消费需求结构变化和建设用地需求结构变化,应允许具备特色、优势的村镇"入市"地块搞房地产经营。当然,要充分考虑社会风险,慎重推行,严格管控。

参考资料

[1]刘守英:《直面中国土地问题》,中国发展出版社2014年版。

[2]贺雪峰:《地权的逻辑:中国农村土地制度向何处去》,中国政法大学出版社2010年版。

[3] 贺雪峰：《地权的逻辑Ⅱ：地权变革的真相与谬误》，东方出版社 2013 年版。

[4] 华生：《新土改：土地制度改革难点焦点辨析》，东方出版社 2015 年版。

[5] 周其仁：《产权与制度变迁：中国改革的经验研究》，北京大学出版社 2013 年版。

[6] 贾康等：《中国住房制度与房地产税改革》，企业管理出版社 2017 年版。

（原载《中州学刊》2019 年第 1 期）

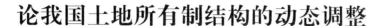

论我国土地所有制结构的动态调整

一、生产力和社会发展要求改变土地利用方式

改革开放以来,随着经济社会的快速发展,土地利用方式发生了重大变化,而且在继续发生着变化。随着生产力和经济社会的快速发展,特别是随着工业、商业、交通运输业、现代农业、新型城镇化的快速发展,越来越要求土地的社会化利用。土地的社会化利用是生产力发展要求使然,是人与自然关系的变换使然,是一种经济和社会发展的客观规律。对土地的社会化利用主要表现在以下几个方面。

(一)要求对土地更好地进行集约化规模化使用

生产力发展特别是现代工商业、现代农业的发展,越来越要求土地的集约化规模化使用。本文所指的土地是一个广义的概念,是指地球上的陆地和水面,除海洋之外的陆地,包括山林、河流、湖泊,都属于土地范畴。所谓土地的集约化使用,是指单位土地面积上投入更多的资本、劳动以提高土地的经济价值。从更广泛的意义看,土地的集约化使用是指单位土地面积通过资本、劳动、科技的投入产出最大的经济效益、社会效益、生态效益。所谓土地规模化使用,通常是指土地利用中必须达到一定规模,才能产生最大经济效益,形成规模经济。

然而,土地规模化使用并不只是经济问题,同时也有社会效益、生态效益问题。也就是说,适当的规模使用,可有效增加单位土地的经济效益、社会效益和生态效益。集约化规模化使用土地是实现农业规模经营、现代工商业发展、现代城市建设、新型城镇化建设的必然要求。从社会发展来看,随着工商业和城镇化发展,人们的生产方式必然发生巨大改变,更多的人会离开农业进入第二、第三产业,人们的生活方式特别是居住方式、出行方式等也必然发生改变,因而用于工商业发展、城镇化建设、公共基础设施建设和公共服务事业发展的建设用地会大量增加,表现在土地不同用途的数量比例上,就是用于生产农产品(粮食)的农业用地会减少,非农建设用地会增加。由于土地资源的有限性、稀缺性,特别是由于我国人多地少、人均可耕地更少的实际国情,我们必须集约节约和高效利用土地。为确保国家粮食安全,我们必须保有一定面积的农业用地,同时,必须严格控制建设用地,既要防止建设用地侵占农业用地,又要防止建设用地粗放使用。

(二)要求对土地进行统筹使用

随着经济社会和科技的快速发展,人们之间的经济社会关联性越来越密切,土地也越来越要求在更加广阔的空间范围内统筹使用。一是要求城乡土地的统筹使用。工商业发展、城镇建设、基础设施建设等都需要大量建设用地,而目前农村土地使用比较粗放、利用率比较低,存在结构性矛盾,因此,必须统筹使用城乡土地。① 二是要求区域间土地的统筹使用。从空间上看,土地是和山川、河流、湖泊、草原、森林、沙漠等结合在一起的,由于空间位置和土质不同,不同区域的土地会有不同的生产和生态功能,某一区域土地的不当使用会给其他地区的生产生活带来极大影响,因此要充分考虑不同区域的土地自然特性,在更大的空间范围统筹使用土地。三是要求产业间土地的统筹使用。从大的产业角度看,首先要求在农业与工商业等其他产业之间统筹使用土地。为确保国家粮食安全,为把饭碗牢牢端在国人自己手里,必须优先安排农业用地,必须保留一定的农业用地。再从具体的产业角度看,必须统筹规划好交通运输、住宅、旅游、商业、文教、卫生、邮电、通信、政府机关公共管理和服务等各行各业的用地。

(三)要求对土地进行生态使用

土地是一种自然资源,具有很强的生态功能,只有科学地利用各类土地,构建和谐的人地关系,才会形成良性的循环系统,为人类的生产和生活创造良好的生态环境。土地作为一种不动产,同其他财产不同,它存在于广大空间,是自然生态系统中的基础性因子,因此,土地利用具有很强的外部性和社会性。也就是说,任何一块特定的土地,其利用合理与否,不仅涉及本块土地所有者和使用者利益,同时也必然影响到相邻地块和相邻地区,甚至波及更大范围,因而会产生很大的社会后果。② 当今时代,人地矛盾越来越突出,生态环境问题越来越严重,对土地的生态使用要求越来越迫切。生态使用土地,就是要高度重视土地使用的生态效益,要防止土地污染,保持土地可持续的生产能力,防止对土地的过度使用;要搞好生态保护区建设,保护好土地生态系统和自然环境。

(四)要求对土地进行科学规划使用

土地利用必须进行科学规划,严格管控。土地利用规划是统筹各地区土地利用,促进区域之间和城乡之间协调发展的重要手段,是实施土地用途管制、发挥市场配置资源决定性作用的前提条件,是土地管理的"龙头"。土地的集约化规模化使用、统筹使用、生态使用,都需要有一个强大的社会公共利益代表(国家)来对土地的利用进行整体规划、科学规划。并且,要通过一定的强制力量,保证科学规划的有效实施和土地的合理使用。从空间角度看,必须根据经济社会发展的趋势、规律,根据自然界运动变化规律,对整个国土空间的土地使用进行科学规划。要根据国土规划,制定实施好土地利用总体规划以及城镇体系规划、交通规划、水利规划、环境规划、城市规划、村镇规划、旅游规划、自然保护区规划等专项规划。对城镇土地的使用要进行科学规划,对农村土地的使用也要进行科学规划。有专家指出,由于人多地少,土地在我国现实生活中成为一种特殊的"自然垄断"资

---

① 李太淼:《构建统筹利用城乡建设用地的土地制度》,《甘肃社会科学》2017 年第 1 期。
② 毕宝德主编:《土地经济学》,中国人民大学出版社 2016 年版,第 140 页。

源,需要政府发挥积极的管控作用。一般而言,政府应在保护耕地、保护各类土地产权、实施土地利用规划方面发挥主导作用,市场应在土地资源配置中发挥主导作用。①

二、土地利用方式变化要求变革土地所有制形式

土地所有制作为社会生产关系的重要组成部分,主要是由社会生产方式决定的,而社会生产方式归根结底是由社会生产力的发展状况和发展要求决定的。土地利用方式改变,反映着生产力的发展要求,反映着经济社会发展的要求,是一种刚性的、规律性的要求。土地利用方式改变,必然要求土地产权关系的改变,其中也包括土地所有制形式和内容的改变。

(一)土地的社会化利用与土地私有制存在着深刻矛盾

土地的社会化利用与土地私有制存在深刻矛盾,这种矛盾主要表现为土地私有者为追逐私人利益不可能从公共利益出发去考虑土地的合理开发使用问题,因而土地私有制会天然构成土地社会化利用的阻力,比如土地私有不利于土地的规模化使用、全统筹使用、生态使用和科学规划使用。众多的、星罗棋布的土地私有者为追逐利润会掠夺式地开发利用土地,从而会在整体上导致土地开发利用的混乱无序,影响土地的经济效益、社会效益、生态效益;土地私有必然引发的土地兼并、土地级差收益悬殊,将极大地影响人们公平享有基本的土地权利,造成严重的机会和权利不平等,影响社会和谐稳定;面对众多的、星罗棋布的土地私有者,政府对土地的有效监管将遭遇诸多困难。②

(二)土地的社会化利用与个别地方土地集体所有制存在一定矛盾

土地集体所有制在促进我国农村生产力发展、实现农民共同富裕方面发挥了重要作用,但随着经济社会的发展,在个别工业化城镇化发达的地区,土地的利用方式已经同土地的集体所有制发生了一定矛盾,土地集体所有权已经遭遇了行权困境。在比较传统的农业生产经营中,集体土地所有权的主要权能是:保障农民耕者有其田;合理分配宅基地,保障农民居有其所;保障村集体的公益事业用地;监督管理农村土地的合理使用。但随着市场经济发展,随着经济社会的发展变化,土地被用于非农用途的需求急剧增加,原有的土地集体所有权遭遇行权困境。比如,大型工业园区建设,城镇中的道路、地下管道等基础设施建设,以及机关、学校、医院等公共管理服务机构建设,都需要大规模集中用地,但在超出本村范围的大规模集中利用土地过程中,农民的集体所有权既无权也无力行使统筹利用土地、科学规划利用土地等土地权能。正因此,改革开放以来,我国通过实行征地制度、城乡建设用地增减挂钩政策等实现了土地集体所有向国家所有的动态结构调整,适应了我国城镇化、工业化发展的要求。可以这样判断:从宏观和总体的角度看,大部分以农业生产为主的农村地区,土地集体所有制依然能够适应土地的使用方式,有其存在的合

---

① 贾康等:《中国新型城镇化进程中土地制度改革的新思路》,《经济纵横》2015 年第 5 期。
② 李太森:《马克思主义基本原理与中国土地所有制改革》,《中州学刊》2017 年第 9 期。

理性,但在工商服务业发达的地区,由于土地用途和使用方式的巨大变化,土地集体所有制已显示出一些不适应。

(三)部分土地集体所有制向土地国有制转变是一种必然要求

所有权及产权的设置、行使是随着经济社会发展而不断演变的。正因此,伴随城镇化、工业化进程,我国的土地所有制结构才发生了从土地面积绝对数量上看国有制土地面积不断扩大、集体所有制土地面积相应缩小的局面;土地产权设置也出现了权能划分越来越细的情况,如原有的以所有权、使用权、收益权为主要结构内容的土地财产权,逐渐细化和分解出一些新的土地权利,如土地承包权、土地经营权、土地租赁权、土地抵押权、土地继承权、地上权、土地发展权等权能。我们应该从更广阔的社会发展视野看待土地所有制结构的动态变化关系。部分农村土地由集体所有转变为国家所有是我国土地所有制改革和演进的一种必然要求。有专家在分析了农村土地私有化、国有化、坚持集体所有三种改革方向后认为,实现国有化是集体土地较为理想的改革方案,当然,这种国有化改革是一个渐进过程。[①] 笔者认为,土地的国家所有权与国家拥有的土地规划权、土地用途管制权、土地监督权在价值取向、目标上是高度一致的。在人地矛盾特别突出、非农建设用地需求格外强烈的地方,由国家(政府)行使土地所有权,更有利于土地的科学合理利用。改革开放以来,我国土地所有制结构的动态调整事实上在持续地发生着。从 20 世纪 70 年代末到 2012 年间,我国 60 个主要城市的中心建成区扩大了 4.97 倍。随着工业化、城市化进程加快,城市空间快速拓展,1996—2008 年,城市建设空间增加了 138.30 万公顷,增长 52.21%;工矿建设空间增加了 138.78 万公顷,增长 50.78%;交通设施建设用地增长 46.65%。[②] 城市建设、交通设施等建设用地的增多,同时也意味着国有土地所占比例的增多和集体土地所占比例的减少。

三、推进土地所有制结构动态调整需要正确认识的几个理论问题

尽管土地所有制结构的调整变化事实上一直在进行着,但理论上缺乏系统的论证,导致人们在思想认识上存在一些分歧或误区。

(一)正确认识土地所有制结构调整与保护和实现农民利益的关系问题

思想理论界存在一种错误的思想认识,那就是把部分农村土地的国有化与维护和实现农民利益对立起来,总觉得土地是农民的命根子,土地国有化是对农民土地权益的剥夺,是对农民利益的侵害。之所以产生这种认识,或许是出于对农民的一种纯朴感情,或许是出于对土地征收过程中不能更好地维护农民利益的担忧,但无论如何,这种认识是片面的、不正确的。土地国有化与维护农民利益并不存在必然矛盾,相反,从发展的、辩证的观点看,它更有利于农民利益的实现和发展。一是土地国有化有利于增进农民的经济利

---

① 贾康等:《中国住房制度与房地产税改革》,企业管理出版社 2017 年版,第 365 页。

② 邵挺:《构建新型国有土地经营体系》,中国发展出版社 2014 年版,第 6—7 页。

益。土地国有化是与工业化、城镇化有机结合在一起进行的，在这一过程中，农用土地将改变用途，变成建设用地，农民在获得农用地征收的经济补偿的同时，还要分享土地增值收益。此外，农民可能要脱离传统农业经营而进入第二、第三产业，获得其他非农收入。二是土地国有化将伴随农民身份的转换。就总体趋势而言，土地国有化是与农民市民化结合在一起进行的，土地国有化的同时，也意味着一些农民身份的转换，他们不再是农民，而转变为市民；他们将平等享有城市公民的基本公共服务待遇，平等享有城市公民的基本权益。很显然，土地国有化并不必然带来农民利益的受损，相反，它还往往伴随着农民福利的增进。

（二）正确认识土地所有制结构调整与坚持农村土地集体所有制的关系问题

毫无疑问，要坚持农村土地集体所有制，就不能推行土地私有化，土地私有化既不符合社会主义基本原则，也不符合中国经济社会的发展要求。同样，毫无疑问，城镇化、农民市民化是一个渐进的历史过程，在广大农村地区，我们必须长期坚持土地集体所有制和基本经营制度。农村土地集体所有制是我国农村的一项基础性经济制度，双层经营的基本经营制度具有广泛的适应力和旺盛的生命力，因而我们必须长期坚持。就我国土地的总体利用结构而言，尽管工业化、城镇化快速发展会引起土地利用结构的巨大变化，但为保证国家的粮食安全，我国的农业用地会长期存在，农村人口的大规模减少将是一个长期的过程。有专家研究表明，1949 年我国有 4.84 亿人口在农村，2016 年我国农村常住人口仍有 5.9 亿，这还不包括外出务工经商的流动人口。即使我国人口城镇化率达到 70%，仍将有 4 亿多人生活在农村。[①] 以农业生产经营为主的农村地区的长期存在，决定了长期坚持土地集体所有制的必要性、长期性。但坚持土地集体所有制与逐步推进农村土地国有化并不存在根本矛盾，个别学者把坚持农村土地集体所有制绝对化，把部分农村土地逐步国有化与坚持土地集体所有制对立起来、割裂开来，把坚持农村土地集体所有制同经济社会的发展进程和要求分离开来，孤立地、静止地、教条地对待农村土地所有制问题，存在很大的认识误区。坚持土地集体所有制，并不意味着土地所有制结构就不能调整。相反，随着经济社会发展所要求的土地利用方式的改变，我们必须改革和创新土地产权关系，其中也包括土地所有制结构。从产权关系角度看，土地所有制结构是最大的也是最基础的土地产权关系，它规定和制约着其他土地产权关系。如果对土地所有制结构不做相应的调整，而只是在所有制内部调整产权关系，要么土地集体所有制形式会发生种种扭曲和变形，要么会导致更多的土地利用矛盾和困难。适时地把土地集体所有转变为国有，既坚守了土地公有制性质不变的底线，又改进了土地生产关系。

（三）正确认识集体土地能否"进城"问题

曾经有一种理论主张"允许农民集体土地进入城市"。有专家认为："如果能理顺涉及土地利用的规划管理体制，处理好农民集体与国家之间在土地用途属性变更中的利益

---

① 张雁、陈锡文等：《走中国特色社会主义乡村振兴道路》，《光明日报》2018 年 7 月 17 日。

关系,不论土地所有权归国家还是归农民集体,均不妨碍城市化进程的顺利推进",而且还认为"这是改革开放以来土地利用的基本经验"①。笔者认为,"允许农民集体土地进入城市"的主张是不可取的。在城市化进程中,在城市建成区,如果允许两种土地所有制并存,将难以理顺土地利用规划管理体制,更难以协调好农民集体、农民个体与国家、与其他城市居民之间的利益关系。如果在城市建成区内允许"集体所有制土地"存在,势必会产生以下几个严重问题:一是城市的规划管理会受到"集体所有权"的牵制,在城市的市区规划、基础设施建设、市政管理、社区管理等诸多方面要与"集体所有权"的行权主体进行谈判、协商,某种情况下还会发生严重的矛盾冲突,管理难度增大,制度交易费用增加。二是造成城市居民土地基本权益不公平和利益差距过大。保留和享有集体土地所有权的城市居民,将通过土地所有权俘获大量土地增值收益。有专家分析,由农民转化的社区居民拥有城市中部分土地的所有权,而原有的城市居民却没有土地所有权而只有使用权,这就产生了少数拥有土地所有权与大多数不拥有土地所有权的两类居民,这显然是不公平的。② 三是城市中集体土地所有权权能的行使和实现将面临一系列难题。现实中农村的集体是以村庄范围内世代生活居住的人群来界定的,是一个地理限定的概念,而城市社区是开放的,没有稳定的集体或成员。当农村变成城市社区后,必须面临人口的流动和分化,有人进入有人离开,原来按照地域聚集概念设置的集体所有制就不复存在。③ 在土地集体所有权的行使和实现过程中,农民对土地集体所有权的享有是依据集体成员资格而定的,有专家认为,当农民转变为市民后,随着农民的职业分化和流动,农村集体成员的资格及其权利在土地出让、转让、租赁、入股等过程中会遇到一系列问题。例如,一部分由农民转来的市民以股份形式拥有土地的所有权,不仅与宪法冲突,而且在现实生活中也会产生诸多歧义与矛盾,如这部分股份制企业解散时土地所有权可否分解到个人股东;被其他企业或个人收购后,是否意味着土地所有权也可以相应过户到相关企业或个人名下。④ 四是会导致出现一些农民"逆城市化"现象。随着经济社会的快速发展,土地的市场价值凸显,拥有土地就拥有了财富,如果允许集体土地"进城",势必助生一些农村村民不愿主动变为市民、不愿放弃农民集体成员资格的"逆城市化"现象。

通过以上分析可以看出,允许集体土地"进城"的主张是不可行的,诚如有专家所指出的,完全不必以农民的名义或维护农民利益的名义,在乡村变城市后还非要坚持所谓的土地集体所有制,似乎这样才是捍卫了农村集体土地与国有土地这两种土地所有制的平等权利。试想,当农民转市民、农民和行政村均已不存在之后,哪里还有什么以农民为前缀、以村为载体的集体所有呢?⑤

① 党国英:《当前中国农村改革的再认识》,《学术月刊》2017 年第 4 期。
② 华生:《城市化转型与土地陷阱》,东方出版社 2013 年版,第 258 页。
③ 华生:《城市化转型与土地陷阱》,东方出版社 2013 年版,第 257 页。
④ 华生:《城市化转型与土地陷阱》,东方出版社 2013 年版,第 258 页。
⑤ 华生:《城市化转型与土地陷阱》,东方出版社 2013 年版,第 25 页。

四、助推土地所有制结构动态调整的主要路径

土地所有制结构调整是我国工业化、城镇化发展的一种必然要求,可通过征地、城乡建设用地增减挂钩、整治转制入市、集中统转等多种途径逐步推进土地集体所有向国有制的转变。

(一)继续通过征地等进行土地所有制转制

国家为了公共利益的需要,依法将农民集体所有的土地进行征收,依然是调整农村土地所有制结构的重要路径。关于征地所依据的"公共利益",学界争议较大。有专家指出,"公共利益"的范围不是一成不变的,在我国处于工业化、城镇化的现阶段,对公共利益的范围可规定得宽一些,但不能过宽,可以根据不同的经济社会发展阶段,规定得宽一些或窄一些。[①] 比如,在中西部地区,由于处于城镇化进程中期,相比东南地区,可能还需要更多地动用"征地"制度来推进当地的城市化建设和重点产业发展。土地利用总体规划确定的城市规划建设用地以及城市建设用地范围外进行的基础设施、公共管理和服务设施、军事设施等公益性项目建设用地,对区域经济社会发展有重要作用的城镇化所属建设用地,对区域经济社会发展有重要引领作用的大型工业项目建设用地,靠农村经营性建设用地直接"入市"是难以有效解决供地问题的,而这种用地需求却是生产力和经济社会发展的刚性要求,如果不能满足这种用地要求,必将迟滞经济社会发展。在这种情况下,就需要以"征地"的方式来解决公益性用地或工业化大规模用地需求。

从县域经济社会发展角度看,县城城市区、重点城镇和中心镇规划建设区,可通过"征地""转制入市"等途径对部分集体土地进行转制。关于"镇"的土地所有权问题,情况比较复杂,可以根据实际情况加以处理。有的镇可以土地集体所有制为主,有些符合设市的"镇"应该实行土地的国有制。有专家提出,大镇设"市"的经济基础是工业比重应占全镇比重的50%以上,大镇设"市"的人口规模应在常住人口10万左右。这是建制镇设"市"的基本条件,政府此时应积极转换行政职能,从"粗放式的农业管理"过渡到"精细化的城市管理"。[②]

(二)通过城乡建设用地增减挂钩实现土地转制

实施城乡建设用地增减挂钩、耕地占补平衡政策,既是优化土地资源配置的一个有效途径,也是实现土地所有制结构动态调整的一个重要路径。2004年10月,为统筹城乡发展,探索土地利用制度改革的新途径、新方法,国务院发布《关于深化改革严格土地管理的规定》,明确提出"鼓励农村建设用地整理,城镇建设用地增加要与农村建设用地减少相挂钩"。2005年10月,国土资源部下发了《关于规范城镇建设用地增加与农村建设用

---

① 毕宝德主编:《土地经济学》,中国人民大学出版社2016年版,第160页。
② 石绍斌:《大镇设"市":新型城镇化建设的一种新思路——兼对余姚市泗门镇的实证分析》,《经济社会体制比较》2014年第6期。

地减少相挂钩试点工作的意见》,在全国部分省市部署开展了试点工作。随后,"挂钩"试点逐步推开并不断扩大。2015 年 11 月,中共中央办公厅、国务院办公厅印发《深化农村改革综合性实施方案》,专门提出要"按照有关法律法规,完善和拓展城乡建设用地增减挂钩、'地票'等试点"。2016 年 1 月,中央一号文件再次提出:"完善和拓展城乡建设用地增减挂钩试点,将指标交易收益用于改善农民生产生活条件。"实践表明,城乡建设用地增减挂钩,打破了城乡相对割裂的"二元"结构,有利于城乡用地结构优化,有利于土地规模化集约化利用,有利于新农村建设和农民生活环境改善,有利于解决保护耕地与发展经济之间的矛盾。当然,在实践中要特别注意保护好、维护好、发展好农民的土地利益,解决好农民的生活、收入、社会保障等问题。要探索进行省域内建设用地增减挂钩节余指标的跨县域、跨市域流转,探索进行并严格规制跨省域流转。2018 年中央一号文件明确提出,改进耕地占补平衡管理办法,建立高标准农田建设等新增耕地指标和建设用地节余指标跨省域调节机制。针对增减挂钩节余指标的跨省域调节,要细化政策设计。

(三)对纳入城市规划区的农村土地进行整治转制"入市"或集中统转

在城市规划区内的个别城中村、城郊村,其土地可通过整治转制入市。所谓整治转制入市,就是根据土地利用规划,先对农村土地进行整理,然后进行所有权变更,变土地集体所有制为国家所有制,然后进入土地市场。在土地入市的同时,可通过"留地""留房产""留物业"等多种途径,让土地入市农民长期享有部分国有土地的占有权、使用权和收益权。为集中连片利用农村土地,对纳入城市建设规划的农村土地,对具备一定规模城镇的农村土地,也可采取集中统一转制的方式变更土地所有权,与此同时,要对农民进行合理安置,对改制后的农村进行城市化的精细化管理。通过"留地""留物业""留房产"等途径进行整治转制入市或集中统转,在南方一些城市有过探索,并取得积极效果,既推进了农民的市民化,也解决了农民的生计就业问题,还减轻了政府负担。如深圳市,通过 1992年的统征和 2004 年的统转,深圳市整个城市的土地已实现全部国有。有专家指出,深圳市的土地完全国有化,一次性地解决了制度框架上的权益不公平问题,具有重要的全局性启示意义。①

(四)允许农民集体自主转制入市

自主转制入市,就是农民集体自愿将土地集体所有改变为国家所有以求土地入市,农村土地入市与自主转制同步进行。北京、杭州等地都曾经出现过农民集体自主将土地转为国有,对土地进行开发经营的例子。可以预计,在未来土地"入市"中可能会遇到和出现当地农民集体要求自主入市的情形,因此必须提前予以制度安排。

(五)构建土地所有制结构的动态调整机制

土地所有制结构动态调整应把握和坚持的一条重大原则是农村土地转制的范围和程

---

① 财政部财政科学研究所、北京财政学会联合课题组:《首都新型城镇化进程中的农民土地权益保障研究》,《经济研究参考》2015 年第 21 期。

度应与土地城镇化范围和程度相适应,与城市化进程、农民市民化进程相一致。要正确处理城镇化、工业化与实施乡村振兴战略的关系,正确处理坚持土地集体所有制与适当调整土地所有制结构的关系。要把符合条件的农村集体土地适时转制为国有土地。在城市化建设、工业园区建设、小城镇建设过程中,对已经完全工业化、城镇化、适合城镇管理的农村,其土地所有制要及时转制为国有制。对不具备转制条件的农村土地依然要坚持实行集体所有,但要对"入市"集体土地的所有权权能,特别是要对土地处置权、土地收益权权能进行明确而严格的界定、规制,这是统筹推进"四块地"改革、平衡农村建设用地直接"入市"与"征地"矛盾、实现城乡土地市场对接的必然要求,也是实现土地集体所有向国家所有平稳过渡的重要条件。就处置权而言,要实行严格的耕地保护制度和生态保护制度,不允许农民和农民集体擅自改变农用地用途,用于非农化经营。就收益权而言,合理征收"入市"土地增值收益调节金是农村集体土地入市的一个前提条件。只有这样,才能有效缓解集体土地入市带来的利益矛盾,较好地协调国家、集体、个人之间的利益关系,较好地协调城郊农民与边远地区农民、被征地农民与土地直接入市农民、土地入市农民与土地没有入市农民等之间的利益关系。在农村集体土地直接入市改革中,我们在强调实现集体土地与国有土地"同地同权同价"的同时,还必须解决好集体土地与国有土地的"同责"问题。农民集体应该把部分土地增值收益用于农村基础设施建设和农村公益事业发展,协助国家履行相关责任。经过若干年发展,若当地农民集体已深度融入城市化,地方政府具备了把当地农民转变为享有城市居民所有待遇的市民的条件,当地的农民土地集体所有权就应该转变为国家所有权,其自治组织、党建模式、集体经济组织架构也要发生相应变化。

(原载《江汉论坛》2019 年第 1 期)

构建高水平社会主义市场经济体制的基本逻辑理路

党的二十大报告对构建高水平的社会主义市场经济体制予以专门论述和强调。党的十九大报告曾明确提出要加快完善社会主义市场经济体制,并强调指出"经济体制改革必须以完善产权制度和要素市场化配置为重点"。党的十九届五中全会《关于制定国民经济和社会发展第十四个五年规划和二〇三五年远景目标的建议》明确提出要"全面深化改革,构建高水平社会主义市场经济体制",并围绕激发各类市场主体活力、完善宏观经济治理、建立现代财税金融体制、建设高标准市场体系、加快转变政府职能进行了专门论述。由此可见,我们党对构建高水平社会主义市场经济体制的高度重视。构建高水平社会主义市场经济体制,事关中国改革发展的方向,事关中国特色社会主义道路的实践探索,事关中国谋求和实现高质量发展的制度和体制保障,其必然性、必要性、重要性毋庸置疑。改革开放40多年来,我国已经建立起社会主义市场经济体制。目前值得深入思考的问题是如何构建"高水平"的社会主义市场经济体制。笔者结合对党的二十大精神的学习领会,着力从学术哲理和经济体制建构的角度分析探讨一下构建高水平社会主义市场经济体制的基本逻辑理路,以期对我们深入学习贯彻落实党的二十大精神、加快构建高水平社会主义市场经济体制有所助益。

一、坚持和完善基本经济制度,激发各类市场主体活力

中国特色社会主义基本经济制度是中国特色社会主义的重要内容,不仅规定着中国社会的性质,而且关系着社会主义市场经济体制的有效构建。改革开放以来,我们不断创新和完善我国的基本经济制度。党的十五大把以公有制为主体、多种所有制经济共同发展确立为我国的基本经济制度。党的十九届四中全会第一次从所有制结构、分配制度、资源配置方式等方面阐述了我国基本经济制度的内涵,明确将公有制为主体、多种所有制经济共同发展,按劳分配为主体、多种分配方式并存,社会主义市场经济体制等作为社会主义基本经济制度,这是对社会主义基本经济制度的新概括,是对社会主义基本经济制度内涵的重要发展和深化,反映了我们党对社会主义基本经济制度的认识提高到了一个新境界。所有制制度、分配方式、资源配置方式之间存在着内在的、有机的联系。要构建高水平社会主义市场经济体制必须以坚持和完善基本经济制度为前提、为保障,充分激发各类市场主体的活力。

（一）坚持以公有制为主体、多种所有制经济共同发展，这是实现社会主义与市场经济有效结合的所有制基础

以公有制为主体、多种所有制经济共同发展决定着我国基本经济制度的根本性质和发展方向。只有坚持以公有制为主体，才能保障土地、矿产等重要资源掌握在国家和人民手里并得以合理开发利用，才能有效发挥国有经济在国民经济发展中的主导作用，才能坚持社会主义方向。非公有制经济是社会主义市场经济的重要组成部分，在国民经济发展中有着重要作用。市场经济的形成是以相互独立的商品生产经营者的存在为前提条件的。从构建市场经济体制的角度看，只有大力发展多种所有制经济，才能培育众多的市场主体，才能为市场经济体制的确立提供广泛的社会基础。因此，我们必须坚持和完善以公有制为主体、多种所有制经济共同发展的所有制制度，这是实现社会主义与市场经济相结合的最基础的制度，也是制约分配制度、资源配置方式的最基础的制度。我们必须毫不动摇地发展公有制经济，毫不动摇地支持、鼓励、引导非公有制经济发展，从而为构建高水平社会主义市场经济体制提供更广泛更扎实的经济组织基础。

（二）坚持和完善以按劳分配为主体、多种分配方式并存的分配制度，这是构建社会主义市场经济体制的分配制度基础

分配制度是一种特别重要的经济制度，在整个经济社会的运行、发展中有着基础性作用。分配制度受所有制制度的决定性制约，但具有相对独立性，因此构成一个社会基本经济制度的重要方面。市场经济以相互独立的商品生产经营者的广泛存在为前提，商品生产经营者按照价值规律、竞争规律而运作，因而市场经济必然伴随着按资分配、按要素分配形式。要实现社会主义与市场经济的有效结合，就必须实行以按劳分配为主体、多种分配方式并存的分配制度。只有实行按劳分配为主体，才能坚持走社会主义共同富裕道路，防止两极分化；只有允许按资分配、按要素分配等多种分配方式并存，才能适应市场经济运行规律，充分调动土地、资本、技术、信息、管理、劳动力等各种要素投入生产经营的积极性，推动经济快速发展。因此可以说，实行以按劳分配为主体、多种分配方式并存的分配制度是构建高水平社会主义市场经济体制的又一基本制度保障。要构建高水平社会主义市场经济体制，必须坚持和完善以按劳分配为主体、多种分配方式并存的分配制度。

（三）坚持和完善社会主义市场经济体制，这是实现资源优化配置的体制保障

把社会主义市场经济体制作为我国基本经济制度的重要内容，表明了我们党对市场经济规律认识的深化，对坚持和发展社会主义市场经济的坚定信心。党的十四大确立了建立社会主义市场经济体制改革的目标。此后我们党在诸多重要文献中都一再强调要大力发展社会主义市场经济。党的二十大报告也特别提出要坚持社会主义市场经济改革方向，建设高水平社会主义市场经济体制。从物的角度、从生产力的角度看，市场经济是通过市场机制配置资源的经济发展形式。市场经济通过利益机制、价格机制、竞争机制、风险机制等市场机制发挥对资源的配置作用，因此有着无可替代的机制优势，也正因此我们才要建立市场经济体制，大力发展市场经济。但市场经济存在着市场失灵现象并有一定

的副作用,如容易导致两极分化、容易导致对资源和环境的破坏等,因此我们必须实现社会主义与市场经济的有效结合,建立社会主义市场经济体制。强调社会主义市场经济体制,就是强调公平与效率的有机结合,强调经济的高效协调可持续发展。从资源配置方式的角度讲,构建社会主义市场经济体制其最核心、最关键的问题就是让市场在资源配置中起决定作用,同时要更好发挥政府的作用。习近平曾指出,坚持社会主义市场经济改革方向,核心问题是处理好政府与市场的关系,使市场在资源配置中起决定性作用,更好发挥政府作用。正确认识和处理市场与政府的关系是建设高水平社会主义市场经济体制的重要内容。党的十四大确立了建立社会主义市场经济体制的目标,提出要使市场在社会主义国家宏观调控下对资源配置起基础性作用。这是一次重大的理论突破。这之后一直到党的十八届三中全会之前,我们党对市场作用的宏观定位一直是"发挥市场在资源配置中的基础性作用"。党的十八届三中全会把市场在资源配置中的"基础性作用"修改为"决定性作用",党的十九大、党的二十大都一再强调要发挥市场在资源配置中的决定性作用、更好发挥政府作用。对市场作用的新定位,对政府作用的强调,反映了我们党对市场功能认识的深化,也反映了对市场与政府二者关系的辩证认识。市场决定资源配置是市场经济的一般规律,市场经济本质上就是市场决定资源配置的经济。健全社会主义市场经济体制必须遵循这条规律,着力解决市场体系不完善、政府干预过多和监管不到位问题。要"把市场机制能有效调节的经济活动交给市场,把政府不该管的事交给市场,让市场在所有能够发挥作用的领域都发挥作用,推动资源配置实现效益最大化和效率最大化"①。政府应该在市场失灵的领域、在市场容易出现副作用的地方,应该在经济调节、市场监管、公共基础设施建设和公共服务提供、社会治理等方面,充分发挥自己的功能作用。

(四)要通过坚持和完善基本经济制度,推动各种所有制企业大力发展

企业是直接进行生产经营和财富创造的具体经济组织,是市场经济的细胞,是市场经济中最活跃最重要的行为主体。各类企业的发展关乎市场经济体制的建立,关乎国民经济的发展。因此,必须通过坚持完善基本经济制度,大力发展各种所有制企业。要毫不动摇发展公有制经济,深化国资国企改革,继续推进国有经济布局优化和结构调整,推动国有资本和国有企业做强做优做大,提升企业核心竞争力。要毫不动摇地鼓励支持和引导非公有制经济发展,建立健全促进非公有制经济发展的制度体系,优化民营企业发展环境,依法保护民营企业产权和企业家权益,促进民营经济发展壮大。要完善支持中小微企业发展的制度和政策。要完善中国特色现代企业制度,弘扬企业家精神,加快建设世界一流企业。

---

① 中共中央宣传部编:《习近平新时代中国特色社会主义思想学习问答》,学习出版社、人民出版社2021年版,第238页。

二、完善市场经济基础制度,保障市场经济规范运行

市场经济的有效运行和发展,离不开基础性的制度支撑。党的二十大报告明确提出,要"完善产权保护、市场准入、公平竞争、社会信用等市场经济基础制度,优化营商环境"。我们必须按照党的二十大提出的要求,加强市场经济基础制度建设。

(一)完善产权制度特别是产权保护制度

市场经济的有效运行,需要大量市场主体的存在;而市场主体的生产经营运作,离不开多种多样产权主体的存在和参与,离不开规范合理的产权制度。"产权是市场经济有效运作的制度工具和利益基础。"[①]何为产权?简言之,产权就是人们对财产的权利。在市场经济中,产权具有对经济行为主体的激励约束功能、对社会经济秩序的协调功能、对社会资源的优化配置功能,是市场经济有效运作的极为重要的具体制度工具,是驱动经济发展的利益基础,是所有制实现的制度路径。现代产权制度的基本特征是产权权能分解化、产权界定明晰化、企业产权独立化、产权主体多元化、产权流通市场化。市场经济越发展越需要现代产权制度作保障。因此,我们必须建立健全归属清晰、权责明确、保护严格、流转顺畅的现代产权制度。完善产权制度需要在两方面着力。

其一,要围绕产权权能权责界定明细化进一步深化产权设置改革。要改进和完善企业产权制度特别是国有企业产权制度,落实好企业的法人财产权和经营自主权。要优化国有企业内部的产权结构,建立健全现代企业制度,完善公司治理结构,充分发挥党委会、董事会、股东会、监委会、工会、职代会的功能作用。要强化国有产权监管,完善国有资产营运管理和监督机制。要深化土地产权特别是农村土地产权改革。要深化农地"三权分置"(所有权、承包权、经营权)改革,细化农地承包权、经营权、转包权、转让权、入股权、租赁权、抵押权、处分权、收益权等各项权能、权责、权益,以此推动土地规范流转、规模经营。要深化农村宅基地"三权分置"(所有权、资格权、使用权)改革,改进农村建设用地产权制度,盘活用好农村建设用地。要进一步改进和完善国有土地产权制度,规范国有土地的市场化经营。要构建和完善有中国特色的自然资源和环境产权制度。

其二,要加强产权保护制度建设。产权保护既是现代产权制度的一项重要内容,又是保障市场经济运作的一项重要的基础性制度。加强产权保护制度建设,需要在以下几方面着力。一要加强对各类市场主体产权的保护。党的二十大明确提出要依法保护民营企业产权和企业家权益。我们要在加强对公有制经济组织产权保护的同时,加强对非公有制经济组织产权的保护。我们既要保护公有产权,也要保护私有产权。二要加强对各种形态产权的保护。产权不仅包括有形的物权,也包括专利、商标等无形的知识产权。要在加强对各类有形物权保护的同时,特别注意加强对知识产权的保护。科技创新是经济发展的第一推动力,保护知识产权就是保护科技创新。要严格执行国家法律以及国际法中有关保护知识产权的法律规定,建立健全知识产权保护体系,加大保护知识产权的执法力

---

① 李太森:《中国特色社会主义经济制度论》,人民出版社 2009 年版,第 19 页。

度,营造尊重和保护知识产权的法治环境。三要加强对各种产权权能权益的保护。现代市场经济中,产权往往细化为所有权、占有权、转让权、使用权、经营权、收益权等不同权能并由不同产权主体行使。因此要加强对各种产权权能权益的保护。四要完善资源和环境产权保护制度。资源和环境产权制度事关高质量发展,事关生态文明建设。要加强对自然资源公有产权的保护,严防在土地批租、土地流转、矿产开发等过程中侵害国家和集体产权的行为,要严防市场主体在资源利用过程中越权、侵权、破坏环境、浪费资源的行为。

(二)完善市场准入制度

市场准入牵涉市场主体的经营范围和众多行业、领域市场的形成和有效运作。市场准入制度是落实基本经济制度、发展市场经济的一项具体制度,是规范市场经济有效运行的一个基础性制度。我们必须按照基本经济制度的要求,进一步完善市场准入制度。其一,要完善行业准入制度。要按照平等、公平原则,继续完善行业准入制度。允许非公有资本进入法律法规未禁入的行业和领域。允许外资进入的行业和领域,也允许国内非公有资本进入,并放宽股权比例限制等方面的条件。要全面实施市场准入负面清单制度,严格落实"全国一张清单"管理模式。严禁各地区各部门自行发布具有市场准入性质的负面清单,清理废除妨碍依法平等准入和退出的规定做法,维护市场准入负面清单制度的统一性、严肃性、权威性。其二,完善与市场准入密切相关的各种审批制度。要在进一步完善行业准入制度的同时,不断改进和完善企业前置审批、企业登记注册、个体工商户登记注册、企业注册资本(金)缴付及注册资本审验、企业经营范围核定方式等方面的行政审批制度。要清理规范行政审批、许可、备案等政务服务事项的前置条件和审批标准,不得将政务服务事项转为中介服务事项,没有法律法规依据不得在政务服务前要求企业自行检测、检验、认证、鉴定、公证以及提供证明等,不得搞变相审批、有偿服务。

(三)完善公平竞争制度

自主经营、自负盈亏、公平竞争、优胜劣汰,是市场发挥推动经济发展、优化资源配置等功能作用的主要方式,因此,建立和完善公平竞争制度对构建社会主义市场经济体制尤为重要。改革开放以来,我们在市场公平竞争制度建设方面已取得显著成效,市场公平竞争制度已基本形成。建设高水平社会主义市场经济体制需要进一步完善公平竞争制度。完善公平竞争制度有三个着力点。一要建立和完善保障市场主体公平竞争的生产经营制度。如在构建合理的市场准入制度的同时,要建立公平的价格制度、质量认证制度、资质认证制度、赋税制度、就业制度、财政支持制度等。要完善公平竞争审查制度,研究重点领域和行业性审查规则,健全审查机制,统一审查标准,规范审查程序,提高审查效能。二要完善反对垄断制度。要健全反垄断法律规则体系,在限制行政性垄断的同时,防止竞争中形成的自然性垄断。三要持续防止不正当竞争。要通过完善法律法规坚决打击和防止暗箱操作、哄抬物价、欺行霸市、制售假冒伪劣产品的行为。

(四)完善社会信用制度

市场经济是法治经济、契约经济、信用经济。依法规、重合同、守信用,是市场经济有

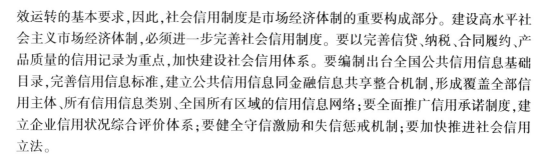

效运转的基本要求,因此,社会信用制度是市场经济体制的重要构成部分。建设高水平社会主义市场经济体制,必须进一步完善社会信用制度。要以完善信贷、纳税、合同履约、产品质量的信用记录为重点,加快建设社会信用体系。要编制出台全国公共信用信息基础目录,完善信用信息标准,建立公共信用信息同金融信息共享整合机制,形成覆盖全部信用主体、所有信用信息类别、全国所有区域的信用信息网络;要全面推广信用承诺制度,建立企业信用状况综合评价体系;要健全守信激励和失信惩戒机制;要加快推进社会信用立法。

(五)完善自然资源和环境保护制度

我国的经济高质量发展是以不牺牲资源和环境为代价的、既注重经济效益又注重生态效益和社会效益的发展。我国的社会主义市场经济体制是追求人与自然和谐共生的经济体制,是与资源合理开发利用、环境得到有效保护密切联系在一起的经济体制。因此,保护自然资源和环境,构成社会主义市场经济体制建设的一个重要维度,是社会主义市场经济基础性制度的重要内容。建设高水平社会主义市场经济体制,必须实行最严格的自然资源保护制度,健全对土地、森林、矿藏、水资源以及海洋经济资源、空间经济资源等保护方面的法律法规,以保障这些自然资源的合理开发利用;必须制定和实施严格的能源利用制度,保障能源的节约利用;必须制定和实施严格的环境保护制度;必须加快循环经济制度建设。

三、建设高标准市场体系,为市场竞争提供广阔空间和平台

党的二十大报告指出,要"构建全国统一大市场,深化要素市场化改革,建设高标准市场体系"。市场经济离不开市场。市场是市场主体发挥作用的主要场所,是市场主体竞争的空间和平台。推进各类要素市场化,构建全国统一大市场,建设高标准市场体系,是建设高水平社会主义市场经济体制的必然要求、应有之义,是建设高标准社会主义市场经济体制的基础性工程。建设高标准市场体系,其主要着力点有以下几个方面。

(一)继续推进要素和资源市场化改革,大力发展各类要素市场

要素市场化配置是经济体制改革的重点,也是高水平社会主义市场经济体制建设的重点。要素市场种类繁多,而且随着经济社会发展还会产生新的要素。要继续推进土地市场化改革,特别是要通过城乡土地制度改革创新,推进城乡土地市场的有效对接和一体化发展。要深化农村土地制度改革,搞好农村经营性建设用地入市工作,推进农村土地产权的规范流转。要健全城乡统一的土地和劳动力市场。要推进各类自然资源、能源的市场化改革。要健全全国统一的能源市场,培育发展全国统一的生态环境市场。要繁荣发展资本、技术、人才、知识产权等各类市场。要繁荣并规范发展科技金融、数字经济等市场。要完善各类商品市场。要规范发展产权交易市场。

(二)加强全国统一的市场体系建设

建设高效规范、公平竞争、充分开放的全国统一大市场,是建设高水平社会主义市场

经济体制的内在要求。要进一步打破行政性垄断。要完善充分反映资源稀缺程度和市场供求关系的价格竞争和形成机制,监督和防止个别垄断行业控制价格、限制竞争。要坚决破除地方保护和区域壁垒,及时清理废除各地区含有地方保护、市场分割、指定交易等妨碍统一市场和公平竞争的政策,对新出台政策严格开展公平竞争审查。要推进现代流通体系建设,大力发展物联网,降低制度性交易成本和全社会物流成本,增强统一市场的规模效应和集聚效应。要构建城乡一体、区域相通的要素流通市场。要加强全国统一的市场法规及标准体系建设,坚决废除妨碍全国统一市场和公平竞争的各种规定和做法。要优化政府颁布标准与市场自主制定标准结构,对国家标准和行业标准进行整合精简。要提高标准制定修订的参与度、透明度和开放度,积极开展标准、计量等国际交流合作。要完善市场信息交互渠道,实现全国交易市场联通,推动交易平台优化升级。

(三)建设更加开放的市场体系

高水平的市场经济体制必然是对外开放、与经济全球化相适应的市场经济体制。党的二十大明确指出,"必须完整、准确、全面贯彻新发展理念,坚持社会主义市场经济改革方向,坚持高水平对外开放,加快构建以国内大循环为主体、国内国际双循环相互促进的新发展格局"。建设开放的市场体系,是适应经济全球化发展规律和发展趋势的必然要求,是建设高水平社会主义市场经济体制的应有内容。经济全球化借助国际分工、国际直接投资和跨国公司的空前发展,实现了资源在全球范围内普遍和大规模的直接流动和配置,其主要特征是投资国际化、生产国际化、经营国际化、销售国际化、市场国际化。经济全球化是生产力发展的内在要求,是经济发展的客观规律、必然趋势。尽管当前的国际社会中存在一些地区贸易保护主义等逆流,但经济全球化的趋势不会逆转。中国的发展必然伴随着经济全球化的进程。面对经济全球化的新态势、新挑战、新机遇、新要求,我们必须长期坚持对外开放的基本国策,积极构建和创新有利于对外开放的经济制度,稳步扩大规则、规制、管理、标准等制度型开放,从而为中国经济在更大范围、更广领域和更高层次上参与国际经济的分工、合作、竞争,充分利用两种市场、两种资源,拓展发展空间,提供良好的制度支持。要在搞好国内经济大循环的同时,搞好国际国内的经济双循环,深化和拓展资金、资源、人才、科技等领域国际合作,完善商品、服务、要素市场化国际化配置,使各领域开放形成协同效应。要实现国内市场与国际市场的有机对接,主动对接国际高标准市场规则体系,积极拓展多双边经贸合作,大力发展国际贸易,推动贸易和投资自由化便利化。

四、完善政府治理体系,更好发挥政府作用

让市场在资源配置中发挥决定作用,并不是在资源配置中不要政府发挥作用,更不是不要政府在市场经济运行中发挥作用,相反,市场经济的有效运作离不开政府的功能作用。只有实现有效市场与有为政府的有机结合,市场经济才能更有效运行,才能更加凸显社会主义的价值取向。因此,"更好发挥政府作用"构成社会主义市场经济体制功能作用

的重要内容,围绕市场经济运行而建立的政府经济治理体系和管理体制构成社会主义市场经济体制的重要组成部分。目前,我国已经建成社会主义市场经济体制,市场机制在资源配置中的决定作用已得到了有效发挥。然而,我国的市场经济体制并不完善。政府与市场的关系尚未完全理顺,政府职能行使中依然存在着越位、错位、不到位现象,管了一些不该管、管不了也管不好的事,而有些该管的事却没有管或没有管好,制约了市场经济体制的有效运作、高效运作。建设高水平的社会主义市场经济体制,必须继续深化政府管理体制改革,加快政府职能转变,更好发挥政府在市场经济治理中的功能作用,更好发挥政府在经济调节、市场监管、社会管理和公共服务方面的功能作用,以弥补市场经济的缺陷。从建设高水平社会主义市场经济体制的维度看,构建"更好发挥政府作用"的政府治理体系,应在以下几个方面着力。

(一)改进和完善宏观经济治理体系,强化政府经济调节职能

科学高效的宏观经济治理是构建高水平社会主义市场经济体制的重要组成部分。宏观经济治理是弥补市场经济缺陷,保持经济总量平衡,引导市场经济发展,实现资源更优配置,防范区域性、系统性风险,稳定市场预期,保持国民经济平稳运行和持续健康发展的重要环节,也是落实基本经济制度、实行社会收入再分配、防止两极分化的重要制度路径,因此我们必须着力健全目标一致、合理分工、高效协同的宏观经济治理体系,完善宏观调控机制。笔者以为其重点有以下两个方面。

一要进一步完善国家和政府计划制度和产业政策制度。市场经济本身无法决定什么是国家经济发展的战略重点,也无法自动促进产业结构朝着决定的方向转变。因此,发展市场经济并不是不要经济发展计划。只不过在市场经济条件下,国家经济发展计划应以市场为基础,突出计划的宏观性、战略性和政策性。国家通过制订切合实际的中长期经济发展计划,向企业预示经济发展趋向,引导市场主体的经济活动。因此,国民经济发展需要国家和政府计划,需要国家和政府制定中长期的经济发展规划和发展战略,需要国家和政府制订相关的产业政策,利用经济手段引导产业结构调整优化,扶持支柱产业和新兴产业,谋求产业部门和企业的合理布局及资源的最佳配置。党的二十大报告提出,要"健全宏观经济治理体系,发挥国家发展规划的战略导向作用,加强财政政策和货币政策协调配合,着力扩大内需,增强消费对经济发展的基础性作用和投资对优化供给结构的关键作用"。我们一定要按照这一要求,完善国家和政府制定计划和战略的制度规则,提升发展规划和战略的前瞻性、科学性,更好发挥规划的战略导向作用;要通过制定和实施支持性、鼓励性、扶持性以及竞争性、限制性等积极的产业政策,通过产业政策与财政政策、货币政策的有机配合,引导和优化市场供需结构,有效助推产业结构及其他经济结构不断优化。

二要进一步完善财政金融体制。建立和完善与市场经济相适应的财政金融体制,是政府有效实行宏观调控和治理,保障市场经济平稳、健康发展,建设高水平社会主义市场经济体制的重要制度安排。要按照党的二十大报告提出的要求,进一步健全和完善财政金融体制。要健全现代预算制度,全面实施预算绩效管理,提高财政资金使用效率。要深

化投融资体制改革,发挥投资对优化供给结构的关键作用。要深化税收制度改革,优化税制结构,健全地方税体系,完善财政转移支付体系。要深化金融体制改革,建设现代中央银行制度,完善以支持实体经济为本的现代金融服务体系,加强和完善现代金融监管。要充分发挥"资本"作为重要生产要素的积极作用,健全资本市场功能,提高直接融资比重,依法规范和引导资本健康发展。要充分运用互联网、大数据、人工智能等手段,提升宏观经济治理现代化水平。要通过完善财政金融体制,通过综合实施合理的财政税收政策、货币政策、外汇政策、产业政策、收入分配政策等多种经济政策,通过灵活运用价格、税率、利率、汇率等各种经济杠杆,合理调节社会总需求与总供给关系,合理引导、激励和约束市场主体的经济活动,以期实现经济增长、物价稳定、充分就业和国际收支平衡等国家宏观调控的具体目标,以期促进社会公共产品的有效供给和合理增长,以期保障按劳分配为主体、多种分配方式并存分配制度的有效实施,有效推进共同富裕进程。

(二)改进和完善市场监管体系,强化政府市场监管职能

由于市场竞争主体的逐利本性,由于市场经济与生俱有的负面效应,由于实行中国特色基本经济制度的需要,政府的市场监管不仅不能缺失,而且必须强化。加强对市场主体生产经营活动的监管,既是政府的重要职责,也是保证市场经济良好运行的重要条件。因此,要建设高标准社会主义市场经济体制,必须加强市场监管制度建设,这既是市场经济体制的重要构成部分,又是更好发挥政府作用的重要方面内容。要通过建立健全灵活、高效、规范的市场监管制度和监管体制,加强依法监管,加大对违规企业的惩处力度,规范市场主体行为和市场竞争秩序,督促企业走保护环境、安全生产、清洁生产、节约资源和能源、维护劳动者合法权益、遵法守信的文明经营之路。加强市场监管制度和机制建设,从监管内容角度看,要着力加强以下一些方面的监管。一要加强质量监管。要制定和完善更加科学的标准、更加公正的程序,运用更加先进的科技手段,加强对产品质量的监管,特别是要加强对与人民群众生活密切相关的食品、药品以及道路、桥梁、楼宇等基建工程的质量监管。二要加强安全监管。要加强对食品、药品、种子等产品安全的监管,加强对工矿企业、工程企业安全生产的监管,采取切实有效的管理机制、措施防止重大安全事故发生。要建立健全安全生产监督管理长效机制。三要加强价格监管。要监督和防止个别垄断行业控制价格、限制竞争、谋取非法高额利润。四要加强市场秩序监管。政府监管部门要通过经济、法律等多种手段,严厉打击制假售假、商业贿赂、虚假广告、欺诈销售、非法传销、欺行霸市、强买强卖等各种不法经营活动,维护广大生产经营者守法经营、公平竞争的市场秩序。五要加强对金融和资本市场监管。在网络经济、数字经济飞速发展的情况下,要特别加强对互联网金融、数字金融等科技金融的监管。要加强对资本市场的监管,防止资本无序扩张、野蛮生长。六要加强劳动监管。构建和谐劳资关系,政府责无旁贷。政府有责任严格监督私营企业的用工行为,有责任制止和打击私营企业主侵害劳动者权益的行为。各级政府劳动管理部门要切实转变职能、加强监察力量、加大执法力度;要进一步完善劳动争议仲裁制度,提高仲裁的权威与效率;要联合有关部门,建立劳动争议预警制度,加强劳资冲突预防工作。七要加强资源和环境监管。要建立健全自然资源开发利用规划制度、许可制度、审批制度、登记制度、有偿使用制度、用途管制制度,对自然资源和环境实行最严格的保护。要不断改进和完善环保监管制度、土地监管制度、矿产开采监管制度,严格防止严重浪费资源、污染环境的生产经营行为和消费行为。八要加强税收监管。严格、高效的税收征管制度是防范偷税漏税行为,保证税收收入的制度保证。要合理划分中央税权与地方税权,建立健全税务管理、税款征收、税务检查、税务稽查等各项制度,依法征税,依法打击偷税抗税骗税等违法行为,加大对"偷、漏、逃、抗税"行为的处罚力度,在保护纳税人合法权益的同时,保证税款的足额、按时征收。税收监管部门要强化管理基础,提高征管质量和效率。

(三)改进和完善社会保障制度和保障体系,强化政府社会保障职能

市场竞争的优胜劣汰原则不可避免会导致个别企业破产、个别职工失业、个别人失去收入来源等经济社会问题。为保障市场经济的正常运行,就必须建立社会保障机制。可以说,社会保障机制是市场机制充分发挥作用的补充机制,社会保障体系是市场经济的安全阀、减震器。社会保障体系既是服务社会大众的社会公共产品,又构成社会主义市场经济体制的重要组成部分。因此,建设高水平社会主义市场经济体制,必须结合中国具体国情,建设有中国特色的高标准的社会保障制度和保障体系。目前我们已经建立了比较完善的社会保障制度和保障体系,但仍需要进一步改进和完善。改进和完善的主要着力点笔者认为有以下几方面。

一要进一步改进和完善基本社会保障制度,不断提高保障水平。基本社会保障包括养老、医疗、工伤、生育、失业等保险和住房保障。要改进和完善基本养老保险制度,解决好越来越突出的社会老龄化问题;要改进和完善基本医疗保险制度,有效解决群众反映比较强烈的看病贵、看病难问题;在住房商品化市场化的大背景下,要特别注意基本住房保障制度建设,有效解决困难群体的"住有所居"问题。

二要统筹城乡社会保障制度建设,特别要加强农村保障制度建设。要努力推进城乡基本社会保障服务的均等化。要加强农村最低生活保障制度、农村医疗和养老保险制度、农村社会福利事业建设。要根据城乡融合发展的要求和态势,搞好城乡基本养老、医疗制度的衔接、统筹。要根据城乡人口流动的特点解决好流动人口特别是农民工的社会保障问题。

三要统筹推进社会保障体系建设。要在加强基本社会保障制度建设的同时,进一步完善社会救助、社会福利、优待抚恤等各类社会保障制度建设;要完善社会保障基金的承担、筹集、使用、管理等方面的制度规则,完善社会保障管理体制;要完善社会保障水平与经济发展水平相适应并随经济发展水平提高而提高的动态调整制度;要加强对社会保障的监管,在加大社会保障费用征缴力度的同时,加强对社会保障基金使用的监管。要通过制度创新,充分发挥商业保险、互助保险的补充作用。

（四）深化"放管服"改革，着力营造市场化、法制化、国际化的营商环境

党的二十大明确指出，要"深化简政放权、放管结合、优化服务改革"。深化"放管服"改革是推进政府职能转变，构建职责明确、依法行政的现代化政府治理体系的重要举措。要继续推进行政审批制度改革，简政放权，全面实行政府权责清单制度；要坚持放管结合，把政府该管的事一定要管好。要提高政府依法决策、民主决策、科学决策的能力，要通过改进管理制度和运用现代化科技手段，大力提升政府管理的效率和水平。要推进政务公开、简化办事程序、优化办事流程，全面提高政务服务的能力和水平，为各类市场主体的生产经营活动提供优良的政务环境。要以深化"放管服"改革为契机，着力加强有限性、服务型、廉洁型、效率型、法治型政府建设，着力营造市场化、法制化、国际化的营商环境。市场经济运作离不开社会公共产品的提供和社会各项事业的发展。要以政府为主体，着力推进基础设施建设和社会公共服务建设，着力推进教育、科技、文化、生态文明等各项社会事业建设，从而为市场经济运作和发展提供深厚的社会基础。

（作者：李太淼、李展，《中共郑州市委党校学报》2022 年第 6 期）

企业改革与管理问题研究

企业改制应注意有关结合问题

企业改制是深层次的改革,是一项系统工程,牵涉面很广,难度较大。许多企业单靠自身自发改制显然力不从心,而且,如果不把企业改制同其他方面工作或改革有机结合起来,也会极大影响改制的效果。因此,在实际改制工作中,我们必须注意和处理好以下一些有关结合问题。

一、企业改制要和政府的积极启动、有力领导、正确操作相结合

国有企业改革从扩权让利进入制度创新阶段,必然触及大量深层次问题,许多工作仅靠某个部门去抓,靠企业自身自发地去改革显然不行。国有企业形成的特殊历史及其目前的特殊状况,决定了国有企业改革必须由政府进行强有力的启动。各级党政部门一定要加强领导,狠抓落实,为改革提供强有力的组织保证。各级领导同志特别是"一把手",要亲自抓,从幕后走到台前。当然,政府在启动和推进企业改制中要在正确措施下进行规范操作,否则会加大改革成本,甚至使改革走样。

二、企业改制要和政府本身的机构改革、职能转换相结合

随着企业的深层改革,政府既是改革的推动者,但在某种程度上又是改革对象,要加大自身改革力度。一方面,机构重叠,职能错位或过时,既影响行政管理效率,也制约企业改制和企业发展。另一方面,市场经济体制所需要的政府机构和职能如果缺位,势必影响企业公平有序的市场竞争,即使改制企业也无法更有效运作。因此,政府要本着建立科学高效管理体制的要求,本着现代企业制度的要求,加大改革力度。政府各级部门要树立企业至上的观念,自觉转变职能,摆正位置,不能因改革影响到自身和本部门利益便持消极甚至反对态度。

三、企业改制要和国有资产保值增值相结合

企业改制的一个重要目的就是盘活存量资产,从整体上搞活国有经济,因此在改革操作过程中,必须严把国有资产评估、转让、出售关,严防在股份制等改制过程中容易出现的对国有资产低估、不估、漏估、低售等现象,最大限度地防止国有资产流失所造成的社会不公平。

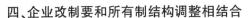

四、企业改制要和所有制结构调整相结合

"抓大放小"是当前国有企业改革的一项战略举措,其重要内容之一就是适当收缩国有阵线,调整所有制结构,把那些不适合国有国营的小企业转为集体所有、民营或出售给私人,因此在改制中要加大所有制结构调整力度,鼓励职工、私人、外资等购买、兼并一些不适合采取国有制的小企业。

五、企业改制要和经济结构调整相结合

"抓大放小"的另一个重要内容就是对国有企业实行战略性改组,调整经济结构。由于过去体制等原因,国有经济中盲目建设、重复建设、"大而全"、"小而全"现象非常严重,经济结构不合理。受市场经济规律支配,个别企业单靠自身再改革也难有生路,因此在改制中应加大兼并、破产力度,不必强调每个企业都要搞活,该破产就破产,该兼并就兼并,根据经济结构调整的需要,通过参股、控股、联合、兼并、收购等使资产向具有产业、行业、技术、规模等优势的企业转换,优化资本结构,促进规模经营。

六、企业改制要和加强国有资产监管和运营相结合

改制企业成为市场主体、产权主体、法人实体,要按照市场机制运行,这就要求国有资产的监督管理和运营体系必须作出相应变化。要加强和完善国有资产专司管理机构建设和职能建设,强化资产管理。要建立国有资产的运营体系和运营载体,同时完善内外监督机制和目标考核体系。如果这方面工作严重滞后,势必导致这样的后果:其一,政企难分,政资难分,政府继续干预企业行为,企业改制效果有限,企业应有的自主权不能更有效运作;其二,企业不规则的"内控"现象加剧,损害国家作为所有者的经济利益,甚至损害广大职工的集体利益。

七、企业改制要和企业实际情况相结合

企业千差万别,情况各异。因此要因企制宜,一厂一策,采取股份制、股份合作制、租赁、托管、兼并、破产、出售等多种形式多种措施进行改制,不刮风、不搞一刀切。

八、企业改制要和企业自身的各项制度创新相结合

企业改制为企业发展提供了重要制度基础,但并非"一股就灵""一次改革就万事大吉"。企业的发展壮大还受诸多因素制约,还有赖于企业自身在诸多方面的努力。因此,从企业角度讲,必须结合改制,积极改革和创新企业的质量管理、技术管理、人事管理、分配管理、营销管理等各项经营管理制度以及企业内部的产权制度,从而充分调动人的积极性,用足用活各种生产要素。

九、企业改制要和建立开放的劳动力市场相结合

企业用人自主,职工择业自由,乃市场经济中企业和职工合理行为。但由于当前的劳动力市场还不太成熟,导致企业分流富余人员困难,下岗职工再择业困难,同时企业要选用合适人才的范围也大受限制,这既影响企业改制,也影响改制企业运作,因此要加快建立完善的开放的劳动力市场,形成奖勤罚懒、优胜劣汰,干部职工能上能下、能进能出的劳动力市场竞争机制。

十、企业改制要和建立经营者市场相结合

经营者的素质高低、才能大小是企业经营好坏的关键因素之一。靠"伯乐选马"或在企业内部"民选"产生企业领导,都有一定局限。必须建立经营者市场,造就优秀的经营者队伍,从而使企业能在更广阔的范围内挑选经营者,促进企业和最佳经营者的有机结合。

十一、企业改制要和建立开放的生产要素市场及产权市场相结合

目前,靠政府启动的企业改制虽然在很大程度上推动了产权流动转让、生产要素的优化组合,但企业自觉、规范而高效的产权交易、资产流动重组、生产要素优化组合,还有赖于生产要素市场和产权市场的发达开放程度。因此,要加快生产要素市场建设,要形成有形的产权交易市场并逐步扩大其规模和辐射范围。企业改革不仅要立足本地,而且要面向外地、外省以及境外、国外,要通过产权交易市场进行竞价拍卖或嫁接改造,或采取其他形式改制。

十二、企业改制要和深化分配制度改革相结合

产权最终要通过收益分配权而体现和实现,因此从某种角度看,分配制度改革应视为产权制度改革及企业改制的最实质内容。在市场经济运作中,资金所有者和占有者、有形或无形资产所有者和占有者、技术专利所有者和持有者、股金持有者、管理技能拥有者、劳动技能和劳动力所有者等都可以构成相对独立的产权主体,这些产权主体必须有机结合,企业才能高效运转,市场经济才能有效运行,而在这种结合过程中,不同的产权主体依据自己在经济运行中的不同功能而要求相应的收益分配权。这就要求我们必须大胆改革分配制度,坚持以按劳分配为主体,允许并发展多种多样的分配方式以适应企业改制需要,适应市场经济运行需要。

十三、企业改制要和充分调动企业广大干部职工的积极性相结合

企业改制如果没有广大干部职工的积极参与和支持是难以取得预期效果的。因此,改制企业在民主评议领导、选配企业领导班子以及各项规章制度制定中,一定要充分了解和尊重职工的意愿,不强迫、不命令。同时,要鼓励干部职工在新产品开发、技术改造、技

术创新中贡献聪明才智,鼓励干部职工在企业的民主管理、民主监督中充分发挥其能动作用。

十四、企业改制要和维护社会稳定相结合

各级政府、财政、民政、劳动人事等职能部门,企业、工会等群体组织,必须把下岗职工的"再就业工程"当作一件政治大事来抓。要进一步拓宽就业门路,搞好职业培训,开展职业介绍,疏通就业渠道,引导职工转变就业观念,鼓励下岗职工自谋职业或到非国有企业就职。要建立健全社会保障体系,探索建立统一的社会保障机构,扩大社会保障的覆盖面,使社会保障真正起到"安全阀"作用。要筑起最低工资、下岗职工生活费、社会保险及城市居民基本生活救济"四道防线",从而把改革、发展、稳定有机结合起来,确保企业改革顺利进行。

(作者:李太淼、李建华,原载《工人日报》1998年2月11日)

国有企业经营者中滋生的腐败现象探析

近些年来,国有企业领导中的腐败现象有所增加,在全部腐败案件中的比例越来越突出。个别国有企业领导的腐败行为造成的社会危害极其严重,诸如导致国有资产大量流失、扩大社会分配不公、加剧个别党政干部腐败等,因而,冷静分析一下国有企业领导中出现腐败现象的深层原因,对有效治理企业经营者的腐败现象、加强企业的廉政勤政建设和新时期领导班子建设具有十分重要的实践意义。

一、国有企业领导中产生腐败现象的个人原因

在我国进行社会主义市场经济建设中,确实涌现出许许多多党性强、觉悟高、乐于创业、甘于奉献的优秀国有企业经营者,但也有个别国有企业领导思想政治素质较差、免疫力很弱,在向市场经济转轨过程中经不住考验、抵不住诱惑、管不住小节,个人主义、拜金主义、享乐主义极度膨胀,从而走上腐败犯罪之路。有的国有企业领导抱着"有权不用,过期作废""能捞就捞""及时享乐"的心理,把国有企业当作"唐僧肉",想方设法"吃国家""吃企业",贪得无厌。有的国有企业领导虽曾有功于企业,甚至还获得过许多闪光的荣誉,但最终没经得起权欲、美色、金钱的腐蚀,蜕化变质,名节不保。

二、干部制度方面存在的缺陷

国有企业领导中的腐败现象这样长时间、高频率地出现,除个人原因外还有着深层社会原因。我国正处于新旧体制转换过程中,旧体制虽然被打破但还在某种程度上发挥作用,新体制正在创建但并不健全。因而出现体制空档和管理漏洞,存在着较大的"自由空间",这在客观上为腐败分子的滋生提供了一定土壤和种种可乘之机。

企业改革以来,政企关系发生了很大变化,但在干部制度方面如何搞好政企分开以适应市场经济体制需要,至今尚未找到很理想的途径。"官员企业家"或"企业家官员"现象还大量存在,如国有企业领导由上级主管部门直接委任,其以后的调任升迁也由上级部门决定,国有企业领导随时可以走出企业成为官员等。有关资料显示,国有企业86%、集体企业58.4%、三资企业33.3%的厂长、经理是由"上级主管部门"任命的,企业经营者职业活动中最关注"上级主管部门评价"者所占比例为62.1%。这种干部制度安排和市场经济要求的企业行为、企业经营者行为存在某种脱节,而且由于上级无法有效监督下级的经

营活动,极易导致企业领导的畸形行为和腐败行为。

三、经济体制转换中的体制约束乏力

在我国体制转换中存在两种较严重的体制约束乏力现象。其一是政企不分依然严重存在。但这种政企不分已非高度集中的计划管理体制中的政企不分,而是旧体制业已被打破而无法进行强有力约束、新体制又不能在短期内予以化解的政企不分。这种政企不分和市场经济的一些原则发生种种扭曲的结合,从而为腐败提供种种可乘之机。诸如国有企业领导向权力部门及官员的大肆行贿和政府官员的"权力寻租",这实质上是一个问题的两个方面。其二是不规范的"企业内控"现象。企业内控指的是在企业所有权与经营权分离过程中,企业的经营者掌握了企业的实际控制权,架空所有者的控制和监督,在企业战略决策中充分体现自身利益,损害所有者利益。在广泛推行承包经营责任制和厂长(经理)负责制的改革阶段,在按公司法进行改制改组的阶段,这种"企业内控"现象都程度不同地存在着,从而为个别国有企业领导的腐败行为提供了极大方便。厂长(经理)负责制演变为个人负责制、个人专制,大权独揽,即便是在一些公司制企业,少数经营者利用手中权力和所掌握的国有资产,通过合法或非法途径转移、侵吞国有资产及收益,牟取各种个人好处,"富了方丈穷了庙"的事情也时有发生。

四、企业领导体制存在问题

改革以来,我国企业领导体制发生了很大变化,从政企合一的行政领导体制到以党委为核心的厂长(经理)负责制,再到当前正积极探索和创建的企业法人治理结构,企业领导体制改革对搞活国有企业起了重要作用。但从整体状况看,和市场经济体制相适应的企业领导体制还未建立起来,实践中还存在不少问题。诸如决策权、指挥权、监督权如何分配制衡,党委、工会、职代会、董事会、股东会、监事会、经理层如何有机结合发挥最佳结构功能问题等,其中最突出的问题是,由于未能形成对企业经营者权力有效的监督制衡机制,尤其是未能形成有效的产权监督,导致经营者施权行为越俎代庖、严重扭曲。在一些厂长(经理)负责制企业,一些厂长经理把企业搞成了自己的独立王国,党委有名无实,工会形同虚设,个人独断专行,而在当前一些改制企业,由于所有者监督缺位或无力,董事会、监事会形同虚设,再加上党委、工会、职代会等组织原有功能削弱,致使个别国有企业领导大权独揽,并借此滥用职权、盲目决策、以权谋私,大搞不正之风。

五、缺乏有效的利益激励和风险约束机制

从利益机制讲,改革以来,国有企业领导的收益分配方式已经发生了重大变化,诸如实行重奖制、个别地方施行年薪制等,但就整体看并没有解决利益机制问题。国有企业领导作为特殊的国有资产管理阶层,作为一种特殊资源,他们的切身利益如何实现,依然在探索之中。目前国有企业领导制度性收入偏低是一个较为普遍的现象。中国青年企业家

协会对近万名企业家的调查表明,70%青年企业家生活和物质待遇较低。利益机制的缺乏,也容易使个别国有企业领导或流入"民营""三资"企业,或采取不正当手段谋取个人利益,沦为国有资产的蛀虫。

从风险约束看,不管是承包制还是当前的公司制,由于缺乏有效的监督机制,其风险约束是乏力的,不论是财产抵押还是以资金入股,经营者风险是十分有限的,企业更大的风险依然由国家和职工承担。其根本症结在于由于缺少监督制衡机制,经营者完全有可能通过种种途径转嫁风险,即便企业亏损了、破产了,他依然可以为富一方,有的还能异地升官、易厂为长。

显然,许多国有企业领导的权力、利益、责任是不规范不对称的,权力缺乏约束,利益缺乏激励,责任上风险极小,很难起到压力作用,这种情况容易诱发个别国有企业领导采取不正当手段谋取个人利益。

六、缺乏有效的企业内外监督机制

不受监督和约束的权力必然产生腐败。国有企业领导中的腐败现象之所以滋生蔓延且经久不息,最重要的一个原因,便是缺乏有效的企业内外监督机制,未能及时约束经营者手中的权力,以保证其规范行使。

从企业外部监督角度讲,缺乏有效的审计监督、财务监督、财产监督和产权监督。有的上级主管部门平常很少对企业进行效益审计、年度审计、离任审计,等到企业问题成堆、无法掩盖时才进行审计,起不到保护国有资产、及时扼制腐败行为的作用。在各项监督中最重要的是缺乏有效的产权监督。从当前来看,国有企业中,来自所有者的产权监督与约束缺乏或无力,无论是政府部门,还是行业协会,都无法有效地行使这一职能。和市场经济相适应的国有资产监管运营体系尚未建成。这显然会给一些腐败分子留下不少空子。

外部监督不力,内部监督在有些企业更有名无实。有的企业领导以政代党,逃避党内监督;有的企业的职代会形同虚设,对重大问题职工代表不敢发表不同意见,否则会影响提职、调资、分房,甚至受到打击报复。在企业内部,最量化的监督是财务监督,然而在一些企业中财务和内审等关键岗位往往被企业领导的"亲信"所把持,不仅起不到监督作用,反而为个别领导的腐败行为大开绿灯。

综上分析,国有企业领导中滋生并扩大的腐败现象其原因是非常复杂的,有个人原因,这是内因;同时也有诸多社会原因。因此,在治理这些腐败现象时,我们应辨证施治、标本兼治。唯如此,方能取得长久效果。

(作者:李太森、李建华,原载《工人日报》1998 年 4 月 8 日)

国有企业必须分类改革

自党的十一届三中全会以来,我国的国有企业经过了 1978—1983 年的"放权让利"、1983—1987 年的"利改税"、1987—1992 年的"大承包"等几个阶段的改革。以党的十四届三中全会的《决定》为标志,我国国有企业改革进入了机制、体制、所有制"三制创新"阶段,以建立现代企业制度为主要改革目标。党的十五大又进一步明确了要立足从整体上搞活国有经济、实行抓大放小、对国有企业实行战略性改组的改革思路。

一、国有企业改革思路的调整

抓大放小、着眼于从整体上搞活国有经济,反映出我国国有企业改革思路的调整。这一调整的重点在于:国有企业不能采取千篇一律的改革模式,不能只强调国有企业的覆盖面和数量,而必须根据其在市场经济中的不同地位、功能进行分类改革。

第一,我们必须从宏观上把握生产关系和生产力发展相适应的规律,把握国有经济的覆盖范围,也就是说要从所有制角度,把国有企业调整得适合我国生产力发展状况。这里有一个观念转变问题,并不是说国有企业越多越好,生产关系超越了生产力的发展水平,反而会阻碍生产力的发展。我们只有首先从宏观上把传统国有制调整得适合我国生产力发展水平和要求,再进一步解决好传统国有制在市场经济下的微观实现形式问题,才能真正解决好公有制与市场经济体制的有机结合问题。因此,抓大放小的国有企业改革,既包含着产权结构重组、产业结构调整、企业结构重组,也包含着所有制结构调整。我国的传统国有制的确是摊子铺得过大、涉及面过宽,不该实行国有的也实行了国有。如果改革中不能切实把这一问题解决好,要从整体上搞好国有经济是很难的。

第二,从市场经济角度看,不同的国有企业在社会经济运行中的功能、地位及其经营目标是不同的。从世界范围观察,尽管市场经济各国由于社会制度不同、经济发展战略不同、人们的历史文化传统和价值取向不同等原因,国有企业的比例、结构、功能、性质会受到多种因素的制约,但起决定作用的依然是经济因素。我国是社会主义市场经济国家,国有企业的性质、地位、功能同西方国家有所不同,这主要反映在国有经济除一般市场经济国家所必备的弥补市场缺陷、提供公共产品、保证市场经济机制顺利运作的功能外,还具有实现社会主义价值取向、实现国家经济发展战略的特殊功能。鉴于国有企业在我国市场经济中的不同功能,我国国有企业应分为三大类具有不同经营目标的经济组织。第一类是公共产品类,第二类是产业主导类,第三类是竞争盈利类。公共产品类企业主要是为社会公众和其他市场经营者提供非排他性公共产品,一般应由国家提供,其企业经营并不以利润最大化为目标,而以社会效益最大化为经营目标。产业主导类企业主要是指在有关国民经济命脉的产业和行业中发挥主导和控制作用的企业。这类企业属于非完全竞争型企业,一方面以追求利润最大化为目标,但同时作为国家宏观调控的有力工具还要体现一定的政策目标。第三类企业是完全竞争类、盈利型企业,这类企业以利润最大化为唯一目标。改革目标要立足从整体上搞活国有经济,更好地发挥国有经济在市场经济中应有的功能和作用,改革的具体模式上要根据当前国有企业的分布格局、结构现状并依据市场经济要求,针对不同类型企业采取不同的改革模式,通过改革既要实现在具体企业制度上国有企业和市场经济相结合,也要实现整体结构布局上同市场经济结合。

第三,从国有企业的现状看,首先,在国有经济的分布上,国有资本在企业、行业之间的分布过于分散,几乎大到远程导弹制造小到饮食店、旅店经营等国民经济所有领域;战线过长,有限的国有资本难以支撑过于庞大的国有经济盘子。财力的过于分散影响国有经济规模经营、技术创新及其国有企业的经济效益。其次,从企业层面看,改革开放以来,国有企业获得了一定程度发展,但由于改革未到位,国有企业连续多年出现大面积亏损局面。与国有企业大面积经营不善、亏损严重相关的问题还有,国有资产流失严重、债务负担沉重,社会负担问题、隐性失业和失业问题等。很显然,面对国有企业的现状,立足于搞活每一个国有企业是不切实际的。因此,我们必须调整改革思路,抓大放小,对国有企业进行分类改革。

二、垄断型国有企业的改革思路

垄断型国有企业主要是指提供公共产品类的企业,大概包括特殊性的、自然垄断性的、福利性的企业。特殊性是指与军事、政治有联系;自然垄断性是指资源极少或这种资源需要国家垄断;福利性是指具有福利性质的公共产品,支持社会和经济正常运转。这些企业的垄断性使这些企业不能以盈利最大化为主要目标,而必须以社会效益最大化、社会福利最大化为目标。这类企业总体来看分布在基础设施、自然垄断和社会安全等领域。

借助于现代企业制度管理国有企业是西方发达国家的经验。法国将国有企业划分为垄断性和竞争性两种类型。对于垄断性企业,政府干预程度较强。如在人事方面,企业的负责人由政府任命,在国家控股100%的企业以及国家控股90%以上的企业里,董事长、总经理由主管部长提名,经内阁会议讨论通过,以法令形式予以任命。对国家部分控股的国有企业,董事长虽由股东大会选举产生,但政府可以影响董事长的推选。企业的董事长在作出重大决策时,一般都要同政府有关部门磋商,如果董事长与政府发生意见分歧,拒绝执行政府的意见,董事长可以自动辞职,政府也可以撤换董事长。在垄断性企业的投资方面,国家通过"经济社会发展基金组织",控制企业的借债规模;在价格方面,参照国际市场价格进行定价;在分配方面,控制工资总额增长幅度等。这说明,垄断性和竞争性企业虽然都可以建立现代企业制度,但具体内容并不完全一致,如政企分开,由于垄断企业特殊的社会功能,政企分开是很有限的,政府为经济协调发展和宏观调控需要,必将对垄断企业进行多方干预。但这种干预并非随心所欲,而是通过一定的制度程序进行的,是在政府和企业权责关系明晰的状态下进行的。

针对我国实际,借鉴国外经验,对垄断型国有企业可根据其垄断程度、经营目标采取国有独资、国有控股的公司制形式。政府对这类企业必须进行严格的控制,诸如企业领导人选、产品价格、工资增长幅度等,政府必须进行必要干预。当然,这种控制绝不等同于计划体制下的控制,而是在政府和企业间存在明确的产权关系及责权利关系条件下,政府从日常经营中退出来,授权于经营者,对于必不可少的直接决策(如确定垄断企业的定价幅度)、指令,也要通过科学考察和研究,通过签订合同来落实,政策性亏损补贴必须量化。对垄断性国有企业改革的重点是在明晰产权关系的基础上实行"标准化"的企业管理,其中包括投入产业的量化管理、企业经营行为的监督管理以及企业干部职工的利益管理。

三、竞争主导型国有大中型企业的改革思路

竞争主导型国有企业是指存在于基础性产业、支柱性产业和先导性产业中的大中型国有企业。这些企业中的骨干企业往往占据着国民经济的命脉,在市场竞争和经济发展中发挥着主导作用。但这种主导作用不是通过产业和行业垄断实现的,而是通过积极参与市场竞争,在竞争中实现的。从市场角度看,这类企业是竞争性主体,以盈利最大化为目标;从国民经济结构角度看,这类企业是能动的主导性力量。因此,对这类企业的改革,是依据现代企业制度要求进行规范的公司制改造,把这类企业改造成完全"四自"的市场主体。其基本思路是:把这类企业改组成国家控股、持股的有限责任公司和股份有限公司,实行较彻底的政企分开和两权分离,落实企业独立的法人财产权,使企业完全在市场机制中运行。在骨干企业中,国有资产虽在其中居控股地位,但仍是平等的出资者,是多元投资主体之一,除要求资产的保值增值外,一般不再体现政策性、社会性功能,其对国民经济的主导作用也是通过企业规范的市场行为实现的。

针对这类企业目前改制中存在的问题,诸如:"换汤不换药"、政企难以真正分开;所有者缺位、"内部人控制";企业内部治理结构混乱,以及代理人以权谋私等。这类企业改革的重点在于:(1)建立和完善国有资产的管理、运营体系,解决所有者缺位问题,解决国有资产所有权能独立行使和规范行使问题。(2)建立和完善对国有产权代理人的激励和约束机制,以解决代理人动力不足、责任心不强甚至以权谋私问题。基本方法是引入利益机制、竞争机制、风险机制、监督约束机制。(3)建立和完善规范而高效的公司治理结构。这主要包括合理配置股权。股权多元及其合理配置是股份制有效运作的基础;合理设置机构并科学配置人员结构,如董事会、监事会成员的人选和组成应科学合理,解决好新老三会的权力关系。

四、国有小企业的改革思路

一是国有小企业的改革目标。由于国有小企业在市场经济中的地位、功能、作用不同于垄断型和竞争主导型国有大中型企业，因而其改革目标也有所区别。国有小企业一般处在完全竞争的经济领域，不具有宏观意义，它们对市场经济的重要性在于必须以完全独立的商品生产经营者角色参与竞争、自我发展，以自身最大的效率和效益体现对宏观经济的发展意义。因此，国有小企业的改革目标就是放开搞活，实现政企彻底分离，以众多企业优胜劣汰竞争所带来的微观经济效率和效益支持国民经济的整体效率和效益。

从国有小企业现状看，困难更加突出。据 1996 年《中国统计年鉴》，国有工业企业资产负债率为 65.5%，小企业的资产负债率为 71.5%，比平均水平高 6 个百分点，比大企业高 10 个百分点。在全部亏损企业中，小型亏损企业占全部亏损企业总数的近 90%，而且近些年国有小企业国有资产流失严重，国有权益损失殆尽。国有小企业状况的日益恶化不仅降低了国有经济的整体效益，而且加剧了改革的压力，制约着整个国有经济改革的步伐。据清产核资的结果：全国国有企业目前有 30 多万户，其中小企业 25.5 万户，占 84.4%；小企业职工人数 2346.9 万人，占全部国有企业职工人数的 30.3%；小企业拥有的资产总额是全部国有企业资产总额的 17.6%。因此，搞好国有小企业的改革对于优化国有经济结构、减轻社会就业压力、增强经济活力、加快市场化进程都具有十分重要的意义。

二是国有小企业改革的主要内容。由于国有小企业规模小、宏观功能低、社会化程度低，而市场分布面广、数量多、竞争性强，国家作为产权主体进入小企业，必然存在委托代理层次多，代理、监督成本高等问题。因此，从社会成本效益的比较分析出发，国有小企业改革的重要内容之一就是进行所有制结构调整。通过产权制度改革和产权有偿转让，适当收缩国有阵线，把一些不适宜由国家充当产权主体进行经营的小企业通过收购、兼并、股份制改造、股份合作制改造等形式转变为非国有性质企业，实现彻底的政企分开。所有制结构调整是国有小企业改革的重要内容，这一调整不仅对盘活国有存量资产、优化国有资本结构、加强国有经济的主导地位具有战略意义，而且对搞活小企业、解决小企业困难现状具有战略意义。

当然，调整所有制结构是国有小企业改革的重要内容，但并不是改革的全部内容，也不是要把所有小企业都改成非国有企业。曾广泛存在的国有小企业的性质、功能并不是完全一致的，大与小的区分也不是绝对的，而且改革的客观条件是极其复杂的，因此在改革实践中还必须具体情况具体对待。有些小企业规模虽小，但就其性质是属于公共产品类，如城市的公交、通信、邮政、医院等部门的企业，这些企业不宜采取非国有制形式，可通过改善经营机制和约束机制，强化内部管理和社会监督等措施，使责权利紧密结合，提高企业的经济社会效益。

另外，有的国有小企业效益很好、前途很好，完全有可能发展成大型企业，对这类企业可按照现代企业制度进行规范的公司制改革，为企业的发展壮大提供良好的制度环境。有些小企业属于大企业或大公司下具有独立法人地位的经济实体，是国有大企业或大公司的有机组成部分,这类小企业可随着大企业的改革而采取相应的改革方式。许多国有小企业可以通过兼并、联合、托管、划拨等形式,在不改变所有权的条件下实现以大带小、资产重组和企业重组。有的国有小企业在客观条件不具备、暂时无法改制的情况下,或由于本身固有的特点,也可实行承包租赁等经营。总之,国有小企业改革应该不拘一格、多种多样。

(原载《学习论坛》1999 年第 1 期)

内强素质　外树形象

目前,我省私营企业总数已经突破11万家,注册资本超千亿元,非公有制经济发展正迈上一个新台阶。但是,要使我省非公有制经济有大发展、大突破,在实现中原崛起中发挥更大作用、做出更大贡献,除了政策支持外,还需非公有制企业自身的大胆改革,正如省委书记徐光春在全省民营企业表彰大会上所要求的,民营企业和企业家一定要按照科学发展观的要求,内强素质,外树形象,努力把自身做强做大。

一、进行"两个提升"

一要提升企业规模。我省非公有制经济中以个体、私营企业居多,而个体、私营企业普遍经营规模较小,产值达到规模以上的企业比重偏低。要提高我省非公有制企业在国内外市场上的竞争力,就必须注意提升企业规模,把企业做大做强做优,形成一批大的企业集团和"航空母舰"。一般加工制造型企业,应向专业化协作和社会化大生产方向发展。有基础和实力的企业,要善于利用各种有效的资本运营手段,把产品经营和资本运营相结合,向产业化、规模化方向发展;要有效利用资本市场,提高投融资能力;更有效地利用企业的存量资源,开发企业的增量资源;更有效地开展品牌经营,通过品牌收购、品牌延伸、品牌授权等,开拓企业市场。非公有制企业要通过扩张企业规模,形成规模经济效益,提高企业的核心竞争力和抗风险能力。要善于利用国内国外两个市场、两种资源来发展壮大自己;发挥比较优势,积极开展与外商的合资合作,特别是注意与世界著名品牌的配套协作,努力扩大产品出口;有优势、有实力的企业要大胆"走出去",开展境外投资,开拓国际市场,积极参与和推进外向型经济发展。

二要提升产业层次。我省民营企业要努力摆脱家庭作坊式的低、小、散状态,适应市场需求变化和市场竞争的需要,从单纯的劳动密集型向技术密集型和劳动密集型相结合转变,从粗放经营型向集约经营型转变,从资源浪费和环境污染现象较严重的不利于可持续发展型向有利于节约资源和环境治理的可持续发展型转变。要注重发展高新技术产业,要积极运用高新技术和先进实用技术改造和装备企业,不断提升产品档次,改进产品结构,大力发展高端产品和终端产品,形成高技术、高质量、高附加值、高效益的发展局面,实现产业升级。民营中小企业要向精、细、专、深发展,特别要注意提高与大企业的配套协作水平,逐步形成以大企业为主导、大中小型企业分工协作、相互配套的产业组织体系。

二、推进"三个创新"

"三个创新"即机制、技术和管理创新。这是提升非公有制企业规模和层次、提高其竞争力的根本着力点。

一要推进机制创新。随着国内外市场竞争的加剧和知识经济时代的到来,曾经让一些私营企业引以为荣的经营机制面临严峻挑战。进行机制创新,成为企业谋求生存和发展,谋求"二次创业""三次创业"的必然选择。要创新机制,主要应在以下三个方面做出努力:其一,要创新企业的产权制度。高度封闭、单一的一元化产权结构是制约我省非公有制企业大规模发展的障碍。非公有制企业要适应生产社会化要求,实现资本快速集中和扩张,要更快更好地发展壮大,就需要超越狭隘的家族产权限制,吸纳多元产权,建立多元的、开放的产权结构。其二,要创新经营决策机制。在市场竞争加剧和企业规模扩大的情况下,私营企业中曾盛行的"家长制""一言堂""凭经验、拍脑袋"的决策机制已不能适应现代社会科学决策的要求。必须改革企业领导体制,创新企业的决策机制。其三,要创新激励约束机制,特别是要创新分配制度和用人用工机制。要通过有效的激励约束机制,努力创造培养、引进、用好、留住高素质管理人才和技术人才的环境,最大限度地调动广大职工的积极性。

二要推进技术创新。科学技术是第一生产力。不断进行技术创新是企业在竞争中制胜的法宝。我省一些非公有制企业在发展中存在的一个普遍问题,就是技术落后,拥有独特的专利技术不多,企业缺乏活力与后劲。因此,非公有制企业必须持续不断地进行技术创新,提高企业的研发能力,不断开发适合市场需求、科技含量高、经济效益好的新产品。要坚持先进技术引进和消化、吸收、创新相结合,开发具有企业自主知识产权的核心技术和特色产品;要加强与高等院校、科研院所的"联姻"和协作,"借脑发展";有条件的企业要建立技术创新中心,努力提高自主创新能力,增强可持续发展能力。

三要推进管理创新。随着民营企业规模的扩大,必须建立科学、规范、现代化的管理体制。要改变家族式管理模式,建立现代企业管理制度,完善法人治理结构;要将人力资源作为企业的第一资源,建立新型的人事管理制度,特别是要打破家族制的狭隘眼界,面向社会,广纳人才,充实企业的管理和技术岗位;要引入先进的管理理念和管理办法,不断完善生产管理、技术管理、质量管理、营销管理、安全管理、财务管理等内部制度,推进管理的规范化、制度化,以制度创新带动管理创新。

三、树立良好形象

企业形象是企业的无形财富。我们应该看到,有少数民营企业在生产经营方面存在一些不良现象,诸如偷漏税、制售假冒伪劣产品、违法违规经营国家明令禁止的经营项目、侵犯职工合法权益等,严重影响了民营企业的整体社会形象,也严重影响了民营企业自身的长远发展。有鉴于此,在加大政府对非公有制经济的监管力度的同时,作为民营企业自身,必须自觉树立正确的经营理念,增强社会责任感,努力塑造"诚信、守法、贡献"的良好社会形象。要坚持诚信为本,重信誉、守合同,按期还贷,按期支付职工报酬,按期交付货款,决不能弄虚作假,做坑害社会、坑害消费者、坑害投资者利益的事情。要坚持依法经营,严格遵守国家的有关法律法规,文明生产,照章纳税,主动维护职工的合法权益,坚决杜绝违法违规生产经营行为和各种扰乱市场秩序的行为。要热心关注、关心、支持社会公益事业,积极回报社会,为构建和谐中原做出应有贡献。

（原载《河南日报》2005 年 5 月 18 日）

经济与社会建设问题研究

牢固树立和贯彻落实科学发展观

党的十六届三中全会明确提出,要"坚持以人为本,树立全面、协调、可持续的发展观,促进经济社会和人的全面发展"。科学发展观的提出,是我们党对社会主义市场经济条件下经济社会发展规律在认识上的重要升华,是我们党执政理念的一个飞跃。树立和落实全面、协调、可持续的科学发展观,对于我们更好地贯彻和把握好发展这个党执政兴国的第一要务,对于提高党驾驭市场经济的能力,提高党领导发展的能力,具有重要现实意义。科学发展观既是我国经济社会发展必须长期坚持的重要指导思想,也是解决我国当前许多矛盾和问题必须遵循的基本原则。

一、把坚持以人为本理念贯穿到有关发展的制度、政策、方略、措施之中

以人为本,是科学发展观的核心和本质要求。要在发展中贯彻以人为本的理念,必须在以下几点做出努力:

其一,要把反映好、保护好、实现好最广大人民群众的根本利益作为发展的根本出发点和落脚点。要围绕人民群众的生存、发展和享受,围绕人的全面发展,从人民群众的根本利益出发,谋发展促发展,不断满足人民群众日益增长的物质文化健康安全需要,切实保障人民群众的经济政治文化权益,发展的成果要惠及全体人民。各级政府和企业的管理者都要在社会生产和社会生活的各方面,做到关心人、尊重人、理解人、体贴人,在制定有关发展的各项制度、政策、措施时,首先要充分考虑到人民的愿望、人民的需要、人民的利益。

其二,要把发展作为第一要务。这是广大人民的根本愿望之所在、根本利益之所系,是以人为本发展理念的必然要求。发展是当代世界的主题,更是当代中国的主题,也是当代河南的主题。谋求中国社会的更快发展关系到 13 亿中国人的根本愿望和切身利益,也是解决中国所有问题的关键。经过改革开放 20 多年的发展,我们胜利实现了现代化建设"三步走"战略的第一步、第二步目标,人民生活总体上达到了小康水平。这是中华民族发展史上一个新的里程碑。但这是低水平的、不全面的、发展很不平衡的小康。就我们河南省而言,虽然总体上也进入了小康水平,但许多指标均低于全国平均水平,经济发展同先进发达省市也存在很大差距,加快发展的任务更加繁重。为此,河南省委、省政府认真贯彻党的十六大精神,始终把发展作为富民强省的第一要务,把提高人民生活质量和水平作为根本出发点和落脚点,专门制定了《河南省全面建设小康社会规划纲要》,提出了全面建设河南小康社会的总体目标:在优化结构和提高效益的基础上,确保人均国内生产总值到2020年比2000年翻两番以上,达到3000美元,基本实现工业化,努力使河南的发展走在中西部地区前列,实现中原崛起;建成完善的社会主义市场经济体制和更具活力更加开放的经济体系;各项社会事业全面发展,社会保障体系比较健全,社会就业比较充分,人民生活更加富足,社会主义民主更加完善,社会主义法制更加完备,人口素质明显提高,可持续发展能力不断增强,并围绕总体目标制定了发展的基本途径、发展布局、战略举措等。全面建设河南的小康社会,构建和谐中原,实现中原崛起,是9700万河南人民的共同愿望和心声,是以人为本发展理念在河南的具体体现。

其三,要把调动好、保护好、发挥好最广大人民群众的积极性、能动性、创造性作为发展的根本动力。人民群众是社会进步的主体,是社会物质文明、政治文明、精神文明的创造者。没有人民群众的广泛参与和积极投入,要谋求更快发展是不可能的。这就要求我们党必须把调动好、保护好、发挥好最广大人民群众的积极性、能动性、创造性作为发展的根本动力。联系当代河南实际,我们必须在以下三方面做出努力:第一,一切改革举措都要有利于调动最广大人民群众的积极性。要在各项制度改革中认真贯彻党中央提出的尊重劳动、尊重知识、尊重人才、尊重创造的方针,使一切劳动、知识、技术、管理和资本的活力竞相迸发,让一切创造社会财富的源泉充分涌流。第二,要着力实施人才强省战略。人是生产中最重要的组成要素,人才资源是第一资源,是最重要的战略资源。小康大业,人才为本。我们必须把人力资源开发作为我省发展的根本动力和根本途径,通过科教兴豫战略、人才强省战略的实施,把发展转移到提高劳动者素质的轨道上来,努力通过人力资源的开发,为我省的经济发展、文化发展和政治发展提供强大的动力,努力把人口压力转变为人力资源优势。第三,要建设一支高素质的干部队伍。正确路线确定之后,干部就是决定的因素。干部队伍素质如何、能力如何,对提高领导发展的能力、驾驭市场经济的能力,对加快社会发展至关重要。

二、始终坚持以经济建设为中心,以新的发展理念推动经济发展

(一)发展的核心是发展经济

经济基础决定上层建筑。经济发展是政治、文化等社会各项事业发展的物质基础。没有经济的发展和繁荣,要想更好解决其他发展问题是不现实的。因此,发展的核心是经济发展。人民群众日益增长的物质文化需要与落后的社会生产矛盾,仍是我国的主要矛盾。解决这个主要矛盾,必须以解放和发展生产力为根本任务,坚持以经济建设为中心,统筹兼顾各方面的发展。以经济建设为中心,就必须聚精会神搞建设,一心一意谋发展,坚决防止和反对"多中心论"和"中心改变论"。

(二)以新的发展理念推动经济发展

以新的发展理念发展经济,就是要在发展经济的同时,注意与政治、文化等社会各项

事业的发展以及人的全面发展相协调、相配合,就是在经济发展过程中注意产业结构之间、区域经济之间相协调、相配合,就是在发展经济的同时,既尊重经济规律,更尊重自然规律,充分考虑环境资源和生态的承受能力。这就要求我们着力转变经济增长方式,走科技含量高、经济效益好、资源消耗低、环境污染少、人力资源优势得到充分发挥的新型工业化道路;进一步推进产业结构优化升级;要以发展工业的理念发展农业,促进传统农业向现代农业转变;谋求经济的可持续发展,大力发展循环经济。

三、谋求经济、社会与人的全面发展

历史唯物主义认为,人是社会的人,不只是经济动物,人们除了必需的经济生活需求外,还有精神文化生活、政治生活、健康、安全等各种需求。因此,要坚持以人为本,就必须坚持经济、社会与人的全面发展,以满足人们日益增长的多种需要。同时,从社会发展规律角度讲,尽管经济发展是发展的核心,从根本上说,经济发展决定政治发展和文化发展,但经济发展不可能离开政治、文化而独行,其间存在着密切联系,政治发展和文化发展也会反过来对经济发展产生作用,在一定条件下还可以产生决定性作用。只有在坚持以经济建设为中心、大力发展经济的同时,高度重视社会和人的全面发展,才更符合社会发展规律,更有利于社会协调发展。

要实现经济、社会与人的全面发展,就必须在大力发展经济的同时,着力推进政治文明建设、精神文明建设,促进政治、文化、教育、科研、医疗、卫生、体育、娱乐等社会各项事业的全面发展,在推进社会全面进步的同时,促进人的全面发展。要大力加强法制建设,进一步发展社会主义民主,建设高度发达的社会主义政治文明,使我们的政治制度更加进步,使广大人民群众真正享有更多的政治权益。要加强社会主义精神文明建设,为人民群众提供丰富多彩的精神文化生活。就河南而言,加强精神文明建设的一个重要内容,就是要积极发展河南的文化事业和文化产业,大力弘扬中原文化,使河南由文化大省变为文化强省。要大力发展科研、教育、医疗、卫生、体育、娱乐等社会各项事业,促进社会和人的全面发展。

四、努力促进经济、社会、人与自然的协调发展

全面协调是发展本身的规律性要求。发展是多方面条件和因素相互作用、相互制约的社会系统工程,只有发展的各个方面、各个组成部分、各个环节相互协调,形成同向合力,发展才会更顺利、更和谐、更有效。否则,发展过程中就会出现相互掣肘、相互抵消,甚至出现倒退现象。努力促进经济、社会、人与自然的协调发展,就必须正确处理发展的动态进程中各方面、各部分、各环节的相互关系。

(一)要统筹各方面发展

发展牵涉人与人、人与社会、人与物、物与物、人与自然、经济与社会、城市与乡村、地区与地区、本国与外国等方方面面的关系,只有统筹兼顾,才能保持发展的良性状态,形成

发展的整体合力。根据我国当前发展中存在的问题,应该着重做到"五个统筹"——统筹城乡发展、统筹区域发展、统筹经济社会发展、统筹人与自然和谐发展、统筹国内发展和对外开放。

统筹城乡发展,关键在于重视解决农业、农村、农民问题。这是由我国农村人口占多数的基本国情所决定的。我省是农业大省,农业比重大、农业人口多,"三农"问题比较突出。全面建设小康社会重点在农村、难点也在农村,必须更加重视"三农"问题,坚持把解决好"三农"问题作为关系国民经济全局的重大任务、作为各项工作的重中之重。要认真落实国家支持"三农"和对粮食主产区的各项优惠政策,保持农业和农村经济发展的好势头。解决好河南的"三农"问题,当前和今后一段时期应搞好三方面工作:一是认真贯彻中央加强农业特别是促进粮食生产的政策措施,稳定和提高粮食综合生产能力;二是调整农业结构,推动传统农业向现代农业转变;三是大力发展劳务经济,促使更多的农村富余劳动力转向非农产业。

统筹区域发展,对于我国这样一个幅员辽阔、人口众多的大国至关重要。改革开放以来,我国按照邓小平同志提出的"两个大局"思想,实施沿海开放战略,充分发挥沿海地区优势,促进其加快发展,从而保证整个经济的持续快速增长和国家总体实力的迅速增强。但与此同时,地区发展差距也有所扩大,特别是进入新的发展阶段后,区域发展不平衡不协调的问题日益突出。如何促进地区间协调发展,成为引起高度关注的重大问题。近年来,中央已经提出实施西部大开发、振兴东北老工业基地、支持中部崛起等一系列重大发展战略,加强对区域发展的协调和指导。我们河南省地处中原,有着承东启西、贯通南北的独特区位优势。奋力实现中原崛起,加快河南发展,既是河南省全面建设小康社会的必然要求,也是统筹全国区域发展的必然要求。

统筹经济社会发展,是全面建设小康社会的必然要求。我国经济的持续快速发展,使得困扰我们多年的温饱问题总体上得到解决。但旧的矛盾解决了,新的矛盾又产生了。一个时期以来,我国教育、科技、公共医疗卫生和其他社会服务事业的改革和发展明显滞后,投入不足,设施陈旧,技术和管理落后,资源分散和浪费严重,服务水平和能力较低,满足不了各方面的需求。在全面建设小康社会的进程中,不仅要努力保持经济的快速健康发展,也要加快各项社会事业的发展,促进经济发展和社会全面进步。

统筹人与自然和谐发展,是保持我国经济持续健康发展的迫切要求。目前,世界范围的生态环境保护的呼声持续高涨,绿色经济、循环经济和各种生态环境保护活动愈益活跃,标志着人类的觉醒。我国正处在加快工业化和现代化进程中,人均资源占有量少,环境承载能力低,经济快速增长对资源和环境的压力不断加大,面临的矛盾比其他国家更加突出。这就要求我们必须切实转变经济增长方式,提倡健康文明的生活方式和消费方式,合理开发和大力节约资源,加强生态环境建设和保护,增强可持续发展能力,坚持走生产发展、生活富裕、生态良好的文明发展道路,努力实现经济社会与人口、资源、环境的协调发展。

统筹国内发展和对外开放,是我国充分利用国内外两个市场、两种资源,不断增强我国经济的国际竞争力的必然选择。目前经济全球化已是大势所趋,特别是加入世界贸易组织以后,我国同世界经济的关系更为紧密,国际竞争国内化,国内竞争国际化,我国对国际市场和资源的依赖以及世界形势动荡变化对我国的影响都在加大。我们要发展壮大自己,不断增强国际竞争能力,必须坚持对外开放。不仅国内发展改革要考虑国际环境,还要使对外开放服务于国内发展要求;不仅要使我国市场经济的运行适应国际市场的普遍规则,还要积极参与国际经济贸易规则的订立和完善;不仅要积极"引进来",继续合理有效地利用外资,引进先进技术和管理经验,大力发展高新技术产业,推进传统产业的改组改造,扩大经济技术贸易合作,还要坚定不移地"走出去",积极参与和努力扩大区域经济贸易合作,更大规模地开发利用国际市场和国外资源,促进我国的改革发展。

(二)要正确处理改革、发展、稳定的关系,着力构建和谐社会

就改革、发展、稳定三者之间的关系讲,改革是动力,发展是目的,稳定是前提。三者关系处理得当,就能总揽全局,保证经济社会顺利发展;处理不当,就会吃苦头,付出代价。当前,我国已进入经济社会发展新阶段,这一时期既是黄金发展期,又是矛盾凸显期,改革发展稳定任务十分繁重。我们一定要正确处理改革发展稳定的关系,既要坚定不移地沿着社会主义市场经济的改革方向,勇于攻坚、锐意改革,坚决破除一切妨碍发展的观念和体制机制弊端;又要坚持发展这个硬道理,不断开拓发展思路,丰富发展内涵,努力保持我国经济社会发展的良好势头;同时还要高度重视稳定工作,注意把握好改革措施出台的时机和节奏,把改革发展的速度和社会可承受的程度统筹起来,真正做到在社会稳定中推进改革和发展,通过改革和发展促进社会稳定。为真正做到在社会稳定中推进改革和发展,当前我们必须着力做好以下几方面工作:一要积极扩大就业;二要搞好分配调节;三要搞好社会保障;四要解决好群众生产生活问题;五要搞好社会治安;六要解决好人民内部矛盾;七要搞好安全生产。

五、以制度建设为保证,把科学发展观落到实处

其一,要通过市场经济制度的具体设计和安排,促进市场经济主体更加自觉地遵循科学发展观发展经济。市场经济是法治经济,我们必须通过建立健全并完善有关土地保护、资源保护、环境保护、劳动者权益保护等方方面面的法律法规和各项制度,来引导市场经济主体的生产经营活动,使其更加自觉地走可持续发展道路。

其二,要通过建立健全宏观调控和宏观调节的制度和体系,促进社会和人的全面发展。要通过宏观调控,保持经济的稳步发展。与此同时,要充分发挥公共财政的功能,通过税收和财政转移支付的途径,加大再分配的调节力度,协调好各阶层、群体间的利益关系,加大对各项社会事业的扶持力度,促进社会各项事业全面发展,促进人的全面发展。

其三,要通过改革和创新干部政绩考核制度,促使各级干部特别是领导干部树立和落实科学发展观。政绩观与发展观紧密相关。科学的发展观引导着正确的政绩观,正确的政绩观实践着科学的发展观。要以科学发展观为指导,创新政绩考核评价机制,推进地方各级领导干部更加自觉地贯彻落实科学发展观和正确政绩观,在坚持以经济建设为中心的同时,搞好政治文明建设、环境保护、人口管理、社会治安等各项工作。

(原载《党的生活》2005 年第 6 期)

转型应着力解决五个问题

河南省委七届十次全会把加快转变经济增长方式、促进经济转型作为我省"十一五"期间必须坚持的六大原则之一,符合河南的发展实际。根据河南的情况,结合国内外经济转型的经验教训,促进河南经济转型需要着力解决五个问题:

一、进一步调整和优化经济结构,这是实现河南经济转型的一条主线

经济结构的优化和调整应突出抓好以下几个方面:其一,产业结构。重点是大力发展高新技术产业,着力培育新的支柱产业;用高新技术和先进适用技术改造提升机械、轻纺、冶金、建材、化工等传统产业;推进集约经营,促进企业结构优化、产品结构优化,以提高资源利用效率和产品附加值;大力发展第三产业,提高第三产业在国民经济中的比重,努力把旅游业和文化产业培育成新的支柱产业;继续调整和优化农业内部经济结构,加快推进农业现代化。其二,投资结构。一是要积极谋求消费和出口对经济的拉动作用;二是要进一步扩大民间投资,激发民间资金的活力,培育投资的内生增长机制;三是要加大对基础教育、低等级公路、卫生防疫系统、大众文体设施、农业基地设施、城市污水处理、环保等中低端基础设施的投资,扩大向高新技术项目以及农业产业化工程投资。其三,所有制结构。应注重三个方面,即国有企业特别是垄断类国有企业实行生产经营的"标准化"管理,以降低消耗、节约成本、增加效益;在大力发展非公有制经济的同时,加强对非公企业的监管和引导;要适当增加农村集体经济比重。其四,分配结构。要坚持以按劳分配为主、多种分配方式并存的分配制度,依循初次分配注重效率、再次分配注重公平的原则,不断改进和优化分配结构,使劳动、资金、技术、管理等一切要素的活力都迸发出来。

二、大力发展循环经济,这是实现河南经济转型的重要途径

我省要在工业企业系统、区域性经济带、城郊农村经济系统、城乡居民社区及家庭,积极试行循环经济。其一,积极发展工业企业的循环经济。从清洁生产和"零消耗""零污染"着手,实施物料闭路循环和能量多级利用。其二,积极发展城郊农村经济系统的循环经济。以生态农业建设为基础,以开发无公害农产品与绿色食品为目的,推行渐进式循环经济发展模式。实现农业高产优质、高效、持续发展,达到生态与经济两个系统的良性循环和经济、生态、社会(文化)三大效益的统一。其三,积极发展区域经济带的循环经济。

经济带区域内,要根据本身的自然、经济特点建立具有特色的生态经济良性循环体系,实现资源的多层次重复利用。其四,积极发展城乡居民社区及家庭循环经济。城市居民应按照优化生态质量的要求,尽力履行环保、节约的义务,节约资源、净化环境,注意生活用水的重复利用,对生活垃圾和废弃物进行分类丢放。在广阔的农村地区,应建立和推广生态经济型庭院循环经济。

三、要大力推进科技创新,这是实现河南经济转型的直接推动力

应重点抓好三个方面的问题:其一,要改革科技管理体制,转变政府职能,把企业培育成技术创新主体。其二,要加强制度支持和政策扶持,为高新技术发展提供良好的政策环境。其三,要创新投融资体制,加大对高新技术产业发展的资金支持。在投融资体制上,必须形成高投入、高风险、高效益、高回报有机结合、良性循环的机制,为高新技术企业创业发展提供一个良好的投资、金融、信贷环境。

四、要倡导科学消费、绿色消费,这是实现河南经济转型的重要环节

我们要通过立法和制定制度等措施,坚决制止不文明、不道德的消费行为。其一,对消费产品要进行环境保护认证,对浪费资源、有害人体健康的消费品要严格限制。其二,制定严格的资源回收利用和废物回收制度。应借鉴日本等国和国内先进省份的经验,着手制定绿色消费、资源循环再生利用以及家用电器、建筑材料、包装物品等行业在资源回收利用方面的法律法规和各类废物回收制度。其三,要通过法律、行政、经济手段,倡导科学消费、适度消费、绿色消费,限制浪费资源、破坏环境和生态的消费行为。

五、要创新制度,健全机制,这是实现河南经济转型的制度保障

通过深化改革,建立健全各种经济管理制度,建立起促进企业自觉地积极应用先进适用技术、降低消耗的机制,这是转变经济增长方式最为关键的环节。建立健全资源保护、环境保护的法律法规,通过法律、行政、经济、市场等多种手段,加强对土地、矿藏、水、森林等资源环境的保护和管理。继续深化劳动人事制度改革,为实现经济转型提供坚实的人才支撑。

(原载《河南日报》2005 年 11 月 2 日)

增强河南经济发展软实力的路径选择

河南省委书记徐光春在 2005 年省委经济工作会议上明确提出,要深入研究和破解改革滞后带来的矛盾,把更多精力放在培育和增强经济发展的软实力上。然而,只有深化改革,才能增强河南经济发展的软实力。

一、培育和增强软实力是河南省十分紧迫而重要的课题

区位条件、自然资源、基础设施、劳动力状况等因素构成硬实力,以体制机制为核心,包括思想观念、政府效能、人文环境等构成软实力。硬实力是一个国家和区域发展的物质基础,是软实力的有形载体。软实力是发展的保障和助推器,软实力的提升会促进硬实力的增长,两者相互促进、相互提高。我国改革开放以来的经济发展之所以取得如此巨大成就,离开改革开放所形成的体制、机制、政策、观念等软实力的推进,是不可能的。自然资源并不丰厚的深圳、温州之所以创造了经济快速发展的奇迹,无不得益于较早进行改革开放所形成的体制、机制、政策、思想观念等软实力。河南省近年来经济发展所取得的巨大成就,同样也离不开软实力的支持和保障。河南今后的经济发展,仍然需要软实力的推进。破解结构性矛盾,需要产业制度和政策、金融投资体制等的改革和创新;破解资源环境约束问题,需要经济监管制度、税收制度、政绩考核制度的改革和创新;破解"三农"难题,需要财政体制、税收体制、户籍管理制度、教育管理体制等一系列体制、制度的改革和创新;破解开放型经济发展缓慢问题,需要外经外贸等体制、制度改革和创新;破解影响社会和谐的矛盾和问题,需要社会保障体制、社会救济制度、政府管理方式等改革和创新。①

近年来,河南的硬实力不断增强,但改革滞后,软实力不强,仍然是制约发展的突出问题。对此,我们必须有清醒的认识,要增强改革的紧迫感,要通过大胆改革、深化改革,大幅度提升河南的软实力,为河南快速发展提供良好的社会环境和制度保障。

---

① 刘永奇、王彦武:《河南经济形势分析与预测》,河南人民出版社 2004 年版。

二、要着力推进有关体制、制度、政策改革

(一)搞好政治和公共行政管理领域的改革

1. 进一步深化行政管理体制改革

"经济调节、市场监管、公共服务、社会管理"是政府职能的总体定位。要按照这一要求,进一步转变政府职能,调整机构设置,改进审批制度,完善管理服务,着力打造有限型、高效型、责任型、服务型、廉洁型、廉价型、阳光型政府,为经济发展提供良好的政务环境。

一要切实转变政府职能。要按照政府总体职能的定位,细化各职能部门的职能,明确界定各职能部门的职责权力。在把一些职能转交给市场经营主体、社会中介组织的同时,要强化对市场主体生产经营的监管服务功能,强化宏观调控和社会管理功能,强化公共服务功能。

二要科学设置政府职能机构。应适应转变职能要求,进一步推进政企分开、政资分开、政事分开以及政府与中介组织分开;加快机构改革,撤销或合并一些已失去存在价值的机构;适应新形势下以新的增长方式发展经济的需要,加强诸如税收、质检、安全管理、资源管理、科技管理、环境保护、劳动和社会保障管理等职能机构的建设。

三要推进政府层级建制改革。根据形势发展需要,要从纵向减少政府的层级设置。地区(地级市)一级行政建制"弊大于利",应当撤销,实行市、县分置,建立和完善"省直管县"或"省直辖市"的地方行政管理体制;县级行政建制应当强化;乡镇一级在精简机构和人员后,要规范并强化其管理服务职能。①

四要进一步推进行政审批制度改革。各级政府及其部门要全面推行依法行政,认真贯彻实施《行政许可法》和《全面推进依法行政实施纲要》。要认真清理、减少并科学规范行政审批事项,减少审批环节,完善审批程序,提高审批效率和审批质量。要在放手让民间经济依法自由竞争、自由发展的同时,在大力鼓励支持高新技术企业发展的同时,加大对生产经营投资项目中能耗标准、排放标准等的审批监管。特别是在土地使用、矿产开采等审批要依法规范。去年发生的南阳市国土资源局原局长贪污、受贿、私分国有资产案,林州市矿管局原局长涉嫌徇私枉法、玩忽职守案,凸显出在土地批租、采矿权管理方面有诸多漏洞。

五要继续推进地方政府公共服务市场化改革。推进公共服务市场化,就是要在一定程度上和一定范围内改变传统体制下政府对公共服务的垄断地位,通过引入市场机制和竞争机制,鼓励并促进各类社会组织参与公共服务领域,不断提高和改进公共服务的质量。目前,河南焦作、安阳等地政府在这方面均有实践。应及时总结经验教训,把这项改革推向深入。在改革进程中应特别注意几个方面的问题:一是决不能把公共服务市场化作为一种甩包袱的手段;二是要着力避免产生新的垄断;三是要避免因寻租而产生腐败现象;四是要建立合理的价格机制。为此,需要政府大力改进与完善项目招投标制度、政府

---

① 范钦臣:《解读县域经济》,河南人民出版社 2004 年版。

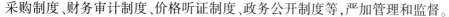

采购制度、财务审计制度、价格听证制度、政务公开制度等,严加管理和监督。

六要进一步改进和完善决策体制。要改革和创新政务信息公开制度,建立和完善政府与民众的信息沟通反馈机制,深入了解民情民意,广集民智。同时要改革和完善集体决策制度、专家咨询制度、社会公示和社会听证制度、决策评估制度、决策责任制度,完善决策的规则和程序,建立决策纠错机制。通过决策体制和决策机制的创新,促进决策的科学化、民主化、效率化。

2. 借《公务员法》实施之机,深化公务员管理制度改革,加强公务员队伍建设

推行《公务员法》是深化行政体制改革的好契机。现在很多行政职能在事业单位执行中带来了一些问题,应借重新审批、参照管理之机,力争早日结束行政职能的"体外循环"问题;借公务员分类管理之机,提高公务员的专业化水平,从而优化政府公共服务职能;借级别设置和级别管理之机,把它打造成公务员能力管理的一个载体,破除论资排辈,实施优胜劣汰;借公务员实行责任管理之机,改进和完善不同类别公务员的选拔、任用、聘任、考试、录用、晋升、工资、福利、弹劾、罢免、处分、撤职、淘汰、辞退等各项管理制度。特别是要改革和完善党政领导干部的政绩考核制度、选拔任用制度、责任追究制度、引咎辞职制度。河南登封市实行"三票制"选用干部的经验值得参考借鉴。要通过制度改革,把那些思改革、谋改革、敢改革、善改革、能创造性开展工作的党政干部选拔到重要岗位,把那些不思进取、无所作为、一心想当"太平官"的干部淘汰出局。要大兴求真务实、真抓实干、敢于创新的工作作风,增强每名公务员的责任感、使命感、紧迫感。要通过改革,造就一批思想作风正、业务能力强、工作效率高的优秀公务员队伍,为营造良好的政务环境奠定坚实的人才基础。

3. 要创新地方政府和党政领导干部的政绩考核制度

以往长期存在的粗放型增长方式,屡禁不止的"形象工程""胡子工程""裹脚布工程"现象,与地方政府及党政干部的政绩考核指标体系不科学有关系。要转变经济增长方式,要真正在"十一五"末把河南单位生产总值能耗比"十五"末降低20%以上,要真正搞好环境和生态保护,要真正实现经济与社会与人的协调全面发展,就必须建立健全符合科学发展观要求的政绩评价体系。我们要重视GDP、进一步做大GDP,但不能把GDP作为衡量社会发展状况和政绩的唯一标准。今后考核一个地方的经济发展,不仅要看GDP,还要看质量效率指标,看能耗指标和环境保护指标。为此,建议由省委组织部会同省社科院、省委党校、省统计局、省发改委、省环保局等有关单位组成联合课题组,就河南省地方政府及党政干部的政绩考核评价体系进行重新设计。新的政绩评价体系,应体现科学发展观要求,要把经济增长率、人口增长率、劳动生产率、商品消费率、第三产业比重、R&D投入比重、教育投入比重、每万人大学生数量、单位生产总值能耗、单位生产总值用水量、单位生产总值"三废"排放量、空气质量变化、饮水质量变化、森林覆盖增长率、公众对环境的满意度、环境诉求事件发生数量、人均受教育程度、中小学生入学率、安全生产状况、社会治安状况、社会保障状况、社会稳定状况、群众文化生活状况、人民群众健康状况

等,统统纳入政绩考核指标当中。

4.要推进司法体制改革,加强依法行政,为经济发展提供良好的法治环境和法治保障

要通过人事管理体制、经费拨付体制以及司法系统内部的各项制度和措施改革,扼制权力对法律的挑衅;惩治司法系统内部的腐败现象;推进并维护司法独立与公正,维护法律的尊严与权威。规范司法行为,保持司法廉洁,加强司法监督,确保司法质量,提高司法效率。行政执法部门要在合理、清晰界定自己法定权力的前提下,通过改革工作制度,完善办事程序,采取切实措施,严格履行职责。真正做到有法必依、执法必严、违法必究。目前,公安、税务、劳动和社会保障、金融监管、安全生产监管、质量监督等行政执法部门,亟待强化依法行政能力,更好地发挥职能作用。

5.要深化农村管理体制改革

目前,个别地方农村社会管理显得软弱无力,因此,要加强农村基层党组织建设,理顺党支部和村委会的关系,提高村民自治能力。目前,河南鹤壁、南阳等地试行的"大学生村官"制度,很值得研究总结。据《光明日报》2005年12月31日报道,北京拟招聘8000名"大学生村官",计划3年内实现村村有大学生。当前,高校毕业生在大城市就业困难,而建设社会主义新农村又亟须高层次人才,因此,引导和鼓励高校毕业生到农村基层就业,乃大势所趋。建议由省委组织部和省社科院就"大学生村官"问题成立联合课题组,深入调研,总结经验教训,探索规律,进而拿出方案在全省推广。

(二)要着力搞好经济体制和经济制度改革

1.进一步深化所有制和产权制度改革

一要重点搞好自然资源类国家财产的所有制改革。城镇土地、矿藏资源、水资源、森林资源、海洋经济资源乃至空间经济资源等均属国家所有,但在市场经济条件下,如何创新国有制实现形式,以使这些资源得到合理开发、可持续利用,确实是一个全新而重要的课题。目前,土地的批租、矿产的开采等制度安排中存在不少问题,导致乱批乱占、滥采乱挖、乱砍滥伐现象严重,导致国家权益受到严重侵害,国家资产流失严重,而且还伴有以权谋私的腐败现象。这必须引起我们的高度重视。

二要进一步深化国有企业改革。对竞争盈利型的大中型国有企业,要着重进行两方面改革:一方面是产权制度改革,实现产权构成多元化,把这类企业改组为国家控股、持股的有限责任公司和股份有限公司,从产权基础上为这类企业营造"四自"能力;另一方面是管理制度改革,依据现代企业制度要求,构建起有效的公司治理结构,充分调动股东、经营管理者、职工等各种利益相关者的积极性、能动性、创造性。对垄断类型国有企业改革的重点不在产权制度(这类企业应以社会福利最大化为主要目标),而在于严格的监督管理。政府对这类企业的领导人选、产品价格、工资增长幅度,必须进行严格控制,对其投入产出进行"标准化"的量化管理,对企业经营行为进行严格监督。

三要进一步改革和完善国有资产管理体制。由于国有资产的运营过程存在多层次委托代理关系,存在多层次代理人道德风险,因而更需要搞好对国有资产运营过程的管理和监督。要健全和完善国有资本经营预算制度和国有企业负责人绩效考核制度,确保国有资产保值增值。要建立健全对国有企业的内外部监督体系。从外部角度讲,产权主体(以国资委为代表)的监督是最主要的监督,国资委应创新制度和方法,切实履行好监管职能。然而,鉴于国有企业存在多层代理关系的特殊性,仅有国资委的监督是远远不够的,还必须配合以别的机构和力量的监督,如业务主管部门的监督,工商、税务、审计、物价、财务、纪检等行政职能部门和党政机关的监督,社会公众监督和市场监督。不仅要监督国有企业,而且要监督监督者——国资委。从内部角度看,要在企业的公司治理结构中构建有效的监督制衡机制,如股东的监督,董事会成员之间的监督,党委、工会、职代会、职工的监督等。

四要大力发展非公有制经济。对非公有制经济要继续坚持政治上放心,政策上放开,发展上放手。以制定和贯彻《中小企业促进法》实施办法、国务院鼓励支持和引导个体私营等非公有制经济发展《意见》的实施意见为切入点,认真落实促进非公有制经济发展的新政策,进一步放宽市场准入,在行政审批、融资担保、产权保护、市场竞争、管理咨询、人才培训、创业辅导等各方面,提供更加优良的管理服务。

五要深化农村土地产权制度和管理制度改革。就产权制度而言,目前学术界对农村土地所有制度存在三种观点:第一种是实行私有制,这样可以赋予农民长期而有保障的土地使用权;第二种是实行国有制,认为土地资源日益短缺,由国家行使所有权,更能防止土地经营中的私人垄断或集体垄断行为,保持土地的有计划使用,有效调控土地级差收益;第三种是在保持集体所有制不变的前提下,细化和改进产权制度。笔者认为,鉴于中国的社会主义价值取向特别是目前中国人多地少的实际情况,实行土地私有制,不仅会加剧土地的私人垄断,导致严重的分配不公,也不利于国家对土地的宏观调控,不利于可持续发展,因此不可取。目前,最需要的改革就是在坚持土地集体所有制不变、承包经营制度不变的情况下,深化土地产权制度和管理制度改革。要明确界定农村集体土地所有权主体、所有权内涵,国家(政府)对该所有权的管理范围、管理方法,农户的家庭经营权的施权范围及对集体土地所应承担的责任。目前,这方面存在问题较多,以至于乱建宅基地、非法批租、买卖土地、乱占耕地、"空心村"、农地承包权不规范流转、征用土地纠纷等现象和问题严重存在。建设社会主义新农村,必须加强对土地资源的有效管理,保持土地的合理开发利用。

2. 深化对市场主体的管理和监督制度改革

市场主体间的公平、自由竞争离不开合理的游戏规则和良好的市场秩序,转变经济增长方式也需要用制度对市场主体进行约束和激励,因此,我们必须下大力气改革市场主体的管理和监督制度。依据我省实际,应着力加强以下几个方面制度建设:

首先是改革和创新市场准入制度。在放宽非公有制经济准入条件的同时,要对那些资源浪费严重、污染严重的项目进行准入限制。

其次是加强各项监管制度建设。主要包括：一是加强税收监管。目前，私营企业偷漏税现象严重，与税收管理体制不科学、制度不健全、税收监管乏力有密切关系，要加强这方面的对策研究，采取有效措施，扼制税源大量流失。二是加强环保监管。对那些"五小企业"要坚决取缔。三是加强资源监管。要坚决扼制乱砍滥伐、乱开滥挖的现象，坚决查处土地批租、采矿权审批等过程中的以权谋私行为。四是加强安全监管。采取切实有效的管理机制、措施，防止重大安全事故发生。五是加强价格监管。要深化价格改革，建立充分反映资源稀缺程度和市场供求关系的价格竞争机制。要积极调整价格结构，理顺价格关系。既要监督和防止个别垄断行业，如公共服务行业、医疗行业控制价格、限制竞争、牟取非法高额利润，又要启用价格调控机制，限制资源浪费严重、环境污染严重的产品的生产和消费，鼓励和支持绿色环保产品的生产和消费，特别是要支持高新技术企业的发展。六是加强市场秩序监管。对那些发布虚假广告、制假售假、坑蒙诈骗、欺行霸市行为一定要从重打击，尤其是对有些带有黑社会性质的生产经营者一定要坚决铲除，决不手软。七是加强对产权的保护。对合法的私有财产要依法予以保护，要加强对知识产权的保护。八是加强劳动和社会保障监管。当前，个别私营企业劳资关系紧张。个别业主无视劳动法，非法用工，拖欠职工工资，欠交或拒交社会保险费用。这既不利于私营企业的和谐发展、可持续发展，也不利于社会稳定。如何加强这方面的监管力度是一个严峻的新课题。九是加强对中介组织的监管。目前，政府职能收缩后，一些中介组织承担着审计、评估、评比、职业介绍等职能，但由于监管不力，这类中介组织问题过多，需探索一条新形势下监管中介组织的新路子。

3. 进一步加强市场体系建设

要进一步发展和规范土地、技术、劳动力、金融、产权等市场。要通过产权制度改革进一步活跃并规范城乡土地市场，进一步活跃并规范不同市场主体间特别是国有企业与非公有经济间的产权交易，进一步繁荣和发展知识产权市场。要通过金融体制改革，不断发展壮大商业银行，积极吸收国内外金融机构到我省设立分支机构，进一步繁荣股票市场、债券市场、信托市场、保险市场。市场体系建设中很重要的一个内容就是统筹城乡市场。一是统筹城乡劳动力市场，逐步建立城乡统一的劳动力市场体系，改革户籍管理制度和劳动就业制度，推进城乡就业一体化。二是统筹城乡的土地市场，逐步建立城乡统一的土地市场体系，促进资本、劳动力、技术、信息在城乡之间合理流动。

4. 加强市场信用制度建设

市场经济乃信用经济。要以完善信贷、纳税、合同履约、产品质量等的信用记录为重点，加快建设社会信用体系，同时要建立健全失信惩戒制度，有效发挥法律和市场对失信行为的双重惩罚机制。

(三)深化科技体制改革，构建以企业为主体的自主创新体系

科技是第一生产力，科技是经济发展的翅膀。要转变经济增长方式，谋求经济更快更好发展，必须以科技为支撑，必须以自主创新能力为核心竞争力。为此，我们必须深化科

技体制改革,加快建立以企业为主体的自主创新体系。就管理体制而言,政府要坚持市场导向,改革投资体制,改革科技项目立项资助体制,推动企业走向自主创新的前台,引导企业成为创新的决策主体、投入主体和创新的组织主体,使创新成为决定企业生死存亡的关键环节。要通过政策引导促进科研机构、高等院校的科研力量以多种形式参与企业和企业集团的科研开发及科技攻关,引导企业通过联合攻关等方式与科研机构和高等院校建立长期稳定的产学研合作关系。要加快科技中介机构建设,完善科技服务体系,促进创新资源要素流动和创新主体互动。就政府政策而言,必须实行支持自主创新的财税、金融和政府采购政策,完善自主创新的激励机制。

(四)深化文化体制改革,大力发展文化产业

文化不仅仅是一种软实力,作为文化产业,它本身就是经济结构的重要组成部分。因此,要深化文化体制改革,在大力发展公益文化事业的同时,大力发展文化产业,这不仅对提升我省的软实力至关重要,而且对加快经济发展有直接作用。河南是文化资源大省,省委七届十次全会在谋划全省"十一五"发展时,明确要求把文化产业作为优势产业培育壮大,推进河南由文化资源大省向文化产业强省的转变。破解河南文化发展的难题关键在于改革和创新,而且首先是改革和创新文化体制。对公益性文化事业,要以"增加投入,转换机制,增强活力,改善服务"为重点,在政府增加投入并通过措施鼓励社会捐助的同时,要通过各文化事业单位内部的改革,转机建制,增强活力。对经营性文化产业,要以"创新体制,转换机制,面向市场,壮大实力"为重点,关键是创新体制。要通过职能转变、机构改革,使部分文化事业单位转企改制,转到产业化运作的轨道上来。要通过股权多元化设置和现代企业制度构建,重塑文化市场主体,逐步形成以公有制为主体、多种所有制共同发展的文化产业格局,打造一批有活力、有实力、有竞争力的微观主体。总之,要通过文化体制创新,为创造更多更优秀的满足人民群众文化生活需要的文化产品,为河南文化走向全国、走向世界、占领"两个市场",提供坚实的制度平台。

(原载《黄河科技大学学报》2006 年第 3 期)

要尊重和维护农民的市场主体地位

建设社会主义新农村,从根本上说是亿万农民的事业。因此,在新农村建设中,我们要切实尊重和突出农民的主体地位,尊重农民意愿,充分调动农民群众的积极性、创造性,使新农村建设成为广大农民的自觉行动,让农民自己的事情自己做主。为此,我们要正确认识和处理以下几个方面的问题。

一、要充分认识坚持农村基本经营制度的重要性、长期性

以家庭承包经营为基础、统分结合的双层经营体制,是党领导下的亿万农民在改革中的伟大创造,具有广泛的适应性和旺盛的生命力。首先,坚持土地承包经营,仍然是新农村建设中充分调动农民生产积极性最有力的制度杠杆。中国有 9 亿农民,尽管有部分农民的生存和收入正在摆脱对土地的完全依赖,但就全国而言仍是少数,中国绝大多数的农家经济仍然需要靠土地提供生活保障,维持生计,需要从土地上获取主要收入。坚持农村基本经营制度,赋予农民长期而有保障的生产经营自主权,确立农户自主经营、自负盈亏的市场主体地位,可以最充分地调动绝大多数农民的积极性、主动性、创造性。其次,坚持土地承包经营,同样适应农业现代化发展的要求。现代农业是相对于传统农业而言的,即具有鲜明的时代性,又具有科学化、集约化、商品化、市场化等基本特征。农村土地承包经营中以家庭承包经营为主,家庭承包经营虽然是一种传统的农业经营方式,但它并没有过时,即使在发达国家,占主导地位的农业经营方式也是家庭农场。家庭承包经营并不排斥土地的规模化、集约化经营。很多地方采取"公司+农户""专业协会+农户""专业市场+农户""专业合作社+农户"等办法,通过集体经济组织、市场经济组织、社会中介组织等,一头连着千家万户,一头连着国内外市场,把小农户与大市场连结起来,在不改变家庭承包经营的基础上,根据市场要求,实行区域化种植、规模化养殖,开展社会化服务,推进了农业产业化和市场化进程,进一步释放了家庭承包经营的活力。总之,在新农村建设实践中,我们必须充分认识坚持农村基本经营制度的重要性和长期性。

二、在土地承包经营权流转过程中要充分尊重农民的意愿

依照法律规定,农民对自己依法获得的土地承包使用权,依法可以通过转包、出租、互换、转让等方式进行土地承包经营权流转。土地承包经营权流转有利于解决人地矛盾,充

分利用土地,对于稳定土地承包关系、发展农业经济有积极作用,因此,国家政策和法律都对土地承包经营权流转予以肯定。但同时又强调,土地承包经营权流转必须在土地承包关系稳定的前提下进行,必须在农民自愿的基础上进行,并且不得违法改变土地用途。在新农村建设中我们必须坚决防止一种倾向:违背农民意愿,收回农民的承包地,强制推行土地承包经营权流转,搞规模经营,侵害农民的经营自主权。从总体上看,我国绝大多数农村目前尚不具备大规模土地承包经营权流转的条件。土地承包经营权流转是农村经济发展、劳动力转移的结果。只有第二产业和第三产业比较发达、大多数农民转移到非农产业并有稳定的工作岗位和收入来源时,才有可能出现较大范围的土地承包经营权流转,发展适度规模经营。即使确有必要搞土地集中使用、规模经营的,也必须坚持依法、自愿、有偿的原则,在农民自愿的前提下进行。

三、在土地使用权流转、土地征用过程中要维护好农民的合法权益

首先是要防止在新农村建设中盲目搞"开发区"、盲目"圈地"、"征地"的现象。我国耕地资源十分短缺,中央一号文件再次重申要坚决落实最严格的耕地保护政策,切实保护基本农田,保护农民的土地承包经营权;同时要求收足农村土地流转的相关税费,并保证新增部分税费用于农村。搞"开发区",必须注意成本收益,讲究科学,符合实际,量力而行;搞新农村建设,必须合理规划,注意节约用地,特别是要注意不能挤占耕地;对征用农村土地,国家和政府必须进行最严格的控制和审批。其次是要在土地使用权流转和土地征用过程中充分考虑农民群众的利益。土地流转的主体是农户。土地流转的转包费、转让费和租金等,应由农户与受让方或受租方协商确定,流转的收益应归农户所有,任何组织和个人不得擅自截留、扣缴。国家和地方政府在征用农村土地过程中,必须就征地补偿安置标准与被征地农户充分协商,必须将大部分土地补偿费、安置补助费、全部青苗及地上附着物补偿费直接支付给被征地农民,减少中间环节,严防层层克扣、截留征地补偿款,避免引发土地纠纷。

四、要不断创新和完善农村经营体制和机制

随着我国市场经济体制的基本确立和市场经济的快速发展,随着经济全球化进程的加快和国内外市场的发展变化,我国农村的经济发展面临着许多新情况、新问题、新要求。要加快推进我国农业的市场化、科技化、产业化等现代化进程,我们就必须在稳定家庭承包经营的基础上,深化农村经营体制和机制改革,不断创新农村经营体制和机制。首先,要进一步完善土地经营承包制度。要进一步明确和细化承包经营权的权能范围,细化农户对承包地经营所负有的责任与义务,防止土地撂荒和不合理使用;要进一步明确和细化土地承包权流转的规则和程序,建立规范的土地使用权流转制度,依法保护各相关产权主体的合法权益。其次,要培育新的农业经营主体。推进农村经济组织创新是创新农村体制的重要着力点。要大力培育产业化龙头企业、市场中介组织、家庭农场和农业公司等企

业型的农业市场主体;要积极发展农村各类专业合作经济组织,建立农产品行业协会,提高农民进入市场的组织化程度。最后,在新农村建设中,要加强对土地利用规划的编制,完善农村集体土地管理制度。在农村土地征用过程中,既要留出农村发展、农民就业的空间,又要促进土地的规模经营和集约经营,既要想方设法节约土地,又要促进土地的充分利用和可持续利用;要加快征地制度改革步伐,按照缩小征地范围、完善补偿办法、拓展安置途径、规范征地程序的要求,进一步探索改革经验。总之,要通过坚持和完善农村基本经营制度,不断创新农村经营体制和机制,为新农村建设提供坚实的制度保障。

（原载《光明日报》2006 年 8 月 28 日）

论在新型农村社区建设中搞好土地节约集约利用的若干对策

党的十八大报告强调："国土是生态文明建设的空间载体，必须珍惜每一寸国土。"贯彻党的十八大精神，在新型农村社区建设中，必须把"保护耕地不减少、质量有提高""节约集约利用土地"当作头等大事、基本原则。搞好土地节约集约利用，是经济社会发展到现阶段的一个规律性要求、必然要求，同时也是搞好新型农村社区建设的一个重要内容、一种价值所在、一个基本要求。只有把新型农村社区建设与土地节约集约利用有机结合起来，才是符合时代要求、符合客观规律要求的新型农村社区建设，才能更好地破解"土地从哪里来"这道难题，为新型城镇化、新型工业化、新型农业现代化发展提供空间，促进"三化"协调发展。

一、实行城乡建设用地一体规划

长期以来，我们实行的是城乡分割的二元管理体制，城乡建设用地的规划处于分割状态。城镇建设用地由政府负责规划，农村建设用地基本上是政府提一些原则性要求，然后由农村自己规划。一方面，由于水平所限、利益矛盾，农村的建设用地规划很难做到科学、合理，有个别地方乱批乱建，导致出现"空心村"现象，建设用地使用混乱、浪费严重；另一方面，城乡建设用地分割的规划，导致大型公共基础设施建设远离农村、公共服务难以向农村延伸，导致农村小型基础设施重复建设，城乡建设用地不能统筹利用，降低了土地利用效率。这种状况显然已不适应经济社会的发展要求。

实现城乡建设用地一体化规划，就要结合当地经济社会发展实际，把新型农村社区建设纳入整个城镇化过程中进行规划。要按照地区经济社会发展规划、城市村镇体系规划、产业发展规划、土地利用总体规划、社区建设规划"五规联动"的要求，高水平、高标准地编制好各项规划，切实增强规划的协调性、前瞻性和可操作性。要根据地形地貌、产业基础、生态环境、交通条件和文化传承等因素，按照村庄整合、合村建区的要求，结合土地利用总体规划，编制好县域村镇体系规划，合理确定新型农村社区的数量、布局、范围和用地规模。要结合大、中、小城市的功能结构、辐射范围谋划新型农村社区的选址布点，要有利于最大限度地节约集约利用土地，最大限度地配套共享基础设施和公共服务资源，构建基本公共服务全覆盖的网络体系。

二、搞好社区的科学规划

新型农村社区不是原来意义上的新农村，而是五级城镇体系中的最基础一级，是城镇化的有机组成部分，因此，要坚持用城市思维规划新农村社区建设。要高起点规划新农村社区。要依据当地经济、社会和人口等客观实际，坚持传统与现代理念相结合、外观与环境相协调，突出地域特色，做到形式多样、格调新颖。高度重视社区规划建设的文化艺术品位，努力提高社区建设质量，注重规划的科学性、可行性、长远性，坚决避免重蹈"整治—乱建—再整治—再乱建"的恶性循环。要坚持因地制宜，量力而行，不盲目攀比，不强求一致，不搞不切实际的"政绩工程"。

（一）立足于宜居宜业，做到"三个尽量靠近"

宜居宜业，是社区的最基本功能，也是社区的生命力所在。就群众角度讲，只有安居，才能更好地休养生息；只有充分就业，才能有持续的经济收入、生活来源。就社会角度看，只有宜居宜业，社区才有存在和发展的价值，社会才会稳定、和谐。要实现社区宜居宜业，就要在规划时充分考虑气候、地势等自然环境因素，保证人们居住的安全、舒适；就要充分考虑地方产业发展规划和社区居民就业的需要。

如何做到宜居宜业，许多地方都在探索。《河南日报》2012年5月22日报道：新乡把新型农村社区建设纳入城镇化范畴，让农民离土不离乡、进厂不进城，就地城镇化，按照"政府引导、规模先行、注重风貌、传承文明、就业为本、量力而行、群众自愿、循序进行"的原则，形成了"旧村完善型、村庄合并型、服务共享型、整体搬迁型"等多种建设模式。该市按照城镇社区标准规划建设，把全市3571个行政村规划为900个新型农村社区，而且特别注意强化产业支撑，优化城乡产业布局。新乡依托原有产业基础，规划建设27个产业集聚区（含专业园区），建成区面积达144平方公里，辐射了全市半数以上的乡镇、1/3的行政村，入驻规模以上企业（项目）超过5000家，吸纳农村劳动力就近就地转移就业达52.5万人。在产业集聚区辐射不到的偏远地方，首批规划建设19个农民创业园，全部建成后可吸纳13万农民就业。在每个社区培育一个主导产业或高效农业园区，并至少成立一个农民专业合作社，形成"一区一业"的产业布局。目前入住社区的农户，从事第二、第三产业比重由入住前的49.8%提高到入住后的79.1%。

舞钢市采用园区带动、城镇辐射和迁村并点等模式，把就业带动作为实现农民充分就业的保障。园区带动，主要是通过园区经济的发展壮大，带动社区农民收入增长，引导农民就近转移就业。城镇辐射型，主要是利用城镇近郊的区位优势、资源优势和产业优势，引导集聚农民围绕小城镇的主导产业经商和务工。迁村并点型，就是整合土地资源，引导集聚农民发展特色农业和旅游服务业，增加居民收入。

许多地方在农村社区建设实践中形成的"三个尽量靠近"思路值得借鉴。"三个尽量靠近"，就是新型农村社区建设要尽量靠近城市，尽量靠近中心城镇，尽量靠近产业集聚区。为了最大限度地节约集约利用土地，最大限度地配套共享基础设施和公共服务资源，形成城区、镇区、社区三个层次的科学合理的新型城镇体系,各地在新型农村社区建设中,坚持科学规划,实施合村并城、合村并镇、合村并点,尽量将城郊村、镇区周边村、远离产业集聚区的村合并靠拢到城、镇和产业集聚区附近,以便将来与城、镇和产业集聚区自然连为一体。"三个尽量靠近"包含了基层干部群众对经济社会发展规律的认识和把握,体现了发展着眼长远、面向未来、方便群众、服务群众,不断满足群众多方面需求的务实精神。另外,有的地市在一些传统农区围绕特色农副产品加工业,在一些深山贫困地区围绕特色旅游产业,规划形成了漂亮的新型农村社区,这些经验都具有代表性,具有推广和示范作用。

(二)搞好社区的基础设施和公共服务设施建设

与传统的"无规划、无设计、无基础设施"、自然分散、建设无序的自然村落相比,新型农村社区应该拥有比较完善的基础设施和公共服务。社区内不仅道路、供电、供水、通信、网络、有线电视、垃圾污水处理等各类基础设施基本齐全,而且教育、医疗卫生、文化体育、商业网点、金融邮电和市政公用等各种公共服务设施也应有尽有,以保证农民现代生产和生活的需要。要综合考虑生态宜居、自然景观、传统文化等因素,以及农民承受能力、生活习惯等因素,制定既具有时代气息,又体现地方特色的切实可行的社区建设详规。要以"六通六有两集中"为基本内容,不断完善基础设施和公共服务设施,提升社区综合服务功能。"六通"为通自来水、电、柏油或水泥路、有线电视、宽带、客运班车或公交车;"六有"为有社区服务中心、文化健身广场、标准化卫生室、小学或幼儿园、农家书屋、便民超市;"两集中"为垃圾集中收集处理、污水集中排放。原则上5000人以上的社区要配套建设1所小学,每个新型农村社区要配套建设幼儿园。暂时没有条件通暖气和燃气的社区,要预留位置和管网。社区要规划建设污水集中排放及处理设施,靠近城镇的社区采用区域统一处理方式,排放至污水处理厂集中处理;远离城镇的社区采用小型无动力或微动力污水处理技术,或采用生活污水净化沼气池、人工湿地、生物滤池等处理后达标排放或综合利用。平原地区基础设施和公共服务设施建筑面积不低于1.5平方米/人、绿地率不低于30%,丘陵山区可根据实际情况进行配套。

(三)要注意社区的长远规划

社会是在不断发展变化的,这就需要在搞社区规划时,尽量考虑到产业集聚、产业培育、新企业组建、人口增长、新型服务业发展等对未来建设用地的需求,为以后发展留下空间。要坚持高起点规划,努力兴建"百年社区"。

三、严格控制社区建设用地使用标准

严格社区建设用地使用标准是坚持节约集约用地原则的必然要求。各地在这方面进行了积极探索,取得了不小成效,节约了大量土地。严格社区建设用地使用标准需要做好以下几方面工作。

一是社区建设应当优先利用闲置地。社区建设应当优先利用荒坡荒地废弃地,尽量不占或少占耕地,严禁违反规划占用基本农田。如新密市按照占补平衡的原则,充分利用山地、丘陵地、废弃地以及农民搬入社区后拆除旧宅整理出的土地等,有效解决新型农村社区建设用地。在充分尊重群众意愿的基础上,提倡住宅向多层、高层发展,集约节约利用土地。截至 2012 年 6 月,全市正在建设和启动建设的 36 个新型社区前期工程,规划占地 5200 亩,可节约土地 1.08 万亩。

二是严格控制住宅住房面积。以往的农村实行的是一家一户一处宅基地,户均用地往往占用面积较大,建设用地利用粗放、浪费严重。随着人地矛盾加剧,各种建设用地需求急剧增长,这种状况显然不可持续。在新型农村社区建设中,要根据当地的自然条件、人均土地拥有量、居住人口规模、生产生活条件要求,本着舒适、便利、适当的原则确定住户的住宅建筑面积。人均住宅面积应严格控制,有条件的地方可建设高层建筑,向空中要居住面积。同时,要因地制宜,一些偏远地区、山区,建设用地供应相对充足,可适当放宽居民的住宅面积。

三是严格规范公共基础设施的用地面积。新型农村社区必须建设必要的公共基础设施,如医院或卫生所、学校、商场、文体活动中心等,一时建不起来的也必须留下建设空间。建设基础公共设施,既要美观、实用、规范,同时也要节约集约用地,不可粗放使用土地而造成浪费。

四是严格规范市场经营主体的建设用地。社区建设要依托产业支撑,产业发展需要一些市场经营主体主导或参与,而市场经营主体主导或参与产业发展必然需要一定量的建设用地。比如一些公司、企业、合作社需要建设办公设施、工厂车间、仓储设备等。对市场经营主体的建设用地需求,既要积极创造条件给予支持,又要制定严格标准进行准入限制。要防止一些企业在经营中盲目扩张建设用地、囤积建设用地以从中牟取暴利。

四、从宏观上控制城镇建设用地和工业建设用地

尽管在农村社区建设中节约出的建设用地可以通过"双挂钩"政策转换成城镇建设用地和工业建设用地,适当满足城镇化和工业化进程中的用地需求,但必须严格用地标准,坚决防止新增建设用地的粗放使用和人为浪费。河南目前国家级和省级开发区建成工业用地平均投入强度分别为 258.58 万元/亩、149.10 万元/亩,产出强度分别为 488.82 万元/亩、239.18 万元/亩,普遍低于全国平均值。在调研中,笔者发现个别地方存在粗放利用现象,个别企业有占地圈地以牟取土地增值暴利的倾向。当前用地紧张与粗放浪费同时并存于各地。有的大宾馆占地几百亩,空荡荡的;有的新区圈地上千亩,至今没上几个大项目。这必须引起我们的高度重视并加以整治。

一是严防地方政府的用地冲动。尽管政府手中多了一些用地审批指标,但依然要按照标准严格审批。对一些党政事业单位的办公用地,对广场、文体活动场馆等公共设施建设用地,一定要按程序按标准审批,切不可盲目贪大、浪费土地。

二是严格规范工业建设用地标准,严防一些企业囤积土地。要在盘活现有存量建设

用地的同时,对有新的建设用地需求的建设项目、入驻企业,要制定严格的用地标准,进行市场准入限制。对不符合土地使用标准的项目、企业不予审批。尤其是要严防一些企业借机占地圈地、转手倒卖土地使用权,从中非法牟利。(1)要加大依法处理力度。对已经办理审批手续的非农业建设占用耕地,一年以上未动工建设的应缴纳闲置费;连续两年未使用的应无偿收回用地单位的土地使用权,交由原单位恢复耕种;工业用地投资强度低于规定标准的,折算后按比例收取土地闲置费;凡有闲置土地行为的企业,禁止参与竞拍建设用地使用权;对土地闲置的房地产开发企业,协调商业银行不发放新开发项目贷款,告知证监部门暂停批准其上市、再融资和重大资产重组。(2)要强化批后监管职责。相关职能部门应拿出主要精力,不间断地对年度审批下达的建设用地指标使用情况,采取"对号入座"方式,逐单位、逐批次、逐宗地、逐项目实施跟踪核查。发现虚报假批、改变用途、批少用多或达不到单位 GDP 建设用地面积限制标准的,要及时通报、问责和叫停,对清查出来的批而未供、低效用地和违法用地,统一建立土地后备资源储备库。(3)完善考评指标体系。应从节地机制、节地标准、节地模式、节地技术和评价体系等多个方面入手,统筹考虑和推进节约集约用地。要将市、县及产业集聚区单位 GDP 用地消耗量,纳入政府年度责任目标考核体系;将开发区和产业集聚区土地节约集约利用评价结果,作为其用地计划指标分配以及申请扩区或升级的重要依据,真正做到评价科学、考核严格、奖罚分明、问责到位,使有限的土地资源实现效益的最大化。

三是严格规范城镇居民建设用地标准。要通过实行"人地挂钩"政策,对城镇居民的建设用地需求进行适当控制、调节。在对农村社区居民住宅面积进行限制的同时,对城镇居民的居住面积也必须进行适当限制,否则,不仅会引发新的巨大的社会不公,也不利于土地的节约集约利用。这个问题表面看似简单,实际是个很深层次的问题,牵涉土地制度的改革创新。要根据城镇人口的规模、增长速度适度增加建设用地供应。要制定人均居住面积基本标准,加大社会保障房建设,优先满足普通城镇居民的住房需求。对那些已超出基本标准要求的一些居民的购房需求,要通过政策严格控制。

五、依法盘活农村建设用地

据测算,城镇化每提高一个百分点,可以转移农村人口 100 万,节约用地 22 万亩以上。农村是一个大有潜力的天地,用好土地综合整治这个平台大有作为。要借助新型农村社区建设,依法盘活农村建设用地。

一是搞好"并村建社"工作。引导农民集中建房、集中居住,有利于推动城镇基础设施向农村延伸、城镇社会就业向农村覆盖、城市文明向农村辐射,提高农民生活水平和社会保障水平,加快城乡一体化进程;有利于农民居住从分散向科学规划布局转变,减少农民重复建房的浪费,节约建设资金,增加农民财富积累和财产性收入;有利于稳定耕地面积和保粮增粮,推进农业发展方式由家庭分散经营向规模化、现代化、集约化经营转变,提高农业生产效率和土地利用率,切实推进新型农业现代化进程;有利于盘活农村存量土地,节约集约利用土地资源,优化城乡土地、人口和生产力布局,有效解决新型工业化、新型城镇化发展用地等资源制约,增强经济社会发展后劲。

"并村建社"、引导农民集中居住,是盘活农村建设用地的关键之举,许多地市在这方面进行了实践探索并取得了显著成效。要继续采取并村入城、并村入镇、合村共建、村企联建、旧村改造等多种方式加快新型农村社区建设。要通过对旧村按照新规划新要求整体拆建,通过并村,最大限度地利用原有资源,最大限度地节约集约用地。

二是搞好废旧建设用地整治工作。时下,有些农村依然存在"空心村"现象,村的四周都盖起了新房,但村中间已长年不住人的旧房破房难以拆除;一些废弃的厂房、道路长年得不到整治。原因固然很多,有的情况可能很复杂,但依法开展整治、盘活建设用地乃是大势所趋。因此,要制定政策措施加大对废旧建设用地的整治工作,对农村散乱、废弃、闲置、低效的建设用地进行整合、复垦,实现城乡用地布局和结构的优化。

要搞好"空心村"治理。要出台激励政策和惩罚措施,严格宅基地管理,鼓励农户向新型农村社区集中,坚决防止和打击多占宅基地多建住房的不法行为,对已无人居住的老房旧房、危房破房要坚决予以拆除。对经过"空心村"治理腾出来的土地依据规划和要求,或恢复成耕地,或作为新增建设用地纳入使用规划。同时,要搞好对废旧厂房、道路等的整治。

三是统筹民俗文化设施建设。中国民俗文化源远流长,而且不同地方、不同民族具有不同特色。搞新农村社区建设要充分考虑居民对民俗文化的情感需求,为民俗文化的传承发展留下建设用地空间,同时又要注意节约集约用地。

四是继续搞好农地整治工作。开展土地整治特别是农村土地整治,对盘活和增加耕地和建设用地,对节约集约用地,意义重大。要把土地综合整治与耕地保护、提高耕地质量、新型农村社区建设紧密结合起来,统筹解决耕地和建设用地问题,既要为保障国家粮食安全作出应有的贡献,又要为工业化、城镇化提供有力的空间支撑。要继续实施土地整治重大工程,搞好田、水、路、林以及荒坡荒地的整治工作,大力增加可耕地、建设用地的绝对供应量。

六、鼓励农民采取股份制、租赁制等形式参与土地的中长期流转

搞好土地流转有利于土地的节约集约利用,有利于改变传统的农业生产经营方式,有利于把农民从土地上解放出来,变成工人和自由职业者,因而有利于推进新农村社区建设。没有土地流转的配合,农民就不能改变传统的一家一户分散的小生产方式,就会给农民的集中居住带来不便。因此,要加快推进土地流转。近年,土地流转已在各地广泛进行。但从整体上看,流转地块分散,不够集中;流转周期较短,不利于经营主体长期经营。目前,"转包"是农村土地承包经营权流转的主要方式。大部分地区是通过"转包"这种主要形式实现农村土地流转的,一般占到土地流转面积的50%左右。转包是农民自发的、原始的低端流转形式,也是目前最普遍的形式,但今后将大量萎缩。土地入股与租赁等流

转形式是土地流转的高端形式,是农村改革和土地制度改革发展到新的历史时期的更高形式,目前尚处于探索、发展阶段,其发展前景十分广阔。

要鼓励农民采取股份制、租赁制等形式参与土地的中长期流转。农民以出租形式、土地入股的股份制形式参与土地流转,更有利于土地的集约利用、规模经营,更有利于提高农业生产效益,更有利于增加农民收入,更有利于农民转移就业,更有利于新农村社区建设。要积极扶持和培育规模经营主体,鼓励规模流转。

七、进一步完善"双挂钩"政策

根据国务院的规定,一些地方对"双挂钩"政策进行了先行先试,并取得了一定成效。但也出现了一些对农民补贴不到位、用地指标有所放松的问题。对此,应制定更加详细的政策,对用地指标的流转进行严格控制。

(一)充分保障农民群众的权益

城乡用地挂钩,意味着原来属于农村的土地要在农村用地与城镇用地、集体土地与国有土地、耕地与建设用地等之间进行统筹置换。尽管这是经济发展规律使然,但作为世代以土地为命根子的农民,必定面临着土地占有量的相对减少,因此,农村土地转化为城镇建设用地,作为原来土地所有者的农民必须得到应有的利益补偿。要按照"原有生活水平不降低,长远生计有保障"的总体要求,提高征地补偿标准,探索更为有效的补偿安置方式,优先安排被征地农民进城定居。在"人地挂钩"和城乡建设用地增减挂钩过程中建立严格的土地收益返还制度,明确土地收益的使用方向,分配好土地非农化和城镇化产生的增值收益,确保土地收益中的适当部分真正用于农村和农民,促进城市反哺农村、工业支持农业、发达地区带动欠发达地区。土地利益补偿主要包括两方面:一是要给予农民基本生活保障,使失去土地的农民没有生存的后顾之忧;二是要给予农民合理的一次性利益补偿。这种补偿要有一个符合市场经济规律的基本标准。

(二)制定严格的土地使用标准

制定符合河南省实际的大中小城市、小城镇和新型农村社区节约集约用地标准,建立健全节约集约用地考核评价机制,积极探索节约集约用地新模式。通过具体城镇的生产生活生态设施有效兼容、地上地表地下空间整体开发,有序推进城市土地二次开发,盘活存量建设用地,推动全省城镇的紧凑发展、适度扩张。通过"人地挂钩"政策试点的实施,优化土地要素配置,促进建设用地向节约集约利用程度高的地方有序集中。在保护生态环境的前提下,积极探索利用低丘缓坡等未利用土地资源,拓展城镇建设新空间。

(三)建立土地使用激励约束机制

探索建立新增建设用地与节约集约用地相挂钩的机制,将节约集约用地水平作为分配新增建设用地指标的重要依据。深入开展国土资源节约集约模范县(市)和土地资源节约集约利用示范产业集聚区创建活动,激励城镇和产业集聚区提高土地利用效率。对土地利用效率高和节约集约用地工作搞得好的县市区,在用地指标上予以倾斜。对土利用效率低、节约集约用地工作不力的县市区,相应减少用地指标。鼓励建设多层标准厂房。引入项目退出机制,对预留土地空间过大、造成土地闲置的项目予以调整。经过土地整治、新农村社区建设等新增加的土地,在利用上应注意以下几点:首先,要按照占补平衡的要求恢复成耕地,并留下未来农业发展的用地空间,然后才可以置换为城镇建设用地和工业用地。其次,严格城镇建设用地指标审批。要设计出科学合理的用地标准,防止政府及企事业单位对建设用地的粗放使用。最后,搞好土地储备工作,为以后发展留下空间。

八、创新和完善"人地挂钩"政策

实行"人地挂钩"是实现土地节约集约利用的必然要求。要探索开展城乡之间、地区之间"人地挂钩"政策试点,实行城镇建设用地与吸纳农村人口进入城市定居规模挂钩,城市建设用地增加规模与吸纳外来人口进入城市定居规模相挂钩。笔者认为,"人地挂钩"应包括城乡两个方面。

首先是实行城镇建设用地与城镇人口数量(含流动人口)挂钩。要正确处理土地城镇化和人口城镇化的关系。坚持以人口城镇化程度衡量城镇建设用地的规模、结构和时序,以城镇集聚人口数量的变化控制城镇建设用地规模、结构和时序的变化。不符合条件要求的城镇不得盲目扩大建设用地规模。创新设计并充分利用土地政策,实现和保障农民的土地权益,促进符合条件的农业转移人口逐步转为城镇居民。

其次是实行农村土地与人口挂钩。这方面可出台四个具体政策:一是对农民承包的土地要进行义务规制。凡是长期在外工作或以经营非农产业为主、不能亲自耕种土地的农民,要限期转包或出租承包地,以防止农地粗放经营或撂荒。二是对农民宅基地用地实行规制。凡是长期在城镇居住生活,在城镇购有房产、举家迁入城市的农民,宅基地上的住房应在规定期限内出售,村委会有权在规定期限内收回宅基地。三是进入新社区的居民必须交出旧宅基地。四是拟转为城镇居民、享受城镇居民一切待遇的村民,不能同时享有农村宅基地分配权利,但可继续保留承包地使用权、集体经济收益分配权和惠农政策享受权。

九、逐步推进农村建设用地国有化

关于农村土地国有化,学界虽然已有人论及,但观点论述显得模糊。目前,将农村所有土地都实行国有化并不现实,但逐步扩大国有化比例,将农村社区建设用地国有化已是大势所趋。逐步推进新农村社区建设用地国有化,是实现城乡经济社会发展一体化、城乡公共基础设施建设一体化、城乡房地产市场一体化,实现农业用地与建设用地统筹、城乡建设用地统筹、节约集约用地的重要基础,也是解决建设用地使用中国有与集体所有矛盾的必然选择。

从法律上讲,我国土地实行的是城镇土地国有制和农村土地集体所有制,但从哲理上讲,不论是国有土地还是农村土地,全国公民都有在土地上生存、从土地上获取生活资料的权利,所有制只是调节人们利益关系的杠杆、工具,是会随着经济社会发展的需要而改变的。农村土地集体所有制在我国实行了许多年，发挥了重要作用，而且改革开放以来，农村集体所有制的形式和内容已经发生了巨大变化，如家庭联产承包责任制的推行，再如工业化、城镇化进程中，大量农村土地被征用改为国有制。如果从绝对量上看，农村集体所有的土地面积在不断减少，国有土地面积在不断增加。我们无须为此惊讶，这是经济社会发展到现阶段的一种必然要求。理论上，我们不能把集体土地国有化看作对农民的一种剥夺。

现实生活中所表现出的一些现象，已表明建设用地集体所有已不适应经济社会发展要求。比如，农村建设用地占用面积过大，乱拆乱建，使用粗放，缺乏公共基础设施规划和建设，特别是"城中村"的出现，产生了一系列"社会病"，如妨碍政府的城市发展规划，产生了庞大的食利阶层，扭曲了利益分配，还有一些城郊村出现了屡禁不止的小产权房现象等，都反映出了建设用地集体所有的弊端，反映出了建设用地集体所有与国家所有的尖锐矛盾冲突。

(一)实行农村建设用地国有化是必由之路

实行农村建设用地国有化有以下好处：(1)有利于推进农村城镇化进程。农村建设用地国有化是与农村基础设施现代化和公共服务均等化同步进行的，也可以说，农村基础设施现代化和公共服务均等化是农村建设用地国有化的一个前提。建设新型农村社区，国家、社会要投资基础设施建设，政府要提供公共服务，然后农民改为居民，享受基本公共服务。(2)有利于为工业用地提供空间。开展新型社区建设，合村并村，让农民"上楼"，能腾出大量土地。(3)有利于统筹城乡用地规划。这是很显然的，国有化有利于合理开发利用土地，实行城乡一体化规划和管理。(4)有利于推进城乡土地市场一体化。有利于彻底解决农民房产权问题和小产权房问题，开放农村建设用地市场，盘活农村建设用地资源。(5)有利于溢价归公，搞好分配调节。按照溢价归公的经济学原理，随着经济社会发展和条件变化，不同地区的土地会产生巨大的级差地租，这种土地溢价自然要回归国家而不能据为私有。只有这样，才能发挥按劳分配的主导作用，防止利益分配扭曲，防止产生庞大的土地食利阶层。

(二)推进农村建设用地国有化的主要途径

主要途径是将符合条件的新型农村社区建设用地，通过对农民实行一定的土地利益补偿和对居民实行一定的土地利益分享，直接转变为国有土地。(1)用城市标准、城市理念建设标准化新农村社区。重点是政府要提供良好的基础设施和公共服务设施。(2)实行村改居。村民改为城镇居民，享受城镇居民各种待遇。(3)实行土地利益补偿和土地利益分享。政府通过一定程序变社区土地集体所有为国家所有，与此同时，要对原来的农村居民进行合理的利益补偿，对社区居民实行土地溢价利益分享。

(三)推进农村建设用地国有化需要注意的问题

(1)国有化应与农村社区建设同步推进。要在社区建设中注重统一规划、节约用地；注重公共基础设施建设与公共服务；注重土地增值利益分享，确保农民的合法权益；注重避免早期"城中村"社会病——大批食利者形成。(2)要逐步推进,示范带动。凡是建设用地国有化的农村社区,农民在保留农地承包经营权的同时,享受诸多公共服务,同时可以分享地产增值利益。凡是未实行国有化的农村建设用地,其宅基地审批、住宅建设、项目建设要受到严格控制。(3)要搞好建设用地国有与农民土地承包经营的制度衔接。建设用地国有,但耕地依然属于集体所有,农民拥有长期的承包经营权。农民进入社区后,原有的村、组建制会打乱。可成立社区土地管委会代行集体土地所有者职能。社区建设用地如何开发利用、社区所属的集体农地如何管理,需要探索建立一套新的机制。(4)要严格土地用途管制。在实行建设用地城乡统筹、耕地占补平衡的同时,要严格限制农用地转为建设用地,为农民发展留足空间。要通过立法和行政手段,对农村社区用地面积、城镇用地面积、工业用地面积、城乡人均用地面积等进行最严格的管理和控制,最大限度地提高单位建设用地的使用效益。

十、逐步放开农村房地产市场

以"产权明晰、用途管制、节约集约、严格管理"为原则,探索建立城乡统一的建设用地市场。目前,个别地方为调动农民在社区购房的积极性,实行了"地方粮票",规定农民所购住房的房产权在本地区可买卖流通。这固然是一种进步,但远远不够。我们必须在宏观上明确一个大思路,逐步放开农村房地产市场,实现城乡土地市场一体化。其具体措施主要有:

一是对农村建设用地实行国有化改制。凡是具备公共服务条件、符合用地标准要求的农村社区的建设用地,可依照一定程序改制为国有土地。

二是放开社区房地产市场。凡是已改制的农村社区,均可依法开展房地产市场经营。居民可获得与城市居民一样的房产所有权,社区居民可分享土地增值带来的利益。新型农村社区宅基地和住房,由县级人民政府根据土地性质,依法核发土地使用证和房屋所有权证,进行权属确认,允许以转让、抵押、出租、互换等多种形式流转。

三是限制农村建设用地使用方向。凡是达不到公共服务要求标准、未纳入新农村社区规划的农村建设用地,不得进入房地产市场,不允许进行房地产经营和房产买卖。

十一、搞好农村宅基地和建房的审批

搞好农村宅基地和建房的审批,直接关系到建设用地的节约集约利用。今后,对不符合建设规划、不符合建设用地使用标准的宅基地申请和建房申请,一律不予审批,以此推进新农村社区建设,推进集中居住、高层居住。要坚持不在没有规划的地方建房子,不允许建没有经过规划设计的房子。新型农村社区建设既要坚持节约集约用地原则,鼓励和提倡集中连片、联村建设,有条件的地方要建设多层或高层住宅,又要有利于农民生产生活。对规划确定撤并的村庄,停止审批宅基地,禁止重建、扩建住宅。

(原载《学习论坛》2012年第12期)

用好实招　创造新招

　　河南省委书记在全省重点工作推进落实座谈会上，就如何稳增长保态势发表了重要讲话，在明确工作重点时，明确要求要改进方式，注重实效。其中又特别强调要用好实招、创造新招，既要用好行之有效的老方法，又要不断发现总结新经验，加以推广。这有很强的现实针对性和工作指导性。"招"是什么？"招"是应对谋略，是应对方法，是应对举措。要在经济新常态下稳增长保态势，我们面临许多新情况新挑战新难题。要迎接挑战，破解难题，我们必须应时而动，谋对招、谋高招、出实招、出新招。

一、要用好实招、创造新招，必须端正思想认识和工作态度

　　用好实招、创造新招，首先是要想"出招"、想出"好招"。思想认识是行动的先导。端正思想认识和工作态度是用好实招、创造新招的前提。时下，不少地方为稳增长保态势、应对经济下行压力使了不少"招"，其中有不少"好招""高招"，但也有虚张声势、哗众取宠的"虚招"，有逢场作戏、做秀的"假招"，有不合时宜、解决不了实际问题的"旧招"，甚至有不切实际、劳民伤财的"损招"。当然，也有一些地方和部门面对复杂的形势和发展难题不愿出招、不敢出招、不能出招。究其根源，都与思想认识不正确不到位和工作态度不端正有关。

　　要用好实招、创造新招，地方政府、有关部门的主要领导干部，必须进一步强化使命意识、责任意识、担当意识和干事创业意识，牢固树立权为民所用、利为民所谋、情为民所系的思想意识和道德情怀。尤其在当前，要深刻认识稳增长保态势对河南经济社会发展、社会稳定、民生改善的重要性、紧迫性。郭庚茂书记指出，稳增长保态势是事关全局的首要任务，河南是人口大省、发展中大省，如果经济不能保持合理的增长速度，所有工作都会受到影响，甚至会造成社会不稳定，使好的发展态势出现逆转。很显然，在爬坡过坎、攻坚转型的关键时期，面对困难和挑战，地方政府和各级领导干部要以高度自觉、不畏艰难、敢于担当的精神，敢于作为，敢于"出招"，而且要出实招、出高招。

二、要用好实招、创造新招，必须突出问题导向，有的放矢

　　"招"是用来化解矛盾、解决问题、推进工作的。要用好实招，创造新招，必须吃透情况、摸清问题、找准难点，然后厘清思路，制定出应对方略、措施。因此，我们必须强化问题意识,以问题为导向,寻找破解良策。就当前我省的稳增长保态势而言,我们面临许多难点问题需要破解。比如,在经济新常态这一大的历史背景下,一些落后的产能面临着淘汰,一些技术含量低、资源消耗大、污染严重的传统产业、行业、企业面临着转型升级;特别是一些企业,作为市场经济主体,作为生产力发展的直接承担者,直接面临着动力再造的问题。投资、消费、出口是拉动经济增长的"三驾马车"。但在经济新常态下,如何保持投资强度和有效投资? 如何搞好新时期的招商引资? 如何努力扩大出口,有效利用两种资源两个市场? 如何适应深刻变化的市场供需情况,有效引导并积极扩大消费需求? 郭庚茂书记在全省重点工作推进落实省直座谈会上分析认为,当前在经济领域尤其要注意解决"钱、人、地、管"四个方面的问题。在"钱"的问题上,如何破解企业融资难? 如何推行政府与社会资本合作,完善中小企业融资机制、农业特别是特色产业融资机制、科技创新融资机制、基础事业和公益事业融资机制,以财政资金杠杆调控引导信贷资本和社会资本? 在"人"的问题上,如何充分调动干部、企业家、技术人员、老百姓等方方面面的积极性,激发全社会创新创造创业活力? 在"地"的问题上,如何盘活存量用地、集约节约利用土地、保障现代化建设用地需求? 在"管"的问题上,如何改革和创新监督管理方式,管得住、管得到位,保障好市场秩序、生产安全、民生安全、生态安全? 所有这些问题和挑战,都倒逼着我们必须出"实招"、出"新招"、出"奇招"、出"高招"。

三、要用好实招,创造新招,必须与时俱进,敢于创新

形势在不断发展变化,矛盾和问题也在不断演进,面对新问题新挑战,我们应对的"招数"也必须与时俱进,不断创新。

近年来,一些省直部门和地市不断探索实践,在调结构、促转型、谋发展、惠民生、稳增长、保态势方面,借鉴、创造了一些新招、高招。比如,我省大力推广应用 PPP 模式,吸引了众多社会资本参与政府公用和基础设施建设;我省积极复制推广上海自贸区"28+6"项改革事项,深入改进为企业服务的方式方法。又比如,我省一些市县积极创新招商引资和项目建设新方法,大力开展区域招商、链式招商、中介招商、以商招商、集群招商,积极探索"全链条、全要素、全服务、无障碍"的主体招商模式;一些传统的农业大县积极探索一二三产业融合发展的新途径新方法;在国家大力倡导发展旅游业的背景下,一些市县通过开发"乡村旅游""观光农业""文化旅游"等,大力发展具有地方特色的旅游经济。所有这些"招数""举措",对稳增长保态势发挥了良好作用。我们必须认真总结这些经验方法,并推而广之,使其充分发挥作用。

四、要用好实招、创造新招,必须苦练内功,增强本领

"招数"不会从天上掉下来。"招数"来源于学习思考,来源于实践探索,是智慧的结晶。要用好实招、创造新招,我们的干部特别是部门和地方的领导干部必须苦练内功,不断提高自身素质和本领。

要勤于学习、善于思考。要向书本学习、向实践学习;要学习省内外、国内外的一些先进经验做法。要深入基层一线调查研究,摸清当地经济社会发展的实情,判准制约和影响当地发展的问题症结,了解当地经济发展的优势和劣势,深入思考解决问题的方式方法,做到胸有成竹。

要勇于实践、勇于探索。看准了的事情,就要敢作敢为。"宁失数子,不失一先",要敢于吃"螃蟹",敢啃硬骨头,敢为天下先。面对问题和挑战,要敢于"出招""亮剑",争取"一招上水平"。经济发展,不进则退,慢进也退。我们要以滚石上山的勇气和韧劲,以高超的智慧和谋略,坚决打好稳增长保态势的攻坚战。

(原载《河南日报》2015 年 9 月 23 日)

实现脱贫攻坚与乡村振兴的有机衔接

省委经济工作会议提出,深入实施乡村振兴战略,切实做好"三农"工作,提高粮食生产核心竞争力,深化农业供给侧结构性改革,改善农村人居环境,促进农民持续增收。2020年是脱贫攻坚战的收官之年,如何打赢脱贫攻坚战,构建扶贫防贫的长效机制,实现脱贫攻坚与乡村振兴的有机衔接,是当前值得思考的理论和现实问题。

一、在激活和用好农村土地资源上着力

从2020年起开始实施的新修改的《土地管理法》《城市房地产管理法》,最大的亮点就是在总结全国33个试点县改革经验的基础上,对土地征收、集体经营性建设用地入市、宅基地使用作出了新的制度规定。要以这两部法律实施为契机,深化农村土地制度改革,放开搞活农村土地市场,激活用好农村土地资源,为脱贫攻坚和乡村振兴提供内生动力。一是要充分认识农村土地具有的巨大的潜在市场价值。如何发挥政府、市场、社会的合力作用,如何激发脱贫攻坚和乡村振兴的内生动力,放开搞活农村土地市场是一条极其重要的路径。农村地区特别是农村贫困地区,缺产业、缺资金、缺人才、缺技术,所拥有的最大资源就是土地,而土地随着工业化、城镇化的发展在不断增值。即便是边远贫困地区的农村土地,也由于城乡居民休闲、观光、旅游的巨大需求,以及城镇化和工业化对建设用地的巨大需求,被赋予了极大的市场价值。一旦农村土地市场放开搞好,必然会给农村地区包括农村贫困地区的经济发展增添巨大活力。二是要深化农地改革和"三块地"改革。要通过农地所有权、承包权、经营权"三权分置"改革和集体产权制度改革,推进资源变资产、产权变股权、农民变股东,推进农地适度规模经营,推进小农户与大市场的对接。通过宅基地所有权、资格权、使用权"三权分置"改革,推进"空心村"治理和土地综合整治,盘好用活闲置的宅基地,放活农民的宅基地使用权。通过集体经营性建设用地就地入市、调整入市、整治入市,为中小微企业提供用地保障。通过改革完善征地制度,合理分配土地增值收益,充分保障被征地农民的合法权益,同时要让边远贫困地区农民分享土地增值收益。继续通过城乡建设用地增减挂钩、耕地占补平衡政策,加大对农村贫困地区的支持。总之,要通过农村土地制度改革,活跃农村土地市场,持续促进资本下乡、项目下乡、科技下乡、人才下乡,促进城乡要素流动和配置,为农村产业融合发展、乡村新产业新业态发展、特色村镇建设等,提供土地制度支持。三是要及时搞好城镇和村庄土地利用规划,

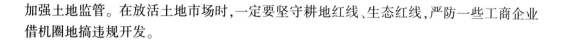

加强土地监管。在放活土地市场时,一定要坚守耕地红线、生态红线,严防一些工商企业借机圈地搞违规开发。

二、在推进农村多业融合发展上着力

发展产业是实现脱贫的根本之策。产业振兴是乡村振兴的基础,也是构建扶贫防贫长效机制的基础。产业振兴是发展农村经济、保证农民拥有长期稳定收入来源、让农民脱贫致富的源头活水。如果没有产业支撑,脱贫攻坚的质量会大打折扣,乡村振兴也难以持久。因此,必须因地制宜、想方设法大力发展农村产业。近些年,农业新的经济功能、生态功能、文化功能等不断被挖掘,乡村的经济价值、生态价值、社会价值、文化价值日益凸显,农业休闲、乡村旅游、文化体验、养生养老、农村电商等新产业新业态大量涌现。大力发展农村产业,一个很重要的举措就是推动农村一、二、三产业深度融合发展。在大力发展传统的食品制造加工业的同时,要大力发展特色种养业、观光旅游业、休闲康养业。我省的贫困地区多处在"三山一滩"地区,特别是大别山革命老区处于国家集中连片特困地区。这些贫困地区虽然交通不便、基础薄弱,但拥有丰富的红色旅游资源和独特的山水风光,还有一些传统的风俗人情、文化特色,这些都应该大力开发利用。

三、在持续实施政策支持上着力

当代中国社会发展已进入以工补农、以城带乡、城乡融合发展的时期,对农村地区特别是农村贫困地区的经济社会发展进行政策支持和扶持是必须的。实现脱贫攻坚与乡村振兴的有机衔接,政策支持上也要做适当调整,坚持精准衔接、分类施策,完善和优化政策体系。政策支持应集中在以下四个方面发力:一是要加强贫困地区、贫困村的基础设施建设,这是构建扶贫防贫长效机制、推进乡村振兴的基础性条件。贫困地区由于历史、区位、生态等方面原因,村庄散落、居住分散,脱贫致富的硬件基础相对薄弱,因此要下力气搞好贫困地区的道路、电力、水利、网络、污水处理、垃圾处理等基础设施建设,为贫困村贫困人口脱贫致富创造基础条件。二是要加强农村地区基本公共服务建设。灾、病、学是造成农村家庭陷入贫困的主要因素,因此要搞好农村的社会保障工作,推进基本公共服务向农村延伸。要在农村地区特别是农村贫困地区建立学校、医院等公共服务机构,在教育、医疗、养老、就业、防灾等方面为农民提供基本的公共服务。搞好农村基本公共服务建设,也有利于吸引更多的人返乡创业、落户就业,吸引更多企业到当地投资,吸引更多游客来旅游休闲。三是要助推农村产业发展。要通过土地政策、税收政策、金融政策等,鼓励支持有关企业和创业人员到农村投资办厂、经营创业。四是要搞好"兜底"扶贫。对那些因特殊情况丧失劳动能力的贫困户、因病因灾返贫的贫困户,政府要实行政策性保障兜底。

四、在继续发挥组织作用上着力

我们党拥有强大的组织优势,中国特色社会主义制度拥有集中力量办大事的优势。

在脱贫攻坚、乡村振兴过程中,我们要持续发挥组织优势,不断加强并改进组织领导、组织实施、组织监督、组织建设等工作,为脱贫攻坚和乡村振兴提供强有力的组织保证。要特别注意搞好两个方面的组织工作:一是要搞好农村第一书记和工作队的外派工作。二是要搞好农村基层党组织和村委会的建设工作。经验告诉我们,凡是发展不好的穷村乱村,村基层组织都软弱涣散。因此,要加强农村基层党组织建设,选好配强贫困村的领导班子,充分发挥基层党组织在脱贫攻坚和乡村振兴中发动群众、组织群众、团结群众、服务群众,引领农村发展方面的功能作用。

(原载《河南日报》2020年1月8日)

推进乡村振兴须正确认识和处理五个重要关系

在当前推进乡村振兴的实践中,要切实解决好各类现实问题,必须正确认识和处理五个重要关系。

第一,正确认识和处理乡村振兴与城镇化建设的关系。一要充分认识城镇化对乡村振兴的重要意义。乡村振兴离不开城镇化,乡村振兴是在工业化、城镇化、信息化、农业现代化"四化同步"的现代化进程中进行的。城镇化既是社会发展演变的一种规律、趋势,也是乡村振兴的必由路径。二要用城乡融合发展的理念推进乡村建设。目前我国正加快形成工农互促、城乡互补、协调发展、共同繁荣的新型工农城乡关系。要通过构建城乡融合发展的体制机制和政策体系,促进城乡要素优化组合,把广大乡村变成生产生活、投资创业的乐土。三要对城镇和乡村布局进行统筹谋划、一体规划。要把城镇与乡村贯通起来,一体规划,合理布局城乡生产、生活、生态空间,优化配置公共资源。

第二,正确认识和处理政府推动与发挥市场作用的关系。一要充分认识政府推动的重要性,增强政府财政支农惠农的精准性、实效性。要重点支持农村公共基础设施建设,推动城乡基础设施互联互通,为乡村的未来发展提供基础性条件。要按照城乡公共服务均等化发展的要求,大力提升乡村的公共服务能力和水平。二要特别注意发挥市场机制的作用。只有让市场机制在乡村振兴中充分发挥作用,乡村振兴才能获得长久的内生动力;只有把有为政府和有效市场有机结合起来,乡村振兴才能取得最优效果。要通过政策引导和市场机制作用的发挥,吸引资金、技术、人才等要素流向农村,激发市场主体的内生动力,形成乡村振兴的强大合力。

第三,正确认识和处理农业现代化与一、二、三产业融合发展的关系。一要高度重视农业现代化特别是粮食生产问题。国无农不稳,民无粮不安,保障国家粮食安全,保障粮食及主要农产品有效供给,是乡村振兴的应有之义。政府要采取政策措施保障农民种粮的利益,充分调动农民的种粮积极性。要大力发展高科技农业、绿色农业,不断提高粮食生产能力和农产品供给能力。二要大力推进一、二、三产业融合发展。这是拓宽农民增收渠道、构建现代农业产业体系的重要举措,也符合经济社会发展的规律要求。因此,要大力发展农产品加工业和生产服务业,大力发展乡村旅游观光业、休闲康养业、特色文化产业,大力发展多种多样的新产业、新业态。

第四,正确认识和处理耕地保护与农村土地开发利用的关系。一要充分认识耕地保护的重要性。耕地是粮食生产的命根子,是国家粮食安全和百姓"米袋子"的基础。中国14亿多人口,每天要消耗70万吨粮、9.8万吨油、192万吨菜和23万吨肉。要满足如此庞大的消费需求,18亿亩耕地,是红线,是战略底线,是关系国家命脉的安全线。因此,必须落实"长牙齿"的耕地保护措施,强化耕地用途管制,严守18亿亩耕地红线。二要搞好农村土地的开发利用。土地是农村最大的资源。乡村要振兴,应当推进节约集约用地,提高土地使用效率,依法采取措施盘活农村存量建设用地,激活农村土地资源,完善农村新增建设用地保障机制,满足乡村产业、公共服务设施和农民住宅用地合理需求。

第五,正确认识和处理农村社区建设与传统村落保护的关系。一要充分认识农村社区建设的必然性、必要性。在具备条件的地方,在尊重农民意愿的前提下,适时适势进行村庄撤并、布局调整,建立新型农村社区,集中建设基础设施和公共服务设施,有利于集约节约利用农村土地,有利于提高农村公共服务水平和效率。农村社区建设内包含着适应规律的必然性,体现着满足农民群众利益和需求的必要性,其大方向值得肯定。二要因地制宜、量力而行搞农村社区建设。要立足村庄现有基础开展乡村建设,严格规范村庄撤并。搞社区建设要因地制宜、量力而行,通过示范引导的"拉力"作用让农民在社区建设中获得实实在在的好处,决不能违背农民意愿,搞不切实际的大拆大建。三要在推进村庄现代化建设过程中注意传统村落保护和农耕文明传承。乡村具有城市无法替代的生态功能、农耕文明传承功能、休闲康养功能等。因此,在推进村庄现代化建设时要特别注意体现乡村的生态价值、文化传承价值,注意体现乡村的特色风貌,注意对传统村落等特色资源的保护。搞好传统村落保护,需要政府的财政支持,需要把保护与开发利用有机结合起来,充分调动农民参与保护的积极性。

(原载《农民日报》2022年6月18日)

推进乡村振兴需要正确认识和处理的
若干重要关系问题

自党的十九大确立并实施乡村振兴战略以来,全国各地都在奋力推进乡村振兴。乡村振兴是一项庞大的系统工程,是一场伟大的社会实践,需要我们在实践中不断总结经验、探索规律、开拓进取。当前,在推进乡村振兴的实践中,我们面临着如何扎实有效推进城乡融合发展、推进农村产业融合发展、推进美丽乡村建设等一系列具体的现实问题。要有效解决这些现实问题,我们必须根据城乡经济社会结构变迁的状况和趋势,依循经济社会的发展规律、发展要求,正确认识和处理乡村振兴与城镇化建设、党和政府推动与发挥市场作用、农业现代化与多业融合发展、耕地保护与农村土地开发利用、农村社区建设与乡村特有功能保持等若干重要关系问题。这些重要关系问题是推进乡村振兴过程中必然面对、必须解决的基本理论和实践问题。如果对这些关系问题认识不清或者缺乏正确认识,势必影响乡村振兴的进程。本文针对当前乡村振兴实践中反映出来的一些思想认识问题,着力探讨一下推进乡村振兴应该正确认识和处理的若干重要关系问题,以期与学界同仁共同商讨、求取共识。

一、正确认识和处理乡村振兴与城镇化建设的关系问题

近年来,不论是在实践界还是在学术界,不少人在看待和处理乡村振兴与城镇化建设的关系问题上存在模糊认识或者错误认识,其中最突出的表现就是把乡村振兴与城镇化建设对立起来、割裂开来,看不到二者的协同性、一致性。如有人用乡村振兴来否定城镇化,认为乡村振兴是对城镇化过度发展的一种纠正;有人认为乡村振兴只是农村的事、农民的事,主张离开城镇化来搞乡村振兴。乡村振兴与城镇化建设的关系问题,是一个重要的思想理论问题和实践问题,要正确推进、顺利推进乡村振兴战略的实施,必须正确认识和处理这一问题。

一要充分认识城镇化对乡村振兴的重要意义。乡村现代化只能是在工业化城市化起步之后,通过现代生产要素和生产方式导入传统乡村得以实现。决定一个国家乡村现代化能否实现、步伐快慢的不是传统乡村的基质条件,而是工业化城市化发展水平。[1] 离开

---

① 陈明:《中国乡村现代化的政治经济学引论》,《学术月刊》2021 年第 9 期,第 72—84 页。

城市化去孤立地推进乡村现代化,理论上是错误的,实践中是行不通的,而且会在人口布局、产业发展、劳动就业、产权管理等方面出现系统性错乱。乡村振兴离不开城镇化,乡村振兴是在工业化、城镇化、信息化、农业现代化"四化同步"的现代化进程中进行的。乡村振兴与城镇化建设不仅不存在内在矛盾,而且存在一定的协同性、一致性。城镇化建设既是经济社会发展演变的一种规律、趋势,也是乡村振兴的一种必由路径。有研究指出:"未来我国城镇化率将持续提高,预计2035年将达到75%左右,届时乡村人口将由现在的5亿下降到3.6亿,城镇人口则同步由9亿增加到11亿。我国传统村落势将出现分化,一部分村庄会发展为人口集聚的现代农村社区,一部分逐步衰败甚至消亡。"①很显然,乡村振兴离不开新型城镇化的引领和带动,乡村振兴的过程必然伴随着个别村庄消失、村庄结构调整、部分农民市民化、部分农村城市化这一过程。因此,对待部分村庄消失、部分农民"上楼"问题需要理性看待,这既是城镇化的必然要求、规律使然,也是乡村振兴的内容之一。

二要用城乡融合发展的理念推进乡村建设。党的十九大报告提出了要建立健全城乡融合发展体制机制和政策体系,加快推进农业农村现代化,这标志着从2002年开始我国调整城乡关系的政策从统筹城乡发展、促进城乡发展一体化到构建新型城乡关系、促进城乡融合发展的转变。2018年的中央一号文件《中共中央　国务院关于实施乡村振兴战略的意见》明确提出:"坚持城乡融合发展,坚决破除体制机制弊端,使市场在资源配置中起决定性作用,更好发挥政府作用,推动城乡要素自由流动、平等交换,推动新型工业化、信息化、城镇化、农业现代化同步发展,加快形成工农互促、城乡互补、全面融合、共同繁荣的新型工农城乡关系。"②该一号文件还对城乡融合发展进程作了明确的阶段性划分,提出到2020年初步建立城乡融合发展体制机制,到2035年城乡融合发展体制机制更加完善。2019年5月,中共中央、国务院发布了《关于建立健全城乡融合发展体制机制和政策体系的意见》,提出要以完善产权制度和要素市场化配置为重点,坚决破除体制机制弊端,促进城乡要素自由流动、平等交换和公共资源合理配置。这些政策文件的出台,意味着目前在推进实施乡村振兴战略时要充分考虑到城乡融合发展的时代背景,在构建新型城乡关系的基础上思考乡村振兴的实现路径和方法。要坚决破除城乡二元分割的经济运行体制和社会管理体制,建立健全城乡融合发展的体制机制和政策体系,实现城乡统筹发展、协调发展、融合发展,加快形成工农互促、城乡互补、全面融合、共同繁荣的新型工农城乡关系。要通过构建城乡融合发展的体制机制,把广大乡村变成投资创业、生产生活的乐土,吸引资本下乡、技术下乡、人才返乡入乡。要把工业和农业、城市和乡村作为整体统筹谋划,促进城乡在规划布局、产业发展、公共服务、生态保护等方面的相互融合和共同发展,

---

① 中央政策研究室农村研究局:《关于中国式农业农村现代化道路的几点思考》,《学习与研究》2021年第11期,第60—70页。

② 《中共中央　国务院关于实施乡村振兴战略的意见》,(2022-08-08)[2022-10-05].http://fgw.qinghai.gov.cn/ztzl/2020n_1045/jdybzn/dnfg/202208/t202208。

推动形成新型工农城乡关系,在城乡融合发展中振兴乡村。

三要以新型城镇化建设助推乡村振兴。要协同推进乡村振兴战略和新型城镇化战略的实施,强化以工补农、以城带乡,将城市的资本、人才和技术优势与农村的资源和生态优势有机结合,使农村的比较优势得到充分发挥,发展潜力得到有效释放。① 在继续推进以人为中心的新型城镇化建设过程中,要特别注意加强县城建设和农村的中心镇、特色镇建设。2022年5月中共中央办公厅、国务院办公厅发布的《关于推进以县城为重要载体的城镇化建设的意见》明确提出,"县城是我国城镇体系的重要组成部分,是城乡融合发展的关键支撑,对促进新型城镇化建设、构建新型工农城乡关系具有重要意义",要"以县域为基本单元推进城乡融合发展,发挥县城连接城市、服务乡村作用,增强对乡村的辐射带动能力,促进县城基础设施和公共服务向乡村延伸覆盖,强化县城与邻近城市发展的衔接配合"②。我们在注意加强县城建设的同时,还要特别注意加强农村的中心镇、特色镇建设,这是实现城乡融合、农民就地城镇化的有效路径。为协同推进新型城镇化和乡村振兴,要进一步深化城镇社会管理体制改革,解决好进城农民工的基本公共服务问题;应当采取措施促进在城镇稳定就业和生活的农民自愿有序进城落户,不得以退出土地承包经营权、宅基地使用权、集体收益分配权等作为农民进城落户的条件;要推进取得居住证的农民及随迁家庭享受城镇基本公共服务。总之,要让部分农民在转变成市民的过程中实现经济富裕,过上更美好的生活。

四要对城镇和乡村布局进行统筹谋划、一体规划。要优化城乡空间布局,把城镇与乡村贯通起来,一体规划、一体化建设。乡村建设规划应当与国土空间规划相衔接,合理布局城乡生产、生活、生态空间,优化配置公共资源。要构建以县城为龙头、中心镇为节点、乡村为腹地的县域发展体系,形成分工有序、布局合理、功能完善、结构协调的县域发展空间结构。村庄建设规划首先应当符合城乡一体化发展的规划要求,在此前提下,搞好村庄内部的农业用地、公益事业用地、住宅用地、基础设施建设用地、经营性建设用地规划和布局。

二、正确认识和处理党和政府推动与发挥市场作用的关系

推进乡村振兴无疑需要党的坚强领导和政府的强力推动。自乡村振兴战略实施以来,我们党和政府为推动实施乡村振兴战略,采取了许多重大措施,诸如明确党委和政府的工作目标和责任,加强党建引领,加强农村基层组织建设,下派第一书记和工作队,特别是为乡村振兴、农村改造建设提供了大量的财政资金、专项经费支持等,取得了巨大成效。但与此同时,我们也要看到,乡村振兴是一场持久战,是一种受经济规律支配的经济社会演变过程,因此还需要或者说特别需要市场机制作用的发挥,以充分调动广大农民、城乡

---

① 魏后凯:《全面打造城乡协调发展的引领区》,《人民日报》2021年8月5日。
② 中办、国办:《印发〈关于推进以县城为重要载体的城镇化建设的意见〉》,《人民日报》2022年5月7日。

各种市场主体参与乡村振兴的积极性、能动性,充分激活、激发乡村振兴的持久内生动力。推进乡村振兴,必须正确认识和处理党和政府推动与发挥市场作用的关系,使二者同向发力、共同发力。

一要继续发挥好党在乡村振兴中的领导推动作用,特别是要发挥好基层党组织的战斗堡垒作用和党员的先锋模范作用。中国共产党是中国特色社会主义事业的领导核心,实现乡村振兴必须依靠党的坚强有力的领导,充分发挥各级党组织特别是农村基层党组织的领导和推动作用。要强化"五级书记"抓乡村振兴责任。要继续发挥好地方党委特别是县、乡党委在乡村振兴中的领导、协调、谋划功能,要通过乡村党组织建设、下派第一书记和工作队等,发挥党组织、干部在乡村振兴中的功能作用。要充分发挥基层党组织宣传群众、动员群众、组织群众、团结群众、引领群众、服务群众的功能作用,充分发挥党组织领导村民自治组织和各类社会组织、引领乡村社会治理现代化的功能作用,充分发挥党员干部在乡村振兴中的先锋模范带头作用。

二要充分发挥政府的推动作用,增强政府财政支农惠农的精准性、实效性。城乡差距拉大、发展不平衡,从市场经济规律角度看,正是市场失灵现象在乡村社会建设方面的一种表现。市场经济在推动经济社会发展中有着强大的、不可替代的功能作用,但市场经济在提供公共服务产品、抑制城乡发展差距、抑制贫富分化方面存在失灵现象。这就是说,单靠市场机制,无法有效解决乡村社会公共产品的供给问题、无法解决城乡的协调发展问题。解决这些问题必须靠政府之"手"充分发挥作用。乡村振兴必须依靠政府的强力推动,必须有政府财政的大量投入。政府发挥推动作用的重点在于推进农村基础设施建设、搞好农业补贴、提升农村的公共管理和服务水平。要重点支持农村公共基础设施建设,这一方面可以满足农民群众的生活需要,另一方面可以为乡村的未来发展提供基础性条件。县级以上人民政府应当推进城乡一体的基础设施规划和建设,加强农村公路、电网、供水、供气、环保、物流、广播电视、宽带网络等农村基础设施建设,推动城乡基础设施互联互通,为乡村的生产生活提供良好基础。要加强信息化基础设施建设,建设数字乡村,促进现代信息技术与农业农村发展深度融合。要加大对农业基础设施建设的支持,加强对粮食生产的补贴,这是保证粮食安全、保护农业经营者种粮积极性的必然要求。要继续把公共基础设施建设的重点放在农村,在推进城乡基本公共服务均等化上持续发力,注重加强普惠性、兜底性、基础性民生建设。政府要提供一定的财力、人力支持农村的党群服务中心建设。要按照城乡公共服务均等化发展的要求,大力提升乡村的公共服务能力和水平,搞好乡村的基础教育、基本医疗保障、基本养老保障、公共卫生、公共安全、污染治理等公共管理和服务工作。在加强农村公共设施建设和服务的时候,一定要注意城镇化的发展要求和城乡布局结构的动态调整,不断优化农村基础设施和公共服务布局。需要根据未来城乡人口的分布来调整优化农村基础设施和公共服务布局,促使公共资源与人口分布相匹

配,避免因城乡人口迁移造成公共资源的浪费。①

三要特别注意发挥市场机制的作用,激发包括农民在内的各类市场主体的内生动力。乡村振兴需要党的领导和政府的强力推动,需要政府财政的大量投入,但这绝不是说,乡村振兴不需要市场发挥作用,相反,充分发挥市场的作用,充分调动广大农民及城乡各类市场主体的积极性、能动性是乡村振兴的一种内在的、规律性的要求。农村土地资源的高效开发利用、农村各种产业的发展、城市资本和人才的下乡等,虽然很需要政府政策的引导,但最终还是需要靠市场来解决,只有让市场机制在乡村振兴中充分发挥作用,乡村振兴才能获得长久的内生动力;只有把有为政府和有效市场有机结合起来,乡村振兴才能取得最优效果。2022 年 4 月中共中央、国务院发布的《关于加快建设全国统一大市场的意见》(以下简称《意见》)明确指出,要加快建设高效规范、公平竞争、充分开放的全国统一大市场;要着力打造有效市场、有为政府,充分发挥市场在资源配置中的决定性作用,更好发挥政府作用;要加快营造稳定公平透明可预期的营商环境。该《意见》的第十一条还专门就"健全城乡统一的土地和劳动力市场"提出了要求,明确了方向。我们要按照《意见》要求,通过政策引导和市场机制作用的发挥,大力培育和发展乡村的土地市场,稳妥推进农村集体经营性建设用地入市,积极开展农村产权流转交易市场规范化建设试点;大力培育和发展乡村的资本市场、技术市场、人才市场,促进城乡要素流通和优化组合,激发市场主体的内生动力,形成乡村振兴的强大合力。

三、正确认识和处理农业现代化与多业融合发展的关系

产业振兴是乡村振兴的基础和关键,这是绝大多数人的共识。然而在如何推进乡村产业振兴问题上人们思想认识并不一致,特别是有些人把农业发展与多业融合发展对立起来、割裂开来,不重视农业生产经营,特别是不重视粮食生产。现实中也确实存在着农地撂荒和耕地"非农化""非粮化"现象。这一问题必须引起我们的高度重视,必须正确认识和对待农业现代化与多业融合发展的关系问题。

一要高度重视农业特别是粮食生产问题。农业是整个国民经济的基础。经济发展使农业占比降低,但并不是说农业不重要。国无农不稳,民无粮不安。保障粮食生产,是国家安全的基石,对我们这样一个 14 亿人口的大国而言特别重要。我们推进的现代化是包括农业现代化在内的现代化,推进农业农村现代化是乡村振兴的首要内容、重要内容;确保国家粮食安全,确保粮食及主要农产品有效供给,是乡村振兴的题中应有之义。2022 年的中央一号文件再次强调要全力抓好粮食生产和农产品供给。我们一定要从一次产业在国民经济中所处地位的角度、从总体国家安全观的角度,充分认识农业和粮食生产的重要性。

二要充分调动农业生产经营者的种粮积极性。保障粮食安全,把中国人的饭碗牢牢

---

① 魏后凯:《全面打造城乡协调发展的引领区》,《人民日报》2021 年 8 月 5 日。

端在自己手中,其主体责任在国家、在政府。农民及其他农业生产经营者作为相对独立的市场主体,拥有一定的经营自主权。由于农业是天然弱质的基础性产业,粮食生产牵涉国家安全和民生问题,因此,国家和政府必须采取特殊的政策措施特别是采取特殊的财政政策,充分实现和保障农民及其他农业生产经营者种粮的利益。要按照2022年中央一号文件明确提出的"让农民种粮有利可图,让主产区抓粮有积极性"目标要求,健全农民种粮收益保障机制;要适时适度提高粮食最低收购价格,稳定粮食补贴政策。总之,要灵活运用价格、补贴、金融、保险等多种政策工具,帮助种粮农民防范和规避生产风险,增加收益预期,提高种粮综合效益;要支持家庭农场、农民合作社、农业产业化龙头企业多种粮、种好粮。

三要大力推进农业现代化。要深入实施藏粮于地、藏粮于技战略,大力推进农业高科技发展,大力推进大数据、智能化等现代科技在农业生产上的运用,大力发展高质量农业、绿色农业,不断提高粮食生产能力和农产品供给能力。要围绕农业基础设施建设、设施农业发展、节水灌溉、高标准农田建设、土地保护和改造、种源利用、农机装备应用、农业防灾减灾救灾能力提升等,加强科技攻关和技术创新。要通过科技创新和制度创新,促进农业向规模化、集约化、工业化、数字化、社会化和绿色化方向发展。

四要大力推进多业融合发展。仅靠农业发展不仅不可能实现农业自身的现代化,而且也不可能实现产业振兴、农民富裕。实现乡村产业振兴必须在坚持农业现代化的大方向的前提下,走多业融合发展的路子。多业融合发展,既是农民群众的心愿,也是经济社会发展的规律性要求。早在20世纪八九十年代农村改革开放初期,我们就认识到了"无农不稳、无工不富、无商不活"的道理。改革开放以来,农村的多种经营从来就没有停止过。进入新时代后,随着社会主要矛盾的转化,解决城乡发展差距和二元分割问题成为一个重要课题,多业融合发展又迎来了新的机遇。2020年7月,农业农村部印发《全国乡村产业发展规划(2020—2025年)》,重点对农产品加工业、乡村特色产业、乡村休闲旅游业、乡村新型服务业等第二、第三产业发展进行了布局谋划。2022年的中央一号文件再次强调,要持续推进农村第一、第二、第三产业融合发展,鼓励各地拓展农业多种功能,挖掘乡村多元价值,重点发展农产品加工、乡村休闲旅游、农村电商等产业。我们要根据中央文件精神,深刻认识我国城乡经济社会结构变迁规律和发展趋势,加快推进农村多业融合发展。要围绕农业生产链、供应链、创新链等大力发展农产品加工业和生产服务业;要围绕农业农村的多种市场功能、多种社会文化功能的开发利用,大力发展乡村旅游观光业、休闲康养业、特色文化产业;要围绕高科技产品在农业农村的应用,大力发展智慧农业,大力建设智能农村社区,大力发展多种多样的新产业、新业态。

四、正确认识和处理耕地保护与农村土地开发利用的关系

关于农村土地问题,当前存在两个比较突出的既有一定联系又有各自片面性的思想认识问题。第一个问题是对耕地保护的重要性认识不够。如个别地方政府为了当地发展

盲目搞土地"农转非",不断增大建设用地指标,挤占耕地资源;个别农村存在随意改变土地用途和耕地"非农化""非粮化"现象。第二个突出问题是对如何合理、高效开发利用农村土地重视不够、缺乏思路,农村土地闲置浪费问题比较严重。如有些农村存在承包地撂荒现象,不少农村存在宅基地和农房长期闲置问题,不少农村长期存在的"空心村"问题得不到解决。这些问题要求我们必须正确认识和处理耕地保护与农村土地资源的开发利用问题。

一要充分认识耕地保护的重要性,严守18亿亩耕地红线。耕地承载着国家粮食安全、城乡农产品供应等多种经济功能,承载着确保农民承包权、农业收益权、城乡居民休闲生活等多种社会功能,还承载着水土涵养、空气净化等生态功能,保护耕地意义重大。2022年的中央一号文件对耕地保护提出了更加明确、更加严格的要求,提出了耕地用途管制问题,要分类明确耕地用途,严格落实耕地利用优先顺序,耕地主要用于粮食和棉油、糖、蔬菜等农产品及饲草饲料生产,永久基本农田重点用于粮食生产,高标准农田原则上全部用于粮食生产。[①] 我们必须按照文件要求,落实"长牙齿"的耕地保护严格措施,实行耕地保护党政同责,严守18亿亩耕地红线。要按照耕地和永久基本农田、生态保护红线、城镇开发边界的顺序,统筹划定落实三条控制线,确保耕地和永久基本农田保有量;要落实和完善耕地占补平衡政策,确保补充耕地的产能和质量;加大耕地执法监督力度,严厉查处违法违规占用耕地从事非农建设行为;要强化耕地用途管制,严格管控耕地转为其他农用地;要落实工商资本流转农村土地审查审核和风险防范制,防止工商资本到农村圈地占地。

二要搞好农村土地的开发利用。保护耕地是为了更合理更有效地开发利用农村土地。我国要实现工业化、城镇化、农业现代化,必须破解"土地"难题,解决好土地的供应利用问题。农村最大的资源就是土地,要在搞好耕地保护的前提下,搞好农村土地的开发利用。推进乡村振兴,必须通过盘活用好农村土地资源来吸纳各种生产要素如资本、技术、人才等向乡村聚集。而要盘活用好农村土地资源又必须深化土地制度改革。要构建统筹利用城乡建设用地的土地制度,诸如城乡一体化的土地利用规划制度;严格的集约节约用地制度;城乡一体化的建设用地市场制度;城乡建设用地人地挂钩制度;科学合理的征地制度,特别是科学合理的土地增值收益分配制度等。就当前农村的土地制度改革而言,要深化承包地所有权、承包权、经营权"三权"分置改革,促进土地适度规模化、集约化经营;要深化宅基地所有权、资格权、使用权"三权"分置改革,通过放活使用权盘活宅基地。要积极稳妥推进农村经营性建设用地入市。总之,要通过土地制度改革,让农民变股东,土地变资产;要通过土地制度改革,发展壮大农村集体经济;要通过土地制度改革,让乡村成为投资创业的热土。

---

① 《中共中央　国务院关于做好二〇二二年全面推进乡村振兴重点工作的意见(二〇二二年一月四日)》,《人民日报》2022年2月23日。

五、正确认识和处理农村社区建设与乡村特有功能保持的关系

时下,在乡村建设过程中,有关村庄撤并、建设新型农村社区、保护传统村落等问题经常引起干部群众和专家学者的议论,而且存在不少争议。如有人认为,通过合村并镇、合村并居等集中居住的方式搞农村社区建设,是合规律合民情的事。但也有个别人认为,通过合村并居搞社区建设是强迫农民"上楼",不利于传统村落保护和农耕文明传承。有些人把推进村庄现代化建设特别是农村社区建设与保持乡村特有功能特别是农耕文明传承功能严重对立起来、分割开来,因而存在非此即彼、截然对立的观点主张。很显然,如何理性看待农村社区建设和乡村特有功能保持并协调好两者关系,是当前乡村建设实践中特别需要弄清的问题。

一要充分认识农村社区建设的必然性、必要性。建设农村社区,是因应我国乡村土地所有制和产权结构、产业和就业结构、人口和群体结构、收入和消费结构以及城乡关系的重大变迁而对农村居民(村民)居住结构、居民(村民)生活单元、居民(村民)自治单元、社会公共管理和服务单元、社会治理单元进行的适应性创新。21世纪初,基于我国农村经济社会结构变迁的现实和社会治理创新的需要,我国提出并开始探索新型农村社区建设,诸多地方打破村庄界限,撤销村庄建制,将多个村庄化为一个社区,构建新型社区治理单元,作为政府下沉公共管理与公共服务的载体,及社区居民开展自我治理的活动载体。[1] 有专家明确指出,随着农村集体产权改革的深化以及农村社会日益开放,从封闭性的村民自治走向开放性的社区自治是必然的趋势,也是农村经济、政治和社会发展的客观要求。[2] 首先从必然性角度看。生产力决定着生产关系,生产方式制约着人们的生活方式包括人们的居住方式。工业化、城镇化、信息化、农业现代化必然要求土地、人口等资源要素优化整合、高效利用,必然引发人们生活方式的相应改变,这是经济社会发展规律使然。受土地、人口、环境等条件约束,受经济社会结构变迁影响,我国必然要走集约节约利用土地的发展之路,必然要走集约化利用公共资源之路。因此,无论是在城郊接合部人口比较密集、经济比较发达的乡村,还是在"空心村"问题严重、人口流出较多、经济相对落后的乡村,采取合村并镇、合村并居等方式调整和优化村庄结构,开展新型农村社区建设,无疑是优化利用土地资源的必由之路,是农村生产要素集聚和产业融合发展的必然要求,也是农民生活方式变迁和农民提高生活水平的必然要求。特别是在地处比较偏远、经济相对落后的农村地区,大量"空心村"的出现导致土地闲置、资源浪费,必然要求推动村庄结构调整,使传统的"农耕型""分散型""偏远型""落后型"村庄向当代的"农产型""聚集型""中心型""生态型""现代型"村庄更新整合。[3] 其次从必要性角度看。搞农村社区

---

① 李增元:《农村基层治理单元的历史变迁及当代选择》,《华中师范大学学报(人文社会科学版)》2018年第2期,第31—42页。

② 项继权、王明为:《村民小组自治的实践及其限度:对广东清远村民自治下沉的调查与思考》,《江汉论坛》2019年第3期,第40—48页。

③ 樊继达:《因地制宜推进村庄结构调整为乡村振兴赋能》,《学习时报》2020年7月1日。

建设不仅有利于促进经济发展,而且有利于提高农村的公共服务水平,更加符合广大农民群众的心愿。农村社区建设正是在政府公共管理和服务下沉的背景下进行的。在具备条件的地方,在尊重农民意愿的前提下,适时适势进行村庄撤并、布局调整,建立新型农村社区,有利于基础设施和公共服务设施的集中建设,有利于城乡公共管理的一体化和公共服务的均等化,有利于农村公共服务水平和效率的提高,符合农民群众的利益和需求。很显然,搞农村社区建设既内含着适应规律的必然性,也体现着满足农民群众利益和需求的必要性。近年我国山东、浙江、广东、江西等一些地方开展新型农村社区建设所取得的成效也为我们提供了实证。比如山东诸城早在 2007 年就开始推行农村社区化,以社区为中心,实现基础设施和公共服务等资源下移,建成乡村"两公里服务圈";以社区为平台,集聚土地、人才、资金等资源要素,破解村庄散弱且空心化、人才流失且老龄化、农业分散且兼业化等难题。[①] 比如山东青岛自 2011 年以来大力推进村庄结构调整和新型农村社区建设,取得了良好成效,在优化了村庄组织结构、强化了党建统领、促进了产业发展、改善了生活环境的同时,极大地提高了农村的社会化服务水平,从 2012 年开始至 2017 年,按照"一社区一服务中心"原则,在全市建设了 1057 个农村社区服务中心,按照有社区组织办公场所、综合服务厅、卫生室等"八有"配套和劳动保障、医疗卫生、经济发展等"十进"服务的标准,推动服务中心提档升级,优化了服务功能。因此,搞农村社区建设的大方向值得肯定。

二要因地制宜、量力而行搞农村社区建设。农村社区建设是乡村建设的一个重要方向、重要内容,但社区建设并不等同于乡村建设,也不等同于撤村并居。要落实乡村振兴为农民而兴、乡村建设为农民而建的要求,立足村庄现有基础开展乡村建设。搞社区建设要因地制宜、量力而行、有序推进,通过示范引导的"拉力"作用让农民在社区建设中获得实实在在的好处,决不能违背农民意愿搞不切实际的大拆大建。要统筹城镇和村庄布局,科学编制村庄建设规划,严格规范村庄撤并,不盲目拆旧村、建新村,不超越发展阶段搞大融资、大开发、大建设,避免无效投入造成浪费。

三要注意保持和彰显乡村特有功能。相对城市而言,乡村具有城市无法替代的独特的生态功能、农耕文明传承功能、休闲康养功能等。现代乡村已不仅仅是农民生产和生活的空间载体,也是城市居民消费和生活的载体,是高品质生活宜居地,是生态环境优美之地。因此,在推进村庄现代化建设时要特别注意保留和体现乡村的生态价值、文化传承价值。总体而言,在村庄现代化建设中,特别是在农村社区建设中,要注意乡村功能与城市功能的互补互动,既要让农民充分享受现代社会文明进步的成果,拥有更好的居住条件和更好的生活方式,又要突出体现乡村的特色风貌,突出乡村特有的生态、文化、社会功能,在与城市互动中充分发挥自身的功能作用。比如,四川省成都市以中心城市引领发展带动实现区域乡村振兴,聚焦公园城市示范区建设,优化乡村空间,形成"产田相融、城乡相

---

① 桑福岭:《在城乡融合发展中振兴乡村》,《人民日报》2020 年 12 月 30 日。

融、城乡一体"的空间形态特征,凸显了乡村独特功能。① 成都的探索实践给我们带来了有益启示。

四要注意搞好传统村落的保护和利用。在推进村庄现代化建设特别是推进农村社区建设过程中,一定要特别注意搞好传统村落的保护和利用。传统村落具有重要的文化功能,特别是具有重要的农耕文明传承功能,搞好传统村落保护和利用意义重大。因此,2022年的中央一号文件明确指出,要开展传统村落集中连片保护利用示范;要保护特色民族村寨,实施"拯救老屋行动";要加强农耕文化传承保护,推进非物质文化遗产和重要农业文化遗产保护利用。搞好传统村落保护,需要政府的财政支持;需要把保护与开发利用有机结合起来,充分调动农民参与保护的积极性。如何在乡村现代化建设中保护传统村落,不少地方进行了探索实践。比如云南省大理市提出了以"记得住乡愁"为核心理念的乡村振兴路径,大力打造"乡愁"文化,大力开发"乡愁"经济,有效平衡了传统与现代的关系,在推进乡村经济发展的同时保留了乡村的生态原貌和文化底蕴。② 这些探索实践给我们带来了有益启示,其主要启示就是必须把保护传统村落与传统村落的开发利用有机结合起来,在城乡互动互补关系中凸显乡村特有的价值功能,让乡村居民获得实实在在的利益。

六、主要结论

乡村振兴既是党领导人民进行的伟大创新实践,又是经济社会发展的一种规律性要求。要扎实有效推进乡村振兴,必须基于经济社会发展规律的视角,正确认识和处理好五种关系问题:要正确认识和处理乡村振兴与城镇化建设的关系,促使二者同向发力、相互促进,在城乡融合发展中推进乡村振兴;要正确认识和处理党和政府推动与发挥市场作用的关系,在坚持和加强党的领导、持续发挥政府推动作用的同时,充分发挥市场的功能作用;要正确认识和处理农业现代化与多业融合发展的关系,在大力发展高科技农业、高质量农业、生态农业,确保国家粮食安全的前提下,大力发展乡村的多种产业;要正确认识和处理耕地保护与农村土地开发利用的关系,在搞好耕地保护的前提下,放开搞活农村土地市场,促进农村土地有序、高效开发利用;要正确认识和处理农村社区建设与乡村特有功能保持的关系,在条件具备和充分尊重农民意愿的前提下搞农村社区建设,防止大拆大建,同时要高度重视传统村落保护,在村庄现代化建设中有效保持和发挥在城乡空间布局结构中乡村特有的生态、文化、社会功能。

(作者:李太淼、李展,原载《河南社会科学》2022年第12期)

---

① 常晓鸣:《以中心城市引领发展带动实现区域乡村振兴》,《学习时报》2021年10月1日。
② 黄振华、陈梓清:《记得住乡愁:乡村振兴的路径选择:基于云南大理的实践与思考》,《党政研究》2022年第2期,第93—100页。

期刊发展问题研究

社科学刊的作用

要充分发挥社科学术期刊在繁荣和发展社会科学过程中的重要作用,我觉得应在以下几个方面做出努力。

要充分发挥期刊对社科成果的评价功能,积极刊载人文社科研究领域最新的、有价值的学术研究成果。就具体编辑工作而言,应把握这样几点:一是要坚持"编研结合、以编为主、以研促编、编辑学者一体化"的办刊要求,不断提高编辑的业务素质和专业素养。只有不断提高编辑的业务素质和专业素养,才能促进编辑和作者之间更好交流对话,才能为期刊选好稿用好稿打下坚实的学术基础。否则,编辑在大量稿件面前就会难辨真伪、不分良莠,难以作出较准确的学术判断。二是要坚持和完善严格的编审稿制度。程序公正是结果公正的前提、保证。要办好期刊,编好稿、发好稿,既有赖于主编和编辑的个人能力、道德良知,更有赖于科学而严格的编审稿制度。要坚持和完善在实践中证明较为有效的、并为多数期刊所普遍采用的"三审三校"制度以及相关的责任追究和奖惩制度,有条件的期刊可逐步实行"双向匿名"审稿制度。

作为学术成果传播的载体和学术成果展示的窗口,学术期刊对深化社会科学研究具有重要的导向功能。要突出并充分发挥期刊的导向功能,从办刊的方向角度讲,应主要把握四个方面的要求:一是要坚持正确的政治导向。所刊发的文章和探讨的问题,其立足点和落脚点要有益于推动我国的物质文明、精神文明和政治文明建设,有益于推动全人类的文明进步。二是要积极关注社会重大现实问题和理论问题的探讨。学术期刊要强化为现实服务的功能,不能办成"六经注我、我注六经"的象牙塔内之物,而要积极介入对重大现实问题和理论问题的研究探讨,以此推动对这些问题的研究不断走向深入。三是要追踪学术前沿热点问题。要了解某一学术领域的前沿成果、当前探讨的热点问题,通过期刊的积极介入,把该学术领域的研究进一步推向深入。四是要突出刊物特色。当前我国学术期刊林立,社科研究的专业领域异常广泛。任何一种期刊都不可能面面俱到地将所有最新最优秀的社科成果囊括在自己的期刊之中。因此,必须突出刊物特色,尤其是地方刊物,必须突出地方特色,在某些学科、专业方面有所侧重,形成自己的优势。从具体的编辑工作角度讲,要在两个方面下大力气:一是要搞好选题策划,二是要搞好栏目设置。这是体现编辑意图、导引问题研究、突出期刊特色的有效方式。

学术期刊还具有传播功能,其在社科成果的转化、应用过程中有着重要作用,主要表现是一些科研成果,对党和政府及其他决策部门具有重要的参考借鉴价值;对一般读者、群众,一些学术文章具有重要的引人思考、解疑释惑功能;对社科研究工作者,一些科研成果对其开辟新的科研领域,产生新的科研成果具有重要的启迪作用。

在推动社科成果向社会效益和经济效益转化中,期刊要在三个方面做出新探索:一是要对优秀成果及时刊发。只有及时刊发优秀成果,特别是应用性较强的优秀成果,才能提高成果转化应用的速度和效率。二是要增强与党政决策部门的沟通和联系。与以往不同的是,我国当代许多党政干部都具备较高学历,且具有一定的运用社科知识和成果分析解决问题的素质和能力。现代社会问题的复杂性、关联性,也迫切需要党政干部摆脱传统的凭经验拍脑袋决策模式而依托专业科研力量进行民主的科学决策。三是要扩大期刊界的横向联系和相互传播力度。要通过横向联系、交流,适当整合社科成果信息资源,在坚决清除学术垃圾的同时,通过论点摘编、对策建议等形式加大对某些重大成果或有地域特色成果的宣传力度。

(原载《光明日报》2005 年 2 月 4 日)

精心打造学术名刊

——访《中州学刊》社长、副主编李太淼

《中州学刊》创刊于1979年,是河南省社会科学院主办的综合性人文社会科学理论学术期刊。《中州学刊》关注重大现实问题和理论问题,注重文章的思想性、学术性、原创性,以"崇尚科学、追求真理、提倡原创、打造精品"为办刊理念,广集百家睿智,编发精品力作,弘扬中原文化,关注学术前沿。《中州学刊》自创刊以来,曾先后被评为全国中文核心期刊,哲学、经济学核心期刊,中国人文与社会科学核心期刊、中文社会科学引文索引(CSSCI)来源期刊、中国期刊方阵双效期刊,连续多年被评为河南省社科类优秀期刊、一级期刊,河南省二十佳期刊。《中州学刊》是国际学术交流期刊,是中原学术交流的重要窗口,发行范围遍及中国大陆及港、澳、台地区,远及东南亚、欧美等地。《中州学刊》在国内外学术界享有极高的盛誉,素有"中原第一刊"的美称,所发文章的转载率、被引频次、影响力一直在全国同类期刊中名列前茅。目前,全国许多重点高校,如中国人民大学、北京师范大学、复旦大学、武汉大学、南京大学、南开大学、中山大学、四川大学、东北师范大学等都将《中州学刊》列为本校师生发表学术论文的指定核心期刊。

记者:目前,我国的期刊界正处于繁荣与发展的阶段,其中社会科学学术期刊约有2800种,学术期刊之间的竞争也空前激烈。《中州学刊》作为中原学术名刊、大刊,为繁荣河南学术作出了很大贡献,多年来取得的成就是有目共睹的。请问李社长,《中州学刊》在激烈的竞争中取得丰硕成果的主要经验是什么呢?

李太淼:首先我想说的是,《中州学刊》能取得今天的成绩,是和中共河南省委宣传部、省新闻出版局的正确领导与指导、河南省社会科学院领导的大力支持、社会各界朋友的热心帮助分不开的,是历届领导和编辑的共同努力取得的。如果谈到《中州学刊》的办刊经验,就我个人的体会,主要有以下三个方面:

第一,坚持正确的办刊导向,强化为现实服务的功能。在许多人眼里,学术问题很深奥,同时也很枯燥乏味,离现实生活很远,学术刊物都是象牙塔内之物。其实不然。学术研究用大白话说,就是对社会、对人生、对历史刨根问底,找个明白说法。因此,我们的生活、我们的社会都离不开学术研究,因而也离不开传播学术研究成果的学术刊物。学术刊物具有咨政育人、传承文明、解疑释惑、引导和推动学术研究等重要功能。知道了学术期刊的重要作用,我们就必须坚持正确的办刊导向,同时还要强化为现实服务的功能。只有

这样,才能更好地为党和政府提供决策参考服务,更好地为群众解疑释惑,为建构和谐社会、推进社会文明进步发挥积极作用。多年来,《中州学刊》坚持以马列主义、毛泽东思想、邓小平理论和"三个代表"重要思想为指导,坚持"二为"方向和"双百"方针,坚持"三贴近"原则,在严把质量关的同时,围绕我国改革开放和社会主义市场经济建设进程中以及经济全球化进程中,广大群众普遍关心的重大理论问题和现实问题、难点和热点问题,诸如新时期党建问题、政府体制改革问题、干部制度改革问题、反腐倡廉问题、所有制改革问题、"三农"问题、中部崛起与中原崛起问题等,组织编发了大量既有很强的现实针对性又有很高的学术理论价值的力作,既增加了学刊的"看点",又强化了为社会现实服务的功能。

第二,倡导科学精神,编发精品力作。要办好学术杂志,必须倡导科学精神,倡导学术探讨自由,鼓励专家学者在尊重客观事实、尊重学术规律和学术规范的前提下,大胆进行理论创新和知识创新,特别要注意刊发具有原创性价值的学术成果。长期以来,《中州学刊》一直坚持"崇尚科学、追求真理、提倡原创、打造精品"的办刊理念。近年来,学术界存在一些不良现象,学术期刊界也存在一些不良现象。来自世俗功利的诱惑或来自办刊条件的挤压,有些学术期刊逐渐丧失了科学精神,涂上了功利色彩,以致大量缺乏原创性价值的、粗制滥造的、质量低劣的文章堂而皇之地刊发在学术刊物上。如果学术期刊被大量粗制滥造、内容重复、观点陈旧、假大空、废话连篇、有文无论、有学无说的文章所充斥,不仅会影响学术期刊的健康发展,还会助长社科学术界的不良风气。《中州学刊》对此保持着高度的警惕和清醒,一以贯之地坚持高标准、高品位、高质量的办刊要求,严把质量关,力求刊发具有真知灼见的精品力作。企业界常说"质量是企业的生命",在这里我想说"学术质量是《中州学刊》的生命"。学刊所刊发的一些文章反响很大,有的在学术界引起了激烈的争鸣,有的在读者群中引发了强烈的共鸣,从而进一步巩固并扩大了《中州学刊》在全国学术界的影响。学刊所刊载的文章在《新华文摘》《中国人民大学报刊复印资料》《中国社会科学文摘》《光明日报》《文摘报》《河南日报》《学术界》《报刊文摘》《社会科学报》等国内权威刊物的综合转载率一直位居全国社科期刊的前列。

第三,突出自己的特色。没有特色,就没有优势;没有特色,就没有生命力。

记者:对不起,李社长,我想插几句话。目前,人文社会科学综合性学术期刊普遍存在着大同小异、缺乏特色的毛病,有人戏称:如果将几种不同的综合性学术期刊去掉封面和扉页摆放在一起,根据杂志内容,大家很难分辨出哪份刊物是哪里办的。请问《中州学刊》有什么突出特色?

李太淼:特色包括封面设计、栏目设置、内文选题乃至排版格式等多方面,但我觉得,《中州学刊》最突出的特色有以下两个方面:一是从整体上突出高标准、高品位、高质量的办刊要求。二是栏目设置上突出中原特色。中原文化源远流长,底蕴深厚,弘扬中原文化是《中州学刊》义不容辞的责任。我们在栏目设置上匠心独运,十分注意突出中原文化特色,开设有《先秦文学研究》《唐宋文学研究》《宋明理学研究》《易经、道家研究》《宋史研究》《冯友兰研究》等颇具地域特色的栏目,并将其发展为我们的品牌栏目,重点编发海内外学者在这些方面研究的前沿成果,在中国学术界以及东南亚等国家的学术界颇有影响。在栏目设置上,《中州学刊》打破了人文社会科学综合性学术期刊按照学科分类的传统做法,采用以栏目带文章的做法,来突出栏目、淡化学科。在保持体现中原文化特色的优势栏目的同时,为了更好地服务现实,服务社会科学研究,我们适时开设了一些颇具特色的新栏目,如《当代政治》《理论经济学新探》《区域经济》《农村经济》《企业改革与管理》《社会问题研究》《文艺研究》《伦理学》《法学研究》等栏目,同时从哲学、政治学、经济学、法学、社会学等方面加强对现实问题的关注和研究,既弘扬了主旋律,又为解决现实问题提供了智力支持;既有利于向群众做好解疑释惑工作,又增强了刊物的可读性,使刊物充满了强烈的时代感和现实感。你可以看看我们刊发的《村民自治背景下农村"两委"关系的多维审视》《"中部崛起"笔谈》《"三票制":干部选拔任用制度改革的新尝试》《"民工荒"中的劳动权益缺失及其保护》《当代中国家庭消费的伦理误区》《视觉快感与当前电影中的视觉奇观》等文章,肯定会令你耳目一新。

此外,《中州学刊》在坚持简洁大方的特色,体现学术期刊独特风格的同时,也积极适应社会科学发展需要,进行了版式设计创新。从 2001 年伊始,《中州学刊》在封面设计突出了河洛文化的中原特色,得到了读者的广泛好评。2004 年,《中州学刊》又改原来的小16 开本为大 16 开本,对封面版式、封面颜色、扉页版式、目录版式以及内文版式进行重新设计,使《中州学刊》看上去更加典雅、厚重、大方。我们按照新闻出版管理部门的要求,致力于从整体上提高刊物质量,努力缩小同国外期刊在印刷质量、版式设计、内文纸张等外观方面的差距,基本实现了与国际接轨。

记者:李社长,刚才您所讲的三方面经验都比较宏观。我想了解一些比较具体的、带有操作性的办刊举措,请您介绍一下好吗?

李太淼:学术期刊的特殊性,首先,要求学术编辑自身必须具备很高的专业素养。为此,在编辑队伍建设方面,我们长期以来一直坚持"以编为主,编研结合,以研促编"的工作方针,鼓励和督促编辑刻苦钻研业务,努力提高自身的学识水平,在做好编辑工作、出色完成任务的前提下,进行专业研究,努力提高编辑的综合素质,争取使每位编辑都要成为本专业领域的行家和专家。近年来,《中州学刊》的编辑同志主持并参与了十几项国家社会科学基金项目及省级社会科学基金项目,出版了大批较高水平的学术专著和学术论文,获得国家级奖、省级奖等 30 多项,不少编辑也逐渐成长为专家型编辑。我在做好行政工作和编辑工作的同时,努力在科社、党建和制度经济学这三个领域进行较深入的研究。近年来,我出版专著 3 部,累计完成论文、专著、调研报告等科研成果 200 万字左右,公开发表科研成果近百万字,承担主持国家社会科学规划课题 3 项,承担、主持并完成河南省社科规划项目 2 项。

其次,要加强作者队伍建设。在作者队伍建设方面,《中州学刊》创刊 25 年来,已经拥有了一大批比较稳定的、具有较高学术水平的作者队伍,保证了刊物有充足的稿源。

《中州学刊》一直注重作者队伍建设,注重对有潜力作者的培养。《中州学刊》在自身发展的同时,也培养了一批学术界的领军人物,造就了一批有很高学术造诣的教授、博士生导师。目前活跃在学术界的许多知名学者都是我们的朋友,有很多学者踏上学术之路的"处女作"是在《中州学刊》发表的。因为我们的每一位编辑都有各自的专业研究领域,因此更容易与学术界打交道,也更容易与作者进行交流和沟通。目前,我们每一位编辑都有相对稳定的作者群,我们也一直注重对作者进行"感情投资",例如,多年来一直支持我们的老作者几乎每年都能收到我们的祝福和问候。目前,我们的作者队伍形成了老、中、青结合的良性发展的学术梯队。在这里,我想向海内外多年来一直支持我们的作者朋友们真诚地说一声"谢谢"。

最后,要加强内部管理,完善各项规章制度建设。要想结果公正,首先要程序公正。近年来,学刊不断加强和改进各项规章制度建设,诸如来稿登记制度、采编约稿制度、"三审一定"制度、编校质量奖惩制度、审读员制度、分工负责及责任追究制度、政治学习制度、编辑培训制度等,从而为选好稿、编好稿,有效杜绝人情稿、关系稿、金钱稿,提供了有力的制度保障。

(作者:李太淼、记者,原载《传媒周刊》2005 年 7 月 13 日)

倡导科学精神　繁荣学术期刊

　　人文社会科学学术期刊,作为刊载人文社会科学研究成果、传播人文社会科学研究信息、提供人文社会科学研究资料、传承人类先进思想文化、引导学术研究走向、启迪人类认知世界智慧的重要工具和载体,在社会科学事业的繁荣和发展中有着独特的功能和作用。要繁荣和发展社会科学事业,要使社会科学研究更好地为我国物质文明和精神文明建设服务,人文社会科学学术期刊责任重大。

　　改革开放 20 多年来,我国的社会科学事业获得了前所未有的巨大发展,取得了辉煌成就,在我国的改革开放和现代化建设中发挥了不可替代的作用。然而,不可否认的问题是,近些年来,社科学术界出现了一些腐败现象,存在一些不良学风。这种不良学风乃至腐败现象在学术期刊界也有所表现。来自世俗功利的诱惑或来自办刊条件的挤压,有些学术期刊逐渐丧失了科学精神,涂上了功利色彩,以至大量缺乏原创性价值的、粗制滥造的、质量低劣的文章堂而皇之地刊发在学术刊物上,既影响了学术期刊的健康发展,也助长了社科学术界的不良风气。因此,改进学风,繁荣和发展社会科学事业,不仅需要加强社会科学工作者学术道德建设,需要改进和完善社会科学的研究、评价、管理、转化、应用等体制,而且需要学术期刊自身的努力。

　　要繁荣和发展社会科学事业,必然要繁荣和发展学术期刊,而要繁荣和发展学术期刊,必须要倡导科学精神。科学精神是学术期刊得以合理存在、健康发展并在社会文明进步中有效发挥功能作用的先决条件。

一、倡导科学精神是学术期刊充分发挥其在社会科学研究中功能作用的必然要求

(一)科学精神的本质

　　什么是科学?科学就是人类对自然界和人类社会一切事物发展变化的客观规律的认知。科学的基本功能在于如实地反映客观世界所固有的本质联系及其规律,达到主观符合客观的真理性认识,为人类改造世界的实践活动提供合规律的理论指导。而科学精神则是指自由探索、实事求是、勇于批判、大胆创新、小心求证的精神。尽管社会科学研究因其必然或多或少地包含着意识形态的内容而与自然科学研究有所不同,但因社会的发展变化同样存在不以人的意志为转移的客观规律,因而以社会作为研究对象的社会科学在本质上仍属于科学的范畴。既然社会科学是一种科学,因而要搞好社会科学研究,就必须

倡导科学精神。只有倡导科学精神,尊重客观实际,尊重社会实践,运用科学的方法和手段去研究,社会科学研究才能多出、快出真正具有价值的科研成果,才能更好地为社会服务。既然社会科学研究需要倡导科学精神,那么,作为服务和推动社会科学研究的学术期刊,当然也需要倡导科学精神。只有倡导科学精神,学术期刊才会有旺盛的活力和生命力,才会不断推出有价值的精品力作,更好地为社会科学研究服务,为精神文明、物质文明、政治文明和生态文明建设服务。

(二)科学精神的政治解读

倡导科学精神与人类的价值诉求存在内在的一致性。长期以来,有些学者总认为科学精神不包括人类的价值诉求,是在完全"价值中立"或"价值祛除"的状态下从事科学研究的,从而把人文精神看作完全同科学精神相分离甚至相对立的一种精神。在西方,早就有科学主义与人本主义之争。事实上,依据人类所奋斗的一切都同自己的利益有关这一历史唯物主义原理,科学同样是以人为主体、以人为本的有目的的认知世界的实践活动。相对于人类自身生存、发展、享受这一终极目的而言,科学只是手段,科学活动不可能不包含人类的价值诉求,因而科学精神也不可能不包含人文精神,科学精神绝不排斥人文关怀。尽管人类社会中一些阶级、阶层会有自己的特殊利益,因而会产生特殊的价值诉求,这种特殊的价值诉求可能会与科学发展产生冲突,会与科学精神相背,但就人类作为一个拥有共同利益的共同体而言,科学精神是符合人类共同的价值诉求的。当然,科学精神代替不了人文精神,科学精神需要人文精神的配合。

倡导科学精神是与实现我们党的价值诉求相一致的。在极个别思想僵化的人看来,学术期刊倡导科学精神,不利于统一思想和党的领导,不利于党的方针政策的贯彻执行,因而同党的价值诉求存在根本矛盾。这种认识是极为糊涂、极为有害的。中国共产党是全国各族人民根本利益的忠实代表,除了广大人民的利益没有自己的特殊利益,因而我们党绝没有代表自己特殊利益的价值诉求,我们党的价值诉求实质上就是全国广大人民的价值诉求。而这种价值诉求的实现,正需要倡导科学精神。也就是说,我们党最欢迎科学,最需要科学,最需要科学地认识自然界、认识社会,从而最大限度地依据客观规律办事,为人民谋福利。因而,我们党最需要科学精神。

(三)学术期刊功能的有效发挥有赖于倡导科学精神

只有倡导科学精神,学术期刊才能刊发大量具有原创性价值的人文社会科学研究成果,才能正确传递、及时传递社科研究信息,才能正确引导人们的研究路径和价值取向,才能真正传承人类优秀的文化成果。否则,如果学术期刊被大量粗制滥造、内容重复、观点陈旧、假大空、废话连篇、有文无论、有学无说的文章所充斥,不仅会造成社科学术资源的大量浪费,而且会给社会带来危害。

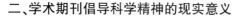

二、学术期刊倡导科学精神的现实意义

（一）倡导科学精神的政治意义

解放思想，实事求是，与时俱进，开拓进取，是我们党的思想路线。科学精神与党的思想路线有着内在联系。学术期刊要坚持党的思想路线，就必须倡导科学精神。只有倡导科学精神，尊重实际，尊重科学，科学地认识社会问题，实事求是地探讨解决问题的科学方案方法，学术期刊才能更好地坚持党的思想路线。倡导科学精神有利于学术期刊坚持"二为"方向和"双百"方针。江泽民同志在中国社科院的讲话中明确提出：哲学社会科学研究应坚持为人民服务、为社会主义服务的方向，坚持"百花齐放、百家争鸣"的方针，提倡理论创新和知识创新，鼓励大胆探索。倡导科学精神就是倡导学术探讨自由，鼓励专家学者在尊重客观事实、尊重学术规律和学术规范的前提下，大胆发表不同意见，不唯上，不唯书，不媚俗，对不同意见不扣帽子、不抓辫子、不打棍子，不压制不同意见，不偏袒门户偏见，让专家学者在自由探讨和不断争鸣中推进学术创新，不断认识真理、发现真理、发展真理。而这，正是坚持了我们党对学术研究所提倡的"百花齐放、百家争鸣"的方针。学术期刊只有倡导科学精神，倡导学术创新，编发大量精品力作，才能更好地为人民服务，为社会主义现代化建设服务。

（二）学术期刊倡导科学精神是理论创新的迫切需要

当今时代，就国际形势而言，国际政治多极化、全球经济一体化的趋势正在加快，科技进步日新月异，知识经济迅猛发展，国际社会各种思潮相互激荡；就国内形势而言，我国正在建立健全社会主义市场经济体制，改革开放不断深入。面对新的时代，面对不断发展变化的新形势、新情况、新问题、新要求，我们在进行建设有中国特色社会主义、加快现代化进程、实现中华民族伟大复兴的伟大实践中，遇到了前所未遇的一系列重大现实问题和理论问题，迫切需要理论创新，需要社会科学创新。要使党和国家的事业不停顿，首先要理论不停顿。江泽民同志在近年来的多次讲话中一再强调理论创新的重要性、必要性。而要推动理论创新，学术期刊就要解放思想，与时俱进，坚持"双百"方针，倡导科学精神，及时刊发、大胆刊发有真知灼见的精品力作，引导和推动专家学者对重大现实问题和理论问题进入深入研究，在推动社会科学不断创新的基础上推动理论的不断创新。

（三）倡导科学精神是学术期刊更好地为"双文明"建设服务的需要

在社会主义物质文明和精神文明建设进程中，学术期刊有着独特的作用。学术期刊只有倡导科学精神，及时刊发最优秀、最有学术价值和现实意义的社会科学研究成果和理论成果，才能为政府、企业等实行科学决策、科学管理提供及时的咨询参考和智力支持，才有助于及时向群众做好释疑解惑的思想工作，才有利于帮助人们树立正确的世界观、人生观、价值观，才能真正做到用科学的理论武装人，用科学的理论启迪人、教育人、引导人。如果学术期刊不能倡导科学精神，被大量粗制滥造、质量低劣、毫无学术价值和创新意义的文章所充斥，甚至刊发一些非科学、反科学的文章，不仅不能有效发挥其服务"四个文明"建设的积极作用，反而会混淆视听，搞乱人们的思想，误导政府的决策，对社会文明进步起阻碍作用。

三、学术期刊倡导科学精神必须正确处理好四种关系

（一）学术探讨与社会责任的关系

倡导科学精神，必然倡导在自由宽松的研究环境中对学术问题进行深入探讨。然而，学术探讨本身也是一种社会行为，既然是一种社会行为，就要承担一定的社会责任。在任何国家、任何社会，学术探讨都不可能脱离政治、脱离社会而独行。因此，学术期刊在倡导科学精神的同时就必须处理好学术探讨与社会责任的关系。一方面要排除阻力和干扰，积极地进行实事求是的科学探讨，另一方面，又要注意自己的社会责任。这就要求学术期刊必须有强烈的社会责任感、政治责任感和高度的政治敏锐性，在刊发一些学术文章时，要讲究艺术，要注意把握方式、时机，要时刻考虑到刊发某些学术文章可能会给社会和国家带来的正面影响或负面影响、正面作用或负面作用。

（二）学术自由与理论宣传的关系

学术期刊既具有学术研究功能又具有理论宣传功能。而学术研究与理论宣传之间既有联系又有区别。从联系的角度讲，学术研究可以为理论宣传提供扎实的立论基础；从区别的角度看，理论宣传是有强烈而具体的价值诉求的，是为党和国家在某个时期进行某种决策和实践服务的，因此，理论宣传具有服务的针对性强、作用的时效性强、受众面广等特点。也正因此，我们才强调在学术研究时可以而且应该有充分自由，但在进行理论宣传时应该有秩序有纪律，只有这样才能更好地发挥理论宣传的功能，起到感召人、团结人、鼓舞人的作用。倡导科学精神，学术期刊必须正确处理学术自由与理论宣传的关系。一方面要倡导学术自由，学术研究无禁区，通过深入的学术研究推进理论不断创新，大胆发表那些已经成熟或比较成熟的理论成果，同时又要遵守宣传纪律，强化政治意识和大局意识，围绕理论宣传工作的需要，积极刊发有关理论文章。在刊发容易给社会带来重大影响、对人们的思想产生巨大冲击的理论文章时，要与党和政府的正确决策保持一致，要有利于维护社会的安定团结和对群众思想情绪的积极引导，要做到帮忙而不添乱、释惑而不增疑、疏导而不误导。

（三）学术原创与标新立异的关系

倡导科学精神，学术期刊就要编发大量具有原创性意义的学术精品，但同时又要防止不实事求是、人为炒作"轰动效应"的标新立异倾向。理论和学术创新，绝不是凭空捏造的标新立异。因此，在刊发文章时，对那些故弄玄虚的题目、生编乱造的概念、似是而非的观点，编辑要本着科学精神，明辨真伪，去伪存真。

（四）知识研究与问题研究的关系

学术期刊既要关注对人文社科知识的研究，更要关注对社会现实问题的研究。发现问题，运用有关知识和方法去分析问题、解决问题，是社会科学的重要职能，这就要求学术期刊在刊发研究成果时对问题研究予以更多关注。时下，社会科学研究中存在着一种

"知识中心"倾向,一些研究者有意无意地把社会科学研究当作对现成知识的不断猎奇、占有和重新组合的过程,他们对现成学说和理论的关心远远甚于对社会现实问题及事实的考察与分析,迷失于知识的"无涯学海",淡化了社会科学研究的宗旨——发现问题和解决问题。终于他们成为现成学说、理论的评论者、注释者、组合者、传授者,而不是社会科学问题的发现者、探索者、解决者以及新的理论的创造者。这种"知识中心"的研究倾向,在一些学术期刊中也会有所反映。要倡导科学精神,学术期刊就要摆正研究知识与研究问题的关系,要以问题研究为出发点和落脚点,以知识研究促进问题研究,从而避免走进囿于"知"而不能达于"真"、"六经注我、我注六经"的怪圈。

(原文缩写刊发于《中国社会科学报》2009 年 9 月 24 日)

学术期刊要在反对学术不端行为中
发挥应有的作用

时下，许多高校和科研机构为反对愈演愈烈的学术不端行为纷纷采取对策，如加强学风建设，强调学术自律，建章立制，规范学术行为等。在反对和遏制学术不端行为、弘扬良好学风方面，学术期刊承担着重要的社会责任。一些剽窃、抄袭行为之所以得逞，一些粗制滥造的文章之所以能够发表，与一些学术期刊审稿、编稿制度不科学，把关不严等有一定关系。事实上，学术期刊承担着对科研成果的刊载、传播、评价功能，在高校和科研机构的成果评奖、职称评定、论文答辩等活动中扮演着重要角色，发挥着重要作用。因此，学术期刊必须加强内部各项制度建设，采取切实措施，在反对学术不端行为中有所作为。笔者认为，需要在以下四个方面作出努力。

第一，要不断提高责任编辑的道德责任和学术素质。在发表文章供需不平衡的现实情况下，责任编辑作为学术质量的第一把关人，面临着比过去多得多的诱惑和挑战。托关系、找朋友，甚至请客送礼想发文章的人很多。因此，必须提高编辑人员的道德素质，严防以编谋私。同时，目前来稿量巨大，审稿的工作量比过去大得多。在这些来稿里，良莠不齐、鱼龙混杂。如何在这么多的来稿中挑选出最优秀的稿件，确实需要编辑的学术眼光、学术智慧和学术判断。因此，还要提倡编辑学者化，不断提高编辑的学术素质，不断提高编辑的审稿、选稿、改稿水平和组稿、约稿、栏目策划、选题策划水平。每位编辑都应练就一双"火眼金睛"，要一眼就能对稿件的好坏和是否抄袭作出初步的判断。

第二，要建立健全严格的审编制度。(1)严格实行"三审一定"制度。各责任编辑、编辑室主任、主编应层层严格把关。有条件的可以像《中国社会科学》一样搞匿名审稿，可以像有的杂志一样搞异地专家审稿。(2)搞好分权制衡。其中需要把握两点：其一，落实定稿大会的地位和权力，确保定稿大会的严肃性、权威性。如《中州学刊》的定稿会一般要开一天时间，全体编辑参加，同时邀请有关专家参加。由责任编辑就拟发文章的选题意义、价值、主要观点向大会进行陈述，凡有三人以上提出异议的文章，将缓发或不发。其二，搞好主编和责任编辑的权力平衡。凡转交给主编、社长、编辑室主任的文章，都必须先转交给专业责任编辑进行审读并提出明确意见。如果文章质量不过关，就不应发表。

第三，要加强学术信息收集。为及时发现抄袭、剽窃、重发等学术不端行为，防患于未然，要求我们的学术编辑必须搞好学术信息收集工作。(1)编辑应多渠道收集学术信息。

如要及时浏览和阅读《光明日报》《新华文摘》《中国社会科学文摘》以及兄弟学术期刊新编发的相关专业领域的文章,熟悉了解本专业的学术前沿、研究现状以及相关作者情况。(2)积极参加全国性的学术会议,熟悉了解本专业领域的专家学者,多了解一些年轻科研人员的研究方向,及时发现有潜力的年轻学者。(3)及时采用反抄袭电脑软件。

第四,要加强对相关责任人的责任追究。目前许多行业都在实行问责制、责任追究制。学术期刊要有效地反对学术不端行为,也必须实行问责制、责任追究制。首先,要追究作者的责任。应该严格执行社科学术期刊界"武汉宣言"的决定,对存在抄袭、剽窃、重复发表行为的作者追究责任,不仅在数年内不发表其作品,而且要在杂志上发表郑重声明,对其抄袭行为进行曝光。2007年《中州学刊》曾发表一个声明,效果很好。还应通报并建议作者所在单位对其学术不端行为进行严肃处理。其次,要追究编辑的责任。应该建立编辑奖惩条例,对把关不严、出现上述严重失误的编辑进行处罚。如果发现存在以编谋私、钱文交易行为,应立即辞退。

当然,反对学术不端行为要靠社会方方面面的努力,特别是要搞好科研成果评价、职称评定体制的改革,但我们学术期刊所做的努力对反对学术不端行为、弘扬良好学风、繁荣和发展我国的人文社会科学事业无疑是非常有益的。

(原载《学习与探索》2010 年第 5 期)

人文社科学术期刊需要坚持四大取向

在繁荣发展哲学社会科学事业的历史进程中,人文社科学术期刊作为刊载和传播人文社会科学研究成果的平台和载体,具有咨政育人、传承文明、解疑释惑、引导和推动学术研究等独特的功能和作用。然而在目前,个别学术期刊在压力或诱惑面前放弃了"崇高",放弃了"操守",变得世俗、功利。刊物越办越多、刊物越办越厚、文章越发越短、字体越排越小,可真正有创新价值的高质量论文并不多。要改变这种现状,除了社会科学主管部门、教育部门、高等院校要加快建立更加科学、合理的科研成果评价体制、职称评聘体制外,作为学术期刊界自身,也要不断自警自醒,自我约束,不断提高办刊水平。针对目前学术期刊界存在的一些共同问题,笔者认为,在新时期新形势下要办好学术期刊,需要坚持四大取向。

取向之一:坚持正确的办刊方向,强化为现实服务功能

要办好人文社科学术期刊,必须首先坚持正确的办刊方向。结合当前人文社科学术期刊的发展状况,坚持正确的办刊方向,必须注意把握以下两点。

(一)坚持正确的政治方向

坚持正确的政治方向,首先就是要坚持为人民服务、为社会主义服务的"二为"方向,坚持以马克思主义和中国特色社会主义理论体系为指导,坚持以马克思主义的立场、观点和方法看待问题,坚持用科学发展观统领办刊工作,坚持政治家办刊。在事关政治方向和根本原则问题上,要旗帜鲜明。具体而言,就是学术期刊在编发文章过程中,要有高度的政治敏锐性,有正确而坚定的政治立场,要坚持政治原则。在编发有关国际问题、国家问题、民族问题、宗教问题、疆域问题、社会热点问题等方面的研究文章时,要注意把握国家的有关方针政策,其价值取向,要有利于推进人类社会的文明进步,有利于推进和谐世界的构建,有利于维护国家和民族的利益和尊严,有利于推进全国各族人民的团结,有利于推进我国经济社会的发展,有利于维护和发展广大人民群众的根本利益,有利于社会稳定和社会和谐发展。在大是大非问题上要做到帮忙而不添乱,释惑而不增疑。

(二)要强化问题意识

一个时期以来,有些学术期刊刊发的一些文章或高谈阔论、远离实际、空洞无物,或故弄玄虚、不知所云、装腔作势,或观点重复、人云亦云、了无新意,或沉溺知识传播、照抄照搬一些西方理论、不结合中国的实际问题。2004 年下发的《中共中央关于进一步繁荣发展哲学社会科学的意见》明确提出:"要整合研究力量,优化哲学社会科学资源配置。国家级的社会科学研究机构和重点高等学校主要承担重大基础理论研究,关系党和国家事业发展全局的战略性、前瞻性问题及重大现实问题的研究,并努力形成各自的优势和特色。地方社会科学研究机构应主要围绕本地区经济社会发展的实际开展应用对策研究,有条件的可开展有地方特色和区域优势的基础理论研究。"①作为刊载、反映、传播哲学社会科学成果重要载体的学术期刊,必须适应社会科学研究体制转变的需要,强化问题意识。要围绕党和国家、政府、广大人民群众普遍关心的,事关国家和地区经济社会发展的,事关广大人民群众切身利益的重要现实问题、热点难点问题编发相关文章,进行深入的学术探讨,力争提出有价值的深度思考和解决问题的思路、对策。即便是编发哲学、文学、历史等人文学科方面的文章,也要强化问题意识。要有利于把学科前沿探讨的问题引向深入,有利于为解决现实社会问题提供历史借鉴、哲学思考,有利于满足当代读者多种多样精神生活的需要。比如,刊发的哲学方面文章,要观照当代社会的发展变化,有利于引导人们树立正确的世界观、价值观、人生观;历史学方面文章,可多编发一些关于自然灾害史、社会生活史、民族融合史、移民历史、疆域变迁史等方面的文章,以适应当代人追求天人和谐、社会和谐、寻根问祖、追求科学发展等多方面的需要。总而言之,学术期刊的主编、责任编辑都应该带着强烈的社会责任感、历史使命感,带着强烈的问题意识,去有意识地策划栏目、策划选题、筛选文章。

取向之二:倡导科学精神,弘扬创新意识,推动学术创新

哲学社会科学具有意识形态属性,但哲学社会科学也是一门科学。繁荣发展哲学社会科学事业,需要大力倡导科学精神、弘扬创新意识;同理,作为服务和推动哲学社会科学研究的学术期刊,要发挥应有功能,作出应有贡献,也必须大力倡导科学精神,弘扬创新意识,推进学术创新。

(一)要倡导科学精神、弘扬创新意识

什么是科学?科学就是人类对自然界和人类社会一切事物发展变化的客观规律的认知。科学的基本功能在于如实地反映客观世界所固有的本质联系及其规律,达到主观符合客观的真理性认知,为人类改造和适应世界的实践活动提供合规律的理论指导。而科学精神则是指自由探索、实事求是、勇于批判、大胆创新、小心求证的精神。科学精神与创新意识相辅相成。创新是一个民族进步的灵魂,是一个国家兴旺发达的不竭动力。倡导科学精神的目的在于创新,而只有尊重科学、尊重客观规律的创新,才是真正有价值的创新。只有倡导科学精神、弘扬创新意识,学术期刊才会有旺盛的活力和生命力,才会不断推出有价值的精品力作,更好地为社会科学研究服务,为我国的经济建设、政治建设、文化

① 《十六大以来重要文献选编》(上),中央文献出版社 2005 年版,第 690—691 页。

建设、社会建设和生态文明建设服务。一是要倡导科学精神、弘扬创新意识，就要坚持贯彻"百花齐放、百家争鸣"的"双百"方针。要倡导学术探讨自由，鼓励专家学者在尊重客观事实、尊重学术规律和学术规范的前提下，大胆发表不同意见，努力发表真知灼见，让专家学者在自由探讨和不断争鸣中推进学术创新，不断认识真理、发现真理、发展真理。要提倡理论创新和知识创新，鼓励大胆探索。二是要倡导科学精神、弘扬创新意识，就要坚持贯彻党的解放思想、实事求是、与时俱进的思想路线。党的思想路线本身就包含着科学精神，与科学精神有着内在联系。学术期刊必须坚持党的思想路线，大胆解放思想，不断与时俱进，大胆刊发、及时刊发有真知灼见、有创新价值的精品力作，引导和推动专家学者对重要现实问题和理论问题进行深入研究，有力助推社会科学研究方法、研究体系、学术观点创新，有力助推理论创新。

（二）要严把学术质量关，着力编发原创性、创新性作品

一要制定和实行严格的审编制度，力保高质量稿件的选用。目前，学术期刊收到的来稿量巨大，这大量的来稿凝聚着广大作者的心血。能否采取更加公平、公正、科学、高效的审编稿制度，从速、择优刊发精品力作，是学术期刊面临的一个挑战。不少学术期刊在这方面进行了积极探索。有的期刊如《中国社会科学》实行了匿名审稿制度，有的期刊实行了异地专家审稿制度，有的期刊坚持并改进"三审一定"审稿制度，取得了一定成效。但总体而言，这方面制度还有待改进和完善，学术期刊如何有效拒绝权力稿、关系稿、人情稿乃至金钱稿的侵蚀还有待探索。二要不断提高编辑的学术素养、增强编辑的学术鉴别能力。办好学术期刊，拥有一支优秀的学术编辑队伍是一大关键。学术期刊编辑不同于一般的编辑，他们必须具有较高的学术素养，较高的学术鉴别力。"学术编辑充分发挥主观能动性，迅速及时地策划和开发科研选题、准确公平地鉴别和选择学术成果、恰到好处地提炼和深化作品的学术思想以及广泛深入地同专家学者交流与对话，对于刊物优质稿源的保证、学术档次的提升具有先导的决定性的意义。"[①]为提高编辑的学术素养和学术鉴别力，学术期刊应该实行"以编为主、编研结合、以研促编"的方针，提倡编辑学者化，不断提高编辑的审稿、选稿、改稿水平和组稿、约稿、栏目策划、选题策划水平，充分发挥编辑的主观能动性、"加工"创造性。三要加大对青年学者的培养扶持力度。学术期刊在注重编发名家大家作品的同时，也要注意发现新人、培养和扶持新人。要坚持来稿面前人人平等，对那些确有创新性观点和见解的青年学者的来稿，编辑要及时联系、及时沟通、及时提出修改完善意见、及时刊用。

（三）严格内部管理和监督，加强期刊之间合作，加大对学术不端行为的惩戒力度

一是要加强学术期刊内部的管理和监督。加强学术期刊内部的管理和监督，目的在于规范和制约主编、编辑手中的权力，严防把关不严、以编谋私、滥发文章等学术不端行为的发生。除了上面提到的要建立健全公平、公正、科学、高效的审编稿制度外，还要建立健

---

① 冯向辉：《社会科学学术期刊工作的四大难点和重点》，《学习与探索》2010年第5期。

全期刊内部各项工作管理制度,诸如:建立和完善主编、副主编、责任编辑、编务人员的分工负责和分权制衡制度,明确界定和划分相关职能和责任;建立和完善编辑学习、培养、培训制度,不断提高编辑的道德素质和业务素质;建立和完善学术信息收集制度,让编辑及时收集相关作者、相关学术会议、相关学术探讨的信息,及时采用黑马校对软件、反抄袭电脑软件等高科技产品,及时发现抄袭剽窃行为;建立和完善编辑工作奖惩制度,对工作业绩优秀的编辑给予奖励,对工作严重失误并造成不良后果的要进行责任追究。目前各行各业都在实行问责制,学术期刊要有效防止学术不端行为,也要实行问责制。问责制包括两方面:一是对编辑的问责。编辑要对把关不严、编发有学术不端行为的文章承担相应责任。二是对作者的问责。学术期刊在证据确凿的情况下,有权也有义务向作者所在单位反映作者的学术不端行为,建议作者所在单位对作者的学术不端行为作出处理。同时,学术期刊也可以通过一定时间内不刊发该作者文章、在刊物发表声明、保留依法追诉权等方式进行责任追究。二要加强学术期刊的外部联合和相互监督。2008 年 10 月,由《中国社会科学》杂志社发起,全国 50 余家知名学术期刊在武汉共同签署了《关于坚决抵制学术不端行为的联合声明》,就如何抵制学术不端行为达成了一些共识,这表明学术期刊勇于承担抵制学术不端行为的重要职责。学术期刊要加强相互之间的沟通、联系与合作,加强相互之间的监督,对抄袭、剽窃、重复发表文章等学术不端行为要共讨之、共伐之,使其无立锥之地。

取向之三:突出办刊特色,营造相对优势

要想在激烈的竞争中获得相对优势,学术期刊必须走"特色办刊"的路子。特色就是竞争力。没有特色,就没有优势;没有特色,就没有生命力。学术期刊的特色大体可以分为两个层面:第一层面是指期刊的内在特色,主要是指编发文章的内容、风格;第二层面是指期刊的外在特色,如栏目设置特色、选题策划特色、封面设计及内文版式设计等方面的特色。内在特色与外在特色之间存在一定内在联系。

(一)突出内在特色

突出内在特色又可包括两个方面:一是期刊从总体上要突出自己的一种风格。比如,从整体上突出高标准、高品位、高质量的办刊风格,从整体上突出或以学理研究为主、或以提出对策见长的风格。二是突出地域文化特色和地域研究特色。当前,我国的社科学术期刊林林总总,有 2800 多家,但千刊一面、内容雷同的现象非常严重,不仅使读者常常感到视觉疲劳,而且不利于学术创新和繁荣。突出办刊特色,就国际的角度讲,中国的学术期刊要突出中国特色、中国风格,展示中国气派。就国内角度讲,不同省市的学术期刊,要突出当地的文化特色和研究特色,突出当地人文社科的研究重点、相对研究优势。我国地域广阔、民族众多、历史文化悠久。由于历史渊源、地理环境、经济状况、风俗习惯以及语言诸多方面的差异,在漫长的历史沉淀中,不仅形成了大一统的中华民族大文化,而且在中华民族大文化的系统中,也形成了各民族独具特色的民族文化,形成了具有本地特色的传统区域文化,如区域传统文化中有中原文化、齐鲁文化、吴越文化、荆楚文化、关中文化、三晋文化、燕赵文化、岭南文化、巴蜀文化、闽南文化等。同时,由于各地的区域位置不同、文化特色不同、经济社会发展状况不同,各地的人文社科研究重点也有不同侧重,并形成相对优势。因此,作为地方性的学术期刊,应立足本地的文化特色和研究资源优势,突出本地的文化特色和研究特色。比如,中原地区的综合性学术期刊,就经济学角度讲,可突出对区域经济、"三农"问题、城乡协调发展等方面问题的研究;就哲学角度讲,可突出对中国古代哲学特别是易经道学、宋明理学等方面问题的研究;就文学角度讲,可突出先秦文学、唐宋文学研究;就史学角度讲,可突出对中国古代史、姓氏起源等方面问题的研究。西部地区的学术期刊可突出西域文化特色,突出西部问题研究。少数民族比较多的地区的学术期刊可突出对少数民族历史和现实问题研究。处于边疆地区的学术期刊可突出疆域史、中国周边关系等方面问题的研究。东南沿海地区的学术期刊可突出海疆史、海洋文化、两岸关系、海洋经济开发等方面问题的研究。

(二)突出外在特色

其中,最重要的是栏目设置特色。栏目设置、选题策划与学术期刊的内在特色、内在追求是一致的。综合类人文社科学术期刊要根据自己的内在追求、内在特色,去精心设置自己的栏目,争取成为在全国乃至海外有重要影响的栏目。一定要摒弃单纯以学科为标准划分栏目的传统做法,要以突出问题意识、突出地域文化特色、突出研究重点和研究优势的理念来统筹栏目设置。目前,已有不少期刊在栏目设置上匠心独运,取得了良好效果,其经验值得推广借鉴。此外,学术期刊目前在封面设计、版式设计方面特色不明显,比较单调、雷同,这固然与学术期刊的严肃性、思考性有关。品读学术期刊,当然主要是领会和欣赏文章的内容、观点,是一种高层次的精神活动,需要读者神聚心静,但也需要期刊对读者体现出更多的人文关怀。因此,在封面设计、版式设计上要更多地考虑到读者的方便、舒适、心情愉悦,比如,封面设计、版式设计要体现一定的视角美感、文化内涵,内文字体不要排得太小太满,期刊可适当安排赏心悦目的风景、人物图片图画等。

取向之四:加强对学术成果的传播,推进学术成果的转化应用

如何及时地推进人文社会科学成果的转化应用,是多年来我们国家一直高度重视并不断深入探索实践的一大课题。学术期刊作为刊载人文社科研究成果的平台、载体,在促进成果的转化应用方面应有所作为。目前,有不少编辑和作者文章以在学术期刊公开发表为终结,至于文章被多少人阅读、观点是否在学界引起反响、政策建议是否能引起政府有关部门高度重视,则少人关心。有的文章一发表就被束之高阁。这极不利于成果的转化应用。为推进人文社科成果的转化应用,学术期刊除及时刊发优秀的人文社科研究成果外,还应在以下两个方面努力。

（一）搞好已发表文章的再推荐、再传播

由于受发行量、阅读人数的限制，学术期刊本身的传播功能非常有限，因此，必须向有关学术媒体、新闻媒体、党政部门搞好文章的再推荐、再传播。让更多的新思想、新观点、新建议在更广泛的范围传播，对党政干部而言，可以把个别文章的改革思路、政策建议直接应用到决策实践之中；对专家学者而言，可以就某些问题进行更深入的探讨；对一般读者而言，可扩大知识视野，促进思想转变、观念更新。

（二）积极利用网络媒体，实现学术期刊的网络化

学术期刊的网络化是大势所趋。"随着网络的发展，传统的靠泡图书馆获取信息的方式已为网络采集所代替，其空间与速度远非传统所能媲美。现在读网的人以几何级数增大，而读书、读刊的人却越来越少。"①很显然，学术期刊必须利用最先进的网络媒体来传播自己刊发的学术成果，让更多人了解这些学术成果。有条件的期刊，可创办自己的学术期刊网站。同时，学术期刊界还可组建自己的网络站群。

尾声

以上是从学术期刊自身的角度论述了办好学术期刊需要坚持的四大取向，而事实上，要办好学术期刊还需要社会多方面的合力作用。比如：作为学术期刊的主办单位，要适时加大对办刊经费的投入。学术乃天下公器，办学术期刊是一项公益性事业，因此主办单位或政府有关部门应保证学术期刊正常的、必要的办刊经费。时下有的学术期刊存在收费发文现象，在学术界引起了很不好的影响，也不利于优化学术生态环境。存在这种现象，或许会有极个别学术期刊自身见利忘学、以刊逐利的原因，但办刊经费缺乏或不足可能是一个重要原因。因此，主办单位或政府有关部门应加大对学术期刊的投入力度，保证期刊良性运行和发展。作为学术期刊的政府主管部门，要加大对学术期刊的监管力度。目前，学术期刊界良莠不齐、鱼龙混杂。要通过制定和实行严格的标准、程序，支持优秀学术期刊做强做大，坚决淘汰那些严重违法违规、败坏学术风气、学术水平低劣的学术期刊。此外，办好学术期刊离不开广大专家学者的关爱支持，他们是学术期刊发展的真正推手。目前，有个别作者把在学术期刊发表文章仅仅当作获得博士毕业、谋求职称晋升、完成工作量的一种无奈之举，因而往往重数量不重质量，有人甚至开始东拼西凑、抄袭剽窃。这种态度很不可取。广大专家学者一定要端正科研态度，端正学风，要本着"文不惊人不罢休"的执着，潜心科研，刻苦钻研，多为期刊奉献精品力作，以此共同推动学术期刊的繁荣发展，推动社会科学事业的繁荣发展。

参考资料

[1]孙麾：《学术期刊的使命》，《光明日报》2004 年 4 月 29 日。

---

① 韩璞庚：《学术期刊的网络化转向》，《学习与探索》2010 年第 5 期。

［2］李太淼:《社科学刊的作用》,《光明日报》2005 年 2 月 3 日。

［3］李太淼:《繁荣学术期刊要倡导科学精神》,《中国社会科学报》2009 年 9 月 24 日。

（原载《求索》2011 年第 8 期）

新时期人文社科学术期刊编辑所应具备的八大素质

随着经济发展、科技进步、文化繁荣，当代社会的生产方式、生活方式都在发生着巨大变化。作为精神产品生产者的人文社科学术期刊，其所面临的社会环境，其从编辑到出版发行的生产方式，也在发生着重大变化。知识产权保护力度的加大、来稿量的剧增、信息量的剧增以及信息传递方式的加快、作者读者文化素质的提高、新时期学术期刊引导人文社科研究创新的时代责任担当等，都对人文社科学术期刊的编辑提出了许多新挑战新课题新要求。针对目前人文社科学术期刊编辑队伍的状况及存在的一些问题，为更好地推进人文社科学术期刊不断创新，笔者认为，新时期人文社科学术期刊的编辑需要具备以下八个方面的素质。

一、要具备较强的政治敏锐性和社会责任感

人文社科研究既具有科学性，也具有一定的意识形态性；人文社科学术期刊既具有学术性，也具有一定的政治导向性。因此，必须坚持政治家办刊，坚持正确的办刊方向。而坚持正确的办刊方向，要求学术期刊编辑必须具备相应的政治素质，具有一定的政治敏锐性和社会责任感。要正确区别学术问题和政治问题的界限，在事关大是大非的政治问题上，要立场坚定、旗帜鲜明、坚持原则。要坚持以马克思主义和中国特色社会主义理论体系为指导，坚持为人民服务、为社会主义服务的"二为"方向和"百花齐放、百家争鸣"的"双百"方针，贯彻和落实科学发展观。所编发的文章，要有利于维护和发展世界和平，有利于维护中华民族的尊严和利益，有利于维护祖国的主权独立、领土完整和统一，有利于促进祖国各民族的团结和谐，有利于推进我国的政治、经济、文化、社会和生态文明建设，有利于推进我国的科学发展，有利于加强和改进党的领导，有利于社会和谐稳定。作为责任编辑，首先要把好政治方向关。要增强政治敏锐性和政治鉴别力，增强社会责任感，对有方向性错误、有不良政治倾向和政治导向的文章要严禁编发。

增强社会责任感，不仅表现在要严把文章的政治方向关，同时还表现在编发文章时要时刻考虑到可能引发的社会后果。人文社科学术期刊生产的是一种公共精神产品，文章一旦公开发表就可能会在社会上产生一定影响。有的文章可能写得很好，观点也正确，但需要考虑社会影响，把握好发表的时机，要对社会的发展做到帮忙而不添乱，解惑而不增疑。

二、要具备一定的法律法规知识和政策水平

现代社会是法治社会,办学术刊物也要依法办刊。这就需要学术编辑掌握一定的法律法规知识。学术编辑必须遵守国家的法律法规,依法维护好国家利益,维护好作者、读者包括编辑自身的合法权益。要了解和掌握《宪法》《著作权法》《保守国家秘密法》《反分裂国家法》《标准化法》《行政诉讼法》《行政许可法》《国家通用语言文字法》以及《出版管理条例》《宗教事务条例》《信息网络传播权保护条例》等有关法律法规;要了解并掌握《期刊出版管理规定》《新闻出版行业标准化管理办法》《社会科学期刊质量管理标准(试行)》《社会科学期刊质量标准及评估办法》《社会科学期刊评分原则和方法》《社会科学期刊政治质量标准评估办法》以及关于重大选题备案,关于防止期刊内容中出现政治错误、伪科学、虚假宣传等问题的规定;要了解并掌握关于使用文字、标点符号和文后参考文献著录规则等方面的规定。

在掌握相关法律法规知识的同时,还要了解党和国家的一些大政方针政策,特别是要了解关系和涉及中国对外关系问题、台海关系问题、民族问题、宗教问题等方面的政策。在编发文章时,既要进行深入的学术探讨,也要把握好政策界限。要坚决杜绝发表不利于祖国统一、不利于中国外交、不利于民族团结、不利于社会稳定和谐的言论。

三、要具备良好的职业道德素质和较高的理想追求

编辑作为一种职业,最主要的职责就是"为他人做嫁衣"。学术编辑最主要的职责就是对专家学者的文章进行编辑加工然后发表出来。编辑加工是一种默默无闻、但又非常重要的工作,需要编辑付出不少心血。因此,作为一名学术编辑,必须具备良好的职业道德素质和较高的理想追求。

一是要有"甘为人梯"的奉献精神。从编辑工作的起始角度看,编辑承担着发现优秀学术成果、推荐优秀学术成果、发现和推荐学术新秀的重要责任;从文章发表的角度看,编辑承担着传播优秀学术成果、传播有创新价值的学术思想观点、推进和引导学术问题深化研究等方面的重要责任。可以毫不夸张地说,在推动和促进社会科学研究体制创新、研究方法创新、学术观点创新的过程中,在传承人类文明、繁荣和发展社会科学事业的历史进程中,学术编辑有着重要的责任担当。因此,学术编辑要充分认识到编辑工作是整个人文社会科学精神产品生产过程中不可或缺的重要环节,具有极重要的社会价值;要把编发优质稿件、传播优秀学术成果作为自己的神圣使命和责任,勤业敬业、乐业爱业。

二是要有力求编发精品力作的科学精神。时下,学术期刊的来稿量巨大,想发表文章的人甚多,版面需求旺盛与供应紧缺的矛盾非常突出。于是乎,学术编辑作为审编稿件的第一把关人,也经常面临各方面的压力和诱惑,手中的责任也越来越演变成一种权力。学术编辑要弘扬科学精神,尊重客观实际,尊重学术规律,经得起考验,抵得住诱惑,顶得住压力,坚守职业道德、学术良知,坚持来稿面前人人平等,坚持在来稿中择优而取,坚决抵

制和排除权力稿、关系稿、人情稿乃至金钱稿的干扰。

三是要有较高的理想追求。编辑工作虽然默默无闻,但并非无所作为。时下,有个别学术编辑认为当编辑就是当一个文字加工匠,不能成名成家,因而在工作中往往以完成一般的编辑业务为满足,缺乏干事创业的激情,缺乏更高的理想追求,更有甚者,有的编辑对工作完全处于敷衍应付状态,但求无过,不求有功。这种状况极不利于学术期刊的发展,也不符合学术编辑创造性搞好工作等职业道德的要求。学术编辑必须加强思想道德建设,要树立更高更远大的理想追求,要本着为人类文明发展进步,本着为祖国繁荣昌盛、民主富强,本着为人文社科事业繁荣发展做贡献的宗旨,去审稿、去组稿、去编发精品力作,把自己对祖国、对人民、对人类的爱,把自己对人生真、善、美的追求和对假、恶、丑的憎恶,融入日常的编辑工作中,以编发精品力作为荣为乐,争取编发更多的能对社会进步有一定影响作用的佳作。要把编辑工作作为自己人生的一个舞台,让自身的社会价值在这种平凡的岗位上得以充分展示。

四、要掌握丰富的中文语法知识和一定的外语基础知识

编发中文文章,最基本的要求是,段落分明、语言表达通顺流畅、用词准确、标点符号使用准确。时下,有些学术期刊编发的文章语言表达晦涩难懂,用词不规范不准确,还存在错字别字和标点符号错误。这固然有作者的原因,但也往往与编辑的中文语法功底不足有关。做一名合格的人文社科期刊学术编辑,必须首先拥有丰富的中文语法知识,能熟练掌握并运用语法技巧。要熟练掌握标点符号的特点和用法,熟练掌握名词、动词、动名词组、副词、形容词、介词、复合词等的特点和用法,熟练掌握句子的主、谓、宾结构,熟练掌握祈使句、因果句、排比句、倒装句等语言使用技巧。与此同时,还要熟悉并了解汉语成语、歇后语、神话传说、历史典故、名胜古迹、人文地理等人文社科领域里的常识性东西。只有这样,我们才有可能编出段落分明、层次清晰、字通句顺的好文章,才能避免犯常识性的错误。

作为学术期刊的学术编辑,还有必要掌握一定的外语知识。随着国际经济文化交流的日益频繁,学术期刊也经常会编发一些国外学者的文章,同时,我国作者在撰写论文时也会大量参考并引用国外一些名人名著的观点论述,会使用更多的国际通用词汇(如关于世贸组织、欧盟、国民生产总值、物价上涨指数等的英文缩写)。要使文章中的译名和翻译过来的观点论述更加规范,更加符合作者本意,要使文章中使用的国际通用词汇更加准确无误,需要编辑熟悉并掌握一定的外语知识。与此同时,编辑也要熟悉和掌握一些基本的世界历史知识和国际关系知识。

五、要具备较高的学术素养

学术编辑不同于一般的编辑,学术期刊的特殊性决定了学术期刊编辑必须具备较高的学术素养。多年来,人们对学术期刊编辑到底应该是"杂家"还是"专家"、学术期刊编

辑应不应该学者化而时有争论。实践业已证明,不管编辑应该是"杂家"还是"专家"这种争论有无结果,学术编辑必须具备较高的学术素养却是符合学术期刊发展规律、符合学术研究和创新规律的,而且是为许多优秀学术期刊的办刊实践所证明了的。

只有具备较高的学术素养,编辑才能具有较高的学术鉴别力。目前,学术期刊的来稿量大幅增长,许多学术期刊每年收到的来稿量都在万篇左右。每个编辑每期(双月刊)初审的稿件有的已达到二三百篇甚至更多,每个编辑工作量不仅大大增加,而且对其学术鉴别力也提出了更高要求。众多的来稿,鱼龙混杂、良莠不齐,如何从这众多的来稿中以最快速度而且比较准确地挑选出最优秀的稿子,首先取决于初审编辑的一双慧眼,取决于编辑的学术鉴别力、判断力。在办刊实践中,有的好文章与期刊擦肩而过,这除了可能与编辑个人的喜好有关外,也可能与编辑学术水平低,对文章把握不准、不敢判断或判断失误有关。学术期刊编辑面对众多的来稿,要善于区分精华与糟粕、创新与平庸、原创与剽窃,及时编发选题新、观点新、论证新、资料新的创新之作,坚决拒发选题重复、观点重复、论证重复、资料重复的平庸之作。要把好论文质量关,成为良好学风的维护者。

只有具备较高的学术素养,编辑才能更好地与专家学者进行沟通交流。专家学者都是在某一学科领域学有专长、有所造诣的人,编辑只有具备较高的学术素养,熟悉了解相关学科的研究状况、前沿问题,才能与专家学者更好地对话交流。在编发文章的过程中,经常需要编辑就文章题目的选定、个别观点的修正、个别表述的规范与作者进行沟通,从而编发出观点更准确、表述更规范的文章。如果编辑对这一学术领域毫无研究或了解甚少,就只能对作者文章"就米下锅",甚至对文章的错误将错就错。

只有具备较高的学术素养,才能更好地发挥学术期刊引导学术研究的功能。引导学术研究是学术期刊的一大功能,而这一功能的有效发挥有赖于编辑的努力,有赖于编辑的选稿、组稿、栏目策划、选题策划能力,而最终有赖于学术编辑的学术素养,这是发挥学术期刊功能作用的基础性条件。

要提高学术期刊编辑的学术素养,就应该实行"以编为主、编研结合、以研促编"的工作方针,就应该提倡"编辑学者化","就必须改变长期以来人们关于编辑是'杂家'而非'专家'的理念和现状,克服编辑满足于'为人作嫁'的简单劳动、缺乏深入的科学研究和勤于动笔的习惯以致科研能力越来越弱的痼疾,鼓励编辑在做好编辑工作的同时积极从事学术研究,不断拿出有分量的科研成果,大幅度地提高专业素质,为编辑更专业化地组织精品力作、把好稿子的质量关打下坚实的学术基础"①。

六、要具备较好的策划能力

目前,学术期刊之间的竞争异常激烈,学术界对学术期刊的期望值也不断攀高。要办好学术期刊,必须走特色办刊的路子,必须搞好栏目策划、选题策划乃至封面、内文格式设

---

① 冯向辉:《社会科学学术期刊工作的四大难点和重点》,《学习与探索》2010 年第 5 期。

计策划。而要搞好栏目策划、选题策划,必须提高编辑的策划能力。在学术期刊激烈竞争、不断变革的时代,编辑活动的特点和范围也发生了较大的变化。"编辑已不是一个被动的主体,只是对送上门的作品进行加工,编辑工作已成为学术活动的一部分,他在一定程度上应成为学术活动的策划者、组织者和联络者。其实编辑不但要有对学术前沿问题的敏感性,而且需要通过自己的策划、沟通、编辑加工把它变为现实。这一工作的独到性就在于它引导不同领域的作者来共同完成同一任务,把不同专业背景的学者组织起来,共同发挥他们的作用,来实现我们对某一课题的探讨。这也正是体现编辑的学术魅力之所在。如何有效地整合学术资源,策划并组织有意义的学术研讨成为编辑工作能力的重要标志。"[1]

要搞好栏目策划。这当中主要的是搞好特色栏目策划。"特色栏目强调和突出的是学术期刊的个性特色和局部优势,是该期刊在众多学术期刊中鲜明的甚至是独一无二的特点。特色栏目的定位需坚持'人无我有,人有我新,人新我特'的方针,根据其所在地的文化优势、所具备的专业优势来确立,避免人云亦云,千刊一面。"[2]搞好特色栏目设置,不仅可以凸显刊物的特色,展现刊物的相对优势,同时也可以带动相关问题的深化研究,有利于人文社科研究资源的整合利用,避免重复研究、缺乏创新所造成的研究资源浪费。搞好栏目策划,要求编辑要了解和把握不同地区的文化历史特色及经济社会发展现状,了解和把握本地的历史文化资源优势、人文社科研究方面的优势以及研究的重点方向。

要搞好选题策划。能否围绕理论界、学术界、实践界普遍关心关注的热点、焦点、难点、亮点问题展开深入的学术探讨,不仅关系到学术期刊的竞争力,也关系到我们的人文社科研究能否更好地为社会现实服务、更好地发挥自身的价值功能。这就需要我们的学术编辑敏锐地感知社会的发展方向、发展需求,强化问题意识,有目的、有计划地搞好选题策划特别是重大选题策划,从而紧紧抓住学人关注的研究视野,引导有关问题研究不断走向深入。

七、要具备较好的沟通能力

编辑在日常工作中,首先需要与领导沟通、与同事沟通;在审选稿件时,需要与作者沟通;在组织学术研讨活动、策划栏目和选题时,需要与相关的学术研究组织、相关的专家学者沟通。因此,随着编辑角色的时代转换,具有较强的沟通能力已成为当代学术期刊编辑必备的一种素质。

要培养和增强与领导和同事沟通的能力。作为学术期刊责任编辑,要把自己的所思所想特别是对栏目策划、选题策划的建议及时与领导、同事进行交流沟通,以便及时获得领导和同事的认可和支持。

① 崔月琴:《发挥综合优势创新办刊模式》,《学习与探索》2010年第5期。
② 宋淑芳:《论学术期刊特色栏目的建设》,《中州学刊》2009年第5期。

要培养和增强与相关专家学者沟通的能力。要在编发文章过程中,在参加学术会议期间,在策划学术研讨活动的时候,积极主动地与有关专家学者接触,询问有关问题,听取专家意见,必要的情况下可专程登门拜访,与专家学者进行深度交流。期刊社可拿出必要的经费,为编辑举办小型学术研讨会、座谈会等活动提供方便。在与专家学者的沟通交流中,编辑应掌握必要的技巧,采取合适的态度、语言等方式方法,增强亲和力、感染力。要善于和乐于与专家学者交朋友。

八、要具备较强的学术信息收集能力

随着网络媒体的发展,我们已然置身于一个信息化的社会,各种各样的信息量越来越大,信息传递的速度越来越快。掌握相关的电脑技术,具备较强的收集、梳理、使用学术信息的能力,已成为信息时代学术编辑必备的一种素质。

要及时收集相关论文信息。对拟编发的论文,要通过浏览相关学术期刊、相关网络媒体,通过电脑反抄袭软件,及时收集题目、内容相近的文章信息,及时掌握相关论文的发表情况,及时发现抄袭、剽窃、重复发表等学术不端行为。

要及时收集相关作者信息。为培养作者队伍,要及时收集、梳理相关学科专家学者的信息,掌握相关专业领域一些专家学者的主要研究领域、重要学术成就、近期研究重点等基本情况。要注意发现和培养有科研潜力的年轻学者。

要及时收集相关学术研讨信息。要通过浏览新闻报纸、相关学术媒体,及时了解相关学科领域学术活动的开展情况、论文交流情况及主要学术观点;及时了解和掌握高等院校、党校、科研机构以及政府有关研究部门在相关专业领域的研究状况、研究特色、研究优势;及时了解相关学科国家社会科学基金项目以及本地区社会科学基金项目的设置情况和承担状况,了解理论界、学术界和实践界关心关注的理论问题、学术问题和现实问题。

要及时收集读者信息。许多学术期刊目前存在的一个共性问题是忽视读者的存在。这或许是因为,目前的学术期刊相对于读者而言处于强势地位,虽发行量不大,但有经费支持,不需要靠读者生存。但这肯定是不对的。学术期刊的读者多数是相关专业领域的教师、学生、科研工作者以及对学术有兴趣、对知识有追求的党政干部,知识层次较高。及时收集读者的反馈信息,听取读者的意见建议,对编好文章、办好期刊大有裨益。因此,学术期刊的编辑一定要积极主动地与读者接触交流,积极主动地征求读者的意见建议,从而广开言路,广开思路,借助读者的智慧,增强提高自己的素质和能力。

(原载《学术交流》2011 年第 9 期)

学术期刊不宜完全市场化

——兼与赵文义先生商榷

期刊改制和改革无疑是当前我国文化体制改革中的一项重要内容。对一些以盈利为目的期刊进行完全市场化的改革,是大势所趋,这有利于发展我国的文化市场和文化产业。然而,在对学术期刊如何改革的问题上,目前却存在着一些不太清晰或者不太正确的认识。2013 年 8 月 7 日《中国社会科学报》刊发了赵文义先生的一篇文章《学术期刊市场化改革之探》,文中提出了"市场化是学术期刊出版的必然选择""企业家是学术期刊改制的灵魂""主办单位资助下的学术期刊出版行为是'劣币驱逐良币'的体现""要改变学术期刊的政府供给机制"等观点。笔者觉得,这些观点很值得商榷。学术期刊是一种特殊的社会公益性产品,学术期刊改革不宜也不可能完全市场化,学术期刊改革必须符合学术研究和发展规律。

一、学术期刊是一种特殊的社会公益性产品

学术乃天下公器。人类社会的发展进步需要学术研究,离不开学术研究。人文社会科学研究所具有的认识世界、传承文明、创新理论、咨政育人、服务社会等功能,使其获得了存在和发展的社会价值。在人类社会的发展进步中,人文社会科学的功能作用不可或缺、不可替代。人文社会科学的发展水平不仅影响制约着社会的发展,而且直接构成一个国家的文化软实力,是综合国力的重要组成部分。毫无疑问,总体而言,人文社会科学研究是一项社会公益性事业,既是一项社会公益性科研事业,也是一项社会公益性文化事业。学术期刊具有刊载和传播学术研究成果、存储学术研究成果、引导学术研究方向、评价学术成果等功能,在人文社会科学研究中发挥着不可或缺的重要作用。刊发优秀学术成果是学术期刊的天职,同时也是整个人文社会科学研究事业的重要环节和有机组成部分,因而学术期刊本身也就具有了公共产品特性。学术期刊是一种特殊的社会公益性产品。具体而言,它有以下几方面特点。

首先,从学术期刊的办刊目的看。学术期刊的办刊目的是刊载、传播人文社科研究领域的新见解、新观点、新思想、新学说,以期把研究引向深入,促进学术繁荣和发展。学术期刊的办刊目的不是为了盈利,不是为了实现市场交换价值,而是为了探求真理、发展科学,为了实现社会效益。因而,学术期刊不可能靠经济利益驱动,不仅如此,还要防止经济

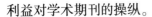

利益对学术期刊的操纵。

其次,从学术期刊的生产主体看。表面看,学术期刊的生产主体是主编、编辑,其实不然。学术期刊的生产主体是从事人文社科研究的专家学者。当然,主编、编辑也在学术期刊的生产中发挥着独特而重要的作用。专家学者在学术期刊上发表文章并不是作为"理性经济人"追求经济利益,而是为了把自己的学术观点和思想公之于世,追求社会效益。

最后,从学术期刊的服务对象看。表层看,学术期刊的服务对象是专家学者,其实不然。就本质而言,学术期刊的终极服务对象是政府、国家和社会。学术期刊不是为某个人、某个企业、某个特殊群体服务的,而是把国家、政府、社会乃至整个人类社会作为自己的服务对象。因此,学术期刊所提供的产品是观点、思想、理论、学说、社会改革与发展的对策建议等高层次的精神产品。这种高层次的精神产品不具备市场交换价值,但具有重要的社会价值,为国家和政府所需要,为人类社会所需要。尽管有个别专家学者会订阅学术期刊,但他们并不是为了自身的生活消费,而是为了更好地开展学术研究,生产更好的研究成果。因而,整体而言,社会对学术期刊的需要不可能通过广大读者形成刚性的市场需求。

二、学术期刊不宜完全市场化

由学术期刊特殊的公益性功能所决定,学术期刊不具备一般商品所具有的典型特征,它不是为盈利而生产,不是为交换而生产,不是为具体的目标市场而生产,因而它不具有市场交换价值,不可作为纯粹的商品进行经营。很显然,靠市场机制并不能促进学术期刊的繁荣和发展,某种意义上讲,学术期刊的存在和发展正是应对市场失灵、弥补市场缺陷的一种制度安排。

认清了学术期刊这种产品的特殊性,有利于明确学术期刊的改革方向。作为具有社会公益性功能的学术期刊不应该也不可能实行完全市场化的改革。把学术期刊完全推向市场,使学术期刊"唯利是图""挣钱谋生",其结果只能是学术期刊或者被市场大潮活活淹死,或者被"逼良为娼",发生种种变异,纯净高雅的学术园地将不复存在。很显然,这样的改革是不可取的,既不符合学术发展规律,也不符合党中央兼顾社会效益与经济效益的文化体制改革精神;既不利于文化大发展大繁荣,也不符合国家和人民的根本利益,不符合我们改革的初衷。

赵文中所言,"企业家是学术期刊改制的灵魂",也失之偏颇。办好学术期刊,首先需要的是政治家办刊,是思想家、学问家、活动家办刊。选发具有创新性、原创性的优秀学术研究成果,是办好学术期刊的关键。而企业家是理性经济人,是追求经济效益的商品生产经营者,只有在学术期刊的印刷、发行等环节,才需要对经济效益进行充分考量,才需要企业家介入经营。

三、要把握学术期刊的改革方向和重点

如同对文化单位需要进行性质认定、分类改革一样，对不同的期刊也要进行性质认定、分类改革。学术期刊虽然不适宜完全市场化改革，但也迫切需要改革。鉴于目前学术期刊界存在的期刊过多过滥、所发论文质量不高观点重复、学术期刊间存在不正当竞争等问题，笔者觉得改革应在以下几方向努力。

一是要优化整合学术期刊资源。目前，学术期刊存在过多过滥的现象。个别学术期刊质量低劣，个别学术期刊完全沦为了一些人评职称、完成工作考核量的工具。因此，应优化整合学术期刊资源，在裁减质量低劣的学术期刊的同时，扶持优秀学术期刊。

二是要加强学术期刊内部制度改革。实践证明，实行双向匿名审稿制度，对提升办刊质量，防止人情稿、关系稿、金钱稿的干扰很有效果。凡是有条件的学术期刊都要实行双向匿名审稿制。与此同时，要建立和完善学术期刊内部的各项规章制度。

三是要保障学术期刊必要的办刊费用。学术期刊既然是社会公益性产品，就应该由主办主管单位或政府有关部门提供必要的经费保障。同时，还可以接受社会捐助。近年来，全国社科规划办在全国选择200家学术期刊进行资助，取得了良好的社会效益。

四是要适当引入市场竞争机制。学术期刊虽然不能完全市场化，但在办刊的某些环节如印刷、发行环节可以引入市场竞争机制，以期降低成本、节约开支、扩大发行量。

五是要加强对学术期刊的监管。要健全和完善法律法规，对学术期刊进行法律规范。要加强行政监管和行业自律，对那些靠收取版面费发文章、学术期刊间"相互转引"等不正当竞争现象进行整治。高校、科研机构、政府教育和人事管理部门要改进和完善学术评价机制，从而为学术期刊的发展营造一个良好的学术生态环境。

（原载《中国社会科学报》2014年4月9日）

社科学术媒体要在舆论引导中有所作为

2016 年 2 月 19 日,习近平总书记在党的新闻舆论工作座谈会上发表重要讲话。习近平总书记进一步强调了做好党的新闻舆论工作的重要性:做好党的新闻舆论工作,事关旗帜和道路,事关贯彻落实党的理论和路线方针政策,事关顺利推进党和国家各项事业,事关全党全国各族人民凝聚力和向心力,事关党和国家前途命运。进而提出,在新的时代条件下,党的新闻舆论工作的职责和使命是:高举旗帜、引领导向,围绕中心、服务大局,团结人民、鼓舞士气,成风化人、凝心聚力,澄清谬误、明辨是非,连接中外、沟通世界。习近平总书记在讲话中对新闻媒体的工作提出了新希望、新要求。毫无疑问,新闻媒体位于新闻舆论工作的主战场,在搞好党的新闻舆论工作中,承担着重要职责、使命。然而,作为非新闻媒体的学术媒体,在社会舆论的形成、传播、引导中也有一定的功能作用,因此,社科学术期刊界也要深入学习领会习近平总书记在新闻舆论工作座谈会上的讲话精神,认真把握学术期刊的办刊导向,充分发挥学术期刊在社会舆论形成、传播、引导中的积极作用。

一、学术期刊对社会舆论的形成、传播、引导具有一定的功能作用

学术媒体虽不像新闻媒体那样在社会舆论的形成、传播、引导中发挥着主导作用,但也独具一定的功能作用。所谓社会舆论,简而言之,即是人们对自然界和社会一些现象、事件、问题等的议论、看法。由于人们认识水平的不一致,由于社会信息传播的不对称,因而社会舆论中经常会出现各种观点言论杂陈、良莠不齐的情况。新闻媒体作为社会信息传播的主渠道,对自然界和社会中一些现象、事件、问题的实时报道、真实报道、正面宣传、正面引导,对形成良好的社会舆论氛围无疑发挥着主导作用。社科学术媒体的主要职能是刊发人文社会科学研究的最新成果,传播和宣传人文社会科学研究中的新思想、新观点、新主张,引领人文社会科学研究,咨政建言,解疑释惑。社科学术媒体从以下两个方面发挥着对社会舆论的引导功能。

(一)学术媒体对社会舆论的间接引导作用

人文社科研究成果的传播影响着人们的思想认识,进而间接地影响着社会舆论。人们发表对一些问题的观点、看法,与人们的经验判断、所受教育,与人们的思想认识水平有很大关系。人们越是受到先进理论、思想、观点的影响,人们的思想认识水平越高,对一些问题的看法就越合理,越理性,越正确。否则,人们的思想认识越是落后,尤其是人们的思

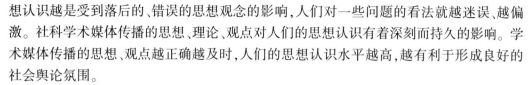

想认识越是受到落后的、错误的思想观念的影响,人们对一些问题的看法就越迷误、越偏激。社科学术媒体传播的思想、理论、观点对人们的思想认识有着深刻而持久的影响。学术媒体传播的思想、观点越正确越及时,人们的思想认识水平越高,越有利于形成良好的社会舆论氛围。

(二)学术媒体对社会舆论的直接引导作用

社科学术媒体所发表的思想观点、主张有时会引发社会舆论。学术媒体是一种社会公共资源,在传播途径越来越多、速度越来越快的当今时代,学术媒体所刊发、传播的思想、观点为越来越多的人所关注,进而会引发或引导社会舆论。一篇优秀的学术文章,会引起无数人的赞叹;一篇探讨社会热点难点焦点问题的文章,会引来诸多专家学者的讨论,会引来无数读者的关注、转发。当然,一篇存在严重政治错误、方向错误的文章的发表,也会构成一次严重的社会公共事件,严重误导人们的思想认识,引发负面的社会舆论。

二、学术媒体做好社会舆论引导工作的主要着力点

鉴于学术媒体在社会舆论形成、传播、引导中的功能作用,在新时期做好党的新闻舆论工作,学术媒体责无旁贷,应有所作为。学术媒体做好社会舆论引导工作的主要着力点有以下几个方面。

一是从办刊方向角度讲,要坚持正确的政治导向,严把政治方向关。要进一步增强政治意识、大局意识、核心意识、看齐意识,进一步增强使命意识、责任意识、阵地意识、服务意识,坚持正确的办刊方向。在利益结构多样化、社会组织多样化、思想意识多元化的今天,在各种社会思潮、思想文化激烈碰撞、相互交融的今天,思想理论界也极为活跃。要特别警惕一些别有用心的人打着学术研究的幌子,发表和传播反党、反国家、反中国特色社会主义制度的言论,要特别防止一些别有用心的人发表主张全盘西化、主张全面私有化、宣扬民族分裂和宣扬历史虚无主义的思想、观点。研究无禁区,宣传有纪律。要认真把握好理论宣传和学术研究的界限,认真甄别真正研讨问题与蓄意传播反动、错误言论的问题。

二是从宣传功能看,要搞好对党和国家大政方针的研究宣传。学术媒体也具备一定的宣传功能。党和国家的大政方针往往是人们关注、议论的热点焦点。作为学术媒体,要从社会科学研究的角度、深度,对党和国家拟制定的或已制定的大政方针进行深入研究,从科学研究的角度探讨党和国家制定有关大政方针的合理性、必然性、必要性,深入探讨大政方针实施的具体路径、具体对策措施。一方面帮助人们解疑释惑,提升人们对党和国家大政方针的政策的认识,另一方面,要为党和国家大政方针政策的制定、实施,提供智力支持服务。

三要主动深化对社会热点难点问题的研究。深化对社会热点难点问题的研究,有利于人们形成对问题的正确认识,有利于问题的解决,有利于引导和形成良好的社会舆论氛围。学术期刊要强化问题意识,强化为现实服务为社会服务意识。要搞好选题策划,着力

对经济社会发展中遇到的重大思想问题、理论问题、实践问题进行研究探讨,寻找破解良策,并以此引导社会舆论。

四要弘扬科学精神,着力编发精品力作。要着力编发有力度、有深度、有高度的精品力作。要通过编发精品力作,以优秀的学术作品启发人、教育人、鼓励人、引导人,帮助人们树立正确的世界观、价值观、人生观,助推人们深化对自然发展规律、社会发展规律、经济发展规律、党的建设规律等问题的认识,助推人们深化对当代中国改革和发展问题的认识。要通过编发精品力作,推进有关问题的解决;要通过编发精品力作,提高人们的思想认识,增进共识,成风化人,凝心聚力;要通过编发精品力作,澄清谬误,明辨是非;要通过编发精品力作,沟通中外文化交流,推动社会科学事业的繁荣和发展。

(《河南日报》2016 年 3 月 7 日摘要发表)

学术期刊要强化为现实服务的功能

尊敬的各位主编及专家学者,我发言的题目是《学术期刊要强化为现实服务的功能》。之所以选择这样一个题目,是因为我觉得,在整个社会的发展运行过程中,作为提供公共精神产品的哲学社会科学期刊,具有重要的咨政建言、传承文明、助推哲学社会科学研究、引领哲学社会科学研究、传播理论学说、推动理论创新以及影响和引导社会舆论等多种功能。在新时代,在中国特色社会主义伟大建设进程中,哲学社会科学研究以及作为发表和传播哲学社会科学研究成果重要载体的学术期刊,面临许多新课题新任务新要求。学术期刊要在新时代有所作为,更好地发挥功能作用,必须强化使命意识、担当意识,必须强化问题意识,强化为现实服务的功能。

一、强化为现实服务的功能是时代所需

从学术研究的供需矛盾来看,近些年来,社科学术需求结构发生了重大变化。只有强化学术期刊为现实服务的功能,才能更好地适应时代要求。强化学术期刊为现实服务的功能的重要意义主要在于以下几个方面。

一是更好地为党和政府的科学决策提供智力支持服务。学术期刊是刊载和传播社科研究成果的重要媒体,对党和国家、对政府的科学决策有着间接的参考借鉴价值和启迪启示作用。党和政府的科学决策,越来越要求学术期刊提供具有真知灼见的、极具参考价值的、务实管用的社科学术成果。

二是更好地满足广大干部群众对人文社会科学精神产品的需求。随着广大干部群众人文社会科学素质的提高,关注社科研究、应用社科研究成果的人越来越多,广大干部群众对人文社会科学的需求越来越强烈并呈现多样化趋势。比如,基层党政干部越来越需要运用社科知识和成果去更好地开展工作;普通群众也越来越需要深化对自然对社会对人生的认识,以便追求更加美好的生活。这些需求,要求学术期刊要更好地贴近生活、贴近社会、贴近实际、贴近广大干部群众。

三是更好地推动理论传播和理论创新并有效引导社会舆论。社科学术期刊具有重要的理论传播、社会舆论引导功能。一般人眼里,学术期刊是阳春白雪,是小众刊物,是只供专家学者看的刊物,其实不然。人文社会科学学术期刊既是进行学术研究的一种主要媒体,也是意识形态建构的一个重要阵地,虽然其主要职能是助推人文社会科学研究,但也具有重要的理论宣传、理论学习、理论研究功能和舆论引导功能。理论只有被广大干部群众所掌握，才能转化为干事创业的强大力量。这就存在一个学术期刊如何让高深理论贴近广大干部群众，进而更好地为现实服务、为时代服务的问题。

四是更好地引导和助推哲学社会科学研究。学术期刊作为传播媒体掌握一定的话语权，因此在表达思想观点时有一定主动权，因而对社科学术研究有重要的助推作用和一定的引领作用。学术期刊强化服务现实的功能，可有效推进社科研究工作更加求真务实。

二、强化为现实服务的主要着力点

时下，在我们的学术期刊界，一定程度上存在着不注意为现实服务或为现实服务能力不强的问题。诸如，远离社会实际，自说自话，闭门造车，缺乏对干部群众关注的重大理论问题和现实问题的探讨和回应，编发的文章或缺乏观点创新，或过多关注一些细枝末节问题，无病呻吟。显然，这很不利于社科事业的健康发展，也不利于学术期刊的健康发展。因此，必须强化学术期刊服务现实的功能。其主要着力点有以下几方面。

第一，搞好对党和国家大政方针的深度解读。深度解读党和国家当前制定和实施的一些大政方针，是学术期刊较之其他媒体的一大优势，也是坚持政治家办刊、坚持"二为"方向的要求。党和国家新出台的大政方针往往是广大干部群众特别关注、集中议论的热点焦点问题，也是国外专家学者关注的问题。作为学术媒体，学术期刊应该及时刊发这方面的学习研究文章，从社会科学研究的角度深度解读党和国家制定有关大政方针的合理性、必然性、必要性。深度解读党和国家的大政方针，至少有三个方面的功能作用：一是能有效配合高校科研等单位开展的学习活动，加深人们对大政方针的理解。二是有利于对个别问题深入探讨，帮助干部群众解疑释惑。三是有利于向国外专家学者介绍中国的大政方针，为外国人更好地了解中国、研究中国提供正确的导向。多年来，《中州学刊》一直坚持学术性与政治性的有机结合和有机统一，在这方面做了一些探索。从党的十七大召开到党的十九大召开，学刊基本上都及时开设学习研究专栏，配合党员干部群众的集中学习。2017年10月中国共产党第十九次全国代表大会召开后，《中州学刊》把研究宣传党的十九大精神作为一项重要的政治任务，从2017年第11期开始，《中州学刊》在第一档栏目专门开辟了《学习贯彻党的十九大精神》专栏，从学术研究的角度，深度解读党的十九大的一些新观点、新论断、新概括。专栏发表的集中研究党的十九大精神的文章，寓政治性、学术性、研究性、宣传性于一体，既很好地配合了党的十九大精神的学习宣传，又对有关问题进行了深入的学术探讨，充分发挥了学术期刊特殊的政治导向功能，对学习宣传党的十九大精神起到了良好作用。学刊的做法得到了省新闻出版局审读专家的点赞。

第二，围绕解决改革发展过程中的重大理论和实际问题选发文章。学术期刊不能停留在对大政方针的解读上，其更重要的功能是要深入研究探讨改革发展进程中遇到的重大理论和实际问题，研究探讨党和国家大政方针实施的具体路径、具体对策措施，更好地发挥学术期刊的咨政建言、智力服务功能。2018年，《中州学刊》在开辟专栏同时，还围绕党的十九大报告提出的新理念、新观点、新思想、新目标和改革发展战略新举措,在不同的专业栏目确定了一批重大研究选题,紧扣党的十九大精神,突出马克思主义中国化的新成果。比如,在经济理论与实践栏目,设置新时代国家创新驱动体系研究、建设现代化经济体系研究、乡村振兴战略研究等选题;在当代政治栏目,设置习近平新时代中国特色社会主义理论创新发展研究、深化党和国家机构改革研究、权力运行的制约与监督体系问题研究等选题。截至2018年第5期,《中州学刊》各个专业栏目也发表了不少体现党的十九大精神的专业研究文章。这些文章对干部群众深化学习和贯彻党的十九大精神,深化学习领会习近平新时代中国特色社会主义思想,有重要的助推作用。

第三,围绕干部群众普遍关注关心的问题选发文章。当前,干部群众的文化素质、理论素质、思想政治素质普遍提高,许多县乡基层干部都是研究生、大学生毕业,具有较好的理论素质,了解学术期刊、阅读学术期刊、需要学术期刊的干部群众越来越多了,因此,让高深理论贴近干部群众,既是时代的需要、干部群众的需要,同时也有了一定的社会基础。要让高深理论贴近干部群众,学术期刊必须把干部群众关注关心的问题作为选发文章的重点。要强调问题意识,强调对干部群众关注关心的热点理论问题和实践问题的研究探讨。即便是文史哲方面编发的文章,也要强调问题意识,强调符合时代和干部群众的内在需求,比如,人们对人与自然、人与社会、人与自身和谐相处的追求,对身心健康的追求,对社会公平正义的追求,人们应该如何树立正确的世界观人生观价值观、正确的民族观国家观历史观等,这些内在需求为文史哲专业研究提出了许多新课题,文史哲专业研究大有文章可做。要让高深理论贴近干部群众,还要积极向有关基层干部推荐文章,借此为基层干部工作提供借鉴。

第四,通过举办学术活动和选题策划引领专家学者的学术研究贴近现实需要。学术期刊可通过与高校科研机构、有关实际部门联合召开研讨会,通过精心的选题策划等途径,关注干部群众关注关心的重大理论问题和实践问题,有的放矢,引导专家学者的研究兴趣,实现学术期刊、专家学者、干部群众在一些问题上的"同频共振",共同面对,共同探讨,共同解决。《中州学刊》曾与信阳师范学院举办过"新时期农村基层组织管理创新"学术研讨会,与河南财经政法大学举办过"生态文明法治建设"研讨会,曾搞过许多专题策划,取得的效果都不错。

第五,加强学术研究成果的再传播再宣传。要通过对学术研究成果的传播宣传,使一些新的理论观点为更多的干部群众所知晓、所理解。学术期刊虽然印数不多,但学术观点的传播速度还是很快的,传播范围还是很大的。在新媒体快速发展的今天,学术期刊一定要利用多种媒体,特别是新媒体,利用多种途径搞好已发表的理论学术观点的再传播,从而让高深理论更好地走向民间,走向干部群众之中。一是积极搞好二次文献学术媒体和报刊的传播。学术期刊发表的文章一经这些媒体传播,会产生很大的辐射效应。如《新华文摘》《光明日报》《中国社会科学文摘》《中国人民大学报刊复印资料》等。二是积极利用新媒体进行观点传播。如《中州学刊》不仅与全国多家网站合作,推送《中州学刊》文章,还专门按省委宣传部理论处要求,与大河网、映象网合作,每期推送两篇政治理论性极强的文章。这种文章对党员干部的时势政治学习极有帮助。

总而言之,学术期刊应该在服务现实上有所作为,而且只有在服务现实中才能大有作为。

(本文为作者2018年10月参加第七届全国人文社会科学期刊高层论坛大会的发言稿)

推进学术创新，期刊何为

创新是一个民族、一个国家发展进步的灵魂，创新是经济社会发展的不竭动力。要繁荣发展中国哲学社会科学事业，要构建中国特色、中国风格、中国气派的哲学社会科学体系，要建设学术大国、学术强国，必须大力推进学术创新。推进学术创新是一个社会系统工程，牵涉科研管理体制、科研评价机制、科研成果推广转化机制等方方面面的改革、创新和完善。作为刊载和传播学术研究成果、促进学术探讨和交流的重要平台和阵地，学术期刊是学术研究和学术创新体系中的一个重要环节，在学术创新中有着重要的功能和作用。本文着重从"期刊人"的角度，探讨一下学术期刊自身如何在现有社会体制和社会条件下更好地、更积极地发挥自身在推动学术创新中的功能作用问题。结合长期的期刊工作实践，笔者认为，要推进学术创新，学术期刊应在以下几个方面做出努力。

一、要充分发挥主编（社长）在推进学术创新中的功能作用

从办好一个学术期刊的内部管理角度讲，主编的道德素养、理想追求、学术水平、管理能力等对办好学术刊物至关重要。正因此，党和政府对学术期刊主编的任用才格外重视。从办刊角度看，主编，就是刊物的一面旗帜，学术期刊的办刊特色无不打上主编的烙印。改革开放40多年来的学术期刊发展史也再一次证实这一规律。有些学术期刊办得很好，越办越好，而有的学术期刊办得很差或出了重大政治问题、学术问题、经济问题，这都同期刊主编有重要关涉。在学术期刊的办刊过程中，主编承担着严把政治方向观、学术导向观、学术质量关、编校质量关等重要职责，对学术创新有着重要影响。期刊主编应在学术创新中主动担当、有所作为。

一是要有强烈的使命担当意识。张跃铭主编在一篇文章中曾说："美国总统肯尼迪在《时代》杂志10周年的贺词中就讲道：'伟大的杂志都是它主编身影的延长。'这话值得思考。一本优秀的学术期刊，总是投映着主编的胆识魄力、学术理念、人文精神、胸怀高度、操守格调，以及对学术公信力、权威性的追求和处理复杂问题的政治智慧。"主编是期刊的一面旗帜、一种形象，主编本身就是构成期刊公信力、权威性的一个重要因素。因此，要推进学术创新，期刊主编必须增强使命担当意识。要大力倡导科学精神、创新精神、求真精神，坚持正确的政治方向、正确的办刊导向，推崇学术，热爱学术，敬畏学术，献身学术，为办好学术期刊尽心尽力。

二是要在学术创新中率先垂范。回望近代以来的学术期刊发展史不难发现，很多期刊主编本身就是思想家、革命家、哲学家、文学家、学问家。文以载道。期刊是工具、是载体、是武器。陈独秀、毛泽东等思想家、革命家正是通过办杂志传播革命思想的。就我所知，我们今天在座的不少主编，也都是大名鼎鼎的专家学者，在专业学术上造诣颇深。要推进学术创新，学术期刊主编必须是行家里手。既要当主编，也要当专家学者，最起码，要具备较高的学术素养。

三是要慎重用好手中的权力。毫无疑问，主编手中拥有着重要的编审权，这是一项重要的公权力。特别是在当下论文发表需求异常旺盛，而期刊特别是中文核心期刊、CISSCI期刊数量极其有限的情况下，主编的权力更得以突显。也正因此，主编们往往面临来自各方面巨大的压力，有时甚至面临一些人的"围猎"，"主编"也成了一个高风险岗位。主编在面子上拥有越来越多的尊严、荣耀的同时，脚下却面临越来越多的"沟坎"和陷阱。学术期刊也经常上演着学术、权力、情感、金钱、利益、良知之间角逐争斗的闹剧，主编们面临着更多的诱惑、挑战、考验。我们必须廉洁自律、谨慎用权，坚守初心、坚守良知、坚守原则、坚守好学术阵地。

二、要充分发挥编辑在推进学术创新中的功能作用

推进学术创新，学术期刊拥有一个充满创新精神的编辑团队同样重要。学术编辑不同于一般市场刊物的普通编辑。学术编辑是学术期刊的直接生产者，是学术产品生产的重要参与者，严格意义上讲，学术期刊编辑在学术创新中发挥着发现和判断学术观点、修改和加工学术论文、刊载和传播学术观点的重要职能，是学术期刊与专家学者共同引领着学术发展。关于到底是学术期刊引领学术发展还是专家学者引领学术发展，多年来一直存在争议。笔者认为，这不是一个非此即彼的问题。就学术研究和创新的过程而言，是专家学者和学术期刊共同引领着学术发展，学术期刊的引领事实上是在汲取专家学者智慧基础上的引领，本质上也是专家学者引领，但表现形式上是相对独立的期刊引领。就学术研究和创新的目的而言，是社会的发展需要引领着学术发展。但不管怎么说，学术期刊的编辑行使着论文的初审权、公开发表权，因而在传播新学术观点方面的职责作用是毋庸置疑的。要充分发挥期刊编辑在学术创新中的功能作用，需要在以下几个方面做更大努力。

一是要增强编辑的责任感。主编要有使命担当意识，一般编辑也要有使命担当意识。学术编辑不能把自己的职业身份降低到一个"文字加工"编辑的层次，要充分认识自己的功能作用。

二是倡导编辑学者化，使编辑深度融入学术创新活动之中。长期以来，编辑的"身份焦虑"客观存在着，不论在大学学报还是在社科院社科联主办的学术期刊中，编辑确实存在着这种焦虑。《澳门理工大学学报》专门就此进行过讨论并引发争论。如何破解这种焦虑？如何从编辑工作中找到自身的价值？如何在学术创新中发挥编辑的作用？我个人认为，那就是积极倡导编辑学者化，让编辑深度融入学术创新之中。倡导编辑学者化，至

少有以下几方面好处：首先是更好地适应学术编辑工作的需要。学术编辑是一种特殊的编辑工作，需要编辑具备良好的学术素养，因此，编辑学者化应该说是一种工作的客观要求。其次是有利于克服身份焦虑。学术编辑在"身份"定位上应该首先是学者，是学者中的编辑，是编辑中的学者，尽管"编辑"工作很重要，但我们的编辑不是一般的文字加工、标点符号校对，学术编辑是学术观点、学术表述的编辑，没有大量的专业知识，是无法进行工作的，学术编辑就是学者，有的可能就是专家。最后是有利于开展学术创新。只有编辑学者化，才能在审编过程中更好地审阅文章、及时发现并编发新的学术观点。因此，要倡导编辑学者化，深度融入学术创新活动中。当然，编辑学者化，不是让编辑完全放弃编辑工作，而是以编为主，编研结合，编辑发表更多的精品力作，这一点必须强调一下。

三是要恪守职业道德，严把学术质量关。同主编一样，学术编辑也面临诸多诱惑和压力。要心存敬畏，秉公用好手中的审编权，严防以编谋私，坚决杜绝关系稿、金钱稿、权力稿。

三、从学术创新的客体角度看，要着力刊发具有创新价值的精品力作

学术创新从客体的角度看，要大力推动学术思想、学术观点、学术研究方法、学术理论等方面的创新。目前存在的问题是创新之作太少，观点雷同文章居多。因此，作为学术期刊，必须着力编发具有创新价值的精品力作。

一是要创新学术选题。时代是思想之母，实践是理论之源。要围绕现实社会发展的需要进行选题，不仅政治、经济、法学、社会学的选题要突出问题意识，强化为现实服务的功能，而且文、史、哲等人文研究领域的选题，也要符合当代社会、当代人们内在的精神需求。要围绕学术界的热点、难点、焦点问题搞好选题创新，以期把有关问题的研究推向深入。

二是要突出论文的学术观点创新。在编发文章的过程中，要把有没有学术观点创新作为重要的评判标准，力求编发的每篇文章都要具有创新价值。

四、从活动载体的角度看，要主动开展有关活动

围绕学术创新开展有关活动，是学术期刊在学术创新中发挥主观能动性、积极性的必然要求。学术期刊应积极开展以下几个方面的活动。

一是搞好栏目设置和选题策划。为突出刊物特色、突出研究方向和导向，为把有关问题研究引向深入，期刊要认真搞好栏目设置和选题策划。在栏目设置和选题策划中，要避免闭门造车，要积极吸取有关专家学者的意见、建议，积极借用有关专家学者的智慧。

二是积极开展学术活动。首先，要积极参加有关单位举办的学术活动。其次，学术期刊自身也要积极举办学术活动。近几年来，期刊经常与大学学院、有关科研单位联合举办学术活动，推进了问题研究，促进了学术资源要素的优化组合，取得了多赢效果。最后，要鼓励编辑与专家学者交朋友，了解相关专业的研究状况。

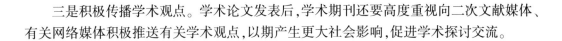

三是积极传播学术观点。学术论文发表后,学术期刊还要高度重视向二次文献媒体、有关网络媒体积极推送有关学术观点,以期产生更大社会影响,促进学术探讨交流。

五、从内部管理角度看,要加强内部制度建设,为学术创新提供制度保障

学术创新要有制度保障。从期刊内部管理的角度看,推进学术创新,要强化以下几个方面的制度建设。

一是要着力推行匿名审稿制度。已有的实践已经证明,双向匿名外审制度是一项非常有效的制度,对防止学术腐败、促进学术创新有重要功能作用。要在坚持的同时进一步完善。

二是要建立对编辑的激励约束制度。鉴于期刊编辑的身份焦虑,应加大对期刊编辑的激励制度建设,这主要包括:在职称评聘上激励,鼓励编辑在职称评聘上自由双向选择,并积极为编辑创造条件;在绩效评比上激励,对编发创新性文章多、反响好的编辑加大计分和绩效奖励力度。

三是要建立和完善廉洁从编制度。主编、编辑也是社会人,生活工作在社会关系之中。主编、编辑手中掌握一定的公权力。为保障公权公用,必须建立和完善廉洁从编制度。通过这些制度,促使编辑恪守职业道德,廉洁自律,严防以编谋私、以权谋私行为的发生。

总之,学术期刊在推进学术创新中有着重要的功能作用。学术期刊不能因为学术生态不够优化而放弃自己的创新职责。学术期刊要从自身做起,从主编、从编辑做起。要通过调动自己可控制、可影响的因素,为推动学术创新、净化学术生态、繁荣学术发展,做出自己应有的努力和贡献。

(本文为作者2019年12月参加第八届全国人文社会科学期刊高层论坛大会的发言稿)

其他问题研究

社会科学研究的困境与出路

当代社会科学正在经历一场世界范围的高新技术革命巨大浪潮的洗礼。对我国而言,社会科学还同时面临社会主义市场经济大潮的又一挑战。中华人民共和国成立以来,特别是20世纪70年代经过真理标准讨论之后,我国的社会科学事业获得了长足发展。从机构设置上讲,不仅许多大专院校附带设置并逐渐扩大了各种社会科学研究机构,而且专门设置了中国社会科学院,各省、市、自治区社会科学院以及部分地市社会科学专门研究机构。专门从事社会科学研究工作的人数急剧增加,形成了一支较具规模的社会科学队伍。从学科专业看,也获得了很大发展,种类越来越多,尤其是改革开放后还从国外引进了不少新兴学科,诸如科学学、未来学、创造学、发明学、系统科学、发展经济学、企业管理学、市场营销学等。在我国的改革开放和现代化建设过程中,社会科学界以其特有的理论探讨、问题分析、决策论证,对解放思想、加快改革、建立市场经济新体制、建设社会主义精神文明起到了积极的推动作用。

然而,随着市场经济的迅速发展和市场经济体制的逐步确立,社会科学研究机构却面临诸种困境。其主要表现是经费困难,在以经济建设为中心、紧缩财政开支、对科研事业单位进行经费改革的情况下,一直享受政府财政全额拨款的社会科学研究由于经费相对减少,各种开支异常紧张,科研经费非常短缺;成果困难,社会科学论著的发表越来越困难;人才困难,人才流失、人才断层现象严重,社会科学研究后继乏人;职工生活困难,由于经费有限,部门创收不力,使职工生活福利与其他行业相比出现较大差距。

一、社会科学研究面临困境的深层原因分析

我国的社会科学研究之所以面临困境并不是说社会科学对社会无足轻重,社会科学研究已经过时了,而是说明其存在的方式有问题。

(一)历史和体制的原因导致了社会科学研究的功能错位

我国的社会科学研究机构是在计划经济体制下模仿苏联模式设置的。社会科学机构的部门设置、专业编制、干部人事管理、财务管理、行政管理、课题计划安排、科研成果的评定和运用、职称的评定和晋级等都是和计划经济体制相适应的,形成了一套高度集中的社会科学研究管理体制。

这种体制的作用导致的结果之一便是社会科学研究的"非科学化"倾向。其一,社会

科学研究更多地要服从于政治的需要和意识形态斗争的需要,存在着注疏化、宣传化、学究化倾向。所谓注疏化,就是一味注疏导师经典,图解党和国家的方针政策,而不是探讨研究有关问题,积极提出有关建议和对策;所谓宣传化,就是只注重意识形态的宣传功能,把科学研究简单地降低到或停留在宣传党和国家政策的功能上;所谓学究化,就是逃避社会现实问题,躲进小楼,闭门造车,从书本到书本,从理论到理论,引经据典,无以创新。这些倾向都偏离了社会科学的根本宗旨,造成了社会科学的功能错位。其二,缺少科学的方法和手段。科学研究通常使用的观察、概括、验证等方法手段由于管理体制原因受到种种制约,许多社会科学研究滞留在理论推论、假设演绎阶段,缺少系统观察、定量分析和现代科技条件下所能进行的实验考证。没有科学的研究方法和手段,就不会有更科学的研究成果。

回顾一下我国的学术发展史,我们不难发现一个很有趣的现象:每当社会处于大动荡大变革的时代,各种社会思潮、学术思想便会出现空前繁荣局面。春秋战国时期,诸侯混战,出现了儒、道、墨等各家学说"百家争鸣";清朝末年,旧民主主义革命时期,皇权崩溃,军阀混战,社会动荡不安,也正是在此历史时期,各种社会思潮此伏彼起,马克思主义也正是在此期间传入中国,并成为中国革命的理论指南。粉碎"四人帮"后,我国的人文社会科学界曾出现了"百花齐放"的局面。这一现象恰恰说明在集权统治时期人们的言论、学术自由受到严重限制,只有当社会失去正常秩序时或政治开明时人们才能获得某种学术解放。在我国古代历史中,学术文化经常沦为政治的婢女。许多文人学士也在这种环境中形成了种种陋习,或歌功颂德,攀权附贵,以求飞黄腾达;或旁征博引,高谈阔论,沽名钓誉;或皓首穷经,坐而论道,逃避现实,做"独善其身"之"山人"。尽管封建专制的历史早已成为过去,尽管粉碎"四人帮"后我国已走上了改革开放、建设有中国特色的社会主义之路,但历史的文化传统似乎还没有完全失去它的影响,以至于还不能把社会科学界存在的"非科学化"倾向完全归罪于体制的原因。

(二)市场经济条件下社会科学研究的供需矛盾

随着市场经济体制的逐步确立和市场经济的迅速发展,社会科学研究的供需矛盾越来越突出,其突出表现在三个方面。

其一是机构重叠,人才过剩,专业老化,知识陈旧。社会是一个有机的整体,为保证其运作的最高效率和生产力的最快发展,就需要各种资源的合理配置。这种资源首先包含人力智力资源。在以经济建设为主战场的情况下,计划体制所形成的人才布局、人才结构显然已不适应新时期的要求。社会需要更多的科技人才、实干人才和经营管理人才。这一情况在近几年许多大专院校毕业生的择业中反映明显,许多传统文科的毕业生择业困难,而许多理工专业尤其是新兴理工专业毕业生却供不应求。我国的社会科学界是文科知识分子集中的领域,但囿于过去的教育体制和教学内容,这些知识分子中有一部分知识结构老化或专业过时。因此,不论从社会科学的教学、研究、实践等结构比例的相对需求数量看,还是从社会科学人才同其他科技人才结构比例的绝对需求数量看,社会科学研究人才都显过剩。在党政机关等其他部门存在的机构重叠、人员过剩、人才浪费、效率低下等现象,在社会科学研究机构也严重存在着。改革不合理的人才结构和布局,把更多的人才引向经济建设主战场,乃大势所趋。而要调整人才结构和布局,就必然要触动一些机构和人员的利益。

其二是市场经济亟须的新型社会科学人才缺乏,新兴专业缺乏或力量薄弱。很显然的情形是,当代科技革命和我国市场经济的迅速发展,引发了一系列社会现象和社会难题,需要用新的知识结构、新的研究方法和手段去深入研究,寻找答案。而在这方面,社会科学界又显得人才短缺。和自然科学一样,长期以来,我们对社会科学的应用开发研究没有予以足够重视,而这恰恰是社会科学向现实生产力转化的关键环节。尽管改革开放以来从国外引进不少新兴专业,增强了社会科学活力,但由于科研体制限制,没能和中国实际有机结合,许多新专业处于"食洋不化"和"为专业而专业"阶段,科研和社会实际、经济建设"两张皮"现象依然严重,以至于面对市场经济对新型专业和人才的需求,社会科学显得力不从心。

其三是社会科学研究缺乏新型合理的与政府、社会和市场之间的有效的交换机制。凡是有社会分工的地方,就需要价值交换,在交换中实现各自的社会价值。社会科学研究作为社会分工的一部分显然也要发生价值交换。但在计划管理体制下,这种交换是在自上而下的行政指令下完成的,如同该体制下的产品交换一样。在传统的科研体制下,社会科学研究机构及其工作者只是习惯于完成党政有关部门布置的科研任务和工作量,缺乏对成果应用价值及其具备的社会效益和经济效益的认识,不论是政府或社会科学机构本身都觉得执行这种任务理所当然,因而,对社会科学成果的实际运用、运用结果以及完成成果所需费用缺乏应有关注和更有效更合理的管理安排。

在市场经济体制下,社会科学研究机构一下子被推到一个全新的社会位置,它同政府、企业、社会的关系发生了一系列变化,社会科学研究需要一种全新的交换机制来完成其价值交换过程。这一机制,既能准确灵敏地反映社会的外在需求,又能促发社会科学研究的内在动力,及时提供有价值的科研成果,从而在交换过程中实现科研成果向社会效益和经济效益的及时转化,实现相对的供需平衡。尽管数年来我们在科研管理体制上进行了一系列改革,诸如设立社科基金、实行课题招标、鼓励开发应用研究等,在一定程度上推进了体制转换,但和市场经济相配套的新的交换机制并未建立,职称评定、科研成果评价体系、科研成果转化应用机制、人事管理等体制问题并未彻底解决。供需的矛盾和脱节似不可避免:一方面文章论著层出不穷,可谓成果累累,另一方面真正能够被社会吸收应用的成果却不太多。实践的超前和理论的滞后,经常使实践者付出沉重代价,使理论者变成"事后诸葛"。

(三)政策原因

社会科学研究由于不直接创造物质财富,也由于过去一直表现出的功能错位,因此,在以经济建设为中心工作的新时期,受到不同程度的政策制约是在所难免的。

二、如何振兴社会科学研究事业

社会科学研究面临困境是必然的,而在市场经济条件下振兴社会科学研究事业也是社会发展的必然要求。从当前来看,要振兴社会科学研究事业,需从三个方面作出努力。

(一)改革社会科学研究管理体制

改革社会科学研究管理体制,是振兴社会科学事业的关键,也是建立和市场经济相适应的社会科学与社会价值交换机制的关键。市场经济体制要求的社会科学研究管理体制必须具备三种基本特性:其一,科学性,有利于保证社会科学成果的真正科学价值,不因个别人或某种权力的制约而沦为少数人的御用工具;其二,高效性,有利于多出快出科研成果,而且能尽快地被社会运用,转化为社会效益和经济效益;其三,竞争性,有利于调动广大科研人员的积极性和创造精神,展开科研探讨、学术竞争,在平等竞争中推进社会科学的迅速发展。

而要建立这样的社会科学研究管理体制,就要求重新规范政府和社会科学机构的关系,在人事、职称、资金、专业等各方面重新界定政府的管理权限。一方面,政府可以通过在某些方面加强或弱化行政干预,来促进社会科学部门主动性能动性的发挥,保证社会科学研究的相对独立性,如在专业设置、人事安排、干部任用上可适当降低行政干预,在调拨资金的占用、职称的管理、成果的应用上可加强行政干预等。另一方面,政府可以更多地运用经济杠杆来促使社会科学机构在积极为政府和社会服务中获得自身积累与发展,如和研究部门签订有关合同协议,向社会公开招标或购买某种社会科学研究成果,采取预付金及同社会效益经济效益相挂钩的方法,强化科研机构和人员的责任感和风险意识,使他们既有压力又有动力。

同时,要重新规范社会科学人才成果的评价体系和应用体系。传统的人才和成果评价体系往往是以文章论著发表的多少来衡量的,字数越多,成果就越多,职称晋升就越快,各种福利待遇就越高。而对这些成果所具有的社会效益或经济效益则缺乏评价或缺乏科学的评价体系,以至于重数量不重质量、重发表不重实用的现象日加严重。甚至有些科研人员不是忙于调查研究,而是忙于剪贴拼凑,文章字数洋洋洒洒,解决问题却实无一策,连"纸上谈兵"都说不上,但却往往得到晋职称、涨工资、增福利的实惠。把社会科学人才和成果的评价体系同社会效益、经济效益有机结合起来,这是市场经济条件下生产力发展的内在要求。但如何结合却是改革的一个难点。几年来,这方面改革已取得不少成功经验,如注重成果在国内外的反响,成果被决策部门应用的程度,成果被经营部门应用后的效益变化等,但还需要进一步探索、提高、完善。社会科学人才的潜力不能充分挖掘发挥,成果不能及时和充分被社会吸纳运用,是截至目前存在的显著问题。在这方面,除了社会科学机构加强自身改革以适应社会需要外,政府的重视和行政干预似不可少。如政府以制度的形式要求一些地方的经济社会发展规划、大型项目的开发建设必须有社会科学家参与论证,以制度的形式要求社会科学人才到基层调查研究,以制度的形式调动社会科学人才

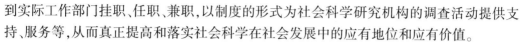

到实际工作部门挂职、任职、兼职,以制度的形式为社会科学研究机构的调查活动提供支持、服务等,从而真正提高和落实社会科学在社会发展中的应有地位和应有价值。

(二)加快社会科学研究机构的内部改革

社会科学研究机构本身必须体谅国家和政府的困难,不能完全抱着等、靠、要的态度等着政府解决自己的困境,要在力所能及的范围内积极加强内部改革,以自身的努力和贡献,实现社会科学在社会中的存在价值。

1. 改革内部科研管理

科研要面向经济建设,面向社会实际。要强调发扬深入实际调查研究的学风,以真正科学的成果为经济建设和社会发展出谋献策。在专业设置上应合理精减一些老专业,积极扶持现代社会亟需的新学科,优化组合科研人才,合理调配科研力量,以满足社会需求。要强化内部的责权利关系改革,以成果的社会效益和经济效益为准绳,以利益激励为杠杆,把科研任务、目标层层分解落实到各个科室、各个研究人员身上。在多出、快出、出好科研成果的总原则下,积极推进内部的人事管理、职称管理、财务管理、行政管理等各方面改革。中国社会科学院1994年以来针对旧体制采取了三项重大措施:调整"大而全"的学科布局,人力财力向重点学科倾斜;清理"胡子工程";试行招标制改革。从而打破了长期以来的沉闷格局,取得了显著成效。

2. 加强应用开发研究

20世纪社会科学发展最具决定意义的是社会科学的可操作性取得了突破性进展,形成了范围广泛的社会技术(社会工程),成为社会科学直接应用于生产的桥梁,应用研究比重迅速增长。当代世界上许多国际性社会科学研究机构以应用研究为主,特别是那些属"思想库"的科研机构,基本上都搞对策、咨询、调研、协调、传播和培训工作。在应用研究领域,围绕着社会经济、产业、企业生产的学科成长特别迅速,仅经济学科的数百门学科中,应用学科占80%以上。特别是管理科学、公共关系学、商品广告学、市场营销学、企业文化学、技术美学等在现代社会生产经营管理组织中发挥着愈来愈重要的作用。"八五"期间,我国社会科学基金项目总量达2000多个,其中基础研究和新兴边缘交叉学科研究占立项总数的40%,而宏观战略研究和专题对策研究等属应用开发研究的项目约占立项总数的60%,一些重要成果为决策部门的正确决策提供了科学依据,对实践起了指导作用,发挥了经济效益和多方面的社会效益。

显然,应用开发研究也在我国的社会进步中发挥着日益重要的作用,并受到社会重视。为促使社会科学更迅速更广泛地应用于社会生产各个领域,在加强应用研究的同时,还要大力倡导社会科学的开发研究。开发研究就是以解决社会发展中现实具体问题、满足现实社会需要为目的,以研究现实发展中的社会经济、政治、文化等方面的具体问题为对象,以运用基础应用研究获取的科学知识,提出或制订具有实施价值的规划、计划、对策、方法、体制、系统、程序等成果,将理论形态产品转化为实际运用形态产品的科研活动。开发研究是社会科学研究成果能否进入社会经济领域转化为现实生产力的关键环节。目

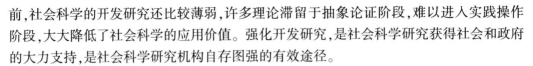

前,社会科学的开发研究还比较薄弱,许多理论滞留于抽象论证阶段,难以进入实践操作阶段,大大降低了社会科学的应用价值。强化开发研究,是社会科学研究获得社会和政府的大力支持,是社会科学研究机构自存图强的有效途径。

3. 改进科研方法

当代高新技术的迅速发展,不仅给社会科学提供了许多全新课题,而且催生着社会科学研究方法的革命。社会科学研究机构必须适应这一形势,积极改进科研方法,这主要包含三层含义:一是要运用现代技术,诸如多媒体信息技术、计算机技术等,使社会科学的研究手段数量化、计算机化和系统工程化。二是运用交叉学科或跨学科的研究方式,借用其他学科的成果进行社会科学研究,如数理经济学、技术经济学、数量社会学、生态社会学研究等,把其他科学成果更好地运用到社会科学研究之中。三是加强横向联合,和其他科学工作者协调配合,共同攻关。每一种社会现象都是一个极其复杂的系统,单纯从某一方面某一角度研究都不能更好地把握事物本质,而联合攻关、多角度研究,则有利于克服这种缺陷。

4. 主动促进价值交换机制的建立

在市场经济条件下,社会科学研究机构应该学会利用经济杠杆实现同政府、企业及社会团体、公民的价值交换。这主要有两种途径:一种是以有偿服务的形式为政府、企业等有关部门和社会团体提供专题研究,获得经济收入;另一种是以其人才智力优势,大力开展政策咨询、法律咨询、企业管理营销咨询、人才培训、图书刊物编辑出版发行等智力咨询文化经营活动。这一方面可使社会科学智力优势全方位、多层次地深入社会、服务社会,另一方面也可以创造一定经济效益,解决科研经费困难,实现以经营养科研、以科研养科研,走上社会科学研究的良性循环轨道。

(三)加强政策调控

社会科学研究的主要服务对象是社会管理的承担者——政府,社会科学成果对生产力的推动作用和对社会进步的推进作用主要是(当然不完全是)通过政府的管理决策、有效管理实现的。因而政府对社会科学采取什么样的政策,不仅对经济发展、社会进步有着重大影响,而且本身就反映了政府协调运用各种社会力量、优化资源配置、有效管理社会的一种水平。在推进整个社会发展的各种力量中,社会科学研究应该占什么位置、占多大比重,应该采取什么样的分配、奖励、交换政策和措施来充分调动和挖掘社会科学研究部门的能量,采取什么样的政策措施来保证社会科学成果的质量及其被社会的迅速吸收运用,采取什么样的措施充分利用和发挥社会科学家对政府管理决策的咨询作用,等等,这些都是政府政策调控的内容。

第二次世界大战后,由于经济和社会发展的需要,西方国家采取了一系列政策措施促进社会科学的发展。在专业学科领域,不仅重视社会科学基础理论研究,还十分重视社会科学应用研究,大力鼓励跨学科研究的发展。在社会科学人才和成果利用方面也采取了积极政策,鼓励社会科学家通过承担咨询任务和提供以问题为核心的研究报告,为政府、企业、各类社会团体甚至个人服务;或通过一定程序流动到政府部门担任一段时间的公职,直接参与政府决策。与其他国家相比,美国的社会科学家有更多的机会进入政府部门担任公职或作为顾问而起作用。许多人当他们离开政府部门后,又回到研究机构从事研究。有的人则同时在政府部门、企业和研究机构任职。在美国,在工业部门就职的社会科学家有迅速增长的趋势,1978年,在工业部门就职的社会科学家占社会科学家总数的38%,而到1986年则达到47%。有数据表明,到20世纪70年代初,美国高层的文职官员中约1/3的人获得过社会科学学位。许多政府部门如国防部、财政部、教育部、商务部等都聘请社会科学家担任顾问。据不完全统计,联邦政府每年用于顾问咨询的费用约20亿美元。一些企业也雇佣社会科学家就市场需求、远景规划和企业内部管理等方面的问题进行研究。在今天的美国,对社会科学成果的利用正在进一步社会化。在科研经费政策上,西方政府主要采取财政拨款和签订合同相结合的方式鼓励社会科学研究,并积极鼓励、协调和影响工业企业、私人基金会向社会科学部门捐款,积极鼓励社会科学部门开展咨询服务业。

在我国,要振兴社会科学事业,使社会科学更好地服务于经济和社会,政府对社会科学政策确需作必要的调整。

(作者:李太淼、高俊华,原载《河南社会科学》1996年第3期)

努力促进社会科学向生产力的快速转化

　　江泽民同志在 2001 年 8 月 7 日的北戴河讲话中高度概括了哲学社会科学的性质、功能,充分肯定了哲学社会科学的重要性,为我国新时期繁荣发展哲学社会科学事业指明了方向。鉴于目前仍有不少人对社会科学的重要性认识不足,对社会科学与生产力的关系认识不清以及我国社会科学研究中存在的重出成果但不注重转化应用、供需脱节、社会科学资源浪费等现象,本文着重就社会科学是不是生产力、社会科学如何转化为生产力以及如何创新我国的社会科学研究管理制度以实现社会科学向生产力的快速转化作出探讨。

一、社会科学也是生产力

　　如果我们承认社会在其纷繁复杂的现象背后有其内在的发展变化规律、有其因果关系存在的话,我们就必须承认科学包括自然科学和社会科学。如果说自然科学主要是以自然界为对象研究物与物的关系的话,社会科学则主要以社会为对象研究人与人的关系,研究各种各样的社会问题和社会现象,研究人类社会形成、发展、变化的历史、规律、趋势。自然科学与社会科学都是人类更加能动地、理性地改造自然、改造社会的得力工具,如车之两轮,鸟之两翼,是推动人类社会发展进步的强大力量。自然科学是生产力,社会科学也是生产力。

　　社会生产力指的是人们改造自然、利用自然、从自然界获取生活资料的能力。它是一种社会力量,是人的因素和物的因素、精神力量和物质力量的统一。科学技术是生产力,这是马克思主义的历来观点。邓小平根据第二次世界大战以来科学技术发展的特征进一步提出了"科学技术是第一生产力"的观点,显然,这是指由于科学技术的进步导致生产力各要素(劳动者、劳动资料、劳动手段)之间的飞速变化和有机组合,从而极大地提高了人们改造自然的能力,科学技术在生产力发展中占据着越来越具有决定意义的地位和作用,也很显然,这科学包含着社会科学,社会科学的运用同样是实现生产力各要素尤其是劳动者有机组合的巨大力量。

　　人类在同自然界发生关系时并不是也不可能是以单个的形式出现的,而是以一定的组织结构、利益结构、种族结构等形式出现的,是在一定的思想、意识、文化、道德、风俗习惯、感情、信仰、意志、科技知识等精神因素支配下进行的,是在人与人之间的矛盾冲突、团结协作等复杂变化的关系中同自然界交换关系、不断提高生产力的。一方面,社会的组织结构、权力结构、利益结构、意识形态等必须适应生产力发展要求,适应人与自然界交换关系的物的形式的要求。这种社会的组织结构、利益结构等人与人之间的关系本身就构成了生产力体系的重要组成部分。另一方面,这些社会关系与生产力的关系并不是完全被动的影子关系,它具有相对独立性和能动性,生产力对生产关系和上层建筑的决定作用总是通过人们主观能动的社会实践来实现的(如历史上不断出现的社会革命、改革、改良)。这之中,人类自身的认识水平、主观行为极其重要。人类的知识越多,对自然界和社会辩证发展的规律掌握运用得越多,社会的组织结构、权力结构、利益结构、意识形态等越符合生产力发展要求,符合人和自然界交换关系的物的方式的要求,也就是说越符合自然与社会的辩证发展规律,就越能使人与人的关系和人与自然的关系处于最佳组合状态,就越能产生和促进生产力。总之,社会关系是生产力系统的重要组成部分,而社会科学是建立科学合理的、与人和自然的物质交换方式相适应的、人与人之间的各种社会关系的重要工具,正是从这个意义上我们说社会科学也是生产力,是知识形态的生产力。

二、社会科学向现实生产力转化的主要途径

正如自然科学要通过技术和教育这些中介才能转化为现实的生产力,社会科学从"知识形态"的生产力转化为现实的生产力也要经过一定的途径。总体而言,社会科学是通过运用社会科学成果、改进社会各种制度、构成最能适应和推动生产力发展的社会关系和社会组织形式而实现向现实生产力转化的,具体而言,它有三个基本转化途径。

(一)制度创新

制度创新是社会科学转化为现实生产力的最重要途径。人是通过人类所组成的社会有机体同自然界发生各种各样的交换关系的。为适应人与自然的交换关系并使这种关系能持续下去,人类社会必须创设一系列制度来规范、协调人与人之间的各种关系,制度作为人们之间的某种"契约形式"或"契约关系",是渗透在经济、政治、社会、文化诸多方面的最普遍、最基本的人与人之间的关系,是形成特定的组织结构、权力结构、利益结构,构成生产力发展所需借助的社会组织形式。

制度是生产力发展的重要制约因素,不同的制度安排会产生不同的经济效率。新制度经济学家将制度作为影响经济增长的一个关键性变量引入经济增长函数。制度作为经济增长的关键性变量是由制度内在的经济功能决定的。制度的经济功能主要包括:激励约束功能,即激励经济主体努力搞好生产经营并约束其不经济行为;优化配置资源功能,即促进人才、资金等资源的合理流动和优化组合;诱致技术创新功能,即促进技术创新;节约交易成本功能,即合理的制度安排可为人们的经济行为提供规范和保证,减少交易摩擦,提高交易效率。[①] 除经济功能外,制度还有其他许多社会功能,如政治功能,即保证一定的政治秩序,维持社会稳定;如宏观管理功能,即通过法律法规惩罚打击各种违法犯罪,

---

① 郭剑雄:《社会科学与经济增长》,《社会科学辑刊》2001 年第 3 期。

维护经济和社会发展的正常秩序等,这些功能或直接或间接地影响、制约着生产力的发展。制度的生产力功能在我国当代的改革发展中表现得尤为突出。制度创新是 20 多年来推动我国经济快速增长的最为重要的因素。

社会科学是实现制度优化选择的有效工具。人们选择进步的社会制度的能力取决于社会科学发展的水平及社会科学应用的程度。社会科学越发达,人们对社会发展变化的规律掌握得越多,就越能自觉地、理性地选择较合理的、高效的社会制度,反之,在缺乏社会科学指导的情况下,制度变迁只能通过不断试错的办法进行,人们必将受到各种非科学的思想、观念束缚,在制度选择中摸索更长的时间,付出更大的代价,从而造成巨大的制度选择成本。而事实上,社会科学正是在人类需要更加理性地进行社会制度的安排这一需求中诞生的,从某种意义上讲,社会制度是社会科学最基本的研究对象,设计和促进制度创新是社会科学研究的主要任务。

(二)科学决策

科学决策是比制度创新应用范围更广的范畴。除制度这一相对稳定的重大决策外,在经常的社会管理、企业管理、经济发展等社会各项事务活动中,还需要我们的领导者、管理者根据不断变化的主客观条件进行及时、科学的决策。一个国家要制定正确的经济发展战略、国防战略等需要科学决策,政府部门要实施高效的经济管理、社会管理需要科学决策,企业要制定正确的生产经营战略、实施高效的企业管理需要科学决策。时下不少企业喊出了向管理要效益的口号,这正是由于科学管理是提高企业效益的有效措施,也是其他任何社会组织实现高效良性运作的有效措施。事实上,大到一个国家、一个社会,小到不同的经济组织和社会组织如企业、机关、学校、社会团体、医院、街道、农村、家庭等的发展、管理,乃至个人的人生选择,都需要科学决策。科学决策无疑会提高整个社会的运作效率,优化整合社会各种资源,从整体上推动生产力快速发展。而要进行科学决策则有赖于社会科学。

在社会生产、社会组织管理较为简单的情况下,人们往往习惯于凭经验决策,习惯于"拍脑袋"决策,而在生产日益社会化、各种社会组织管理日益复杂化的近现代社会,社会化大生产的联系性、复杂性、多变性、竞争性以及社会发展变化制约因素的多样性,越来越需要决策的科学化,社会科学正是在这种需求中获得了迅速发展的社会空间。在当代发达国家,不论政府还是企业,其科学决策越来越离不开社会科学的研究和发展。在当代美国、瑞典、荷兰、法国、意大利、比利时、英国、德国等都存在各式各样、为数不少的智囊机构。这些智囊机构不同程度地进行政策研究,向政府提供政策的替代方案,或向政府提供选择政策的材料,由政府决定政策。这些思想库和智囊机构都和社会科学密切联系,既是对社会科学的深化研究,又是对社会科学的实际运用。[①]

---

① 李太淼、高俊华:《社会科学研究的困境与出路》,《河南社会科学》1996 年第 3 期。

（三）提高人的素质

人是能动地改造、利用自然的主体，是生产力中最能动、最基本、最重要的因素，是生产力发展的最终动力源。生产力归根到底是通过人去创造、去推动、去发展的。人们的整体素质如何，其积极性、创造性发挥得如何，直接关系到生产力的发展速度，关系到落后生产力向先进生产力的递进。一个民族、一个国家的人民整体素质如何，在很大程度上决定着这个民族、这个国家的生产力发展状况。

人的素质主要包括两大方面，肉体的和精神的。精神素质又包括了思想、道德、情感、意志、科学文化知识等许多方面，而其中又以科学知识最为重要。科学知识是其他精神素质的素质。人们对科学知识掌握得越多，他们的思想、情感、意志就越不盲从，就越富有能动性和创造性。社会科学对提高人的素质、启迪人的智慧、开发人的才能有着不可低估的作用。社会实践已充分表明，人的素质高低在经济发展中具有决定意义，高效的社会管理需要高素质的政府官员、公务员，搞好企业生产经营需要高素质的经营管理人才和高素质的劳动者，实施依法治国需要高素质的司法人才和公民法治素质的普遍提高，总之，社会的文明进步，生产力的快速发展，最终要通过人力资源的开发利用，通过人的素质的不断提高而实现。而社会科学知识的推广、普及、应用，正是提高人的素质、开发人力资源的有效途径。

三、创新社会科学研究管理制度，实现社会科学向生产力的快速转化

要充分发挥社会科学在生产力发展和社会进步中的作用，加快社会科学向生产力的转化，针对目前我国社会科学研究管理制度中存在的实际问题，诸如泡沫学术现象，社科成果供需脱节现象，政府、企业与社科研究机构信息不对称现象，社会科学成果数量多、质量低，在向社会效益和经济效益转化过程中障碍多、速度慢现象等，我们必须从有效需求和有效供给两个方面来构建与社会主义市场经济体制相适应的社会科学研究管理制度。依据对社会科学向生产力转化的主要途径的分析，社会科学研究管理应在如下几个制度方面进行大胆创新。

（一）社科研究经费投入和使用管理制度

从投入的角度看，要增加政府对社会科学研究经费的投入并制定鼓励企业、民间团体向社会科学研究机构捐助经费的有关政策。社会科学研究的主要服务对象是社会管理的承担者——政府，社会科学成果对生产力和社会进步的推动作用主要是通过政府组织实施制度创新、科学决策、有效管理而实现的，因而在政府和社科研究机构之间事实上存在一种价值交换关系。这就需要政府在财政上保证社科研究经费的投入。社科研究经费的投入要纳入政府的财政年度预算。在我国，社科研究经费在逐年增长，但与发达国家相比，与自然科学研究经费的投入相比，还远远不能适应社会科学发展的需要。因此，要加大政府的投入。同时，为缓解政府财政支出压力和困难，政府可制定一定的优惠政策，协调、鼓励和影响民间资金捐助社会科学研究事业。从管理角度看，应设置奖惩制度：其一，

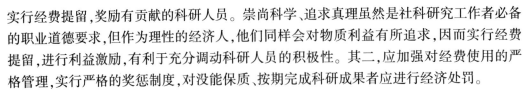

实行经费提留,奖励有贡献的科研人员。崇尚科学、追求真理虽然是社科研究工作者必备的职业道德要求,但作为理性的经济人,他们同样会对物质利益有所追求,因而实行经费提留,进行利益激励,有利于充分调动科研人员的积极性。其二,应加强对经费使用的严格管理,实行严格的奖惩制度,对没能保质、按期完成科研成果者应进行经济处罚。

(二)社科成果、社科人才的应用管理制度

其一,要建立健全社科研究机构与政府、党政有关部门、企业的信息沟通机制。加强社科应用研究和开发研究的现实针对性、时效性,密切供需联系。其二,要建立价值交换机制。部分社科成果可实行市场化运作,靠市场机制解决供求矛盾。除委托调研课题外,政府、企业的部分社科调研课题应向社会公开招标,引入市场竞争机制,促进科研机构和人才的竞争与合作。其三,要建立和完善政府对社科成果和人才的需求管理制度。当前,我国政府对社科成果和人才的需求是巨大的,而且随着知识经济时代的到来,这种需求会更加巨大,但目前这种需求随机性大、不规范,主要取决于决策者的认识、选择,因而应加强对这种需求的制度管理,从而扩大有效需求。其主要制度安排有:(1)要建立政府(包括中央和地方)重大决策必须有有关社科专家参与论证制度,从而尽量保证重大决策的科学性,避免决策失误和因此造成的巨大损失。(2)应在政府有关部门实行专家顾问制度和主要领导与专家联系制度,从而保证社会科学专家能及时发挥咨询功能,服务决策。(3)可实行有关社科研究人员到政府有关部门、企业、农村挂职研究制度,这更有利于理论和实践相结合,更有利于社会科学知识的推广应用。(4)从业和任职资格制度。从社会科学角度讲,从事与社会科学联系紧密的行业,如律师业、企业营销策划业、企业管理咨询业等必须获得有关的社会科学学位,获得相关的任职资格,尤其是从事经济和社会公共管理服务的国家文职公务人员都应具备相应的社会科学学位。其四,应建立健全对社科研究人员的考核、培养制度。其五,要允许并鼓励一些社科研究机构开展有偿咨询、教育服务,使部分社科成果和社科知识市场化、社会化。其六,报纸、电视、电台、网络等媒体要做好社会科学知识和成果的宣传报道工作,以扩大社会科学的社会影响和社会效益,提高全民的社会科学素质。

(三)社科职称评聘制度

其一,要严格职称评定标准。在标准设计上要对应用研究、对策研究加以重视。评定标准能科学量化的应尽量进行量化、分解,从而保证标准设计的科学、公正。其二,要严格评定程序。只有程序公正才有可能结果公正。应实行成果公开展示制度、群众代表参与投票制度、评委委员责任追究制度等。其三,同级职称可再分等制度。细化职称差别,不同等级职称要拉开收入分配档次。其四,实行评聘分开。打破职称聘用终身制,实行竞争上岗,优胜劣汰,扩大基层社科研究机构的用人自主权。

(四)社科成果评价奖励制度

其一,与社科职称评定制度一样,要严格标准和程序,尽量做到成果评价的客观、公开、公正。其二,对应用性、对策性成果的评价应吸收实际工作部门人员参加。其三,对有重大社会效益和经济效益的科研成果应实行重奖,并形成制度。

在政府改进和创新社会科学研究的管理制度的同时,社科研究机构本身也要主动适应新时期市场经济体制要求,适应以经济建设为中心、加快发展生产力的要求,深化内部各项制度改革,加快专业结构调整,加强应用、开发研究,加快研究力量的优化组合,严格内部各项管理,使社科研究更加贴近社会、贴近实际,积极主动地为政府、企业、社会团体提供各种研究咨询服务。

(原载《中州学刊》2001 年第 6 期)

弘扬民族精神　共建美好河南

　　党的十六大报告指出："民族精神是一个民族赖以生存和发展的精神支撑。"建设伟大祖国，实现中华民族的伟大复兴，建设美好河南，实现河南的跨越式发展，都需要我们大力弘扬以爱国主义为核心的团结统一、爱好和平、勤劳勇敢、自强不息的民族精神。

　　民族精神源远流长，世代相传，但同时它也具有鲜明的时代特征。中国共产党在领导中国人民进行革命、建设和改革的伟大实践中形成了井冈山精神、红岩精神、延安精神、西柏坡精神、大庆精神、雷锋精神、红旗渠精神、焦裕禄精神、改革开放精神、实事求是精神、孔繁森精神、与时俱进精神等，这些精神正是传统民族精神在不同时代不同要求下的继承发扬和光大，既与民族精神一脉相承，同时又体现了时代要求、时代特征。今天，时代变了，环境变了，任务变了。我们必须根据时代特征、时代呼唤，根据环境条件、任务要求，大力弘扬具有鲜明时代特征、符合时代要求和实际需要的民族精神。根据时代要求，针对河南建设中存在的实际问题，要建设美好河南，我们必须大力弘扬以下几种具有时代特征的民族精神。

　　一是自强不息、艰苦创业精神。建设美好河南，我们底子薄，起点低，任务重，迫切需要自强不息、艰苦创业精神。既不能畏难而退，裹足不前，也不能小富即满，随遇而安。

　　二是与时俱进、开拓创新精神。改革开放，大力发展市场经济，是我们的先人不曾遇到的社会实践课题，探索性极强。这就迫切需要我们各级党政干部、广大人民群众解放思想，更新观念，与时俱进，开拓创新。真正做到自觉地把思想认识从那些不合时宜的观念、做法和体制的束缚中解放出来，从对马克思主义的错误的和教条式的理解中解放出来，从主观主义和形而上学的桎梏中解放出来；真正做到"一切妨碍发展的思想观念都要坚决冲破，一切束缚发展的做法和规定都要坚决改变，一切影响发展的体制弊端都要坚决革除"；真正做到发展不断有新思路，改革不断有新举措、新突破，建设不断有新成果。

　　三是实事求是、真抓实干精神。建设美好河南，全面建设小康社会，是一项庞大而复杂的社会系统工程，需要我们实事求是，根据实际情况制定和采取对策措施；需要我们真抓实干，认认真真地抓落实。时下，我们有些干部还存在教条主义、形式主义、官僚主义等不良工作作风。或不深入实际，凭经验拍脑袋盲目决策；或热衷于文山会海，热衷于"作秀"而不去做事；或唯书唯上就是不唯实际。所有这些不良作风均同建设美好河南的要求格格不入。

四是以民为本、廉洁奉公精神。"三个代表"重要思想的出发点和落脚点是要始终代表最广大人民的根本利益。就建设美好河南而言,我们是在改革开放和市场经济条件下进行建设的,在这样的条件下搞建设,我们的党员、干部既面临着业务素质和工作能力的考验,又面临着思想品德的考验。时下在党员、干部中时有发生的"权钱交易""权色交易"腐败案例,足以说明这场考验的严峻性。因此,建设美好河南,特别需要我们的广大党员、干部大力弘扬以民为本、廉洁奉公精神,始终相信人民依靠人民,始终与人民群众同呼吸、共命运、心连心,坚持为人民掌好权、用好权,当好人民的公仆。

五是诚实守信、公平竞争精神。市场经济乃法治经济,市场经济乃信用经济,要大力发展市场经济就必须大力弘扬诚实守信、公平竞争精神。河南人以忠厚、善良、热情而著称,"忠厚善良,诚实守信,买卖公平,童叟无欺"一直是河南人引以为豪的传统美德。为了加快河南的发展,为了大力发展市场经济,我们要在加大对制假售假等扰乱市场秩序、影响河南形象的不法行为惩治力度的同时,大力弘扬诚实守信、公平竞争精神,使广大商品生产经营者更加自觉地、积极主动地文明经商,合法致富,为建设美好河南作出自己的贡献。

六是团结友爱、互助协作精神。我们建设的小康社会是物质文明、政治文明、精神文明全面发展、协调发展的社会。团结安定、文明健康的社会环境,和谐美好的人际关系是靠大家共同创造的,因而我们需要大力弘扬团结友爱、互助协作精神。伸出你的手,伸出我的手,让我们手拉手,肩并肩,去共同创造一个充满真情和欢乐的精神家园。

(原载《河南日报》2003 年 12 月 20 日)

如何加大对社会科学的扶持力度

社会科学研究的主要服务对象是社会管理的承担者——政府,社会科学成果对生产力的推动作用和对社会进步的推进作用主要是通过政府的有效管理实现的。因而政府对社会科学采取什么样的政策不仅对经济发展、社会进步有着直接的重大影响,而且本身就反映了政府协调运用各种社会力量、优化资源配置、有效管理社会的一种水平。加大对社会科学的扶持力度,并不只是增加财力支持,在推进整个社会发展的各种力量中,社会科学研究应该占什么位置,占多大比重,应该采取什么样的分配、奖励、交换政策和措施来充分调动和挖掘社会科学研究部门的能量,应该采取什么样的政策措施来保证社会科学成果的质量和社会科学成果向社会生产力的及时转化、应用,应该采取什么样的措施充分发挥社会科学家对政策管理决策的咨询作用,等等,这些都是政府加大对社会科学扶持力度所要涉及的内容。也就是说,加大对社会科学的扶持力度,其根本目的在于要建立具备科学性、高效性、竞争性的社会科学研究管理体制。所谓科学性,就是有利于保证社会科学成果的真正科学价值;所谓高效性,就是有利于多出、快出科研成果,而且能尽快地使其用于社会,转化为社会效益和经济效益;所谓竞争性,就是有利于充分调动广大科研人员的积极性和创造精神,开展科研探讨,学术竞争,在平等竞争中推进社会科学的迅速发展。针对我国社会科学发展的现状及存在的问题,依据经济、社会发展的需要,政府应从科研经费、制度安排、政策措施等多层面加大对社会科学的扶持力度。

一、加大对社会科学的经费投入

一是加大对地方社科院的财政支持力度。根据党的十六大关于扶持重点社科研究机构的指示精神,进一步适应经济和社会发展的需要,政府要借鉴一些外国政府的做法,逐步加大对社会科学的财政支持力度,尤其是要加大对地方社科院的财政支持力度,并要制度化、规范化。也就是说,要根据社会科学发展的需要和地方国民经济收入的实际状况,确定对社会科学的财政支持比例,从而保持财政支持社会科学的力度与国民经济发展速度的同步增长。具体说来,就是应该把对社科的经费投入与对教育等领域的经费投入视为同等重要。确立"一个比重,一个拉平"。"一个比重",是确立社科经费投入占 GDP 的比重。发达国家和世界其他重视社会科学的国家,对社会科学的投入一般占 GDP 的 0.2%—0.3%。中国目前此项比重不到 0.1%,应逐步提高到 0.2%—0.3%。"一个拉平",是财政投入达到使社科工作者年收入水平与大学教师等相近职级人员工资水平大体拉平。

二是高等院校要加大对人文社会科学的经费投入。要合理确定并逐步提高哲学社会科学在教育经费中所占的比例,保证哲学社会科学经费随着教育事业经费的逐年增加而相应增长。

三是设立社会科学发展基金会。鉴于政府财力支持有限,建议设立省级社会科学发展基金会,接受社会各界的捐助,鼓励社会各界特别是企业界捐助社会科学事业。政府可对捐助企业予以一定的税收优惠,并对捐助企业、单位、个人给予一定的荣誉称号。

四是提高省市社科规划课题的经费。目前,一些省市社科规划课题经费过低。课题经费过低特别是应用研究课题经费过低,不利于深入调研和产出高质量的调研成果。

五是提高省委、省政府布置的调研课题的经费。目前地方社科研究人员承担的省委、省政府布置的调研课题绝大多数是没有经费的,尽管科研人员有单位工资收入,但由于没有课题经费,一来创造性劳动得不到补偿,二来调研活动不好开展,有时还需要所在单位大量补贴费用,这不利于调研课题的高质量顺利完成。

六是对个别科研成果实行专项经费补贴。对有重大意义的人文学科和基础理论研究方面的重大科研成果,要进行专项经费补贴,主要用于论著的出版、发行,同时用于科研人员的劳动补偿。

七是对重点社科学术期刊进行经费扶持。重点社科学术期刊在传播社会科学成果、传承人类文明、繁荣和发展社会科学事业中有着重要作用。要在优化整合社科学术期刊资源、治理社科学术期刊过多过滥、重复建设严重等问题的同时,加大对重点社科学术期刊的经费扶持力度,保证其正常的运作费用。

二、创新社科人才使用政策

一是建立省、市、县重要的经济、社会发展规划及政府重大决策社科专家参与论证制度。国内外的实践充分表明,社科专家参与论证制度,既是建立现代民主政治,实现政府决策民主化、科学化的需要,也是充分发挥社会科学服务社会、实现社会科学与社会实践紧密结合、加快社科成果转化应用的有效途径。一些地方在这方面也有不少好的经验。现在的问题是,没有制度化的约束,专家参与的随意性太大,常以个别领导人的喜恶为转移。因此专家参与论证需要制度化、规范化,一方面要约束政府及其领导,保证专家的意见和建议得到及时表达,另一方面要约束专家,保证其认真负责。

二是建立省、市、县主要领导与专家联系制度。在西方发达国家,上至总统,下到企业领导,几乎都有自己的专家顾问,甚至是专家顾问团。在我国,中央和地方各级领导绝大多数在决策实践中都咨询或听取过专家意见,有不少领导与有关专家建立有特定联系。目前的问题是要把这种密切联系制度化,只有这样,才有利于从程序上首先保证决策的科学化。

三是实行社科研究人员基层挂职研究制度。为促进和鼓励从事应用研究的社科研究人员更好地面向社会、面向现实、面向实际,走与实践相结合的研究路子,应实行相关社科研究人员基层挂职研究制度。这有利于研究人员深入社会、深入基层。但为了避免研究人员忙于行政事务而疏忽研究主业,应对研究人员挂职期间的科研成果提出明确要求,进行明确规定。

四是建立社科专家列席省、市、县重要会议制度。社科专家列席省、市、县重要的党政会议,是社科专家了解各地经济、政治、社会、文化发展状况及特色,了解各地政府管理决策状况,掌握必要的研究资料和信息的重要途径。社科专家只有掌握必要的资料和信息、熟悉当地党委和政府所要进行决策的重大问题,才能有的放矢,更有效地为地方党委和政府服务。否则,一方面社科研究人员需花费更多的时间和精力去收集和掌握必要的研究资料和信息;另一方面,社科专家会因掌握信息不充分或不及时,不能更好地及时发挥对当地党委、政府的决策咨询和参谋作用。

三、建立哲学社会科学重点研究基地

目前,学科设置大而全,学科方向和模式趋同者多、有鲜明特色者少,学科之间缺乏合作,高等院校、党校、社科院重复研究项目多,横向联合少。这种情况造成了社科资源的极大浪费。为整合社会科学资源,更好地为现实服务,应依托优势学科,从地方经济建设、社会发展以及高等教育改革发展的需要出发,按照优化结构、合理布局、突出重点、兼顾基础和应用研究的要求,通过深化科研体制改革,组织重大课题研究,加大科研经费投入和动态监测评估等措施,在各省、市建设一批重点社科研究基地。在政策和经费等方面给予重点研究基地建设重点支持,不断提高其科学研究、人才培养、咨询服务、信息资料建设和综合管理水平,努力提高重点研究基地的整体科研水平。

四、建立社科研究实验基地

科学实验是自然科学的基础,社会科学研究能不能与自然科学一样进行实验,一直是有争论的。甚至有人说,社会科学在今天不具备完整的科学形态,因为它不能实验。笔者认为,一切客观事物的发展都有其内在的规律,因而都是可以实验的。与自然科学不同的是,由于社会科学研究的对象是社会,因而它所进行的实验是社会实验,其中建立实验区是其最重要的形式和手段。著名社会学家、安徽省社科院研究员辛秋水早在十几年前就选择了全国最贫困的地区——大别山区岳西县莲云乡建立了村民自治实验区,进行村民自治实验。实验的成功通过中央和地方各种大众传媒的报道对全国村民自治的推行产生了巨大影响。十几年前辛秋水还在莲云乡同时建立文化扶贫实验区,开展文化扶贫实验。莲云乡的文化扶贫事业取得了明显的成就,引起了中共安徽省委的重视。1992 年,中共安徽省委作出决定,在全省四个地区推广莲云乡文化扶贫的经验。通过中央和地方新闻媒体的大力宣传,安徽省的文化扶贫影响到全国。中宣部 1993 年成立扶贫委员会,接着

其他各省、市也相继成立了文化扶贫委员会。文化扶贫实验又一次获得了成功。辛秋水研究员多年来的研究案例证明,社会科学是完全可以实验的,并且某一个领域课题的实验成功,其对社会的影响或推动意义,不仅不逊于自然科学方面的某一项重大发明,甚至还具有全局性、整体性。然而,社会科学实验的最大特色是要牵涉人们的利益,有时会因利益矛盾而造成阻力,这就更加需要地方党委、政府的大力支持和协作。

五、建立和完善社科研究成果的转化应用机制

目前,社科研究成果的时效滞后、转化应用速度慢、效益低等问题比较突出。应建立和完善高效的社科成果转化应用机制,使社科成果在产前要符合社会发展需求,产中要符合社会客观实际,产后能迅速转达决策部门或广泛传播于社会,尽快产生经济效益和社会效益。其主要内容应包括:

一是建立广泛征集、严格筛选的课题立项制度。目前我国一些地方政府及有关部门设立有社会科学基金项目,为使这些项目更有现实针对性,应向地方党政有关部门、各地市党委政府、大型企业等广泛征集研究课题,然后经过有关专家筛选,确定课题指南,向社科研究人员招标。

二是地方党委和政府可根据当地经济、社会发展战略,选择一些重大战略性课题,有组织地调集不同学科的专家,包括自然科学方面的专家进行跨学科研究。

三是建立社科研究机构与实际部门的信息沟通机制。实际工作部门可定期向研究机构报送工作信息,科研机构可定期向实际部门报送科研信息,以便双向沟通,加强合作。在组织上,可以采取与自然科学分类管理、分类统计的办法,在科委、宣传、文化、科协等部门内成立专管社科成果立项、统计与推广的机构,成果统计与管理工作要由只管立项与鉴定结果向后延伸,要将鉴定后的成果是否上报政府有关部门、推介给相关单位使用及反馈意见等列入成果推广应用的跟踪统计与管理之中。对涉及地区经济和社会发展的重大研究项目,要由省或自治区社科规划办公室、科委软科学成果管理部门,将研究成果呈送地方党委政策研究室、地方政府调研室,或以《成果要报》形式上报有关领导。

四是建立重大决策失误责任追究制。这既是实现决策民主化、科学化,建立现代民主政治的关键举措,也是扩大社会科学需求、促进各级主要领导自觉运用科研成果、推进社科成果转化应用的关键举措。制度的内生力必将促进各级领导干部加深对社会科学重要性的认识,加强对社科知识的学习运用,提高自身素质和决策能力,在决策过程中善于运用社会科学成果。同时,上级政府部门应加强对下级部门的监督,以减少其决策失误,避免造成重大损失。

五是建立并完善地方党委政府有关部门协调配合社科调研制度。现实的情况是,在社科调研活动中,凡是对地方党政部门及领导有益有利的,比较容易获得支持并顺利进行,如果调研活动涉及机构精简、职能转变,牵涉有关部门和个人切身利益相对受损问题的,则调研阻力较大,也缺少协调配合。应把地方党委政府部门协调配合社会科学研究人

员调研制度化,追究其对调研活动不支持不配合或者弄虚作假的责任,以此保证科研人员能深入了解实际情况,写出更具针对性、操作性的研究报告。

六是多渠道、多形式推广宣传。对于社科成果,尤其是本地区、省级、国家级的重大、重点研究课题,要依据其研究内容,在不同范围采用多个渠道、多种形式进行推广和宣传,促进其转化应用。一要形成重大社科成果发布与公告制度,充分利用报纸、《成果要报》及时把重点研究项目及成果向全社会及政府有关职能部门宣传通报;二是可以由有关社科成果管理部门,如宣传部社科规划办、科委软科学项目办等组织"软科学论坛",定期邀请与本地区社会经济发展有关的重点社科项目负责人、研究者做报告,以推广宣传社科研究成果,促进成果转化;三是由宣传、组织、人事、经(计)委等部门联合邀请重点社科成果负责人为参加培训的各级领导干部做报告,向他们推荐有关社科成果,这既可以提高领导干部的素质,又可使成果在他们今后的工作中得以应用、发挥效用;四是对于全国性和省一级带有普遍意义的重大理论与实际研究课题及成果,可以由成果主管部门设立专门网站,或通过政府网、互联网进行发布,以便社会各界进行了解、交流与应用;五是为重大成果以专著、录像带、光盘等形式公开出版发行提供支持与便利条件;六是新闻媒体(电视台、电台、报纸等)要对优秀社科成果进行及时报道。

七是发展中介组织,培育市场需求。政府要通过制定、完善有关政策,支持鼓励经济与法律咨询、营销策划、文化传播类公司及从事咨询服务的各类事务所等中介机构的发展,因为它们是沟通科研部门与企业和社会之间知识流动的纽带和桥梁,对社科成果的转化与应用工作发挥着重要作用。

八是鼓励产学研结合。政府有关部门应注意引导,制定有关政策,采取有关措施支持鼓励高校、社科研究机构与实际工作部门和企业的合作、联合,并不断总结经验、表彰典型,推而广之。

六、改进科研成果的评价奖励制度

其一,对社科成果的评价要由只重视通过哪一级鉴定和专家评语、结论,转到注重成果是否被政府决策部门采纳,是否被企业、社会应用并发挥出社会经济效益上来。为此,可以把对社科成果的评价分为初步评价(鉴定)和应用性评价两个阶段。应用性评价可以建立成果的应用情况记录档案,进行跟踪,在初步评价之后的几年内做出结论。其二,要严格标准和程序,尽量做到公开公正。其三,在社科成果的奖励中应设置有利于科研成果转化推广的制度安排,如要注重成果转化应用程度,注重成果在学术界的创新程度和实际影响等。其四,要加大奖励力度,对有重大社会和经济效益的成果实行重奖。现在一些省设置的省社科成果奖、省实用社科成果奖等,奖金太少。

七、改进和完善对科研人员的激励约束政策

要确立人才资源是第一资源的理念,积极实施社会科学人才战略。要加大对有突出

贡献的社科研究人员进行物质和精神奖励的力度。建议设立社会科学学术带头人专项经费。要实行严格的科研经费管理制度,课题发标单位应与承标人订立合同,对不能按期保质完成科研课题的有关科研人员要进行经济处罚。实行科研经费提留制,对科研人员的劳动报酬进行补偿。要认真贯彻落实好党的知识分子政策,加强科研队伍建设。要设置必要的制度,提供必要的条件,营造必要的环境,为科研人员的学术争鸣、在职培训、出国考察、参加国内外学术交流活动提供支持。要创造条件,用事业留人、用感情留人、用待遇留人;要创造条件吸引人才、留住人才、用好人才。

八、要鼓励和支持地方社科院开门办院

深化改革、开门办院,是新形势下搞好地方社科院的必由之路。目前,许多地方社会科学院正在深化内部各项制度改革,诸如科研考核制度改革、科研成果奖励制度改革、内设机构改革、干部人事制度改革、职称评聘制度改革、后勤服务改革等,有些改革需要政府的大力支持,如内设机构改革、职称评聘制度改革等。同时,地方党委政府应大力支持地方社科院向社会、企业开展有偿的经济咨询、决策咨询、法律咨询、投资咨询、财务咨询、管理咨询、资产评估咨询等服务,支持地方社科院开展教育培训服务、进行三产开发。通过这些措施,一方面筹措资金,缓解科研经费的不足,另一方面,可以使社科院更好地为社会服务。

九、国家要制定有利于社会科学发展繁荣的制度、政策和措施

地方社会科学的繁荣发展,离不开国家有效的制度安排及其政策措施。建议制定《社会科学法》,以法律的形式为社会科学的发展提供保障;建议设立社会科学院士制度,以提高社科专家的地位和作用;建议制定《社会科学工作者道德规范》,以约束社科工作者的科研行为,遏制社会科学界存在的不良学风;建议设立国家级社会科学成果奖和人才奖,对有突出贡献的社科专家予以精神激励和物质激励。

参考资料

[1]吴必康:《美英社会科学研究与国家调控初探》,《世界历史》2001年第2期。

[2]秦麟征:《加拿大人文社会科学的发展战略和发展动向》,《国外社会科学》2001年第3期。

[3]李惠国:《面向21世纪的国外社会科学》,《理论与现代化》2002年第3期。

[4]陈振明:《当代西方社会科学发展的整体化趋势:成就、问题与启示》,《学术月刊》1999年第11期。

[5]赵子祥:《新世纪地方社会科学发展的路径与标识》,《社会科学辑刊》2000年第3期。

[6]蒙文虎:《社会科学成果转化为生产力的耦合机制初探》,《广西社会科学》2000

年第 2 期。

[7]李太淼:《努力促进社会科学向生产力的快速转化》,《中州学刊》2001 年第 6 期。

(作者:王彦武、李太淼,原载《求索》2004 年第 1 期)

后 记

在即将退休之际整理出版自己的学术文集,当然是一件令人欣慰和高兴的事。但高兴之余,也让人感慨万端,生出许多感想,很想写点文字留作纪念。

整理出版本书,让我不由自主地回忆起了自己的学术生涯。1982 年 7 月,我从北京大学毕业后被分配到安徽省社会科学院专门从事哲学社会科学研究工作,1985 年 6 月调到河南,依然是在省社会科学院从事哲学社会科学研究工作。尽管 20 世纪 80 年代末期,在市场经济大潮的冲击下,我也曾经有过换个工作、弄潮商海、当个企业家的想法和冲动,但终未付诸实施;尽管从 1999 年年底我被安排到中州学刊杂志社工作,但从大范围的职业分类看,依然属于学术研究事业。蓦然回首,我从事学术研究已然 40 年,我的人生与学术研究结下了不解之缘。

整理出版本书,让我再一次想起了激情燃烧的学术研究岁月。像所有追求有所作为的专家学者一样,为求真求是,为严谨治学,为发表真知灼见,我们经常需要挑灯夜读、博览群书、寻幽探微,我们经常需要到基层到群众中去调查研究,去了解社情民意,去寻找解决问题的良策妙方,去"把论文写在大地上"。可以说,学术文集中的每一篇论文都承载着一段难忘的人生记忆;每一篇论文的撰写,都包含着我当年的情怀担当、求索思考,凝聚着我的智慧和心血;每一篇论文的发表,都给我带来不同程度的情感激动和心灵深处长久的喜悦。学术研究无疑是辛苦的,因为正像导师马克思所说的在科学上面是没有平坦的大路可走的,辛苦是必然的、也是必须的,但辛苦中蕴藏着追求的希望和激情,辛苦中伴随着奋斗的亢奋和激动,辛苦中孕育着收获的幸福和快乐。

整理出版本书,让我再一次想到了学术研究的价值和意义。人们常说,学术乃天下公器。社会需要学术,中国的改革发展需要哲学社会科学。回望中国改革开放 40 多年的风雨历程,社科学术界为推动中国改革发展所作出的努力和贡献是有目共睹的。文化文明的传承、思想观念的解放、重大理论的创新、党和国家重大改革发展举措的出台等,都有广大哲学社会科学研究工作者的智慧参与其中。很庆幸,我能成为中国改革开放的一名亲历者,而且能作为一名"学者"通过著书立说、建言献策等方式参与到改革开放的伟业之中。很骄傲,改革开放的大潮中有我们跳荡的浪花,经济社会的发展进步中有我们的参与和贡献,辉煌的历史记忆中曾经有过我们的印记! 我经常由衷地感到:当一个有担当的"社科人",当一个精神富有的"学者",当一个有大爱情怀的"仰望星空的人",挺好!

　　编辑出版本书,得到了河南省社会科学院领导和有关部门的大力支持,得到了中州学刊杂志社的大力支持。杂志社的李娜、徐娜同志为查阅文献、复印论文做了大量工作。李娜同志还为论文集的前期编辑加工做了不少工作。在此,向关心和支持本书出版的院领导和院内同志们深表谢意!

　　编辑出版本书,得到了河南人民出版社的大力支持。本书的顺利出版,有赖于出版社同志们的辛勤付出。在此,也深表谢意!

李太淼

2022 年 10 月